# 특수교육의 역사

Anthony F. Rotatori · Festus E. Obiakor · Jeffrey P. Bakken 편저
김동일 · 정광조 · 최종근 · 홍정숙 · 이대식 · 손승현 · 한경근 공역

HISTORY OF SPECIAL EDUCATION

학지사

**History of Special Education**

Edited by Anthony F. Rotatori, Festus E. Obiakor, and Jeffrey P. Bakken

# 역자 서문

## "온고지신(溫故知新)"

특수교육의 발달에 있어 중요한 이정표와 법적, 제도적 발전을 돌아보는 것은 미래의 향방과 실천적 지혜를 얻기 위하여 필요한 작업입니다. 미찬가지로 현재 우리나라 특수교육의 역사적 전개와 주요 주제를 잘 이해하기 위하여 서양 특수교육 역사, 특히 미국 특수교육의 발전사에 대한 통찰이 필요합니다. 이 책『특수교육의 역사』에서는 특별한 교육적 지원이 요구되는 다양한 학습자, 즉 학습장애, 자폐 스펙트럼 장애, 지적장애, 정서 및 행동장애, 영재 등의 영역별 역사적 전개과정을 살펴보았습니다. 각 장에서는 초기의 기반과 개념 형성, 해당 분야의 전문가, 정의, 법률, 교육 및 중재 실천, 평가 기준, 가족과의 협력, 실천 및 교육을 위한 기술 혁신 등의 주제를 잘 설명하고 있습니다.

이 책의 역자들은 특수교육의 각 영역별 전문가로서 우리나라 특수교육 학계와 학교 현장에서 오랫동안 학술적인 작업과 제도적인 실천 과업을 수행해 왔습니다. 김동일(1장, 4장), 정광조(2장, 14장), 최종근(3장, 8장), 홍정숙(5장, 15장), 이대식(6장, 12장), 손승현(7장, 10장), 한경근(9장, 11장, 13장) 교수가 이 책의 의미와 다시 돌아볼 만한 주요 내용을 직접 옮겨 적었습니다.

이 책을 내놓기까지 매우 많은 분의 도움이 있었습니다. 여러 역자가 같이 작업하는 과정에 어려움이 있었지만, 끝까지 정성 어린 손길로 책을 완성해 준 학지사 김진환 사장님과 임직원

여러분, 특히 박나리 님에게 진심으로 고마운 마음을 전합니다. 정광조 박사는 이 책을 번역하려는 굳은 의지로 모든 역자에게 직접 연락하여 참여를 독려하고 마무리까지 같이 작업을 진행해 왔습니다. 마지막으로 지속적으로 관심과 지원을 아끼지 않은 독자 여러분께 깊은 감사를 드립니다.

모든 역자와 함께

김동일

# 편저자 서문

수천 년 동안 감각적 또는 신체적으로 예외적인 특성을 지닌 개인들은 사회에 항상 존재해 왔다. 그러나 이들에 대한 사회의 반응은 시간의 흐름과 함께 극적으로 변화해 왔다. 이러한 변화는 긍정적인 방향으로 이루어졌다. 과거에는 이들을 짐으로, 무가치한 존재로, 악마 그리고 어릿광대 등으로 여겼지만, 이후에는 이들의 복지에 대해 보다 보호적이고 인도적인 태도를 보이기 시작했다. 그리고 오늘날에는 이들도 시민으로서의 가치와 자격을 지니고 있으며 사회에 의미 있는 기여를 할 수 있는 사회의 구성원으로 받아들이게 되었다. 이러한 여정은 감각적 또는 신체적으로 예외적인 특성을 지닌 개인들, 그 가족들, 그리고 그들을 교육해 온 사람들에게 결코 쉬운 길이 아니었다. 그러나 그 여정은 다채롭고, 혁신적이며, 흥미로웠다.

'특수교육의 진보(Advances in Special Education)' 시리즈의 하나로 이번에는 '특수교육의 역사'에 초점을 맞추었다. 이 책에서는 학습장애, 자폐 스펙트럼 장애, 지적장애, 정서 · 행동장애, 영재성과 재능 개발 등 각 범주별 영역을 중심으로 특수교육의 역사적 여정을 살펴보았다. 각 영역별 장에서는 초기의 기초와 개념적 틀, 해당 분야의 선구자들, 변화해 온 정의, 특수교육 분야에 영향을 미친 입법적 조치들, 교육 및 중재 실제, 평가 준거, 가족과의 협력, 그리고 교육과 실천을 위한 기술 혁신을 함께 다루고 있다.

또한 이 책에서는 예외적인 학습자(특수교육대상자)를 교육하는 데 있어 변화해 온 철학과, 특수교육의 발전에 영향을 끼친 법적, 입법적 조치들에 대한 자세한 역사도 포함하여 설명하였다. 이 책의 마지막 장에서는 '특수교육의 역사적, 현대적 맥락과 도전 과제 그리고 전망'이라는 통찰력 있는 내용으로 마무리하였다.

이 책은 특수교육을 가르치는 대학 교수진이 집필한 총 15개의 장으로 구성되어 있으며, 이들은 모두 해당 분야의 교육과 연구에 적극적으로 참여하고 있는 학자들이다. 이 책은 특수교육을 전공하는 고학년 학부생과 대학원생이 연구 과제나 논문을 준비할 때 활용할 수 있는 교재로 적합하다.

Anthony F. Rotatori

Festus E. Obiakor

Jeffrey P. Bakken

편집자 일동

# 차례

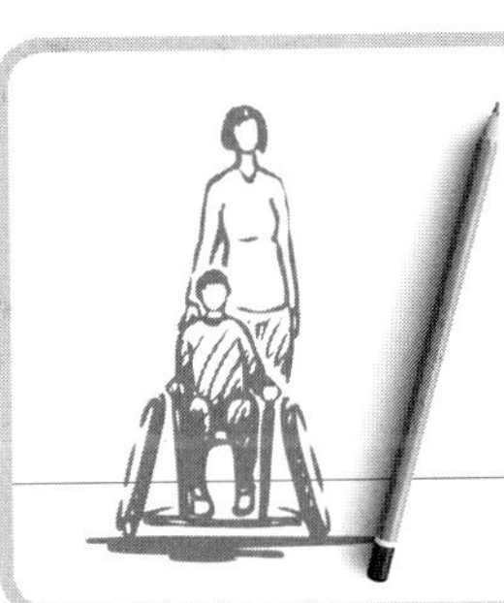

제1장

# 특수교육의 역사적, 철학적 변천

*Spencer J. Salend, Laurel M. Garrick Duhaney*

특수교육이라는 용어가 공식적으로 처음 사용된 것은 1884년 미국교육협회(National Education Association)에서 알렉산더 그레이엄 벨(Alexander Graham Bell)의 발표문인 것으로 보이지만 (Winzer, 1998), 특수교육 분야의 역사적, 철학적 기반은 그보다 훨씬 이전에 형성되기 시작했다. 특수교육의 역사는 철학적, 정치적, 경제적, 법적, 사회문화적 요인이 복합적으로 작용하면서 형성되었으며(Fleischer & Zames, 2001; Giordano, 2007; Osgood, 2007; Reynolds, 1989), 다음과 같은 지속적인 도전과 성과, 논쟁으로 특징지어진다. ⓐ 특수교육의 목적과 바람직한 결과는 무엇인가? ⓑ 특수교육의 대상은 누구여야 하는가? ⓒ 연구 기반의 특수교육을 어떻게 가장 잘 제공할 수 있는가? ⓓ 특수교육 대상 학생은 어디에서 교육받아야 하는가? 특수교육의 역사와 장애인의 역사가 동일한 것은 아니지만, 특수교육은 장애인에 대한 처우와 장애에 대한 사회적 인식, 문화적, 철학적 관점과 불가분의 관계를 맺어 왔다(Smith, 1998; Winzer, 1993).

## 특수교육의 태동기

특수교육의 역사는 장애인을 얼마나 두려워하고, 분리하며, 분류하고, 교육해야 하는지에 대한 사회적, 철학적 신념의 변화에 영향을 받아 왔다. 1700년대 이전, 많은 장애인이 무시당하거나 비인간적인 대우와 조롱을 받고 고립되었으며 때로는 죽임을 당하기도 했다(D'Antonio, 2004; Winzer, 1993, 1998). 그러나 16세기와 17세기에 들어서면서 인간의 존엄성에 대한 합리적인 철학적 신념이 생겼고, 이는 장애인에 대한 처우와 사회적 인식의 변화를 가져왔다(Winzer, 1998). 이러한 변화는 장애인 교육을 위해 개별화된 접근을 실험하고 그 결과를 다른 사람들에게 전파하고자 했던 특수교육과 장애인 옹호 운동을 이끈 선구자들의 노력에 의해 뒷받침되었다(Winzer, 1993).

1500년대와 1600년대에는 철학적 지식과 평등한 사회를 추구하던 유럽 지식인들이 장애인에 대한 교육에 영향을 주었다(Winzer, 1993). 프랑스의 계몽주의는 인간 본성, 이성, 인권, 존엄성, 자립에 대한 핵심 신념에 변화를 주었다. 이러한 철학적 변화는 오랫동안 유지되어 온 관점과 사회정치적 구조에 의문을 제기하였으며, 모든 시민의 권리를 인정하는 사회를 확립해야 한다는 요구로 이어졌다(Knight, 1968; Safford & Safford, 1996; Winzer, 1986, 1993).

영국에서는 런던 왕립학회(Royal Society of London) 학자들이 수행한 언어 발달에 대한 연구와 철학적 신념의 발전이 장애인에게 교육 기회를 제공하는 데 기여했다(Winzer, 1993, 1998). 예를 들어, 존 월리스(John Wallis)는 언어의 기원을 탐구한 책을 출판하였고, 이는 청각장애인에게 교육 기회를 제공하는 데 중요한 지침이 되었다(Hoolihan, 1985; Winzer, 1993).

## 감각장애에 대한 초기 특수교육의 초점

특수교육을 제공하고 특별히 설계된 교육을 개발하기 위한 초기 시도는 감각장애인에게 집중되었다(Best, 1930; Winzer, 1998). 16세기 중반, 스페인 베네딕토회 수도사였던 페드로 폰스 데 레온(Pedro Ponce de Leon)은 부유한 청각장애인이 상속권을 얻을 수 있도록 수어 대신 독순과 발성을 통한 말하기를 가르치는 구화법(oralism)을 창안하였다(Buchanan, 1999; Burch & Sutherland, 2006; Lane, 1989; Winzer, 1998). 페드로 폰스 데 레온의 노력은 초기 청각장애 교육자 중 한 명으로 꼽히는 제이콥 로드리게 페레르(Jacob Rodrigue Péreire)의 교육적 노력에 의해 더욱 발전했다. 이후에도 구화법 사용이 증가하여 1890년대부터 1920년대까지 청각장애인학교에서 가르치는 주된 의사소통 방식이 되었다(Burch & Sutherland, 2006; Winzer, 1998). 그러나 프랑스 신부인 미셸 샤를 드 레페(Michel Charles de l'Épée)는 구화법 사용에 이의를 제기하며 문자와 수어 사용이 가장 효과적인 청각장애인 교수법이라고 믿었고, 그 결과 1800년대 전반기에는 수어법(sign language)이 일반적인 청각장애인 교육 방법이 되었다(Winzer, 1998).

청각장애인을 위한 성공적인 교육 실제는 시각장애인을 위해 특별히 설계된 접근 방식과 기술을 개발하려는 노력으로 이어졌다(Winzer, 1998). 1784년 프랑스 파리의 시각장애인학교 설립자인 발랑탱 오위(Valentin Haüy)는 시각장애학생 교육을 위해 양각 인쇄와 점자책을 발명했다(Winzer, 1998 참조). 1829년, 파리 시각장애인학교의 학생이었던 루이 브라유(Louis Braille)는 읽기용 양각 점(raised dot) 방식과 쓰기용 첨필(stylus)을 만들었고, 이는 시각장애인이 읽기 자료에 접근하고 프랑스 사회에 통합될 수 있도록 하는 촉각 알파벳 개발로 이어졌다(Koestler, 1976).

감각장애인 교육을 위한 이러한 노력의 성공이 유럽 외 지역으로 알려지면서, 교육자들은 효과적인 특수교육 실제를 배우고 자국에서 이를 실행하고 확장하기 위해 유학을 떠났다(Winzer, 1993). 예를 들어, 토머스 갤러뎃(Thomas Gallaudet)은 1817년 유럽에서 유학한 후 미국 코네티컷주 하트퍼드에 청각장애인을 위한 기관을 최초로 설립했다(Osgood, 2005). 마찬가지로 파리에서 공부한 경험을 바탕으로 존 D. 피셔(John D. Fischer) 박사는 1829년 뉴잉글랜드 시각장애인 병원을 설립했는데, 이 병원은 나중에 퍼킨스 시각장애인 연구소(Perkins Institute for the Blind)로 이름이 바뀌었고 현재는 퍼킨스 시각장애인 학교(Perkins School for the Blind)가 되었다(Fleischer & Zames, 2001; Winzer, 1993).

퍼킨스 연구소에서 새뮤얼 그리들리 하우(Samuel Gridley Howe)는 시각장애와 청각장애를 중복으로 가지고 있던 학생인 로라 브리지먼(Laura Bridgman)과 함께 일했다. 하우는 모양을 구별하여 글자를 식별하는 로라의 능력에 기반하여 개별적으로 설계된 접근법을 사용하였고, 로라가 교육받을 수 있음을 보여 주었다. 하우와 브리지먼의 획기적인 연구는 시각-청각 중복장애인은 학습할 수 없다는 통념을 깼으며, 이후 헬렌 켈러(Helen Keller)와 그녀의 스승인 앤 맨스필드 설리번(Anne Mansfield Sullivan)의 업적에 선구적인 역할을 했다(Osgood, 2005; Smith, 1998).

## 특수교육적 중재, 프로그램, 학교 및 기관의 출현

초기에는 특수교육 설계와 제공을 위한 노력이 감각장애인에게 집중되었지만, 점차 지적장애인에 대한 특수교육이 확대되었다. 이 시기에는 지적장애인 집단에 대한 특수교육적 중재가 생겼으며, 여러 기관과 특수학교도 설립되었다.

### 장애인 시설

19세기 중반에는 인지적, 정서적, 행동적 장애를 가진 사람들에 대한 부정적인 고정관념과 인식, 두려움의 영향을 받아 장애인 기관과 정신병원이 많아졌다(Armstrong, 2002). 일부 기관은 교육 및 직업 프로그램을 제공하고 도덕적, 종교적 발달을 목적으로 삼았다(Giordano, 2007). 하지만 많은 기관은 의료, 직업, 보호 서비스를 제공하면서, 일탈적이고 위협적으로 인식되는 장애인과 '결함을 가진' 개인을 분리, 교정, 통제하는 역할을 했다(Armstrong, 2002;

Humphries & Gordon, 1992; Winzer, 1998). 기관 환경과 관련된 인도주의적, 법적, 경제적 문제로 인해 지역사회 기반의 주간보호시설 및 직업준비시설도 등장하기 시작했으며, 이곳에서는 보호 서비스와 제한된 수준의 직업 준비를 제공하였다(Giordano, 2007; Read & Walmsley, 2006).

## ☑ 지적장애인을 위한 특수교육적 중재

1800년대 초, 아베롱(Aveyron)의 야생 소년으로 불리던 빅터(Victor)와 장 마르크 가스파르 이타르(Jean-Marc-Gaspard Itard)의 작업은 특수교육 분야에서 중요한 사건으로 기록되었다(Safford & Safford, 1996). 이타르는 빅터의 언어 및 인지 능력을 향상시키기 위해 특별히 고안된 교육법을 개발했으며, 이를 통해 교육할 수 없다고 인식되던 사람들도 학습할 수 있음을 보여주었다(Safford & Safford, 1996).

이타르의 연구는 유럽 학자와 교육자들(Hinshelwood, 1900; Ireland, 1877; Morgan, 1896)이 효과적인 특수교육 교수법을 연구하고 검증해서 전파하는 발판이 되었다. 이러한 노력 중 가장 두드러진 것은 지적장애인 지도를 위한 교육 모델을 제공하는 특수교육적 지도 원칙, 기술, 장치를 제시한 에두아르 세갱(Édouard Seguin)의 「백치에 관한 논문(Treatise on Idiocy)」이다(Giordano, 2007).

## ☑ 특수교육 프로그램, 학교 및 학급

이타르, 세갱 등 유럽 교육자에 의한 특수교육학의 성공과 특수교육에 대한 관심은 지적장애인의 학습 가능성에 대한 사회적 관점을 바꾸었으며, 특수학교 및 학급에서 이러한 학생들을 교육하기 위한 법과 노력을 불러일으켰다(Giordano, 2007; Read & Walmsley, 2006). 1900년대 초, 프랑스에서는 법 제정을 통해 비장애학생이 다니는 학교에서 학습장애학생을 위한 특수학급을 설립하게 되었다(Armstrong, 2002). 1913년 영국은 「정신박약아법(Mental Deficiency Act)」을 통과시켜 장애학생을 정의하고 교육하기 위한 정책을 공포하였으며, 교육기관과 정부기관이 이 학생들을 관리할 책임이 있음을 의무화하였다(Giordano, 2007).

## ☑ 장애인 옹호 단체

유럽에서 특수학교와 학급이 생겨나고 법이 제정되면서 가족과 전문가들은 교육 기회 확대

등 사회 전반에서 장애인을 포용할 것을 요구하는 옹호 단체를 결성하게 되었다(Yell, Rodgers, & Rodgers, 1998). 1922년에 설립된 전문 단체인 특수아동학회(Council for Exceptional Children)와 1933년에 자녀 옹호를 위해 결성된 초기 가족 모임 중 하나인 오하이오주 쿠야호가 카운티 지체 아동 위원회(Cuyahoga County Ohio Council for the Retarded Child)가 포함된다.

## ○ 지능검사와 교육 연구의 영향

### 지능검사

처음에는 학습에 특별한 도움이 필요한 개인을 진단하기 위해 고안되었지만, 20세기 초에 출현한 지능검사는 장애학생에게 특수교육을 제공하려는 노력에 차질을 빚었다(Armstrong, 2002; Safford & Safford, 1998). 보편적인 지능검사를 향한 움직임은 지능을 고정적이고 유전되며 매우 바람직한 과학적 개념으로 여기게 만들었고, 이는 학교가 교육을 계획하고 전달하고 평가하는 지침이 되었다. 또한 학교에 지능검사가 도입되면서 정상과 비정상을 구분하고 학생들의 능력을 서열화하는 과정에서 사회적 고정관념이 형성되었다. 특히 지능지수가 낮은 사람들은 '저능하며', '정신적 결함이 있고', '교육 불가능자'라는 낙인이 찍힌 채 사회문제의 원인으로 지목되었다. 그 결과 이들은 '시설 수용'을 통해 사회로부터 격리되었고, 의무고용법의 적용 대상에서도 제외되었다(Read & Walmsley, 2006; Yell et al., 1998).

이러한 고정적이고 유전적인 지능의 개념은 서로 다른 집단의 학습 잠재력을 구분짓는 문화적, 인종적 근거로 사용되었으며, 20세기 초 우생학 운동의 확산을 촉진했다(Bursztyn, 2007; Humphries & Gordon, 1992). 우생학 운동은 인간 종을 향상시킨다는 명목[1] 아래 인간의 선택적 번식을 주장한 사회 운동으로, 이민을 제한하고 '결함이 있다고' 간주되는 사람들을 강제로 불임시키는 결과를 초래했다(Gould, 1981). 또한 우생학 운동은 지능검사의 오용과 함께 '저능한' 개인을 기관과 주립학교에 분리하여 강제 노동, 학대, 실험적 수술 절차를 겪게 했다(D'Antonio, 2004). 결국 우생학 운동은 인기가 없어졌으며 제2차 세계대전이 끝날 무렵 사라졌다(Black, 2003).

---

1) 역자 주: 우생학은 우수한 유전자를 가진 사람만이 자녀를 낳아야 한다고 주장하였다.

### 교육 연구

지능검사 운동의 한계는 특수교육 대상 학생에게 자극적이고 풍부한 학습환경이 제공되었을 때 학습 능력이 향상된다는 획기적인 교육 연구들에 의해 극복되었다(Skeels & Dye, 1939). 1930년대부터 오튼(Orton), 먼로(Monroe), 커크(Kirk), 마이클버스트(Myklebust)와 같은 학자와 연구자들은 효과적인 교육 실제를 검토하고 문서화하고자 임상 교육 실제를 실험하고 적용하였다(Fuchs, Fuchs, & Stecker, 2010). 이러한 선구적인 교육 연구는 특수교육의 목적을 돌봄 제공에서 학생 교육으로 전환시키는 데 중요한 역할을 하였다. 또한 조기 중재의 효과를 입증하였으며 특수교육 분야가 연구 기반 중재를 개발하고 확산하게 되는 토대를 마련하였다(Morse, 2000).

## 특수교육의 법제화 및 통합

1960년대와 1970년대 이후, 특수교육 분야는 법제화를 통해 상당한 성장과 변화를 겪어 왔다. 또한 특수교육은 일반교육과 분리된 독립적 체계에서 벗어나 일반교육 체계에 통합되어 장애인을 옹호하고 사회에 포용하는 데 중요한 역할을 하고 있다.

### 민권 운동과 브라운 대 토피카 교육위원회

특수교육 분야의 성장과 목적, 법적 선례는 1950년대 초 시민권 운동과 1954년 브라운 대 토피카 교육위원회(Brown v. Topeka Board of Education) 사건의 대법원 판결에 의해 확립되었다(Blanchett, Brantlinger, & Shealey, 2005). 이 획기적인 민권 소송은 '분리하되 평등하다는 것은 결코 평등하지 않다'는 원칙을 확립함으로써, 장애아동의 가족이 자녀가 무상의 적절한 공교육(free appropriate public education: FAPE)을 받을 권리를 보장할 수 있도록 제기한 법적 조치의 기반이 되었다. 또한 이 대법원 판결은 장애학생을 일반학급에서 교육하는 통합교육 운동에도 기여했다(Blanchett, Mumford, & Beachum, 2005; Morse, 2000; Salend, 2011).

### 특수교육 관련 법원 판례

브라운 대 토피카 교육위원회 사건 이후, 법원은 장애학생의 교육적 권리를 지지하고 이

〈표 1-1〉 특수교육에 영향을 준 주요 법원 판례 요약(Litton et al., 1989; Schwenn, 1991)

| | |
|---|---|
| 1919 | 비티(Beattie) 대 주 교육위원회(State Board of Education)—신체적 장애가 있는 학생이 다른 학생들에게 불쾌감이나 혐오감을 준다는 이유로 학교에서 배제될 수 있다고 판결함 |
| 1967 | 홉슨(Hobson) 대 한센(Hansen)—표준화된 시험 점수를 기준으로 학생을 분류하는 분리 시스템(track system)은, 아프리카계 미국인 아동과 저소득층 아동에게 차별적이므로 위헌이라고 판결함 |
| 1970 | 다이애나(Diana) 대 캘리포니아주(State of California)—소수 집단의 특수교육 과잉 배치가 발생하는 것을 방지하기 위하여 모국어로 학생을 평가해야 한다고 판결함 |
| 1972 | PARC 대 펜실베이니아주—장애의 정도와 관계없이 모든 아동에게 무상으로 적절한 교육을 제공해야 한다고 판결함 |
| 1972 | 메릴랜드 지적장애인 협회(Maryland Association for Retarded Citizens) 대 메릴랜드주—모든 지적장애아동은 무상으로 적절한 교육을 받을 권리가 있다고 판결함 |
| 1972 | 프레드릭(Frederick) 대 토마스(Thomas)—교사가 자격을 갖추지 못했다면, 학습장애아동이 적절한 교육을 받고 있다고 볼 수 없다고 판결함 |
| 1972 | 밀스(Mills) 대 컬럼비아 특별구 교육위원회(Board of Education in the District of Columbia)—장애아동의 장애 정도와 관계없이 무상으로 적절한 교육을 제공해야 함. 정기적 재평가가 권장되며, 학부모의 이의 제기, 시험과 배치에 대한 고지, 아동의 기록 열람을 보장해야 함 |
| 1972 | 과달루페(Guadalupe) 대 템페 초등교육구(Tempe Elementary District)—경도의 인지적장애가 있는 아동을 특수교육에 배치할 때는 다음과 같은 명확한 기준이 있어야 함: IQ가 평균보다 2 표준편차 낮고, 적응 기능 평가를 해야 하며; 모국어를 사용하는 검사 |
| 1972 | 래리(Larry) 대 라일스(Riles)—일부 IQ 검사가 아프리카계 미국인 아동의 인지 능력을 정확히 평가하는지 검증되지 않았기 때문에 이들을 특수학급에 잘못 배치해 차별하였다고 판결함 |
| 1973 | 르뱅크스(LeBanks) 대 스피어스(Spears)—루이지애나주는 장애학생에게 적절한 교육을 제공해야 하며, 가능한 경우 또래 일반학생들과 함께 교육받을 수 있어야 한다고 판결함 |
| 1975 | 로라(Lora) 대 뉴욕시 교육위원회(Board of Education of City of New York)—정서적 장애가 있는 학생도 가능한 경우 일반학생과 함께 교육받아야 한다고 판결함 |
| 1982 | 라울리(Rowley) 대 헨드릭 허드슨 학교구(Hendrik Hudson School District)—장애아동은 개별화 교육 계획(IEP)과 필요한 지원을 받을 권리가 있다고 판결함 |
| 1984 | 어빙 독립 교육구(Irving Independent School District) 대 타트로(Tatro)—지체장애학생의 학교생활을 위해 필요한 카테터 삽입(catheterization) 비용은 학교가 부담해야 한다고 판결함 |
| 1984 | 스미스(Smith) 대 로빈슨(Robinson)—장애학생의 기숙학교 배치에 대한 비용은 주 정부가 부담해야 한다고 판결함 |
| 1988 | 호닉(Honig) 대 도(Doe)—폭력적이거나 문제행동을 보이는 경우에도, 장애학생을 열흘 이상 정학시키는 것은 제한됨. 학교는 정학 사유를 입증해야 함 |
| 1989 | 티모시(Timothy) 대 로체스터 학교구(Rochester School District)—학생이 기존 프로그램으로부터 교육적 이득을 얻지 못할 것처럼 보여도, 학교는 그 학생을 위한 교육 및 서비스를 제공해야 한다고 판결함 |

를 더욱 확장하는 판결을 내려 왔다. 〈표 1-1〉은 1975년 미국 「전장애아교육법(Education for All Handicapped Children Act)」 제정 전후에 특수교육에 영향을 미친 주요 판결들을 간략히 요약한 것이다. 1972년의 펜실베이니아 정신지체아 협회(Pennsylvania Association for Retarded Children: PARC) 대 펜실베이니아주 판결은, 특수교육 서비스를 포함한 적절한 교육 제공과 관련하여 장애학생과 가족의 권리를 명확히 확립한 역사적 사건이었다(Hulett, 2009; Yell, 2006).

다니엘(Daniel R. R.) 대 주 교육위원회(State Board of Education)(1989), 새크라멘토시 통합학교구(Sacramento City Unified School District) 대 레이첼(Rachel H.)(1994), 오베르티(Oberti) 대 클레멘턴 학교구 교육위원회(Board of Education of the Borough of Clementon School District)(1993) 등 이들 법원 판례에서는 일반교육 환경에 장애학생을 통합시키는 데 중점을 두었다(Hulett, 2009; Murdick, Gartin, & Crabtree, 2007; Yell, 2006). 이 판결은 교육구가 모든 학생을 일반교육 환경에서 교육하도록 독려하였을 뿐 아니라, 학생들을 최소제한환경(Least Restrictive Environment: LRE)에 배치할 수 있는 지침을 제공하였다. 이러한 지침에는 다음의 내용이 포함된다. ⓐ 통합학급에서 가르칠 경우 예상되는 교육적, 행동적, 사회적, 자아개념 관련 결과를 특수학급에서의 예상 결과와 비교하는 것, ⓑ 장애학생이 일반학급의 또래 학생들과 교사에게 미치는 영향을 확인하는 것, ⓒ 통합학급에서 학생을 교육하는 데 필요한 비용과, 이러한 비용이 모든 학생의 교육을 위한 교육구의 자원에 미치는 영향을 고려하는 것이다.

## ☑ 옹호 활동 및 장애인 권리 운동

브라운 판결뿐만 아니라 민권운동의 성과는 더 큰 수용성과 가능성을 열어 주었고, 이는 장애인과 가족들, 전문가의 차별, 분리, 소외에 맞서 싸우고, 형평성과 기회, 그리고 사회의 모든 영역에서의 더 큰 통합을 요구하는 연대를 형성하도록 힘을 실어 주었다(Giordano, 2007). 이러한 옹호 단체는 스칸디나비아에서 시작된 정상화 원칙에 영향을 받았으며, 장애인이 비장애인과 동등하게 교육, 주거, 고용, 사회적 활동, 여가 등 다양한 기회를 누릴 수 있어야 한다고 주장하였다(Wolfensberger, 1972). 이러한 옹호 단체들의 활동은 장애인 인권운동의 기반을 마련하였으며, 장애를 긍정하고 존중하는 '장애 문화'와 '장애학'이 형성될 수 있도록 하였다. 또한 장애에 관한 사회의 전통적 믿음, 그리고 특수교육적 요구가 있는 학생들을 교육해야 하는가, 한다면 어디에서 그리고 어떻게 교육해야 하는가에 대한 새로운 관점에서의 질문을 제기하도록 하였다(Fleischer & Zames, 2001; Burch & Sutherland, 2006).

### 특수교육 관련 법률

옹호 단체는 특수교육 서비스 제공을 보장하고 규정하는 입법 활동을 이끌어 내는 데 성공하여, 장애학생이 사회 및 교육적 기회에 접근할 수 있는 가능성을 높였다(Giordano, 2007; Yell et al., 1998). 1970년 영국의 「장애아동 교육법[Education (Handicapped Children) Act]」, 1975년 프랑스의 「장애인 교육법(Loi d'Orientation en faveur des Personnes Handicapees)」, 1975년 미국 「전장애아교육법(Education for All Handicapped Children Act)」[이후에 「장애인 교육법(Individuals with Disabilities Education Act: IDEA)」으로 명칭 변경되고 여러 번 개정됨]은 장애학생이 공립학교에 접근할 수 있도록 하였다(Armstrong, 2002). 또한 IDEA는 장애학생이 최소제한환경에서 교육받고, 개별화 교육 프로그램(Individualized Education Program: IEP)을 받을 것을 의무화하였는데, IEP는 특수교육 서비스 제공을 안내하고 학업 및 기능적 목표를 다루며 학생의 교육, 고등교육 선택 기회, 고용, 자립생활을 촉진한다(Ferretti & Eisenman, 2010; McLaughlin, 2010).

1960년대부터 시작되어 오늘날까지 이어지고 있는 연구들은, 장애영유아에 대한 조기 중재의 효과성을 입증하였고, 1986년 「공법 99-457」, 「영아 및 유아 장애인법(Infants and Toddlers with Disabilities Act)」이 통과되면서 영아, 유아, 유치원생을 위한 프로그램, 서비스, 중재가 특수교육의 필수적인 요소가 되었다(Bruder, 2010). 「공법 99-457」은 IDEA가 보장하는 여러 권리와 보호 조항을 출생부터 만 5세까지의 장애아동에게 확대하였으며, 조기 중재 서비스 제공과 개별화 가족 서비스 계획(Individualized Family Service Plan: IFSP) 개발을 장려하였다.

## 사회적으로 구성된 장애[2] 범주의 부상

장애학생 교육을 위한 법적 요구와 운동은, 장애로 진단되는 학생 수의 증가, 그리고 특수교육 대상이 되는 장애 유형의 변화로 이어졌다. 특수교육은 초기에는 주로 감각장애나 지적장애를 지닌 학생들을 대상으로 하였으나, 현재는 사회적으로 구성된 장애(socially constructed disabilities)를 가진 학생들이 특수교육 대상자의 대다수를 차지하고 있다. 이러한 변화는 정서장애(emotionally disturbed), 학습장애(learning disabilities)와 같은 사회적으로 구성된 장애 범주

2) 역자 주: 사회적으로 구성된 장애는 의학적 결함이 아닌 사회적, 문화적 기준(예: 학업 성취, 행동규범 등)에 의해 '장애'로 분류된 범주로, 학습장애와 정서 · 행동장애가 이에 포함된다.

의 형성에 의해 촉진되었다(Armstrong, 2002). 특히 커크와 베이트맨(Kirk & Bateman, 1962)이 처음 사용한 '학습장애'는 감각 · 신체 · 지적장애가 없음에도 학업 수행이 저조한 학생들을 지칭하는 용어로, 이 범주의 도입은 특수교육 대상 학생 수를 폭발적으로 증가시켰다. 또한 이는 서비스 제공 방식을 장애 유형 중심에서 벗어나 비범주적 접근(noncategorical approach)으로 전환하는 계기가 되었다(Brownell, Sindelar, Kiely, & Danielson, 2010). 아울러 자폐 스펙트럼 장애나 주의력 결핍 장애로 진단되어 특수교육 서비스를 받는 학생 수도 급증하였다(Salend, 2011).

## ○ 과다 표집의 고질적인 문제

사회적으로 구성된 장애 개념의 도입과 신뢰성 및 타당성이 결여된 평가 절차를 통해 특수교육 대상 학생을 진단하는 관행, 그리고 계층, 성별, 연령, 언어적 배경, 지리적 요인이 서로 맞물리면서 특수교육 대상 학생의 과잉 진단과 문화 · 언어적으로 다양한 배경을 지닌 학생들이 지속적으로 불균형하게 분류 및 진단되는 문제에 대한 우려가 증대되었다(Artiles, Kozleski, Trent, Osher, & Ortiz, 2010; Black, 2010; Dyches & Prater, 2010; McCall & Skrtic, 2009; Obiakor, 2007). 유색인종 학생이 특수교육에서는 과잉 대표(배치)되고, 영재 프로그램에서는 과소 대표(배치)되는 현상이 지속되면서, 이는 '장애의 인종화'라는 우려를 낳고 있다. 이러한 현상은 특수교육이 학생을 다시 분리하며 학생들의 학업에 대한 기대를 낮추고 일반교육과정에 대한 접근 기회를 제한하고, 결국 1954년 브라운 판결의 가치를 훼손한다는 비판으로 이어지고 있다(Artiles, 2009; Ferri & Connor, 2005; McCall & Skrtic, 2009; Waitoller, Artiles, & Cheney, 2010).

### ☑ 중재반응(RTI)

사회적으로 구성된 장애범주에서 학생이 과잉 진단되는 문제와 문화 · 언어적으로 다양한 배경을 가진 학생이 불균형하게 대표되는(배치되는) 문제는 특수교육 대상 학생 진단을 위한 중재반응(Response-to-Intervention: RtI) 모형의 등장을 이끌었다(Fuchs & Fuchs, 2006; Wheeler & Mayton, 2010). RtI의 과정은 다중 수준의 교수 모형(multitiered instructional model)을 활용하여, 학생의 학습을 위해 더 집중적이고 개별화된 연구 기반의 중재가 필요한지 평가하고, 학업 성취의 어려움이 부적절한 교수나 교수 결핍인지 여부를 구별함으로써 특수교육 대상자로 진단되는 학생의 수를 줄이고자 한다. 비교적 최근에 도입된 방법론이지만 RtI는 특수교육 분

야에 획기적인 변화를 가져올 수 있는 잠재력을 가지고 있다(Brownell et al., 2010; Fuchs et al., 2010).

## 통합교육을 향한 움직임

특수교육의 성장과 분리교육에 대한 우려(Lloyd Dunn, 1968), 특수교육 프로그램의 효과성에 의문을 제기하는 지속적 연구(McLeskey, 2007), 입법 및 사법적 조치, 유색인종 학생이 불균형하게 대표되는(진단 및 배치되는) 지속적 문제, 옹호 단체의 활동은 특수교육 분야가 1970년대와 1980년대 초기에 주류화(mainstreaming)에 초점을 맞추도록 하였다. 리튼, 로타토리와 데이(Litton, Rotatori, & Day, 1989)는 주류화가 일반학교와 일반학급에 장애학생을 통합하는 것이라고 강조하면서, 주류화가 성공적으로 이뤄지기 위해서는 학생 개개인에게 개별화 교육 프로그램과 지원 서비스가 반드시 필요하다고 주장하였다. 이들은 주류화가 장애학생이 일반학급에서 교육받는 비율을 크게 높이는 데 영향을 주었지만, 다음의 문제점이 발생했다고 지적하였다. 특수교육 프로그램이 제대로 설계되지 않았고, 학생들이 상충되는 교수 목표[3]로 인한 혼란에 직면하였으며, 일반교육과 특수교육 인력 간 협력이 부족했고, 일반교사와 또래가 장애학생에 대해 부정적인 태도를 형성하여 장애학생이 잘 받아들여지지 못했고, 장애학생에 대한 교육과정이 지나치게 어려웠으며, 장애학생이 자아개념이나 자아상이 약화되는 문제를 나타내기 시작했다.

주류화와 관련된 문제들로 인해, 일반교육 주도(Regular Education Initiative: REI)가 1980년대 후반에 시작되어 1990년대까지 이어졌다(Rotatori, Schwenn, & Litton, 1994 참조). REI는 특수교육 및 재활서비스국(Office of Special Education and Rehabilitation Services)의 차관보였던 매들린 윌(Madeline Will)에 의해 제안되었으며(Will, 1986), 일반교육이 장애학생이나 특별한 요구를 가지는 모든 학생에 대해 분명하고 일차적인 책임을 져야 한다고 주장했다(Rotatori et al., 1994). REI를 지지하는 사람들은 이중적인 교육 체제가 비용 효율성이 떨어지고 효과적이지 않으며 장애학생을 차별하기 때문에 해체되어야 한다고 주장한다(Schwenn, 1991). 반면, REI에 반대하는 사람들은 일반학급의 교육이 모든 학생에게 적절한지 평가적 연구를 통해 검토한 후에 점

3) 역자 주: 상충하는 교수 목표는 한 명의 특수교육 대상 학생이 통합교육을 받을 때, 일반학급의 교육 목표와 특수학급에서의 교육 목표가 달라서 생기는 어려움을 의미한다.

진적으로 접근해야 한다는 신중한 접근 방식을 취한다(Schwenn, 1991). REI의 주요한 강조점은 장애학생이 원적학급 밖에서 소규모 수업을 받는 풀아웃(pull-out) 수업이나 지원교실(resource room) 수업을 축소하는 데 있다.

REI 운동은 1990년대 특수교육 분야의 주요한 논쟁 이슈였으며, 모든 학생이 일반학급에서 함께 교육받는 통합교육 프로그램의 시행으로 이어졌다(Obiakor, Harris, Rotatori, & Algozzine, 2010; Osgood, 2005; Salend, 2011; Valle & Connor, 2010). REI 운동 관련 연구 결과들을 종합하면, 교사가 일반교육 환경 내에서 차별화된 수업과 평가, 교육과 교수의 조정을 활용할 때, 통합교육이 특수교육 대상 학생과 그렇지 않은 학생 모두에게 유익할 수 있다(Black-Hawkins, Florian, & Rouse, 2007; Cushing, Carter, Clark, Wallis, & Kennedy, 2009; Salend & Garrick Duhaney, 2007). 통합교육은 비교적 새로운 교육 철학이며, 통합교육 프로그램은 시행과 제공되는 서비스가 복합적이고 다양하기 때문에(Ainscow, 2008; Idol, 2006), 통합교육의 실행, 효과, 장기적 영향을 향상시킬 수 있는 연구와 모형이 이 분야의 주요한 연구 과제로 남아 있다(Sindelar, Shearer, Yendol-Hoppey, & Liebert, 2006).

## 특수교육의 국제화

장애인 옹호 단체의 활동, 특수교육 관련 법안 통과, 통합교육을 향한 움직임은 장애인 권리, 장애학생 교육, 통합교육에 대한 세계적 책무성을 증가시키는 틀이 되었다(Bui, Fletcher, & Keller, 2010; Forlin, 2008). 1994년에는 살라망카 선언(Salamanca statement)이 92개국과 25개 국제기구에 의해 채택되었다. 이 획기적인 선언은 모든 국가가 모든 학생을 통합학급에서 교육하도록 촉구하였다. 그 결과, 세계 여러 국가는 자국의 교육 철학과 역사, 사회 · 정치 · 문화 · 경제적 요인을 반영하여 통합교육 실천 방안을 수립하게 되었다(Alur & Bach, 2008; Brown, 2005; Fletcher & Artiles, 2005; Heng & Tam, 2006; Mitchell, 2005; Mitchell & Desai, 2005). 많은 국가에서 통합교육의 실행은 장애에 국한되지 않고, 인종, 언어 능력, 경제적 지위, 성별, 학습 양식, 민족성, 문화 및 종교적 배경, 가족 구조, 성적 지향 등 개인의 다양성을 포함하는 방식으로 확장되었다(Mitchell, 2005; Slee, 2005; Verma, Bagley, & Jha, 2007). 2008년, 국제연합(UN)은 살라망카 선언을 확장하여, 장애인의 교육, 고용, 사회적 기회에 대해 동등하게 접근할 수 있도록 노력할 것을 모든 국가에 촉구하는 획기적인 국제 협약을 채택했다.

## 근거 기반 실천에 대한 지속적인 노력

특수교육 분야가 시작될 때부터 이어져 온, 경험적 근거에 기반한 중재를 개발하고 보급하려는 노력과 일관되게, 모든 학생에 대한 평등, 질 높은 교수, 교육 기회를 증진하는 근거 기반 실천을 만들고 사용하려는 노력은 여전히 특수교육 분야의 핵심적인 특징으로 남아 있다(Anderson, Marchant, & Somarriba, 2010; Crockett, Gerber, Gersten, & Harris, 2010). 1960년대와 1970년대는 효과적인 모형에 대한 논의(예: 의료 모형, 진단-처방 교수 모형, 행동주의 모형), 교육적 접근법[예: 지각 및 양식 훈련, 식이 변화, 운동 패턴화, 적성-처치 상호작용(aptitude-by-treatment interaction: ATI)](Mostert & Crockett, 2000; Van Acker, 2006), 그리고 특정 행동 목표에 대한 학생의 숙달 정도와 관련된 자료를 수집함으로써 교수의 효과성을 분석하는 데 기반한 정확 교수 모형(precision teaching model)의 등장으로 특징지어진다(Brownell et al., 2010).

통합교육 운동은 연구자들이 장애학생에게 일반교육 환경 배치가 얼마나 효과적인지에 관한 연구를 지속적으로 수행하고 연구 결과를 공유하도록 이끌었다(McLeskey, 2007; Salend, 2011). 이 분야의 연구가 축적되면서 보편적 학습설계, 협력 교수, 협동 학습, 가족의 참여와 임파워먼드 기술, 학습 전략 교수, 긍정적 행동 지원, 자기관리 전략, 문화적 반응적 교수 등과 같이 일반교육의 핵심적 요소로 자리 잡은 다양한 혁신적 실천들이 개발되고 그 효과가 입증되고 있다(Salend, 2011). 또한 20세기 후반과 21세기 초의 기술 발전은 학생의 학습과 사회화를 향상시키고, 개별화된 교수를 촉진하였으며, 사회 모든 영역에 대한 접근성을 확대하였고, 장애에 대한 인식을 변화시키는 다양한 보조공학 및 교수 공학이 폭넓게 확산되게 하였다(Beard, Bowden Carpenter, & Johnston, 2011; Blackhurst, 2005; Bouck, 2010; Brownell et al., 2010; Parette & Peterson-Karlan, 2010).

## 요약

이 장에서는 특수교육의 발전에 영향을 미친 중요한 역사적, 철학적 사건, 요인, 장애인 관련 옹호 운동을 다루었다. 오늘날의 특수교육은 목적, 대상, 효과적인 프로그램 모형 등에 대한 지속적인 논쟁 속에서 발전해 왔다. 이제 특수교육은 특별하게 설계되고 조정된 포괄적 서비스를 제공하며, 연구에 기반한 교수 · 사회 · 행동 · 교육과정 · 평가적 실제의 효과성을 모니터링하는 교육 체계의 필

수적인 구성 요소가 되었다(Heward, 2009). 초기의 특수교육은 감각 및 지적장애학생을 분리하여 보호 중심의 돌봄 서비스를 제공하였으나, 이제는 학습장애, 행동장애, 정서장애, 지체장애, 건강장애 학생을 통합 환경에서 또래와 함께 교육하는 프로그램으로 바뀌었다. 특수교육은 경험적 연구 전통에 발맞추어, 특수교육의 정책과 실천, 절차를 형성하는 독자적인 연구 기반을 구축하고자 하며, 이를 통해 특수교육 대상 학생을 언제, 어디에서, 어떻게 교육할지에 대한 근거를 제시하고 있다. 특수교육이 학교 교육, 지역사회 및 사회 전반에 대한 형평성과 접근성을 증진하는 프로그램으로 발전해 왔음에도 불구하고 여전히 해결해야 할 과제가 존재한다. 과다 표집 문제의 해소, 고등교육 기회 확대, 학업 성취 격차 해소, 일반 교육과정 접근성 강화, 통합교육의 실행력 향상 등은 여전한 도전 과제이다. 나아가 특수교육이 국가 간 연대와 협력을 바탕으로 한 교육 운동으로 발전하는 것 또한 중요한 과제이며, 이는 역동적인 학문 분야인 특수교육을 더욱 풍요롭게 만들 향후 시사점을 제공한다.

## 참고문헌

Ainscow, M. (2008). Making sure that every child matters: Towards a methodology for enhancing equity within educational systems. In: C. Forlin (Ed.), *Catering for learners with diverse needs: An Asia-Pacific focus* (pp. 11-29). Hong Kong: Hong Kong Institute of Education.

Alur, M., & Bach, M. (2008). *The journey for inclusive education in the Indian sub-continent*. London: Routledge.

Anderson, D. H., Marchant, M., & Somarriba, N. Y. (2010). Behaviorism works in special education. In: F. O. Obiakor, J. P. Bakken & A. F. Rotatori (Eds.), *Current issues in special education: Identification, assessment and instruction* (Vol. 19, pp. 157-174). Bingley, UK: Emerald Group Publishing Limited.

Armstrong, F. (2002). The historical development of special education: Humanitarian rationality or 'wild profusion of entangled events'? *History of Education, 31*(5), 437-456.

Artiles, A. J. (2009). Re-framing disproportionality research: Outline of a cultural-historical paradigm. *Multiple Voices, 11*(2), 24-37.

Artiles, A. J., Kozleski, E. B., Trent, S. C., Osher, D., & Ortiz, A. (2010). Justifying and explaining disproportionality, 1968-2008: A critique of underlying views of culture. *Exceptional Children, 76*, 279-299.

Beard, L. A., Bowden Carpenter, L., & Johnston, L. (2011). *Assistive technology: Access for all students* (2nd ed.). Columbus, OH: Pearson Education.

*Beattie v. Board of Education*, 172 N.W. 153 (Wisc. 1919).

Best, H. (1930). Educational provisions for the deaf, the blind, and feeble-minded compared. *American Annals of the Deaf, 75*, 239-240.

Black, E. (2003). *War against the weak: Eugenics and America's campaign to create a master race*. Thunder's Mouth Press: Avalon Publishing Group Inc.

Black, R. S. (2010). Can underidentification affect exceptional learners? In: F. E. Obiakor, J. P. Bakken & A. F. Rotatori (Eds.), *Current issues and trends in special education: Identification, assessment, and instruction* (Vol. 19, pp. 37-52). Bingley, UK: Emerald Group Publishing Limited.

Black-Hawkins, K., Florian, L., & Rouse, M. (2007). *Achievement and inclusion in schools*. London: Routledge.

Blackhurst, A. E. (2005). Historical perspective about technology applications for people with disabilities. In: D. Edyburn, K. Higgins & R. Boone (Eds.), *Handbook on special education technology research and practice* (pp. 3-29). Whitefish Bay, WI: Knowledge by Design.

Blanchett, W. J., Brantlinger, E., & Shealey, M. W. (2005). Brown 50 years later-Exclusion, segregation and inclusion. *Remedial and Special Education, 26*, 66-69.

Blanchett, W. J., Mumford, V., & Beachum, F. (2005). Urban school failure and disproportionality in a post-Brown era: Benign neglect of the constitutional rights of students of color. *Remedial and Special Education, 26*, 70-81.

Bouck, E. C. (2010). Technology and students with disabilities: Does it solve all problems? In: F. O. Obiakor, J. P. Bakken & A. F. Rotatori (Eds.), *Current issues and trends in special education: Research, technology, and teacher preparation* (Vol. 20, pp. 91-106). Bingley, UK: Emerald Group Publishing Limited.

Brown, R. C. (2005). Inclusive education in Middle Eastern cultures: The challenge of tradition. In: D. Mitchell (Ed.), *Contextualizing inclusive education: Evaluating old and new international paradigms* (pp. 253-278). London: Routledge.

Brownell, M. T., Sindelar, P. T., Kiely, M. T., & Danielson, L. C. (2010). Special education teacher quality and preparation: Exposing foundations, constructing a new model. *Exceptional Children*, 76, 357-377.

Bruder, M. (2010). Early childhood intervention: A promise to children and families for their future. *Exceptional Children, 76*, 339-356.

Buchanan, R. (1999). *Illusions of equality*. Washington, DC: Gallaudet University Press.

Bui, Y., Fletcher, T., & Keller, C. (2010, April). Becoming international. Presentation at the annual meeting of the Council for Exceptional Children, Nashville, TN.

Burch, S., & Sutherland, I. (2006). Who's not here yet? American disability history. *Radical History Review, 94*, 127-147.

Bursztyn, A. M. (2007). A brief history of intelligence testing. In: A. M. Bursztyn (Ed.), *The Praeger handbook of special education* (pp. 3-5). Westport, CT: Praeger.

Crockett, J., Gerber, M., Gersten, R., & Harris, K. (2010, April). *The contributions of research to special education's past, current, and future identity*. Presentation at the annual meeting of the Council for Exceptional Children, Nashville, TN.

Cushing, L. S., Carter, E. W., Clark, N., Wallis, T., & Kennedy, C. H. (2009). Evaluating inclusive educational practices for students with severe disabilities using the program quality measurement tool. *The Journal of Special Education, 42*, 195-208.

*Daniel R. R. v. State Board of Education*, 874 F. 2d 1036, 5th Circuit 1989.

D'Antonio, M. (2004). *The state boys rebellion*. New York: Simon & Schuster.

*Diana v. California State Board of Education*, No. C-7037 RFP, District Court of California (February 1970).

Dunn, L. (1968). Special education for the mildly retarded: Is much of it justifiable? *Exceptional Children, 35*, 5-22.

Dyches, T. T., & Prater, M. A. (2010). Disproportionate representation in special education: Overrepresentation of selected subgroups. In: F. E. Obiakor, J. P. Bakken & A. F. Rotatori (Eds.), *Current issues and trends in special education: Identification, assessment and instruction* (Vol. 19, pp. 53-74). Bingley, UK: Emerald Group Publishing Limited.

Ferretti, R. P., & Eisenman, L. T. (2010). Delivering educational services that meet the needs of all students. *Exceptional Children, 76*, 378-383.

Ferri, B. A., & Connor, D. J. (2005). In the shadow of Brown: Special education and overrepresentation of students of color. *Remedial and Special Education, 26*, 93-100.

Fleischer, D. Z., & Zames, F. (2001). *The disability rights movement: From charity to confrontation*. Philadelphia: Temple University Press.

Fletcher, T., & Artiles, A. J. (2005). Inclusive and equity in Latin America. In: D. Mitchell (Ed.), *Contextualizing inclusive education: Evaluating old and new international paradigms* (pp. 166-201). London: Routledge.

Forlin, C. (2008). Educational reform to include all learners in the Asia-Pacific region. In: C. Forlin (Ed.), *Catering for learners with diverse needs: An Asia-Pacific focus* (pp. 3-10). Hong Kong: Hong Kong Institute of Education.

*Frederick, L v. Thomas*, No. 71-2897 (1972).

Fuchs, D., & Fuchs, L. S. (2006). Introduction to response to intervention: What, why and how valid is it? *Reading Research Quarterly, 41*(1), 92-99.

Fuchs, D., Fuchs, L. S., & Stecker, P. M. (2010). The "blurring" of special education in a new continuum of general education placement and services. *Exceptional Children, 76*, 301–323.

Giordano, G. (2007). *American special education: A history of early political advocacy*. New York: P. Lang.

Gould, S. J. (1981). *The mismeasure of man*. New York: W.W. Norton.

*Guadalupe Organization Inc. v. Tempe Elementary School District*, No. CIV 71–453, Phoenix (D. Arizona, January 24, 1972).

Heng, M. A., & Tam, K. Y. (2006). Special education in general teacher education programs in Singapore. *Teacher Education and Special Education, 29*, 149–156.

Heward, W. L. (2009). *Exceptional children: An introduction to special education* (9th ed.). Upper Saddle River, NJ: Merrill/Prentice Hall.

*Hobsen v. Hansen*, 269 F. Supp. 401 (1967).

*Honig v. Doe*, 484 U.S. 304 (1988).

Hoolihan, C. (1985). Too little, too soon: The literature of deaf education in 17th century Britain. *Volta Review, 87*, 28–44.

Hinshelwood, J. (1900). Congenital word – Blindness. *Lancet, 1*, 1506–1508.

Hulett, K. E. (2009). *Legal aspects of special education*. Upper Saddle River, NJ: Pearson Education.

Humphries, S., & Gordon, P. (1992). *Out of sight: The experience of disability, 1900-1950*. Plymouth, England: Northcote House Publishers Ltd.

Individuals with Disabilities Education Improvement Act (IDEA) 2004, Pub. L. No. 108–446.

Idol, L. (2006). Toward inclusion of special education students in general education: A program evaluation of eight schools. *Remedial and Special Education, 27*, 77–94.

Ireland, W. W. (1877). *On idiocy and imbecility*. London: Churchill.

*Irving Independent School District v. Tatro*, 468, U.S. 883 (1984).

Kirk, S., & Bateman, B. (1962). Diagnosis and remediation of learning disabilities. *Exceptional Children, 29*, 73–78.

Knight, I. (1968). *The geometric spirit: The Abbe' Condillac and the French Enlightenment*. New Haven, CT: Yale University Press.

Koestler, F. A, (1976). *The unseen minority: A social history of blindness in America*. New York: David McKay Co.

Lane, H. (1989). *When the mind hears: A history of the deaf*. New York: Vintage.

*Larry v. Riles*, 343 F. Supp. 1306 (1972).

*LeBanks v. Spears*, No. 71–2897 (1973).

Litton, F. W., Rotatori, A. F., & Day, G. (1989). Individuals with low incidence handicaps:

An introduction. In: A. F. Rotatori & R. A. Fox (Eds.), *Understanding individuals with low incidence handicaps: Categorical and noncategorical perspectives* (pp. 5-40). Springfield, IL: Charles C. Thomas.

*Lora v. Board of Education of City of New York*, 623 F. 2d 248, 251 (1975).

Maryland Association for Retarded Citizens v. State of Maryland, Civil Action No. 72-73 (1972).

McCall, Z., & Skrtic, T. M. (2009). Intersectional needs politics: A policy frame for the wicked problem of disproportionality. *Multiple Voices, 11*(2), 3-23.

McLaughlin, M. J. (2010). Evolving interpretations of educational equity and students with disabilities. *Exceptional Children, 76*, 265-278.

McLeskey, J. (2007). *Reflections on inclusion: Classic articles that shaped our thinking*. Arlington, VA: Council for Exceptional Children.

*Mills v. Board of Education of the District of Columbia*, 508 F. Supp. 866 (1972).

Mitchell, D. (Ed.) (2005). *Contextualizing inclusive education: Evaluating old and new international paradigms*. London: Routledge.

Mitchell, D., & Desai, I. (2005). Diverse socio-cultural contexts for inclusive education in Asia. In: D. Mitchell (Ed.), *Contextualizing inclusive education: Evaluating old and new international paradigms* (pp. 202-232). London: Routledge.

Morgan, W. P. (1896). A case of congenital word blindness. *British Medical Journal, 2*, 1378.

Morse, T. E. (2000). Ten events that shaped special education's century of dramatic change. *International Journal of Educational Reform, 9*(1), 32-38.

Mostert, M. P., & Crockett, J. B. (2000). Reclaiming the history of special education for more effective practice. *Exceptionality, 8*, 133-143.

Murdick, N. L., Gartin, B. C., & Crabtree, T. L. (2007). *Special education law* (2nd ed.). Upper Saddle River, NJ: Merrill/Prentice Hall.

*Oberti v. Board of Education of the Borough of Clementon School District*, 995 F.2d, 1009, 3rd Circuit (1993).

Obiakor, F. E. (2007). *Multicultural special education: Culturally responsive teaching*. Columbus, OH: Merrill/Prentice Hall.

Obiakor, F. E., Harris, M. K., Rotatori, A. F., & Algozzine, B. (2010). Beyond traditional placement: Making inclusion work in the general education classroom. In: F. E. Obiakor, J. P. Bakken & A. F. Rotatori (Eds.), *Current issues and trends in special education: Identification, assessment and instruction* (Vol. 19, pp. 141-156). Bingley, UK: Emerald Group Publishing Limited.

Osgood, R. L. (2005). *The history of inclusion in the United States*. Washington, DC: Gallaudet University Press.

Osgood, R. L. (2007). *The history of special education: A struggle for equality in American public schools* (Growing up: History of children and youth). Westport, CT: Praeger Publishers.

Parette, H. P., & Peterson-Karlan, G. R. (2010). Using assistive technology to support the instructional process of students with disabilities. In: F. E. Obiakor, J. P. Bakken & A. F. Rotatori (Eds.), *Current issues and trends in special education: Research, technology and teacher preparation* (Vol. 20, pp. 73-90). Bingley, UK: Emerald Group Publishing Limited.

*Pennsylvania Association for Retarded Children v. Commonwealth of Pennsylvania*, 343 F. Supp. 279 (E.D. Pa., 1972).

Read, J., & Walmsley, J. (2006). Historical perspectives on special education, 1890-1970. *Disability & Society, 21*(5), 455-469.

Reynolds, M. C. (1989). An historical perspective: The delivery of special education to mildly disabled and at-risk students. *Remedial and Special Education, 10*, 7-11.

Rotatori, A. F., Schwenn, J. O., & Litton, F. W. (1994). *Perspectives on the regular education initiative and transitional programs*. Stamford, CT: JAI Press Inc.

*Rowley v. Hendrik Hudson School District*, 458 U.S. 176 (1982).

*Sacramento City Unified School District, Board of Education v. Rachel H.*, 14F.3d, 1398, 9th Circuit (1994).

Safford, P. S., & Safford, E. J. (1996). *A history of childhood and disability*. New York: Teachers College Press.

Safford, P. S., & Safford, E. J. (1998). Visions of the special class. *Remedial and Special Education, 19*, 229-238.

Salend, S. J. (2011). *Creating inclusive classrooms: Effective and reflective practices* (7th ed.). Columbus, OH: Pearson Education.

Salend, S. J., & Garrick Duhaney, L. M. (2007). Research related to inclusion and program effectiveness: Yesterday, today, and tomorrow. In: J. McLeskey (Ed.), *Reflections on inclusion: Classic articles that shaped our thinking*. Arlington, VA: Council for Exceptional Children, pp. 127-129, 147-159.

Schwenn, J. O. (1991). Students with high incidence handicaps. In: J. O. Schwenn, A. F. Rotatori & R. A. Fox (Eds.), *Understanding students with high incidence handicaps: Categorical and noncategorical perspectives* (pp. 3-28). Springfield, IL: Charles C. Thomas.

Sindelar, P. T., Shearer, D. K., Yendol-Hoppey, D., & Liebert, T. W. (2006). The sustainability of inclusive school reform. *Exceptional Children, 72*, 317-331.

Skeels, H., & Dye, H. A. (1939). A study of the effects of differential stimulation on mentally retarded children. *Proceedings of the American Association on Mental Deficiency, 44*, 114-136.

Slee, R. (2005). Education and the politics of recognition: Inclusive education–An Australian snapshot. In: D. Mitchell (Ed.), *Contextualizing inclusive education: Evaluating old and new international paradigms* (pp. 139-165). London: Routledge.

*Smith v. Robinson*, 468 U.S. 992 (1984).

Smith, J. D. (1998). Histories of special education: Stories from our past, insights for our future introduction to the special series. *Remedial and Special Education, 19*(4), 196-200.

*Timothy v. Rochester School District*, No. 875 F. 2d 954 (1989).

Valle, J., & Connor, D. (2010). *Rethinking disability: A disabilities studies approach to inclusive practices*. New York: McGraw-Hill.

Van Acker, R. (2006). Outlook on special education practice. *Focus on Exceptional Children, 38*(6), 8-18.

Verma, G. K., Bagley, C., & Jha, M. (Eds.). (2007). *International perspectives on educational diversity and inclusion*. London: Routledge.

Waitoller, F. R., Artiles, A. J., & Cheney, D. A. (2010). The miner's canary: A review of over-representation research and explanations. *Journal of Special Education, 44*(1), 29-49.

Wheeler, J. J., & Mayton, M. R. (2010). Other innovative techniques: Positive behavior supports and response to intervention. In: F. E. Obiakor, J. P. Bakken & A. F. Rotatori (Eds.), *Current issues and trends in special education: Identification, assessment and instruction* (Vol. 19, pp. 175-198). Bingley, UK: Emerald Group Publishing Limited.

Will, M. (1986). Educating children with learning problems: A shared responsibility. *Exceptional Children, 52*, 411-415.

Winzer, M. A. (1986). Early developments in special education: Some aspects of Enlightenment thought. *Remedial and Special Education, 7*(5), 42-49.

Winzer, M. A. (1993). *The history of special education: From isolation to integration*. Washington, DC: Gallaudet University Press.

Winzer, M. A. (1998). A tale often told: The early progression of special education. *Remedial and Special Education, 19*(4), 212-218.

Wolfensberger, W. (1972). *The principle of normalization in human services*. Toronto: National Institute on Mental Health.

Yell, M. L. (2006). *The law and special education* (2nd ed.). Upper Saddle River, NJ: Merrill/Prentice Hall.

Yell, M. L., Rodgers, D., & Rodgers, E. L. (1998). The legal history of special education. *Remedial and Special Education, 19*, 219-229.

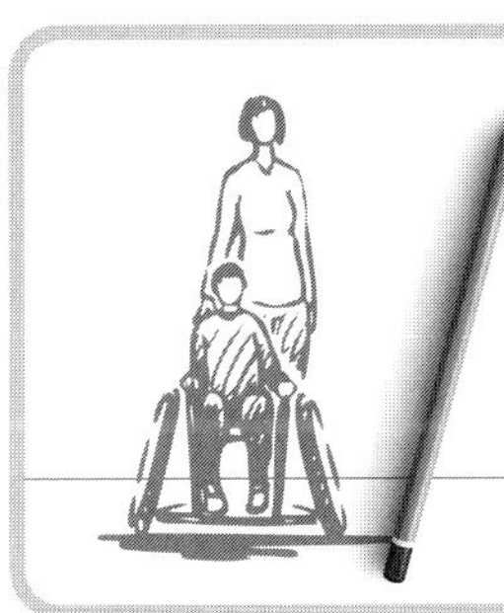

제2장

# 특수교육 관련 법률 및 입법안에 관한 역사

*Betty Y. Ashbaker*

이 장에서는 특수교육과 관련된 법적 절차 및 법률 내용의 역사에 대해 설명하고자 한다. 특수교육 관련 법률들의 역사를 통해 미국의 정부 구조, 장애인의 시민권, 인권 및 장애인의 교육권과 관련된 법률들의 제정 과정이 어떻게 변화해 왔는지에 대해 독자들에게 안내할 것이다. 특히 미국 연방 헌법에 관한 검토를 통해, 「장애인 교육법(IDEA)」[34 C.F.R. § 104.36(2005)]이 장애학생들을 위한 교육 제공을 위해 미국 연방 정부의 개입을 이끌어 내게 한 미국 헌법 수정안에 대해서 알아보았다.

이 외에도 1973년 「재활법(RA)」 504조[29 U.S.C. § 794(a)], 1974년 「가족 교육권 및 개인정보 보호법(FERPA)」(20 U.S.C. § 1232g), 1990년 「미국 장애인법(ADA)」(42 U.S.C. § 12101 이하) 등과 미국 특수교육의 발전에 영향을 준 다른 법률들도 알아보았다. 또한 최근 국내에도 잘 알려진 미국 「낙오 아동 방지법(NCLB)」[20 U.S.C. § 6301 이하 (2002)]도 함께 논의하고자 한다.

## 사회 및 정치 운동: 배경 및 진행 상황

### 약속과 희망

> 우리는 모든 사람은 평등하게 창조되었고, 창조주로부터 양도할 수 없는 권리를 부여받았으며, 그중에는 생명, 자유, 행복 추구가 포함된다는 진리를 믿는다(Declaration of Independence, 1776).

미국 독립선언문에서 모든 인간은 평등하다고 선언한 지 한 세기가 지난 후에도 장애인은 여전히 극도로 열악한 대우를 받아 왔으며, 정당한 권리를 제대로 누리지 못하고 있다. 1800년

대와 1900년대 초반까지 의사들은 보통 장애아동을 출산한 부모에게 아동을 죽이거나 시설에 맡기라고 조언하는 경우도 있었다(Chesterton, 2000). 부모의 용기로 살아남은 아동들은 대개 시설에 맡겨졌기 때문에 공공장소에서는 장애가 있는 아동들을 거의 찾아볼 수가 없었다. 1880년 미국 연방 인구조사서에는 "정신병자, 바보, 귀머거리, 맹인, 집 없는 어린이, 죄수, 빈민"(Ancestry. Com, p. 1)이라는 분류 범주가 있었는데, 이를 통해 당시의 사회적 상황을 알 수 있다. 이 조사서에는 '1880년 결함자, 의존자 및 비행자 명부'라고 불리며, 해당 인물의 이름과 거주지를 포함하여 '정신 이상자, 농아, 시각장애인, 지적장애인'의 경우에는 그들의 장애에 대한 세부 사항도 기재하였다. 정신박약아의 경우 장애의 발병 시기, 장애가 처음 발생한 시기, '정신 발작'의 횟수 등에 대한 상세한 정보가 기록되어 있었다. 이 외에도 구속이 필요한지 여부, 자살, 살인 또는 뇌전증인지 여부, 정신병원 수감자였는지 여부 등도 기록되어 있었다(Ancestry.com, n.d.). 이 당시의 시설들은 수감된 사람들의 기본적인 욕구만 충족시켜 주는 정도의 구금 시설이었으며, 대중을 보호하기 위해 장애인을 통제하는 것이 주된 목적이었기 때문에 매우 많은 수감자로 혼잡했었다고 기록되어 있다. 따라서 이 조사서의 기록을 통해서 장애인에게 교육은 선택 사항이 아니었음을 알 수 있고, 실제로 장애인들이 공립학교에 다니는 것도 금지되어 있었다.

## ☑ 사회 옹호 운동

1887년 3월 앤 맨스필드 설리번(Anne Mansfield Sullivan)이 청각장애를 가진 다섯 살짜리 아동이었던 헬렌 켈러(Helen Keller)에게 의사소통하는 방법을 가르치는 데 성공한 후, 헬렌 켈러의 이야기가 널리 세상에 알려지면서 장애인 교육의 잠재력에 대한 대중의 사회적 인식이 향상되었다. 헬렌 켈러는 훗날 청각장애의 어려움을 이겨 내고 돌파구를 마련한 것에 대해 '내 인생에서 가장 중요한 날'이라고 회상하였다(American Federation for the Blind, Helen Keller Biography, para. 4). 청각장애인을 가르치는 데 성공한 경험을 통한 사회적 인식 개선을 바탕으로, 여러 명의 사회 개혁가들은 다른 유형의 장애를 가진 사람들을 옹호하고 교육하기 시작하였다. 새뮤얼 하우(Samuel Howe) 박사는 정신지체 장애인들의 탈시설화와 이들에게 훈련을 제공하고자 정부나 정치인 대상으로 특정 법안이나 정책에 영향을 주기 위해 로비 활동을 한 것으로 유명하다. 1848년, 그는 정신지체 장애인을 교육하기 위해 미국 최초의 주립학교를 설립하기 위한 공적 자금을 책정하도록 매사추세츠주 의회를 설득하였다. 또한 〈공화국의 전투 찬가〉를 작곡한 노예제 반대 사회 개혁가 줄리아 워드 하우(Julia Ward Howe)는 남편 새뮤얼 하우와 함께 워싱턴을 여행하던 중 이 시를 썼다(Schwartz, 1956). 〈표 2-1〉은 장애인의 인식과 권리를 발전시킨 사회 옹호 운동 중에 중요한 사건들을 발생 순서대로 요약한 것이다.

〈표 2-1〉 장애인 인권이 발전하기 시작한 사건들의 개요: 청각장애인, 시각장애인, 지적장애 혹은 학습장애를 가진 사람들

| | |
|---|---|
| 1817 | 하트퍼드에 청각장애인과 벙어리 교육을 위한 코네티컷 정신병원이 개원하였다. 이것은 미국 최초의 청각장애인을 위한 영구 학교이다. |
| 1829 | 매사추세츠에 미국 최초의 시각장애아동을 위한 학교인 퍼킨스 맹인 학교(당시 뉴잉글랜드 맹인 정신병원)가 문을 열었다. |
| 1840 | 로드아일랜드는 미국 최초로 어린이 의무 교육을 실시한 주가 되었다. |
| 1848 | 새뮤얼 하우 박사가 미국 최초의 학교인 '매사추세츠 정신박약 청소년을 위한 학교'를 위한 기금을 확보했다. |
| 1864 | 청각장애학생을 위한 최초의 대학인 갤러뎃 대학교 설립을 도운 에드워드 마이너 갤러뎃(Edward Miner Gallaudet) |
| 1876 | 에두아르 세갱은 이후 미국 정신지체 협회로 발전하게 되는 단체의 초대 회장이 되었다. |
| 1905 | 알프레드 비네는 테오도르 시몽과 함께 지적장애학생을 판별할 수 있는 측정 도구인 비네-시몽 척도의 개발을 설명하는 논문을 발표했다. 이를 계기로 다음 세기 동안 학습 및 지적장애가 있는 학생을 판별하는 절차의 일부로 지능검사를 광범위하게 사용하기 시작하였다. |
| 1916 | 루이스 M. 터먼과 스탠퍼드 대학원생 팀이 미국판 비네-시몽 지능검사를 완성했다. |
| 1918 | 이 무렵 미국의 모든 주에서 어린이 의무 교육이 실시되었다. 그러나 모든 아동을 위한 교육은 실제로 보장된 것은 아니었다. 장애아동은 공립학교의 의무 교육 대상으로 포함되지 않았다. |

출처: McConnell(2007) 및 Philpot(n.d.)에서 각색.

장애인을 위한 사회적 옹호 관련 의제는 케네디 가문과 같이 정치적, 재정적으로 영향력 있는 사람들이 참여하면서 탄력을 받게 되었다. 1946년, 미국 대사였던 조셉 케네디 부부는(미국 대통령 존 F. 케네디의 부모) 그들의 장남을 기리기 위해 그리고 딸들 중 지적장애가 있었던 딸을 사회에 알리기 위해 조셉 케네디 주니어 재단을 설립하였다. 이렇게 케네디 가문이 자신들의 가족 중 딸 한 명이 지적장애가 있다는 것을 공개적으로 인정한 것은 미국 국민들에게는 매우 놀라운 일이었으며, 많은 사람이 장애인에 대한 편견을 다시 생각하게 하는 계기가 되었다. 이 재단은 오늘날에도 지적 및 발달 장애를 가진 개인과 그 가족을 위해 일하고 있다(Joseph P. Kennedy, Jr., Foundation, n.d.).

1961년 존 F. 케네디는 미국 대통령이 된 후, 대통령 소속 정신지체 전문 위원회(panel)를 설립했다. 그는 1966년에는 대통령 소속 정신지체 전문 위원회를 공식화한 후, 소속 위원들에게 정신지체 실태에 대한 검토와 보고를 지시하였다. 대통령 소속 정신지체 전문 위원회에서는

① 정신지체 이들에게 제공되는 치료의 질이 주 정부 기관마다 매우 다양하고 ② 이들 기관들이 과밀하고 예산과 인력이 부족하다는 사실을 발견하였다.

이러한 결과를 바탕으로 대통령 소속 정신지체 전문 위원회에서는 정신지체 시설에서 정신지체인들을 대하는 직원들의 태도에 변화가 필요하다는 점을 확인하였다. 또한 정신지체인들에 대한 광범위한 학대를 초래하게 한 행정 관행의 변화와 함께 정신지체 장애인들이 이용할 수 있는 프로그램의 개선을 권고하였다. 대통령 소속 정신지체 전문 위원회의 조사 결과에 따라 케네디 대통령은 정신지체 시설 건설법을 법으로 제정하였다. 이 「공법」은 연방 정부가 ① 정신건강 센터 건설을 위해 연방 기금을 사용할 수 있도록 하였으며, ② 정신지체인을 위한 공공 또는 비영리 임상 시설 건설을 지원하기 위한 보조금을 제공하도록 명시하였다(Public Law 88-164, MR Facilities Act 1963). 이 법은 몇 가지 목표를 가지고 지역 및 주의 관련 서비스 역량을 기반으로 한 긍정적인 시스템 변화로 이어졌다. 예를 들어, ⓐ 시설의 안전성 확보, ⓑ 여러 분야의 전문가 양성, ⓒ 대학의 전문성 활용, ⓓ 학제 간 서비스 구축, ⓔ 정신지체(현재는 지적장애라고 함) 연구 지원 등이 그것이다. 이후 지적장애인에 대한 교육이 의무화되기는 했지만, 이 법을 통한 사회적 옹호 운동은 지적장애인을 위한 더 나은 서비스를 제공하는 측면에서 상당한 진전을 이루는 계기가 되었다.

## ☑ 시민권 운동

사회 옹호 운동은 모든 미국인에게 시민권과 평등을 가져다주기 위한 힘겨운 투쟁이었던 시민권 운동으로 서서히 변화되어 갔다. 시민권(civil rights)이라는 용어는 인종 차별과 아프리카계 미국인에 대한 차별을 종식시키기 위한 노력을 의미한다. 이 운동은 차별이 만연되어 있음을 폭로하는 것으로 사람들의 시민권에 대한 대중적 수용도를 높였다. 시민권을 위한 투쟁의 결과는 미국 흑인들에게 지속적이고 긍정적인 영향을 미쳤으며, 이들의 투쟁을 통해 여성과 장애인 등 다른 하위 집단이 법에 따른 권리를 획득할 수 있는 사회 변화의 길을 열어 주게 되었다. "시민권 운동이 아프리카계 미국인의 곤경을 폭로하기 훨씬 전부터 흑인 변호사들은 미국 법 질서의 불평등을 파악하고 사회 변화의 토대를 마련하기 위해 노력해 오고 있었다." (Thurgood Marshall in McNeil, 1983, p. iv)

### • 남북전쟁 이후 입법

1865년 남북전쟁 이후, 앤드루 존슨(Andrew Johnson) 부통령은 에이브러햄 링컨(Abraham

Lincoln)이 암살당하자 미국 대통령이 되었다. 남부에 충성했던 존슨은 "이 나라는 백인을 위한 나라이며, 내가 대통령으로 있는 한 백인을 위한 정부가 될 것"이라고 말한 것으로 알려졌다(PBS: American Experience, n.d.). 존슨의 대통령 재임 기간 동안 '인종이나 피부색, 노예 또는 비자발적 노역의 전력이 없는 미국 내 모든 남성'에게 백인 시민과 동일한 권리를 가진 시민권을 부여하는 법안이 발의되었다(http://www.ourdocuments.gov). 존슨 대통령은 이 법안에 거부권을 행사했으나, 상·하원 모두에서 3분의 2 이상이 찬성하여 1866년「민권법」으로 공포되었다. 이 법은 남부 주들에 대한 연방 정부의 개입을 확대하고, 해방 노예들을 지원하려는 당시의 움직임을 반영한 것이었다(PBS: American Experience, n.d.). 1871년「민권법」은 1866년「민권법」의 연장선으로, 소수 인종 및 피부색의 차별 금지에 대한 자세한 내용을 포함하고 있었다.

차별 금지법이 통과되었지만 주택, 토지 소유권, 교육, 투표 및 기타 삶의 측면에서 여전히 차별이 만연해 있었다. 민권 운동은 다양한 인종의 남성에게만 적용되었을 뿐 여성이나 장애인에게는 거의 영향을 미치지 못했다. 1964년「민권법」이 제정되고 나서야 비로소 교육권이 보장되었다. 이 법은 공공장소에서의 차별을 금지하고 학교 및 기타 공공시설의 통합을 규정했으며 고용 차별을 불법으로 규정하였다. 인종적 배경과 피부색이 다른 사람들의 요구와 평등은 장애인의 요구와 평등보다 더 빨리 해결되었다.「민권법」이 장애인에 대한 자금 지원이나 교육 평등을 구체적으로 다루지는 않았지만 민권 운동은 간접적으로 장애인의 인권을 향상시키는 데 상당한 영향을 미쳤다(Congress and the Civil Rights Act, 1964).

차별 금지법이 통과되었음에도 실질적인 조치는 제대로 이루어지지 않았다. 예를 들어, 인종과 관계없는 평등은 이미「헌법」의 원칙이었으며 여러「민권법」 제정을 통해 법제화되었으나, 1960년대까지도 '분리하되 평등하다'는 논리 아래 인종 분리 관행이 여전히 지속되고 있었다. 또한 차별이 버젓이 불법적으로 이루어졌으며,「수정 헌법」 제14조가 생명, 자유, 행복 추구의 자유를 다루고 있음에도 불구하고 장애인은 여전히 시설에 수용되어 최소한의 음식, 물, 지원만 제공받았다(Latham, Latham, & Mandlawitz, 2008).

### • 찰스 해밀턴 휴스턴

민권 운동의 리더로 잘 알려지지 않았던 변호사 찰스 해밀턴 휴스턴(Charles Hamilton Houston)은 플레시 대 퍼거슨 사건의 대법원 판결에서 분리 평등 원칙을 무너뜨린 공로로 인정받게 되었다. 휴스턴은 기발한 계획으로 아프리카계 미국인의 '분리되나 평등'한 지위의 불평등을 보여 줌으로써 차별을 공격하고 무력화하였다. 휴스턴의 목표는 광범위했으며 특히 시설, 교육, 대우, 편의시설에서 백인 미국인에게 제공되는 것보다 흑인 미국인에게 제공되는 것

들이 매우 열악하다는 증거를 제시하였는데, 이는 매우 구체적인 것이었다(McNeil, 1983). 그 당시 공립학교, 공공장소, 기차나 버스와 같은 대중교통에서 흑인들은 별도의 공간을 사용하도록 하였으며, 이들 공간은 매우 열악한 시설을 갖추고 있었다. 남부 주에서는 흑인들을 위한 교육에 백인 학생에게 할당된 금액의 절반도 안 되는 금액을 지출했다. 개별 교육구에서는 더 큰 격차가 있다는 것이 알려지게 되었다. 흑인 학교는 백인 학교에서 버려진 물품을 사용하였고, 열악한 건축 자재로 지어졌으며, 이 곳에서 일하는 강사들은 백인 학생을 가르치는 교사보다 훨씬 적은 임금을 받았다(NAACP, Legal History, n.p.).

휴스턴은 1930년부터 1954년까지 대법원에 제기된 거의 모든 민권 소송에서 변호사 역할을 담당했기 때문에 '짐 크로우를 죽인 사람'이라는 별명이 붙었다. 휴스턴은 1896년 '분리되나 평등하다'는 원칙에 따라 평등한 교육을 제공하려는 시도조차 하지 않은 주 정부를 상대로 획기적인 브라운 판결을 이끌어 낸 주인공이었다. 휴스턴은 플레시 대 퍼거슨 판결을 뒤집기를 희망했다(NAACP, Legal History, n.p.).

플레시 대 퍼거슨(Plessey v. Ferguson). 1892년, 흑인의 피가 8분의 1만 섞인 호머 플레시는 백인 전용으로 지정된 동부 루이지애나 철도에 탑승했다. 그는 백인 전용 칸에서 내리기를 거부하다가 체포되어 투옥되었다. 왜 그랬을까? 루이지애나주 법에 따라 그는 여전히 아프리카계 미국인으로 간주되어 유색 인종 전용 차량에만 탑승해야 했기 때문이다. 이 판결은 인종 분리를 사회 정책의 일환으로 인정하며 오랜 관행을 옹호했고, 이후 반세기 동안 '분리하되 평등하다'는 원칙이 확립되는 계기가 되었다. 항소심에서 플레시의 변호인단은 이러한 강제 분리가 수정 헌법 제13조와 제14조가 보장하는 시민의 권리를 침해한 것이라고 주장했다(Lofgren, 1987). 그러나 주 대법원은 퍼거슨의 판결을 지지했다. 플레시 팀은 이 사건을 미국 대법원으로 가져갔고 플레시 대 퍼거슨 사건은 미국 역사상 가장 유명한 법정 소송 중 하나가 되었다(Medley, 2003).

브라운 대 캔자스주 토피카 교육위원회(Brown v. Board of Education of Topeka, Kansas). 1940년대 중반, 미국인들은 흑인 최초로 라디오 버라이어티 쇼를 진행했던 냇 킹 콜의 감미로운 음색에 맞춰 춤을 추었고, 브루클린 다저스에 입단해 20세기 메이저리그 야구를 시작한 최초의 흑인 선수가 된 재키 로빈슨을 응원했다. 이 유명 인사들은 아프리카계 미국인과 그들이 직면한 어려움에 대한 대중의 인식을 높이는 데 기여했다. 한편, 찰스 해밀턴 휴스턴과 그의 법률팀[서굿 마샬(Thurgood Marshall)과 NAACP 포함]은 학교 차별에 대한 법적 문제를 제기함으로써 분리 평등법이 교육에 미치는 영향을 폭로하기 위해 노력했다. 그들은 미국 대법원에서 모든 학교 소송의 랜드마크가 되는 판결을 이끌어 냈다. '분리하되 평등한' 인종 차별 사건인

플레시 대 퍼거슨(163 U.S. 537 1896) 판결이 뒤집히면서 새로운 이정표가 세워졌다.

브라운 대 교육위원회 사건(1954)에 대한 대법원의 판결은 그동안의 '분리하되 평등한' 교육 관행에 대한 개혁을 촉발했다. 이 사건을 통해 법원에서는 학교 및 기타 공공 시설에서 인종 차별의 법적 근거가 되었던 내용들을 삭제하고 '분리된 교육 시설은 본질적으로 불평등하다'는 9 대 0의 판결을 내렸다(347 U.S. 483 1954). 브라운 대 교육위원회 판결은 인종 차별적 성격이 모든 시민에게 동등한 법의 보호를 보장하는 미국「헌법」제14조를 위반한다고 선언함으로써 향후 인권과 교육권에 관한 국내 및 국제 정책을 형성하는 데 영향을 미쳤다. 얼 워렌(Earl Warren) 대법관은 모든 시민이 교육을 받아야 할 필요성을 인식하고 다음과 같은 글을 썼다.

> 오늘날 교육은 아마도 주 정부와 지방 정부의 가장 중요한 기능이다. 의무 교육 관련법과 막대한 교육비 지출은 민주 사회에서 교육의 중요성에 대한 국민들의 인식을 보여 준다. 교육은 우리의 가장 기본적인 공적 책임, 심지어 군 복무에도 요구된다. 교육은 훌륭한 시민권의 기초이다. 오늘날 교육은 문화적 가치에 눈을 뜨게 하고, 나중에 직업 훈련을 받을 수 있도록 준비시키며, 환경에 정상적으로 적응할 수 있도록 돕는 주요한 수단이다. 오늘날 어떤 어린이가 교육의 기회를 거부당한다면 인생에서 성공할 수 있을 것이라는 합리적 기대를 할 수 있을지는 의문이다. 국가가 제공하기로 약속한 그러한 교육에 대한 평등한 기회 제공은 모든 사람에게 동등한 조건으로 제공되어야 하는 권리이다(Chief Justice Earl Warren, Decision on Brown v. Board of Education of Topeka, 1954, Document 29.3.1; para. 8).

브라운 사건은 학교에서의 차별을 금지했을 뿐만 아니라 다음과 같은 여러 측면에서도 차별을 점진적으로 종식시키는 데 도움이 되었다. 장애아동이 공립학교에서 교육을 받는다는 개념은 1950년대와 1960년대의 사회 발전과 법원 판결에 큰 영향을 받은 시민권 운동의 연장선상에 있었다. 브라운 대 교육위원회 판결 이후, 장애아동이 일반 공립학교에서 교육받을 권리를 다룬 여러 새로운 판례가 나왔다. 이 판례는 장애학생의 권리를 계속해서 정의하고 있다.

## 장애인을 위한 권리

> 나는 내 권리에 대해 알지 못한 채 다시는 잡히지 않겠다고 결심했고, 다행히 운이 따라 줘서 이 전쟁을 이겨 낸다면 법을 공부하고 자신의 권리가 침해되어도 대항

할 수 없는 사람들을 위해 싸우는 데 시간을 쓰겠다고 결심했다(Charles Hamilton Houston in the Pittsburg Courier, 24 August 1940, n.p.).

자신의 권리가 침해되었을 때, 가장 대항할 수 없었던 사람들은 아마도 장애아동이었을 텐데, 당시 장애아동은 교육받을 권리를 누리지 못하고 비장애아동과 다른 (그리고 열등한) 대우를 받고 있었다. 공립학교에서 교육받을 수 있는 권리를 흑인과 백인 아동에게 동등한 조건으로 확대한 브라운 판결은 장애아동을 둔 부모들에게 우려와 의문을 불러일으켰다. 장애아동의 부모들은 "왜 우리 아이들에게는 평등한 교육 기회라는 동일한 원칙이 적용되지 않는가?"라고 묻게 된 것이다. 그들은 장애학생의 공교육에 대한 접근을 거부하거나 분리를 조장하는 학교 절차에 대한 불만이 커지자 법적 소송을 제기했다. 주 정부와 연방 기관은 이에 주목하여 장애인에게 교육받을 권리와 지원을 제공하는 일련의 법률들을 통과시켰다.

## ☑ 무료 공교육 및 적법 절차 권리

장애아동이 최소한의 제한적인 환경에서 적절한 공교육을 무료로 받을 권리와 적법 절차에 따른 권리를 거부한 교육구(school districts)와 주(states)의 조치에 이의를 제기하는 법원 판례가 나왔다. 이 판례 이전에는 장애아동이 특정 교육 프로그램에서 배제되거나 분리된 환경에서 소위 '특수' 교육을 받아야 했다. 법원은 기본적으로 이러한 처우가 합리적인지 여부와 필요성 여부를 검토하였다. 장애아동과 관련된 이러한 특수교육 제공 문제를 검토하는 데 있어 가장 중요한 판례 중 하나는 펜실베이니아 정신지체아 협회 대 펜실베이니아 연방(Pennsylvania Association for Retarded Children v. Commonwealth of Pennsylvania, 1972) 판례이다.

펜실베이니아 정신지체아 협회(PARC)는 정신지체 아동을 대신하여 펜실베이니아주를 상대로 소송을 제기하였다. 펜실베이니아 정신지체아 협회 대 펜실베이니아주(1972) 소송에서 펜실베이니아 정신지체아 협회는 당시 공립학교에 다니면 교육적 이익을 얻을 수 없다고 간주된 정신지체 등과 같은 특정 아동의 공립학교 교육을 거부하는 주법에 이의를 제기한 것이다. PARC를 지원하는 변호사와 부모들은 아동들이 지적장애를 가지고 있기 때문에 교육과 훈련이 불가능하다고 가정하는 것은 합리적이지도 필요하지도 않다고 주장하였다. 이에 대하여 주 정부는 정신지체 등과 같은 아동들을 공립학교 프로그램에서 제외할 합리적 근거를 제시하지 못하였다. 이에 따라 법원은 정신지체 등 아동이 무상의 공교육을 받을 권리가 있고, 아동의 부모는 자녀의 교육 프로그램이 변경되기 전에 통지를 받을 권리가 있으며, 주 정부는 부모에

게 완전하고 공정한 정보를 제공하기 위해 적법 절차로 알려진 특정 절차를 따라야 한다고 결정하였다(Pennsylvania Association for Retarded Children v. Commonwealth of Pennsylvania, 1972).

이 무렵 피터 밀스(Peter Mills)라는 12세 흑인 학생은 '행동 문제'가 있다는 이유로 4학년 수업에서 제외되었다. 교장은 그 학생의 퇴학을 승인하였다. 이 사건은 교육구가 해당 학생에게 특수교육 프로그램을 제공할 자금이 충분하지 않다고 주장한 밀스 대 교육위원회 사건(Mills v. Board of Education, 1972)을 촉발시켰다. 이 소송에서 법원은 교육구에서 이들 학생들에 대한 서비스를 제공하는 데 필요한 예산 부족으로 이들 아동에 대한 교육 서비스를 제공할 수 없다는 것은 적절한 변명이 될 수 없다고 판결하면서 학교 측에 피터를 재입학시키고 교육구에는 피터와 같은 학생들에게 적절한 교육적 서비스를 제공하라고 명령하였다. 오늘날도 그렇듯이 예산이 제한되어 있다 하더라도 장애아동의 공립학교 입학을 거부할 수는 없다[Mills v. Board of Educ. 348 F. Supp. 866 (1972)]. 무엇보다도 PARC 판결과 밀스 판례는 장애아동에게 무상 공교육을 받을 권리가 있음을 명시하고, 특히 부모의 권리를 보장하기 위한 적법 절차의 중요성을 확립했다는 점에서 큰 의미가 있다.

27개 주에서 추가로 36건의 법원 판결을 통해 장애학생의 교육권을 확인하면서 연방정부 차원에서 이에 대한 기준이 필요함을 보여 주었다. 이에 따라 1972년 미국 상원에서 법안이 발의되어 1975년 「공법 94-142」, 즉 「전장애아교육법」이 제정되었다. 이 법은 공교육에 대한 자유로운 접근과 법에 따른 동등한 보호를 보장하기 위한 적법 절차에 대한 동등한 권리라는 중요한 개념을 포함하고 있어 처음부터 장애학생들과 그 가족에게 희망을 주었다. 이 법은 자유롭고 적절한 공교육과 적법 절차 외에도 최소한의 제한적인 환경에서의 교육을 제공하도록 보장하였다. 〈표 2-2〉에는 장애아동의 교육에 영향을 준 법률들이 제시되어 있다.

**〈표 2-2〉 장애인을 지원하는 법률**

| | |
|---|---|
| 1943 | 「바든-라폴레트 직업 재활법(Barden-LaFollette Vocational Rehabilition Act)」에 따라 지적장애 또는 정신질환이 있는 사람도 직업 재활 서비스를 받을 수 있게 되었다(P.L. 78-113). |
| 1958 | 「국방 교육법(National Defense Education Act)」은 지적장애학생들의 교육을 담당할 교사들을 양성하기 위한 전문가 훈련 기금을 제공했다(P.L. 85-926). |
| 1965 | 「초 · 중등교육법(The Elementary and Secondary Education Act: ESEA)」은 전국 학교의 불평등한 상황을 개선하기 위한 세부 계획을 제공하였다. 이 법의 몇 가지 개정으로 연방 정부는 장애아동 교육에 전념하는 학교를 운영하기 위해 주 정부에 보조금을 제공할 수 있게 되었다(P.L. 89-10 및 89-313). |

| | |
|---|---|
| 1966 | 의회(Congress)는 ESEA에 대한 몇 가지 개정안을 승인하였다. 개정안에는 지역 학교의 장애아동 교육을 위한 연방 보조금 프로그램의 신설, 장애인 교육국(BEH) 및 국가 자문 위원회의 설립이 포함되었다(P.L. 89-750). |
| 1973 | 「재활법 504조(Section 504 of the Rehabilitation Act)」가 제정되었다. 이에 따라 연방 재정 지원을 받는 모든 기관(예: 교육구 및 주 교육청)은 장애가 있는 적격성을 갖춘 학생에게 편의를 제공하게 되었다(재활법 34 C.F.R. § 104.5). |
| 1974 | 「가족 교육 권리 및 개인정보 보호법(The Family Educational Rights and Privacy Act: FERPA)」이 제정되었다. 이 법의 기타 조항을 통해 학부모는 해당 교육구의 자녀와 관련하여 수집, 유지 또는 사용되고 있는 모든 개인 식별 정보에 접근할 수 있다(P.L. 93-280). |
| 1975 | 「전장애아교육법(The Education for All Handicapped Children Act: EAHCA)」은 장애아동과 부모 또는 보호자의 적법 절차 권리를 보장하였다. 또한 이 법은 장애학생을 위한 개별화 교육 프로그램을 의무화하고 모든 아동이 학교 내 최소제한환경에서 교육 서비스를 제공받아야 한다고 법으로 규정하였다(P.L. 94-142). |
| 1983 | EAHCA가 개정되었다. 주요 조항으로는 ⓐ 연구 및 시범 프로젝트를 통해 학교에서 직장으로의 전환을 촉진하는 서비스, ⓑ 부모 교육 및 정보 센터, ⓒ 조기 개입 및 유아 특수교육에 대한 시범 프로젝트 및 연구 자금 지원 등이 있다(P.L. 98-199). |
| 1986 | 「장애아동 보호법(Handicapped Children's Protection Act)」이 추가되어 EAHCA가 개정되었다. 이 개정안은 학생과 학부모가 IDEA와 504조에 따른 권리를 동시에 가지고 있음을 분명히 했다. 이전에는 일부 교육구에서 두 법률을 상호 배타적인 것으로 취급하였기 때문이다(P.L. 99-457). |
| 1990 | EAHCA가 재승인되고 「장애인 교육법(Individuals with Disabilities Education Act: IDEA)」으로 이름이 변경되었다. 장애학생을 위한 프로그램 자금 지원 확대, 전환 서비스 의무화, 보조 기술 장치 및 서비스 정의, 특수교육 및 관련 서비스 대상 아동 및 청소년 범주에 자폐 및 외상성 뇌손상이 특수교육 대상자 범주에 추가되었다(P.L. 101-476). |
| 1997 | IDEA 개정을 통해 부모의 역할이 한층 강화되었으며, 학교 교육과정에 대한 학부모의 접근권이 보장되었다. 특히 학부모와 교육자가 중재나 비적대적 수단을 통해 갈등을 해결하도록 장려하는 규정이 추가되었다(P.L. 105-17). |
| 2001 | 1965년 제정된 「초 · 중등교육법(ESEA)」은 2001년 개정을 통해 「낙오 아동 방지법(No Child Left Behind Act: NCLB)」으로 명칭이 변경되었다. 이 법의 핵심은 교육청이 표준화 시험 성적을 바탕으로 학생들이 '적절한 연간 학업 진도'를 달성하고 있음을 입증하도록 규정한 것이다. 특히 장애학생 또한 이러한 시험에 반드시 응시해야 하며, 학업 성취가 기준에 미달할 경우 개별 학교나 교육청에 개선 조치를 요구할 수 있다는 규정이 명시되었다(2002). |
| 2004 | 2004년의 IDEA는 학습장애로 진단받기를 희망하는 학생이 지능검사로 측정되는 지능과 읽기와 수학과 같은 영역에 대한 표준화된 검사 사이의 불일치(discrepancy)를 제시하도록 하는 규정을 삭제하였다(U.S.C. § 1400 이하)(2005). |

출처: McConnell(2007) 및 Philpot(n.d.)에서 각색.

## 장애인 교육법(IDEA)

PARC 판결과 Mills 판례 등은 교육계에 지대한 영향을 미친 1975년 「전장애아교육법(EAHCA)」의 토대가 되었으며, 이후 정식 입법 과정을 거쳐 법으로 확정되었다. 여러 차례 재승인되는 과정을 거쳐 발전해 온 이 법은 오늘날 「장애인 교육 개선법(Individuals with Disabilities Education Improvement Act: IDEIA)」으로 알려져 있으며, 줄여서 「04년 장애인 교육법(IDEA)」으로 불리기도 한다. 이 법은 권리보장법(entitlement law)으로 분류되는데, 이는 프로그램의 자격 요건을 충족하는 모든 사람이 프로그램의 서비스를 받을 자격이 있다는 것을 의미한다. 이 법의 명칭에는 장애라는 용어보다 사람이라는 용어를 먼저 제시하고 장애는 그다음에 제시하는 것이 중요하다는 철학이 반영되어 있다.

「공법 94-142」는 모든 장애아동이 적절한 공교육을 무료로 받을 수 있도록 보장하고, 부모와 아동의 권리를 보호하며, 주 정부에 교육 재정 지원을 제공하고, 이러한 노력의 효과를 평가하는 근거가 되었다. 이 법이 제정되기 전에는 수백만 명의 장애아동(특히 학교에서 배제된 정신지체 및 정신질환 아동 등)의 교육적 요구가 완전히 충족되지는 못했었다. 이 법 덕분에 이제 모든 학생은 장애를 이유로 학교에서 배제되지 않게 되었으며 적절한 공교육을 무상으로 받을 권리를 갖게 되었다. 모든 학생은 필요한 특수교육 및 관련 서비스를 받을 수 있게 되었지만, 아동이 무상의 적절한 공교육(FAPE)을 받으려면 몇 가지 조항이 마련되어 있어야 한다. 다음은 이에 대한 기본 원칙이다. ⓐ 장애아동 찾기 의무 및 무배제 원칙, ⓑ 비차별적 진단 및 평가, ⓒ 개별화 교육 프로그램(IEP), ⓓ 최소제한환경, ⓔ 적법 절차, 자녀의 교육 결정 과정에 참여할 수 있는 부모의 권리, 의견 불일치 시 중재 등 절차적 안전장치, ⓕ 부모 참여, ⓖ 전환. 이 법에 대한 재승인 과정을 거치면서 이러한 중요한 원칙들이 더욱 명확해지고 개선되었다.

### ☑ IDEA 핵심 개념

**• 장애아동 찾기 의무 및 무배제 원칙**

IDEA의 첫 번째 조치에는 장애아동 찾기 의무와 무배제 원칙이 모두 포함된다. 장애아동 찾기 의무는 교육청이 장애가 있지만 특수교육 서비스를 받지 못하고 있는 장애아동을 찾아내서 진단하고 평가해야 한다는 것을 의미한다. IDEA 2004 개정안은 사립학교에 다니는 특수교육 대상 학생뿐만 아니라 소년 · 소녀 가장 학생과 국가의 지원을 받는 학생들에 대해서도 특수교

육이 필요한 학생인지 아닌지를 찾아서 평가해야 한다는 요구사항을 제시하였다. 국가와 모든 교사는 학생의 장애 유무를 살피고 학생들이 적절한 무상의 공교육을 받을 수 있도록 모든 노력을 기울여야 할 의무가 있다.

무배제 원칙은 교육구가 장애아동을 장애 정도와 상관없이 무상의 적절한 공교육(FAPE)을 받을 수 있는 기회에서 배제할 수 없음을 의미한다. 과거에는 장애아동이 특정 교육 프로그램에서 제외되거나 분리된 환경에서 '특수교육'을 받는 등 비장애아동과 다른 대우를 받았다. 이들에게 제공된 '특수' 교육은 특수교사의 전문성이 갖추어져 있지 않거나 아예 특수교사 자격증이 없는 교사들이 가르쳤으며, 특수교육 대상학생을 위한 교육 목표가 낮거나 아예 없는 등 적절하지 않은 경우가 많았다.

장애아동 찾기 의무 및 무배제 원칙은 심각한 행동 문제가 있는 아동에게도 적용된다. IDEA는 1997년 재승인 때까지는 훈육 문제를 다루지 않았다. 그러다가 2004년 의회는 이들 학생들의 징계를 처리하는 복잡한 절차를 간소화했다. 일반적으로 관리자는 장애학생을 최대 수업일 10일 동안 정학시킬 수 있지만, 사안별로 검토해야 한다. 그러나 장애학생이 징계로 퇴학 처분을 받은 경우에도 장애학생이 FAPE를 받을 수 있도록 보장하는 절차를 마련하였다.

### • 비차별적 진단과 평가

장애가 의심되는 모든 학생은 관련된 모든 영역에서 차별 없는 평가를 받게 되었다. 평가는 시험 및 기타 평가 자료 사용에 대한 지식과 훈련을 갖추고 다양한 출처에서 관련 정보를 수집할 수 있는 평가 팀에 의해 수행되어야 한다. 평가 팀은 선택한 평가 자료와 절차를 인종적 또는 문화적 차별이 없는 방식으로 시행해야 한다. 그리고 아동에게 불필요한 시험 및 평가를 실시해서는 안 된다.

비차별적 진단 및 평가는 EAHCA에서 정한 요건이지만, 일부 절차는 수년에 걸쳐 법원 판결을 통해 개선되어 왔다. 래리 P. 대 라일스(Larry P. v. Riles, 1979) 판례는 불공정한 진단, 평가(assessment) 및 평가 방법에 의해 특수교육 서비스 대상자로 적격하지 않은 학생들이 특수교육 대상자로 배치되는 문제점들을 부각하였다. 캘리포니아의 한 연방 지방법원은 교육 가능 정신지체(EMR) 학생을 특수 학급에 배치하기 위해 아프리카계 미국인 학생에게 실시하는 표준화된 IQ 검사 도구를 사용하여 평가하는 것을 금지하였다. 법원은 이러한 표준화 지능검사가 인종적, 문화적 편견을 담고 있으며 소수 인종 학생들을 차별한다는 판결을 내렸다. 이제 지역 교육기관은 장애아동에게 특수교육 및 관련 서비스를 제공하기 이전에 전체 개별 평가를 실시해야 한다[IDEA, 20 U.S.C. 1414(a)(1)].

IDEA에 따르면 특수교육 대상자 진단 평가 자료는 아동의 모국어 또는 의사소통 방식(예: 수어)으로 시행되어야 한다. 또한 검사는 특정 목적에 부합하게 사용되어야 하며, 검사 도구는 타당도와 신뢰도를 갖추어야 한다. 검사는 반드시 훈련된 전문가에 의해 시행 및 해석되어야 하며, 정확한 의사결정을 위해 두 가지 이상의 검사를 사용하도록 규정하고 있다. 비차별적 평가란 언어, 문화 또는 인종에 따라 차별하지 않는 방식으로 학생을 평가하는 것을 의미한다. 이러한 평가는 특수교육 및 관련 서비스에 대한 아동의 적격성을 결정할 정보를 제공할 뿐만 아니라, 개별화 교육 지원팀이 아동의 교육적 요구를 파악하고 계획하는 데 유용한 기초 자료가 된다. 최종적으로 이 모든 계획은 서면 형태의 개별화 교육 프로그램으로 문서화된다.

### • 개별화 교육 프로그램

개별화 교육 지원팀은 특수교육 서비스를 받는 모든 아동을 위해 개별화 교육 프로그램(Individualized Education Program, 이하 IEP)을 작성해야 한다. IEP는 장애로 인해 영향을 받는 모든 영역에서 학생의 강점과 교육적 요구를 상세히 설명하고, 해당 영역의 목표를 명시한 서면 공식 문서이다. IEP는 학생의 학습에 영향을 미칠 수 있는 특수 요인(예: 행동 문제, 의사소통 요구, 제한된 영어 능력 등)을 고려하는 동시에, 일반 교육과정으로의 접근 및 진도에 중점을 둔다. 즉, IEP는 학생이 무상의 적절한 공교육(FAPE)을 받고 있음을 입증하는 문서이다.

IEP는 일반교사와 특수교사, 학부모, 학교 행정가(지역 교육청 대표), 그리고 학생의 교육 서비스에 전문 지식을 가진 관련 서비스 제공자들이 참여하는 개별화 교육 지원팀에 의해 개발된다. 특히 담임교사는 일반 교육과정 및 학생의 접근 방법을 가장 잘 알고 있으므로 팀의 필수 구성원이다. 팀은 학생의 현재 학습 수행 수준을 토대로 연간 목표를 수립하며, 목표 달성에 필요한 특수교육 및 관련 서비스를 결정한다. 또한 목표 달성 여부를 측정하는 방법과 진전 상황을 학부모에게 알리는 방식도 결정해야 한다. 개별화 교육 지원팀은 최소 매년 한 번 이상 회의를 열어 IEP를 재검토하고 수정해야 한다.

헨드릭 허드슨 중앙 교육구 교육위원회 대 로울리(Board of Education of the Hendrick Hudson Central School District v. Rowley, 1982) 판례는 청각장애가 있는 학생에게 수어 통역사 서비스 제공을 거부한 학교 관계자를 상대로 학부모가 소송을 제기한 획기적인 사건이다. 이 사건은 대법원까지 올라갔으며 '적절한 교육'에 대한 평가 기준을 마련하는 계기가 되었다. 여기서 적절한 교육이란, 첫째, 모든 절차(IDEA에서 요구하는)를 따라야 한다는 의미이다. 둘째, 적절한 교육은 '교육적 혜택을 부여하기에 충분한' 교육이어야 한다는 의미이다[Board of Ed. of the Hendrick Hudson Central School District v. Rowley 458 U.S. 176 (1982)].

• **최소제한환경**

장애학생은 장애로 인해 고립되는 것을 방지하기 위해 최소한의 제한적 환경에서 교육을 받아야 한다. 최소제한환경(Least Restrictive Environment: LRE) 요건을 흔히 '주류화'라고도 한다. 각 사례는 학생의 개별적인 교육적 요구에 따라 결정되어야 하지만, 최소제한환경은 장애아동이 장애가 없는 경우 장애아동이 다닐 수 있는 동일한 학교에서 장애아동을 비장애아동과 함께 최대한 만족스럽게 교육할 수 있는 환경을 의미한다. 이는 장애아동에게 의미 있는 교육적 혜택을 제공할 수 있는 LRE에 배치해야 한다는 의미로 해석되어 왔다. 특수교육 대상 아동의 배치에 대한 결정은 아동의 IEP가 작성된 후에 내려져야 한다. 학부모는 IEP를 작성하고 배치를 결정하는 개별화 교육 지원팀의 구성원이다. 법원은 학교가 학생의 배치를 미리 결정할 수 없다고 판시한 바 있다. 학생의 교육적 배치 결정은 개별화 교육 팀에서 해야 한다.

• **절차적 권리보장**

적법 절차(due process)는 특수교육 대상 학생 자녀의 교육 프로그램 개발에 부모에게 통지하고 참여할 기회를 제공해야 한다는 것을 명시하는 절차적 권리보장 중 하나이다. 의회는 장애학생을 위한 적절한 배치 및 특수교육 서비스에 대해 불만이 발생할 수 있음을 인식하여 IDEA에서 이러한 불만을 해결하는 방법을 설명하고 있다. 학부모나 학교 중 어느 쪽이든 학생의 요구가 충족되지 않는다고 생각하는 경우 고충 처리 절차를 시작할 수 있다. 각 주에서는 불만 사항 해결을 위한 절차를 채택하고 있다. 불만 사항은 해당 지역 교육청(LEA)(일반적으로 교육청 또는 교육감)에 서면으로 제출해야 하며, IDEA 위반 혐의와 진술의 근거가 되는 사실을 모두 명시해야 한다. 불만 사항에 관한 문서는 주 정부의 특수교육 담당자에게도 발송된다.

IDEA는 학부모와 교직원이 특수교육 대상 학생의 성공적인 학교생활을 위해 IEP를 함께 수립하고 협력할 수 있도록, 그 기회를 제공하는 수단으로 설계되었다. 또한 분쟁이 발생하는 경우 이견을 해결하기 위한 절차가 제시되어 있다. 이 법은 학부모 또는 교육구가 다음과 관련된 모든 문제에 대한 분쟁을 해결할 수 있는 절차를 명시하고 있다. 진단, 평가 또는 교육적 배치 또는 적절한 무상 공교육 제공을 위한 것이다. 이 절차를 중재라고 한다. 학부모 또는 교육구가 청문회를 요청하면 언제든지 청문회를 개최해야 한다.

• **의사결정에 대한 학부모 및 학생 참여**

학부모와 학생(필요한 경우)은 특수교육 의사결정 과정에 참여해야 한다. 학부모와 학생은 모든 회의에 대해 통지받고 의사결정 과정에 참여해야 한다.

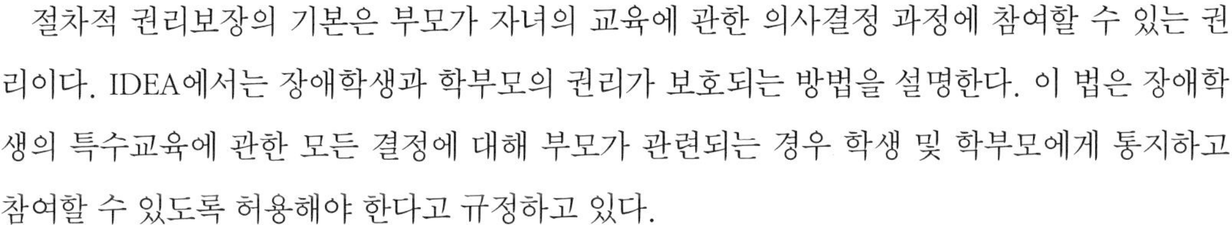

절차적 권리보장의 기본은 부모가 자녀의 교육에 관한 의사결정 과정에 참여할 수 있는 권리이다. IDEA에서는 장애학생과 학부모의 권리가 보호되는 방법을 설명한다. 이 법은 장애학생의 특수교육에 관한 모든 결정에 대해 부모가 관련되는 경우 학생 및 학부모에게 통지하고 참여할 수 있도록 허용해야 한다고 규정하고 있다.

이 법에서는 학부모의 동의나 참여 없이 학생을 프로그램에 배치하거나 프로그램에서 제외하는 과거의 관행을 방지하도록 하였다. 이 법은 학교가 특수교육을 실시하는 과정에서 학부모를 중요한 파트너로 참여시켜야 한다는 점을 인정하고 있다. 따라서 법은 학교가 학생의 특수교육 프로그램의 평가, 배치 또는 변경을 제안할 때 학부모에게 통지할 뿐만 아니라 학부모의 사전 동의를 받도록 요구한다. 또한 학부모는 IEP 팀의 구성원으로서 자녀의 진단, 평가 또는 교육 배치에 관한 결정에 이의를 제기하거나 항소할 수 있는 권리를 가진다. 성년이 되었지만, 아직 공립학교에 재학 중인 장애학생은 프로그램에 대한 결정을 내릴 때 부모와 비슷한 권리를 가진다.

IDEA '04에는 다음과 같은 절차적 권리보장이 포함되어 있다.

- 학교는 자녀에 대한 평가 또는 배치를 실시하기 전에 학부모로부터 서면 동의를 받아야 한다.
- 학교는 학생의 특수교육 프로그램에 대한 변경 사항을 제안할 경우에는, 학부모가 그 과정에 참여할 수 있도록 사전에 서면으로 통지해야 한다.
- 교육청이 적절한 평가를 제공할 수 없거나 제공하지 않을 경우 학부모는 교육청에서 비용을 지불하고 자녀에 대한 독립적인 교육 평가를 받을 수 있다.
- 학부모는 자녀의 교육 관련 기록을 열람하고 검토할 수 있다.
- 학부모는 초기 평가 또는 특수교육 배치에 대한 동의를 제공하거나 거부할 수 있다.
- 학생은 배치 결정이 내려지기 전까지는 현재의 배치 상태로 남아 있을 수 있다.

1977년 「장애인을 위한 교육법」 개정안인 「공법 105-17」(1997)에는 법의 목적에 따라 기존 내용 외에도 학습장애 진단과 관련된 새로운 조항이 포함되었다. 개정 법은 지역 교육청이 학습장애학생을 특수교육 대상자로 선정할 때 적용하던 이른바 '능력-성취 불일치' 기준을 삭제하였다. 이는 IQ 검사로 측정된 지능과 읽기 · 수학 영역의 표준화 검사 성취도 간의 차이를 근거로 하던 방식이다(Klotz & Nealis, 2005).

• **전환 서비스**

현행 IDEA는 학생이 만 16세가 될 때까지 개별화 교육 계획에 전환교육 계획이 반드시 포함되도록 규정하고 있다. 즉, 학부모, 학생(해당되는 경우) 및 다른 IEP 팀이 협력하여 학생이 학교에서 성인기로 전환하는 데 필요한 사항들이 무엇인지 함께 결정해야 한다는 의미이다. 전환교육 계획에는 학생의 학교생활에 포함될 모든 지역사회 기관 및 직업 체험도 포함된다. 이러한 전환교육 계획이 효과적이기 위해서는 학생이 만 16세가 되기 이전부터 시작하는 것이 바람직하다.

## ☑ 새로운 IDEA의 진화

1978년, 1983년, 그리고 다시 1986년에 이루어진 EAHCA(전장애아교육법)의 후속으로 재인가 및 개정된 내용에는 절차적 권리보장을 확대하거나 보다 명확히 하였으며, 변호사 비용 지급을 허용하고, 3~5세 장애아동을 위한 서비스를 확대했다(파트 C). 또한 특별한 도움이 필요한 아동을 위한 조기 개입 프로그램에 대한 예산도 지원하게 되었다.

오늘날 「장애인 교육법(IDEA)」으로 불리는 이 법은 3~21세의 장애아동에게 교육 및 서비스를 위한 기금을 제공한다. 이 기금은 무상의 적절한 공교육(FAPE)을 제공하는 데 사용되어야 한다. IDEA는 학교가 이 과정에 학부모를 참여시킬 것을 규정하고 있다. 학교와 해당 지역 및 주 교육 당국(LEA 및 SEA)은 특수교육 대상자 선정과 전환부터 졸업에 이르는 각 단계에 학부모를 포함시키기 위해 가능한 한 모든 노력을 기울여야 한다고 규정하였다.

1990년 재인가되고, 1991년에 개정되었으며, 1997년 재인가된 이 법은 「장애인 교육법(IDEA)」으로 개정되면서 명칭도 변경되었다. 이 법이 새로운 명칭을 사용하게 된 것은 사람이 먼저이고 장애는 다음으로 고려해야 한다는 사회적 중요성을 반영하기 위한 것이다. 각 개정안은 법에 새로운 영역을 추가하거나 세부적인 내용을 추가하였는데, 이에 대해 간략히 설명하면 다음과 같다.

• **1990년과 1997년의 「장애인 교육법」**

1990년 IDEA(「공법 101-476」)는 개인을 중심으로 한 접근을 명확히 하였으며, 18세부터 21세까지의 장애학생에게도 서비스를 확대하였다. 또한 전환교육, 보조공학 기기, 재활 상담 및 사회복지 서비스와 같은 관련 서비스가 추가되었다. 그러나 1997년에 개정된 IDEA에 따르면 학생은 14세까지 전환교육 계획이 포함된 IEP를 작성해야 했다. 이후 재인가를 통해 최소 연령이

16세로 상향 조정되었다. IDEA 1990은 자폐증과 외상성 뇌 손상이 있는 아동도 특수교육 서비스를 받을 수 있도록 하였다. 또한 1997년 개정에서는 교육 성과 향상과 학교 안전 증진을 위한 조치를 포함하였다. 이 개정안은 폭력적이거나 위험한 장애학생을 보호하는 동시에 교육자가 이러한 학생을 현재 교육 배치에서 더 쉽게 다른 교육적 배치로 바꿀 수 있도록 했다. 또한 1997년 개정안에서는 특수교육의 비용 문제 해결 방법과 학교에 예산을 지원하는 방식을 재정비하였다.

**• 2004년 장애인 교육 개선법**

2004년 12월 3일, 조지 W. 부시(George W. Bush) 대통령은 재개정된 「장애인 교육 개선법(Individuals with Disabilities Education Improvement Act: IDEIA)」에 서명했다. 이 법은 2005년 7월 1일에 발효되었는데, '유자격의 전문성을 갖춘 교사'의 정의 조항은 서명과 동시에 바로 발효가 되었다. 최종 규정은 2006년 8월에 발표되었다. "이 법은 「장애인 교육법(Individuals with Disabilities Eudcation Act: IDEA)」으로 칭할 수 있다."(섹션 601) 새로운 IDEA는 기존 IDEA의 기본 원칙과 시민권 보장 관련 규정을 그대로 유지했다.

## ☑ 특수교육 대상자로 선정된 아동

연방 특수교육 기금을 받는 각 주는 장애아동을 조기에 발견 · 진단 · 평가해야 하며, 특수교육 대상자로 선정된 학생이 필요한 서비스를 적절히 제공받을 수 있도록 정책적 근거와 구체적인 이행 방안을 마련해야 한다. 여기에는 다음과 같은 아동들이 포함된다.

- 장애가 의심되는 아동은 학년 진급 여부와 관계없이 3세에서 9세 사이(또는 주 정의에 따라 이 연령대의 하위 집합)에 해당하면서, 소년 · 소녀 가장 아동, 보호관찰 대상 아동, 이민자 또는 이동이 잦은 아동, 아메리카 원주민 보호구역에 거주하거나 부모에 의해 사립학교에 배정된 아동(34 CFR § 300.111) 등이 포함된다.

**• 특정 학습장애를 판별하는 절차**

IDEA(2005)는 특정 학습장애를 진단 및 평가하기 위한 절차를 추가했다. 이 법에서는 각 주에서 아동에게 특정 학습장애가 있는지 여부를 판단하기 위한 기준을 채택하도록 요구하였다. 구체적으로, 각 주에서는 아동에게 특정 학습장애가 있는지 여부를 판단할 때 지적 능력과 성

취도 간의 심각한 불일치를 요구할 수 없도록 명시하였다. 이 법에서는 지역 교육청이 다음의 내용을 따라야 한다고 명시하였다.

- 과학적 연구 기반의 중재에 대한 아동의 반응을 기반으로 하는 절차를 사용하는 것을 허용해야 한다.
- 특정 학습장애 여부를 판단하기 위한, 기타 대안적인 연구 기반 절차의 사용도 허용할 수 있다는 규정도 명시하였다[34 CFR 300.307] [20 U.S.C. 1221e-3; 1401(30); 1414(b)(6)].

## ☑ 낙오 아동 방지법(NCLB)에 따른 IDEA 내용 조정

### • 새로운 정의

IDEA(2005)는 NCLB의 정의 및 요구사항에 부합하기 위해 새로운 정의를 추가했다. 여기서 다루는 두 가지는 학문적 핵심 과목과 영어 제한 능력자이다. IDEA는 학문적 핵심 과목을 '영어, 읽기 또는 언어 예술, 수학, 과학, 외국어, 시민 및 정부, 경제, 예술, 역사 및 지리'로 정의했다[ESEA의 (9101), IDEA의 [602(4)]]. 그리고 IDEA는 영어 제한 능력자를 명확하게 정의하였다. 다음 내용을 참고하기 바란다.

IDEA(장애인 교육법)는 영어에 능숙하지 않은 학생을 다음과 같이 정의하였다.

- 만 3세에서 21세 사이의 아동으로
- 초등학교 또는 중등학교에 재학 중이거나 입학을 준비 중이며
- 미국에서 태어나지 않았거나 모국어가 영어가 아닌 경우의 자녀이며,
- 또는 아메리카 원주민, 알래스카 원주민(Alaska Native) 또는 미국령 외곽 출신의 원주민 자녀로서
- 영어 외의 모국어가 해당 개인의 영어 능력 수준에 상당한 영향을 준 환경에서 자란 자녀의 경우, 영어가 개인의 영어 능력 수준에 상당한 영향을 미친 경우 또는
- 계절 노동 또는 이주 노동자 자녀로
- 모국어가 영어가 아니며 영어 외의 언어가 지배적인 환경에서 성장한 자녀의 경우
- 그리고 영어를 말하거나, 읽거나, 쓰거나 이해하는 데 어려움이 있어 주에서 요구하는 학업 성취 기준에 도달하는 데 장애가 있는 경우를 말한다[Section 1111(b)(3) of ESEA].

### 자금 사용

IDEA는 NCLB에서 추구하는 법의 내용을 연계시키기 위하여 주 및 지역 수준에서 예산 사용과 관련된 조항을 추가하였다. 예를 들어, 장애아동을 위한 적절한 지원 조치의 개발 및 제공 또는 장애아동의 능력을 평가할 수 있는 타당하고 신뢰할 수 있는 대안 평가의 개발 및 제공을 위한 예산 사용 관련 규정을 추가하였다[ESEA의 1111(b) 및 6111 조항과 IDEA의 611(e)(2)(C)(x)].

### 성과 목표 및 지표

IDEA는 장애아동이 적절한 연간 성장(adequate yearly progress: AYP)을 평가할 수 있도록 지원하기 위해 주 정부가 장애아동의 성과 목표를 수립하도록 규정하였으며, 여기에는 장애아동의 진전도에 대한 주 정부의 목표가 포함되도록 하였다[ESEA 1111(b)(2)(C) 조항].

또한 각 주에서는 학생의 졸업률과 중퇴율에 대해 설명하도록 요구하고 있다. 이러한 기준은 적절한 범위 내에서 각 주에서 정한 학생에 대한 다른 목표 및 기준과 일관성을 유지해야 한다. IDEA는 주가 이러한 목표 달성 여부를 평가하기 위해 사용할 측정 가능한 성과 지표를 설정하도록 요구하며, 여기에는 측정 가능한 연간 진전도 목표도 포함되도록 규정하고 있다[IDEA 612(a)(15)(A 및 B) 조항 및 ESEA 1111(b)(2)(C)(v)(II)(c) 조항].

## 특수교육에 영향을 준 추가 법률들

### 재활법 및 504조항

**• 재활법 배경**

「재활법(Rehabilitation Act: RA)」의 제정은 장애인 권리 운동에 있어 중대한 승리였다. 이 법에는 장애인의 차별을 해결하기 위한 미국 의회의 포괄적인 비전이 담겨 있다. 이 법은 1918년 미국 정부가 제1차 세계대전 참전 용사들에게 재활 서비스를 제공하기 위해 제정되었다. 따라서 「재활법」은 장애인의 시민으로서의 권리를 보장한 최초의 연방법상 법률이다. 미국 의회는 미국의 장애인들이 직면한 생활 조건과 문제들에 대해 연구한 결과, 이들이 미국 사회에서

심각한 불이익을 받는 집단이라는 사실을 밝혀냈다. 하지만 미국 의회는 이들 미국 장애인들이 독립적으로 생활하고 직업을 가질 수 있는 잠재력을 가지고 있다고 판단하였다. 이에 따라 1998년 「인력 투자법(Workforce Investment Act of 1998)」의 예산 지원을 받는 연방 고용 프로그램에 장애인들도 직업 훈련을 받을 수 있도록 하는 조항을 포함시켰다(Rehabilitation Act, 1973).

미국 의회는 RA 개정을 통해서 미국 연방 정부가 장애인이 직업 훈련, 고용 안정과 독립적인 생활을 할 수 있는 기회를 제공하는 데 주도적인 역할을 하도록 하였다. 또한 미국 의회는 장애인의 직업적 요구를 충족시킬 수 있는 다양한 직업 관련 프로그램들을 개발하기 위해 주 정부와 공동으로 추진할 것을 명시하였다.

- **504조항(Section 504)**

오늘날 교육자들은 「재활법」 제504조를 자주 언급한다. 이 조항에는 장애인에 대해 정의하고 있다. 그 내용은 다음과 같다.

> 미국에서 장애인은 단지 장애를 이유로 연방 재정 지원을 받는 프로그램이나 활동으로부터 참여를 배제당하거나, 그 혜택이 거부되거나, 차별을 받아서는 안 된다 [29 U.S.C.A. 794(a)].

「연방법」에 따르면, 고용주는 고용 시 장애가 있는 지원자를 차별해서는 안 된다고 규정하고 있다. 이 법은 이후 「미국 장애인법」의 기본적인 틀을 제시하였다. 504조에서는 장애인을 다음과 같이 정의하고 있다.

> (i) 신체적 또는 정신적 손상이 있어서 그 사람의 주요 생활 활동 중 하나 또는 그 이상의 영역에서 실질적인 제한이 있는 자, (ii) 그러한 장애의 이력이 있는 자, (iii) 또한 그와 같은 손상을 가진 것으로 간주되는 자[29 U.S.C.A. § 706(7)(B)]

주요 생활 활동(major life activities)이란 스스로 자기 돌보기, 수작업 수행, 보기, 듣기, 먹기, 수면, 걷기, 서 있기, 물건 들기, 몸 굽히기, 말하기, 호흡하기, 학습하기, 읽기, 집중하기, 사고하기, 의사소통하기, 그리고 일하기 등의 기능을 의미한다[45 C.F.R. § 84.3(j)(2)(i)]. 주요 신체 기능(major bodily functions)인 면역계 기능, 정상적인 세포 성장, 소화 기능, 장 기능, 방광 기능, 신경계, 뇌 기능, 호흡기계, 순환기계, 내분비계 및 생식기계 등도 이 범주에 포함된다(이에

국한되지 않음).

또한 이 법에서는 장애인을 위한 특별한 지원 서비스로 보조공학의 사용, 합리적인 편의 또는 보조 수단 또는 서비스, 그리고 학습된 행동 또는 적응 및 신경학적 수정 및 보조 수단 및 서비스 등을 명시하고 있다. '보조 수단 및 서비스'라는 용어에는 다음 내용이 포함된다.

1. 청각장애인을 위해 음성 자료를 효과적으로 제공할 수 있는 자격을 갖춘 통역사 또는 그에 준하는 수단
2. 시각장애인을 위해 시각적 자료를 효과적으로 제공할 수 있는 자격을 갖춘 낭독자, 녹음된 텍스트 또는 그에 준하는 수단
3. 장비나 기기의 구입 또는 개조
4. 이와 유사한 서비스 및 조치(섹션 12103)

504조항에 따라 학생이 장애가 있는 것으로 선정되면, 그다음 단계로 그 학생이 '기타 자격'이 있는지 여부를 결정한다. '기타 자격'이 있다고 간주되기 위해서는 ⓐ 비장애인이 그러한 관련 서비스를 제공받는 연령에 해당하거나, ⓑ 주 법률에서 장애인에게 관련 서비스를 제공하도록 규정된 연령에 해당하거나, ⓒ 주법에서 무상의 적절한 공교육(FAPE)을 제공할 의무가 있는 학생이어야 한다(IDEA에 따라)[45 C.F.R. 84.3(k)(2)].

'기타 자격이 있는 자'라는 것은 해당 학생이 신체적 또는 정신적 손상이 있음에도 불구하고 해당 프로그램이나 활동에 참여할 수 있는 자격이 있음을 의미한다. 그러한 자격이 있는 학생은 '합리적인 편의'와 같은 수단을 통해 참여가 가능한 경우에도 그 프로그램이나 활동에 참여할 수 있도록 해야 한다.

504조항의 핵심 개념은 다음과 같다.

- 장애가 있더라도 「재활법」 참여 자격을 갖춘(앞에 언급됨)
- 장애
- 참여에서 배제된
- ~의 혜택이 거부된
- 차별을 받고 있는
- 연방 재정 지원을 받는 프로그램 또는 활동

## 1990년 미국 장애인법: 시민권 보호

「미국 장애인법(Americans with Disabilities Act: ADA)」은 1990년 조지 부시(George H. W. Bush)가 서명한 것으로 「재활법」 504조의 틀을 그대로 따랐다. ADA는 미국 장애인의 시민권을 보호한다. 이 법은 고용, 교통, 통신, 공공 편의시설, 주 정부 및 연방 정부에서 제공하는 서비스에서 평등한 기회를 보장하기 위해 제정되었다. 이 법은 장애인들에게 가장 광범위한 권리를 보장한 시민권 관련 법이다.

504조와 마찬가지로 ADA는 시민권과 관련된 법이다. 이 법은 504조에 명시된 장애인의 정의로 시작하지만, 장애인에 대한 차별을 없애기 위한 명확하고 종합적인 국가적 의무를 추가로 규정하고 있다. 이 법은 민간 부문 고용, 공공 서비스, 대중교통 및 통신에 적용된다. 이 법에 따르면 고용주는 장애가 있다는 이유만으로 장애인을 차별해서는 안 된다. 장애인이 비장애인과 마찬가지로 직무에 필요한 활동을 수행할 수 있다면, 고용주는 합리적인 편의 제공 없이 장애인을 고용 후보자에서 탈락시켜서는 안 된다.

ADA의 효과는 보도블록, 텔레비전 화면의 자막, 쇼핑몰과 공항의 통신 장치, 공공 회의의 수어 통역사 등 일상생활의 여러 측면에서 볼 수 있다. 이러한 편의 시설은 미국의 장애인들이 의사소통, 공공 정보 접근, 대중교통 이용 등 사회의 모든 영역에서 완전히 참여할 수 있는 권리를 보장할 수 있도록 지원해 왔다. 또한 이러한 보호 조치는 장애가 없는 많은 사람에게도 혜택을 준다(예: 유모차를 밀고 있는 부모가 경사로를 더 부드럽게 통과할 수 있는 경우 등).

## 낙오 아동 방지법

2001년 제정된 「낙오 아동 방지법(NCLB)」은 장애학생을 포함한 모든 학생의 교육적 성과를 강조하고 있다. 그러나 특수교육 관련 전문가들은 NCLB가 적용됨에 따라 교육 결과에 대한 책무성 강화, 우수한 자격을 갖춘 교사, 그리고 평가에 대한 의존 문제를 우려하고 있다. 「낙오 아동 방지법」은 「아이젠하워 교육법(Eisenhower Education Act)」이라고도 불리는 1965년 「초·중등교육법(Elementary and Secondary Education Act)」으로 시작되어 이후 여러 차례 개정과 재승인을 거쳤다. 최근에 이 법이 재승인, 개정 및 명칭이 변경되면서 학교와 언론으로부터 많은 관심을 받게 되었다.

「낙오 아동 방지법」은 미국의 모든 학생, 특히 사회·경제적 수준이 낮고 학업 성취도가 낮은 소수민족 학생의 교육 성과를 높이기 위한 법안이다. 이 법은 ① 우수한 자격을 갖춘 교육

전문가 및 준전문가 고용, ② 과학적 연구 기반의 경험적으로 입증된 교육과정 사용, ③ 학생의 학업 성취도를 표준화된 시험을 통한 평가라는 세 가지 방향에서 교육 성과를 향상시키기 위해 노력하고 있다.

고부담 표준화 평가 결과, 학생의 학업 성취도가 적절하지 않다고 판단되면, 학부모와 학생은 추가 비용을 지원하는 바우처를 받거나 더 나은 학교로 전학할 수 있는 선택권이 주어진다. 2001년 제정된 「낙오 아동 방지법」은 다른 주요 ESEA 프로그램의 재승인에 있어 책임성, 선택권, 유연성의 원칙을 강조했다. 예를 들어, 새로운 법은 아이젠하워 전문성 개발 및 학급 규모 축소 프로그램(Eisenhower Professional Development and Class Size Reduction programs)을 통합하여 과학적 연구에 기반한 실제를 활용해 우수 교사를 준비시키고, 훈련하며, 채용하는 데 중점을 둔 교사 질 향상 주 정부 보조금 프로그램으로 재구성하였다(NCLB Executive Summary, 2004).

NCLB의 고부담 표준화 평가는 법률 해석에 따라 논란의 여지가 많아 특수교육 전문가들의 우려가 깊다. 특히 전문가들은 해당 정책이 현장에 적용되는 방식을 파악하기 위해 최신 전문 문헌을 지속적으로 탐독하고 관련 전문 기관의 자격을 유지해야 하는 등 상당한 노력을 기울여야 하기 때문이다.

## ☑ 가족 교육 권리 및 개인정보 보호법

「가족 교육 권리 및 개인정보 보호법(The Family Education Rights and Privacy Act: FERPA)」는 ① 부모가 자녀의 교육 관련 기록에 접근할 수 있도록 보장하고 ② 부모의 동의 없이 이러한 교육 관련 기록에 대한 접근을 제한하여, 부모와 자녀의 개인정보 보호 권리를 보호하는 두 가지 목적을 가진 연방 법률이다. FERPA는 ⓐ 교육 관련 기록에 대한 접근, ⓑ 교육 관련 기록을 조사하고 검토할 수 있는 부모의 권리, ⓒ 교육 관련 기록 수정, ⓓ 교육 관련 기록 파기 등에 대해 규정하고 있다.

FERPA는 초·중등학교, 전문대학, 종합대학교를 포함하여 연방 기금을 받는 모든 기관 및 교육기관에 적용된다(20 U.S.C. 1232g 및 1232h, 34 C.F.R 99 부분). FERPA는 학부모에게 자녀의 교육 관련 기록에 대한 접근 권한을 부여하여 교육 관련 기록의 정보 공개를 통제할 수 있도록 하는 것 외에도 교육 관련 기록이 부정확하거나 오해의 소지가 있는 경우 학부모가 교육 관련 기록을 수정할 수 있도록 허용하고 있다. 학교는 45일 이내에 학생의 교육 관련 기록에 대한 학부모의 접근 요청을 허용해야 한다. 일반적으로 학교가 학부모에게 교육 관련 기록에 대한 열람 및 검토를 허용하지 않아 부모의 교육 관련 기록에 대한 열람 및 검토 권리가 방해된 경우, 학교는 학부모에게 교육 관련 기록 사본을 제공해야 한다. FERPA는 '교육 관련 기록'에 대한 학생의 개인정보 이익을 보호한다. 교육 관련 기록은 ⓐ 학생과 직접 관련된 정보를 포함하고, ⓑ 교육기관 또는 그 기관을 대리하는 사람이 보관, 유지하는 기록, 파일, 문서 및 기타 자료로 광범위하게 정의된다[20 U.S.C. § 1232g (a)(4)(A)].

## 요약

미국 국민들은 인권과 장애인을 포함한 소수 집단의 보호 필요성을 인식하기 시작했다. 이에 따라 학교와 교육 프로그램이 시작되었고, 대중의 인식이 높아지면서 입법자들은 이러한 개인의 권리를 지원하는 법률을 통과시켰다. 1960년대와 1970년대에는 장애인의 권리를 보호하고 재정 지원 체계 마련을 위한 법률을 제정하는 등 사회적 변화가 활발하게 이루어진 시기였다. 오늘날의 특수교육은 이러한 법률들을 기반으로 하여 장애아동의 학습 요구를 충족시키고 있다.

## 참고문헌

American Federation for the Blind. (n.d.). Helen Keller biography. Available at http://www.afb.org/Section.asp?SectionID=1&TopicID=129 (para. 4). Accessed on April 15, 2010.

American with Disabilities Act of 1990. (Pub. L. 104 Stat. 327). 42 U.S.C. sections 12101 et seq.

Ancestry.com. (n.d.). 1800 U.S. Federal Census Newsletter. 1880 schedules of defective, dependent, and delinquent classes. Available at http://www.ancestry.com

*Board of Education of the Hendrick Hudson Central School District v. Rowley*, 458 U.S. 176 (1982).

Branch, T. (2007). *Parting the waters: America in the King years 1954-1963*. New York: Simon & Schuster.

*Brown v. Board of Education*, Topeka, 347 U.S.483. (1954). Chief Justice Earl Warren; Decision on *Brown v. Board of Education of Topeka*. Available at https://www.faulkner.edu/academics/artsandsciences/socialandbehavioral/readings/hy/warren.asp

Chesterton, G. K. (2000). *Eugenics and other evils: An argument against the Scientifically organized state*. Seattle, WA: Inkling Books.

Civil Rights Act of 1964. Retrieved from the U.S. National Archives and Records. Available at http://www.ourdocuments.gov/doc.php?doc=97

Declaration of Independence (1776). Available at http://www.ushistory.org/declaration/document/index.htm

Educational of All Handicapped Children Education Act (P.L. 94-142) (1975).

Family Educational Rights and Privacy Act of 1974, 20 U.S.C. § 1232 (g). (1974).

Individuals with Disabilities Education Act of 1990 (Pub. L. No. 101-476, 104 Stat. 1142).

Individuals with Disabilities Education Act of 1997, Pub. L. No. 105-17, § 111, Stat. 37.

Individuals with Disabilities Education Act of 2004, 20 U.S.C. § 1400 et seq. (2005).

Joseph, P. Kennedy, Jr. Foundation. (n.d.). Available at http://www.jpkf.org/index.html

Klotz, M. B., & Nealis, L. (2005). The new IDEA: A summary of significant reforms. Retrieved from the National Association of School Psychologists website. Available at http:// www.nasponline.org/advocacy/IDEAfinalsummary.pdf

*Larry P. v. Riles*. United States Court of Appeals, 1984. 793 F.2d 969 (9th Cir.).

Latham, P. H., Latham, P. S., & Mandlawitz, M. (2008). *Special education law*. Boston, MA: Pearson Education, Inc.

Lofgren, C. A. (1987). *The Plessy case: A legal-historical interpretation*. New York: Oxford University Press.

McConnell, T. (2007). History of special education. Available at http://www.xtimeline.com/timeline/Timeline-for-Special-Education

McNeil, G. R. (1983). *Groundwork: Charles Hamilton Houston and the struggle for civil rights*. Philadelphia: University of Pennsylvania Press.

Medley, K. W. (2003). *We as Freemen: Plessy v. Ferguson*. Gretna, LA: Pelican.

Mental Retardation Facilities and Community Mental Health Construction Act (P.L. 88-164). Available at http://www.archives.nysed.gov/edpolicy/research/res_digitized.shtml-

*Mills v. Board of Education of the District of Columbia*, 348 F. Supp. 866. (D.D.C. 1972). NAACP Legal History. (n.p.). Retrieved from http://www.naacp.org/

No Child Left Behind Act, 20 U.S.C. § 6301 et seq. (2002).

*Pennsylvania Association for Retarded Children v. Commonwealth* 334 F. Supp. 1257 (E.D. Pa.1971) and 343 F. Supp. 279 (E.D. Pa. 1972).

Philpot, D. J. (n.d.). History of federal statutes affecting special education. Available at http://www.dphilpotlaw.com/html/history_of_federal_statutes.html. Retrieved on April 5, 2010.

Pittsburg Courier. (1940). Charles Hamilton Houston saving the world for democracy, August 24. Available at http://www.nascp.org/about/history/chhouston/index.htm

*Plessy v. Ferguson* 163 U.S. 537 (1896).

PSB: American Experience. (n.d.). Available at http://www.pbs.org/wgbh/americanexperience.

Rehabilitation Act (P.L. 93-112) § 504. (1973).

Schwartz, H. (1956). *Samuel Gridley Howe: Social reformer 1801-1876*. Cambridge, MA: Harvard University Press.

U.S. Department of Education. (2004). No child left behind. Overview: Executive summary. Available at http://www2.ed.gov/nclb/overview/intro/execsumm.hmtl

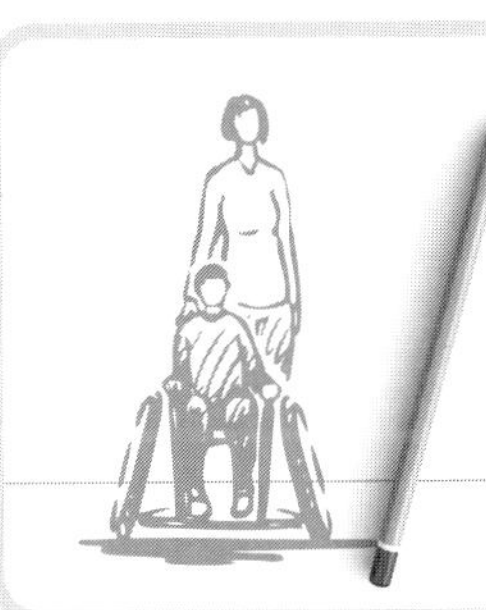

제3장

# 영유아 특수교육의 역사

*Sharon Doubet, Amanda C. Quesenberry*

리사(Lisa)는 1969년에 부모님과 네 명의 형제자매가 있는 가정에서 태어났다. 그녀는 농촌 지역에서 성장하며 만 2세까지는 일반적인 발달 단계를 정상적으로 경험하며 건강하게 자랐다. 하지만 2세가 되었을 때 발작 증상이 시작되었다. 이후 몇 년 동안 심각한 발작이 계속되었고, 그 결과 리사는 인지장애와 언어 발달 지연을 갖게 되었다.

28년이 지난 1997년, 레슬리(Leslie)는 미숙아로 태어났다. 그녀의 가족은 부모님과 한 살 위의 오빠로 구성되어 있었다. 레슬리는 신생아중환자실(NICU)에서 2개월을 보내야 했다. 이 기간 동안 레슬리와 그녀의 가족은 조기 개입 서비스(출생부터 3세까지)를 받도록 의뢰되었다. 레슬리는 인지, 말 그리고 운동 능력 영역에서 발달 지연을 경험했다.

이 장에서는 리사와 레슬리의 이야기를 예화로 활용하여 영유아 특수교육의 역사를 설명한다. 3세 미만의 어린 아동들에게 포괄적이고 조직적인 서비스를 제공하도록 각 주에 요구하는 최초의 법안은 1997년(레슬리가 태어난 해)에 이르러서야 통과되었다. 시간이 흐르면서 장애가 있는 영유아를 위한 서비스는 지속적으로 발전하고 변화해 왔다. 이는 가장 어리고 취약한 아동들의 요구를 가장 적절히 충족시킬 수 있는 증거 기반 실제들이 연구를 통해 밝혀져 왔기 때문이다. 이 장에서는 미국의 장애 영유아를 위한 서비스에 관한 역사적 관점을 제시할 것이다.

## ○ 1900~1960년: 장애가 있는 영유아를 위한 미미한 지원

20세기 초반, 많은 사람이 영아 사망률, 아동기 질병, 아동 노동과 같은 문제들에 대해 점점 더 우려하는 목소리를 내기 시작했다(Anastasiow & Nucci, 1994). 이 시기에 의사들, 아동 옹호자들, 그리고 일반 대중은 고아원에서 생활하는 아동들과 정신질환이나 지적장애가 있는 아동들을 포함하여, 아동과 관련된 사회적 문제들에 대해 목소리를 키우기 시작했다. 이러한 우려는 아동을 연구하는 심리학자들이 아동의 지능이 유전적 요인과 환경적 요인 모두에 의해 영향을 받는다는 것을 받아들이기 시작한 시기와 맞물렸다(Hunt, 1961). 이전까지 전문가들은 아동의 IQ가 출생 시에 결정되고 시간이 지나도 이에 영향을 미칠 수 있는 것이 거의 없다고 믿었다. 비록 영유아에 대한 환경적 영향의 중요성을 더 잘 이해하기 시작했지만, 이 시기에는 지적장애, 뇌성마비, 뇌전증(간질)과 같은 장애가 있는 대부분의 아동은 치료를 받기보다는 시설에 수용되었다. 반면에 청각장애나 시각장애가 있는 아동들은 치료를 받을 가능성이 더 높았으나, 일반적으로 '학교'로 보내 치료와 교육을 받는 동안 가족과 또래들로부터 분리되었다.

20세기 중반에 이르러, 두 차례의 세계대전으로 인해 일반 대중은 장애인에 대해 더 긍정적인 시각을 갖기 시작했다. 제1차, 제2차 세계대전에서 팔다리를 잃거나 다른 장애를 가지고 귀환한 많은 군인으로 인해, 대중은 장애인을 더 많이 수용하기 시작했다. 장애인에 대한 대중의 수용과 관심이 증가하면서, 1922년에는 국제 특수아동 위원회(ICEC)가 설립되었다. 오늘날에도 존재하는 이 단체는 장애가 있는 영유아를 지원하기 위해 쉬지 않고 노력했다(Cook, Tessier, & Klein, 1992). 1930년, 아동 건강과 보호에 관한 백악관 회의에서 영유아 특수교육이 미국에서 처음으로 전국적인 관심을 받았다. 1940년대와 1950년대에는 펄 벅(Pearl Buck), 데일 에반스(Dale Evans), 케네디(Kennedy) 가문과 같은 더 많은 저명인사가 장애인을 지지하는 발언을 하기 시작했다. 이 시기에 장애아동의 부모들도 자녀들을 위해 옹호활동을 하기 시작했고, 그 결과 미국 뇌성마비 협회(UCPA), 정신지체인을 위한 국가협회(NARC), 미국 시각장애인 재단(AFB)과 같은 단체들이 설립되었다(Cook et al., 1992).

## ○ 1960년대: 장애 영유아를 위한 지원의 확대

조기 개입에 대하여 우리가 현재 알고 이해하고 있는 많은 것은 낙관주의, 창의성 그리고 사

회 서비스에 대한 광범위한 대중의 지지가 있었던 1960년대에 태동했다(Meisels & Shonkoff, 2000). 이 시기에 케네디(John F. Kennedy)와 존슨(Johnson) 대통령은 지적장애 예방, 빈곤 퇴치, 시민권 증진을 포함한 여러 가지 중요한 사회적 이슈들을 다루기 시작했다(Meisels & Shonkoff, 2000). 케네디 가문의 가족 중에 지적장애인이 있었던 경험[1]으로 인해, 존 F. 케네디는 예방과 연구를 포함한 지적장애 관련 문제들을 연구하는 위원회를 구성했다. 그 결과 1963년에는 P.L. 88-156이 통과되어 「사회보장법」 제5장을 통해 정신지체 아동을 위한 특별 프로젝트에 자금을 지원하게 되었다. 존슨 대통령이 취임했을 때, 그는 빈곤과 인종 차별을 없애기 위한 '위대한 사회' 정책이라 불리는 일련의 사회 개혁을 시작했다. 존슨의 '빈곤과의 전쟁'의 일환으로, 그는 경제기회사무소의 책임자였던 사르겐트 슈라이버(Sargent Shriver)와 함께 1964년 의회를 통과한 「경제기회법」을 제정했다.

「경제기회법」의 한 부분에는 저소득층 가정의 영유아를 위한 취학 전 프로그램인 헤드 스타트(Head Start)가 포함되어 있었다. 1965년에 시작된 헤드 스타트 프로젝트는 처음에는 국가의 가장 빈곤한 취학 전 아동들을 대상으로 하는 8주간의 여름 시범 프로그램이었다. 전국적으로 약 55만 명의 4~5세 아동들에게 서비스를 제공했다(Garguilo & Kilgo, 2000). 이전에 개발된 어떤 프로그램들과 달리, 헤드 스타트는 교육, 하루 두 끼의 식사, 심리, 사회, 의료, 치과 진료를 포함하는 다면적 서비스를 제공하도록 설계된 연방 정부 지원 프로그램이었다. 부모들은 프로그램에 적극적으로 참여했으며, 자원봉사, 목표 설정, 아동 발달과 영양에 대해 배우도록 권장되었다. 또한 부모들은 교육을 계속하거나 헤드 스타트 프로그램에서 일자리를 얻도록 장려받았다. 헤드 스타트의 창립 원칙 중 하나가 지적장애를 예방하고 IQ 점수를 높이는 것이었지만, 초기에는 장애아동을 위한 특별한 노력이 이루어지지 않았다(Zigler & Muenchow, 1992). 이러한 장애아동들에게 서비스를 제공한 경험이 있는 교사나 전문가가 거의 없었기 때문에 초기에는 이들을 위한 서비스가 제공되지 않았던 것이다. 장애가 있는 영유아를 위한 서비스를 요구하는 부모들과 다른 옹호 단체들의 요구에 따라, 1968년에는 「장애아동 조기교육 지원법(P.L. 90-538)」이 통과되었다. 이 법은 장애가 있는 영유아들과 함께 일할 전문가들을 훈련시키기 위한 대학 교육 프로그램에 자금을 제공했다(Garguilo & Kilgo, 2000). 얼마 지나지 않아 새뮤

1) 케네디 대통령(존 F. 케네디)의 여동생 로즈메리 케네디(Rosemary Kennedy)는 출산 과정에서 산소가 부족해 뇌 손상을 입고 지적장애를 갖게 되었다. 명문가의 이미지와 사회적 시선을 의식한 부모(조셉 케네디)는 한동안 딸의 장애를 외부에 감추려고 하였다. 로즈메리 케네디는 20대 초반에 전두엽 절제술을 받았으나, 수술이 실패로 끝나 상태가 더 악화되어 평생 요양원에서 지냈다. 이러한 가족 배경으로 인하여 여동생 유니스 케네디 슈라이버는 발달장애인의 삶과 권리에 관심을 가지며, 스페셜 올림픽을 창설하는 등 사회운동을 펼쳤고, 케네디 대통령(존 F. 케네디)도 장애인 정책에 관심을 갖고 정부 차원의 지원을 확대하였다.

얼 커크(Samuel Kirk), 루이스 필립스(Louise Phillips), 루스 잭슨(Ruth Jackson), 바바라 스마일리(Barbara Smiley), 세츠 후루노(Setsu Furuno), 멀 카네스(Merle Karnes)와 같은 초기 개척자들의 업적을 기반으로 전국에 200개 이상의 모델 프로그램이 개발되었다(Anastasiow & Nucci, 1994). 많은 대학이 가정 방문, 부모 지원, 그리고 취약 지역 아동들을 위한 양질의 영유아 교육에 대한 훈련 프로그램과 강좌를 제공했다(Martin, 1989).

## ○ 1970년대: 장애아동을 위한 연방 정부의 지원

장애가 있는 영유아에 대한 조기 개입의 중요성을 뒷받침하는 연구가 늘어나면서, 부모들과 다른 옹호 단체들은 어린 아동들을 위한 치료와 교육에 대한 공공 자금 지원을 요구하며 공직자들과 입법자들에게 도전하기 시작했다. 강력한 부모들의 옹호 활동은 1975년 획기적인 법안인 P.L. 94-142, 즉 「전장애아교육법(EHA)」의 통과에 핵심적인 역할을 했다. 이 법은 처음으로 장애가 있는 아동들을 포함하여 6세 이상의 모든 아동이 무상의 적절한 공교육(FAPE)을 받도록 요구했다(Wright & Wright, 2003). 비록 각 주가 6세 미만의 아동들에게 서비스를 제공할 의무는 없었지만, 3~5세의 장애아동들에게 서비스를 제공하는 주에는 재정적 인센티브가 주어졌다(McCollum, 2000).

1970년대 동안, P.L. 93-112, 제504조 직업재활법을 포함한 다른 연방 법안들도 장애인을 지원하기 위해 통과되었다. 1973년에 통과된 이 법은 공공시설 접근, 고등교육기관 입학, 고용 기회에서의 차별 금지, 그리고 장애아동을 위한 연방 지원 프로그램에 대한 동등한 접근권을 포함하여 장애인들을 위한 많은 권리를 확립했다(Meisels & Shonkoff, 2000). 이러한 주요 법안들의 통과는 장애인들이 자주 직면하는 불공정에 대한 대중의 인식을 높이는 데 도움을 주었다.

서두에 소개된 사례에서, 리사와 그녀의 가족은 영유아 특수교육과 헤드 스타트 서비스를 이용할 수 없는 지역에 살았다. 이는 그녀에게 1975년 EHA가 통과되면서 6세에 공교육 시스템에 입학할 때까지 어떠한 교육적 또는 치료적 서비스도 제공되지 않았다는 것을 의미한다. 그녀가 다닌 1학년 교실은 집에서 30마일 떨어진 분리된 특수학교에 있었다. 그녀의 인생에서 이 시점까지, 언어, 물리 또는 작업 치료는 전혀 제공되지 않은 채, 중재는 오직 의료적 필요(발작 감소)에만 초점이 맞춰져 있었

다. 1970년대 말, 10세 리사는 같은 특수학교에서 계속 교육받았다. 그녀의 개별화 교육 계획(IEP) 목표는 생활 기술 활동에 초점을 맞추고 있었다. 리사가 등하교를 위해 버스를 이용하는 데 매주 약 8시간을 쓰는데도 불구하고, 그녀의 IEP에 따라 제공되는 전체 특수교육 서비스 시간 중에서 치료 활동에 쓰이는 시간에 비해 버스 이용과 같은 생활 기술 활동에 훨씬 적은 시간이 배정된 것은 아이러니한 일이다.

## 1980년대: 사회 서비스의 삭감

1980년대는 연방 정부가 지원하는 사회 서비스 프로그램에 있어 암울한 시기였다. 레이건(Reagan) 대통령은 연방 정부가 지원하는 프로그램의 수를 줄이겠다는 공약을 내세우고 이를 실행에 옮겼다. 기본적으로 아동과 가족에 대한 서비스는 연방 정부가 아닌 주 정부와 지방 정부가 제공해야 한다는 것이 당시의 신념이었다(Ginsberg & Miller-Cribbs, 2005). 이에 따라 많은 사회 서비스 프로그램에 대한 연방 정부의 지원이 대폭 삭감되거나 프로그램 자체가 완전히 해체되었다. 이 시기에는 헤드 스타트와 같은 일부의 영유아 프로그램들만 초당적인 압도적 지지 덕분에 살아남았다.

1980년대에 아동을 위한 많은 프로그램이 큰 폭으로 삭감되었음에도 불구하고, P.L. 94-142 이후 장애가 있는 영유아를 위한 가장 중요한 법안이 1986년에 통과되었다. 의무사항은 아니었지만, 「전장애아교육법(EHA)」 개정안에는 5세 미만의 아동과 그들의 가족을 위한 더욱 포괄적이고 조직적인 노력이 포함되었다. 이 법의 완전한 시행은 1990년 EHA 개정안이 통과된 이후에야 이루어졌지만, 3~5세 아동에게 서비스를 제공하는 주들에게 추가적인 인센티브를 제공했다. 또한 3세 미만의 아동에게 제공되는 서비스(당시 Part H로 불림)를 위한 기반을 확립했다. 그러나 이 시기에 출생부터 3세까지의 장애아동과 그들의 가족에게 서비스를 제공하는 것은 여전히 각 주의 재량에 달려 있었다.

리사의 사례를 돌아보면, 1980년대 동안 11세에서 19세까지 그녀는 먼 거리에 있는 장애아동을 위한 분리된 학교에 계속 다녔다. 만약 그녀가 요즈음 시기에 태어났다면, 영유아 특수교육 취학 전 교실에서 서비스와 치료(즉, 언어, 운동, 사회/정서)를 받음으로써 혜택을 받을 수 있었을 것이다. 리사의 발달을 더 일찍 지원하기 시작했다면 그녀의 발달 지연을 줄이고 기술을 향상시킬 수 있었을 것이다.

## ○ 1990년대: 신중한 성장–공공의 지원 대 개인의 책임

1990년대에는 장애아동과 그 가족들의 삶에 영향을 미친 여러 핵심 법안이 통과되었다. 1990년에는 장애인에 대한 차별을 금지하는 「미국 장애인법(Americans with Disabilities Act: ADA)」이 통과되었다. 6년 후인 1996년에는 클린턴(Clinton) 대통령이 「개인 책임 및 근로 기회법(Personal Responsibility and Work Opportunity Act)」에 서명했다. 또한 장애아동에 대한 서비스 제공을 위한 연방 법안도 두 차례 개정되었다. 장애인 커뮤니티와 그들의 옹호자들이 수년간 항의한 끝에, 1990년 조지 W. 부시(George W. Bush) 대통령은 「미국 장애인법(ADA)」에 서명했다. 이는 영유아를 포함한 장애인들에게 가장 광범위한 영향을 미친 법안이었다. 이 법의 조항에는 고용, 주 정부 및 공공 서비스, 그리고 공공 편의시설 이용에 있어서 장애인들의 평등권이 포함되었다. 헤드 스타트 및 보육 프로그램 등 연방 자금을 지원받는 공립학교 및 기타 프로그램에서 특별한 요구가 있는 아동과 특별한 요구가 생길 수도 있는 가족 구성원도 공공 편의시설을 이용할 수 있도록 보장되었다.

1996년에 통과된 「개인 책임 및 근로 기회법」은 미국의 복지 시스템을 극적으로 변화시켰다. 이 새로운 법은 빈곤 아동과 가족들에 대한 연방 지원 자격을 없애고, 복지에서 근로 형식으로 시스템을 전환하였다. 이 법의 일환으로, '요보호아동가족부조(AFDC)' 프로그램이 변경되어 '빈곤가정일시부조(TANF)'로 명칭이 바뀌었는데, 이는 부모들이 훈련과 일자리를 찾는 2년 동안 한시적으로 가족들에게 지원을 제공했다. 이 법이 일부에게는 인센티브로 작용하도록 의도되었지만, 장애아동의 부모들에게는 더 큰 어려움을 초래했다. 이러한 부모들은 이제 일자리를 찾아야 했을 뿐만 아니라, 특히 혜택이 종료된 후에는 자녀들을 위한 보육 서비스를 찾고 그 비용을 지불하는 데 어려움을 겪었다. 가장 큰 영향을 받은 것은 자신이 장애가 있는 부모들이나 장애아동의 부모들이었다. 올슨(Ohlson, 1998)은 새로운 시스템이 이미 현재 상황으로 인해 스트레스를 받고 있는 저소득층 가정들에게 가혹한 제재를 가했다고 설명했다. 복지 개혁은 또한 자녀들과 함께 집에서 지내던 수천 명의 부모가 이제는 일을 하거나 학교에 가야 한다는 것을 의미했다. 많은 가정에서 보육은 항상 질 높은 프로그램을 포함하지는 않는, 임시방편적인 선택지들의 조합이 되었다.

복지 개혁법은 비(非)부모 양육(부모가 아닌 제3자가 돌보는) 아동의 증가로 추가 지원을 제공하기 위한 두 가지 새로운 프로그램의 개발을 통해 영유아 보육에 더 큰 영향을 미쳤다(Raver, 2009). 1995년에는 출생부터 3세까지의 자격을 갖춘 아동과 그 가족들을 위해 Early 헤

드 스타트가 개발되었다. 두 번째 새로운 프로그램은 1995년에 개발된 아동보육국(Child Care Bureau)으로, 복지 개혁으로 인해 증가하는 보육 수요를 충족시키기 위한 것이었다. 1990년의 「전장애아교육법(EHA)」 개정은 장애인에 대한 장애인의 인권을 존중하는 사회적 흐름을 반영하기 위해 법률의 용어가 변경되었다는 점에서 중요한 의미를 가진다. 법률 전반에 걸쳐 'handicapped'(장애나 불구로 인해 사회적, 직업적으로 불리하고 활동이 어려운 상태의 사람, 부정적인 뉘앙스)라는 단어가 'disabled'(이동, 활동, 감각 등에 지장이 있는 상태, 상대적으로 의학적이고 중립적인 표현)로 대체되었다. 이러한 변화를 반영하여 법률의 명칭도 수정되었다. 「전장애아교육법(EHA)」에서 「장애인 교육법(IDEA)」으로 변경되었다. 조기 개입의 중요성은 1997년 IDEA 재승인(P.L. 105-17)에서 인정되었다. 이제 처음으로 각 주는 IDEA의 Part C(이전의 Part H)를 통해 발달 지연이 있는 영유아를 위한 포괄적이고 조직화된 서비스를 개발해야 했다. 또한 각 주는 3~5세 아동들에게 최소제한환경(LRE)에서 무상의 적절한 공교육(FAPE)을 제공해야 했다. 이 시기에 각 주는 프로그램 설계와 실행에 있어 상당한 자유를 부여받았고, 이로 인해 50개 주와 영토에 걸쳐 다양한 서비스 전달 시스템이 생겨났다.

레슬리와 리사의 사례를 돌아보면, 레슬리는 이 10년의 끝 무렵에 태어났다. 같은 해인 1997년, 발달 지연이 있는 영유아를 위한 조기중재(early intervention: EI) 서비스를 의무화하는 IDEA 개정안이 통과되었다. 미숙아로 태어난 레슬리는 여러 발달 지연을 보였고, 이로 인해 조기 개입(EI) 자격을 얻게 되었다. 조기 개입(EI)을 통해 그녀와 그녀의 가족을 위한 목표를 설정한 개별화 가족 서비스 계획(IFSP)이 부모와 함께 개발되었다. IFSP를 통해 제공된 포괄적 서비스에는 사례 관리자, 가족 중심 계획, 그리고 자연스러운 환경(즉, 그녀의 집)에서 제공되는 치료가 포함되었다. 조기 개입 치료사들이 서비스를 제공하기 위해 그녀의 집을 방문했을 때, 가족 구성원들은 레슬리의 성장과 발달을 촉진하는 참여 활동들을 배웠다.

이 10년의 초기인 1990년, 리사는 21세의 나이로 고등학교를 졸업했다. 그녀는 16년 내내 같은 특수학교에 다녔고 분리교육 환경이었다. 그녀의 교사들은 8명의 졸업생을 박수로 축하하며 그녀의 성취를 매우 자랑스러워했다. 그녀는 매일 함께하는 다른 특수교육 학생들과 우정을 쌓았다. 하지만 학교까지의 거리(왕복 80마일) 때문에, 그녀는 일반적인 학교 일과 외의 또래들과의 사회적 활동에 참여하지 못했다. 지역사회 밖에서 보내는 시간이 많았기 때문에 리사가 자신의 지역사회에서 또래들과 우정을 쌓을 기회는 제한적이었다.

고등학교 졸업 후, 리사는 계속해서 부모님과 함께 집에서 살았다. 그녀의 전환 계획에는 인근 도시에 위치한 보호작업장에 다닐 기회가 포함되어 있었다. 이 전환은 그녀에게 매우 어려웠다. 새로운 환경, 새로운 사람들, 그리고 (지금까지와는) 다른 기대들로 인한 불편함 때문에 그녀는 많은 날을 (보호작업장에 나가지 못하고) 집에서 보냈다.

## 2000년대: 기금의 축소와 증가하는 책무성

새 천년은 2001년 「낙오 아동 방지법(No Child Left Behind: NCLB)」을 통한 미국 교육 시스템의 대대적인 개혁으로 시작되었다. NCLB는 영유아 특수교육을 포함한 모든 교육 수준에 영향을 미쳤다. NCLB의 일환으로, 2002년 부시 대통령은 'Good Start, Grow Smart(GSGS)'라는 프로그램을 통해 영유아 프로그램에 대한 계획을 공식 발표했다. GSGS는 영유아 프로그램을 위한 세 가지 주요 목표를 제시했다. ⓐ 헤드 스타트 강화, ⓑ 영유아 교육 개선을 위한 주 정부와의 협력, ⓒ 교사, 보육교사, 부모에게 정보 제공(DHHS & DOE, 2006). GSGS에 대한 대응으로, 각 주는 언어, 문해력, 수학 영역에서 영유아 교육을 위한 조기 학습 성취기준을 개발해야 했다(NAEYC, 2009). 이러한 기준은 프로그램들이 자신들의 교육과정의 질을 판단할 수 있는 지표 틀을 만들기 위한 것이었으며, 취학 전 연령 아동들 사이에서 흔히 발견되는 성취 격차를 줄이기 위한 증거 기반 실제를 실행하는 것을 목표로 했다(DHHS & DOE, 2006). 많은 이에게 이러한 의무사항들은 기금(예산)은 증가하지 않는 가운데, 때로는 자금 삭감과 함께 주어져 큰 스트레스를 야기했다.

2000년대 동안, 장애인을 위한 연방 법안에도 변화가 있었다. 2004년, IDEA는 재승인되어 「장애인 교육 개선법(IDEIA, 공법 108-446)」이 되었다. 이 법은 IDEA와 NCLB를 연계했으며, 교육자들이 특수교육 서비스가 필요한 학생들을 적절히 판별하기 위한 지침을 제공했다. '중재반응(Response-to-Intervention: RTI)'이라 불리는 이 과정은 아동의 학습과 행동상의 어려움에 대하여 조기에 효과적으로 대응하기 위한 체계적인 의사결정 과정으로, 아동에게 적절한 수준의 교육을 제공하고, 교수적 접근의 효과성을 평가하기 위한 데이터 기반 방법을 제공한다(Fox, Carta, Strain, Dunlap, & Hemmeter, 2009). 「공법 108-446」에서 장애가 있는 영유아를 위한 서비스에 영향을 미친 또 다른 영역은 자격이 있는 아동의 부모들이 출생부터 6세 또는 자녀가 유치원에 입학할 때까지 조기 개입 서비스를 계속할 수 있는 선택권이다(Turnbull, Huerta,

Stowe, Weldon, & Schrandt, 2006).

분명한 것은 정부의 입법적 노력들이 영유아 교육에 중요한 역할을 해 왔다는 것이다(역사적 이정표는 〈표 3-1〉 참조).

레슬리의 이야기를 돌아보면, 그녀가 2.5세였을 때, 그녀의 부모, 조기중재 프로그램 직원, 지역교육청(LEA) 담당자들이 만나 Part C(출생~3세) 서비스에서 Part B(3~21세) 서비스로의 전환 계획을 수립하였다. 여러 유치원을 방문한 후, 그녀의 부모는 YWCA에 위치한 종일제 지역사회 협력 교실을 선택했다. 이 서비스 모델에서는 지역교육청(LEA)이 영유아 특수교육 교사와 치료를 제공하고, YWCA가 일반교육 교사와 물리적 공간을 제공한다. 전환팀은 이 지역사회 프로그램이 최소제한환경(LRE)에서 레슬리에게 질 높은 서비스를 제공할 것이라고 판단했다. 전환 계획에는 레슬리와 그녀의 가족이 새로운 환경을 방문하고, 교사들을 만나며, 레슬리가 새 프로그램에 입학할 때 도움이 될 정보를 공유할 기회를 갖는다는 내용이 포함되었다.

레슬리가 3세가 된 후 가을, 그녀는 일반 발달 또래들과 완전히 통합된 새로운 교실로 전환했다. 교사팀, 치료사들, 그리고 그녀의 부모는 함께 협력하여 그녀를 위한 포괄적이고 조직화된 서비스를 제공했다. 치료는 그녀의 같은 나이 또래들과 함께하는 자연스러운 교실 일과와 활동 속에 통합되었다(예를 들어, 음악과 운동 시간 동안의 대근육 발달 프로그램 운영).

리사는 어떻게 되었을까? 그녀는 2000년에 31세가 되었다. 그녀는 (고향에서 20마일 떨어진) 그룹홈으로 이사했고, 보호작업장에서 계속 일하면서 다른 장애 성인들 및 현장 코치들과 많은 우정을 나누며 지냈다. 리사는 직장에서의 노력을 인정받아 여러 상을 받았고, 스페셜 올림픽 볼링 대회에도 참가했다.

**〈표 3-1〉 장애 위험 영유아를 위한 역사적 이정표**

| | |
|---|---|
| 1963 | 「공법 88-156」, 「사회보장법」 제5장을 통해 정신지체 아동을 위한 프로젝트에 자금을 지원 |
| 1964 | 「공법 88-452」, 「경제기회법」, 헤드 스타트를 비롯한 여러 프로그램의 토대가 된 법안 제정 |
| 1965 | 헤드 스타트 설립, 저소득층 3~5세 아동을 위한 취학 전 프로그램 시작 |
| 1968 | 「공법 90-538」, 「장애아동 조기교육지원법」, 장애아동을 위한 모델 유아교육 프로그램에 자금 지원 시작 |
| 1972 | 「공법 424」, 경제기회 개정안, 모든 헤드 스타트 프로그램이 확인된 장애아동에게 서비스를 제공하도록 의무화 |

| | |
|---|---|
| 1975 | 「공법 94-142」, 「전장애아교육법」, 주 정부가 6세 이상 학생들에게 무상의 적절한 공교육 제공 의무화, 헤드 스타트 수행 표준 최초 발표로 프로그램 실행과 평가 지침 마련 |
| 1986 | 「공법 99-457」, 「전장애아교육법」 개정안, 주 차원의, 포괄적이고, 조직화된, 다학제간 기관 협력 조기 개입 서비스 프로그램 포함 |
| 1990 | 「미국 장애인 교육법」, 모든 장애인의 평등한 권리보장, 「전장애아교육법(EHA)」이 「장애인 교육법(IDEA)」으로 명칭 변경 |
| 1996 | 「개인 책임 및 근로 기회법」, 국가 복지 시스템의 획기적 변화 |
| 1997 | 「공법 105-17」, IDEA 개정, 6세 미만 장애아동에 대한 서비스 의무화 포함 |
| 2001 | 「공법 107-110」, 「낙오 아동 방지법(NCLB)」, 책무성과 교육 개혁의 새로운 시대 시작 |
| 2002 | Good Start, Grow Smart(GSGS), 조지 W. 부시 대통령의 영유아 교육 정책 |
| 2004 | 「공법 108-446」, IDEA 개정, 우수한 자격을 갖춘 교사와 중재반응(RTI) 모델 사용 강조 |
| 2007 | 「공법 110-134」, 「학교준비도 향상을 위한 헤드 스타트법」, 헤드 스타트 프로그램 재승인 |
| 2009 | 「공법 111-5」, 「미국 회복 및 재투자법(ARRA)」, 조기 보육 및 교육 프로그램에 수십억 달러 지원 |

## 서비스 제공에서 가족의 역할 변화

영유아 특수교육에서 중요한 역사적 전환점은 아동 중심에서 가족 체계 내의 아동으로 초점이 이동한 것이다(Turnbull & Turnbull, 1997). 이 모델은 가족 구성원들과 그들이 가족 체계에 미치는 영향을 인정하면서, 궁극적으로 장애가 있는 어린 아동의 삶에서 각 구성원이 수행하는 역할에 대하여 더 잘 이해할 수 있게 하였다. 가족의 정의는 다양하며 문화, 정치, 경제, 종교의 강한 영향을 받는다(Howard, Williams, & Lepper, 2005). 가족에 대한 전통적이고 협의의 정의(예: 아동과 같은 집에 사는 혈족)에 따르면, 아동이 받을 수 있는 잠재적 긍정적 혜택의 범위를 제한한다. 반면, 가족에 대한 보다 복잡하고 광의의 정의(예: 부모, 형제자매, 조부모, 보육 제공자, 관련된 친척들, 가족의 친한 친구들)에 따르면, 가족 서비스 계획을 개발하기 위해 더 큰 집단의 참여를 이끌어 내는 데 보다 많은 노력이 필요하지만, 결과적으로 이는 일반적으로 장애아동에게 더 나은 결과를 가져온다(Howard et al., 2005).

영유아 특수교육의 역사에서 가족 구성은 위탁 가정과 입양 가정, 핵가족, 한부모 가정, 대가족, 동성 부모 가정을 포함하도록 발전해 왔다. 가족을 정의하는 일 자체가, 계속하여 그리고 점점 더 어려워지고 있다는 점에서, 이러한 모든 개인을 어린 아동을 위한 지원 계획의 개발과 실행에 어떻게 가장 잘 참여시킬 것인가 하는 딜레마가 존재한다. 이러한 과제에는 전문

가들이 의사결정과 육아 경험에서 아버지의 참여 없이 어머니에게만 초점을 맞추는 전통적 접근방식을 확장할 필요성이 포함된다(Davis & May, 1991; McBride & McBride, 1993). 전문가가 주도하고, 장애아동에게만 초점을 맞춘 서비스와 활동 계획에 부모를 참여시키던 초기의 가족중심 서비스 개념은 시간이 지나면서 점차 발전되어 갔다(McWilliam, Tocci, & Harbin, 1998). 부모도 자녀의 교사라는 개념은 1960년대와 1970년대에 통과된 법안으로 시작되었고, 1980년대와 1990년대에는 아동이 아닌 가족 단위를 서비스의 중심으로 설정하는 정책들로 확장되었다(Wehman, 1998). 현장의 실제가 변화됨에 따라 용어의 개념도 지속적으로 재정의되어 왔고, 최근의 가족 중심 실천의 광범위한 정의에는 아동에게만이 아닌 가족 전체에 서비스를 제공하려는 의지가 포함된다(McWilliam et al., 1998).

## 향후 방향

우리가 살고 있는 불확실한 시대에서 미래의 방향을 예측하는 것은 다소 어려운 과제이다. 2009년 2월 24일 의회 합동회의 연설에서 버락 오바마(Barack Obama) 대통령은 "지금 이 순간을 지켜보고 있는 많은 미국인에게 우리 경제의 상황이 다른 무엇보다도 큰 관심사라는 것을 잘 알고 있습니다. 이 경기 침체의 영향은 현실이며, 모든 곳에서 나타나고 있습니다."라고 말했다. 경제 위기의 결과로, 많은 주와 지역 프로그램들은 예산을 삭감해야 했고, 이는 장애가 있는 영유아를 포함한 모든 사람을 위한 서비스에 영향을 미쳤다. 그러나 많은 지방과 주 예산이 감소하는 동시에, 「미국 경기회복 및 재투자법(ARRA)」을 통해 연방 자금이 프로그램들에 투입되고 있다.

많은 연방 사회 서비스 프로그램이 수년간의 예산 삭감이나 정체를 겪은 후, 오바마 대통령은 2009년 2월 17일 「미국 경기회복 및 재투자법(P.L. 111-5, ARRA)」에 서명했다. 많은 영유아 프로그램이 이 자금의 혜택을 받았는데, IDEA의 Part B(3~21세)에 따라 서비스를 받는 이들을 위해 117억 달러가 증액되었고, 그중 4억 달러는 3~5세 아동들을 위한 것이었다. 추가로 5억 달러가 IDEA의 Part C(출생~3세)에 따라 서비스를 받는 영유아들을 위해 할당되었다. 이 자금은 2년에 걸쳐 지원된다. 자금 증액이 지방, 주, 연방의 영유아 프로그램들에 닥칠 수 있었던 재앙적 결과를 완화시킨 점은 의심할 여지가 없지만, 자금 조달은 계속해서 문제가 될 것이다. 매일 예산 삭감으로 인해 사라지는 사회 서비스 프로그램들에 대한 뉴스가 보도되고 있다. 안타깝게도 많은 주와 지방 정부들은 다른 문제들도 닥쳐오고 있어서 이에 대비해야 하는데도,

미국 경기회복 및 재투자법(ARRA) 자금을 임시방편으로 끌어다 쓰고 있다. 영유아 프로그램에 대한 경기부양책의 영향을 다룬『Education Weekly』의 한 기사는 "미국 교육부가 경기부양 자금 지원이 만료된 후에는 더 이상 기금 투입을 지속할 수 없는 결과가 발생할 수 있다는 점을 염두하고 경기부양 자금을 투자해야 한다고 경고했다"고 전했다(Samuels, 2009, p. 8). 우리는 불행히도 국가가 어려움을 겪으면 국민도 고통받는다는 것을 알고 있다. 모두가 어려운 경제 상황의 무게를 느낄 수 있지만, 여러 위험 요인을 가진 아동과 가족이 가장 큰 고통을 받는다는 것은 부인할 수 없는 사실이다.

이 10년이 끝나 가면서, 영유아 프로그램들의 앞날에는 많은 불확실성이 놓여 있다. 경기부양책으로 기록적인 자금 증액이 이루어졌지만, 많은 주는 여전히 중요한 조기 보육 및 교육 프로그램들의 삭감을 초래할 수 있는 주요 예산 문제에 직면해 있다. 「장애인 교육법(IDEA)」과 「낙오 아동 방지법(NCLB)」의 재승인에 대한 논쟁도 가까운 미래에 계속될 것이 확실하다. 이러한 모든 문제가 계속하여 뒤엉켜 발생하는 동안에도, 아동의 성장과 발달에 대하여 알려진 사실들, 그리고 이러한 성장을 지원하기 위하여 양질의 환경을 제공하는 것이 중요하다는 점을 잊지 않는 것이 중요하다.

리사와 레슬리는 어떻게 되었을까? 2010년, 리사는 42세이고 레슬리는 13세이다. 리사는 보호작업장과 그룹홈에서의 일상적인 활동 일정을 계속 즐기고 있다. 레슬리는 여전히 지역 공립학교에 다니고 있지만, 더 이상 그녀의 발달을 지원하기 위한 IEP가 필요하지 않다. 그녀는 또래들에게도 제공되는 스터디그룹과 시험 시간 연장과 같은 지원을 받고 있다. 레슬리의 부모는 그녀의 학교 경험에 매우 적극적으로 참여하고 있으며, 그녀는 학교 밴드에서 활동하고 있다. 그녀는 다양한 친구들과 함께 전형적인 중학교 사회 활동을 즐기고 있다. 레슬리는 미술을 공부하기 위해 지역 대학에 진학하는 것에 관심이 있다.

## 결론

두 아동의 사례에 나타난 경험의 차이에서 알 수 있듯이, 영유아 특수교육 분야는 지난 40년 동안 큰 발전을 이루어 왔다. 리사와 레슬리, 그리고 그들의 가족들이 이용할 수 있었던 지원은 매우 달랐으며, 두 아이는 전혀 다른 삶의 경험을 하게 된 것 같다. 연구를 통해 우리는 장애가 있는 영유아와 그 가족들을 위해 사용할 수 있는 증거 기반 전략들에 대해 점점 더 많이 알게 되었다. 이렇게 우리가 그 어느 때보다 많은 것을 알게 되었음에도 불구하고, 여전히 지방, 주, 연방 수준의 다양한 시스템을 통합하여 서비스를 조정하고 적시에 제공하는 것과 같은 도전적인 과제들에 직면해 있다. 앞으로 나아가면서도, 우리는 그때까지 머물러 있던 자리를 돌아보아야 하고, 거기서 우리가 얻은 교훈들을 바탕으로 영유아와 가족들을 위한 지원적 환경을 창조해야 한다. 영유아 특수교육은 과거에 의해 형성되지만, 오늘 우리 각자가 하는 일이 미래에 영향을 미친다는 점을 기억해야 한다.

## 참고문헌

Anastasiow, N., & Nucci, C. (1994). Social, historical, and theoretical foundations of early childhood special education and early intervention. In: P. L. Safford, B. Spodek & O. N. Saracho (Eds.), *Early childhood special education* (pp. 7-25). New York: Teachers College Press.

Cook, R. E., Tessier, A., & Klein, M. D. (1992). *Adapting early childhood curricula for children with special needs* (3rd ed.). Upper Saddle River, NJ: Merrill/Prentice Hall.

Davis, P. B., & May, J. E. (1991). Involving fathers in early intervention and family support programs: Issues and strategies. *CHC, 20*(2), 87-92.

Department of Health and Human Services and Department of Education. (2006). *Good Start, Grow Smart: A guide to Good Start, Grow Smart and other federal early learning initiatives* (Retrieved from http://www.acf.hhs.gov/programs/ccb/initiatives/gsgs/fedpubs/GSGSBooklet.pdf).

Fox, L., Carta, J., Strain, P., Dunlap, G., & Hemmeter, M. L. (2009). *Response to intervention and the pyramid model* (Retrieved from http://www.challengingbehavior.org). Tampa, FL: University of South Florida, Technical Assistance Center on Social Emotional Intervention for Young Children.

Garguilo, R. M., & Kilgo, J. L. (2000). *Young children with special needs*. Albany, NY: Delmar.

Ginsberg, L., & Miller-Cribbs, J. (2005). *Understanding social problems, policies, and programs* (4th ed.). Columbia, SC: University of South Carolina Press.

Howard, V. F., Williams, B. F., & Lepper, C. (2005). *Very young children with special needs: A formative approach for today's children* (3rd ed.). Upper Saddle River, NJ: Pearson Education, Inc.

Hunt, J. M. (1961). *Intelligence and experience*. New York: Ronald Press.

Martin, E. W. (1989). Lessons from implementing P.L. 99-142. In: J. Gallagher, P. L. Trohanis & R. M. Clifford (Eds.), *Policy implementation & P.L. 99-457* (pp. 19-32). Baltimore: Paul H.

Brookes.

McBride, B. A., & McBride, R. J. (1993). Parent education and support programs for fathers. *Childhood Education, 70*, 4-8.

McCollum, J. A. (2000). Taking the past along: Reflecting on our identity as a discipline. *Topics in Early Childhood Special Education, 2*(2), 79-86.

McWilliam, R. A., Tocci, L., & Harbin, G. L. (1998). Family-centered services: Service providers' discourse and behavior. *Topics in Early Childhood Special Education, 18*(4), 206-232.

Meisels, S. J., & Shonkoff, J. P. (2000). Early childhood intervention: A continuing evolution. In: J. P. Shonkoff & S. J. Meisels (Eds.), *Handbook of early childhood intervention* (2nd ed., pp. 3-31). Cambridge, UK: Cambridge University Press.

National Association for the Education of Young Children. (2009). NAEYC position statement: Developmentally appropriate practice in early childhood programs serving children from birth through age 8. In: C. Copple & S. Bredekamp (Eds.), *Developmentally appropriate practice in early childhood programs* (3rd ed., pp. 1-31). Washington, DC: Author.

Obama, B. (2009). Remarks of President Barack Obama-As prepared for delivery address to joint session of congress, Tuesday, February 24, 2009. Retrieved on August 15, 2009, from http://www.whitehouse.gov/the_press_office/remarks-of-president-barack-obamaaddress-to-joint-session-of-congress/

Ohlson, C. (1998). Welfare reform: Implications for young children with disabilities, their families, and service providers. *Journal of Early Intervention, 21*, 191-206.

Raver, S. A. (2009). *Early childhood special education, 0-8: Strategies for positive outcomes*. Upper Saddle River, NJ: Merrill/Pearson.

Samuels, C. A. (2009). Infant-toddler special education program gets new life from stimulus. *Education Week*, August. Retrieved from http://www.edweek.org/ew/articles/2009/06/29/36preschool.h28.html?tkn=YMVF8Ys9FVmEkE59EqqPbg6m5EL%2BSqbk39HP

Turnbull, A., & Turnbull, R. (1997). *Parents, professionals, and exceptionality: A special partnership*. Upper Saddle River, NJ: Merrill/Prentice Hall.

Turnbull, H. R., Huerta, N., Stowe, M., Weldon, L., & Schrandt, S. (2006). *The Individuals with Disabilities Education Act as amended in 2004*. Upper Saddle River, NJ: Pearson/Merrill/Prentice Hall.

Wehman, T. (1998). Family-centered early intervention services: Factors contributing to increased parent involvement. *Focus on Autism & Other Developmental Disabilities, 98*(13), 80-87.

Wright, W. D., & Wright, P. D. (2003). *Wrightslaw: Special education law*. Hartfield, VA: Harbor House Law Press.

Zigler, E. F., & Muenchow, S. (1992). *Head Start: The inside story of America's most successful educational experiment*. New York: Basic Books.

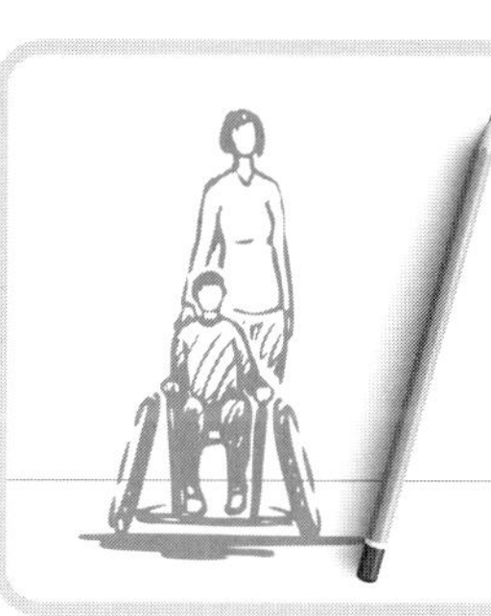

제4장

# 학습장애의 역사

*Carrie Anna Courtad, Jeffrey P. Bakken*

오늘날 '학습장애(learning disabilities: LD)'라는 용어는 매우 일반적으로 사용되지만, 1965년 이전에는 특수교육 교과서에 학습장애가 언급되지 않았으며(Myers & Hammill, 1990), 지역, 주, 연방 교육기관에서도 LD를 특수교육이 필요한 예외적 학습자의 한 범주로 인식하지 않았다(Sorrel, 2000). LD는 언어 그리고/또는 비언어적 정보의 습득, 유지, 이해, 조직, 활용에 영향을 미치는 다양한 장애를 말한다. 이들은 매우 경미한 수준부터 심각한 수준까지 심각도가 다양할 수 있으며, 다음의 중요한 기술 중 하나 이상을 습득하고 사용하는 데 어려움이 있다. ⓐ 구두 언어(예: 듣기, 말하기, 이해하기), ⓑ 읽기(예: 해독하기, 이해하기), ⓒ 쓰기(예: 철자쓰기, 쓰기 표현), ⓓ 수학(예: 연산, 문제 해결)(http://www.adcet.edu.au/Oao/What_is_LD.chpx). 학습장애인은 또한 조직화 기술, 사회적 인식, 사회적 상호작용에도 어려움을 겪을 수 있다.

## 태동기: 학습장애의 명명

학습장애는 사람이 정보를 받아들이고, 기억하고, 이해하고, 표현하는 방식에 영향을 미칠 수 있다. 일반적으로 학습장애는 지능지수(IQ)를 기준으로 볼 때 평균 수준의 지능을 가지고 있지만, 학업 성취는 기대되는 수준과 다르게 나타난다. 학습장애학생은 정보 처리에 어려움을 가지지만, 학습할 수 있는 지능과 능력은 갖추고 있다. 하지만 가정, 학교, 지역사회, 직장 환경에서 개인의 강점과 요구에 적절히 부합하는 특별한 중재가 요구된다. 이 중재는 다음의 내용이 포함되나, 여기에만 국한되지는 않는다. ⓐ 특정 기술 지도, ⓑ 보상 전략(compensatory strategies)의 개발, ⓒ 자기옹호 기술 개발, ⓓ 적절한 편의 제공. 일반적으로 경도 학습장애가 있는 학생이 학습장애로 진단된 후 이에 맞는 적절한 특수교육을 받게 되면 학업 성취도를 높일 수 있지만, 학습장애로 진단되지 않은 채 방치될 경우 이러한 학생은 낮은 성적, 낮은 자존감, 고등교육에 대한 흥미 상실, 성인기 취업 기회 감소로 어려움을 겪을 수 있다(Burkhardt, Obiakor, & Rotatori, 2004).

과거에는 학습장애가 정신적 장애로 알려지기도 했다. 1877년, 독일의 신경학자 아돌프 쿠사마울(Adolf Kussamaul)이 단어맹(word blindness)이라는 용어를 처음 사용하였다. 그는 '시력, 지능, 언어 능력이 온전함에도 완전히 문자를 읽지 못하는 상태(complete text blindness)'를 설명하기 위해 이 용어를 사용하였다(http://www.ldonline.org/article/Timeline_of_Learning_Disabilities). 1877년, 독일의 의사 루돌프 베를린(Rudolf Berlin)은 '문자나 인쇄 기호를 해석하는 데 매우 어려움이 있음'을 설명하기 위해 '난독증'이라는 용어를 고안하였다(http://www.ldonline.org/article/Timeline_of_Learning_Disabilities). 1890년대 후반, 프링글 모건(W. Pringle Morgan) 박사는 태어날 때부터 언어적 문제를 보였던 14세 소년에 관한 글을 썼다. 그 소년은 밝고 영리하고 반응이 빠른 아이로 묘사되었지만, 교사들의 지속적 노력에도 불구하고 읽기와 철자에 큰 어려움을 겪었다. 1905년, 클리블랜드의 안과의사 브루너(W. E. Bruner) 박사는 아동기 읽기 장애에 관한 미국 최초의 보고서를 발표하였다(http://www.ldonline.org/article/Timeline_of_Learning_Disabilities).

1900년대 초부터 1960년대 초까지, 학습에 어려움을 겪는 학생들을 지칭하기 위해 다양한 명칭이 사용되었다. 여기에는 기질적 뇌 손상(organic brain damage), 읽기 지체(primary reading retardation), 느린 학습자(slow learner), 발달적 협응장애(clumsy child syndrome), 교육적 '장애'(educational 'handicap'), 뇌 손상, 미소 뇌 기능장애 등이 포함된다. 1963년에는 새뮤얼 커크(Samuel A. Kirk, 1963)가 훗날 학습장애아동 협회(Association for Children with Learning Disabilities)로 발전하고, 오늘날 미국 학습장애 협회(Learning Disabilities Association of America)가 된 시카고의 한 단체에서 연설하면서 '학습장애'라는 용어를 처음 사용했다. 사실 이 용어는 약 반 년 앞서 발표된 논문(Kirk & Bateman, 1962-1963)에서 이미 사용되었다. 이 모임은 오늘날 전 세계적 운동으로 확산된 미국 학습장애 운동의 시작점이다. 1969년, 미국 의회는 특정 「학습장애아동법(Children with Specific Learning Disabilities Act)」을 통과시켰고, 이 법은 학습장애를 정의하고 학습장애학생을 위한 주 단위 프로그램에 자금을 지원하는 조항을 담고 있었다(Schwenn, 1991). 이 법은 1970년 제정된 「장애아동 교육법(Education of the Handicapped Act, 공법 91-230)」에 포함되어 있다. 이것은 연방법이 학습장애학생을 위한 지원 서비스를 처음으로 의무화한 것이었다. 1975년, 모든 학생에게 무상으로 적절한 공교육을 보장하도록 한 「전장애아교육법(Education for All Handicapped Children Act, 공법 94-142)」이 제정되었다. 1980년대에는 정상화의 개념(Wolfensberger, 1972)이 학습장애인 지원 방식에 영향을 미치기 시작했

다. 정상화 이론은 서비스 제공에 영향을 주기 시작했고, 개인의 고유한 가치, 선택과 기회의 권리, 자신의 잠재력을 실현하는 데 필요한 추가적 지원을 받을 권리를 강조하였다. 1990년, 미국「장애인 교육법(Individuals with Disabilities Education Act: IDEA)」의 명칭이 변경되면서「공법 94-142」가 개정되었다. 이때부터 핸디캡(handicap)이라는 용어가 장애(disability)로 대체되었으며, 새로운 법은 자폐성장애와 외상성 뇌 손상을 장애 범주에 추가했을 뿐만 아니라 학생들을 위한 전환 서비스를 의무화했다. 1997년, IDEA가 재승인되면서, 일반교사가 개별화 교육 프로그램(Individualized Education Program: IEP) 과정에 포함되었으며, 학생들이 일반교육과정과 주 단위 평가에 더 많이 접근할 수 있게 되고, '기타 건강장애(other health impairment)' 범주에 따라 서비스를 받을 수 있는 질환 목록에 ADHD가 추가되었다. 2004년 IDEA가 다시 재승인되었다. 이제 학교 관계자가 특수교육 배치 결정에 더 많은 권한을 가지게 되었으며, 새로운 IDEA는「낙오 아동 방지법(No Child Left Behind: NCLB)」과 더 잘 연계되도록 조정되었다(Baker & Gulley, 2004 참조).

## 학습장애 분야의 초기 개척자와 주요 기여자

1802년, 독일/프랑스 출신 해부학자이자 생리학자이며 나폴레옹의 주치의였던 프란츠 조셉 갈(Franz Joseph Gall)은 학습장애로 인식되는 가장 초기의 사례에 관여한 인물로 알려져 있다. 그는 실어증(aphasia)을 연구하던 중, 뇌 손상을 입은 군인의 사례를 통해 특정 뇌 부위의 손상이 표현 언어장애와 밀접하게 연관되어 있음을 인식했다(Schwenn, 1991). 1822년, 그는『뇌의 기능에 관하여(Sur les Fonctions)』라는 책을 출간하면서 뇌가 27개의 독립적인 '기관'으로 나뉘어 있고, 각각이 특정한 기능을 담당한다고 주장했다(Who Named It, 2005). 그는 독립적인 기관들이 교육 가능성, 완전성, 사물에 대한 기억, 사실에 대한 기억을 관장한다고 믿었다. 이러한 과정에 문제가 생기는 것은 두개골의 결함 때문이라고 결론 내렸다(Who Named It, 2005).

세기 말 무렵, 독일의 의사 아돌프 카스마울(Adolph Kassmaul)은 1877년에 단어맹이라는 용어를 사용해 읽기 능력 상실을 설명하였다(Hagw & Silver, 1990). 이 용어는 글자를 읽거나 이해하는 능력을 완전히 또는 부분적으로 상실하는 신경학적 장애를 가리켰다. 부분적 단어맹은 글자는 인식할 수 있지만 특정한 유형의 단어만 읽을 수 있는 상태를 의미한다.

## 1900년대

1900년대 초반, 커트 골드스타인(Kurt Goldstein) 박사는 학습장애 현상을 처음으로 언급하였으며, 이 장애를 숨겨진 장애(invisible handicap)라고 불렀다(Gelb & Goldstein, 1918; Goldstein, 1937). 그보다 조금 뒤에 등장한 새뮤얼 오턴(Samuel Orton), 그레이스 퍼널드(Grace Fernald), 새뮤얼 커크(Samuel Kirk)는 보다 일반적인 형태의 학습장애를 이해하는 데 큰 진전을 이룬 연구자였다. 특히 오턴은 아내인 준 오턴(June Orton)과 협력하여 학습장애 분야의 연구를 하였다. 두 사람은 함께 연구를 수행하고, 교육자와 치료사를 훈련하였으며, 읽기와 쓰기에 어려움이 있는 사람들을 치료하였다. 교육사학자들은 이들이 난독증의 역사에서 가장 중요한 인물 중 두 명이라고 평가했다(Columbia, 2003). 새뮤얼 오턴(1925, 1929, 1937, 1939)은 시각-청각-운동 감각을 연계하는 방식의 성공적인 교정적(remedial) 읽기 훈련 프로그램을 개발하였으며, 1925년에는 자신이 정의한 단어맹 개념을 자세히 설명한 논문을 발표했다(Lloyd, 2005).

심리학자이자 교육자였던 안나 길링햄(Anna Gillingham)은 영리하였지만 학업에 실패한 아동을 대상으로 교정적 교육을 실시했다. 그녀는 오턴의 연구를 기반으로 탐구하였으며 그로부터 큰 영향을 받았다. 1928년 오턴 박사가 뉴욕시로 이주한 후에는 그에게 여러 사례를 의뢰하였다. 1931년까지 오턴 박사와 길링햄은 전문적인 협업을 하였다. 길링햄은 단계적으로 축적되는 방식의 읽기 체계를 개발하고자 노력하였다. 이 접근법은 시각, 청각, 촉각, 운동감각 등 모든 감각을 활용하는 다감각적 접근을 기반으로 하였다(Gillingham & Stillman, 1936). 이 접근법은 소리와 글자가 어떻게 연결되는지, 소리와 글자가 단어 안에서 어떻게 작용하는지, 단어를 어떻게 더 작은 소리로 나누는지 보여 주고자 하였다(Gillingham & Stillman, 1960 참조). 이렇게 오턴-길링햄(Orton-Gillingham) 교수법이 개발되었다(Ritchney & Goeke, 2006). 이 교수법은 먼저 학생들에게 하나의 단어나 음절을 듣고 그것을 개별 음소로 분리하는 음소 인식 방법을 가르치는 데 사용된다. 다음으로 음소 인식 단계에서 배운 소리를 나타내는 글자를 가르친다. 이후, 영어에서 모음의 소리를 결정하는 여섯 가지 음절 유형을 가르친다. 다음 단계에서는 언어의 규칙과 언어 사용상의 확률(예: 빈도, 패턴 등)에 대해 체계적으로 지도한다. 마지막으로, 어근, 접사, 형태론을 가르친다. 오턴-길링햄 교수법은 다감각적 접근을 활용한 선구적인 수업 방식이다(문헌에 대한 종합적인 검토는 Ritchney & Goeke, 2006 참조). 이 접근이 매우 효과적이었기 때문에, 이후에는 오턴-길링햄 교수법이 장애학생을 위한 프로그램 개발의 표준이 되었다(http://www.dyslexiaanswers.com/og.html).

퍼널드(Fernald, 1943)는 자신만의 운동감각적 읽기 및 철자 지도법을 개발하였다. 그녀는 학

생들이 어려워하는 단어를 공중에 손가락으로 따라 그리게 함으로써, 시각적 보조(visual aid)를 학습 과정에 통합하였다. 그녀는 이 교수법으로 유명해졌으며, 학업진단 전문가들은 종종 그녀에게 어려움을 보이는 학생들을 의뢰했다(Barchas, 1998). 퍼널드는 학생들의 학습 진행 상황을 꼼꼼히 기록으로 남겼고, 1921년에는 켈러(Keller)와 함께 그녀의 운동감각적 교수법이 읽지 못하는 학생들의 단어 인식에 미치는 효과에 대한 논문을 발표하였다(Lloyd, 2005).

또 다른 학자인 마리온 먼로(Marion Monroe)는 시카고로 이주하기 전까지 오턴의 연구 조교로 활동했으며, 이후에는 청소년 연구소(Institute for Juvenile Research)에서 근무했다. 먼로(1928, 1932)는 자신의 연구에서 음운 중심 읽기 접근의 중요성과, 읽기에 어려움을 보이는 학생들에게 집중적인 지도를 제공하는 것의 중요성을 강조했다. 그녀는 실험 연구를 통해 학생 집단을 분석하고 새로운 교육 기법을 도입하였다. 또한 그녀는 읽기장애학생을 판별하는 방안으로 불일치(discrepancy) 개념을 소개했다(Hallahan & Mercer, 2001).

새뮤얼 커크는 시카고대학교에서 먼로와 함께 연구하면서 석사학위를 취득하였고, 그녀의 음운 지도 연구에 많은 영향을 받았다. 이 시기에 커크는 단어맹으로 진단받은 한 소년을 만나게 되었다. 그 소년과 일정 기간 동안 함께 작업하면서, 커크는 아동의 특정 학습장애를 정확히 판별하기 위한 평가 접근법을 개발하고 정교화하였다. 그는 유아의 특정 심리언어학적 능력과 장애를 평가하는 일리노이 심리언어능력 검사(Illinois Test of Psycholinguistic Abilities: ITPA, Kirk, McCarthy, & Kirk, 1968)의 개발에 직접적으로 기여했다(Hallahan & Mercer, 2001). 이 검사는 교정적 교육과 같은 중재를 위해 학생의 능력을 평가하고, 의사소통과 관련된 인지 및 지각 능력을 평가할 수 있도록 고안되었다(Lloyd, 2005).

같은 시기, 유럽 내 정치적인 불안으로 인해 많은 유럽계 연구자가 연구를 지속하기 위하여 미국으로 이주하였다. 그들은 뇌 손상을 입은 성인의 지각, 지각-운동, 주의력 장애에 대한 연구를 수행하였다(Hallahan & Mercer, 2001). 커트 골드스타인, 알프레드 스트라우스(Alfred Strauss), 로라 레티넨(Laura Lehtinen), 뉴얼 케파트(Newell Kephart) 등은 이 연구 분야에서 주요한 역할을 한 이민자 중 일부였다. 스트라우스, 레티넨, 케파트는 서로 긴밀하게 협력하였으며, 궁극적으로 학습장애학생을 돕기 위하여 집중을 방해하지 않는 환경(distraction-free environment)을 조성할 것과 지각장애의 교정적 교육에 중점을 둘 것을 제안했다.

커트 골드스타인은 현재의 폴란드 지역 출신으로, 브레슬라우(Breslau)와 하이델베르그(Heidelberg)에서 교육받았다. 그는 카를 베르니케(Carl Wernicke) 밑에서 공부하면서 실어증에 관심을 가지게 되었다. 그는 아드마르 겔브(Adhemar Gelb)와 함께 시각 실인증(visual agnosia)에 대한 연구를 수행하였으며, 이를 마음맹(mind blindness)이라고 명명하였다(Gelb &

Goldstein, 1918). 골드스타인(1939)은 인간 유기체에 대한 전체론적 이론을 제시하였는데, 이는 국소적인 증상만을 다루는 환원주의적 개념과 접근 방식과는 배치되는 것이었다. 그는 게슈탈트 심리학 분야의 많은 연구자에게 큰 영향을 미쳤다(Duchan, 2001).

스트라우스는 레티넨, 케파트와 함께 아동의 미소 뇌 손상이라는 진단 범주를 만들었다(Strauss & Lehtinen, 1947; Strauss & Kephart, 1955). 그는 지적장애, 청각장애, 정서적 어려움이 없는 학습장애아동이 미소 뇌 손상을 가지고 있을 것이라 가정하였다(Duchan, 2001 참조). 1949년, 그는 위스콘신주 라신(Racine)의 뇌 손상 아동을 위한 기숙형 교육기관인 코브 학교(Cove School)를 설립했다. 그는 1957년 사망할 때까지 이 학교의 교장으로 재직하였다. 독일 출신의 교사인 로라 레티넨은 1940년대 중반 미시간주 노스빌(Northville)에 위치한 웨인 카운티 학교(Wayne County School)에서 스트라우스와 함께 근무했다(Audiblox, 2000). 그들은 학생의 지각 기술을 발달시키면 학업 수행 능력도 향상될 것이라고 믿었다. 레티넨은 게시판 장식물이나 교사의 액세서리와 같은 요소들이 아동의 사고 및 학습 능력을 방해하는 자극이라고 보았다(Friend, 2005). 또한 그녀는 b와 d의 연속 사용이 학생들에게 혼란을 줄 수 있으므로 두 글자를 연달아 사용하지 말 것을 권유하였다(Friend, 2005).

케파트는 1940년대 후반부터 1950년대까지 코브 학교에서 스트라우스와 함께 일했다. 이때 그는 뇌 손상 연구의 범위를 정상적인 지능을 가진 아동으로 확장하였다. 케파트(1960)의 연구는 "운동 발달이 지각 발달에 선행하며, 이것이 모든 학습의 기초를 이룬다."는 그의 관점에 기반을 두고 있다(Schwenn, 1991, p. 30). 그들은 정신적인 결함이 있는 아동에게서 발견되는 지각-운동, 인지, 행동적 문제가 정상 지능 아동에게서도 관찰된다고 주장하였다. 그러므로 이러한 문제를 보이는 정상 지능 아동들 역시 뇌 손상을 가지고 있다고 결론지었으며, 이러한 결론은 연역적 추론의 오류로 인해서 잘못된 방향으로 이어졌고 한동안 그들의 연구에 영향을 미쳤다(Hallahan & Mercer, 2001). 뇌 손상의 과학적인 증거가 없었으며, 추론이 오직 아동의 행동에만 근거하였기 때문에 이들의 주장은 강한 비판을 받았다. 그럼에도 이후의 많은 연구자가 이들의 연구 접근을 따랐다. 케파트는 지각 발달 단계에 대한 연구를 지속했고, 이 연구는 결국 그의 이름을 따서 지각-운동 발달 이론으로 발전하였다(Perception, 1995). 그는 운동 행동 발달이 운동 성취의 위계에서 비롯된다고 보았다. 이 이론의 주요한 개념은 환경에 대한 아동의 운동적 반응이 모든 운동의 핵심이 된다는 것이다. 그는 발달 이론에 신경망 개념을 통합한 선구적인 연구자이다. 그는 아동이 자신의 움직임과 환경의 상관관계를 스스로 발견하는 과정, 즉 눈과 손의 협응과 같은 지각-운동 통합 경험이 학습과 발달의 핵심 기제임을 입증하였다(Roach & Kephart, 1966 참조). 그는 모든 지각 발달이 운동 기술의 위계적 구조에서 출발한

다고 믿었기 때문에, 학습장애는 운동 발달 성취의 전반적 지연에서 비롯되며, 그 성취 과정이 어느 시점에서 붕괴되기 때문에 나타난다고 추론했다(Perception, 1995).

학습장애가 신경학적 기능 장애로 인해 발생한다는 것을 연구자들이 입증하지 못했음에도, 이 시기 중산층 부모는 자녀가 학교에서 큰 어려움을 겪는 이유를 설명해 주는 이 이론을 반겼다. 1960년대 이전까지, 이 아동들은 다른 면에서 똑똑하고, 많은 노력을 했으며, 부모는 아동이 할 수만 있다면 분명히 배울 것이라고 믿었음에도, '멍청하다(dumb)'라는 말을 듣곤 했다. 이 아동들은 종종 '정신지체(mentally retarded)'로 진단받았으며, 평생 이 꼬리표를 달고 살아야 했다(Duchan, 2001). 1960년대에는 학습장애 유형의 학습 문제를 보이는 아동을 설명하기 위해 미소 뇌 기능장애라는 용어가 사용되었다(Silver & Hagin, 2002). 이 용어는 중추신경계의 문제를 암시하고 있으나, 명확하지 않다는 이유로 이후에 사용되지 않았다(Deisinger, 2004). 또한 학습장애를 미소 뇌 기능장애로 개념화하는 방식은 구체적인 교수 계획을 위한 적절한 교육적 지침을 제공하지 못했다(Hallahan & Kauffman, 1997). 흥미롭게도 1960년대와 1970년대 초반에 학습장애아동의 부모는 가라앉는 배에서 던져진 구명줄을 붙잡듯 문제의 원인을 신경학적 기능 장애로 설명하려는 개념에 집착했다. 1960년부터 1975년 사이에 많은 변화가 있었는데, 학습장애에 대한 과학적 관점을 바꿔 놓은 연구의 발전과 더불어, 학습장애에 대한 일반 대중의 인식이 크게 향상되었다. 바로 이 시기에 학습장애라는 용어가 처음으로 등장했고, 연방 정부에서 학습장애를 주요 의제에 포함시켰으며, 부모와 전문가들이 학습장애를 위한 단체를 설립하였다. 또한 학습장애학생을 위한 교육적 프로그램, 특히 심리적 정보처리와 지각 훈련에 중점을 둔 프로그램이 확산되기 시작하였다(Hallahan & Mercer, 2001).

새뮤얼 커크는 개별 학생들 사이에서 지속적으로 나타나는 상충되는 변수[1]를 이해하고자 연구하였다(Kirk & Chalfant, 1984; Kirk & Kirk, 1971 참조). 그는 공식적으로 학습장애라는 용어를 처음으로 만든 인물로 인정받고 있으며, 1963년에는 지각장애로 명명한 집단을 위하여 이 용어를 사용하였다. 이후 학습장애라는 용어는 특수교육에서 가장 널리 사용되는 명칭이 되었다. 부모와 옹호자들은 학습장애학생을 위한 서비스를 조직하고 확보하기 위한 노력의 일환으로 학습장애라는 용어를 사용하였다. 그 결과, 여러 주요 단체가 등장하기 시작했다. 예를 들어, 1968년에는 미국 특수교육협의회(Council for Exceptional Children) 산하의 학습장애아동 분과(Division for Children with Learning Disabilities)가 설립되었다(Schwenn, 1991).

1) 역자 주: 상충되는 변수는 단순한 인지 결함이 아닌 주의력 · 지각 · 기억 · 언어 · 정서 등 다양한 변수가 복합적으로 작용하여 나타나는 개별적 문제를 의미한다.

## ○ 학습장애의 정의

역사적으로 학습장애를 정의하는 일은 1960년대 이 분야가 처음 시작된 이래로 지속적으로 논쟁이 진행되었다(Rotatori & Wahlberg, 2004). 학습장애가 무엇인지 설명하기 위해 다양한 정의가 제안되어 왔으며, 각 정의는 학습장애의 중요한 측면을 강조하고자 했다. 안타깝게도 이런 과정은 상당한 모호함과 일관성의 결여를 초래했다. 예를 들어, 1990년 해밀(Hammill)은 개념적 발전 측면에서 중요하다고 여겨지던 11가지 정의를 논의했다. 그러나 할러핸과 카우프만(Hallahan & Kauffman, 1997)이 이러한 정의들을 검토했을 때, 그 어떤 정의도 학습장애의 다양한 측면을 포괄할 수 있는 정의를 찾기 어려웠다. 그들이 검토한 정의에는 다음의 네 가지 요소를 포함하고 있다고 지적했다. "ⓐ 지능지수와 학업 성취 간의 불일치, ⓑ 중추신경계 기능장애에 대한 전제, ⓒ 심리적 정보처리 과정의 장애, ⓓ 지적장애나 정서장애로 인한 것이 아닌 학습문제 등이다. 그러나 이 네 가지 요소 모두를 포괄하는 정의는 존재하지 않았다(Hallahan & Kauffman, 1997).

오늘날, 미국 대부분의 교육청에서는 학습장애에 대한 연방 정부의 정의를 기준으로 학생의 정부 지원 서비스 자격을 판단하고 있다. 일반적으로, 미국 연방규정(federal code)에서는 "학습장애란 언어를 이해하거나 사용하는 데 관여하는 하나 또는 그 이상의 기본적인 심리 과정에 장애가 있는 상태로, 이는 사고, 말하기, 읽기, 쓰기, 철자, 수학 계산 등의 능력에 결함이 나타나는 형태로 드러날 수 있으며, 지각장애, 뇌 손상, 미소 뇌 기능장애, 난독증, 발달성 실어증 등이 포함된다. 학습장애라는 용어는 시각, 청각, 운동장애, 지적장애, 정서적 어려움, 또는 환경적, 문화적, 경제적 결손으로 발생하는 학습문제를 포함하지 않는다."라고 정의한다(Lloyd, 2005). 비록 연방 정부가 이와 같은 지침을 마련한 데는 긍정적 의도가 있었지만, 그 규정의 해석은 각 주(state)에 맡겨졌다. 이로 인해 어떤 학생이 특수교육 대상자가 될지를 둘러싸고 해석의 불일치 및 오해가 발생하게 되었으며(Obiakor & Utley, 2004 참고), 그 결과는 미 전역의 학부모와 학생들에게 큰 좌절감을 안겨 주었다.

# 학생의 판별 및 지원

## 판별

1960년대 학습장애라는 개념이 처음 등장했을 때, 교사들이 교실현장에서 지속적이고 일상적으로 마주하던 학습부진 현상[2)]을 어떻게 판별할 것인지에 대한 논의가 시작되었다. 학습장애를 '진단'하기 위해, 교육 전문가들은 평균의 지적 능력(IQ)을 갖추었음에도 학업 수행이 이에 미치지 못하는 학생들이 학습장애라고 판단하였다. 이 판단기준은 불일치 공식(discrepancy formula)으로 알려지게 되었다(Bender, 2007; Deisinger, 2004; Flanagan, Ortiz, & Mascolo, 2002; Sorrel, 2000; Rotatori & Wahlberg, 2004 참조). 학생의 지능지수(IQ)와 일반적인 학업 수행을 비교하면 불일치를 확인할 수 있다. 미국 각 주에서는 학습장애로 판별되려면 얼마나 불일치해야 하는지를 자율적으로 결정할 수 있었으며, 일부 주에서는 그 기준마저 각 지역 교육구에 맡기면서 한 주에 약 40가지가 넘는 불일치 모델이 존재하게 되었다. 이론적으로, 한 교육구에서 특수교육 대상자로 판정된 학생이 다른 교육구로 이사하면 더 이상 특수교육 대상자가 되지 못하는 상황이 벌어질 수 있었다. 그러나 2004년, IDEA 규정은 각 주에 대해 다음과 같이 명시했다. "아동이 특정 학습장애인지 판별하기 위해서 지적 능력과 성취 간의 심각한 불일치 준거를 의무적으로 적용하지 않을 수 있다."[34 CFR 300.8(c)(10) 참조] 이 규정은 또한 학습장애 여부를 판별하기 위해 다른 방법을 사용할 수 있음을 함께 명시하였다. 이 조항은 지역 교육청이 과학적이고 연구에 기반을 둔 중재를 사용했을 때 아동의 반응을 토대로 한 절차를 허용해야 하며, 아동이 연방 규정 34 CFR 300.8(c)(10)에 정의된 특정 학습장애를 가지고 있는지 판별하기 위해 다른 연구 기반 대안 절차를 허용할 수도 있음을 명시하고 있다. 이는 흔히 중재반응모델(Response to Intervention: RTI)이라 불리며, 학습장애학생을 판별하는 또 하나의 방법이다.

RTI에 대해서는 광범위하게 연구가 되어 왔다(Wheeler & Mayton, 2010 참조). RTI의 핵심 개념은 학습장애로 판별되기 전에, 학업 성취 기준에 도달하지 못하는 학생에게 중재 수준별 단계(tiers)에 따라 체계적인 교정적 교육[3)]을 제공한다는 것이다(Gresham, 2002 참조). RTI는 일반

---

2) 역자 주: 1960년대 미국의 교사들이 지능은 정상인데 학업 수행에 어려움을 보이는 학생들을 반복적으로 관찰하게 된 것을 의미한다.

3) 역자 주: 교정적 교육은 데이터로 결손을 진단하고, 증거 기반 교수를 적절한 강도로 제공하며, 진전도 점검을 토대로 중재를 조정하는 교수 체계를 의미한다.

적으로 세 단계의 중재 서비스로 구성되어 있으며, 단계가 올라갈수록 중재의 강도가 점차 높아진다(Johnson & Smith, 2008). 1단계는 일반학급에서 이뤄지는 교육이고, 2단계는 보통 소집단 또는 개별 학생이 어려움을 보이는 영역에 집중적인 교수를 제공하는 수준이며, 3단계는 특수교육처럼 특별한 지원이 제공되는 가장 강도 높은 중재이다. 학생이 특정 단계의 중재에 긍정적으로 반응한다면 학습장애로 판별되지 않으며, 반응하지 않을 경우 다음 단계로 이동한다. 만약 학생이 진전을 보이지 않아서 최종 단계까지 올라가게 되면 특수교육 서비스를 받을 자격을 가지게 된다.

학습장애학생을 판별하는 이 두 가지 방법에 대한 논쟁이 많았다(Berninger, 2001; Deisinger, 2004; Torgesen, 2001; Wilson & Reynolds, 2002 참조). 불일치 모델은 평균 수준의 IQ를 가지고 있음에도 학업 수행이 이에 미치지 못하는 학생이 학습장애라는 개념에 기반하고 있다. RTI는 학습장애학생이 교육과정 내에서 충분한 성취를 보이지 않고, 두 번째 수준의 더 집중적인 교수에도 반응하지 않는다는 전제를 가지고 있다(Fuchs & Fuchs, 2007). 전통적인 불일치 모델은 IQ와 학업 수행 간 불일치가 대개 초등학교 고학년이 되어서야 드러난다는 점 때문에, '실패를 기다리는(wait to fail)' 방식으로 인식되어 왔다(Wright, 2007). 한편, RTI는 모든 학업 부진 학생이 지역 학업 기준에 도달하지 못할 가능성이 있으며, 그 결과 평균 수준의 IQ를 가지지 않은 학생들까지 학습장애로 판별될 수 있다는 점에서 우려가 있다. 결국 다시 학습장애라는 개념을 어떻게 정의할 것인가라는 질문으로 돌아오게 된다. 불일치 모델을 강하게 지지하는 사람들은 이 판별 방식이 공정하고 객관적인 평가를 가능하게 한다고 믿는다(Scruggs & Mastropieri, 2002 참조). 또한 이들은 학습장애 진단의 책임이 학급의 교사가 아니라 학교 심리학자나 진단 전문가에게 주어진다는 점에서도 불일치 모델이 바람직하다고 믿는다(Deisinger, 2004). 하지만 이 판별 방식에 반대하는 이들은 지능검사 자체가 편향적이며, 지적 능력과 학업 성취가 항상 밀접하게 상관되는 것은 아니라고 주장한다(Tanner, 2001). 다른 학자들은 문화와 인종, 연령, 빈곤 그리고 시간에 따른 불일치 점수의 안정성 등과 같은 요인들이 불일치 공식을 적용하는 데 혼란을 주는 요인이 혼재 변수(confounding variables)[4]가 될 수 있다고 주장한다(Dean & Burns, 2002; Gunderson & Siegel, 2001; Obiakor & Utley, 2004; Warner, Dede, Garvan, & Conway, 2002). RTI 모델을 지지하는 이들은 불일치 모델을 사용할 경우 학생이 학업에서 실패할 때까지 학교가 너무 오래 기다려야 한다는 점에서 한계가 있으며, RTI는 학습에 어려움을 보이는

---

4) 역자 주: 혼재 변수는 독립 변수와 종속 변수의 관계를 혼동하게 만드는 제3의 변수(예: 장애 유형, 약물 복용, 보조공학 사용 여부 등)이다.

모든 학생에게 교정적 교육과 증거 기반 교수를 받을 수 있도록 보장한다고 믿는다(Johnson & Smith, 2008; Torgesen, 2009 참조).

## 학습장애학생들은 어디에서 교육받고 있을까

학습장애라는 진단명이 생기기 전에도 이 학생들은 이미 일반학급이나 기관에서 교육받고 있었다. 사실, 학습장애라는 명칭 자체가 교사가 교실에서 만나는 특정한 학생들을 지칭하기 위하여 만들어진 것이다. 학습장애학생은 다른 학생들처럼 학습하기 위해서 일반학급에서 고군분투하지만, 결국에는 학습 격차가 너무 벌어져 중도에 학교를 그만두기도 한다. 과거에 어떤 학생들은 정신지체(mentally reatarded)라는 낙인을 받고 '특수학교'나 기관에 보내지기도 하였다. 학습장애학생을 위한 지원 서비스에 재정 지원이 공식적으로 의무화된 것은, 1970년 「장애아동 교육법(Education of the Handicapped Act, 공법 91-230)」에 포함된 「특정 학습장애아동법(Children with Specific Learning Disabilities Act)」이 1969년에 의회를 통과하면서부터이다. 1975년, 「전장애아교육법(Education for All Handicapped Children Act, 공법 94-142)」이 재승인되면서 모든 아동에게 무상의 적절한 공교육이 보장되었고, 학습장애학생을 위한 직접적 지원도 가능해졌다.

학습장애학생은 다양한 환경에 배치되어 왔다. 1970년대 중반부터 1990년대 사이에는 풀아웃 모델(pull-out model)이라고 불리는 지원교실(resource room)에서 수정된 교육과정이나 다른 교육과정을 사용했다(Mitchem & Richards, 2003 참조). 이 학생들은 자신의 학급을 벗어나 또래들과 분리된 공간에서 특수교사의 수업을 받는 교육도 받았다. 학생이 모든 수업을 일반학급과 분리된 공간에서 받는 경우, 일반학급 또래와 통합되지 않은 상태라는 점에서 전일제 특수학급(self-contained classroom)이라고 간주된다. 시간이 흐르면서 조정된 교육과정(adapted curriculum)에 덜 의존하게 되었고, 일반교육 교육과정에의 접근이 더 중요하게 고려되기 시작했다. 이로 인해 학습장애학생이 또래와 함께 일반학급에 포함되도록 하려는 움직임이 시작되었다(Rotatori, Schwenn, & Litton, 1994 참조). 1990년대 후반, 미국에서는 학습장애학생이 일반학급에 통합되는 것뿐만 아니라 일반교육 교육과정에도 접근할 수 있어야 한다는 관점이 형성되기 시작했다(Richards & Dooley, 2004 참조).

## ○ 학습장애학생을 위한 교육 실제

일반적으로 학습장애학생은 지적 능력에서 큰 제약은 없지만, 심각한 '정보처리 결함(information-processing deficits)'을 동반하기 때문에 지능이나 다른 학업 영역의 수행 수준을 고려했을 때 기대되는 것에 비해 하나 이상의 학업 영역(읽기, 쓰기, 수학)에서 현저히 낮은 성취를 보인다(Burkhardt et al., 2004; Deisinger, 2004; Lerner, 2005; Stefani, 2004; Swanson, 2000 참조). 학습장애학생마다 차이가 있지만 이들은 느리고 비효율적인 읽기를 포함해 다음과 같은 공통적 어려움을 보고한다. 글의 조직과 문법적 요소에 어려움을 동반하는 느린 작문, 발달상의 능력 불일치, 문제 해결에 필요한 정보 습득 및 활용의 어려움, 충동성과 산만함 같은 행동적 어려움, 지각적 어려움, 빈번한 수학 연산 오류 등이다(Sorrel, 2000). 스완슨(Swanson, 1999)과 동료들은 이러한 학생들에게 크게 효과를 나타낸 두 가지 주요한 중재전략을 발견했다. 첫째는 '직접 교수법'으로, 고도로 구조화된 교수자료, 선행조직자, 기억술, 그리고 교수과정 속에 내재된 구체적인 평가 절차를 활용하는 것이 특징이다(Deshler, 1998; Deshler & Ellis, & Lenz, 1996 참조). 둘째는 '학습전략 지도법'으로, 학습 단계를 체계적으로 조직하여 학생이 이전 학습을 복습하고 다음 단계를 준비하도록 돕는다. 특히 쉬운 문제부터 시작해 난이도를 점진적으로 높여 가는 전략적, 준비적 학습 과정을 강조한다(Greene, 1994; Winnery & Fuchs, 1993 참조). 현장에서 실제로 큰 차이를 만들어 내는 또 다른 요소는 비계 설정(scaffolding)이다. 처음에는 교사 주도의 명시적 교수(explicit instruction)로 시작해서 학생이 점진적으로 기술을 습득하게 되면 학생 주도의 활동으로 전환한다.

학생이 일반학급에서 학습하든, 특수교육 지원 환경으로 이동하든, 교사는 교육과정에 따른 학습 진전도를 모니터링하기 위하여 개별 학생의 평가에 초점을 두고 활동을 운영해야 한다. 개인을 위한 고려는 집단을 위한 고려보다, 그리고 일반학급 조직화나 관리에 대한 고려보다 우선시되어야 한다. 학습장애학생의 성공을 위해서는 개인의 성취, 진전도, 학습에 집중할 필요가 있다. 이를 위해서는 학습에 어려움을 보이는 학생들에게 구체적이고 목표 지향적이며 개별화된 집중적인 교정적 교육이 제공되어야 한다. 연구에 따르면 학습장애학생도 학습하는 방법을 배울 수 있다(Gersten, 1998; Swanson, 2009; Vaughn, Gersten, & Chard, 2000). 학습장애학생의 독특한 요구에 초점을 둔 전략을 사용하면 이 학생들도 경쟁할 수 있는 위치에 설 수 있는 것이다. 이러한 전략에는 ⓐ 학습을 작은 단계로 나누기, ⓑ 짧고 간단한 형식의 점검(진전도를 확인할 수 있는 짧은 퀴즈나 평가) 실시하기, ⓒ 즉각적인 피드백 제공하기, ⓓ 말로 설명

하는 내용을 도표, 그림, 시각 자료로 제시하기, ⓔ 독립적이고 잘 설계된 집중 연습을 충분히 제공하기, ⓕ 학생이 따르기를 원하는 교수 전략을 교사가 시범 보이기, ⓖ 사용할 수 있는 전략에 대해 촉진 제공하기, ⓗ "그 전략은 어떻게 작동하고 있니?", "이 전략을 또 어디에 활용할 수 있을까?"와 같은 과정 중심 질문(process type questions)하기와 같은 내용이 포함된다. 가정이나 학교에서 이뤄지는 대부분의 교수법은 학습장애학생의 요구에 맞게 충분히 조정될 수 있다. 이러한 전략들과 기타 다양한 방법은 대부분의 교과영역에서 수정된 교수를 제공하는 데 활용될 수 있으며, 학생들의 과제 이해도와 수행 결과의 질을 향상시킬 수 있다. 학습장애학생들에게 자주 활용될 수 있는 전략의 목록은 〈표 4-1〉에서 확인할 수 있다. 다른 제안사항으로는 ⓐ 과제나 시험에 대한 시간 연장해 주기, ⓑ 모든 과제/시험/활동에 대한 기한 지정하기, ⓒ 피드백 기회를 자주 제공하기(예: 주어진 읽기 자료에 대한 주간 퀴즈, 에세이 초안에 대한 교사의 피드백, 시험에 대한 오류 분석), ⓓ 과제 이해를 돕기 위해 질문이나 상담을 권장하기, ⓔ 장애와 관련된 이유로 소리 내어 읽거나 질문에 대답하지 못하는 학생들을 배려하기, ⓕ 학습장애학생의 접근성을 고려해 시험 문항 구성하기가 있다.

**〈표 4-1〉 학습장애학생 학습에서의 성취를 위한 전략**

- 학생들에게 학습 내용의 중요성과 학습 목표, 성취 수준에 대한 기대를 알려 줌으로써 학습할 준비를 갖추도록 한다.
- 구체적인 언어를 사용한다. "질 높은 과제를 제출하세요."라고 말하는 대신, 평가 기준을 명확히 제시한다. 예를 들어, 글쓰기 과제라면 정확한 구두점 사용, 철자, 특정 내용의 포함 여부를 기준으로 채점할 수 있다.
- 채점기준을 개발해 학생과 공유하고, 수행 수준별 예시를 함께 제시한다.
- 학생의 과제를 잘못된 예로 사용하는 일은 절대 없어야 한다. 이는 학생에게 모욕감을 줄 수 있으며, 어떤 교실이나 가정에서도 정당화될 수 없다.
- 학생이 과제를 정확히 이해했는지 확인하기 위해, 지시 내용을 반복하여 말해 보게 한다.
- 학생이 실제로 과제를 시작하기 전에 오해한 부분이 있다면 바로잡아 준다. 학생이 과제를 수행하는 동안 올바르게 진행하고 있는지 점검한다. 완료하기 전에는 실수를 스스로 고칠 수 있도록 촉진을 제공한다.
- 수업과 행동에 대한 명확한 기대 수준을 설정한다. 이를 교실에 게시하여 모든 상호작용과 과제의 기준으로 삼는다. 요구사항을 수업이나 숙제 루틴의 일부로 만들어서 학생이 기대에 도달할 수 있도록 돕는다.
- 개념 간 관계를 이해할 수 있도록 그래픽 조직자를 활용한다.
- 학생을 위해 구체적이고 단계적인 지시를 명확하게 설명하고, 모델링을 통해 제시한다.
- 학생들이 참고하고 분석할 수 있도록 질 높은 과제의 예시 모델을 제시한다. 그 과제가 학습 기대를 어떻게 충족하는지 말과 글로 설명한다.

## 학습장애 평가

로타토리와 왈버그(Rotatori & Wahlberg, 2004)는 학습장애 평가가 선별, 학업적/사회·정서적/직업적 평가, 적격성 판별 및 진단, IEP 수립, 교수 계획과 같은 다양한 목적을 충족하기 위하여 종합적으로 이뤄져야 한다고 강조했다. 이들은 학습장애학생을 지원하는 전문가들이 규준참조평가, 준거참조평가, 교육과정 기반 평가, 포트폴리오 평가, 실제 수행 기반 평가 등 다양한 방식으로 평가 자료를 수집한다는 점을 강조했다. 이러한 평가 접근법들은 기초학습능력, 인지 평가, 학업 수행(학업 준비도, 특정 교과의 학년 수준, 숙달 수준), 학습 양식, 사회-정서-행동적 특성, 진로 및 직업 측면에 대해 종합적인 평가 자료를 수집하는 데 활용될 수 있다. 앞에서 언급된 여러 평가 영역에 사용되는 구체적인 평가 도구와 측정기기에 관한 종합적 목록은 로타토리와 왈버그의 연구에 정리되어 있다.

## 가족과 함께하기

학습장애학생처럼 가족들도 참여 방식과 형태가 매우 다양하다. 학생이 최근에 학습장애 진단을 받았거나 부모에게 진단 사실을 처음으로 알려야 하는 교사라면 정확한 정보를 제공하면서도 긍정적이고 현실적인 태도를 유지하는 것이 중요하다(Goor, McKnab, & Davidson-Aviles, 1995 참조). 연구에 따르면, 전문가들은 학습장애학생의 진단 결과를 가족에게 설명할 때, 헛된 희망을 주지 않기 위해 노력해야 한다고 강조한다(Harnet, Tierney, & Guerin, 2009 참조). 따라서 이러한 학생들이 보일 수 있는 다양한 발달이나 성취 결과를 가족에게 균형 있게 제시하는 것이 중요하다(Rosenthal, 1992 참조). 부모는 자녀가 학습장애로 진단되었을 때 복잡한 감정을 느끼는 경우가 많다(Gerber, 1986 참조). 부모들은 어딘가 '꽤' 이상하다는 것을 눈치채고 있었지만 전문가에게 이 사실을 전달하지 못했다(Schwenn, 1991 참조). 이런 상황에서 부모들은 자신의 감정을 이해해 주는 사람이 있다는 사실에 안도감을 느끼며, 이미 어느 정도는 알고 있었던 문제에 이름이 붙여짐으로써 이제는 자녀를 옹호할 수 있는 위치에 서게 되었다고 느끼는 경우가 많다. 때때로 부모는 자녀가 학습장애라는 진단명을 갖게 된 것에 대해 죄책감을 느끼기도 한다(Waggoner & Wilgosh, 1990 참조). 이러한 죄책감은 책을 좀 더 읽어 준다거나 임신 중에 더 잘 식사하는 것처럼 학습장애를 예방하기 위해 스스로 무언가 했어야 한다는 마음에서 비

롯되기도 한다. 한편으로는 특수교육 지원을 받아야 한다는 사실 자체와 그로 인해 자녀가 직면하게 될 일들에 대해 매우 두려움을 느끼는 부모도 있다. 부모가 학교생활을 잘하지 못했거나 장애를 가지고 있었지만 결국 극복한 경우에는 자녀 역시 특수교육의 도움 없이 극복할 수 있다고 생각하기도 한다(Atkins & Litton, 1995).

학습장애아동의 부모는 순간순간 매우 다양한 감정을 경험할 수 있다. 전문가라면 이런 상황에서 지역 내의 가족 및 자녀 지원 단체에 대한 정보를 제공하고, 학습장애학생에게 생길 수 있는 다양한 미래의 결과를 균형 있게 제시하며, 최악의 상황에만 초점을 두지 않아야 하고, 이러한 새로운 정보가 가족관계에 또 다른 스트레스 요인을 초래할 수 있다는 점도 이해해야 한다(Trotter, 1993). 학습장애학생들은 학업 문제, 사회적 관계 문제, 학교 중도 탈락의 위험이 높지만 동시에 높은 회복탄력성을 보이며, 대학에 진학하고 졸업도 하여 사회적으로 성공적인 삶을 살아가는 사례도 많다는 점을 기억하는 것이 중요하다(Castellanos & Septeowski, 2004; Obi, 2004 참조). 전문가는 학습장애학생에게 희망과 다양한 가능성을 제시해야 한다(O'Shea, O'Shea, & Hammitte, 1994 참조). 이는 특히 학습장애인이 중년 초반까지 부모와 함께 거주하는 경우가 많다는 점을 고려하면 더욱 중요하다(U.S. Department of Health and Human Services Public Health Service National Institutes of Health & National Institute of Mental Health, 1993). 부모와 대화할 때, 장애가 가족에게 스트레스를 가져올 수 있다는 점을 기억하는 것이 중요하다(Dyson, 1996 참조). 전문가들이 도와줄 준비가 되어 있으며 학생에게 다양한 가능성이 열려 있음을 부모에게 확신시켜 주는 것만으로도 그 스트레스를 덜어 줄 수 있다.

## 학습장애학생을 위한 위험 요소 줄이기

앞서 언급했듯이 학습장애학생에게 긍정적이고 희망적인 가능성을 제시하는 것이 중요하지만, 위험 요소(risk)를 함께 인식하는 것도 중요하다. 위험 요소는 일반적으로 삶의 결과가 부정적으로 나타날 가능성이 높은 상황이나 조건을 의미한다(Raskind, n.d.). 학습장애학생은 학업이나 사회적 상황에서의 어려움, 우울감, 행동적 문제를 겪을 가능성이 상대적으로 높다. 이 학생들은 전통적으로 읽기, 쓰기, 수학 영역에서 낮은 성취를 보이며, 기억력, 메타인지, 사회적 기술에도 어려움을 겪는다. 전체 학습장애학생의 약 3분의 2는 2~3학년 정도 낮은 수준의 읽기 능력을 보이고, 약 25% 정도는 또래보다 5학년 이상 낮은 수준의 읽기 능력을 보인다(Wagner et al., 2003). 특히 3학년 이후부터는 읽기를 통해 정보를 습득하게 된다. 미국 교육 체계에서는 일반적으로 3학년부터 설명문을 통해 '즐거움을 위한 읽기'에서 '학습을 위한 읽기'로 전환되기 때문에, 읽기 어려움이 있는 학생은 학업 전반에 위기를 겪을 가능성이 높다. 학습장애학생은 고등학교 중퇴율이 거의 39%인 데 반해, 학습장애가 없는 학생은 11%에 그친다(U.S. Department of Education, 2003). 읽기의 어려움은 이러한 중도 탈락의 주요 원인 중 하나이다.

학습장애학생은 사회적 기술에 종종 어려움을 겪는다(Burkhardt et al., 2004; Gerber, 1986; Goor et al., 1995). "효과적인 사회적 기술이란 타인에게 적절하게 접근하고 반응하는 능력을 포함한다."(Vaughn, Elbaum, & Boardman, 2001, p. 49) 연구에 따르면, 학습장애학생의 약 75%가 학습장애가 없는 또래보다 낮은 사회성 평가를 받는 것으로 나타났다(Kavale & Forness, 1996). 사회적 기술의 부족은 가족, 또래, 교사와의 관계에 부정적인 영향을 미칠 수 있다. 사회적 단서를 잘 읽지 못하거나 친사회적으로 반응하는 특성 때문에 또래나 교사로부터 거절을 경험할 가능성도 높아진다(Vaughn et al., 2001). 학습장애학생은 학업 성취와 사회적 기술에서의 어려움으로 인해 자존감이 낮은 경우가 많다(Sorrel, 2000; Rotatori & Wahlberg, 2004 참조). 낮은 자존감은 우울의 증상일 수 있다. 자기보고식으로 우울을 측정했을 때, 학습장애학생의 우울은 비장애 또래보다 높게 나타났다. 현재로서는 이들이 비장애 또래보다 임상적 우울을 더 많이 경험하는지 여부가 밝혀지지 않았다(Maag & Reid, 2006). 중요한 것은 이 학생들이 반드시 고통을 겪어야 하는 것은 아니며 항상 이러한 위험 요소를 안고 살아가야 하는 운명도 아니라는 점이다. 전문가와 부모는 학습장애학생이 직면할 수 있는 위험 요소를 줄일 수 있다. 학생, 가족, 기타 지원체계가 긴밀하게 협력함으로써 학습장애학생에게 더 많은 선택지를 줄 수 있다.

## ○ 학습장애학생을 위한 테크놀로지

오늘날 우리는 학습장애학생을 위한 다양한 보조공학을 활용할 수 있는 매우 운이 좋은 환경에 살고 있다. 학습장애학생을 위해 IEP 위원회가 보조공학(assistive technology: AT) 활용을 반드시 고려하도록 하는 규정은 비교적 최근에 만들어졌다. 1988년 제정된 「장애인을 위한 기술 관련 지원법(Technology-Related Assistance for Individuals with Disabilities Act, Tech Act로도 알려짐, 공법 100-407)」은 연방 차원에서 처음으로 AT와 관련 서비스를 정의하고 모든 장애인을 대상으로 한 AT 활용을 장려하였다. IDEA 1990과 이후 개정된 IDEA 1997이 장애학생에 대한 AT 지원을 도입하였다. 이 개정안들은 AT의 정의를 더욱 명확히 하였고, 교육청이 모든 장애

학생에게 무상의 적절한 공교육(FAPE)의 일환으로 보조공학을 제공할 책임이 있음을 명시했으며, 이를 통해 교실 안팎에서 학습장애학생의 삶을 개선했다. 1990년 이후, 보조기기, 소프트웨어, 지원 체계가 다양해졌다(Bakken & Wojcik, 2004; Bouck, 2010; Parette & Peterson-Karlan, 2010 참조). AT와 그 지원에 대한 법적 정의가 생기기 전에는, AT가 중증장애나 중복장애, 지체장애만을 위한 도구로 인식되는 경우가 많았다. 오늘날 사용되는 보조기기 중 대다수는 시각장애학생을 위해 개발된 것이다(Banks & Coombs, 2005; Freitas & Kouroupetroglou, 2008 참조). 그러나 기술이 널리 보급되면서, 학습장애학생도 이러한 기기를 통해 역량을 향상시킬 수 있다는 것이 알려졌다(Alper & Raharinirina, 2006; Nkabinde, 2008 참조).

학습장애학생을 위한 테크놀로지 지원 도구는 매우 다양하며, 그중 많은 도구가 무료로 제공되거나 일반적인 컴퓨터, MP3 플레이어, 스마트폰에서 사용될 수 있는 것이다(Bakken & Wojcik, 2004; Bouck, 2010 참조). 컴퓨터와 워드 프로세서에도 학습장애학생이 학습과 수행을 즉각적으로 향상시킬 수 있는 여러 기능이 포함되어 있다(Montgomery, Karlan, & Coutinho, 2001 참조). 디지털 형태로 된 텍스트는 누구나 쉽게 접근할 수 있는 자료가 되었다. 학습장애학생도 디지털 텍스트와 컴퓨터를 활용하면 매우 높은 학습 효율성과 생산성을 더 높일 수 있다. 학습장애학생은 언어 처리 영역에서 어려움을 겪는다(Kerchner & Kistinger, 1984 참조). 앞서 언급한 것처럼 학습장애학생의 읽기는 또래보다 낮은 학년 수준인 경우가 많다. Mac OS나 Window 7 운영체제가 설치된 컴퓨터에는 화면 낭독기(screen reader)나 텍스트를 음성으로 변환해 주는 기능(text-to-speech: TTS) 등 무료로 사용할 수 있는 AT가 내장되어 있다. 이러한 기능들은 디지털 텍스트를 음성으로 읽어 주기 때문에 학생의 읽기 학년 수준보다 어려운 자료도 읽을 수 있게 해 준다. 무료로 제공되는 프로그램도 많이 있으며, 일부 유료 프로그램도 구입할 수 있다. 워드 프로세서에도 문법 및 철자 검사와 같은 기본 기능이 포함되어 있어서 글쓰기 편집 단계에서 학습장애학생에게 도움이 될 수 있다.

테크놀로지가 매우 빠른 속도로 변화하고 있기 때문에 특정 제품이나 웹사이트를 추천하긴 어렵다. 하지만 학습장애학생이 자주 어려움을 보이는 공통적 학습 영역이 있으며, 이러한 부분에서 기술을 효과적인 보완 수단으로 제공할 수 있다. 예를 들어, 텍스트 리더(text reader)는 컴퓨터 화면에 나타난 글을 음성으로 읽어 주는 도구로, 컴퓨터 운영체제에 기본으로 내장된 음성 합성 기능을 이용해 작동하는 경우가 많다. 텍스트 리더는 텍스트를 MP3 파일로 변환할 수 있어, iPod과 같은 기기에서 음성으로 들을 수 있도록 해 준다. 또한 어떤 텍스트 리더는 학생이 말한 내용을 텍스트로 변환하는 기능을 포함하기도 하는데, 이러한 기능을 음성 인식 또는 음성-텍스트 변환(speech-to-text)이라고 한다. 음성 인식이나 음성-텍스트 변환 기술은 학생이 말한 단어를 바로 텍스트로 바꾸어 준다. 학습장애학생이 글을 쓸 때는 완료해야 하는 모든 항목을 기억하기 위해서 많은 실행기능(executive function)이 동시에 작동한다. 음성 인식은 학생이 글쓰기에 포함된 형식적 요소가 아니라 글의 내용을 창작하는 데 집중할 수 있도록 해준다. 〈표 4-2〉는 다양한 학습 영역에서 학습장애학생에게 실제로 적용된 기술에 대한 논문들을 예시로 보여 준다.

**〈표 4-2〉 학습장애학생을 위한 기술 관련 연구**

| 저자 | 분야 |
|---|---|
| Ashton (2000) | 읽기 |
| Crealock & Sitko (1990) | 손글씨쓰기 |
| De La Pas (1999) | 작문 |
| Gerlach, Johnson, & Ouyang (1999) | 철자쓰기 |
| Glaser & Curry (1988) | 쓰기 |
| Deong (1992) | 읽기이해 |
| Kerchner & Kistinger (1984) | 언어 처리 |
| Lundberg & Olofsson (1993) | 읽기이해 |
| MacArthur, Graham, Hayes, & De La Pas (1996) | 철자쓰기 |
| Montgomery et al. (2001) | 철자쓰기 |
| Olson & Wise (1992) | 읽기 |
| Outhred (1989) | 쓰기 |

학습장애로 진단받은 대부분의 학생은 어떤 형태로든 읽기 교정 교육이 필요하다. 국가읽기위원회(National Reading Panel, n.d.)는 읽기가 학습에서 가장 중요한 기술일 수 있다고 지적하였다. 낮은 읽기 능력을 지원하기 위해 AT에 의존하기 전에, 교정 교육을 먼저 시도해야 한다. 읽기 교육에서 소문자 di(direct instruction)는 명시적 교수법을 통칭하는 포괄적 용어로, 학습장애학생의 읽기 기술 향상에 효과적임이 입증되어 왔다. 반면, 이러한 일반적 의미의 직접 교수와 구분되는 대문자 DI(Direct Instruction)는 학습 성과를 극대화하기 위해 고안된 특정 교수 모델을 지칭한다. 이는 처방적 성격이 강하며, 수업 시 정교하게 제작된 대본을 활용한다는 점에서 차별화된다. DI는 오리건대학교에서 1960년대에 개발되었다. DI는 대본화된 수업 계획안(scripted lesson plans), 수준별 집단 편성(ability grouping), 빈번한 평가라는 특징을 가지며, 학습장애학생을 포함하여 다양한 학생에게 효과적인 것으로 입증되었다(Engelmann & Carmine,

1982). 자주 활용되는 또 다른 방법은 오턴-길링햄 교수법과 같은 다감각 접근법이다. 새뮤얼 오턴은 컬럼비아대학교에서 연구하며 자신의 교육 경험과 신경과학 지식을 바탕으로 프로그램을 개발했다. 안나 길링햄은 영어의 구조에 대한 지식을 활용하여 오턴 박사와 함께 오턴-길링햄 프로그램을 개발하였고, 1936년에는 스틸만(Stillman)이 교육 매뉴얼을 최초로 출판하였다. 오턴-길링햄 교수법은 다감각적이고 언어에 기반을 두었으며 구조화되고 연속적이며 누적적인 형식으로 읽기 지도를 제공하는 것이 특징이다. 이 접근법은 거의 100년 가까이 되었음에도 연구 결과가 일관적이지 않다(Ritchney & Goeke, 2006 참조). 현재까지 수행된 연구의 대부분은 방법론적인 한계를 가지고 있다.

## 결론

지난 55년여의 시간 동안, 학습장애학생의 판별, 교육, 교수 및 중재 결과에 있어 많은 진전이 이뤄져 왔다. 이러한 발전은 학습장애학생이 오늘날 "특수교육 지원을 받는 가장 큰 비율을 차지하는 집단이기 때문에" 중요하다(Deisinger, 2004, p. 1). 1963년 커크가 연구자, 교육자 그리고 학부모 앞에 선 이후로, 학습장애 분야는 많은 발전을 겪어 왔다. 그 이전까지만 해도 학습장애학생이 의미 있는 학업 성취를 이루거나 자신의 진로 가능성을 온전히 펼칠 수 있을 것이라는 희망이 거의 없었다. 1975년 IDEA가 통과된 후, 학교는 학습장애학생의 학습을 지원하기 위하여 수정된 교육과정과 AT를 교육에 통합하기 시작했다(Bakken & Wojcik, 2004; Richards & Dooley, 2004 참조). 또한 NCLB와 같은 연방 법률은 학교에 학업 성과에 대한 요구를 제시하였다(Baker & Gulley, 2004 참조). 이로 인해 오늘날 많은 학습장애학생이 대학에 진학하고 있으며 고등교육 지원 서비스가 잘 제공되기만 하면 높은 성취를 보이고 있다(Obi, 2004 참조). 나아가 고등학교 및 고등교육 단계에서의 진로 상담과 직업 평가는 학습장애인이 의미 있는 진로를 선택하고 부모로부터 독립해서 살 수 있는 경제적 기반을 마련할 수 있게 해 준다(Castellanos & Septeowski, 2004 참조). 학습장애인이 자립을 향해 걸어온 여정은 결코 쉽지 않았지만, 「미국 장애인법(American Disabilities Act: ADA)(공법 101-336)」과 같은 연방 법률이 학습장애인들에게 직업 훈련과 고용 기회 보장의 측면에서 어느 때보다 평등한 고용 환경을 제공하는 데 기여해 왔다(Grant, Barger-Anderson, & Fulcher, 2004 참조).

학습장애(LD) 분야에서 상당한 진전이 있었지만, 여전히 해결해야 할 문제가 남아 있다. 예를 들어, 학습장애학생을 진단하는 절차에 대한 논쟁(능력-성취 불일치 vs. 중재반응 모델)과 학

습장애의 다양한 측면을 포괄하는 정의에 대한 논의가 이어지고 있다. 또한 다문화 학습장애 학생들의 요구를 더욱 강조하고 연구해야 할 필요가 있다(Obiakor & Utley, 2004). 비언어적 학습장애(Burkhardt et al., 2004 참조), 학습장애학생들을 위한 교사 교육의 혁신적 동향(Carrol, 2004 참조), 학습곤란 학생들을 위한 차터스쿨[5] 설립(LaPorte & Leather, 2004 참조), 학습장애학생과 가족을 위한 혁신적인 상담 서비스 개발(Goor et al., 1995), 학습장애와 사회적 기술 부족, 우울증 및 청소년 비행 등의 공존 문제(Crawford, 1982; Dunivant, 1982; Gilbert, 2000; Karr & Davis, 1996; Kosier-Leonard, 1996), 학습장애 영재 학생(Vail, 1989; Vaugh, 1989), 신경학적 및 신경심리학적 학습 문제에 대한 연구(Stefani, 2004)와 같은 학습장애 영역에도 주목할 필요가 있다.

비록 학습장애 분야에서 여전히 부족한 점이 존재하지만, 미래는 밝다. 학습장애학생들과 함께하는 교육연구 공동체는 이들에게 효과적인 교육 방법, 더 나은 평가 방식, 기술 발전을 활용한 지원 방안을 개발하고 있다. 학교 생활과 장기적 교육 성과에 대한 우려가 존재하지만, 학습장애학생들이 이러한 장애물을 극복할 수 있도록 더욱 효과적으로 도울 수 있는 방법을 찾을 수 있다.

## 참고문헌

Alper, B. C., & Raharinirina, S. (2006). Assistive technology for individuals with disabilities: A review and synthesis of the literature. *Journal of Special Education Technology, 21*(2), 47-64.

Ashton, T. M. (2000). Technology for students with learning disabilities in reading. *Journal of Special Education, 15*(2), 47-48.

Atkins, K., & Litton, F. W. (1995). Counseling factors and strategies for working with families of children with learning disabilities. In: A. F. Rotatori, J. O. Schwenn & F. W. Litton (Eds.), *Counseling special education populations: Research and practice perspectives* (Vol. 9, pp. 65-98). Greenwich, CT: JAI Press Inc.

Audiblox. (2000). History of learning disabilities. Chapter 2: Birth of a syndrome. Available at http://www.audiblox2000.com/book2.htm

Baker, C., & Gulley, B. (2004). The impact of the No Child Left Behind Act. In: S. Burkhardt, F. E. Obiakor & A. F. Rotatori (Eds.), *Current perspectives on learning disabilities* (Vol. 16, pp. 193-206). London: Elsevier Ltd.

5) 역자 주: 공립 학교로 특수교육 강화를 목적으로 자율성이 최대한 보장된다. 그러나 성과에 대한 책임이 강화된 학교이다.

Bakken, J. P., & Wojcik, B. W. (2004). Technology resources for persons with learning disabilities. In: S. Burkhardt, F. E. Obiakor & A. F. Rotatori (Eds.), *Current perspectives on learning disabilities* (Vol. 16, pp. 113-132). London: Elsevier Ltd.

Banks, R., & Coombs, N. (2005). Accessible information technology and persons with visual impairments. In: D. Edyburn & R. Boone (Eds.), *Handbook of special education technology research and practice* (pp. 379-391). Whitefish Bay, WI: Knowledge by Design.

Barchas, C. (1998). History of literacy. Grace Fernald as remembered by Cecile Barchas 55 years later. Available at http://www.historyliteracy.org/scripts/search_+display.php?Article)ID=136

Bender, W. N. (2007). *Learning disabilities: Characteristics, identification, and teaching strategies* (6th ed.). Boston: Allyn & Bacon.

Berninger, V. W. (2001). Understanding the "lexia" in dyslexia: A multidisciplinary team approach to learning disabilities. *Annuals of Dyslexia, 51*, 23-48.

Bouck, E. C. (2010). Technology and students with disabilities: Does it solve all the problems. In: F. E. Obiakor, J. B. Bakken & A. F. Rotatori (Eds.), *Current issues and trends in special education: Research, technology and teacher preparation* (Vol. 20, pp. 91-104). United Kingdom: Emerald Group Publishing Limited.

Burkhardt, S., Obiakor, F. E., & Rotatori, A. F. (2004). *Current perspectives in learning disabilities* (Vol. 16). London: Elsevier Ltd.

Carrol, M. (2004). Trends in teacher preparation for teaching students with learning disabilities. In: S. Burkhardt, F. E. Obiakor & A. F. Rotatori (Eds.), *Current perspectives on learning disabilities* (Vol. 16, pp. 207-228). London: Elsevier Ltd.

Castellanos, P., & Septeowski, D. (2004). Career development for persons with learning disabilities. In: S. Burkhardt, F. E. Obiakor & A. F. Rotatori (Eds.), *Current perspectives on learning disabilities* (Vol. 16, pp. 157-181). London: Elsevier Ltd.

Columbia University. (2003). *Samuel Torrey Orton*. Available at http://cpmcnet.columbia.edu/library/archives/findingaids/ortonpapers.html

Crawford, D. (1982). *The ACLD-R&D project: A study investigating the link between learning disabilities and juvenile delinquency: Executive summary*. Phoenix, AZ: ACLD-R&D Project.

Crealock, C., & Sitko, M. (1990). Comparison between computer and handwriting technologies in writing training with learning disabled students. *International Journal of Special Education, 5*, 173-183.

Dean, V. J., & Burns, M. K. (2002). Inclusion of intrinsic processing difficulties in LD diagnostic models: A critical review. *Learning Disabilities Quarterly, 25*(3), 170-176.

Deisinger, J. (2004). Conceptualizations of learning disabilities: Beyond the ability-achievement discrepancy. In: S. Burkhardt, F. E. Obiakor & A. F. Rotatori (Eds.), *Current perspectives on learning disabilities* (Vol. 16, pp. 1-20). London: Elsevier Ltd.

De La Pas, S. (1999). Composing via dictation and speech recognition system: Compensatory technology for students with learning disabilities. *Learning Disability Quarterly, 22*(3), 173-182.

Deong, C. K. (1992). Enhancing reading comprehension with text-to-speech (DECtalk) computer system. *Reading and Writing: An Interdisciplinary Journal, 4*, 205-217.

Deshler, D. D. (1998). Grounding intervention for students with learning disabilities in "powerful ideas". *Learning Disabilities Research and Practice, 13*(1), 29-34.

Deshler, D. D., Ellis, E. S., & Lenz, B. K. (1996). *Teaching adolescents with learning disabilities: Strategies and methods* (2nd ed.). Denver, CO: Love Publishing.

Duchan, J. (2001). History of speech-pathology in America: Kurt Goldstein. Available at http://www.ascu.buffalo.edu/~duchan/history_subpages/

Dunivant, N. (1982). *The relationship between learning disabilities and juvenile delinquency: Executive summary*. Williamsburg, VA: National Center for State Courts.

Dyson, L. L. (1996). The experiences of families of children with learning disabilities: Parental stress, family functioning, and sibling self-concept. *Journal of Learning Disabilities, 29*, 280-286.

Engelmann, S., & Carmine, D. W. (1982). *Theory of instruction: Principles and application*. New York: Irvington.

Fernald, G. M. (1943). *Remedial techniques in basic school subjects*. New York: McGraw-Hill.

Fernald, G. M., & Keller, H. (1921). The effects of kinesthetic factors in the development of word recognition in the case of non-readers. *Journal of Educational Research, 4*, 355-377.

Flanagan, D. P., Ortiz, S. O., & Mascolo, J. T. (2002). *The achievement test desk reference: Comprehensive assessment and learning disabilities*. Boston: Allyn & Bacon.

Freitas, D., & Kouroupetroglou, G. (2008). Speech technologies for blind and low vision persons. *Technology and Disability, 20*, 135-156.

Friend, M. (2005). *Special education: Contemporary perspectives for school professionals*. Boston: Allyn & Bacon.

Fuchs, L. S., & Fuchs, D. (2007). A model for implementing response to intervention. *Teaching Exceptional Children, 37*(4), 14-20.

Gelb, A., & Goldstein, K. (1918). Analysis of a case of figural blindness. In: W. D. Ellis (Ed.), *A source book of Gestalt psychology* (pp. 315-325). New York: Harcourt, Brace.

Gerber, P. J. (1986). Counseling the learning disabled. In: A. F. Rotatori, P. J. Gerber, F. W. Litton & R. A. Fox (Eds.), *Counseling exceptional students* (pp. 99-122). New York: Human Sciences Press, Inc.

Gerlach, G. J., Johnson, J. R., & Ouyang, R. (1999). Using an electronic speller to correct misspelled words and verify correctly spelled words. *Reading Improvement, 28*, 188-194.

Gersten, R. (1998). Recent advances in instructional research for students with learning disabilities: An overview. *Learning Disabilities Research and Practice, 11*, 214-229.

Gilbert, C. (2000). The comorbidity of learning disabilities and social skills deficits: Implications for school intervention. In: F. E. Obiakor, S. Burkhardt, A. F. Rotatori & T. Wahlberg (Eds.), *Interventions for individuals with exceptionalities* (Vol. 13, pp. 299-346). Stamford, CT: JAI Press, Inc.

Gillingham, A., & Stillman, B. (1936). *Remedial work for reading, spelling, and penmanship*. New York: Hackett & Wilhelms.

Gillingham, A., & Stillman, B. (1960). *Remedial training for children with specific reading disability in reading, spelling, and penmanship*. Cambridge, MA: Educators Publishing Service.

Glaser, S. M., & Curry, D. (1988). Word processing programs: Survival tools for children with writing problems. *Reading, Writing and Learning Disabilities, 4*, 291-306.

Goldstein, K. (1937). The problem of the meaning of words based on observations of aphasia patients. *Journal of Psychology, 2*, 302-316.

Goldstein, K. (1939). *The organism*. New York: American Book.

Goor, M. B., McKnab, P. A., & Davidson-Aviles, R. (1995). Counseling individuals with learning disabilities. In: A. F. Rotatori, J. O. Schwenn & F. W. Litton (Eds.), *Counseling special populations: Research and practice perspectives* (Vol. 9, pp. 99-118). Greenwich, CT: JAI Press Inc.

Grant, P. A., Barger-Anderson, R., & Fulcher, P. A. (2004). Impact of the American Disabilities Act on services for persons with learning disabilities. In: S. Burkhardt, F. E. Obiakor & A. F. Rotatori (Eds.), *Current perspectives on learning disabilities* (Vol. 16, pp. 183-192). London: Elsevier Ltd.

Greene, G. (1994). The magic of mnemonics. *LD Forum, 19*, 34-37.

Gresham, F. M. (2002). Response to intervention: An alternative approach to the identification of learning disabilities. In: R. Bradley, L. Danielson & D. P. Hallahan (Eds.), *Identification of learning disabilities: Research to practice* (pp. 467-519). Mahwah, NY: Erlbaum.

Gunderson, L., & Siegel, L. S. (2001). The evils of the use of IQ tests to define learning disabilities in first-and second-language learners. *Reading Teacher, 55*(1), 48-55.

Hagw, R. A., & Silver, A. A. (1990). *Disorders of learning in childhood*. New York: Wiley.

Hallahan, D. P., & Kauffman, J. M. (1997). *Exceptional learners: Introduction to special education* (7th ed.). Boston: Allyn & Bacon.

Hallahan, D. P., & Mercer, C. D. (2001). Learning disabilities, historical perceptions. Executive summary. Available at http://www.air.org;/ldsummit/

Hammill, D. D. (1990). On defining learning disabilities: An emerging consensus. *Journal of*

*Learning Disabilities, 23*, 74–84.

Harnet, A., Tierney, E., & Guerin, S. (2009). Convention of hope – Communicating positive, realistic messages to families at the time of a child's diagnosis with disabilities. *British Journal of Learning Disabilities, 37*(4), 257–264.

Johnson, E. S., & Smith, L. (2008). Implementation of response to intervention at a middle school. *Teaching Exceptional Children, 40*(3), 46–52.

Karr, S. K., & Davis, K. (1996). Assessment of depression in special populations. In: A. F. Rotatori, J. O. Schwenn & S. Burkhardt (Eds.), *Assessment and psychopathology issues in special populations* (Vol. 10, pp. 201–230). Greenwich, CT: JAI Press, Inc.

Kavale, K. A., & Forness, S. R. (1996). Social skill deficits and learning disabilities: A meta-analysis. *Journal of Learning Disabilities, 29*(3), 226–237.

Kephart, N. C. (1960). *The slow learning in the classroom*. Columbus, OH: Charles E. Merrill.

Kerchner, L. B., & Kistinger, B. J. (1984). Language processing/word processing: Written expression, computers, and learning disabled students. *Learning Disability Quarterly, 7*, 329–335.

Kirk, S. (1963). *Proceedings of the conference on exploration into the perceptually handicapped child*. Fund for Perceptually Handicapped Children, Inc., Evanston, IL.

Kirk, S., & Bateman, B. (1962–1963). Diagnosis and remediation of learning disabilities. *Exceptional Children, 29*, 73–87.

Kirk, S., & Chalfant, J. (1984). *Academic developmental learning disabilities*. Denver, CO: Love Publishers.

Kirk, S., & Kirk, W. D. (1971). *Psycholinguistic learning disabilities: Diagnosis and remediation*. Champaign, IL: University of Illinois Press.

Kirk, S. A., McCarthy, J. J., & Kirk, W. D. (1968). *Illinois test of psycholinguistic abilities* (Rev. ed.). Urbana, IL: University of Illinois Press.

Kosier-Leonard, J. A. (1996). The assessment of depression and suicide in juvenile delinquents. In: A. F. Rotatori, J. O. Schwenn & S. Burkhardt (Eds.), *Assessment and psychopathology issues in special populations* (Vol. 10, pp. 231–244). Greenwich, CT: JAI Press, Inc.

LaPorte, D., & Leather, N. (2004). Wings Academy: A new charter school for students who learn differently. In: S. Burkhardt, F. E. Obiakor & A. F. Rotatori (Eds.), *Current perspectives on learning disabilities* (Vol. 16, pp. 247–264). London: Elsevier Ltd.

Lerner, J. (2005). *Learning disabilities and related disorders: Characteristics and teaching strategies*. Belmont, CA: Wadsworth Publishing.

Lloyd, J. W. (2005). *Chronology of some important events in the history of learning disabilities*. Available at http://curry.edschool.virginia.edu

Lundberg, L., & Olofsson, A. (1993). Can computer speech support reading comprehension?

*Computers in Human Behavior, 9*, 282-293.

Maag, J. W., & Reid, R. (2006). Depression among students with learning disabilities. *Journal of Learning Disabilities, 39*, 3-10.

MacArthur, C. A., Graham, S., Hayes, J. B., & De La Pas, S. (1996). Spell checkers and students with learning disabilities: Performance comparison and impact on spelling. *Journal of Special Education, 30*, 35-57.

Mitchem, K. J., & Richards, A. (2003). Students with learning disabilities. In: F. E. Obiakor, C. A. Utley & A. F. Rotatori (Eds.), *Effective education for learners with exceptionalities* (Vol. 15, pp. 99-117). London: Elsevier Science Ltd.

Monroe, M. (1928). Methods for diagnosis and treatment of cases of reading disorders. *Genetic Psychology Monographs, 4*, 341-356.

Monroe, M. (1932). *Children who cannot read*. Chicago: The University of Chicago Press.

Montgomery, D. J., Karlan, G. R., & Coutinho, M. J. (2001). The effectiveness of word processor spell checker programs to produce target words for misspellings generated by students with learning disabilities. *Journal of Special Education Technology, 16*(2), 27-41.

Myers, P., & Hammill, D. D. (1990). *Learning disabilities: Basic concepts, assessment, practices and instructional strategies*. Austin, TX: RRO-ED.

National Reading Panel. (n.d.). Available at http://www.nationalreadingpanel.org/

Nkabindc, Z. (2008). Using assistive technology to educate students with developmental disabilities and autism. In: A. F. Rotatori, F. E. Obiakor & S. Burkhardt (Eds.), *Autism and developmental disabilities: Current practices and issues* (Vol. 18, pp. 273-285). United Kingdom: Emerald Group Publishing Limited.

Obi, S. O. (2004). Support services for college students with learning disabilities. In: S. Burkhardt, F. E. Obiakor & A. F. Rotatori (Eds.), *Current perspectives on learning disabilities* (Vol. 16, pp. 229-245). London: Elsevier Ltd.

Obiakor, F. E., & Utley, C. A. (2004). Multicultural learners with learning disabilities: Beyond Eurocentric perspectives. In: S. Burkhardt, F. E. Obiakor & A. F. Rotatori (Eds.), *Current perspectives on learning disabilities* (Vol. 16, pp. 35-64). London: Elsevier Ltd.

Olson, R. K., & Wise, B. W. (1992). Reading on the computer with orthographic and speech feedback. *Reading and Writing: An Interdisciplinary Journal, 4*, 107-144.

Orton, S. (1925). Word blindness in school children. *Archives of Neurology and Psychiatry, 14*, 581-615.

Orton, S. (1929). The sight reading method of teaching reading as a source of reading disability. *Journal of Educational Psychology, 20*, 135-143.

Orton, S. (1937). *Reading, writing and speech problems in children: A presentation of certain types of disorders in the development of the language faculty*. New York: W.W. Norton.

Orton, S. (1939). A neurological explanation of the reading disability. *Education Record, 12*, 58-68.

O'Shea, D. J., O'Shea, L. J., & Hammitte, D. J. (1994). Expanding roles for teachers of students with learning disabilities. *LD Forum, 19*, 28-30.

Outhred, L. (1989). Word processing: Its impact on children's writing. *Journal of Learning Disabilities, 22*, 262-264.

Parette, H. P., & Peterson-Karlan, G. R. (2010). Using assistive technology to support the instructional process of students with disabilities. In: F. E. Obiakor, J. P. Bakken & A. F. Rotatori (Eds.), *Current issues and trends in special education: Research, technology and teacher preparation* (Vol. 20, pp. 73-89). United Kingdom: Emerald Group Publishing Limited.

Perception. (1995). Perceptual motor models. Available at http://www.umsl.edu/~optrgarz/perceptual_motor_models.htm

Raskind, M. (n.d.) Success attributes among individuals with learning disabilities. GreatSchools Inc. Available at http://www.greatschools.net/LD/managing/success-attributes-among-individuals-with-learning-disabilities.gs?content=851&page=all

Richards, A., & Dooley, E. (2004). Curriculum modifications for students with learning disabilities. In: S. Burkhardt, F. E. Obiakor & A. F. Rotatori (Eds.), *Current perspectives in learning disabilities* (Vol. 16, pp. 95-111). London: Elsevier Ltd.

Ritchney, K. D., & Goeke, J. L. (2006). Orton-Gillingham and Orton-Gillingham based reading instruction: A review of the literature. *Journal of Special Education, 40*, 171-183.

Roach, E. F., & Kephart, N. C. (1966). *The Purdue perceptual-motor survey*. Columbus, OH: Merrill.

Rosenthal, I. (1992). Counseling the learning disabled late adolescent and adult: A self study perspective. *Learning Disabilities Quarterly, 7*, 217-225.

Rotatori, A. F., Schwenn, J. O., & Litton, F. W. (1994). *Perspectives on the regular education initiative and transitional programs* (Vol. 9). Greenwich, CT: JAI Press Inc.

Rotatori, A. F., & Wahlberg, T. (2004). Comprehensive assessment of students with learning disabilities. In: S. Burkhardt, F. E. Obiakor & A. F. Rotatori (Eds.), *Current perspectives on learning disabilities* (Vol. 16, pp. 133-155). London: Elsevier Ltd.

Schwenn, J. O. (1991). Students with high incidence handicaps. In: J. O. Schwenn, A. F. Rotatori & R. A. Fox (Eds.), *Understanding students with high incidence exceptionalities* (pp. 3-27). Springfield, IL: Charles C. Thomas.

Scruggs, T. E., & Mastropieri, M. A. (2002). On babies and bathwater: Addressing the problems of identification of learning disabilities. *Learning Disabilities Quarterly, 25*(3), 155-169.

Silver, A. A., & Hagin, R. A. (2002). *Disorders of learning in children* (2nd ed.). New York:

Wiley.

Sorrel, A. L. (2000). Learning disabilities: From understanding to intervention. In: F. E. Obiakor, S. A. Burkhardt, A. F. Rotatori & T. Walhberg (Eds.), *Intervention techniques for individuals with exceptionalities in inclusive settings* (Vol. 13, pp. 53-77). Stamford, CT: JAI Press, Inc.

Stefani, R. (2004). Neurological and neuropsychological aspects of learning and attention problems. In: S. Burkhardt, F. E. Obiakor & A. F. Rotatori (Eds.), *Current perspectives on learning disabilities* (Vol. 16, pp. 95-111). London: Elsevier Ltd.

Strauss, A. A., & Kephart, N. (1955). *Psychopathology and education of the brain injured child* (Vol. 2). New York: Grune & Stratton.

Strauss, A. A., & Lehtinen, L. E. (1947). *Psychopathology and education of the brain injured child*. New York: Grune & Stratton.

Swanson, H. L. (1999). *Interventions for students with learning disabilities: A meta-analysis of treatment outcomes*. New York: Guilford.

Swanson, H. L. (2000). Issues facing the field of learning disabilities. *Learning Disability Quarterly, 23*(1), 37-50.

Swanson, H. L. (2009). Intervention research for students with LD, LD.org. Available at http://www.ncld.org/at-school/especially-for-teachers/effective-teaching-practices/intervention-research-for-students-with-ld

Tanner, D. E. (2001). The learning disabled: A distinct population of students. *Education, 121*(4), 795-798.

Technology-Related Assistance for Individuals with Disabilities Act. (1988). PL100-407 (August 19, 1988). Title 29, U.S.C. 2201 et seq. U.S. *Statutes at Large, 102*, 1044-1065.

Torgesen, J. K. (2001). Learning disabilities as a working memory deficit: The important next questions. *Issues in Education, 7*(1), 93-102.

Torgesen, J. K. (2009). The response to intervention instructional model: Some outcomes from a large-scale implementation in reading first schools. *Child Development Perspectives, 3*(1), 38-40.

Trotter, T. V. (1993). Counseling with exceptional children. In: A. Vernon (Ed.), *Counseling children and adolescents* (pp. 119-135). Denver, CO: Love Publishing.

U.S. Department of Education. (2003). *25th annual report to Congress on the implementation of the Individuals with Disabilities Education Act*. Washington, DC: Author.

U.S. Department of Health and Human Services Public Health Service National Institutes of Health & National Institute of Mental Health. (1993). Learning disabilities. NIH Publication No. 93-3611.

Vail, P. (1989). The gifted learning disabled student. In: S. Silver (Ed.), *The assessment of learning disabilities: Preschool through adulthood* (pp. 135-160). Boston: Little, Brown.

Vaughn, S. (1989). Gifted learning disabilities: Is it such a bright idea? *Learning Disability Focus, 4*, 123-128.

Vaughn, S., Elbaum, B., & Boardman, A. (2001). The social functioning of students with learning disabilities: Implications for inclusion. *Exceptionality: A Special Education Journal, 9*(1), 47-65. 10.1207/S15327035EX091&2_5

Vaughn, S., Gersten, R., & Chard, D. (2000). The underlying message in intervention research: Findings from research synthesizes. *Exceptional Children, 67*, 99-114.

Waggoner, K., & Wilgosh, L. (1990). Concerns of families with learning disabilities. *Journal of Learning Disabilities, 23*, 97-113.

Wagner, M., Marder, C., Blackorby, J., Cameto, R., Newman, L., Levine, P., & Sumi, C. (2003). *The achievements of youth with disabilities during secondary school. A report from the National Longitudinal Transition Study-2 (NLTS2)*. Menlo Park, CA: SRI International. Available at www.nlts2.org/reports/2003_11/nlts2_report_2003_11_complete.pdf

Warner, T. D., Dede, D. E., Garvan, C. W., & Conway, T. W. (2002). One size does not fit all in specific learning disabilities assessment across ethnic groups. *Journal of Learning Disabilities, 35*(6), 501-509.

Wheeler, J. J., & Mayton, M. R. (2010). Other innovative techniques: Positive behavioral supports and response to intervention. In: F. E. Obiakor, J. P. Bakken & A. F. Rotatori (Eds.), *Current issues and trends in special education: Identification, assessment and instruction* (Vol. 19, pp. 175-195). United Kingdom: Emerald Group Publishing Limited.

Wilson, V. L., & Reynolds, C. R. (2002). Misconceptions in Van den Broeck's representation of misrepresentations about learning disability research. *Journal of Learning Disabilities, 35*(3), 205-208.

Winnery, K. W., & Fuchs, L. S. (1993). Effects of goal and test-taking strategies on the computation performance of students with learning disabilities. *Learning Disabilities Research and Practice, 8*, 204-214.

Wolfensberger, W. (1972). *The principle of normalization in human services*. Toronto: National Institute of Mental Retardation.

Wright, J. (2007). *Response to intervention toolkit. A practical guide for schools*. New York: Dude.

Who Named It? (2005). Biographies: Franz Joseph Gall. Available at http://www.whonamedit.com/doctor.cfm/1018.html

http://www.adcet.edu.au/Oao/What_is_LD.chpx

http://www.ldonline.org/article/Timeline_of_Learning_Disabilities

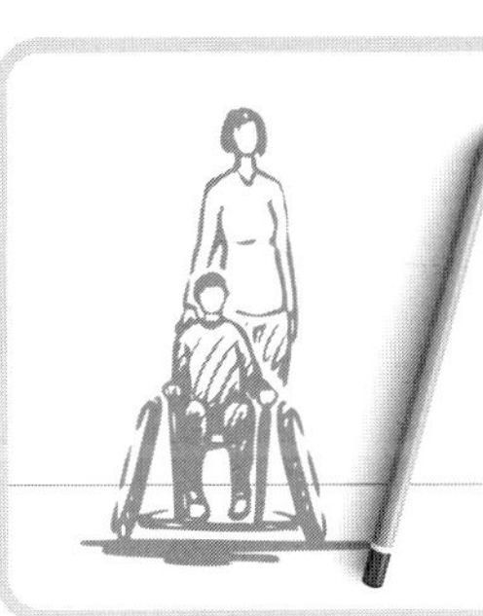

제5장

# 지적장애의 역사

*Kagendo Mutua, James Siders, Jeffrey P. Bakken*

## 개요

이 장에서는 지적장애의 역사적 흐름을 추적하며, 장애 분야 전반과 특히 지적장애 분야에 영향을 미친 중요한 역사적 시기와 인물들을 탐구한다. 다른 역사 기록과 마찬가지로, 이 장의 목적은 현재 시행되고 있는 지적장애와 관련된 명칭, 실천 및 프로그램의 역사적 토대를 독자들에게 설명하고 알리는 데 있다. 이 장에서 제시한 정보를 특정한 방식으로 해석하도록 강요할 의도는 없다. 다만, 역사적 기록은 그것이 만들어진 시대의 이념, 지식 그리고 실천에 따라 해석되는 경우가 많다는 점을 염두에 둘 필요가 있다. 따라서 역사적 기록으로서 이 장도 예외는 아니다. 실제로 지적장애에 대한 우리 시대의 인식과 실제를 고려하여, 이 장에서는 상대적으로 중요하다고 판단되는 사건들을 선택하여 강조하였다. 그렇더라도 이 장은 우리가 판단하기에 지적장애 분야를 변혁하거나 발전시킨 사건들과 인물들에 대해 충실하게 반영하고 있다. 먼저 대중문화에서 지적장애를 표현하는 방식과 그것이 지적장애인에 대한 인식에 미치는 잠재적 영향을 간략히 서술하는 서두로 이 장을 시작하고자 한다.

## 도입: 전반적 배경

문명을 통틀어 인간은 서로에게 우월감을 느끼고, 결국에는 부족한 존재를 정복하고 통제하려는 경향을 보여 왔다. 전쟁과 정복 외에도, 이러한 경향은 신체적, 감각적 또는 정신적 장애를 가진 사람들, 특히 눈에 띄는 차이를 가진 사람들을 대하는 방식에서 나타났다. 이렇게 장애 조건이 겉으로 드러나다 보니, 이들은 다른 사람들과 구별되는 존재로 간주되었고, 따라서 열등한 존재로 분류될 가능성이 더 높았다. 레너드 데이비스(Leonard Davis)는 『정상성 강요(Enforcing Normalcy)』(1995)에서, 장애는 고유한 차이 때문이 아니라, 문화적으로 '정상'이라 여겨지는 기준에 의해 구성된다고 주장한다. 따라서 이러한 '정상'은 규범적 필수 조건이 되며, 그 범위 밖의 모든 신체는 비정상적인 것으로 간주된다. '평균 인간'이라는 개념은 데이비스(Davis, 1995)가 인용한 프랑스 통계학자 아돌프 케틀레(Adolphe Quetelet, 1796~1847)에 의해 대중화된 것이다. 케틀레는 평균 인간을 특정 문화 내 모든 일반적인 인간 속성의 종합적 척도로 상정하였다. 따라서 평균은 19세기 내내 모든 신체를 평가하는 기준으로 받아들여졌다. 평균에서 크게 벗어난 신체는 일반적으로 장애인, 특히 지적장애인과 함께 비정상적인 것으로 간주되었다. 케틀레가 발전시킨 평균에 대한 이 개념은 최근 원형(prototype)이라는 개념으로 연구되고 있다. 맥커히와 스트로머(McCaughey & Strohmer, 2005)에 따르면, 원형은 사물이나 사람을 정의하는 특성을 인지적으로 표현한 것이다. 이 학자들은, 예를 들어 지적장애의 원형에 대한 개념이 대체로 부정적이고 고정관념에 차 있으며, 장애가 심하건 심하지 않건 지적장애인의 주요 특징으로 중대한 기능적 제한을 강조한다는 사실을 발견했다. 따라서 원형에 대한 관념은 비장애인이 지적장애인을 대하는 방식과 대우에 영향을 미쳤다.

사회가 발전하고 스스로의 권리를 주장하는 사람들 또는 그들을 대변하는 옹호자들이 인도적인 대우를 요구함에 따라, 장애인에 대한 대우는 장애인을 존중하는 방향으로 긍정적으로 변화하기 시작했다. 그렇다 하더라도, 정상인과 장애인을 명확히 구분 짓는 경계선은 여전히 존재했다. 비너스나 트로이의 헬렌과 같은 신화 속 이상적인 여성상과 같이 인간이 도달할 수 없는 이상적인 신체부터 그로테스크한 신체에 이르기까지 정상 신체는 상당히 다양하게 변형되어 존재해 왔다. 시각적 인간 형태로서 그로테스크는 이상적인 신체와 반비례 관계에 있었지만, 동시에 당시에는 그로테스크가 장애의 전형을 말하는 것은 아니었다. 데이비스(1995)는 "그로테스크는 유럽 전역의 성당 외벽에 새겨져 있었다. 따라서 그로테스크는 자연스러운 문화로서 정상으로 받아들여졌지만, 이후의 개념인 장애 신체는 정의상 문화, 사회, 그리고 정상에서 배제된 것으로 공식화되었다"(p. 25)고 주장한다. 따라서 장애인의 몸에 나타난 비정상은 정상성의 범주를 벗어난 것으로 여겨졌으며, 정상성의 연속체에 포함되지 않고 독자적인 범위로 존재하는 것으로 간주되었다. 이러한 인식은 장애인을 비인격화하여, 그들을 배제하고 종종 부당하게 대우하도록 만들었다.

## 중세 시대: 재앙으로 치부된 지적장애인

유럽 역사에서 중세 시대, 또는 중세기는 5세기부터 15세기까지의 시기를 의미한다. 역사가들은 이 시기를 고전 학문에서 일시적으로 벗어난 시기로 보고, 이후 르네상스 학문에 의해 그 전통이 다시 이어졌다고 본다. 지적장애인을 대하는 방식이 국가마다 다르기는 했지만, 중세 시대에는 육체 노동에 대한 수요가 크고 사망률도 높았기 때문에 모든 아동이 귀하게 여겨졌고, 지적장애인 또한 일정한 사회적 가치를 인정받았다(Scheerenberger, 1983). 한편, 여성들이 장애를 가진 자녀를 교회 문 앞에 맡기는 분위기가 조성되어, 교회가 그 아동들을 맡아 돌보았지만, 돌봄의 질이 낮았기에 많은 아동이 사망했다. 지적장애아동들은 교회나 주(state)가 지원하는 시설, 고아원, 또는 병원에서 돌봄을 받았다. 쉐런버거(Scheerenberger, 1983)에 따르면, 지적장애인들에게 자비를 베풀던 태도는 세 가지 주요한 역사적 변화로 인해 달라지게 되었다. 첫째, 암흑기 동안 영국, 독일 그리고 갈리아의 가난한 주민들은 수천 명의 아동을 노예로 팔았는데, 여기에는 노동할 능력이 있어 보이는 지적장애인도 포함되었다. 이 시기 교회의 일부 성직자들은 그 아동들을 사들이며, 그들의 고통을 조금이라도 덜어 주고자 하였다. 당시 일부 서유럽 교회는 이러한 아동들을 하나님의 자녀이자 순수한 존재로 여겼다. 둘째, 중세 시대 동안 가톨릭 교회에서 일어난 변화 중 하나는 지적장애아동들이 하나님의 자녀라는 믿음이 죄와 악마의 산물이라는 관점으로 바뀐 것이다. 이는 모든 인간이 원죄를 가지고 태어나며, 불경과 죽음에 기울어지게 된다는 가톨릭의 기본 신념에서 비롯되었다. 쉐런버거가 지적하듯, 이러한 교리 때문에 많은 중세 기독교인이 깊은 타락감과 수치심, 그리고 선천적 죄책감을 느끼게 되었다. 특히 지적장애 자녀를 둔 어머니들은 자신의 행동이 불결한 아이의 출생을 초래했다고 믿게 되었다. 이러한 교리는 종교개혁기에 더욱 강조되었다. 셋째, 이단자들을 화형에 처하고 마녀사냥을 벌였던 종교재판은 지적장애인들에 대한 의심으로 이어졌고, 그 결과 그들은 무자비한 대우를 받게 되었다.

이 시기에는 정신장애인을 어릿광대나 익살꾼처럼 다루며 대중의 웃음을 유발하는 오락거리로 삼는 관행이 있었다. 쉐런버거(1983)에 따르면, 중세 시대에는 지적장애인과 정신질환자를 수용하는 다양한 시설이 생겨났다. 이러한 보호시설은 수도원, 격리 병동, 구빈원, 대형시설, 그리고 더 이상 본래 용도로 사용되지 않는 건물들을 활용해 거주 공간을 제공했다. 지적장애 역사 연구자인 쉐런버거는 서유럽 대부분의 국가에서 지적장애인을 위한 시설의 돌봄 환경이 열악했다고 지적하면서도, 카이로의 만수르 병원(Mansur Hospital)이라는 모범적인 시설이 존재했음을 언급했다. 이곳에서는 입소자들이 뛰어난 돌봄을 받고, 모든 편의와 재활 서비스를 제공받았다. 그러나 이러한 우수한 돌봄 모델은 서구에서는 재현되지 않았으며, 장애인을 불필요하고 최적의 돌봄을 받을 가치가 없는 존재로 간주하며 그저 수용만 하는 방식을 선택했다.

정신질환과 지적장애를 혼동하는 경향은 중세 시대에도 널리 퍼져 있었다. 카이로의 만수르 병원 모델을 제외하고는 이러한 질환을 가진 사람들은 대체로 비인도적인 대우를 받았다. 영국의 에드워드 1세가 제정하고, 1324년 에드워드 2세가 재승인한 법령(Zilboorg, 1941; Scheerenberger, 1983에서 재인용)은 백치 또는 정신질환자로 분류된 사람들의 재산권에 중대한 변화를 가져왔다. 이는 중세 시대의 주목할 만한 공헌 중 하나로 꼽힌다. 이 법령은 '타고난 어리석은 자(natural fools)'의 토지를 왕실이 관리하도록 하여, 해당 인물이나 그의 상속인이 재산을 빼앗기지 않도록 보장하는 내용을 담고 있었다. 법령에서 타고난 어리석은 자를 '백치(idiots)'로 지칭한 것은 중세 시대가 지적장애를 이해하는 데 있어 두 번째로 중요한 공헌을 이룬 사례로 볼 수 있다. 특히 지적장애와 정신질환을 구분하는 정의는 중세 시대에 지적장애에 대한 이해를 심화하는 데 중요하게 기여했다고 여겨진다. 백치는 광인과 구별되었다. "백치란 선천적 상태(idiota a nativitate)로 지속적인 정신적 능력의 결핍을 의미하며, 반면 광인은 정신적 능력을 회복할 가능성이 있는 사람으로 정의되었다."(Scheerenberger, 1983, p. 36) 이러한 구분은 유용했으나, 지적장애와 정신질환의 혼동을 종식시키지는 못했으며, 이러한 경향은 21세기에도 지속되고 있다. 예를 들어, 오늘날에도 많은 주(州) 기관들이 여전히 '정신지체/정신건강국(局)'이라는 명칭을 사용하고 있는데, 이는 명백히 다른 두 가지의 정신적 상태를 혼동했던 흔적을 보여 주는 사례라고 할 수 있다.

지적장애에 대한 법적 정의가 확립되면서, 다음으로 자연스럽게 이어진 발전은 이를 평가하기 위한 객관적인 척도나 지표를 마련하려는 시도였다. 1534년 나투라 브레비움(Natura Brevium)에 실린 기사에서, 앤서니 피츠허버트(Anthony Fitzherbert) 경(Scheerenberger, 1983에서 재인용)은 최초로 지적능력을 평가하는 테스트를 제안하였다.

> 태어날 때부터 백치로 불리는 사람은 20펜스도 셀 수 없으며, 자신의 부모가 누구인지, 자신의 나이가 몇 살인지도 말할 수 없는 사람을 말한다. 이러한 사람은 자신에게 무엇이 이익이고 손해인지를 알 만큼의 합리적 판단 능력이 없는 것처럼 보일 수 있다. 그러나 만약 그가 글자를 알고, 다른 사람의 가르침이나 도움을 받아 글을 읽을 수 있다면, 그는 더 이상 백치로 간주되지 않을 것이다(p. 36).

이 정의는 이후 다른 과학자들에 의해 확장되어, 개인이 특정 기능적 능력에서 결함을 보여야 한다는 조건이 포함되었다. 여기에는 한 야드의 천을 측정하거나 요일을 말하는 능력 등이 포함되었다.

## 르네상스 시대

이후 17세기에서 18세기에 걸친 르네상스 시대가 이어진다. 문화 운동으로서 르네상스는 고전적 자료에 기반한 학문의 부흥, 회화에서의 선형 원근법 발전, 그리고 점진적이면서도 광범위한 교육 개혁을 가져왔다. 르네상스는 중세와 근대 또는 계몽주의 시대를 잇는 다리로 간주된다. 이 시기에는 지적장애를 하나의 구분된 집단으로 파악하려는 인식이 확산되었다. 이 시기에는 모차르트의 우아한 음악, 파리의 살롱 문화, 그리고 바로크 양식의 디자인이 발전했지만, 특히 지적장애인을 포함한 소외된 사람들에게는 극심한 빈곤과 잔혹함이 가해져 극명하게 대비를 이루었다. 부유층의 화려한 삶을 유지하기 위해 국제 무역이 확대되고, 전쟁과 식민지를 통한 영토 확장이 이루어졌으며, 권력자와 부유층의 소비를 위한 사치품에 대한 욕구가 증가하면서 이러한 사치품의 가치와 가격도 상승했다. 결국 세금이 대폭 늘어나게 되었다. 이러한 상황은 자금을 끝없이 더 많이 필요로 하다 보니 가난한 이들은 더욱 궁핍해질 수밖에 없었다. 그 결과, 이 시기에 특히 유럽 전역의 도시들에서 구걸이 크게 늘어났다. 구걸을 소득을 얻을 수 있는 수익성 있는 행위로 여기는 관념의 변화는 빈민 구호 시설, 버려진 아이를 돌보는 고아원, 구호소에 거주하던 가난한 아동들, 특히 장애아동에 대한 사회적 감수성을 변모시켰다. 구걸이 본격적이고 수익성 있는 사업으로 떠오르면서, 전문적인 거지들이 지적장애가 있든 없든 아동들을 사서 다리를 부러뜨리거나 신체를 훼손한 뒤 거리로 내보내 구걸하게 만드는 일이 생겨났다. 이는 '모자를 들고'라는 의미에서 유래한 '핸디캡(cap-in-hand)' 개념의 생성을 보여 주는 사례였다. 겉으로 보기에, 아이가 더 '장애'가 심해 보일수록 더 많은 연민을 불러일으켜, 그 결과 더 많은 자선을 받을 수 있었다. 이에 따라 지적장애아동들은 왜곡된 방식으로 가치를 인정받게 되었지만, 역설적으로 경제적 가치가 없어지면 더욱 쉽게 버림을 받았다.

이 시기에는 과학과 철학에 주목할 만한 공헌을 한 여러 인물이 등장했다. 이 절에서는 지적장애와 관련된 몇 가지 공헌에 초점을 맞춘다. 르네상스 시대에 지적장애와 관련하여 남긴 가장 큰 공헌은 과학적 지식과 이해의 증대였다. 특히 뇌 해부학이 프란시스 실비우스(Francis

Sylvius, 1614~1672)의 연구에 의해 발전되었으며, 그의 이름을 따서 뇌의 많은 부위가 명명되었다. 그는 유명한 저서에서 지적장애의 원인을 반복되는 발작이나 뇌전증의 결과로 설명했다. 또 다른 중요한 공헌은 윌리엄 하비(William Harvey, 1616)로부터 나왔는데, 그는 혈액이 몸 전체를 순환한다는 사실을 입증함으로써 순환계에 대한 이해를 확장시켰다. 또 하나 주목할 만한 과학적 발전은 프란시스 클리슨(Francis Clisson)으로부터 나왔다. 그는 여왕 엘리자베스의 허가를 받아 해부를 수행한 의사이자 강사였는데 수두증(hydrocephaly)의 실제 원인을 정확히 밝혀냈다. 이러한 과학적 진보와 더불어, 오늘날에는 의심스러워 보이지만, 당시에는 지적장애를 주술과 연관 지으려는 과학적 주장도 나타났다(Scheerenberger, 1983). 잘못된 정보가 있기는 하지만, 이 시기의 공헌은 뇌, 뇌전증 그리고 수두에 대한 과학적 이해의 확장으로 요약될 수 있다. 지적장애의 원인이 유전일 수 있다고 관심을 갖는 사람들이 있었지만, 대부분의 지지자는 유전과 뇌전증 및 수두증 사이의 연관성이 적고, 있다고 하더라도 매우 미약하다고 보았다.

## 계몽주의 시대

계몽주의 시대(또는 간단히 계몽주의)는 18세기를 중심으로 서양 철학과 지적, 과학적, 문화적 삶에서 이성이 정당성과 권위의 주요 원천으로 옹호되던 시기이다. 이 시기는 교육과 인간 이해에 지대한 영향을 미친 여러 지성의 거장들을 배출했으며, 그중에는 철학적 가르침과 권위에 대한 주장은 반드시 경험적 사실과 실험으로 검증되어야 한다고 강하게 믿었던 옥스퍼드의 존경받는 교수 로저 베이컨(Roger Bacon)의 사상을 부활시킨 움직임도 있었다. 계몽주의 시대에 프란시스 베이컨(Francis Bacon)은 로저 베이컨의 사상을 확장하여 세상에 대한 지식은 감각을 통해 습득해야 한다는 견해로 발전시켰다(Scheerenberger, 1983). 따라서 이러한 지식은 통제된 실험, 조사, 그리고 실험에서 도출된 설명을 통해 얻을 수 있었다.

같은 시기에 르네 데카르트(Rene Descartes)와 같은 철학자들도 등장했으며, 그는 자연 세계에 대한 진정한 이해는 수학적 원리와 연역적 추론의 적용을 통해서만 가능하다고 주장했다. 데카르트의 사상은 철학적 사고에 큰 영향을 미쳤지만, 계몽주의 시대 지식 발전의 진정한 주역은 존 로크(John Locke)였다. 그의 지식 이론은 심리학의 발전과 지적장애인을 위한 교육 및 치료의 발전에 중심적인 역할을 했다(Scheerenberger, 1983). 로크는 태어날 때부터 타고난 관념은 없으며, 출생 시 인간의 마음은 '백지 상태(tabula rasa)'라고 믿었다. 그는 감각이나 성찰

을 통해 경험을 해야만 단순한 물질과 성질에 대한 관념을 얻을 수 있다고 이론화했다. 한편, 성찰은 사고, 의지, 의심과 같은 추상적인 개념을 습득할 수 있게 한다. 또한 로크는 인간이 이성적 존재이기 때문에 인간다운 사회 질서가 가능하다고 굳게 믿었다. 나아가 로크는 '백치(idiots)'와 '광인(lunatics)', 즉 지적장애와 정신질환을 구분했는데, 이는 중세 시대 에드워드 2세에 의해 구별되었음에도 여전히 혼동되어 동일시되었다.

계몽주의 시대 사상의 또 다른 중요한 공헌자는 장 자크 루소(Jean Jacques Rousseau, 1712~1778)였다. 루소의 사상은 지적장애의 미래적 방향에 심오한 영향을 미쳤다. 그의 가장 유명한 저작인『사회계약론』과『에밀』은 오늘날까지도 인용되고 있다. 그는『에밀』에서 인간의 발달은 사회 법칙이 아닌 자연 법칙에 따라 이루어져야 한다고 주장했다. 이는 로크의 초기 사상과 일맥상통하며, 루소는 정신의 형성에 있어 감각의 중요성을 강조했다. 자연적 아동, 자기주도성, 감각 훈련과 경험에 대한 그의 사상은 페스탈로치, 프뢰벨, 몬테소리, 세갱, 그리고 이타르에게 직접적으로 영향을 미쳤다.

그 시대의 다른 중요한 인물로는 빈민과 장애인을 위한 봉사 단체를 설립한 빈센트 드 폴(Vincent de Paul)이 있다. 드 폴과 함께 활동했던 프랑스 의사 필리프 피넬(Philippe Pinel)은 1793년에 지적장애인과 정신질환자들을 위한 거주시설의 열악한 환경에 충격을 받고 개혁에 나섰다. 비슷하게, 영국의 상인 윌리엄 튜크(William Tuke)는 요크의 한 정신병원에서 퀘이커 여성이 의문스럽게 죽은 사건에 충격을 받아, 보다 자비롭고 인간적인 치료가 이루어지는 정신병원을 세우자고 퀘이커 교도들에게 제안했다.

이 시대의 또 다른 주요 인물로는 교육에 대한 깊은 관심을 가졌던 요한 페스탈로치(Johann Pestalozzi, 1746~1827)가 있다. 그는 불우한 사람들의 삶의 조건을 바꾸고자 하는 강렬한 열망에서 교육에 헌신했으며, 그들 중 많은 이가 장애인이었다. 그와 함께 프리드리히 프뢰벨(Fredrich Froebel, 1782~1852)은 아동들을 올바르게 양육하는 것이 매우 중요하다고 보는 철학적 사상을 펼쳤다. 이 세 철학자의 이론은 지적장애아동 교육을 포함해 교육 사상에 커다란 영향을 미쳤다.

## 진보의 시대(1800~1899)

이 시기에는 유럽에서 지적장애인에 대한 이해와 프로그램에 직접적이고 심오한 영향을 미친 여러 인물이 등장했으며, 이들은 이후 미국에도 영향을 미쳤다. 여기서 우리가 중점을 두

고 다룰 인물들은 에두아르 세갱(Edouard Seguin), 존 랭던 다운(John Langdon Down), 요한 J. 구겐뷜(Johann J. Guggenbuhl), 그리고 장-마르크-가스파르 이타르(Jean-Marc-Gaspard Itard)이다. 전반적으로 진보의 시대에는 지적장애 처우에 지대한 영향을 미친 혁신적이고 도전적인 이론이 등장했다. 그것은 바로 골상학(phrenology) 이론이었다. 두개골학설(craniology)로도 알려져 있으며, 뇌 해부학자 프란츠 요셉 갈(Franz Joseph Gall, 1758~1828)이 제창하였다. 골상학은 여섯 가지 주요 원칙을 가지고 있었다. ① 뇌는 마음의 기관이다. ② 마음은 자율적이고 선천적이며 독립적인 능력들로 구성된다. ③ 뇌의 각 부분이 각 기능과 연결된다. ④ 기능은 독립적이지만 하부 신경계와 상호작용하며 확장된다. ⑤ 각 부분의 크기는 관련 기능의 강도와 비례한다. ⑥ 두개골의 형태는 뇌의 기본 기능의 크기 변화와 가설적으로 상관관계가 있다. 골상학은 인지 기능을 과학적으로 계량화하여 인종과 성별에 따라 분류하기도 했다(Gould, 1981). 골상학이 성행하던 시기에는 여러 차례의 측정이 이루어졌고, 그 결과 백인 남성이 가장 지능이 높고 흑인 여성이 가장 낮다는 주장이 의심할 여지 없는 사실로 받아들여졌다. 톰린슨(Tomlinson, 2005)은 골상학은 신체와 마음을 조화시키고 일반교육과 특수교육을 위한 이론적 근거를 제공하려 했다고 주장한다. 오늘날 골상학은 손금 보기로 미래를 예언하려는 시도와 같이 의심스러운 수준이지만, 시작할 때는 고귀한 의도를 갖고 있었다. 고귀한 시작에도 불구하고, 골상학이 미친 영향과 결과는 대대로 이어져서, 사회적 다윈주의나 우생학을 정당화하는 근거로 사용되었다. 이 장에서 나중에 논의하겠지만, 우생학은 1900년대 초 고다드(Goddard)를 비롯한 과학자들의 연구를 바탕으로 미국 내에서 정당화되고 시행되었다. 이후 우생학의 기본 원리를 보다 정제된 형태로 변형한 사상은 헤른스테인과 머레이의 저서 『정상 분포 곡선: 미국 사회에서 지능과 계층 구조(Bell Curve: Intelligence and Class Structure in American Life)』(Herrnstein & Murray, 1994)에서 제시된 지능에 따른 인간 서열화 논리의 이론적 토대가 되었다.

## ☑ 에두아르 세갱(Edouard Seguin, 1812~1880)

1846년, 세갱은 백치에 대한 정의적 관점을 제시하였다. 그는 이를 신경계의 허약함으로 정의하고, 이를 네 가지 주요 범주로 나누었다.

① 오늘날 중도 및 최중도 지적장애로 분류된 백치(idiocy)

② 오늘날 경도 및 중등도 지적장애에 해당하는 치우(imbecility)

③ 지체(backwardness) 또는 정신박약(feeble-mindedness)

④ 오늘날 발달 지연과 동일시할 수 있는 지적 미성숙(simpleness)과 경미한 인지 지연 (superficial retardation)

이 분류는 지적장애 범주 내의 다양성을 인정했다는 점에서 의미가 있으며, 오늘날에도 여전히 유지되고 있다.

세갱은 특수교육의 아버지로 알려져 있지만, 그의 평생의 업적은 체계적인 직접 교육 서비스를 개발하거나 개선하려는 노력보다는, 지적장애인을 위한 더 나은 기관이나 시설 내 환경을 조성하려 했던 필리프 피넬과 윌리엄 튜크의 작업과 더 밀접하게 연관되어 있다(Scheerenberger, 1983). 그는 프랑스에서 지적장애인을 위한 여러 학교를 설립하였다. 그러나 그는 프랑스 혁명이 실패할 것을 우려하여 1848년 아내와 아들과 함께 미국으로 이주하였다. 미국에서 그는 매사추세츠주 배리(Barre)에 위치한 새뮤얼 그리들리 하우의 정신박약 청소년(Feeble-Minded Youth)을 위한 실험적 기관을 포함해 지적장애인을 위한 여러 초기 기관의 발전에 기여하였다. 세갱의 마지막이자 가장 중요한 공헌 중 하나는 지적장애만을 위해 봉사하는 협회를 최초로 세우고자 한 것이었다. 1866년, 그는 동료 관리자들을 소집하여 지적장애인을 돕고 이들과 함께 일한 경험을 매년 공유하자고 제안하였다. 이 제안은 실현되었으며, 궁극적으로 미국 정신박약 협회(American Association of Mental Deficiency: AAMD)의 설립으로 이어졌다. 이후 협회 이름은 미국 정신지체 협회(American Association on Mental Retardation: AAMR)로 변경되었고, 현재는 미국 지적 및 발달장애 협회(American Association on Intellectual and Developmental Disabilities: AAIDD)로 불리고 있다.

## ☑ 존 랭던 다운(John Langdon Down, 1826~1896)

다운은 영국 얼스우드(Earlswood)에 위치한 백치보호시설(Asylum for Idiots)의 의료 관리자였다. 그는 지적장애 분야에 몇 가지 중요한 공헌을 하였다. 첫째, 그는 몽골리즘(나중에 다운증후군으로 명명됨)에 대해 처음으로 포괄적인 설명을 하였다. 둘째, 그는 지적장애의 차이를 민족 간의 차이에 비유하여 최초의 종합적인 분류 체계를 제안하였다. 그러나 이 분류 체계는 당시 다른 과학자들의 강력한 반대에 부딪혀 뿌리내리지 못했다. 1887년에 출판된 그의 체계적인 저서 『아동과 청소년의 정신적 병리(Mental Affections of Children and Youth)』에서 그는 지적장애를 선천적 백치, 후천적 백치 및 정신박약, 발달적 정신박약의 세 가지 병인적 범주로 분류하였다. 이 분류는 백치가 단순한 단일 현상이 아니라는 인식과 이해로 이어졌으며, 지적장애를 심각성의 정도에 따라 분류하는 개념을 도입하는 데 기여하였다.

## 요한 야콥 구겐뷜(Johann Jakob Guggenbuhl, 1816~1863)

구겐뷜은 크레틴병에 걸린 아동들에게 깊은 관심을 가졌던 스위스 의사였다. 당시 크레틴병은 저지대와 관련된 환경적 요인과 연관되어 있다고 여겨졌다. 이에 1842년, 한 산림 관리자로부터 땅을 기증받은 구겐뷜은 스위스 아덴베르크(Adendberg) 산 정상에 지적장애인을 위한 최초의 거주 시설을 운영하기 시작했다. 쉐런버거(1983)에 따르면, 구겐뷜은 신선한 산 공기, 좋은 영양, 목욕, 마사지 그리고 운동으로 크레틴병을 치료할 수 있다고 믿었다. 그는 다양한 약물을 사용해 보고, 일과와 활동을 체계적으로 정리했으며, 감각 및 기억 훈련과 언어 훈련 프로그램을 운영하였다. 아덴베르크를 찾은 많은 방문객 중에는 새뮤얼 그리들리 하우도 있었다. 구겐뷜은 지적장애인을 위한 체계적인 교육을 시작한 공로로 인정받고 있다. 또한 그의 노력은 유럽과 미국을 거쳐 다양한 맥락에서 모방되었다.

## 장 마르크 가스파르 이타르(Jean-Marc-Gaspard Itard, 1774~1838)

이타르와 세갱은 의심할 여지 없이 19세기 지적장애인 교육에서 최고의 지도자였다. 이타르가 빅터(Victor)를 만나기 전부터 빅터는 프랑스에서 꽤 유명한 인물이었다. 빅터는 숲에서 발견되었고, 여러 차례 도망쳐 다시 숲으로 돌아갔다가 마침내 이타르가 근무하던 농아국립기관(National Institute for the Deaf-Mutes)으로 보내졌다. 이타르의 동료들은 모두 빅터가 태어날 때부터 백치 상태였다고 믿었으나, 이타르는 그렇게 생각하지 않았다. 그는 빅터의 결함이 사회화된 환경에서 적절한 감각 자극 경험을 받지 못해 발생했다고 보았다. 따라서 이타르는 빅터가 적절하고 체계적인 교육을 받으면, 지적으로 상당히 발전하리라고 믿었다. 이타르는 빅터를 위해 감각의 기능적 사용(감각), 지적 기능(인지), 감정(정서)의 세 가지 능력 개발에 초점을 맞춰 교육 프로그램을 구성하였다. 비록 빅터의 진전은 실망스럽게도 매우 느리고 거의 없었던 수준이었지만, 이타르는 오늘날 특수교육의 최고 기준으로 자리 잡은 개별화된 체계적 교육의 청사진을 제시하였다.

## 미국 식민지 시대

미국은 새로운 시민 집단이 형성되던 초기부터 지적장애를 인식하고 수용해 왔다. 쉐런버거(1983)는 1641년 매사추세츠 식민지 의회(General Court)가 채택한 미국 최초의 법전인 자유헌장(Body of Liberties)에 주목하였다. 그는 이 법전이 공직 수행 자격과 관련하여 지적장애인에 관한 규정을 명시적으로 포함하고 있음을 밝혀냈다. 이 법률은 지적장애가 있는 사람은 공직을 맡을 수 없도록 금지하였다. 지적장애인을 위한 초기 보호와 관련하여, 정신질환자와 지적장애인을 위한 병동을 최초로 설립한 병원은 필라델피아에 위치한 펜실베이니아 병원(Pennsylvania Hospital)이었다. 그러나 당시 병원의 환경은 매우 열악했다. 이후 1769년, 버지니아 식민지 입법부는 "백치(idiots), 광인(lunatics) 및 정신적으로 불안정한 사람들을 지원하고 부양하기 위한 규정 마련"에 관한 법률을 통과시켰다(Scheerenberger, 1983, p. 83). 그 시대에는 지적장애인의 권익을 옹호하는 몇몇 인물이 등장하였다. 이들은 가난한 사람들에게 헌신적으로 의료 서비스를 제공하고, 통제하기 어려운 환자를 비인도적으로 다루는 접근 방식을 강력히 비판하고 인도적 대안을 제시하려 노력했다. 이 시기에 지적장애와 관련된 사회적 방향성을 바꾼 두 주요 인물은 새뮤얼 그리들리 하우와 도로시아 딕스였다.

### 새뮤얼 그리들리 하우(Samuel Gridley Howe, 1801~1876)

하버드 의대를 졸업한 하우는 우연한 계기로 불우한 사람들에 대한 진정성 있는 관심을 갖게 되었다. 그리스에서 6년 동안 근무하고 돌아온 그는 대학 친구인 존 피셔(John D. Fisher) 박사의 요청으로 보스턴에 맹인을 위한 시설 설립 계획을 최종적으로 확정하고 초대 원장이 되었다. 하우는 유럽 전역을 광범위하게 여행하며 맹인 및 지적장애인을 위한 다양한 학교를 방문하였다. 그중 하나는 스위스 아덴베르크의 구겐뷜이 운영하는 지적장애인을 위한 산악 거주 시설이었다. 하우는 이 시설에 깊은 감명을 받았다. 미국으로 돌아온 하우는 매사추세츠주 의회에 30명의 맹인 학생을 돌보고 교육하는 데 필요한 자금을 지원해 달라고 청원하였다. 주 의회는 교육과 식사 비용을 지원했지만, 학생들을 위한 숙소 비용은 제공하지 않았다. 이에 하우는 자신의 집을 학생들의 숙소로 사용하기로 결정했다. 그는 매사추세츠 전역에서 아동들을 대대적으로 찾아내어, 곧 자신의 집에서 돌볼 수 있는 인원보다 더 많은 아동을 수용하게 되었다. 후원자인 퍼킨스 대령(Colonel Perkins)은 자신의 부동산과 정원을 기부하겠다는 제안을 했으며, 그 조건으로 이를 유지하기 위해 5만 달러의 기부금이 추가로 조성되어야 한다고 했다. 이 부동산은 이후 퍼킨스 맹원 및 매사추세츠 맹학교(Perkins Institute and Massachusetts School for the Blind)로 발전하였다(Scheerenberger, 1983). 1839년, 하우는 맹인이자 지적장애를 가진 한 학생을 받아들였다. 이 학생과의 성공적인 교육 경험을 바탕으로, 1848년 매사추세츠주 의회는 10명의 지적장애아동을 위한 3년간의 실험 학교를 운영하기 위해 2,500달러의 공적 자금을 지원하는 것을 승인하였다. 이는 지적장애인을 위한 최초의 공적 자금 지원 프로그램이 되었다. 거의 같은 시기에 매사추세츠주 배리(Barre)에서는 허비 윌버(Hervey Wilbur, 1820~1883)가 설립한 사설 시설인 배리 시설(Institution at Barre)이 문을 열었다.

### ☑ 도로시아 린드 딕스(Dorothea Lynde Dix, 1802~1877)

딕스는 지적장애인과 주(州)의 보호와 돌봄이 필요한 기타 '소외된 사람들'을 위한 옹호자로 활동을 시작했다. 그녀는 북동부 여러 주를 광범위하게 여행하며 빈민수용소, 정신병원, 교도소 등을 방문했고, 그 시설들의 열악한 환경을 꼼꼼히 기록했다. 이러한 개혁 운동을 통해 매사추세츠, 뉴욕, 뉴저지 등 여러 주의 입법기관에 문제를 제기하였다. 또한 그녀는 미국 제30대 의회에서 연설하며 "국가의 피보호자들(Wards of the Nation)"을 위해 토지를 할당하고 그들의 돌봄과 지원을 제공하는 법안을 통과시켜 줄 것을 열정적으로 호소하였다(Scheerenberger, 1983, p. 106). 해당 법안은 상하 양원에서 통과되었으나, 1845년 피어스 대통령이 거부권을 행사했다. 흥미롭게도 딕스는 부모의 방종과 타락이 아동의 지적장애의 근본 원인이라고 비난했다. 또한 그녀는 북부 주에서 지적장애 발생률이 증가한 원인이 남부보다 이민자의 비율이 더 높은 것 때문이라고 비난했다. 의심할 여지 없이 딕스와 하우를 비롯한 개혁가들의 공헌은 지적장애인을 위한 프로그램의 새로운 시대를 열었다.

## ○ 기피해야 할 존재로 취급받은 지적장애: 우생학의 진보 시대

이 시기에는 적절한 교육 방법을 고안하기 위해 지능을 측정하는 객관적이고 표준화된 도구가 개발되는 등 많은 '진보'가 이루어졌다. 이러한 배경에서 알프레드 비네(Alfred Binet)와 테오도르 시몽(Theodore Simon)의 협력으로 비네-시몽 지능검사(Binet-Simon Intelligence Scale)가 탄생하였다. 이 검사는 지적 기능을 측정하기 위해 사용되었다. 이후 1916년 루이스 매디슨 터

먼(Lewis Madison Terman)이 비네의 검사를 개정하고, 이를 스탠퍼드-비네 검사(Stanford-Binet test)로 명명하면서 지능지수(IQ)라는 개념이 도입되어 지능검사의 표준적 해석으로 자리 잡았다. IQ 개념 도입 이후, 터먼은 새로운 지적 기능 분류 체계를 고안하였다.

비네의 작업을 가장 열렬히 지지한 사람 중 하나는 헨리 허버트 고다드(Henry Herbert Goddard, 1866~1957)였다. 그는 비네-시몽 검사를 영어로 번역하였고, IQ 테스트의 주요 옹호자 중 한 명이 되었다. 고다드는 광범위한 저술 활동을 하였으며, 그의 유명한 저서 중 하나인 『칼리카크 가문: 정신박약의 유전에 관한 연구(The Kallikak Family: A Study in the Heredity of Feeble-Mindedness)』(1912)에서 백치를 유전적 요인과 연결지으며, 정신박약과 부도덕, 그리고 여러 사회적으로 바람직하지 않은 특성 및 행동 간에 직접적인 상관관계가 있다고 주장하였다. 비슷한 맥락에서 더그데일(Dugdale, 1910)은 『쥬크 가문: 범죄, 빈곤, 질병, 그리고 유전에 관한 연구(The Jukes: A Study in Crime, Pauperism, Disease and Heredity)』에서 유전적 요인을 빈곤, 범죄, 정신지체와 관련이 있다고 보았다.

정신장애 진단검사가 발전하자 곧 여러 교도소, 소년원 및 기타 교정 시설에서 수감자들을 체계적으로 평가하기 시작했다. 이러한 평가 결과 매춘부, 범죄자, 변태는 일반적인 품위를 유지하기 위해 자제력을 발휘하는 데 필요한 인지능력이 부족하여 정신적으로 결함이 있다는 강한 결론에 이르게 되었다. 혼외 자녀를 둔 여성들 또한 정신적으로 결함이 있는 것으로 간주되었다. 터먼(Terman, 1916)은 이러한 개인들이 사회적으로 바람직하지 않은 행동을 보이는 경향에 대한 실증적 증거를 제시했다. 특히 쥬크와 칼리카크 가문에 대한 가계 연구를 통해 지적장애가 다양한 사회 문제와 직결된다는 근거들이 제시되었다. 이를 바탕으로 우생학, 인종차별, 불임 수술, 추방 및 이민 제한 등을 옹호하는 세력들은 자신들의 주장을 정당화하기 위해 해당 연구들을 빈번하게 인용했다. 불행히도 이러한 입장은 1904년, 지적 기능에 결함이 있는 사람들이 백인 인종의 순수성을 실질적으로 위협한다고 주장한 미국 육종가 협회(American Breeders Association, 후일 우생학 운동의 모체가 된 단체)의 설립으로 이어졌다(Selden, 1999). 그 후 얼마 지나지 않아, 순수한 인종을 유지하기 위해 지적장애를 가진 사람들을 대규모로 불임 수술하는 정책이 시행되었다.

1900년대 초 에드거 돌(Edgar Doll)의 연구는 이성적인 관점을 제시하였다. 돌(1953)은 사회적 행동이 지적장애를 판별하는 데 기여한다는 사실을 설명했다. 뉴저지주 바인랜드에 위치한 바인랜드 시설(Vineland Institution)에서 활동한 돌은 바인랜드 사회 성숙도 척도(Vineland Social Maturity Scale)(Doll, 1936)의 저자이다. 그의 지적장애에 관한 풍부한 연구에는 공통된 통찰력이 담겨 있다. 돌(1953)은 특히 지적장애의 정의에 관해 "정의를 점점 더 세밀하고 명확하게 할 수록 그 정의를 실제로 적용하기가 어렵게 된다."(p. 61)는 이유로, 정의를 지나치게 정밀화하지 않으려고 의도적으로 노력했다고 독자들에게 자주 상기시켰다. 그는 지적장애에 대한 정의를 절대적인 것으로 간주하지 말 것을 경고했다. 따라서 불명확한 지능의 구성에 대한 측정은 절대적인 것이 아니라 근사치로 간주되어야 한다고 하였다(Brody, 1992).

1954년, 캔자스주 토피카의 브라운 대 교육위원회 사건(Brown v. Board of Education of Topeka, Kansas)에서 미국 대법원이 인종을 근거로 한 학교 분리를 종식시키는 판결을 내리면서, 장애 권익 옹호 운동이 본격적으로 부각되었다. 또한 1960년대 시민권 시대에 장애인 옹호 운동은 몇 가지 사건과 맞물려 더욱 탄력을 받게 되었다. 우선, 1960년에 존 F. 케네디(John F. Kennedy)가 미국 대통령으로 선출된 것이다. 그의 당선은 모든 가정이 지적장애의 영향을 받을 가능성이 있다는 사실을 깨닫게 하는 계기가 되었다. 이는 케네디 대통령의 여동생이 지적장애를 가지고 태어났으며, 가족의 다른 구성원과 마찬가지로 소중히 여겨졌다는 사실을 공개하면서 이루어졌다. 이후 부통령 휴버트 H. 험프리(Hubert H. Humphrey)가 지적장애를 가진 자녀를 두었다는 사실을 인정한 사례도 이어졌다. 험프리의 고백은 전국에 텔레비전을 통해 방송되었다. 이는 많은 가족에게 자부심을 가지고 자녀를 지지할 용기를 북돋는 중요한 계기가 되었다. 전화 및 즉각적인 통신 수단의 발달로 부모 그룹이 조직되고, 민간 시설에서 지적장애아동들을 교육하려는 노력이 촉진되었다. 이와 동시에 『연옥에서의 크리스마스(Christmas in Purgatory)』(Blatt & Kaplan, 1966)는 미국 내 지적장애인을 위한 시설의 열악한 상황을 기록하며 큰 반향을 일으켰다. 또한 니르예(Nirje, 1969)의 정상화 개념과 볼펜스버거(Wolfensberger, 1972)의 사회적 역할 가치화(social role valorization)와 같은 개혁 사상이 대중적으로 확산되면서 장애 권익 운동에 더욱 불을 지폈다.

가족 운동이 확산되고 서비스 옹호자들이 등장하면서 부모의 역할은 종속적인 위치에서 권리를 가진 시민으로 변화했다. 부모들은 학교가 지적장애를 가진 자녀들에게 공교육을 거부하고 회피하는 태도에 지쳐 가기 시작했다. 결국, 펜실베이니아 정신지체아 협회(Pennsylvania Association for Retarded Children: PARC)는 펜실베이니아주를 상대로 집단 소송을 제기했다. PARC 대 펜실베이니아 사건(1972)에서 법원은 공립학교를 지원하는 세금의 혜택은 모든 시민에게 돌아가야 하며, 지적장애아동에게 공교육 접근을 거부하는 것은 1954년 브라운 대 교육위원회 판결에서 인종 차별로 규정된 것과 마찬가지로 차별에 해당한다고 판결했다. 이 소송은 입증 책임을 가족이 아닌 학교 측에 부과했다. 또한 가족들에게 제공해야 할 주요 조건들(예: 장애 조기 발견 노력, 개별화 교육 프로그램, 자격 심사 및 배치 회의 기록에 대한 접근권, 상담받을 권리 등)을 명시했다. 1975년에는 장애의 정도나 유형에 관계없이 모든 아동의 교육 기회를 보장하는 「전장애아교육법(Education of All Handicapped Children's Act)」이 제정되었다.

## 지적장애 정의

지적장애를 정의하는 것은 이와 관련된 다양한 조건 때문에 복잡한 과정이다(Rinardo, St. Peter, Rotatori, Day, & Carlson, 1991). 지난 70년 동안 지적장애에 대한 다양한 정의가 제안되었으며, 각 정의는 초점을 어디에 두느냐에 따라 달라진다. 예를 들어, 트레드골드(Tredgold, 1937)는 사회적 무능력을, 돌(Doll, 1941)은 정신 연령을, 커크와 존슨(Kirk & Johnson, 1951)은 교육을, 브노와(Benoit, 1959)는 생리적 요인을, 허버(Heber, 1961)는 IQ 점수와 적응 행동을 강조했다. 콜스토(Kolstoe, 1971)는 발달적 측면을, 키드(Kidd, 1979)는 일반적 기능을, 그로스먼(Grossman, 1973, 1983)은 IQ 점수와 적응 기능을 강조했다. 이후 루카슨 등(Luckasson et al., 1992)은 IQ에 대한 비중을 줄이고 적응 행동에 초점을 맞췄으며, 루카슨 등(Luckasson et al., 2002)은 지원 체계를 강조했다. 셜록 등(Schalock et al., 2010)은 지원 체계와 더불어 용어를 '정신지체(mental retardation)'에서 '지적장애(intellectual disability)'로 변경했다. 지적장애의 정의와 관련된 수많은 논쟁, 이견, 합의, 혼란, 사회적 영향 그리고 진단의 어려움에 대해 더 알기 원하는 독자는 다음 자료를 참고하면 도움이 될 것이다. Greenspan (1994); Heber (1970); Jacobson & Mulick (1992); Litton (1986); MacMillan, Gresham, & Siperstein (1993); Snell & Luckasson (2009); Switzky, Greenspan, & Granfield (1996); Utley & Obiakor (2003); Zigler, Balla, & Hodapp (1984).

가장 널리 사용되는 정의는 지난 50년 동안 미국 지적 및 발달장애 협회(American Association on Intellectual and Developmental Disabilities: AAIDD)에 의해 개발되었다. 초기 정의(Heber, 1959, 1961)는 절단점(IQ 84 미만)이 상대적으로 높아 지나치게 포괄적이라는 평가를 받았으며, 이로 인해 특히 소수 집단의 많은 사람이 지적장애로 분류되었다. 이 문제는 지적장애로 분류되는 절단점을 낮게 설정(IQ 70 미만)함으로써 해결되었다(Grossman, 1973, 1983). 이후 1992년 AAIDD는 지적장애를 가진 사람들에게 지원 체계를 제공해야 한다는 필요성을 강조하며, IQ와 적응 행동의 절단점을 정상 평균 100에서 약 두 표준편차 떨어진 수준으로 설정하여 사람들을 분류하였다(Luckasson et al., 1992, 2002). 이 시스템 접근법은 지적장애인의 결함보다는 개인의 요구에 초점을 맞추었다(Utley & Obiakor, 2003). 현재의 정의는 2002년 AAIDD 정의와 유사하지만, '정신지체'라는 용어를 '지적장애'로 변경하였다. 또한 현재의 정의는 더 실제적이며, 다음 세 가지 주요 요소를 포함한다. 즉, "① 실제 정의와 이를 뒷받침하는 가정, ② 구성의 경계를 설정하기 위한 절단점의 사용, ③ 개인의 실제 점수가 속하는 통계적 신뢰 구간을 설정하기 위한 평가 도구의 표준 점수 사용"(AAIDD, 2009, p. 2)이다. 2010 AAIDD의 정의는 다음과 같다.

> 지적장애는 개념적, 사회적, 실제적 기술로 표현되는 지적 기능과 적응 행동 모두에서 상당한 제한이 있는 것이 특징이다. 이 장애는 18세 이전에 시작된다(p. 1).

AAIDD의 지원 체계에 대한 보다 포괄적인 논의에 관심이 있는 독자는 Schalock, Luckasson & Shogren(2007) 및 Thompson 등(2009)을 참고하기 바란다.

## ○ 지적장애학생을 위한 전략적 교육 프로그램

지적장애인을 위한 교육 프로그램은 지난 25년 동안 큰 발전을 이루었다. 특히 중증 지적장애학생들을 위한 체계적인 교수법은 학습이 실제로 이루어질 수 있음을 입증하는 실증적 데이터를 제공했다(Snell, 1993). 최적의 교육 프로그램은 일반적으로 지역사회와 연계되거나 환경에서 자연스럽게 발생하는 실제 사건과 관련이 있다. 분명한 것은 가장 유용한 학습 활동은 기능적이고 연령에 적합하다는 점이다. 교육은 학생이 장애가 없는 사람들이 주로 살아가는 세상에서 성공적으로 기능할 수 있는 능력을 향상시키기 위해 설계되므로, 통합 환경에서 교육을 제공하는 것이 중요하다. 다음의 사례를 살펴보자. 위스콘신에 사는 사람이 고등학교 2학년 때 스페인어 수업을 들었던 경우와 스페인에서 교환학생으로 2학년을 보낸 경우는 차이가 있다. 다른 문화를 직접 경험하지 않고도 배울 수는 있지만, 직접 경험하면 학습 기회가 크게 확장된다. 모든 학령기 아동이 동일한 환경에서 교육받아야 하는 네 가지 이유가 있다(Brown et al., 1989). 첫째, 비장애학생들이 장애학생들과 함께 교육을 받으면 다원적 사회에서 책임감 있는 성인으로 성장할 가능성이 높아진다. 둘째, 통합학교는 더 의미 있는 교육 환경을 제공한다. 셋째, 가족들이 인근 학교의 활동에 더 쉽게 접근할 수 있다. 마지막으로, 통합학교는 다양한 사회적 관계를 발전시킬 수 있는 더 많은 기회를 제공한다. 통합된 학습 환경은 아동뿐만 아니라 성인에게도 중요하다. 새로운 정보를 배우는 데 어려움을 겪는 사람을 가르칠 때는 모든 유리한 조건을 최대한 제공하는 것이 매우 중요하다. 성인의 경우, 직업 기술은 직장에서 배우는 것이 가장 효과적이며, 가정생활 기술은 자신의 가정에서 배우는 것이 더욱 적합하다.

교육과정의 결정은 지적장애 학습자들에게 매우 중요한 문제이다. 기술은 일반적으로 의사소통, 가정생활, 여가, 자립, 사회적/우정 관계, 직업과 같은 영역에서 발견된다. 최근에는 최적의 교육과정에 자기결정 기술이 추가되었다. 자기결정 교육의 필요성은 고용 관련 문헌에서 처음으로 기술되었다(Moon, Inge, Wehman, Brooke, & Barcus, 1990). 지적장애를 가진 사람들은 필요한 직업 기술을 수행할 수 있음에도 불구하고, 작업 시작과 종료를 '신호'로 알려 주는 직업 코치에 의존하는 경우가 많다. 자기결정 능력의 개발은 학생들이 학습과 의사결정에 적극적으로 참여하도록 한다. 궁극적으로 자기결정과 전반적인 학생 역량강화는 학생들의 성인 생활의 질을 향상시킨다. 학생들의 자기결정 능력을 향상시키면 고등학교에서 성인 생활로 전환하는 데 성공할 확률을 높일 수 있다.

## ○ 보조공학 사용

'보조공학(assistive technology)'은 1988년 「장애인을 위한 기술 관련 지원법(Tech Act)(P.L. 100-407)」 및 1990년 「장애인 교육법(IDEA)(P.L. 101-476)」에서 "장애인의 기능적 능력을 증가, 유지 또는 개선하는 데 사용되는 모든 품목, 장비 또는 제품 시스템으로 상업적으로 기성품을 구입하거나 개조 또는 맞춤 제작한 것"으로 정의된다. 이는 개인을 돕는 장치와 서비스 모두를 의미할 수 있다. 보조공학은 장애인(이 경우, 지적장애인)이 학교나 지역사회에서 중요한 일원이 될 수 있도록 도와준다(Hasselbring, 1998). 이 정의를 구체적으로 보여 주는 일반적인 보조공학 장치로는 자세 지원 장비, 컴퓨터 응용 프로그램, 적응형 장난감 및 게임, 적응형 환경, 이동 보조 장치, 자작 배터리 구동 장난감, 의료 장비, 보철물, 전자 인터페이스, 보완대체의사소통 도구 등이 있다(Parette, Brotherson, Hourcade, & Bradley, 1996). 보조공학에는 두 가지 목적이 있다. 첫째, 기기는 장애의 영향을 상쇄하면서 개인의 강점을 증가시킬 수 있다. 둘째, 기술은 과업을 수행할 수 있는 대안적 방법을 제공하여, 장애로 인한 제한을 보완하거나 극복할 수 있도록 한다(Lewis, 1998). 예를 들어, 읽기 어려움이 있지만 청취 능력이 우수한 개인은 인쇄물 대신 녹음된 책을 들을 수 있다. 계산 능력이 부족하지만 소근육 운동 능력이 좋은 사람은 휴대용 계산기를 사용할 수 있다. 철자 능력이 떨어지지만 컴퓨터 활용 능력이 어느 정도 있는 사람은 철자 교정 기능이 있는 워드 프로세서를 사용하여 글을 쓸 수 있다.

특정 학생이 필요로 하는 기술이나 지원의 유형을 결정하기 위해서는 개인의 요구와 차이를 고려하는 것이 매우 중요하다. 기술의 적용이란, 개인의 구체적인 요구를 기술이 제공할 수 있는 잠재적 이점과 효과적으로 연결하는 과정을 의미한다(Parette & Murdick, 1998). 또한 장치를 저기술 또는 첨단기술로 분류하는 데 지나치게 중점을 두어서는 안 된다. 장애학생들의 개별적인 흥미, 강점, 약점을 고려하면, 어떤 사람에게 적합한 장치가 다른 사람에게는 부적합할 수 있다는 결론을 내릴 수 있다. 이와 유사하게, 특정 환경에서 유용한 장치가 다른 상황이나 환경에서는 부적합할 수 있다(Bryant, Erin, Lock, Allan, & Resta, 1998). 개인의 필요를 파악하여 적절한 기술을 적용하면, 그 기술은 지적장애와 같은 장애인의 다양한 필요를 충족시킬 수 있다.

교수적 수정에는 학습을 촉진하기 위해 교수 절차, 교육과정, 관리 자료와 기술, 그리고 물리적 환경을 변경하는 것이 포함된다(Bryant & Bryant, 1998). 특히 보조공학은 단순하고 저기술적인 수정이 요구될 수 있다. 시판 중인 일반 기술(off-the-shelf technologies)도, 지적장애학생의 학습을 향상시키는 데 사용될 경우 적응형 보조공학 기기로 기능할 수 있다. 예를 들어, 개인의 기억력이나 필기 문제를 보완하기 위해 사용된다면 오디오 테이프도 보조공학 기기로서의 역할을 하게 된다. 또한 접착 메모지, 책갈피 스티커, 형광펜과 같은 저기술적인 수정은 학생의 구조화 기술을 향상시킬 수 있다. 교실에서 이러한 수정을 실행하는 데에는 아주 짧은 시간과 약간의 훈련만 필요하다. 간단하고 복잡하지 않은 수정만으로도 학생이 컴퓨터 소프트웨어 프로그램을 사용할 수 있게 되는 경우가 종종 있다(Olson & Platt, 2000). 표준 컴퓨터 키보드는 일부 지적장애학생들에게 여러 가지 문제를 야기할 수 있다(Kincaid, 1999). 손과 손가락의 움직임이 제한된 학생들이 컴퓨터 기술에 접근할 수 있도록 다양한 수정이 고려될 필요가 있다. 학생이 특정 과제를 수행하기 위해 컴퓨터 기술을 사용하려면, 정보를 입력할 수 있는 적절한 방법이 먼저 제공되어야 한다.

대체로 워드 프로세서는 개인의 작문 능력을 향상시키는 데 도움이 되는 기능을 가지고 있다(MacArthur, 1996). 지적장애학생들은 종종 편집과 수정에 대한 개념이 제한되어 있기 때문에 문서를 전체적으로 다듬지 못하고 사소한 오류만 수정하는 데 그치는 경우가 많다. 따라서 워드 프로세서의 활용은 지적장애학생이 글을 보다 효과적으로 수정할 수 있는 방법을 배우고, 재필기의 부담 없이 글을 반복적으로 다듬을 수 있도록 돕는다. 워드 프로세싱은 수정을 쉽게 하고, 옮겨 적는 과정에서 오류가 생기는 것을 막아 준다(MacArthur, Graham, & Schwartz, 1991). 또한 콘텐츠 이동 및 자료 삭제와 같은 기타 운영상의 수정 작업을 용이하게 할 수 있는 잠재력이 있다.

컴퓨터가 지적장애가 있는 유아들의 언어 발달을 도울 수 있다는 사실이 입증되었다

(MacArthur, 1996). 언어 발달 프로그램의 목표는 유아들에게 독립적인 의사소통 도구를 제공하는 것이다. 어떤 아동들은 말을 배우고, 어떤 아동들은 수어를 배우며, 어떤 아동들은 보완대체 의사소통의 도움을 필요로 한다. 보완대체의사소통은 말을 하지 못하거나 발화가 명료하지 않은 사람의 의사소통 능력을 향상시키기 위해 사용되는 다양한 접근법을 의미한다(Olson & Platt, 2000). 보조도구를 사용하는 체계(aided system)는 그림이나 단어판, 공책, 또는 컴퓨터 기반의 도구를 활용하며, 보조도구를 사용하지 않는 체계(unaided system)는 손이나 신체 움직임만으로 의사소통하는 방식을 말한다(예: 수어). 보완적 의사소통 수단은 기호 체계, 전자 통신 장치, 음성 합성기, 의사소통 향상 소프트웨어와 같은 보조 기구를 포함하여 첨단 기술(high-tech) 장치부터 저기술(low-tech) 장치까지 다양하다. 의사소통 보드는 보완대체의사소통의 저기술 대안으로, 유아들이 언어를 표현하는 데 도움을 준다. 의사소통 보드는 보통 골판지 등의 재료로 만들어지며, 말을 못하는 아동이 자신의 선택을 표현할 수 있도록 한다(Ysseldyke & Algozzine, 1990). 지적장애인을 위한 보조공학 기기 활용에 대한 더 포괄적인 논의는 다음 문헌에 제시되어 있다. Nkabinde (2008), Romanski & Sevcik (1997), St. Peter, Morris, & Murdock (1987).

## 평가

『정신질환 진단 및 통계 편람(DSM-IV)』(American Psychiatric Association, 2000)에 따르면, 지적장애를 진단하기 위해 다음 세 가지 기준이 충족되어야 한다. 첫째, IQ가 70 미만이어야 하며, 둘째, 적응 행동 평가 척도를 통해 측정된 적응 행동의 두 가지 이상 영역에서 유의미한 제한이 있어야 한다(예: 의사소통, 자기관리 기술, 대인관계 기술 등). 셋째, 이러한 제한이 18세 이전에 나타났다는 증거가 있어야 한다.

최초의 영어로 된 IQ 테스트인 터먼-비네(Terman-Binet) 검사는 프랑스에서 비네가 개발한 성취 가능성을 측정하는 도구를 기반으로 만들어졌다. 터먼은 이 검사를 번역하여 구두 언어, 어휘, 수리적 추론, 기억력, 운동 속도, 분석 기술을 기반으로 지적 능력을 측정하였다. 현재 사용 가능한 IQ 테스트의 평균 점수는 100이며, 표준편차는 WAIS/WISC-IV의 경우 15, 스탠퍼드-비네(Stanford-Binet)의 경우 16이다. 평균 이하의 지능은 일반적으로 개인이 검사 평균보다 두 표준편차 낮은 점수를 받을 때 존재하는 것으로 간주된다. 지적 능력 외에도 우울증, 불안 등과 같은 요인이 낮은 IQ 점수에 영향을 미칠 수 있다. 평가자는 측정된 IQ가 '평균보다 유의미하게 낮다'고 결론 내리기 전에 다른 요인을 배제하는 것이 매우 중요하다. IQ에 따른 범주는 〈표 5-1〉과 같다.

〈표 5-1〉 IQ에 따른 범주

| 분류 | IQ |
|---|---|
| 최중도 정신지체(Profound mental retardation) | 20 미만 |
| 중도 정신지체(Severe mental retardation) | 20~34 |
| 중등도 정신지체(Moderate mental retardation) | 35~49 |
| 경도 정신지체(Mild mental retardation) | 50~69 |
| 경계선 지적 기능(Borderline intellectual functioning) | 70~84 |

출처: http://en.wikipedia.org/wiki/Mental_retardation

지적장애 진단은 IQ 점수뿐만 아니라 개인의 적응 기능도 고려하므로, IQ 점수만으로 진단이 이루어져서는 안 된다. 진단에는 지능 점수(IQ 테스트로 측정된 결과), 적응 기능 점수(대상자를 잘 아는 사람이 제공한 알려진 능력에 대한 설명을 기반으로 한 적응 행동 평가 척도로 측정된 결과), 그리고 대상자가 무엇을 이해하고 의사소통할 수 있는지 등을 직접 파악할 수 있는 평가자의 직접 관찰도 포함된다. 지적장애로 분류되려면 적응 행동과 관련하여 두 가지 이상의 적응 행동 영역(즉, 의사소통, 자기 관리, 가정 생활, 사회적 기술, 지역사회 이용, 자기 지시, 건강 및 안전, 기능적 학업, 여가 및 직업)에서 유의미한 제한이 있어야 한다.

적응 행동은 걷기, 말하기, 옷 입기, 학교 가기, 직장 출근, 식사 준비, 집 청소와 같은 일상생활 기술을 말한다. 이러한 기술은 개인이 주변 환경에 적응하는 과정에서 배우는 능력이다. 적응 행동은 대부분 발달적 특성을 가지기 때문에, 개인의 적응 행동을 연령에 따른 점수로 설명할 수 있다. 예를 들어, 평균적인 5세 아동은 다른 5세 아동과 비슷한 적응 행동을 보일 것으로 예상된다. 행동 문제는 흔히 부적응 행동이라 불리며, 일상적인 활동을 방해하는 행동을 말한다. 적응 행동이 우수하고 행동 문제가 없으면 가정, 학교 그리고 지역사회에서 독립성이 향상된다. 행동 문제는 적응 행동에 비해 정량화하기가 훨씬 더 어려운데, 그 이유는 행동 문제는 발달 단계에 따른 것이 아니며 그 표현이 날마다, 환경마다 다르기 때문이다. 행동 문제는 나이가 들어 감에 따라 꾸준히 증가하거나 감소하지 않는다. 그럼에도 행동 문제는 신뢰성 있게 측정될 수 있다. 지적장애로 진단되기 위해서는 IQ와 적응 기능 모두에서 평균 이하로 유의미한 결손이 있어야 한다.

## 가족

가족은 지적장애아동의 삶에서 매우 중요한 역할을 한다. 사회적 지원, 돌봄, 혹은 정서적 지지 등 지적장애인에게 가족은 필수적이고 없어서는 안 될 존재이다. 지적장애 자녀를 둔 가족은 많은 어려움을 겪을 수 있다. 가족들은 종종 혼란스러운 메시지를 받는다. 많은 사람은 가족들이 자녀의 중도 지적장애가 존재하지 않는 듯이 살아가기를 기대한다. 한편으로는 정상화, 자립, 지역사회 통합, 자기결정에 대한 메시지들이 존재한다. 그러나 중도 지적장애가 있는 개인의 가족들은, 자녀가 어린이에서 성인으로 성장해 가는 과정에서 자녀의 능력 발달을 실감하게 해 주는 '구두점', 즉 사회적 전환점이나 발달의 이정표를 일반 가정처럼 경험하기 어렵다. 이 절에서는 가족과 관련된 몇 가지 문제를 다룰 것이다.

### 가족 돌봄

연구에 따르면, 지적장애인에게 제공되는 지원의 80% 이상이 가족의 돌봄에서 비롯되며, 가족 돌봄은 중년기까지도 주된 지원 유형으로 남아 있다(Hassall, Rose, & McDonald, 2005). 현재보다 가족 돌봄 제공자의 필요에 대한 이해와 공감이 더 깊어져야 한다. 가족들의 경험을 살펴보면, 전문가들로부터 받은 비공감적이고 도움이 되지 않는 중재 사례가 자주 나타나며, 이는 가족의 스트레스를 더욱 가중시킬 수 있다. 가족들은 서로 간에도, 또 시간의 흐름에 따라 크게 달라지기 때문에, 단정적인 사실이나 일반화된 결론보다는 과정을 이해하는 데 중점을 두어야 한다. 가족은 지원을 필요로 하며, 지적장애 자녀가 사회적 및 학업적으로 무엇을 할 수 있는지 이해할 수 있도록 도움을 받아야 한다. 올바른 정보를 아는 것이 문제 해결의 절반이라는 말처럼, 정확한 정보의 제공이 중요하다.

### 역사적 관점

1950년대까지만 해도 지적장애 자녀의 출생에 대한 산모의 반응에 주로 초점이 맞춰져 있었다. 장애아동의 탄생은 해결이나 적응의 희망이 없는, 가족의 비극으로 여겨졌으며, 이는 아동과 어머니, 가족에게 낙인을 찍었다. 이러한 맥락에서 시설 보호는 아동이 가족의 삶을 망가뜨리는 것을 방지하는 방법으로 여겨졌다. 자녀를 시설에 맡기는 것이 받아들여지고 긍정적으로 여겨졌다. 이러한 견해는 지금은 받아들여지지 않지만, 가족 기능에 대한 초기 연구가 병리적 적응 모델에 기반을 두고 있었으며 모성의 심리적 반응을 추론한 후 그것을 가족 기능과 동일시했음을 보여 준다. 가족이나 사회 내의 완화 또는 중재 요인은 출생의 비극적 특성을 고려할 때 관련성이 없는 것으로 여겨져 가족이 긍정적으로 적응해 갈 수 있다는 가능성을 무시했다. 가족들은 유대감을 형성할 기회조차 주어지지 않았으며, 유대감을 형성하라는 요청도 받지 못했다. 많은 부모가 자녀를 양육할 기회를 놓쳤는데, 이는 장애 자녀를 집에서 키우거나 공립학교에 보내는 것이 사회적으로 허용되지 않는 선택지였기 때문이다.

### 가족 체계 이론

1970년대에 가족 연구는 개인 병리 모델에서 벗어나 가족 체계 이론으로 발전하기 시작했다. 가족은 가족 구성원 간은 물론 더 넓은 사회와도 상호작용하는 관계의 집합으로 간주되었다. 이로 인해 가족 기능의 초점이 상호작용적이며 더 복잡한 가족 기능 모델로 바뀌었다. 또한 이는 장애와 시간의 경과에 따른 변화를 중심으로 한 가족 생활 주기에 대한 아이디어를 발전시키는 데 기여했으며, 정적인 개인 병리 모델을 대체했다. 연구는 스트레스, 대처 메커니즘, 지원 네트워크, 형제자매와 다른 가족 구성원에 미치는 영향, 그리고 성인 장애 가족과 같은 다양한 영역으로 확장되었다. 오늘날, 지적장애 자녀들은 부모와 함께 지내는 경우가 많으며, 가족 구조 내에서 최선을 다해 성장하고 발달할 수 있도록 지원 체계가 마련되어 있다.

## 결론

문화와 역사를 통틀어, 지적 제한이 있는 사람들에 대한 사회적 무시는 종종 이들의 인간 존엄성을 박탈하고, 생계를 유지하기 위해 구걸하며 자비를 구해야 하는 존재로 전락시켰다. 역사의 다른 시기에는, 그들은 거의 아무런 자율성도 없이 값싼 거리의 공연자로 취급되었으며, 인간으로서의 정체성 또한 오로지 그들의 장애에 의해 규정되었다. 인지적 결함에만 초점을 맞추다 보니 이들의 복잡한 삶은 완전히 희미해졌다. 그러나 오늘날의 사회에서는 장애(disability)와 핸디캡(handicap)을 구분한다. 장애는 조정이나 지원이 없는 환경에서 삶의 성취를 더 어렵게 만드는 손상(impairment)의 존재를 의미하며, 핸디캡은 장애인의 기능적 제한에 대한 인식을 의미한다. 현대 사회에서는 지적장애아동을 위한 새로운 유아 정신건강 분야

(Holtz & Fox, 2008), 지적장애인의 정신과적 요구(Poindexter, Bihm, & Litton, 1996), 개인과 그 가족의 정서적 상담 요구(Litton, 1986; Rotatori, Schwenn, & Litton, 1995), 비만으로 고통받는 사람들을 위한 체중 감량 프로그램 설계의 건강상 혜택(Rotatori & Fox, 1981, 1989), 죽음 및 임종과 관련된 문제에 대한 지원의 중요성(Miller & Rotatori, 1986), 성적 학대를 예방하기 위한 교육의 필요성(Rappaport, Burkhardt, & Rotatori, 1997), 교과 과정에서 자기결정력을 증진시키는 것의 가치(Bakken & Parette, 2008), 중등 이후 직업 교육 프로그램 개발의 중요성(Obi & Obi, 2008), 은퇴 준비의 본질적 필요성(Dykema-Engblade & Stawiski, 2008)이 중요하게 여겨지고 있다.

역사적으로 지적장애인을 '우스꽝스러운 바보'로 격하하며 오락의 대상으로 삼은 대표적인 사례는 워너 브라더스의 가장 오래된 만화 캐릭터 중 하나인 엘머 퍼드(Elmer Fudd)이다. 엘머 퍼드의 만화 캐릭터는 무능한 모습을 통해 장애가 있는 것처럼 묘사했지만 그의 상태는 단순한 언어장애에 불과했다. 언어적 결손의 허울 아래, 퍼드는 정신적 판단력이 부족한 모습을 보여 주며 모든 장애가 정신적 결핍에서 비롯된다는 믿음을 지속적으로 강화했다. 지적장애에 대한 역사적 사건과 영향력의 맥락에서 더욱 주목할 점은 〈세 명의 바보들(Three Stooges)〉이 영화관의 대형 스크린에서 시작해 가정의 TV로까지 확산되었다는 것이다. 미디어에 나오는 이들의 존재는 모욕적인 발언과 유치한 유머에 의존하고 있었다. 이 코미디언들이 지적장애인과 관련된 전문 용어에 변화를 가져오는 기폭제가 되었음을 주장할 수도 있다. 그러나 우리는 이러한 대중문화의 현대적 사례를 프롤로그로 삼아, 지적장애인에 대한 검토되지 않았거나 종종 입증되지 않은 근거 없는 믿음을 역사가 얼마나 밀접하게 반영하는지를 지적한다. 또한 지적장애와 관련된 용어는 역사적으로 '치우(imbecile)', '백치(idiot)', '정신박약(feeble-minded)', '우둔(moron)' 등으로 변화해 왔으며, 이러한 역사적 흐름은 특정 시기에 지적장애인을 대하는 태도에도 유사한 변화를 가져왔다.

## 참고문헌

AAIDD. (2009). *Frequently asked questions on the AAIDD 11th edition of intellectual disability: Definitions, classification, and systems of supports*. Washington, DC: American Association on Intellectual and Developmental Disability.

American Psychiatric Association. (2000). *Diagnostic and statistical manual of mental disorders* (4th ed.). Arlington, VA: Author.

Bakken, J. P., & Parette, H. P. (2008). Self-determination and persons with developmental disabilities. In: A. F. Rotatori, F. E. Obiakor & S. Burkhardt (Eds.), *Autism and developmental disabilities: Current practices and issues* (Vol. 18, pp. 21-234). Bingley, UK: Emerald Group Publishing Limited.

Benoit, E. P. (1959). Toward a new definition of mental retardation. *American Journal of Mental Deficiency, 67*, 56.

Blatt, B., & Kaplan, F. (1966). *Christmas in purgatory*. Boston: Allyn and Bacon.

Brody, N. (1992). *Intelligence*. San Diego, CA: Academic Press.

*Brown v. Board of Education*. (1954). 347 U.S. Supreme Court 485.

Brown, L. E., Udavari-Solner, A., Davis, L., Van Devon, P., Ahlgren, C., Johnson, F., Gruenewald, L., & Jorgensen, J. (1989). The home school: Why students with severe intellectual disabilities must attend the schools of their brothers, sisters, friends and neighbors. *Journal for the Association of Persons with Severe Handicaps, 14*(1), 1-7.

Bryant, D. P., & Bryant, B. R. (1998). Using assistive technology to enhance the skills of student with learning disabilities. *Intervention in School and Clinic, 34*(1), 53.

Bryant, D. P., Erin, J., Lock, R., Allan, J. M., & Resta, P. E. (1998). Infusing a teacher preparation program in learning disabilities with assistive technology. *Journal of Learning Disabilities, 31*, 55-66.

Davis, L. J. (1995). *Enforcing normalcy: Disability, deafness and the body*. London: Verso.

Doll, E. A. (1936). *The Vineland Social Maturity Scale*. Minneapolis, MN: American Guidance Service, Inc.

Doll, E. A. (1941). Definitions of mental retardation. *Training School Bulletin, 37*, 163-164.

Doll, E. A. (1953). *The measurement of social competence*. Educational Test Bureau, Educational Publishers.

Down, L. (1887). *Mental affections of children and youth*. London: J & A Churchill.

Dugdale, R. (1910). *The Jukes: A study in crime, pauperism, disease, and heredity*. New York: G.P. Putnam.

Dykema-Engblade, A., & Stawiski, S. (2008). Employment and retirement concerns for persons with developmental disabilities. In: A. F. Rotatori, F. E. Obiakor & S. Burkhardt (Eds.), *Autism and developmental disabilities: Current practices and issues* (Vol. 18, pp. 253-272). Bingley, UK: Emerald Group Publishing Limited.

Goddard, H. H. (1912). *The Kallikak family: A study in the heredity of feeble mindedness*. New York: MacMillan.

Gould, S. J. (1981). *The mismeasure of man*. New York: Norton & Company.

Greenspan, S. (1994). Review of Luckasson et al. effort to redefine mental retardation. *Journal of Mental Retardation, 98*, 544-549.

Grossman, H. J. (Ed.) (1973). *Manual on terminology and classification on mental retardation* (Rev. ed.). Washington, DC: American Association on Mental Deficiency.

Grossman, H. J. (Ed.) (1983). *Classification in mental retardation*. Washington, DC: American Association on Mental Deficiency.

Hassall, R., Rose, J., & McDonald, J. (2005). Parenting stress in mothers of children with an intellectual disability: The effects of parental cognitions in relation to child characteristics and family support. *Journal of Intellectual Disability Research, 49*, 405-418.

Hasselbring, T. S. (1998). *The future of special education and the role of technology* [Outline]. Available at http://peabody.vanderbilt.edu/ltc/hasselbringt/future.html

Heber, R. (1959). A manual on terminology and classification in mental retardation. *American Journal on Mental Deficiency*, Monograph Supplement 64.

Heber, R. (1961). A manual on terminology and classification in mental retardation (Rev. ed.). *American Journal on Mental Retardation*, Monograph Supplement 64.

Heber, R. (1970). *Epidemiology of mental retardation*. Springfield, IL: Charles C. Thomas.

Herrnstein, R. J., & Murray, C. (1994). *The bell curve: Intelligence and class structure in American life*. New York: Free Press.

Holtz, C. A., & Fox, R. A. (2008). Infant mental health: An emerging field for children with developmental disabilities. In: A. F. Rotatori, F. E. Obiakor & S. Burkhardt (Eds.), *Autism and developmental disabilities: Current practices and issues* (Vol. 18, pp. 163-219). Bingley, UK: Emerald Group Publishing Limited.

Individuals with Disabilities Education Act Amendments of 1990 (P.L. 104-476). Washington, DC: U.S. Government Printing Office.

Jacobson, J. W., & Mulick, J. A. (1992). A new definition of MR or a new definition of practice?. *Psychology in Mental Retardation and Developmental Disabilities, 18*, 9-14.

Kidd, J. W. (1979). An open letter to the committee on terminology and classification of AAMDfrom the committee on definition and terminology of CEC-MR. *Education and Training of the Mentally Retarded, 14*, 74-76.

Kincaid, C. (1999). Alternative keyboards. *Exceptional Parent, 29*(2), 34-37.

Kirk, S. A., & Johnson, G. O. (1951). *Educating the retarded child*. Boston: Houghton Mifflin.

Kolstoe, O. P. (1971). Defining mental retardation. In: E. H. Williams, J. F. Magary & F. A. Moored (Eds.), *Ninth annual distinguished lecture series in special education and rehabilitation*. Los Angeles: University of Southern California.

Lewis, R. B. (1998). Assistive technology and learning disabilities: Today's realities and tomorrow's promises. *Journal of Learning Disabilities, 31*(1), 16-26.

Litton, F. (1986). Counseling the mentally retarded. In: A. F. Rotatori, P. J. Gerber, F. W. Litton

& R. A. Fox (Eds.), *Counseling exceptional students* (pp. 78-98). New York: Human Sciences Press, Inc.

Luckasson, R., Coulter, D. L., Polloway, E. A., Reiss, S., Schalock, R. I., Snell, M. E., Spitalnik, D. M., & Stark, J. A. (1992). *Mental retardation: Definition, classification, and systems of support* (9th ed.). Washington, DC: American Association on Mental Deficiency.

Luckasson, R., Schalock, R. I., Spitalnik, D. M., Spreat, S., Tass, M., Snell, M. E., Coulter, D. I., Borthwick-Duffy, S. A., Reeve, A. A., Buntinx, W., & Craig, P. (2002). *Mental retardation: Definitions, classifications and systems of support* (10th ed.). Washington, DC: American Association on Intellectual and Developmental Disabilities.

MacArthur, C. A. (1996). Using technology to enhance the writing processes of student with learning disabilities. *Journal of Learning Disabilities, 29*(4), 344-354.

MacArthur, C. A., Graham, S., & Schwartz, S. (1991). Knowledge of revision and revising behaviors among students with learning disabilities. *Learning Disability Quarterly, 14*, 61-73.

MacMillan, D. L., Gresham, F. M., & Siperstein, G. N. (1993). Conceptual and psychometric concerns over the 1992 AAMR definition of mental retardation. *American Journal of Mental Retardation, 98*, 325-335.

McCaughey, T. J., & Strohmer, D. C. (2005). Prototypes as an indirect measure of attitudes towards disability groups. *Rehabilitation Counseling Bulletin, 44*, 3-9.

Miller, J., & Rotatori, A. F. (1986). *Death education and the educator*. Springfield, IL: Charles C. Thomas.

Moon, M.S., Inge, K. J., Wehman, P., Brooke, V., & Barcus, J. M. (1990). *Helping persons with severe mental retardation get and keep employment. Supported employment issues and strategies*. Baltimore: Paul H. Brookes.

Nirje, B. (1969). The normalization principle and its human management implications. In: R. B. Kugel & W. Wolfensberger (Eds.), *Changing patterns in residential services for the mentally retarded* (pp. 179-195). Washington, DC: President's Committee on Mental Retardation.

Nkabinde, Z. (2008). Using assistive technology to educate students with developmental disabilities and autism. In: A. F. Rotatori, F. E. Obiakor & S. Burkhardt (Eds.), *Autism and developmental disabilities: Current practices and issues* (Vol. 18, pp. 273-285). Bingley, UK: Emerald Group Publishing Limited.

Obi, S. O., & Obi, S. L. (2008). Post-secondary planning for students with developmental disabilities. In: A. F. Rotatori, F. E. Obiakor & S. Burkhardt (Eds.), *Autism and developmental disabilities: Current practices and issues* (Vol. 18, pp. 235-251). Bingley, UK: Emerald Group Publishing Limited.

Olson, J. L., & Platt, J. M. (2000). *Teaching children and adolescents with special needs*. Upper

Saddle River, NJ: Merrill.

Parette, H. P., Brotherson, M. J., Hourcade, J. J., & Bradley, R. H. (1996). Family-centered assistive technology assessment. *Interventions in School & Clinic, 32*, 104-112.

Parette, H. P., & Murdick, N. L. (1998). Assistive technology and IEP's for young children with disabilities. *Early Childhood Education Journal, 25*(30), 193-197.

*Pennsylvania Association for Retarded Children v Commonwealth of Pennsylvania* 334 F. Supp. 279 (E.D. PA 1972).

Poindexter, A. R., Bihm, E. M., & Litton, F. W. (1996). Dual diagnosis and severe behavior problems. In: A. F. Rotatori, J. O. Schwenn & S. Burkhardt (Eds.), *Assessment and psychopathology issues in special education* (Vol. 10, pp. 87-96). London: JAI Press Ltd.

Rappaport, S., Burkhardt, S., & Rotatori, A. F. (1997). *Child sexual abuse curriculum for the developmentally disabled*. Springfield, IL: Charles C. Thomas.

Rinardo, J., St. Peter, S., Rotatori, A. F., Day, G., & Carlson, J. (1991). Mental retardation. In: J. O. Schwenn, A. F. Rotatori & R. A. fox (Eds.), *Understanding students with high incidence exceptionalities: Categorical and noncategorical perspectives* (pp. 102-152). Springfield, IL: Charles C. Thomas.

Romanski, M. A., & Sevcik, R. A. (1997). Augmentative and alternative communication for children with developmental disabilities. *Mental Retardation and Developmental Disabilities Research Reviews, 3*, 363-368.

Rotatori, A. F., & Fox, R. A. (1981). *Behavioral weight reduction program for mentally handicapped persons: A self-control approach*. Baltimore: University Park Press.

Rotatori, A. F., & Fox, A. R. (1989). *Obesity in children and youth*. Springfield, IL: Charles C. Thomas.

Rotatori, A. F., Schwenn, J. O., & Litton, F. W. (1995). *Counseling special populations: Research and practice perspectives* (Vol. 10). Greenwich, CT: JAI Press Ltd.

Schalock, R. L., Luckasson, R. A., & Shogren, K. A. (2007). The renaming of mental retardation: Understanding the change to the term intellectual disability. *Intellectual and Developmental Disabilities, 45*(2), 116-124.

Schalock, R. L., Borthwick-Duffy, S. A., Buntinx, W. H. E., Coulter, D. L., & Craig, E. M. (2010). *Intellectual disability: Definition, classification, and systems of supports* (11th ed.). Washington, DC: American Association on Intellectual and Developmental Disabilities.

Scheerenberger, R. C. (1983). *A history of mental retardation*. Baltimore: Paul H. Brookes.

Selden, S. (1999). *Inheriting shame: The story of eugenics and racism in America*. New York: Teachers College Press.

Snell, M. E. (1993). *Instruction of students with severe disabilities* (4th ed.). New York:

Macmillan.

Snell, M. E., & Luckasson, R. A. (2009). Characteristics and needs of people with intellectual disability who have higher IQs. *Intellectual and Developmental Disabilities, 47*(3), 220-233.

St. Peter, S., Morris, P., & Murdock, J. (1987). Computer applications in special education. In: A. F. Rotatori, M. M. Banbury & R. A. Fox (Eds.), *Issues in special education* (pp. 187-203). Mountain View, CA: Mayfield Publishing Company.

Switzky, H., Greenspan, S., & Granfield, J. (1996). Adaptive behavior, everyday intelligence and the constitutive definition of mental retardation. In: A. F. Rotatori, J. O. Schwenn & S. Burkhardt (Eds.), *Assessment and psychopathology issues in special education* (pp. 1-24). London: JAI Press Inc.

Technology-Related Assistance Act of 1988 (P.L. 100-407). Washington, DC: U.S. Government Printing Office.

Terman, L. (1916). *The measurement of intelligence*. Boston: Houghton Mifflin.

Thompson, J., Bradley, V. I., Buntinx, W. H. E., Schalock, R. L., Shogren, K. A., Snell, M. E., & Wehmeyer, M. I. (2009). Conceptualizing supports and the support needs of people with intellectual disability. *Intellectual and Developmental Disabilities, 47*(2), 135-146.

Tomlinson, T. (2005). *Head masters: Phrenology, secular education, and nineteenth-century social thought*. Tuscaloosa, AL: University of Alabama Press.

Tredgold, A. F. (1937). *A textbook on mental deficiency*. Baltimore: William Wood.

Utley, C. A., & Obiakor, F. E. (2003). Educating students with cognitive disabilities. In: F. E. Obiakor, C. A. Utley & A. F. Rotatori (Eds.), *Effective education for learners with exceptionalities* (Vol. 15, pp. 77-98). London: Elsevier Science Ltd.

Wolfensberger, W. (1972). *The principle of normalization in human services*. Toronto: National Institute on Mental Retardation.

Ysseldyke, J. E., & Algozzine, B. (1990). *Introduction to special education*. Boston: Houghton Mifflin.

Zigler, E., Balla, D., & Hodapp, R. (1984). On the definition and classification of mental retardation. *American Journal of Mental Retardation, 89*, 215-230.

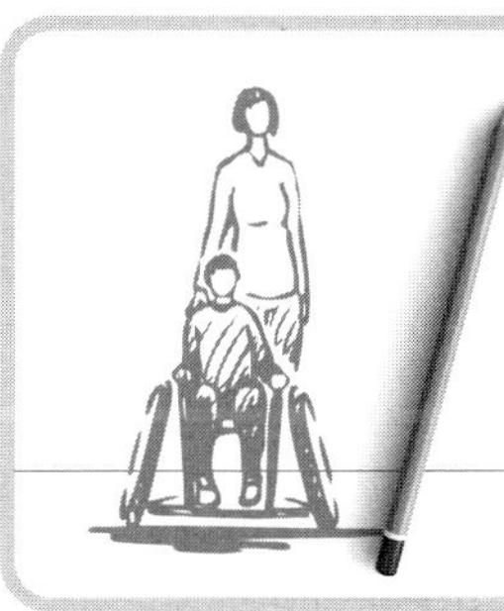

제6장

# 말 및 언어장애의 역사

Satasha L. Green, Christine M. Scott

## 초기의 역사

말 및 언어장애(speech and language impairments: SLI)에 관한 기록물은 수 세기 동안 존재해 왔다(Smith, 2004). 하지만 안타깝게도 초기의 기록물들은 SLI를 가진 개인에 대해 부정적으로 묘사하는 경향이 있었다. 예를 들어, 반 라이퍼와 에릭슨(Van Riper & Erickson, 1996)에 따르면, 로마 시대에는 말을 더듬는 사람을 오락 목적으로 철창에 가두었고 지나가는 시민들은 동전을 던져 주고 말을 해 보도록 시켰다. 1800년대 후반, 언어병리학(speech-language pathology)이라는 직업은 사람들의 언어 능력 향상을 돕는 데 관심이 있었던 의사, 교육자, 웅변가(대중 연설가) 등과 같은 전문가들의 부업으로 시작되었다. 미국 의사들은 의사소통장애가 있는 사람들을 치료하던 유럽 의사들의 도움을 받아 공부하였다. 당시 가장 흔하게 치료된 두 가지 장애는 말더듬과 발성 장애였다(Duchan, 2002). 하지만 이 두 가지 장애에 대한 치료가 가능했음에도 불구하고, 공립학교에서는 프로그램이 제공되지 않았고 프로그램 효과도 엇갈렸다(Smith, 2004).

미국 공립학교 학급은 1896년에 처음 조직되었으며, 이에 따라 그때까지 보호시설에 거주하던 아동들이 공립학교에 다니기 시작했다. 몇 년 후, 공립학교는 경미한 SLI를 가진 학생들을 위한 서비스를 제공하기 시작했다. 역사적으로 경미하거나 중등도의 SLI를 가진 초등학생들은 다양한 서비스 제공자(연설 교정가, 웅변가, 연설 교육자 등)로부터 교정치료를 받았다(Whitmire, Spinello, & Clausen, 2002). 예를 들어, 시카고 공립학교들은 1910년에 유창성(fluency)에 문제가 있던 학생들을 대상으로 순회 교사를 통하여 SLI 서비스를 제공했다(Moore & Kester, 1953 참조). 그 후 1913년에는 뉴욕의 공립학교들에서도 경미하거나 보통 수준의 말 장애(speech impairments) 학생들을 위한 말 교정치료(speech intervention program)를 시작했다(Smith, 2004).

불행하게도, 더 심한 SLI 학생들은 사회적 장벽 때문에 공립학교에서 이와 같은 프로그램을 받을 수 없었다. 이들은 사립학교, 기관 또는 클리닉에서 교정치료를 받았다(Whitmire et al., 2002).

SLI 학생들을 위한 단체, 학회, 협회들은 18세기 후반부터 시작되었고, 19세기 초에는 말(speech), 언어(language) 및 음성(voice) 장애학생들을 위한 특수 치료가 시작되었다. 이 시기에 기관과 과학자들은 언어, 청각 및 언어장애에 대한 연구에 집중하기 시작했다. 예를 들어, 미국 최초의 언어장애 관련 전문 저널인 『더 보이스(The Voice)』가 말더듬 증상을 갖고 있었던 에드가 베르너(Edgar Werner)에 의해 1879년부터 1892년까지 발간되었다(Duchan, 2002).

1891년 프로이트는 실어증(aphasia)에 관한 그의 첫 번째 책을 썼다. 실어증은 일반적으로 뇌졸중이나 두부 손상으로 인해 언어 처리 능력이 손상되는 후천적 의사소통 장애이다. 실어증이 있으면 말을 하거나 다른 사람들의 말을 이해하기 어렵다(National Aphasia Association, 2010). 말 및 언어장애를 연구한 프로이트의 저서를 기점으로 실어증에 대한 일련의 연구가 시작되었다(Gay, 1988).

## ◦ 현대

1900년대 초까지는 언어 교정 전문가 인증 기관이 없었기 때문에 자칭 언어교정 전문가라고 하는 사람들이 자신들 스스로 조직을 구성하기 시작했다(Duchan, 2002). 1918년, 미국교육협회(NEA)의 회원이었던 교사들은 NEA의 하위 단체인 미국말교정아카데미(American Academy of Speech Correction: AASC)를 결성했다. 7년 후, AASC(현재 미국 언어 청각 협회-ASHA)가 학자, 의사 그리고 학교의 행정가들에 의해 설립되었다. AASC의 설립은 이 분야의 아버지로 불리는 위스콘신 대학교의 로버트 웨스트(Robert West) 교수가 주도하였다(Van Riper, 1981 참조). 웨스트 교수는 위스콘신 대학교에 신설된 언어병리학과에서 박사학위를 받았다. 웨스트와 그의 동료들은 AASC를 설립하였을 뿐만 아니라, 언어병리학에 관한 고전적인 교과서인 『언어 재활: 진단 및 교정 절차에 관한 교과서(The Rehabilitation of Speech: A Textbook of Diagnostic and Corrective Procedures)』를 저술했다(West, Kennedy, & Carr, 1937).

웨스트는 위스콘신 대학교에서 미국 최초의 언어 클리닉의 소장이었던 스마일리 블랜튼(Smiley Blanton)의 영향을 받아 이 분야를 공부하게 되었다. 1914년에 설립된 이 클리닉은 '언어 및 정신위생 클리닉'이라고 불렸다. 블랜튼은 의학과 정신분석학 훈련을 결합하여 말더듬,

음성 및 조음 장애가 있는 아동과 성인을 위한 상담 및 가족 치료 방안을 개발하였다. 그는 아내 마가렛(Margaret)과 함께 『아동을 위한 말하기 훈련: 보건(Speech Training for Children: The Hygiene of Speech)』(Blanton & Blanton, 1919)과 『말더듬이들을 위해(For Stutterers)』(Blanton & Blanton, 1936) 등 언어 훈련에 관한 영향력 있는 책을 다수 저술했다.

많은 단체, 협회 및 기관에서 청각장애 및 언어장애가 있는 사람들을 위한 치료 및 재활 서비스를 개발하였다. 이러한 단체들은 직접적인 서비스 제공자, 정보 자원의 원천, 그리고 언어 및 청각장애가 있는 개인을 위한 대변인 역할을 하였다(Maryland Speech-Language-Hearing Association, 2010). 예를 들어, 아이오와 대학교의 이비인후과는 1922년에 설립되었다. 이 부서의 두경부 수술 센터는 SLI 및 두경부 질환을 가진 환자를 위한 치료 및 재활을 개발하고 제공하였다. 이 부서는 미국에서 가장 오래된 학과 중 하나이며 세계에서 가장 종합적인 학과 중 하나로 손꼽힌다(University of Iowa Health Care, 2010). 마찬가지로 1926년에 설립된 청각 및 언어 기관(Hearing and Speech Agency, 2010)은 메릴랜드주의 어린이와 성인의 말, 언어적, 청각적 필요를 충족하기 위해 설립된 민간 비영리 단체이다. 이 기관은 직접 서비스를 제공하고 고객들을 위한 정보를 제공하는 역할을 한다(Hearing and Speech Agency, 2010).

리 트래비스(Lee Travis)와 웬델 존슨(Wendell Johnson)은 1930년대 초부터 아이오와 대학교에서 말더듬에 관한 광범위한 연구를 수행한 SLI의 또 다른 중요한 창립자들이다. 트래비스는 대뇌 우세성이 부족하면 말더듬 증상이 나타난다는 가설을 세우고 이를 뒷받침하는 연구를 수행했다(Travis, 1931, 1934, 1946 참조). 이와 대조적으로 존슨은 말더듬이의 생각, 태도, 신념, 감정의 중요성에 대해 조사했다. 그의 연구를 통해 말더듬의 본질, 특히 말더듬 증상이 시작되는 이유에 대한 상당한 정보가 제공되었다. 그의 아이디어에 대한 훌륭한 예시는『곤경에 처한 사람들: 개인적 적응의 의미(People in Quandaries: The Semantics of Personal Adjustment)』(Johnson, 1946)에서 찾아볼 수 있다.

SLI 서비스 성장의 또 다른 요인은 제2차 세계대전 중 언어 및 청각 문제가 있는 병사들을 식별하기 위한 연방 정부의 선별 절차 개발이었다(Smith, 2004). 이러한 노력은 치료의 효과를 입증하는 성공적인 임상 및 연구 프로그램으로 이어졌다(Smith, 2004). 제2차 세계대전이 종료된 후, 이러한 임상 및 연구 프로그램에서 얻은 지식 기반은 전국 대학의 언어병리학자(SLP) 교육에 활용되었다. 얼마 지나지 않아 경미한 SLI 학생들의 말더듬, 음성 및 조음 문제를 교정하기 위해 더 많은 수의 언어병리학자가 고용되었다. 이러한 교육은 계속 증가했고 1950년대와 1960년대 내내 언어병리학자의 훈련은 계속되었다. 이러한 서비스 및 훈련 비용의 일부는 연방 및 주 정부에서 제공하는 전문 인력 훈련 및 지원 보조금(예: 1959년「전문 인력 훈련법-공법

86-158」, 1965년 「초·중등교육법-공법 89-10」, 1965년 「주 학교법-공법 89-313」, 「장애아동 조기 교육 지원법-공법 90-538」)으로 지원되었다(Carpenter, Hutchings, MacFarlane, & Richard, 2010; Nisbet, 1994 참조).

SLI 학생 교육에 대한 역사적 분석에 따르면 이 집단을 대변하고 옹호하는 사람들이 많았지만, 그들이 SLI 학생들을 위한 양질의 교육까지 열렬히 지지하지는 않았던 것으로 보인다. 이들은 SLI 학생들, 특히 더 심한 증세를 보이는 학생들은 지적으로 열등하며 정규 학교 교육의 혜택을 받지 못할 것이라고 믿었다. 대신, 이들은 이 학생들에게 기초적인 일상생활 및 생존을 위한 기술을 가르치는 데에 더 중점을 두었다. 따라서 1950년대 이전에는 SLI가 있는 사람들의 상당수가 신원이 확인되지 않았거나 교육을 제대로 받지 못한 채로 남아 있었다(Whitmire et al., 2002). SLI 학생들을 적절하게 교육하기 위한 연방 및 주 정부 기관의 노력과 대응이 매우 더뎠음에도 불구하고, 이 학생들은 1950년대와 1960년대에 점차 기초적인 교육을 받을 수 있게 되었다. 이러한 성과는 SLI 단체, 부모 그리고 장애를 가진 성인들이 자녀를 교육하고 동등한 교육 기회를 얻기 위해 공동의 노력을 기울인 덕분이다.

## ○ 말 및 언어장애 정의

특수교육 담당자들은 의사소통 장애를 "말하기, 듣기 및/또는 언어에서의 장애"로 간주한다(Kirk, Gallagher, Anastasiow, & Coleman, 2006, p. 260). 피터와 로타토리(St. Peter & Rotatori, 1991)는 의사소통에 어려움을 겪는 사례가 역사적으로 말(speech)장애와 언어(language)장애라는 두 가지 범주로 구분되어 왔음을 지적했다. 그러나 각 그룹은 구체적인 결함으로 더 세분화된다. 전통적으로 말장애는 조음(예: 대체, 왜곡, 생략, 첨가), 유창성(예: 말더듬), 음성(예: 성질, 음정, 억양) 등의 문제를 포함한다. 그러나 언어장애는 형태(음운론, 형태론, 구문), 내용(의미론), 기능(화용론) 등의 문제를 포함한다.

「장애인 교육법(IDEA)」(1990)에 따르면 "말 및 언어장애가 있는 개인은 의사소통 및 구강 운동 기능과 같은 영역에서 문제를 보이며, 이는 교육적 성과에 부정적인 영향을 미친다. 말장애란 말소리, 유창성 및/또는 목소리의 조음에 장애가 있는 것이며, 언어장애는 구어, 문자 혹은 기타 기호 체계의 의사소통 및/또는 사용의 장애이다."라고 명시되어 있다.

서비스 제공을 위해 말 및 언어장애가 있는 학생을 명확히 파악하고 확인하기 위한 수단으로 ASHA는 1993년에 위원회를 구성하였다. 이 위원회는 '의사소통 장애란 언어, 비언어 및 그

래픽 기호 체계의 개념을 수신, 전송, 처리 및 이해하는 능력에 장애가 있는 것'이라는 의사소통 장애의 정의를 발표했다. 의사소통 장애는 청각, 언어 및/또는 말하는 과정에서 분명하게 나타날 수 있다. 의사소통 장애의 정도는 경증부터 중증까지 다양하며, 선천적이거나 후천적일 수 있다. 또한 개인이 한 가지 또는 여러 가지 의사소통 장애를 복합적으로 나타낼 수 있다. 의사소통 장애가 주 장애일 수도 있고, 다른 장애의 결과일 수도 있다(ASHA, 1993, p. 40). 위원회는 또한 말장애(조음, 유창성, 음성), 언어장애(형식, 내용, 기능), 청각장애(난청, 난청), 중추 청각 처리 장애, 의사소통의 다양성(의사소통 차이/방언, 보완대체의사소통 시스템)에 대하여 각각의 정의를 내렸다(ASHA, 1993 참조). 현장에서는 위원회의 정의가 가장 널리 사용되어 오고 있으며, 미국 전역에서 SLI를 가진 학생을 식별하고 분류하는 데 사용되고 있다.

## SLI 학생을 위한 법규와 서비스 제공

SLI 학생을 위한 서비스 제공은 1970년대부터 여러 법안([그림 6-1], 〈표 6-1〉 참조)과 장애인을 위한 민권법이 통과됨에 따라 변화했다(Fleischer & Zames, 2001; Wright & Wright, 2006 참조). 초기에 SLI 학생을 위한 서비스 제공은 교실 밖에서 일대일 세션 또는 유사한 SLI 증상을 가진 소수의 학생을 대상으로 제공되었다. 앞서 언급했듯이 서비스를 받은 대부분의 학생은 조음 문제와 같은 경미한 SLI를 가지고 있었다. 그러나 연구에 따르면 조음 문제 발생과 관련하여 발달적 요인이 함께 작용한다는 것이 밝혀졌다(Smith, 2004). 이 요인은 모든 장애학생이 최소제한환경에서 교육을 받을 권리와 결합되어 SLI 학생을 위한 서비스의 우선순위에 변화를 가져왔다. 우선, 언어병리학자는 더 심각한 SLI 증상을 가진 학생들에게 서비스를 제공하기 시작했고 사립학교나 기관에서 교육을 받던 중증 SLI 환자들도 이제 공립학교에 다니며 말 및 언어 교정을 받을 수 있게 되었다. 이러한 측면은 〈표 6-2〉에 표시된 SLP 서비스 제공 위계를 낳게 했다. SLI 학생의 대다수가 일반 교실에서 서비스를 받기 때문에 SLP는 이전보다 협력과 자문에 더 많은 역할을 하게 되었다(Wegner, Grosche, & Edmister, 2003 참조). 스파크스와 헤일(Sparks & Hale, 2000)에 따르면, 이 새로운 역할은 "아동의 언어가 학습에 어떻게 영향을 미칠 수 있는지를 확인하고, 일반교육 및 특수교육 교사에게 아동이 교실에서 교육 및 사회적 상호작용을 위해 자신이 가진 언어 능력을 활용할 전략을 교육하는 것"(p. 104)에 중점을 둔다.

1970 「장애아동 교육법(Education of the Handicapped Act: EHA)(P.L. 91-230)」

↓

1975 「전장애아교육법(Education of All Handicapped Children Act: EAHCA)(P.L. 94-142)」

↓

1990 「장애인 교육법(Individuals with Disabilities Education Act: IDEA)(P.L. 101-476)」

↓

1997 「장애인 교육법(Individuals with Disabilities Education Act: IDEA)(P.L. 105-17)」

↓

2004 「장애인 교육 개선법(Individuals with Disabilities Education Improvement Act: IDEIA)(P.L. 108-446)」

**[그림 6-1]** IDEA 입법 변천 과정

**〈표 6-1〉 교육 관련 법률의 세부 사항**

EAHCA
- 특수교육 서비스를 제공하기 위해 연방 기금을 받기 위한 최소한의 요건을 제공하고 오늘날의 특수교육 서비스의 토대가 됨
  - 무상의 적절한 공교육(FAPE)
  - 최소제한환경(LRE)
- 개별화 교육 계획(IEP) 시작
- 부모를 위한 절차적 안전장치 마련
- 유치원 조기 개입

IDEA 1990
- 사람 중심의 언어 소개
- 포용성 모델 구현
- 외상성 뇌 손상(TBI) 및 자폐증-새로운 카테고리 추가
- 보조공학을 IEP에 추가 가능

IDEA 1997 개정안
- 학생의 향상이 충분치 않음에 따라 초점을 접근성에서 책임감으로 이동
- IEP 목표는 교육과정 기반이어야 함
- 특수교육 학생은 교육구 및 주 단위 평가에 참여해야 함
- 대안 평가 제공

IDEIA 2004
- 인력 기준으로 SLP에 대한 최고 자격 요건 조항이 삭제됨
- 불일치 모델을 더 이상 사용 불가
- 특수교육에서 문화와 언어가 다양한 학생의 불균형적 비율 고려
- 특수 서비스를 받기 위한 기준에 부합하지는 않지만 여전히 어려움을 겪고 있는 학생의 문제를 해결하기 위해 구현된 RTI 모델
  - 예산의 15%는 유치원~12학년(K-12) 대상의 선제적 중재 서비스(Early Intervening Services)에 사용될 수 있음(영유아 조기 개입과는 다른 개념임). 특히 실패할 때까지 기다리기(Wait to Fail) 모델의 한계를 극복하기 위해 유치원~3학년(K-3) 학생들을 주 대상으로 함
- IEP 팀 및 회의 개정
- 평가는 학생의 모국어로 이루어져야 함

**〈표 6-2〉 SLI 학생을 위한 SLP 서비스 제공 위계 구조**

- 완전한 포용성–일반 교실에서 학생에게 SLP의 서비스를 제공
- 하루 종일 같은 교실에서 일반 교사와 함께 수업
- SLP가 일반 교사에게 컨설팅 제공(간접 서비스)
- 리소스 룸–SLI 학생은 하루 중 일부 시간 동안 전체 수업에서 분리되어 SLP 서비스를 받음(개별 또는 소규모 그룹으로)
- 중증의 SLI 학생은 일반 학교 내 독립된 학급에 배치되어 SLP 서비스를 받음(수업 시간은 하루 중 일부에서 종일까지 다양함)
- 학교 내 지정된 건물은 100% 특수교육 교실이며 SLI가 있는 학생은 이 안에서만 SLP 서비스를 받음

SLI 학생을 위한 서비스 제공 방식의 변화와 더불어 1990년대에는 언어와 문해력 간의 관계—예컨대, 언어적 학습장애(LLD)뿐만 아니라 읽기와 쓰기 학습장애—가 교육 담론의 전면에 등장했다(Bender, 2007; Moore-Brown & Montgomery, 2008; Nelson, 2010 참조). 학습장애는 "듣기, 말하기, 읽기, 쓰기, 추론 또는 수학적 능력의 습득과 사용에서 심각한 장애가 나타나는 이질적인 장애 그룹"을 의미한다(Hammill, Leigh, McNutt, & Larsen, 1981, p. 336). 학습장애를 가진 모든 학령기 아동의 약 80%는 학습장애의 특징 중 상당 부분을 차지하는 언어장애를 가지고 있으며, 이는 장애를 실질적으로 특징짓는 요소이다(Wiig & Secord, 1998). 구어와 문어는 상호작용하며 서로 영향을 주고받기 때문에 아동기 초기에 형성된 일반적인 언어 및 문해 능력이 성인기까지 지속되는 경우가 많다(Qualls, 2007). 연구에 따르면, 어린이와 청소년의 언어 문제는 문해력 문제의 원인이자 결과이다(Moore-Brown & Montgomery, 2008). LLD 아동의 언어 및 읽기 문제는 주로 어휘 및 이해력에서의 장애로 인해 발생한다(McCormick & Becker, 1996; Minskoff, 1982; Wright & Newhoff, 2002). LLD 학생은 종종 평균 또는 그보다 우수한 수준의 지능을 보이지만 맞춤법, 읽기, 쓰기 중 한 가지 이상에서 어려움을 겪는 경우가 많다. 예를 들어, 난독증 아동은 거의 전적으로 읽기에 어려움을 겪는 반면, 표현 언어장애 아동은 들은 말은 이해하더라도 자신의 생각을 전달하는 데 상당한 어려움을 겪는다. 이러한 학생들은 또한 관용구 및 은유와 같은 비유적(비문자적) 언어를 파악하는 데에도 어려움을 겪는다(Qualls, Lantz, Pietrzyk, Blood, & Hammer, 2004). 구어와 문어의 상호 관계로 인해 언어병리학자는 맞춤법, 읽기 및/또는 쓰기에서 아동이 적절한 교육을 받을 수 있도록 한다(ASHA, 2007). 언어병리학자는 이러한 증상의 조기 진단, 평가, 치료지원 및 문해력 프로그램 개발에서 중요한 역할을 한다(ASHA, 2007).

1990년의 IDEA는 1997년에 IDEA 1997로 개정되었고, 이후 2004년에 「장애인 교육 개선법(IDEIA)」으로 재승인되었다. 이 재승인은 장애가 있을 수도 있고 없을 수도 있는 문화적, 언어적으로 서로 다른(culturally and linguistically diverse: CLD) 학생을 포함한 모든 학생을 위한 평가 절차를 계획하고 실행할 때 언어병리학자와 다른 사람들을 위한 몇 가지 지침을 제공한다. IDEA는 시험 및 평가 절차가 차별적이지 않아야 하며 모든 아동이 자신의 모국어로 공정하게 평가받아야 한다고 규정하고 있다(U.S. Department of Education, 2007).

## ○ 평가 사례

SLI 학생을 위한 언어 평가 관행은 1950년대 이후 많은 변화를 겪었다. 예를 들어, 1950년대에는 언어 평가에 일반적으로 규준적 접근 또는 병리적 접근이 사용되었다(Bartels, Sexton, & Rotatori, 1990). 규준적 접근은 학생이 일반적인 언어 발달의 이정표(예: 18개월 아동의 경우 첫 두 단어 조합이 가능한지를 평가)에 도달했는지 여부를 확인하는 데 사용되었다. 이와는 대조적으로 병리적 접근은 학생이 특정한 언어적 손상(예: 구음 장애, 발성 장애, 말더듬)을 가지고 있는지 여부와 그 손상을 유발한 원인을 파악하는 데 사용되었다. 또한 SLP는 보다 상세하게 증상을 기술하고 임상 관찰에 더 기반할 것을 강조하는 밀리센(Milisen, 1957)의 언어 분류 체계의 영향을 받았다(Bartels et al., 1990).

바르텔스 등(Bartels et al., 1990)에 따르면 1960년대의 언어 평가는 두 가지 주요 경향, 즉 학생의 언어가 장애로 분류될 만큼 정상 수준에서 심하게 낮은지를 확인하기 위한 형식적 검사 절차에 초점을 맞추는 것과, 정상 수준에서 심하게 떨어지는 언어는 환경에서 학습되고 조건화된다는 점을 강조하는 행동 모델에 영향을 받았다. 1960년대의 공식적인 검사 관행은 고도로 표준화되었으며 평가에는 음운, 형태, 구문 및 의미와 같은 언어 범주에 대한 정보를 수집하는 것이 포함되었다(Wallace & Larsen, 1978 참조). 이 시기 언어 평가의 상당 부분은 아동은 언어의 기본 구조에 대한 지식을 가지고 태어난다는 점을 강조한 촘스키(Chomsky, 1957)의 연구에 기반을 두고 있다(Bartels et al., 1990). 구문은 문장을 생성하는 데 도움을 주기 때문에 구문 평가가 매우 중요하게 여겨졌다(Owens, 1984). 이와 대조적으로 행동 모델은 학생의 언어장애를 교정하기 위해 조작될 수 있는 환경 자극과 강화 측면을 파악하는 데 초점을 맞춘 언어 평가 접근으로 이어졌다(Bartels et al., 1990).

구문 평가를 강조하는 기법에 대해 1970년대에 슐레싱어(Schlesinger, 1971)와 브라운(Brown, 1973)과 같은 연구자들이 의문이 제기하였다. 이들은 '아이들이 산출하는 단어의 가능한 의미에 대한 상황 맥락의 중요성' 평가를 선호했다(Bartels et al., 1990, p. 210). 이로 인해 1970년대에는 언어 발달과 평가 시 의미론에 초점을 맞추게 되었다. 안타깝게도 이러한 방법은 언어유희, 은유, 속담에서 단어의 의미를 이해하는 데 필요한 맥락이나 뜻의 다양성을 평가하는 데에는 실패했다(Wiig & Semel, 1984 참조).

1970년대에 언어 평가에 영향을 미친 또 다른 경향은 인지 및 언어 발달에 대한 새로운 관심이었다. 피아제(Piaget, 1952) 인지 발달 이론의 중요성은 언어 발달에서의 중요성에 비추어 재검토된 것이었다(Reed, 1986 참조). 또한 언어 발달 연구자들(Bever, 1970; Snyder, 1984 참조)은 개인이 의사소통을 위해 인지 전략을 사용하며 특정 인지 능력이 말을 위해 필요할 것이라는 주제를 조사했다. 마지막으로 1970년대 말, 연구자와 실무자들은 SLI 학생의 언어 능력을 측정하기 위해 표준화된 검사를 자주 사용하는 것에 대해 이의를 제기하기 시작했다(Danartz, 1981; Leonard, Perozzi, Prutting, & Berkeley, 1978 참조). 이러한 반대 의견으로 인해 학생의 언어 능력을 좀 더 자세히 알기 위해 표준화된 언어 평가 도구에 문장 모델링, 언어 표집 기법(예: 평균 말 길이), 교사 제작 검사, 이야기 재구성 세션과 같은 비공식적 언어 평가 절차가 보완되었다(Bartels et al., 1990; Currie, Rotatori, & Fox, 1985).

1970년대 말과 1980년대 초부터 오늘날까지 언어 평가 시 언어의 화용 평가 실제(pragmatic language-assessment practices)를 포함해 왔다. 언어의 화용 평가 실제는 언어의 사회적 측면과 관련이 있다. SLP는 화용 언어 평가를 통해 학생이 사회적 소통을 위해 언어를 언제, 어떻게 사용해야 하는지 적절히 이해하고 있는지 평가할 수 있다(Sparks & Hale, 2000). SLI 학생의 언어 화용 능력 평가에는 순서 지키기, 주제 유지, 전제, 대화 교환 단위(conversational exchange clusters or units), 비언어적 의사소통, 지시어 이해(deixis)의 여섯 가지 구성 요소가 포함된다(Bartels et al., 1990).

앞에서 논의한 역사적 변화로 인해 오늘날의 언어 평가 관행은 포괄적이면서도 복잡해졌다. 오늘날의 전통적인 언어 평가 관행에는 "언어 표집, 범주 목록, 공식적 평가, 비공식적 평가, 규준 참조 평가, 기준 참조 평가"가 포함된다(Wegner et al., 2003, p. 182). 전통적인 언어 평가를 통해 SLP는 학생이 SLI 서비스를 받을 수 있는지 여부를 확인할 수 있다. 그러나 전통적인 평가는 학생의 능력에 대한 제한적인 정보만 제공할 수 있으며 특히 학생이 학교에서 수업을 받은 경험은 다루지 않는다(Wegner et al., 2003). 따라서 위그너 등(Wegner et al., 2003)은 학생의 언어 능력에 대해 보다 종합적인 정보를 제공하기 위해 팀 접근을 활용하여 전통적인 평가를 자연스럽고 역동적이며 수행 중심적인 평가와 결합할 것을 제안하였다.

미국 공립학교를 다니는 학생들의 인구 통계가 변화함에 따라 다양한 문화적, 인종적, 민족적, 언어적 특성을 가진 학생들과 함께 일하는 SLP가 점점 더 많아지고 있다. 미국에서 공립학교 교육을 받는 약 4,820만 명의 학생 중 17%는 아프리카계 미국인이고 19%는 히스패닉계 미국인이다(Lips, 2006). 전체의 17%를 차지하는 아프리카계 미국인은 또한 특수교육 서비스를 제공받는 학생의 20%를 차지하기도 한다. 마찬가지로 히스패닉계 미국인 학생의 상당수가 특수교육 프로그램에 참여하고 있으며 특수교육 인구의 14%를 차지한다(23rd Annual Report to Congress, 2001). ASHA(1999)에 따르면 제한적인 영어 능력(LEP)을 가진 학생의 수가 증가하고 있으며, CLD 학생의 상당수가 LEP 또는 비표준 영어 방언을 사용하는 학생으로 간주되고 있다. 이러한 학생들은 교실에서 이루어지는 영어 수업의 혜택을 충분히 받지 못할 수 있으며, 일부 교사들은 SLI와 단순 언어적 차이를 구분하지 못할 수도 있다(Garcia & Dominquez, 1997).

SLP는 언어적 차이와 언어장애를 구별하도록 훈련받았다. 방언을 사용한다거나 영어 실력이 다소 부족한 등의 언어 차이를 보이는 사람을 언어장애가 있다고 진단하는 것은 비윤리적이기 때문이다. IDEA(1997)는 CLD 학생의 문제를 다루기 시작했고, IDEIA(2004)는 모든 CLD 학생이 모국어로 검사를 받도록 의무화했다. 하지만 이 법안은 SLP와 교육자들에게 극복할 수 없는 장애물을 초래했다. 많은 도시 및 도시 외곽에 위치한 교육구의 학교에서는 다양한 언어를 사용하는 이민자들이 많다. 예를 들어, 미 중서부의 한 공립학교에서는 65개 이상의 다양한 언어를 사용하는 학생들이 있지만, 이 중 교육구에서 번역을 제공하는 언어는 20개에 불과하다. 마찬가지로 서부 뉴욕의 한 공립학교에서 학생들의 모국어를 따져 보면 총 50개의 다른 언어를 구사한다. 이 학생들 중 다수는 제3세계의 작은 국가 출신이며, 학술적 언어를 번역할 수 있는 통역사 및 번역사를 찾을 수 없어 학생들의 공식적인 평가를 지원할 수 없는 상황이다. IDEIA(2004)는 언어적 차이를 고려할 때 CLD 학생의 평가가 공식적일 필요는 없다는 점을 인정하지만, 학생의 학업, 발달 및 기능적 능력에 대한 가장 정확한 정보를 얻기 위해 평가를 실시할 것을 의무화하고 있다.

따라서 LEP 및 CLD 학생 인구가 증가함에 따라 다양해지는 인구의 분포를 고려하여 편견 없는 평가 및 치료 지원 시 고려해야 할 사항에 대한 주의가 필요한 상황이다(Whitmire et al., 2002). 기존의 특수교육 의뢰 관행은 주로 주류 영어 사용자의 문화와 언어를 고려하고 비표준 방언 사용자 및/또는 비영어 사용자를 고려하지 않는다는 점에 유의하는 것이 중요하다. 역사적으로 표준화된 평가는 학생들을 특수교육에 배치할지 혹은 말지를 결정하는 데 사용되어 왔다(전통적인 언어 평가 테스트의 샘플은 〈표 6-3〉 참조). 모두 그런 것은 아니지만, 대다수의 표준화 평가가 주류 영어 사용자의 문화, 언어, 인지적 학습 스타일에 어느 정도 편향된 모습을 보인다. 따라서 이러한 평가는 주류 영어 사용자의 특성을 갖추지 못한 사람에게는 불리하게 작용한다. 따라서 역사적으로 아프리카계 미국인 영어(AAE)를 사용하는 아프리카계 미국인 학생들이 필요 이상으로 과도하게 말 및 언어 서비스를 위한 특수교육에 배치되어 왔다는 점을 인지하는 것이 중요하다(Hosp & Reschly, 2002). AAE 사용자들은 이러한 평가에서 더 저조한 성적을 보이며, 또한 현장 의존적이고 연관 짓는 것을 선호하는 인지 및 학습 스타일을 가진 학생들도 비슷한 결과를 보인다. 그러나 AAE가 말 및 언어장애 관련 특수교육에 아프리카계 미국인을 배치하는 데 어느 정도 직접적으로 영향을 미치는지는 알려지지 않았지만, 언어장애, 말장애와 같은 의사소통 장애로 잘못 인식되어 오진되는 경우가 많았다(Rickford, Sweetland, & Rickford, 2004).

연구자들은 AAE가 말 및 언어장애에 대한 특수교육 의뢰 및 배치로 이어지는 태도, 기대, 인식에 영향을 미칠 수 있는 다양한 변수 중 하나에 불과하다고 주장했다(Anderson, 1992; Hilliard, 1992). 그에 따라 비주류 영어 사용자들이 SLI 범주에 포함되는 것을 완화하기 위한 차원으로 2000년 방언 민감성 언어 검사(DSLT)가 개발되었으며(Seymour, Roeper, & de Villiers, 2000), 2003년 DSLT는 언어 다양성 진단 평가(DELV)로 명칭이 변경되었다(Seymour, Roeper, & de Villiers, 2005). DELV는 규준 참조 검사로, 주류 영어와 다른 언어를 사용하는 학생에게 시험 성적에 불이익을 주지 않고 아동의 언어 능력을 평가하기 위해 고안되었다. DELV는 많은 아프리카계 미국인 아동의 문화적, 언어적 차이를 반영하며 이 집단을 평가하는 데 자주 사용된다. 물론 이에 국한되지 않고 DELV는 다양한 종류의 영어의 공통적인 언어 구조를 검사하기 때문에 모든 인종과 민족의 어린이에게 효과적인 평가 도구라고 할 수 있다(Seymour et al., 2005).

**〈표 6-3〉 표준화된 언어 평가 검사의 예**

| 검사 이름 | 연령 범위 | 내용 영역 |
|---|---|---|
| 조음 및 음운의 임상 평가(CAAP)<br>(Secord & Donohue, 2002) | 2-6~8-11 | 발음 및 음운론 기능 |
| 종합적인 수용 및 표현 어휘 검사(CREVT-2)<br>(Wallace & Hammill, 2002) | 4-0~89-11 | 수용 언어 기능 |
| 초기 문해력 역동적 지표(DIBELS)<br>(Good & Kaminski, 2003) | 유치원부터<br>성인까지 | 읽기 능력, 음소 인식, 유창성 이해 |
| 플루허티 유치원 말하기 및 언어 검사-제2판<br>(Fluharty, 2000) | 3-0~6-11 | 조음, 반복되는 문장, 지시에 대한 응답, 음소 인식, 발음, 유창성 이해 |
| 골드만-프리스토 조음 검사-제2판(G-FTA-2)<br>(Goldman & Fristoe, 2001) | 2-0~21-0 | 발음 기능 |
| 구술 언어 메커니즘 선별 검사-제3판(OSMSE-3)<br>(St. Louis & Ruscello, 2000) | 5-6~78-0 | 구어 메커니즘 평가 |

| | | |
|---|---|---|
| 사전 문해력 선별 검사(PLSS)<br>(Crumrine & Lonegan, 1999) | 유치원 이전 | 운율, 사물 이름 대기, 합성, 문장 반복 및 분할, 문자 이름 말하기, 음절 분할, 단어 반복 |
| 발달성 구어 실행증 선별 검사-2판(STDAS-2)<br>(Blakely, 2000) | 4-0~12-10 | 말실행증 |
| 말더듬 정도 검사 도구-제4판(SSI-4)<br>(Riley, 2009) | 2-0세 이상 | 말더듬의 심각도 |
| 아동기 말더듬 검사(TOCS)<br>(Gillam, Logan, & Pearson, 2009) | 4-0~12-10 | 말더듬, 그림 이름 빨리 말하기, 시범에 따라 그림을 문장으로 말하기, 표준 문장, 문장 내레이션 |
| 언어 발달 검사-중급(TOLDI-4)<br>(Hammill & Newcomer, 2008) | 8-0~17-11 | 문장 결합, 그림 어휘, 어순, 관계 어휘, 형태 이해력 |
| 내러티브 언어 검사(TNL)<br>(Gillam & Pearson, 2004) | 5-0~11-11 | 언어장애 식별 |
| 실용 언어 검사-제2판(TOPL-2)<br>(Phelps-Terasaki & Phelps-Gunn, 2007) | 6-0~8-11 | 실용적인 언어 능력 |
| 유치원 조기 문해력 검사(TOPEL)<br>(Lonigan, Wagner, Torgensen, & Rashotte, 2007) | 3-0~5-11 | 인쇄 지식, 정의 어휘, 음운 인식 |
| 독해력 검사(TORC-4)<br>(Brown, Wiederholt, & Hammill, 2009) | 7-0~17-11 | 관계적 읽기, 문장 완성, 단락 구성, 텍스트 완성, 문맥 유창성 |
| 어린이를 위한 토큰 검사-2판(TTFC-2)<br>(McGhee, Ehrler, & DiSimoni, 2007) | 3-0~12-11 | 수용 언어 |

또한 2001년에는 장애학생과 비장애학생을 포함한 모든 학생 교육 책임을 더욱 강화한 「낙오 아동 방지법(NCLB)」이 통과되면서 교육구(school districts)의 책임이 강화되었다. 2001년 통과된 NCLB는 공교육에서 학생들 간의 성취도 격차에 주목한 야심찬 시도이다. 특히 읽기 우선 계획은 유치원부터 3학년까지의 유색 인종 및 영어 학습자(ELL)들을 대상으로 하며(Lindo, 2006; U.S. Department of Education, 2000 참조), 이들을 대상으로 한 읽기 교육을 글자 해독과 읽기 이해 관련 우수한 연구 결과에 따라 시행하도록 했다. 구어와 문어는 서로 밀접하게 관련되어 있기 때문에 SLP들도 이 법의 영향을 받았다. SLP들은 아동에게 읽기 교육을 제공하는 데 중요한 역할을 수행하기 때문에 이들도 학생들에게 증거 기반 읽기 지도를 제공해야 한다(ASHA, 2010).

ASHA(2010)는 학교에서 근무하는 SLP의 역할과 책임에 대해 깊이 있고 전문적인 입장을 제시한다. 이러한 역할은 연방 정부의 명령과 변화하는 전문가 역할에 따라 개발되었다. 여기에

서 연방 규정, 특히 IDEA 1990 및 NCLB는 장애가 학업 성취도에 영향을 미치는 경우 장애학생에게 서비스를 제공하도록 요구하고 있다는 점에 주목할 필요가 있다. 어떤 말 장애 증상은 학업 성취에 영향을 미치지 않을 수 있다. 예를 들어, 말소리가 왜곡된 학생(s 발음이 왜곡된다거나, rat을 wat으로 발음하는 등), 경미한 주의력 결핍, 혹은 성대 결절을 앓고 있는 학생이 그 예이다. 특정 문제/장애가 학업 실패로 이어지는지 여부를 고려할 때 각 아동의 학업 성취도가 궁극적인 판단 기준이다.

ASHA(2010)의 학교 내 SLP의 역할과 책임에는 학업 실패 방지, 장애 파악을 위한 평가, 적절한 교육과정과 관련된 연구 기반 개입, 서비스 간 연계성을 활용한 학교 전체 프로그램 지정, 학생 데이터 수집, 국민 의료 보조제도(Medicaid) 청구 및 개별화 교육 계획(IEP)과 관련된 연방, 주 및 지역 규정 준수 등의 책임 범위가 자세히 설명되어 있다.

## 교육 및 치료의 실제

연방법에 따라 말 및 언어장애로 서비스를 받는 학생을 포함하여 특수교육 서비스가 필요한 것으로 확인된 모든 학생에게는 IEP가 필요하다. 다학문적 팀(예: 학생, 일반 교육 교사, 특수교육 교사, 보호자, 카운슬러, 교장, 사회복지사, SLP 및 기타 관련 분야)이 13개 장애 범주 중 하나 이상에서 학생의 특수교육 서비스 적격 여부와 특수교육 및/또는 관련 서비스의 필요성을 결정한다. 이러한 범주와 해당 비율의 목록은 [그림 6-2]를 참조하면 된다.

IEP가 교직원이 학생의 학습 요구 사항을 충족시켜 주고 교육 목표를 계획하는 데 도움을 준다는 점은 분명하다. 학생에게 SLI만 있는 것으로 진단된 경우, IEP 팀이 학생을 위한 교육 목표를 설정하고, 필요한 자원을 확보하는 데 도움을 줄 것이다. 1997년 이전에는 대부분의 SLP 치료가 개인 또는 소그룹 환경에서 학교 혹은 학급 밖 지원(pull-out) 모델로 진행되었다. SLP 목표는 항상 말하기 또는 언어 기반이었지만 학생의 교육과정과 동떨어져 있을 가능성이 있었다. IDEA(1997)에 따라 SLP가 교육과정 기반 IEP 목표에 참여하게 되면서 목표에 학생의 교육과정 내용을 포함해야 하는 큰 변화가 생겼다(ASHA, 2006). 이러한 변화는 SLP와 교사가 협력하여 언어치료 목표가 학생의 교육과정을 가장 잘 반영할 수 있는 방법을 결정하도록 요구하게 되었다.

교사, SLP, 학부모/보호자는 학생이 연간 IEP 목표를 성공적으로 달성하는 데 필요한 서비스를 제공하기 위해 협력해야 한다. ASHA(2010)에서는 SLP의 협업과 리더십에 대해 구체적으로

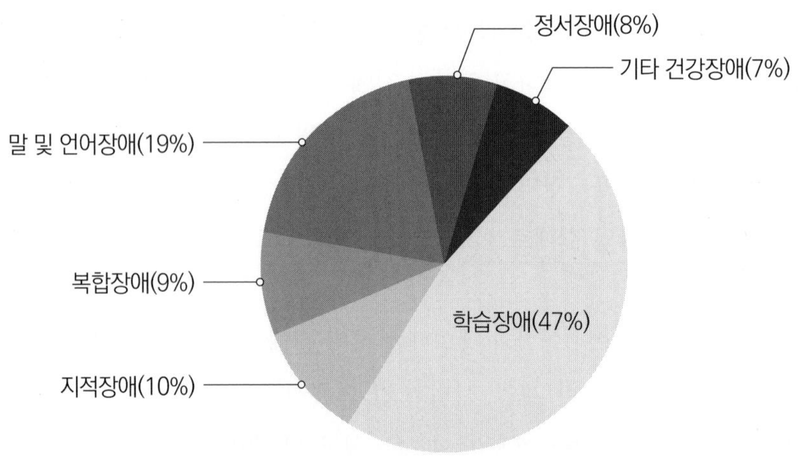


**[그림 6-2]** 여섯 가지 주요 장애 범주

참고: 청각장애(1.2%), 정형장애(1.1%), 시각장애(0.4%), 자폐증(2.3%), 청각장애(0.03%), 외상성 뇌 손상(0.4%), 발달 지연(1.1%).

출처: U.S. Department of Education, Office of Special Education Programs, Data Analysis System (DANS), OMB #1820-0043: "Children with Disabilities Receiving Special Education Under Part B of the Individuals with Disabilities Education Act," 2003. Data updated as of July 31, 2004. Also Tables 1-3 in vol. 2 of this Report. These Data are for the 50 States, District of Columbia, BIA schools, Puerto Rico, and the Outlying Areas.

다루고 있는데, 이들은 모든 교육자, 관리자 및 직원과 협력해야 한다. 이러한 협력 모델은 아동이 처음으로 특수교육 대상자로 의뢰되었을 때 열리는 아동의 개별화 교육 지원팀 회의 때 분명해진다.

SLP는 일반 및 특수교육 교사, 아동과 함께 일하는 보조 교사, 사회복지사, 학교 보건교사로부터 정보를 얻어야 한다. 팀의 중요한 구성원인 학부모도 학교 전문가와 동등한 파트너로 간주된다. 부모는 아동의 필요를 파악하고, 사회적 및 의료적 이력 등 아동의 발달에 관한 관련 정보를 팀에 제공하며, 가정에서 지원 전략을 적용하고, 가정 환경의 관점에서 아동의 진행 상황을 보고하는 데 도움을 주기 위해 자문을 구해야 한다. SLP는 IEP 팀과 협력하여 종합적인 말 및 언어 평가를 관리하고 중재 계획 및 서비스를 평가, 작성 및 실행한다. SLP가 제공할 수 있는 개입 모델에는 개별 세션 또는 소그룹 세션, 교실 내·외 지원, 교사 및 학부모와의 자문 모델 등 여러 가지가 있다(Wegner et al., 2003). 또한 SLP는 도움이 필요한 가족을 도울 수 있는 지역사회 서비스 기관에 관한 정보를 제공할 수 있다. ASHA는 SLP가 지역 대학의 연구자들과 협력하여 더 나은 연구 기반 정보를 제공하기 위해 이에 대한 자료를 수집하기를 기대한다(Brackenbury, Burroughs, & Hewitt, 2008; Johnson, 2006).

## 말과 언어장애가 있는 20세기 사람들

미국과 캐나다에서 말과 언어장애를 가진 학령기 아동의 수는 계속 증가해 왔다. 2001년에는 1990년보다 10.5% 증가한 100만 명 이상의 아동이 말 또는 언어장애로 서비스를 받았다(Whitmire et al., 2002). 의학, 유전학, 기술의 발전과 최근 장애인 서비스에 영향을 미치는 법률의 변화로 더 많은 장애학생이 학교에 다니면서 관련 서비스를 받고 있다. 미국소아과학회(ASHA, 2010)에 따르면 의사소통 장애는 미국에서 가장 흔한 장애 중 하나이다. 의사소통 장애는 말, 언어 또는 청각 장애가 한 가지만 나타나는 경우도 있고, 이 중 한 가지 이상의 의사소통 측면이 복합적으로 나타날 수도 있다. 실제로 학령기 장애아동에게 가장 많이 제공되는 서비스가 언어 중재 서비스이다(Kirk et al., 2006). 미국 장애아동 및 청소년을 위한 국립 정보 센터(NICCYD, 2010)에 따르면 미국에서는 10명 중 1명이 의사소통 장애를 가지고 있으며 2002~2003학년도에 특수교육 서비스를 받은 학생 중 100만 명 이상이 SLI 환자로 분류되었다. 미국과 캐나다 이외의 일부 국가(중국과 아프리카 대륙의 나라 등)에서는 그 수가 훨씬 더 많을 가능성도 있다.

ASHA 회원 135,000명 중 약 절반이 교육 현장에서 SLP로 일하고 있으며, 그중 상당수가 공립학교에서 일하고 있다(ASHA, 2010). SLP들이 근절하려고 하는 오해 중 하나는 그들이 처음에 목표로 삼았던 말 문제와 비유창성 교정만을 하려 한다는 것이다. SLP는 SLI의 본질, 원인, 판별, 예방, 평가 및 치료에 대한 교육을 받으며, 현재 이들의 역할에는 언어, 인지, 음성, 문해력, 섭식/삼킴장애의 여러 측면 외에도 유창성 장애의 평가 및 치료도 포함된다(〈표 6-4〉에 나열된 SLP의 업무 범위 샘플을 참조)(ASHA, 2007).

SLP는 학습장애, 자폐증, 주의력 결핍 장애, 말더듬, 청력 상실, 외상성 뇌 손상, 특정 언어장애, 뇌성마비, 의학적 취약함, 인지장애, 희귀 증후군, 섭식/삼킴 장애를 가진 다양한 학생들과 함께 일하며(Whitmire et al., 2002), 이들은 인터뷰 및 카운슬링에 대한 교육을 받는다(Kelly & Rotatori, 1986 참조). 또한 SLP는 다른 교육 및 보건 전문가와 긴밀히 협력하여 말 및 언어장애가 있는 개인과 그 가족이 최고 품질의 서비스를 받을 수 있도록 한다.

〈표 6-4〉 ASHA의 SLP 업무 범위

| 음성 사운드 제작 | 공명 | 유창성 | 인지 | 수유/삼키기 | 언어 |
|---|---|---|---|---|---|
| • 조음<br>• 언어실어증<br>• 구음장애<br>• 운동실조증<br>• 운동 이상증 | • 과비증<br>• 저비증<br>• 혼합 공명 | • 말더듬<br>• 빠르게 얼버무림 | • 주의<br>• 기억<br>• 비판적 사고 | • 구강<br>• 인두<br>• 후두<br>• 식도<br>• 구강안면 | • 음운론<br>-음소인식<br>• 형태론<br>-단어구조<br>• 구문론<br>-단어 순서<br>• 의미론<br>-단어 의미<br>• 화용론<br>-언어 사용<br>• 문해력<br>-읽기, 쓰기, 철자<br>• 언어전단계<br>-공동주의<br>-의도성<br>-의사소통적 몸짓<br>• 준언어적 의사소통<br>-초분절적 특징 |

ASHA 윤리 강령은 고객의 복지뿐만 아니라 SLP 전문직 자체의 권익을 옹호할 것을 명시하고 있다(ASHA, 2010). 학교 서비스의 관점에서 볼 때, SLP(언어재활사)는 미취학 아동부터 12학년에 이르기까지 학생들에게 적절한 서비스가 제공되도록 옹호하는 역할을 수행해야 한다. SLP의 직무 범위가 지속적으로 확대됨에 따라서, SLP는 변화하는 자신의 역할에 대해 지역사회와 학교 교직원을 대상으로 교육할 필요가 있다. 특히 최근에는 문해력(literacy) 분야에서 SLP의 역할이 매우 중요해졌다. 예를 들어, SLP는 음운론(phonology), 형태론(morphology), 의미론(semantics)에 대한 해박한 지식을 갖추고 있기 때문에 교사들에게 해독(decoding) 읽기, 부호화(encoding) 철자 쓰기 그리고 이해(comprehension) 영역의 지도에 있어 중추적인 도움을 줄 수 있다. SLP는 가장 최신의 효과적인 중재를 제공하기 위해 최신 연구를 통한 증거 기반 실제(Evidence-Based Practices: EBP)를 지속적으로 파악하고 숙지해야 한다.

## 장애인 교육법(IDEA)과 NCLB의 주요 시사점

### 불일치 모델

IDEIA(2004)는 마침내 불일치 모델(discrepancy model)의 문제를 해결했다. 과거에 지역 교육청(LEA)은 학생이 특수교육 서비스를 받을 자격이 있는지 여부를 결정하기 위해 불일치 모델을 적용했다. 이 모델은 아동의 전체 수행 표준 점수(실제 IQ로 간주)와 아동의 전체 언어 표준 점수(언어 능력)를 비교하는데, 차이가 15점 이하인 경우 차이가 없는 것으로 간주한다. 즉, 자신의 능력 범위 내에서 언어 능력이 발휘되는 것으로 간주하며 특수교육 서비스를 받지 않아도 되는 것으로 판단한다. 이 모델에 따르면 언어 표준 점수가 수행 표준 점수보다 15점 이상 낮은 경우에만 언어장애로 판정할 수 있다.

그런데 이 모델에는 항상 몇 가지 문제가 있었다. 예를 들어, 수행 표준 점수가 135점이고 언어 표준 점수가 115점인 학생은 언어 서비스를 받을 자격이 있는 것인가? 이 두 점수는 모두 평균 범위 이상이지만 언어 능력은 지능보다 20점 낮다. 지적장애가 있는 학생에게 두 번째로 중요한 문제는 지적장애로 인해 수행 표준 점수가 항상 낮다는 점이다. 지적장애가 있는 많은 학생은 인지 점수보다 언어 점수가 더 높게 나타날 것이다. 이 예에서 지적장애학생의 수행 표준 점수가 70점이고 언어 표준 점수가 75점으로 두 점수 간 차이가 5점밖에 나지 않는다고 가정해 보자. 이 점수는 15점 이내이므로 모델에 따르면 차이가 존재하지 않는다. 그러나 두 점수가 모두 일반적으로 특수교육 서비스를 받을 수 있는 자격을 부여하는 기준인 평균으로부터 −2 표준편차 근처에 위치한다. 하지만 이 학생은 현재 자신의 지적 능력 수준에 맞게 기능하고 있는 것으로 판단되며, 지적 능력과 실제 성취도 사이에 불일치가 없기 때문에 서비스 적절성을 인정받지 못할 수 있다.

이 불일치 모델(ASHA에서는 인지적 참조라고도 함)은 ASHA의 SLP 윤리 강령을 명백히 위반하는 것이다. SLP는 학생이 특수교육 서비스를 받을 자격이 있는지 여부를 결정할 때 불일치 모델을 적용할 수 없다. 이로 인해 SLP는 LEA 정책을 따르거나 ASHA 윤리 강령을 위반해야 하는 불안정한 상황에 처하게 되었다. IDEIA의 2006 파트 B 최종 규정은 LEA가 특수교육 서비스 자격을 결정하기 위해 심각한 불일치 기준을 사용해서는 안 되며 중재반응(RtI)으로 알려진 과정 기반의 중재 방식을 허용해야 한다고 규정하고 있다(Wheeler & Mayton, 2010 참조).

## 중재에 대한 반응

이전에는 학생들을 일반 교육과 특수교육으로 구분하여 기본적으로 2단계 교육 시스템을 사용했다. 이와는 대조적으로 중재반응 모델(Response to Intervention: RtI)에는 3단계의 교육적 개입이 있다([그림 6-3] 참조). 중재 반응 모형(RtI)의 1단계(Tier I)는 학년 수준의 수행력을 보이는 학생들을 대상으로 하며, 일반 학급 내에서 교육이 이루어진다. 1단계의 교수 방법론에는 보편적 선별(universal screenings), 교수 설계 및 지도, 그리고 다감각적/차별화된 교수법(differentiated instruction)이 포함된다. 또한 모든 학생을 대상으로 정기적인 형성 평가(frequent probes)를 실시하여 어떠한 문제라도 조기에 발견할 수 있도록 한다. 학업에 어려움을 겪는 학생들은 2단계(Tier II)로 배치된다. 이 단계에서 교사와 SLP는 학생의 학습 능력을 향상시키기 위해 어떤 증거 기반 교수법(research-based teaching methodologies)이 가장 효과적일지 협력을 통해 결정한다. 학생들은 집중 중재 기간 동안 개별 또는 소그룹 형태로 표적화된 중재(targeted instruction)를 받게 된다. 2단계의 목적은 표적화된 집중 중재를 제공함으로써, 학생이 최종적으로 특수교육 서비스를 받지 않도록 예방하는 데 있다. 만약 2단계 중재를 받았음에도 학생의 학업 성취가 개선되지 않고 여전히 어려움을 보인다면, 3단계(Tier III)가 시행된다. 3단계에 해당하는 학생들은 학업 성취에서 지속적인 어려움을 보이는 상태이며, 이전과 유사한 형태의 중재를 개별 또는 소그룹 환경 그리고 더 높은 강도와 빈도로 표적 중재를 받게 된다. 이 단계에서는 특수교사나 SLP가 직접 중재를 제공할 수 있다. 3단계 중재에도 불구하고 학업

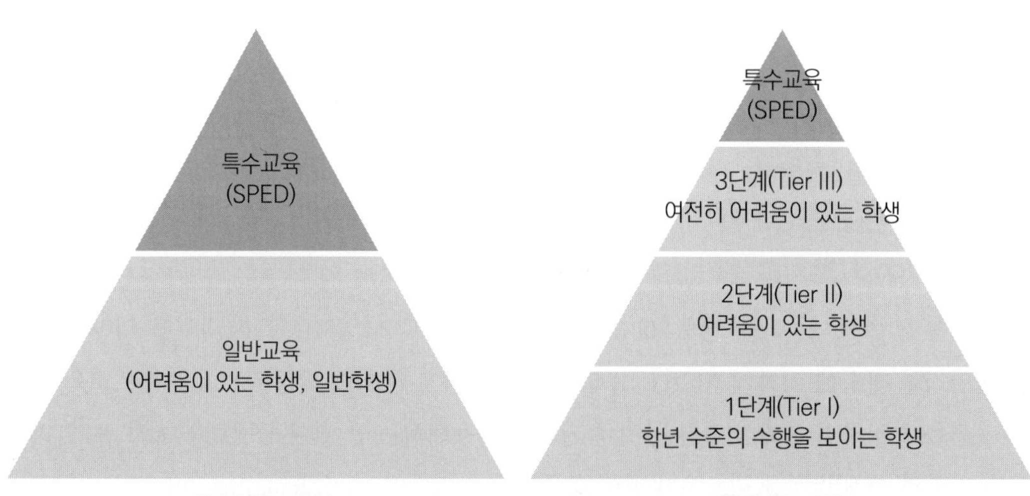


**[그림 6-3]** 이전 교육 모델과 중재반응 모델의 비교

성취에 진전이 없는 학생은 이후 특수교육 서비스 대상 여부를 확인하기 위해 진단을 의뢰하게 된다. 넬슨(Nelson, 2010)은 특수교육 서비스를 받아야 하는 것이 명백한 학생들을 RtI 모형 적용을 통해 특수교육 서비스를 받는 것이 늦춰지도록 오용해서는 안 된다고 지적하였다.

## ☑ 보조공학

보조공학(assistive technology: AT)은 언어 및 언어 중재 서비스의 필수적인 부분이었으며 지금도 마찬가지이다. 역사적으로 보면, 볼프강 폰 켐펠렌(Wolfgang von Kempelen)은 1700년대 후반에 '말하기 기계'를 제작하여 SLI를 가진 개인을 위한 AT를 최초로 시도했다(Aaron, Eide, & Pitrelli, 2003). 이 기계는 복잡한 일련의 소리를 사용하여 기본 단어를 생성해 냈다. 그러나 현대적인 텍스트 음성 변환 디지털 컴퓨팅 기술은 1970년대에 탄생했는데, 로봇처럼 들리는 음성을 생성하는 기술이었다(Aaron et al., 2003 참조).

1980년대에 연구자들(McCormick & Haring, 1986; Schwartz, 1984; Sicoli, 1982 참조)은 SLI 학생을 위한 AT의 실질적인 가치를 평가하기 시작했다(St. Peter, Morris, & Murdock, 1987 참조). 예를 들어, 러쉬해커프(Rushakoff, 1984)는 SLP를 보완하기 위한 AT 개입의 사용에 대해 논의했는데, 이는 훈련과 연습 및 개인적인 지도 측면에 컴퓨터 보조 교육(CAI)을 사용할 수 있다. 또한 시골 지역이나 클리닉에서 멀리 떨어진 곳에 거주하는 고객의 경우 전화선을 통한 컴퓨터 모뎀 연결을 통해 교육을 받을 수 있다(St. Peter et al., 1987). 다른 연구자들(Behrman, 1984; Meyers, 1984)은 영유아를 위한 조기 언어 중재에서 AT의 활용도를 조사했다. 갤 등(Gall et al., 1989)은 컴퓨터 기술을 활용하여 SLI 아동의 의사소통 능력을 향상시키는 보조공학 기기를 개발했다.

1990년대에는 향상된 기술, 더 빠른 컴퓨터, 저렴한 데이터 저장소를 사용한 보다 사람처럼 들리는 합성 음성이 개발되었다(Beukelman & Mirenda, 1992; Maugh, 1996; Schery & O'Connor, 1995 참조). 또한 컴퓨터 기술은 조음(예: 훈련 및 연습), 음성(예: 바이오피드백 측면), 유창성(바이오피드백 및 이완), 구문(예: 훈련 및 연습, 게임, 튜토리얼), 의미(예: 언어 샘플 분석 및 인지 재활), 화용 측면(즉, 문제 해결 및 시뮬레이션)의 SLI 기능을 탑재할 수 있도록 개발되었다(Cochran & Bull, 1993 참조).

AT는 개인의 신체적 및/또는 의사소통 장애를 완화하는 데 도움이 되는 보조 수단으로 정의할 수 있다. 심각한 의사소통 및/또는 신체적 제한이 있는 대다수의 학생은 구두 또는 몸짓으로 자신의 요구와 필요를 전달할 수 없다. AT는 도구, 전략, 소프트웨어 및 장치를 사용하여 기능적 능력[1]을 유지하거나 개선할 수 있는 수단을 제공할 수 있다. 일반적으로 언어 및/또는 신체적 문제로 인해 이해에 상당한 어려움을 겪거나 전화로 의사소통할 수 없는 학생들이 AT의 혜택을 받을 수 있다. AT가 개인의 언어 및/또는 신체적 결함을 없앨 수는 없겠지만, 환경과 성공적으로 상호작용하는 데에는 도움을 줄 수 있다(Duke University Health System, 2010). 또한 AT는 교육 자료를 의미 있고 자발적으로 만드는 데 도움이 될 수 있다. 예를 들어, 언어치료 중재에 기술을 통합하면 치료과정을 더 수월하고 성공적으로 이끌 수 있다(Speech, 2010).

AT는 일반적인 수준부터 첨단 기술까지 다양한 형태로 제공된다(Nkabinde, 2008 참조). 보조 장치의 예로는 켜기/끄기 스위치, 대형 키보드, 적응형 컴퓨터 마우스, 포인터, 음성 인식 컴퓨터 등이 있다. 보완대체의사소통(AAC) 장치는 음성 출력 모드로 기능하며 학생들의 언어 및 의사소통 능력 개발에도 도움이 된다(Bryen & Pecunas, 2004; Ellenson, 2006; Kangas & Lloyd, 2002 참조).

IDEA(1990)는 IEP에 AT를 포함하도록 규정했는데, 이로 인해 교실에서 특수교육 대상 학생을 지도하는 데 AT를 널리 사용하게 되었다(Bouck, 2010 참조). 또한 가정에서 말하기와 언어 능력을 키우기 위해 AT를 사용하기도 했다(Skau & Cascella, 2006 참조). 그러나 AT 기기는 최대 수천 달러에 이르며, LEA는 비싼 비용 때문에 AT 기기 도입을 꺼리고 있다. 또한 대부분의 가정은 비싼 비용과 다른 가족 구성원들에게는 필요하지 않기 때문에 보조공학 기기를 구입하기 어려운 실정이다(Nkabinde, 2008). 또한 AT는 가족들로 하여금 "다양한 기기를 효과적으로 사용하는 방법을 배우는 데 필요한 시간과 노력"을 투입하게 만든다(Nkabinde, 2008, p. 280). 이와 같은 단점에도 불구하고, 자신의 삶에 대한 통제력 강화, 소속 환경 내 참여 확대, 타인과의 사회적 소통 강화, 학업 접근성 제고 등의 많은 장점을 가지고 있어 향후 SLI 학생에게 AT 사용이 더욱 증가할 것이다(Bouck, 2010).

## ○ SLI 학생의 가족과 함께 일하기

과거의 여러 연구 결과들에서 시사하듯, SLI(단순 언어장애) 학생의 가족과 협력하는 것의 효과에 대해 연구하는 것은 매우 중요하다(Bondurant, Romeo, & Kretschmer, 1983; Hall, Oyer, & Haas, 2001; Hardwood, Warren, & Yoder, 2002; Hart & Risley, 1995; Lombardo, 1999; Shriberg &

1) 역자 주: 기능적 능력이란 일상생활이나 학교 수업에서 무언가를 수행할 수 있는 실제적인 능력을 말한다.

Kwiatowski, 1988). 예를 들어, 본듀란트 등(Bondurant et al., 1983)은 일반 아동의 어머니와 언어 학습이 지연된 아동의 어머니의 언어 행동 간에 눈에 띄는 차이가 있다고 보고했다. 이 연구자들은 언어 발달 지체 아동의 어머니들이 일반 아동 어머니에 비해 더 짧은 문장을 사용하고, 질문을 적게 하고, 지시하는 횟수가 두 배나 많으며, 아동이 말한 내용에 대해 덜 수용적인 반응을 보이는 경향이 있다고 지적했다. 마찬가지로, 하드우드 등(Hardwood et al., 2002)은 초기에 접하는 언어의 질과 양이 아동의 어휘와 언어 습득에 큰 영향을 미친다고 보고했다. 또한 슈리버그와 키아토프스키(Shriberg & Kwiatowski, 1988)는 LLD(언어기반 학습장애) 학생을 대상으로 한 가정 내 언어 중재의 효과에 관한 43개의 연구를 분석하였다. 이들 연구자들은 가정 내 언어 중재를 받은 학생들의 종합 점수의 향상도가 50 백분위수에서 85 백분위수까지 상승하였다고 연구 결과를 보고하였다. 또한 컬라타와 골드버그(Culatta & Goldberg, 1995)는 말더듬증에 대한 조기 가정 중재가 매우 대중화되어 가정이 예방의 중요한 요소로 간주되고 있다고 강조했다. 마지막으로 홀 등(Hall et al., 2001)은 가정에서 부모의 언어 중재를 받은 학생이 클리닉 기반 언어 중재를 받은 학생보다 점수가 더 높았다고 보고했다. 피터와 로타토리(St. Peter & Rotatori, 1991)에 따르면, 여러 연구 결과는 부모가 "말 및 언어장애아동과의 긍정적인 언어 상호작용을 촉진"하는 데 도움이 되는 조기 중재 프로그램의 필요성을 일관되게 입증해 왔다(p. 90). 가정 환경의 질이 아동의 언어 습득 및 발달에 결정적이고 장기적인 영향을 미친다는 점을 부모와 SLP가 인식함에 따라, 조기 중재 프로그램의 중요성이 더욱 부각되고 있다(Hart & Risley, 1995).

또한 부모는 자녀의 SLI와 자녀가 이용할 수 있는 교육적 중재에 대한 올바른 이해와 지식 기반을 습득해야 한다(Prizant & Tiegerman, 1984). 켈리와 로타토리(Kelly & Rotatori, 1986)에 따르면 이러한 이해가 중요한 이유는 SLI 학생의 부모가 자녀의 SLI와 향후 학습 진도에 대해 오해를 하는 경우가 많기 때문이다. 이 저자들은 SLI 학생의 부모는 "자녀가 언어적 또는 비언어적으로 표현된 생각을 이해하거나 표현하는 능력이 부족하여 학업뿐만 아니라 심리사회적 발달에도 영향을 미칠 수 있다는 점"(p. 156)을 이해해야 한다고 강조한다. 자녀를 위한 학교 프로그램을 알고 인지하는 방법 중 하나는 부모가 부모 협회나 전문 SLI 단체에 가입하고 SLI 아동을 위한 기관에서 자원봉사를 하는 것이다(Kelly & Rotatori, 1986). 이러한 부모 그룹 간의 상호작용은 개인의 성장과 효과적인 양육을 촉진하기 때문에 학교 프로그램을 잘 아는 SLI 학생의 부모가 비슷한 자녀를 둔 다른 부모에게 미칠 수 있는 영향은 매우 중요하다(Kelly & Rotatori, 1986 참조).

오늘날 중증 SLI 학생을 위한 중재는 지역사회를 기반으로 해야 한다. 스파크스와 헤일(Sparks & Hale, 2000)은 모든 평가 및 중재 기술이 활용될 환경에서 이루어지는 지역사회 기반

기능적 중재 모델을 지지한다. 따라서 가족은 이러한 노력에서 중요한 파트너가 된다. SLP는 가족과 긴밀히 협력하여 학생이 무엇을 말해야 하는지, 어떻게 말해야 하는지, 언제 말해야 하는지를 파악한다(Sparks & Hale). 이 모델은 학생이 가정 및 기타 환경에서 기능적으로 독립할 수 있도록 실용적인 의사소통 요소에 중점을 둔다.

스미스(Smith, 2004)는 자녀의 말 및 언어 발달을 개선하기 위해 부모가 실행할 수 있는 여러 가지 언어 중재 전략을 설명했다. 이러한 전략에는 집안의 물건에 라벨을 붙이거나 이름을 붙이기, 아이가 가지고 노는 장난감을 설명할 때 간단한 단어를 자주 사용하기, 아이가 오류를 수정할 수 있도록 올바른 소리를 반복적으로 내도록 격려하기, 추가 정보가 필요한 질문을 하기, 좋은 언어의 모델링하기 등이 포함된다(Smith, 2004). 교실에서 사용되었지만 가정에서도 쉽게 적용할 수 있는 전략들로는 이야기 다시 말하기, 아동의 불완전한 문장 다시 말하기, 지금 아동이 하고 있는 일, 하고자 하는 것, 하고 싶은 것에 대해 말하고 싶어 하는 자연적인 성향 활용하기 등을 들 수 있다(Kirk et al., 2006).

## 결론: SLP와 SLI 학생 지원

지난 수십 년 동안 언어병리학 분야는 장애인 권리 관련 법들의 발전에 따라 담당해야 할 업무들이 급격히 확대되었다. 1960년대 이후 경제적으로 취약한 사람과 장애인에 관한 여러 법률이 제정되었지만, 그중에서도 IDEA와 NCLB가 언어병리사 및 기타 학교 직원(관리자, 교육자, 보조원, 관련 서비스 직원, 간호, 상담)과 관련하여 가장 큰 영향을 미쳤다. 또한 CLD 학생들과 관련한 IDEA(1997)의 지침들은 SLP들이 이 학생들을 위한 프로그램을 더욱 많이 만들 필요가 있음을 보여 주었다.

연방 정부는 특수교육에 배치되는 유색인종 학생의 비율이 높다고 판단했다. LEA는 의무적으로 민족/인종 자료를 검토해야 했으며, 특수교육 서비스를 받을 수 있는 CLD 학생이 불균형적으로 많은 것으로 확인되면 LEA는 연방 지원금을 해당 학생을 위한 조기 개입 서비스에 투입해야 한다. 또한 LEA는 이 데이터를 공개적으로 보고해야 한다. 대체로 AAE를 구사하는 아프리카계 미국인 학생들이 특수교육 대상자로 과잉 판별되는 경우가 많았다. SLP는 이렇게 잘못 판별하는 학생의 수를 줄이는 데 중요한 역할을 할 수 있다.

IDEIA(2004)는 주로 불일치 모델과 실패하기를 기다리는(wait-to-fail) 모델에 관한 문제 제기를 통해 학생에게 특별한 지원을 제공할 시기에 관해 중요한 변화를 취했다. 언어 중재는 학령기 장애아동에게 제공되는 가장 일반적인 서비스이며(Wegner et al., 2003), 공립학교의 인구학적 특성이 변화하고 있기 때문에 SLP는 CLD 학생의 말 및 언어 능력을 판별, 의뢰, 평가 및 치료할 때 문화적인 차이를 반드시 고려해야 한다. 학교 기반 SLP는 교육과정 및 증거에 기반하여 학생의 문화적, 언어적 경험을 고려하는 법적, 윤리적 원칙에 따라 말 및/또는 언어장애 아동에게 서비스를 제공해야 할 책임이 있다. ASHA는 언어치료사 및 청능사를 위한 관리 기관으로서 계속해서 윤리 강령, 표준 업무규정, 자격 및 인증 기준, 언어치료사의 역할과 책임을 제시하고 있다.

## 참고문헌

23rd Annual Report to Congress on the Implementation of the Individuals with Disabilities Act. (2001). Available at http://www.ed.gov/offices/OSERS/OSEP/Products/OSEP2001AnlRpt

Aaron, A., Eide, E., & Pitrelli, J. F. (2003). Making computers talk: Say good-bye to stilted electronic chatter. Available at http://www.scientificamerican.com

American Speech-Language-Hearing Association. (1993). Ad hoc committee on service delivery in the schools, definitions: Communication disorders and variations. *ASHA, 35*(Suppl. 10), 4041.

American Speech-Language-Hearing Association. (1999). *Guidelines for the roles and responsibilities of the school-based speech-language pathologist*. Rockville, MD: American Speech-Language-Hearing Association.

American Speech-Language-Hearing Association. (2006). IDEA: [A supplement to the ASHA Leader]. *The ASHA Leader*, October 17. Available at http://www.asha.org/leaderissue.aspx?year=2006&id=2006-10-17

American Speech-Language-Hearing Association. (2007). Scope of practice in speech-language pathology [scope of practice]. Available at http://www.asha.org

American Speech-Language Hearing Association. (2010). Roles and responsibilities of speech-language pathologists in schools [Professional issues statement]. doi:10.144/policy. PI2010-00317

Anderson, M. G. (1992). The use of selected theatre rehearsal technique activities with African-American adolescents labeled behavior disordered. *Exceptional Children, 59*, 132-140.

Bartels, K., Sexton, D., & Rotatori, A. F. (1990). Assessment of language. In: A. F. Rotatori, R. A. Fox, D. Sexton & J. Miller (Eds.), *Comprehensive assessment in special education* (pp. 207-242). Springfield, IL: Charles C. Thomas.

Behrman, M. (1984). A brighter future for early learning through high tech. *Pointer, 28*(2), 23-26.

Bender, W. N. (2007). *Learning disabilities: Characteristics, identification and teaching strategies*. Boston: Allyn and Bacon.

Beukelman, D., & Mirenda, P. (1992). *Augmentative and alternative communication: Management of severe communication disorders in children and adults*. Baltimore, MD: Paul H. Brookes.

Bever, T. G. (1970). *Cognition and the development of language*. New York: Wiley.

Blakely, R. W. (2000). *Screening test for developmental apraxia of speech-Second edition* (STDAS-2). Austin, TX: PRO-ED.

Blanton, S., & Blanton, M. J. (1919). *Speech training for children: The hygiene of speech*. New York: The Century Company.

Blanton, S., & Blanton, M. J. (1936). *For stutterers*. New York: Appleton-Century Company.

Bondurant, J. L., Romeo, D. J., & Kretschmer, R. (1983). Language behaviors of mothers of children with normal and delayed language. *Language, Speech, and Hearing Services in Schools, 14*, 233-242.

Bouck, E. C. (2010). Technology and students with disabilities: Does it solve all the problems. In: F. E. Obiakor, J. P. Bakken & A. F. Rotatori (Eds.), *Current issues and trends in special education: Research, technology and teacher preparation* (Vol. 20, pp. 91-104). United Kingdom: Emerald Group Publishing Limited.

Brackenbury, T., Burroughs, E., & Hewitt, L. E. (2008). A qualitative examination of current guidelines for evidence-based practice in child language intervention. *Language, Speech, and Hearing Services in Schools, 39*, 78-88.

Bryen, D. N., & Pecunas, P. (2004). Augmentative and alternative communication and cell phone use: One off-the-shelf solution and some policy considerations. *Assistive Technology, 16*(1), 11-17.

Brown, R. (1973). *A first language: The early stages*. Cambridge, MA: MIT Press.

Brown, V. L., Wiederholt, J. L., & Hammill, D. D. (2009). *Test of reading comprehension - Fourth edition (TORC-4)*. Austin, TX: PRO-ED.

Carpenter, J., Hutchings, G., MacFarlane, B., & Richard, H. (2010). Discipline issues: Educators and the law. Available at http://www.educatorsandthelaw.com/speddiscipline.htm

Chomsky, N. (1957). *Syntactic structures*. The Hague: Mouton.

Cochran, P. S., & Bull, G. L. (1993). *Computers and individuals with speech and language disorders*. In: J. D. Lindsey (Ed.), Computers and exceptional individuals (pp. 78-93). Austin, TX: PRO-ED.

Crumrine, L., & Lonegan, H. (1999). *Pre-literacy skills screening* (PLSS). Austin, TX: PRO-ED.

Culatta, R., & Goldberg, S. A. (1995). *Stuttering therapy: An integrative approach to theory and practice*. Needham, MA: Allyn and Bacon.

Currie, P., Rotatori, A. F., & Fox, R. A. (1985). Language assessment. In: A. F. Rotatori, J. O. Schwenn & R. A. Fox (Eds.), *Assessing severely and profoundly handicapped individuals* (pp. 138-156). Springfield, IL: Charles C. Thomas.

Danartz, M. W. (1981). Formal verse informal assessment. Fragmentation versus holism. *Topics in Language Disorders, 3*, 166-173.

Duchan, J. (2002). What do you know about your profession's history: And why is it important? *The ASHA Leader*, December 24. Available at http://www.asha.org

Duke University: Assistive Technology Clinic. (2010). Available at http://www.dukehealth.org

Ellenson, R. (2006). Two who tango! A father, a son, and a new generation of speech generating devices. *Exceptional Parent, June*, 29-31.

Fleischer, D. Z., & Zames, F. (2001). *The disability rights movement: From charity to confrontation*. Philadelphia, PA: Temple University Press.

Fluharty, N. B. (2000). *Fluharty Preschool speech and language screening test* (2nd ed.). Austin, TX: PRO-ED.

Gall, D., Icke, N., Jones, J., Tsantis, L., Vogel, K., & White, L. (1989). School university, IBM partnership helps: Children develop communication skills. *Teaching Exceptional Children, 22*, 54-55.

Garcia, S., & Dominquez, L. (1997). Cultural contexts that influence learning and academic performance. *Child and Adolescent Psychiatric Clinics of North America, 6*, 621-655.

Gay, P. (1988). *Freud: A life for our time*. New York: W.W. Norton.

Gillam, R. B., Logan, K. J., & Pearson, N. A. (2009). *Test of childhood stuttering (TOCS)*. Austin, TX: PRO-ED.

Gillam, R. B., & Pearson, N. A. (2004). *Test of narrative language (TNL)*. Austin, TX: PRO-ED.

Goldman, R., & Fristoe, M. (2001). *Goldman-Fristoe test of articulation-Second edition (G-FTA-2)*. Austin, TX: PRO-ED.

Good, R., & Kaminski, R. (2003). *Dynamic indicators of basic early literacy skills* (DIBELS). Austin, TX: PRO-ED.

Hall, B., Oyer, H. J., & Haas, W. H. (2001). *Speech, language and hearing disorders: A guide for the teacher*. Boston: Allyn and Bacon.

Hammill, D. D., Leigh, J. E., McNutt, G., & Larsen, S. C. (1981). A new definition of learning disabilities. *Learning Disability Quarterly, 4*, 336-342.

Hammill, D. D., & Newcomer, P. L. (2008). *Test of language development-intermediate-Fourth edition (TOLDI-4)*. Austin, TX: PRO-ED.

Hardwood, L., Warren, S. F., & Yoder, P. (2002). The importance of responsivity in developing contingent exchanges with beginning communication. In: J. Reichle, D. R. Beukelman & J. C. Light (Eds.), *Exemplary practices for beginning communication: Implications for ACC* (pp. 59-96). Baltimore, MD: Paul H. Brookes.

Hart, B., & Risley, T. (1995). *Meaningful differences in the everyday lives of American children*. Baltimore, MD: Paul H. Brookes.

Hearing and Speech Agency. (2010). *Mission and history*. Available at http://www.hasa.org/

Hilliard, A. G. (1992). The pitfalls and promise of special education practice. *Exceptional Children, 59*, 168-171.

Hosp, J., & Reschly, D. (2002). Predictors of restrictiveness of placement for African-American and Caucasian students. *Exceptional Children, 68*(2), 225-238.

Individuals with Disabilities Education Act Amendments. (1990). Public Law No. 101-476, 20 U.S.C. (*1400 et seq*).

Individuals with Disabilities Education Act Amendments. (1997). Public Law No. 105-117, 20 U.S.C. (*1400 et seq*).

Individuals with Disabilities Education Improvement Act. (2004). Public Law No. 108-446.

Johnson, C. J. (2006). Getting started in evidence-based practice for childhood speech language disorders. *American Journal of Speech Language Pathology, 15*, 20-35.

Johnson, W. (1946). *People in quandaries: The semantics of personal adjustment*. New York: Harper & Brothers.

Kangas, K. A., & Lloyd, L. (2002). Augmentative and alternative communication. In: G. H. Shames & N. B. Anderson (Eds.), *Human communication disorders: An introduction* (pp. 545-593). Boston: Allyn and Bacon.

Kelly, R. H., & Rotatori, A. F. (1986). Counseling the language disordered child. In: A. F. Rotatori, P. J. Gerber, F. W. Litton & R. A. Fox (Eds.), *Counseling exceptional students* (pp. 144-161). New York: Human Science Press, Inc.

Kirk, S. A., Gallagher, J. J., Anastasiow, N. J., & Coleman, M. R. (2006). *Educating children with exceptionalities*. Boston: Houghton Mifflin Company.

Leonard, L. B., Perozzi, J. A., Prutting, C. A., & Berkeley, N. K. (1978). Nonstandardized approaches to the assessment of language behavior. *ASHA, 20*, 371-379.

Lindo, E. J. (2006). The African-American presence in reading intervention experiments. *Remedial and Special Education, 27*, 148-153.

Lips, D. (2006). America's opportunity scholarships for kids: School choice for students in underperforming public schools. *Research Education*. Available at http://www.new.heritage.

org

Lombardo, L. A. (1999, July). Children score higher on tests when child care meets standards. *Early Childhood Reports, 10*, 4.

Lonigan, C. J., Wagner, R. K., Torgensen, J. K., & Rashotte, C. A. (2007). *Test of preschool early literacy (TOPEL)*. Austin, TX: PRO-ED.

Maryland Speech-Language-Hearing Association. (2010). History of MSLHA. Available at http://www.mdslha.org

Maugh, T. H. H. (1996). New therapy aids pupils with speech problems. *The Los Angeles Times*, January 5, pp. A1, A25.

McCormick, L. P., & Haring, N. (1986). Keeping up with language intervention trends. *Teaching Exceptional Children, 18*, 123-129.

McCormick, S., & Becker, E. Z. (1996). Word recognition and word identification: A review of research on effective instructional practices with learning disabled students. *Reading Research and Instruction, 36*(1), 5-17.

McGhee, R. L., Ehrler, D. J., & DiSimoni, F. D. (2007). *Token test for children-Second edition (TTFC-2)*. Austin, TX: PRO-ED.

Meyers, L. F. (1984). Unique contributions of microcomputers to language interventions with handicapped children. *Seminars in Speech and Language*, 5, 1.

Milisen, R. (1957). Methods of evaluation and diagnosis of speech disorders. In: L. E. Travis (Ed.), *Handbook of speech pathology* (pp. 234-258). New York: Appleton-Century Crofts.

Minskoff, E. H. (1982). Sharpening language skills in secondary LD students. *Academic Therapy, 18*, 53-60.

Moore-Brown, B. J., & Montgomery, J. K. (2008). *Making a difference for America's children: Speech-language pathologists in public schools* (2nd ed.). Greenville, SC: Thinking Publications.

Moore, G. P., & Kester, D. (1953). Historical notes on speech correction in the preassociation era. *Journal of Speech and Hearing Disorders, 18*, 48-53.

National Aphasia Association. (2010). More about aphasia. Available at http://www.aphasia.org

National Information Center for Children and Youth with Disabilities. (2010). Disabilities: speech and language impairments. Available at http://www.nichcy.org/Disabilities/Specific/Pages/speech-language.aspx

Nelson, N. W. (2010). *Language and literacy disorders: Infancy through adolescence*. Boston, MA: Allyn and Bacon.

Nisbet, J. (1994). *Education reform: Summary and recommendations. The national reform agenda and people with mental retardation: Putting people first*. Washington, DC: U.S. Department of Health and Human Services.

Nkabinde, Z. (2008). Using assistive technology to educate students with developmental disabilities and autism. In: A. F. Rotatori, F. E. Obiakor & S. Burkhardt (Eds.), *Autism and developmental disabilities: Current practices and issues* (Vol. 18, pp. 273-285). United Kingdom: Emerald Group Publishing Limited.

No Child Left Behind Act. (2001). Public Law No. 107-110.

Owens, R. E. (1984). *Language development*. Columbus, OH: Charles E. Merrill.

Phelps-Terasaki, D., & Phelps-Gunn, T. (2007). *Test of pragmatic language - Second edition (TOPL-2)*. Austin, TX: PRO-ED.

Piaget, J. (1952). *The origins of intelligence in children*. New York: Norton.

Prizant, B. M., & Tiegerman, E. M. (1984). Working with language impaired children: Problems/issues often encountered but (too) rarely discussed. *Journal of National Students Speech Language Hearing Association, 12*(1), 18-32.

Qualls, C. D. (2007). Speech, language, and neuropsychological assessment: Implications for African-Americans. In: B. P. Uzzell, M. Ponton & A. Ardila (Eds.), *International handbook of cross-cultural neuropsychology* (p. 127). New York, NY: Routledge.

Qualls, C. D., Lantz, J. M., Pietrzyk, R. M., Blood, G. W., & Hammer, C. S. (2004). Comprehension of idioms in adolescents with language-based learning disabilities compared to their typically developing peers. *Journal of Communication Disorders, 37*(4), 295-311.

Reed, V. A. (1986). An introduction to children with language disorders. New York: Macmillan.

Rickford, J. R., Sweetland, J., & Rickford, A. E. (2004). African American English and other vernaculars in education: A topic-coded bibliography. *Journal of English Linguistics, 32*, 230-320.

Riley, G. D. (2009). Stuttering severity instrument - Fourth edition (SSI-4). Austin, TX: PRO-ED. Rushakoff, G. E. (1984). Microcomputer assisted instruction in communication disorders. *Journal of Communication Disorders, 8*, 51-61.

Schery, T., & O'Connor, L. (1995). Computers as a context for language intervention. In: M. Rey, J. Windson & S. Warren (Eds.), *Language intervention* (pp. 45-68). Baltimore, MD: Paul H. Brookes.

Schlesinger, L. M. (1971). Production of utterances and language acquisition. In: D. I. Slobin (Ed.), *The ontogenesis of grammar* (pp. 56-71). New York: Academic Press.

Schwartz, A. H. (1984). *The handbook of microcomputer applications in communication disorders*. San Diego, CA: College-Hill Press.

Secord, W., & Donohue, J. (2002). *Clinical assessment of articulation and phonology (CAAP)*. Austin, TX: PRO-ED.

Seymour, H. N., Roeper, T., & de Villiers, J. G. (2000). *Dialect sensitive language test (DSLT)*. San Antonio, TX: The Psychological Corporation.

Seymour, H. N., Roeper, T., & de Villiers, J. G. (2005). *DELV-NR (diagnostic evaluation of language variation) norm-referenced test*. San Antonio, TX: The Psychological Corporation.

Shriberg, L., & Kwiatowski, J. (1988). A follow-up study of children with phonology disorders of unknown origin. *Journal of Speech and Hearing Disorders, 53*(2), 144-145.

Sicoli, T. R. (1982). Computers and the special education classroom. *Byte, 7*, 270-274.

Skau, L., & Cascella, P. W. (2006). Using assistive technology to foster speech and language at home and preschool. *Teaching Exceptional Children, 38*(6), 12-17.

Smith, D. D. (2004). *Introduction to special education: Teaching in an age of opportunity* (5th ed.). Boston: Allyn and Bacon.

Snyder, L. (1984). Communication competence in children with delayed language development. In: R. Schiefelbusch & C. Picar (Eds.), *Communication competence: Acquisition and intervention* (pp. 123-142). Baltimore, MD: Paul H. Brookes.

Sparks, S., & Hale, K. E. (2000). Intervention techniques for learners with speech and language impairments. In: F. E. Obiakor, S. Burkhardt & A. F. Rotatori (Eds.), *Intervention techniques for individuals with exceptionalities inclusive settings* (Vol. 13, pp. 95-114). Oxford: Elsevier Sciences.

Speech, T. X. (2010). Available at http://www.speechtx.com

St. Louis, K. O., & Ruscello, D. M. (2000). *Oral speech mechanism screening examination - Third edition (OSMSE-3)*. Austin, TX: PRO-ED.

St. Peter, S., Morris, P., & Murdock, J. (1987). Computer applications in special education. In: A. F. Rotatori, M. B. Banbury & R. A. Fox (Eds.), *Issues in special education* (pp. 187-203). Mountain View, CA: Mayfield Publishing Company.

St. Peter, S., & Rotatori, A. F. (1991). Speech and language disorders. In: J. O. Schwenn, A. F. Rotatori & R. A. Fox (Eds.), *Understanding students with high incidence exceptionalities* (pp. 68-101). Springfield, IL: Charles C. Thomas.

Travis, L. E. (1931). *Speech pathology: A dynamic neurological treatment of speech and speech deviations*. New York: Appleton Century Company.

Travis, L. E. (1934). A neurological consideration of stuttering. *Spoken Word, 1*, 8-11. Travis, L. E. (1946). My present thinking on stuttering. *Western Speech, 10*, 3-5.

University of Iowa Health Care. (2010). Research. Available at http://www.uihealthcare.com

U.S. Department of Education. (2000). *Twenty-second annual report to Congress on the implementation of the individuals with disabilities education act*. Washington, DC: U.S. Government Printing Office.

U.S. Department of Education. (2007). Building the legacy: IDEIA 2004. Available at http://idea.ed.gov/

Van Riper, C. (1981). An early history of ASHA. *ASHA, 23*, 855-858.

Van Riper, C., & Erickson, R. L. (1996). *Speech correction: An introduction to speech pathology and audiology* (9th ed.). Boston: Allyn and Bacon.

Wallace, G., & Hammill, D. D. (2002). *Comprehensive receptive and expressive vocabulary test-second edition* (CREVT-2). Austin, TX: PRO-ED.

Wallace, G., & Larsen, S. C. (1978). *Educational assessment of learning problems: Testing for teaching*. Boston: Allyn and Bacon.

Wegner, J. R., Grosche, K., & Edmister, E. (2003). Students with speech and language disorders. In: F. E. Obiakor, C. A. Utley & A. F. Rotatori , *Effective education for learners with exceptionalities* (Vol. 15, pp. 181-193). Oxford: Elsevier Sciences.

West, R., Kennedy, L., & Carr, A. (1937). *The rehabilitation of speech: A textbook of diagnostic and correction procedures*. New York: Harper & Brothers.

Wheeler, J. J., & Mayton, M. R. (2010). Other innovative techniques: Positive behavior supports and response to intervention. In: F. E. Obiakor, J. P. Bakken & A. F. Rotatori (Eds.), *Current issues and trends in special education: Identification, assessment and instruction* (Vol. 19, pp. 175-195). United Kingdom: Emerald Group Publishing Limited.

Whitmire, K., Spinello, E., & Clausen, R. (2002). Speech and education of individuals with language impairment. *Encyclopedia of Education*. Available at http://www.encyclopedia.com

Wiig, E. H., & Secord, W. A. (1998). *Diagnostic speech and language profiler: Experimental edition*. Arlington, TX: Schema Press.

Wiig, E. H., & Semel, E. M. (1984). *Language assessment and intervention for the learning disabled* (2nd ed.). Columbus, OH: Charles E. Merrill.

Wright, H. H., & Newhoff, M. (2002). Inferencing and story retelling abilities of children with and without language learning disabilities. *American Journal of Speech-Language Pathology, 10*, 308-319.

Wright, P., & Wright, P. (2006). *Wrights law: From emotions to advocacy-The special education survival guide*. Hartfield, VA: Harbor House Law Press.

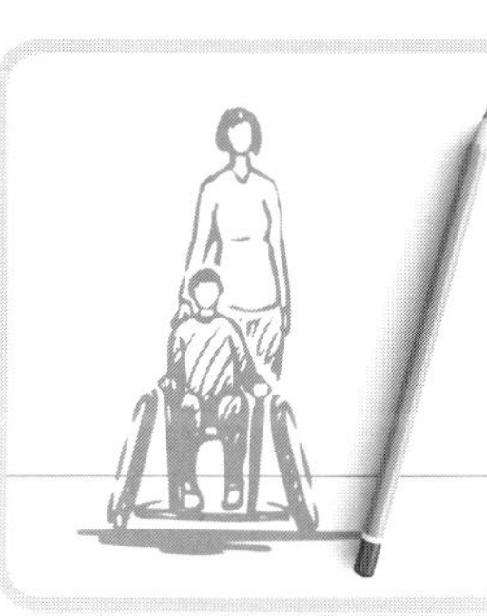

제7장

# 정서 · 행동장애의 역사

*Frederick J. Brigham, Brittany L. Hott*

정서 · 행동장애(emotional and/or behavioral disorders: EBD) 아동을 위한 교육은 감정적으로 매우 민감한 주제이다.[1] 미국에서의 짧은 역사 동안 이 분야의 옹호자들과 학자들 사이에서 수많은 열띤 논쟁을 불러일으켰을 뿐 아니라, 논란의 여지가 있는 입법 조치와 법적 판결들을 야기해 왔다. 이 분야를 둘러싼 논란과 강력한 의견들은 그리 놀랄 만한 일은 아니다. EBD 아동과 청소년은 지역사회와 학교에서 만나는 사람들에게 부정적인 감정을 일으킬 수 있기 때문이다(Shores & Wehby, 1999). 시간이 지나면서, 사회가 이러한 감정에 대응하기 위해 선택한 방식은 EBD에 대한 해석, 제공되는 중재, 아동과 그 가족, 그리고 교사에게 제공되는 지원의 변화에 따라 크게 달라졌다.

이 분야에서 변하지 않은 한 가지 현상은 새로운 아이디어가 등장하고 채택되었다가, 일정한 시간 후에 비판을 받으며 폐기되는 '순환적 패턴'이다. 본크(Vonk, 1979)는 이를 '혁신 주기(innovation cycle)'[2]라 부르며, 새로운 접근법이 과도하게 강조 · 홍보된 후, 본래의 목적과는 다른 문제에 적용되거나 중재 충실도가 떨어진 방식으로 시행되어 결국 기대한 효과를 내지 못하고 사라지는 과정을 지적하였다.

모든 사회는 허용 가능한 행동에 대한 규칙을 가지고 있다. 이러한 규칙은 지역마다 항상 동

---

1) 역자 주: EBD 학생들은 공격성, 폭발적 행동, 규칙 위반, 위축, 충동성 등으로 인해 지역사회나 학교에서 만나는 사람들에게 불편함, 두려움, 피로감, 무력감을 유발하는 경우가 많다. 또한 정서 · 행동장애학생을 어떻게 다루어야 하는지는 역사적으로 의견이 크게 갈려 왔다. 예를 들어, 통제 중심 접근 vs. 치료 · 상담 중심 접근, 배제와 분리교육 vs. 포용과 통합교육, 강한 행동중재 필요 vs. 인권 · 자기결정권 보호 등 가치관과 철학이 충돌하는 지점이 많아 학자, 교사, 학부모, 정책가 사이에서 감정적 논쟁이 반복되고 있다.

2) 역자 주: 혁신 주기의 예시로는 1960~1970년대에 행동주의 이론이 교육계를 휩쓸면서 "문제 행동은 강화로 얼마든지 조절 가능하다"는 믿음 아래 토큰 강화 시스템이 혁신적 방법처럼 많은 특수학급, 정신건강 기관, 감호시설에서 적극 도입되고 채택되었다. 하지만 현실에서는 교사 훈련 부족, 행동의 일반화 실패, 윤리적 비판에 따라 실망하게 되면서, 1990년대 이후 대부분 학교에서 사용이 감소되었다. 사회기술훈련 등 다양한 방법들도 마찬가지였다.

일하지는 않지만, 근본적인 수준에서 사회는 비슷한 이유로 유사한 행동을 규제하는 경향이 있다(Neiman, 2009; Shermer, 2004; Wilson, 1998). 어떤 활동은 허용되거나 바람직한 것으로, 그리고 또 다른 활동은 바람직하지 않거나 금지된 행동으로 분류된다. 이러한 분류는 모든 사회에 존재하는 근본적인 인간활동이다(Bowker & Star, 1999).

## ○ 진화하는 분류 체계

모든 사회는 비슷한 것끼리 모으고(sorting) 분류하는 행위를 수행하며, 일탈에 대한 사회의 관점은 시간이 흐르면서 다양한 이유로 변하게 되는데, 이러한 이유들은 종종 그 행동 자체나 결과와 관계가 없다(Moynihan, 1993). 한때 질병이나 범죄로 간주되었던 일부 행동들은 이제 의학적, 심리학적, 법률적 기준에서 벗어나 일탈 행위로 간주되지 않도록 재정의되었다. 동성애는 이러한 재분류의 대표적인 사례이다(Bowker & Star, 1999).

특수교육을 비판하는 일부 학자들은 허용 가능한 행동과 허용되지 않는 행동에 대한 정의가 변화함에 따라, 누가 EBD 학생으로 간주될 수 있는지를 결정하는 전체 과정이 약화된다고 주장한다. 일부 옹호자들은 장애 범주에 따른 학생 선별이 낙인효과를 유발하고, 그 분류에 소요되는 시간이 과다하다는 이유로 특수교육 서비스의 모든 범주를 폐지하자고 제안하기도 했다(O'Donnell, 2009). 그러나 분류 체계는 다음과 같은 점에서 여전히 중요하다(Cullinan, 2004). ⓐ 실무자, 연구자, 정책입안자들 간의 소통을 가능하게 하고, ⓑ EBD 학생에 대한 정보를 보다 명확하게 체계화하며, ⓒ 중재 선택에 대한 지침을 제공하고, ⓓ 서비스 제공을 위한 자원 확보의 기반을 마련할 수 있다. 행동을 고려하고 분류할 공식적인 기준이나 의사결정 구조가 없으면, 현장의 교사나 부모, 상담자 등 개인은 각자의 경험을 근거로 문제를 해석해야 하는 과도한 부담을 지게 된다. 그 결과, 충분히 검토된 정교한 분류 체계 대신 단순하고 편의적인 방식을 선택하게 된다(Freeman, 1972).

모든 학문 분야의 분류 관행은 새로운 사실이 발견되고 사람들이 이해하는 틀이 되는 패러다임이 바뀌면서 시간이 지나며 변화한다(Kuhn, 1996). 인간 행동에 대해 우리가 이해하는 방식이 변화하면서, EBD를 이해하고 그들을 위한 중재를 제공하는 데 있어서 중요한 이정표로 여겨졌던 개념 중 다수가 폐기되거나 대체되었다(Kauffman, Brigham, & Mock, 2004). 더불어 교육 활동이 수행되는 조건 자체도 EBD 학생을 바라보는 관점과 중재의 목표에 영향을 미쳐 왔다(Brigham, Tochterman, & Brigham, 2000).

지식 기반이 진화하고 교육자들이 사회의 지속적인 변화에 대응함에 따라, EBD에 대한 이해뿐 아니라 분류와 중재 방식도 함께 변화해야 할 필요가 있다. 카우프만 등(Kauffman et al., 2004)은 미래에는 과학과 반과학/유사과학 사이의 분명한 선택을 해야 할 것이라고 한다(Shermer, 2002 참조). 우리는 과학적 이해에 기반하여 EBD 아동을 위한 목표를 달성하는 것이 최선의 방법이라는 데 동의해 왔다. 보커와 스타(Bowker & Star, 1999)는 객관적인 분류 체계조차도 사회적, 정치적 요인에 의해 영향을 받는다고 지적했다. 우리는 이것이 과학적 탐구를 훼손하는 것이 아니라, 오히려 사회적, 정치적 요소 또한 독립적인 고려 요소로 다루어져야 한다고 본다. 사회적 관심을 받지 못하는 과학은 냉정하고, 과학적 검증이 없는 정치는 현명하지 않다. EBD 교육에 종사하는 사람들이 마주한 핵심 과제 중 하나는, 이 분야의 과학적 요소와 사회적, 정치적 요소를 조화롭게 통합하는 방법을 찾는 것이다.

## EBD 아동의 교육적 중재

정서 · 행동장애를 가진 개인들은 인류 사회가 존재한 이래로 늘 사회의 일부였으며, 지금과 마찬가지로 그들이 만나는 사람들로부터 강한 부정적인 반응을 이끌어 왔다. 물론, EBD를 가진 사람을 좋아하는 것은 가능하지만, 그 사람과 함께 있는 것이 즐겁고 다른 사람들도 그와 함께 있는 것을 좋아하기 때문에 그를 EBD를 가진 사람이라고 부르는 상황은 상상하기 어렵다. 그런 경우에는 다른 표현이 사용될 것이다. 이후 이어지는 각 역사적 시기에 대한 설명에서 공통적으로 나타나는 주제는, 이 집단이 불러일으키는 강하고 때로는 상충된 감정으로 나타난다.

### 학생을 해로움으로부터 보호하고, 학생을 위한 보호

EBD에 대한 초기 대응은 매우 가혹했으며, 극도로 비인도적인 조건에서의 감금을 포함하는 경우도 많았다. 그 당시에는 오늘날 EBD로 분류되는 사람들의 행동을 악령에 사로잡혔다고 하는 것과 같은 초자연적인 현상으로 설명하였다(Kauffman & Landrum, 2009). 아동기가 성인기와 구별되는 발달 단계라는 개념은 아직 형성되지 않았으며, 오늘날 청소년기로 여겨지는 시기는 당시에는 성인의 삶의 일부로 간주되었다(Mussen, Conger, & Kagan, 1975). 따라서 이상하거나 문제적 행동에 대한 중재 방식은 당시 성인에게 적용되던 방식과 동일했으며, 그에는 사혈(출혈치료), 감금, 심지어 처형까지 포함되었다. 사회는 이러한 행동을 두려움의 시선으로 바라보았고, 이 같은 행동을 보이는 사람들로부터 스스로를 보호하고자 했다. 동시에, 그런 행동을 보이는 사람들에게 어느 정도의 보호도 제공하였다. 이러한 보호조치는 미국과 프랑스 혁명으로 이어진 계몽주의 시대의 인간 존엄성에 대한 사상의 결과였다. 인간의 권리에 대한 재고는 이후 나타나는 치료와 교육의 기반이 되었다.

## ☑ 도덕적 처우에 대한 개별 사례들

18세기 이전까지는 아동의 정서장애에 대한 기록이 존재하지 않는다(Kanner, 1962). 이는 당시 아동기를 독립된 발달 단계로 인정하지 않았고, 인간 행동에 대한 이해 또한 매우 부족했음을 고려할 때 놀라운 일은 아니다. 18세기 후반에서 19세기 초반에 이르기까지 EBD 개인에 대한 체계적인 교육이나 치료 노력은 거의 존재하지 않았지만, 몇몇 인물은 EBD 아동이 더 적절한 처치에 반응할 수 있다는 것을 입증함으로써 중요한 기여를 했다.

필리프 피넬(Philippe Pinel, 1745~1826)은 도덕적 처치(치료)로 알려진 정신질환 이해와 치료 발전에 크게 공헌한 인물로 평가받는다. 로버트 플뢰리(Robert-Fleury)가 그린 「살 페트리에르 병원 안뜰에서 정신병자를 풀어 주는 피넬 박사」라는 그림은 오늘날 많은 특수교육과 심리학 개론 교과서에 등장하며, 이 초기 선구자의 기념비적인 공헌을 상징한다. 피넬은 수년간 병원이나 시설에서 무관심과 잔인함 속에 갇혀 있던 사람들이, 친절과 존중으로 대우받을 때 극적인 행동 개선을 보인다는 점을 주목하였다(Kauffman, 2001).

이 시대에 주목할 만한 또 다른 노력은, 인간에게 기대되는 방식으로 의사소통하거나 상호작용할 수 없는 상태로 시골을 방랑하던 소년에 대한 치료를 시도한 것이다. 당시 기록에 따르면, 이 소년은 태어나면서부터 6년간 야생에서 살아 온 것으로 추정된다(Shattuck, 1994).

피넬의 제자 장 마르크 가스파르 이타르(Jean Marc Gaspard Itard)는 이 소년, 즉 아베롱의 야생소년으로 알려진 빅터(Victor)를 사회에 완전하게 참여할 수 있도록 교육하려 시도했다. 당시 기준으로 보면 빅터는 극적인 발전을 보였으나, 이타르는 그가 언어를 습득하지 못했고, 평생 상당한 보호와 감독이 필요한 상태로 살아야 했기에 이 시도를 실패로 간주했다. 그럼에도 이타르의 연구는 그동안 '백치' 혹은 '멍청이'로 치부되어 어떠한 교육도 불가능하다고 여겨졌던 아동들을 가르치는 방법을 탐구하는 계기를 마련했다.

### • 미국에서의 전개

미국에서는 벤저민 러시(Benjamin Rush)—화학 교수이자 미국 독립선언서 서명자—가 신생 독립국가가 자체적인 교육 체계를 형성해야 할 필요성에 대해 글을 쓰기 시작했다(Urban & Wagoner, 2009). 러시는 여러 공헌 중에서도, 빈곤층 아동을 위한 학교에 대한 공공 지원과 여성 교육의 필요성을 주장했다. 그는 당시 학교 교육에서 일반적이던 가혹한 처벌 방식에 반대하며, 방과 후에 남겨서 제한하는 것과 같이 보다 가벼운(mild) 형태의 처벌을 할 것을 주장했다(Kauffman, 2001).

오늘날 우리가 알고 있는 강화(reinforcement) 또는 긍정적 행동지원(positive behavior management)의 개념은 당시 가정에서의 아동 양육이나 학교에서의 행동 지도 담론에서는 전혀 존재하지 않았다. 한때 사회 전반에 걸친 대중교육에 대한 초기의 열정은, 지식과 문해력의 보급이 예상보다 더 많이 비용이 들고 달성하기 어렵다는 현실이 드러나면서 점차 식어 갔다(Urban & Wagoner, 2009). 이러한 대중교육에 대한 열정의 쇠퇴는 장애인 교육에 대한 관심 약화로 이어졌고, 19세기 후반은 EBD를 포함한 장애아동 교육 방법의 발전이 이루어지지 못하고 오히려 퇴보가 두드러졌던 시기였다. 아동기 정서장애가 독립적이고 정당한 학문 분야로 인정받기 시작한 것은 20세기 초에 이르러서였다는 점에 주목할 필요가 있다.

### • 환상의 붕괴와 후퇴

19세기 후반 동안, 아동은 성인의 축소판(miniature adults)으로 취급되었다(Mussen et al., 1975). 산업혁명이 도래하자, 성인뿐 아니라 아동도 공장 주변의 도시 지역으로 모여들어 일터로 향했다. 아동 노동법은 아직 제정되지 않았으며, 이 시기의 많은 아동이 처한 노동 환경과 생활 조건은 매우 열악했다. 게다가 미국의 서부 개척 시대로 인해 수많은 아동이 교육 자원이 거의 없는 극단적으로 농촌과 같은 환경에서 생활하게 되었다.

이 시기에는 거의 아무런 진전이 이루어지지 않았다. 이 시기의 대부분은 인지적 장애와 정서·행동장애를 구분하지 않았고, 모든 형태의 장애가 하나의 집단으로 취급되었다. 정신지체와 정서·행동장애가 서로 구분된 것은 1886년에 들어서야 가능했다(Gargiulo, 2010). 이 시기의 치료는 장애인을 보호하기 위해 행해졌던 초기 방식과 점점 더 닮아 가기 시작했다. 19세기 후반에 걸쳐, 정서·행동장애를 가진 대부분의 사람은 감옥, 구빈원(almshouses), 또는 그 시기에 유행하던 치료방식인 수용소에 수용되었다.

## 수용소 운동

수용소 운동은 상당 부분 도로시아 딕스(Dorothea Dix)의 노력에 의해 추진되었다. 정신질환자들이 겪는 끔찍한 환경에 대한 그녀의 생생한 묘사는, 입법자들로 하여금 감옥과 같은 잔혹한 처우를 대체할 보다 인도적인 대안을 만들도록 촉진했다(Gollaher, 1995). 월트 휘트만(Walt Whitman)과 같은 당대 미국 철학자들은 도시를 타락의 공간으로 간주하여, 수용소는 정신질환자들이 도시의 혼란을 벗어날 수 있도록 외곽 농촌 지역에 설립되었다. 수용소는 교육을 주요 목표로 삼지 않았지만, 부분적으로나마 체계적인 교육적 시도가 수용소에서 이루어졌다고 보고되기도 했다(예: Brigham, 1845, 1848).

하지만 수용소에 대한 초기 기대는 점점 사라지기 시작했다. 시설은 과밀화되었고, 유능한 인력을 채용하고 유지하는 데 어려움을 겪었으며, 열악한 환경과 부적절한 처우에 대한 선정적인 언론 보도의 대상이 되었다(Luchins, 1988). 또 다른 문제는 수용소의 지리적 위치였다. 도시 거주자들을 대상으로 운영되었지만 농촌 지역에 위치한 수용소는 해당 지역 주민들이 도시에서 온 정신질환자를 위해 재정 부담을 져야 한다는 공감의 부족으로 인해 자금 조달에 점점 더 어려움을 겪게 되었다. 결국, 수요는 증가했지만 사회는 그에 상응하는 지원을 제공하지 않았고, 수용소는 희망적인 대안이 아닌, 비난의 대상으로 전락하게 되었다.

19세기 말, 정신질환의 특성과 처치를 체계적으로 서술한 교재들이 등장하기 시작했다. 그리고 1899년 시카고와 덴버에서 최초의 소년법원이 설립되며, 아동기와 청소년기를 성인기와 구별하는 인식이 형성되기 시작했다. 하지만 정신병적 현상을 보이는 아동이 존재한다는 사실을 세계에 알리는 출판물은 1900년에 들어서야 등장했다(Kanner, 1962, p. 99).

## 정신위생 운동

1909년에는 여러 저명한 의사와 초기 심리학자들이 모여 '전국 정신위생위원회'를 설립했다. 흥미롭게도 이 운동의 창시자 중 한 명인 클리퍼드 비어스(Clifford Beers)는 1900년 신경쇠약으로 입원했던 경험이 있다. 그는 이후 회복되어, 자신의 정신건강 시스템 내 경험을 『자신을 되찾은 마음(A Mind that Found Itself)』(Beers, 1908)이라는 책에 담았다. 아돌프 마이어(Adolph Meyer), 윌리엄 제임스(William James)와 함께 그는 신체적 건강뿐 아니라 정신적 건강까지 포괄하는 공중보건 시스템의 재정립을 추진했다. 그들의 목표는 "모든 미국 시민이 신체적, 정신적으로 건강해지는 것"이었다(Becker & Marecek, 2008, p. 595). 정신위생 운동은 오늘

날의 긍정심리학의 선구자로 여겨지기도 한다(Seligman & Csikszentmihalyi, 2000 참조).[3)]

### • 정서장애 예방

정신위생위원회는 조기 진단과 중재를 촉진하고, 학교 내 임상 및 상담 프로그램의 설립을 적극 장려했다(Spaulding & Balch, 1983). 특히 아동기의 환경이 신체적, 정신적 건강 발달에 적합하도록 보장함으로써, 성인기에 발생할 수 있는 정신건강 문제를 예방하려는 초기이자 실질적인 노력이라는 점에서 주목할 만하다. 정신위생운동은 또한 정신질환을 신체적 기능과 심리적 기능이 통합된 하나의 관점에서 이해하려 한 점에서도 중요한 의미를 가진다.

20세기 초반 전반에 걸쳐 정서 · 행동장애가 있는 아동과 청소년을 위한 치료 노력이 점차 증가했지만, 심각한 정서장애 아동의 원인, 진단, 치료, 예후를 이해하기 시작하고 체계적이고 지속적인 노력이 본격적으로 이루어진 것은 1930년대에 들어서였다(Kanner, 1962).

## ◦ 체계적 프로그램과 개념적 모델의 발전

1930년대부터 1970년대 중반까지, 정서 · 행동장애(EBD)를 가진 아동과 청소년에 대한 관심이 폭발적으로 증가했다. EBD 아동을 위한 교육 서비스의 확산은 아동 정신의학 분야의 주요 발전과 함께 이루어졌으며, 이 시기의 연구자들은 1950년 이전까지는 특성과 원인이 되는 요인(etiology)을 기술하는 데 집중했고, 1950년이 되어서야 구체적인 프로그램과 중재 전략이 본격적으로 제시되었다(Yell, Meadows, Drasgow, & Shriner, 2009).

1940년대, 1950년대 그리고 1960년대에는, 대도시를 중심으로 일부 지역에서 EBD 아동을 위한 교육을 선택할 수 있게 되었다. 연방 정부는 1966년 「초 · 중등교육법(Elementary and Secondary Education Act of 1966: ESEA)」 개정을 통해 주 정부가 장애학생을 위한 교육 서비스를 제공할 때 연방 기금을 사용할 수 있도록 허용하면서 장애아동 교육을 장려하기 시작했다(Egnor, 2003). 장애학생을 위한 교육이 의무화된 것은 1975년, 미국 의회가 「전장애아교육법

---

3) 긍정심리학(positive psychology) 운동은 최근 비현실적이며 오히려 역효과를 초래할 수 있다는 비판을 받고 있다. 비판자들은 이 운동이 개인에게 두려움, 분노, 슬픔과 같은 정서의 자연스러운 표현을 차단함으로써, 장기적으로 문제를 더욱 복잡하게 만들 수 있다고 지적한다(Ehrenreich, 2009). 긍정심리학은 여전히 유의미한 가치를 지니고 있는 영역일 수 있으나, 심리학 및 정신건강의 여타 운동들과 마찬가지로 모든 문제를 해결해 줄 수 없다는 사실이 드러남에 따라, 결국 실망이라는 현실에 직면하게 될 가능성도 존재한다.

(P.L. 94-142)」을 통과시키고 제럴드 포드 대통령이 법안에 서명한 이후였다(Cross, 2004).

연구자들은 '정서장애'라는 아직 차별화되지 않은 개념을 분석하기 시작했고, 이 개념 안에 포함된 다양한 장애 특성을 분리해서 인식하기 시작하면서 각자의 관점에 기반한 개념적 모델을 통해 EBD를 설명하고 치료하려는 시도를 했다. 이 시기에 제안된 개념적 모델 중 일부는 점차 사용하지 않게 되었지만, 다른 모델들은 아직까지도 EBD 선별 및 중재에 유용한 접근으로 활용되고 있다. 이러한 개념적 모델은 당시 교육 및 치료의 흐름과 철학을 보여 주는 하나의 역사적 서사라 할 수 있다.

## 정신역동적 접근

바우어(Bower, 1990)는 1930년대와 1940년대를 내면 심리 갈등을 해결하는 데 초점을 둔 시기(resolution of intrapsychic conflict era: RICE)로 규정하였다. 이 시기의 접근은 지그문트 프로이트의 정신역동 이론에 뿌리를 두고 있으며, 정신역동 이론가들은 개인의 심리적 불균형이 정서적 문제로 나타나는 병리 현상을 유발한다고 보았다. 정신역동 이론에 기반한 중재에는 개별 대화 치료(individual talking therapy)와 높은 수용성을 가진 교사들과 함께 허용적인 교실 환경을 만드는 것이 포함된다(Yell et al., 2009). 아동은 자신의 내면 갈등을 해결함으로써 보다 최적의 기능을 하도록 유도된다. 이 접근은 여전히 일부 특수교육 프로그램에서 사용되고 있지만, 학교 현장에서는 점점 선호되지 않고 있다. 그 이유는 다음과 같다. 첫째, 현행 연방 및 주 교육법규가 요구하는 성취표준 중심 교육개혁(standards-based reform)과 잘 맞지 않는다. 둘째, 상담 중심 접근 중재는 학교 기반 행동 지원 체계의 맥락에서 효과성이 낮게 평가된다. 그 이유는 정신역동 접근은 학생의 내면 갈등 해결을 통해 행동 변화를 기대하지만, 명확한 행동목표를 가지고 객관적으로 측정하고, 단기적 성취 개선을 보여 주지 못하기 때문이다.

## 심리 · 교육적 접근

심리 · 교육적 접근은 정신역동 접근의 심리치료적 요소를 포함하되, 행동이 발생하는 맥락에서의 체계적 분석을 추가한다(Yell et al., 2009). 이 접근의 대표적인 중재는 '생활 공간 면담(life space interview)'이다(Redl, 1959). 오늘날 이 기법은 '생활 공간 중재(life space intervention: LSI)'로 불린다. LSI는 행동 위기 상황에 있는 아동 · 청소년에게 적용되는 언어적 중재 기법으로, 위기 상황에서 학생이 겪는 즉각적 경험(즉, 생활 공간)에 초점을 맞추어 사건을 이해하고,

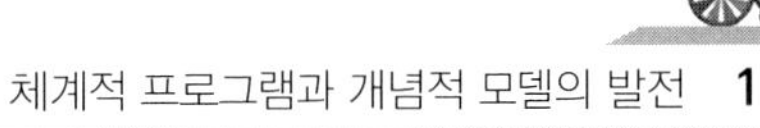


자기조절적이고 적응적인 행동을 촉진하는 것을 목표로 한다(Wood & Long, 1991).

LSI의 개념은 최근 교육에서 학생들이 자신의 행동을 이해하고 조절할 수 있도록 돕는 기법인 '사회성 기술 성찰과 재구성(social skill autopsies)'과도 연결되어 논의된다(Lavoie, 2005). 이 접근은 행동이 학습된 것임을 인정하고, 그것을 체계적으로 다루려는 시도의 일환이다.

## 생태학적 접근

생태학적 접근은 1940~1950년대에 유행했던 입원치료 및 심리치료적 접근에 대한 불만에서 큰 영향을 받아 등장했다. 1960년대 초에는 Project Re-Ed라는 모형 프로그램이 시행되었고, 이는 아동 그 자체뿐 아니라 아동의 가정과 지역사회 환경이 적응 행동을 지지하도록 변화시키는 것을 목표로 삼았다(Kauffman, 2001).

홉스(Hobbs, 1966)는 Re-Ed 모델을 다음과 같이 설명했다. 정서적으로 불안정한 아동은 부적응 행동을 학습한 것이며, 따라서 적응 행동을 학습함으로써 재교육될 수 있다는 가정에 기반하고 있다. Re-Ed 실무자들은 아동의 삶에서 질병이 아닌 건강에 초점을 맞추며, 아동이 자신의 행동을 스스로 조절할 수 있도록 인지적 통제 전략을 가르치는 것을 목표로 한다. "정서적으로 장애를 가진 아동은 일반 아동보다 행동의 자유도가 적지만, 자기 지시에 따른 언어적 명령을 통해 자신의 행동을 형성할 수 있는 능력이 아예 없는 것은 아니다."(Hobbs, 1966, p. 1111)

Re-Ed의 또 다른 핵심 요소는 유능감(sense of competency) 개발이다. 홉스와 동료들이 말하는 유능감이란 학교에서 배우는 학업 기술, 특히 읽기와 산수 능력의 숙달을 의미한다. 이러한 기술을 갖춤으로써 일반 교실 환경(미국 아동들이 가장 보편적으로 속한 생태환경)에서 보다 자연스럽게 기능할 수 있게 되고, 이는 곧 자신감과 또래·교사·지역사회·부모의 수용으로 이어진다고 보았다. 오늘날에도 Re-Ed 원칙을 기반으로 운영되는 프로그램들이 존재하지만, 공립학교에서 Re-Ed가 요구하는 집중적 서비스와 지원을 제공하는 사례는 드물다. 그럼에도 이 모델은 여전히 EBD 학생의 교육 성과를 개선하려는 사람들에게 유용한 시사점을 제공한다.

## 인본주의적 접근

인본주의적 접근은 기존의 심리치료 중심 모델과는 매우 다른 방향을 지향한다. 1960~1970년대를 대표하는 인본주의자는 칼 로저스(Carl Rogers)였다. 그는 다른 심리학자 및 교육학자들과 함께 개인 중심(person-centered) 치료 및 발달 접근을 강조했다(Rogers, 1954, 1970). 간단히 말해, 이상 행동은 자아실현을 향한 인간의 본성을 사회의 기대가 억압한 결과로 간주되었다(Yell et al., 2009). 로저스의 저서 『배움의 자유(Freedom to Learn)』(1969)는 당시 인본주의자들에게 큰 영향을 주었으며, 그는 이 책에서 비지시적 교수법(nondirective teaching)을 소개했다. 그에 따르면, 사람들은 충분한 자유가 주어질 때 자기 목적에 맞는 학습을 자발적으로 추구하게 된다고 주장하였다. 이러한 철학은 이후 '자유학교(free schools)', '열린교육(open education)' 운동으로 이어졌으며, 이는 로저스를 비롯한 인본주의 이론가들(예: Knoblock, 1965; Morse, 1985)과 유사한 이론으로 발전되었다. 그러나 이후의 연구들은 대부분의 학생, 특히 EBD에게는 보다 구조화되고 지시적인 접근이 효과적이라는 결과를 지속적으로 보여 주었고, 이에 따라 인본주의적 접근은 그 인기가 점차 줄어들게 되었다. 그럼에도 자기결정(self-determination) 개념 등은 여전히 인본주의 철학을 기반으로 하며, 인지 및 행동 접근과 통합되어 특수교육 전반에서 중요한 가치로 남아 있다(예: Argan, 1997; Wehmeyer, Argan, & Hughes, 1998).

## ☑ 행동주의적 접근

행동주의적 접근은 행동이 환경 자극에 의해 형성된다는 전제를 바탕으로 한다. 즉, 행동에 일관된 결과(강화 또는 벌)를 제공함으로써, 원하는 행동은 강화하고, 바람직하지 않은 행동은 억제할 수 있다는 원리이다. 간단히 말해 사람은 행동을 통해 어떤 보상을 얻기 때문에 그렇게 행동한다고 보는 것이다. 이 보상은 어떤 것을 얻는 것, 즉 획득(예: 급여, 혹은 관심)일 수도 있고, 불쾌 자극으로부터의 회피(예: 칭얼거리는 아이에게 초콜릿을 줌으로써 조용해짐)일 수도 있다. 행동은 또한 처벌(행동의 빈도를 줄이는 자극)이나 소거(아무 반응을 보이지 않아 행동이 사라지게 함)를 통해 감소될 수도 있다.

하링과 필립스(Haring & Phillips, 1962), 휴잇(Hewett, 1968) 등의 교육자들은 분명한 지시 제공, 명확한 기대 설정, 일관된 후속 조치 등 행동 원리에 기반한 구조화된 접근법을 개발했다. 이러한 접근은 특히 바람직한 행동의 강화에 중점을 둔다. 행동주의적 접근은 흔히 체계적인 데이터 수집 절차를 사용하여 문제행동의 실재 여부와 중재에 대한 반응의 적절성을 검증한다.

행동주의 원리는 오늘날 교육 프로그램에서 중심적인 역할을 하고 있다. 중재의 효과성과 중재의 과정 및 결과를 교육기관과 정책 담당자에게 명확하게 전달할 수 있다는 장점 때문이다. 연방 규정에서는 중대한 징계 조치를 받을 위험이 있는 학생에 대해 기능적 행동평가

(functional behavior assessments: FBA)를 시행할 것을 요구한다(Fox & Gable, 2004). FBA는 행동주의 모델에서 제시하는 절차와 유사한 일련의 절차로 이루어져 있다. 비록 FBA가 실제로 학생의 요구를 어느 정도 충족시킬 수 있는지에 대해서는 논란이 있지만, 법적으로 FBA를 시행할 것을 요구한다는 것은 행동주의 모델이 시간이 지나도 여전히 그 효과성을 입증하고 있다는 것을 보여 준다.

## 인지-행동주의적 접근

인지-행동주의 심리학자들은 신체적 움직임과 마찬가지로, 인지(사고)도 행동의 일부로 본다. 즉, 움직임과 다른 행동이 학습된다면, 생각 역시 학습된 행동이라는 것이다. 이러한 관점은 생태학적 접근이나 행동주의 접근과 유사하게, 비적응적인(비합리적인) 사고 패턴은 보다 적응적인(합리적인) 사고로 대체 가능하다고 본다.

인지-행동수정 절차는 마이켄바움(Meichenbaum, 1977)에 의해 다양한 문제행동 영역에 적용되었으며, 불안장애나 우울증 같은 영역에서 특히 효과적인 것으로 나타났다(Beck, 1976). 또한 이 접근은 EBD 학생들에게 자기 통제 행동을 가르치는 데도 활용되고 있다(Polsgrove & Smith, 2004).

## 생물학적 접근

이전에 설명한 대부분의 접근은 행동 문제를 환경과의 상호작용이나 부적응적 학습의 결과로 본다. 하지만 생물학적 접근은 문제의 원인을 아동의 내부, 즉 신경학적 혹은 생리학적 요인으로 본다.

생물학적 접근은 의학 분야와 생물학 등 생명과학의 발전과 밀접하게 연결되어 있으며, 과학자들이 인간 행동과 관련된 신경생물학을 점차 이해해 가면서 EBD 분야에도 중요한 함의를 제공하고 있다. 예를 들어, 한때 정서적 불균형의 지표로 여겨졌던 뇌전증(epilepsy)은 현재 약물 치료가 가능한 생리적 장애로 이해된다. 주의력 결핍 과잉행동 장애(ADHD), 우울증, 불안장애 등의 문제에 대해 의학적 개입의 중요성이 점차 강조되고 있으며(Pennington, 2002), 실제로 많은 경우 약물치료는 행동 중재나 인지-행동중재와 함께 제공될 때 시너지 효과를 낼 수 있다. 교육자는 이러한 과정에서 약물 개입 후 행동 변화에 대한 데이터를 수집하는 관찰자, 그리고 행동 및 인지적 중재를 병행하여 수행하는 실천가로서 중요한 역할을 한다.

## ○ 법률과 소송

20세기 후반부에 EBD 분야에 가장 큰 영향을 준 것은, 입법과 소송을 통한 법적 개입이었다고 해도 과언이 아니다. 1975년 이전에는, EBD 학생에게 교육 서비스를 제공해야 한다는 법적 의무가 학교에 부과되어 있지 않았다. 그러나 1975년 「전장애아교육법(Education for All Handicapped Children Act: EHA)」이 통과되면서 상황은 완전히 바뀌었다. 이 법은 이후 「장애인 교육법(Individuals with Disabilities Education Act: IDEA)」으로 명칭이 변경되었다. 이 법이 통과되면서, 학교는 자신들의 교육구에 거주하는 모든 EBD 학생에게 다음과 같은 서비스를 제공해야 할 법적 의무를 지니게 되었다. 무상의 적절한 공교육(free appropriate public education: FAPE)을 제공하고, 최소제한환경(least restrictive environment: LRE)하에서의 교육 및 관련 서비스를 제공해야 한다고 규정한다. 또한 모든 EBD 학생에게 개별화 교육 계획(individualized education program: IEP)을 수립해야 한다고 명시하였다. IEP에는 해당 학생의 현재 수행 수준, 수업 중에 학생에게 필요한 교수 학습 요구, 필요한 지원 등을 상세하게 기술해야 한다.

### ☑ 일반 교육과정 접근

FAPE와 LRE 간의 균형을 맞추기 위한 단계로, IDEA 규정은 모든 특수교육 대상 학생에게 일반 교육과정에 접근 가능한 교육을 목표로 한 수업이 이루어져야 한다고 명시하고 있다. EBD 학생을 위한 옹호자들은, 접근(access)의 첫 번째 물결은 학교 자체에 접근하는 것이고, 그다음 단계는 일반 학생들이 받는 교육과정에 접근하는 것이라고 본다. 하지만 일부 학교는 이 규정을 모든 학생이 일반 교육과정 안에서, 일반 학급에서만 교육받아야 한다는 의미로 해석하고 있다. 이러한 해석은 부적절하며, 많은 학생에게 교정 중심의 수업(remedial instruction) 기회를 박탈하는 결과를 낳고 있다. 이 문제는 향후 EBD 학생 교육에서 또 하나의 법적 소송의 쟁점이 될 가능성이 높다. 성취기준 중심 교육(standards-based instruction) 운동으로 인해 교육과정의 폭이 좁아지고 있는 현재(Hess & Brigham, 2001), 일반 교육과정만으로는 EBD 학생들이 가진 고유한 요구를 충족시키기 어렵다는 점은 매우 분명하다.

## EBD 학생을 위한 징계 절차

EBD 학생의 완전 통합(full inclusion)에 대한 논쟁은 여전히 뜨겁지만, 이 논쟁조차도 IDEA의 징계 규정(discipline provisions)을 둘러싼 격렬한 논란에 비하면 비교적 가벼운 수준이라 할 수 있다. 예상할 수 있듯, 문제행동이 두드러지는 집단으로 분류되는 EBD 학생들은 징계와 관련된 대부분의 논쟁에서 중심에 놓이게 된다. 대부분의 공공 정책은 일부러 다소 모호하게 입안되며 그 결과 법적 소송(litigation)을 통해 의회가 명확히 규정하지 못한 요소들을 정교하게 조율하게 된다(Stone, 2002). IDEA와도 다르지 않았다.

학교는 모든 장애학생을 위해 IEP를 수립해야 할 의무가 있지만, 어떤 사람들은 EBD 학생들이 반복적으로 징계 조치를 당하며 교육 경로가 중단되거나 종료되는 경우가 많다고 비판하며 지적했다. 이에 따라 일부 옹호자들은 학교가 FAPE(무상의 적절한 공교육) 제공 의무를 회피하기 위해 가르치기 어려운 학생을 반복적으로 정학 혹은 퇴학시키는 수단으로 징계 절차를 활용하고 있는 것은 아닌지 우려하기 시작했다(Egnor, 2003).

이러한 상황에서 1988년 미국 연방대법원의 Honig v. Doe 판례는 중대한 전환점을 제공했다. 이 판결은 학교가 장애학생의 행동을 이유로 일방적으로 그를 학교에서 퇴출할 권한이 없다는 사실을 명확히 했다. 물론, 학교가 위험한 행동을 보이는 학생을 일반 학급에서 격리할 권한이 사라진 것은 아니지만, 이를 위해서는 반드시 행동 중재 계획(behavioral intervention plan: BIP)을 수립하여 지원해야 한다는 원칙이 강조되었다. 이후 다른 지방법원 및 연방 순회법원의 판결이 이어졌고, 이들은 EBD 학생에게 적절한 최소제한환경(LRE)을 결정하기 위한 다양한 법적 절차를 형성해 나갔다(더 자세한 내용은 Yell, 2006 참조). 21세기 교육의 중요성을 고려할 때, EBD 분야에 대한 법적 감시가 앞으로도 줄어들 가능성은 거의 없다.

## 정서 · 행동장애아동 및 청소년의 평가

EBD 아동 및 청소년의 평가는 모든 과학적 탐구 분야에서 나타나는 일반적인 흐름을 따르며, 이는 현상에 대한 초기 인식과 기술에서 출발해, 시행착오를 거쳐 점차 일관성과 구체성이 증가하고, 보다 엄격한 절차로 정교화되는 과정을 거친다(Kauffman et al., 2004). 새로운 개념적 모델이 개발되고, 덜 효과적인 초기 모델을 대체하면서, EBD 판별을 위한 정의와 절차도 체계화되고, 외부의 평가 대상이 되기 시작했다.

EBD에 대한 정확한 정의를 수립하는 일은 매우 중요하다. 왜냐하면 공식적으로 채택된 정의에 포함된 요소들이 해당 분야의 평가 절차와 해석 체계의 방향을 결정하기 때문이다. 정서장애에 대한 여러 가지 정의가 문헌에 나와 있지만, 교육 현장에서 현재 가장 영향력 있는 정의는 미국「장애인 교육법(IDEA)」에 포함된 연방 정부의 정의이다. IDEA에 따른 EBD의 정의는 다음과 같다.

> 이 용어는 다음과 같은 특성 중 하나 이상이 오랜 기간 동안, 현저한 정도로 나타나며, 아동의 교육적 성취에 부정적인 영향을 미치는 상태를 말한다.
>
> ① 지적, 감각, 건강 요인으로 설명되지 않는 학습의 어려움
> ② 또래나 교사와 만족스러운 대인관계를 형성하거나 유지하지 못함
> ③ 일반적인 상황에서 부적절한 행동 또는 감정 표현
> ④ 전반적이고 지속적인 불행감이나 우울한 기분 상태
> ⑤ 개인적 또는 학교 문제와 관련된 신체 증상이나 두려움을 보이는 경향
>
> 이 용어에는 조현병(schizophrenia)도 포함되며 사회적 부적응(social maladjustment)만으로는 포함되지 않음. 단, 정서장애가 있다고 판별된 경우에는 포함 가능함(U.S. Department of Education, 1988, p. II-46).

각 항목은 평가의 초점이 될 수 있다(Cullinan, 2004).

IDEA 정의는 이 특성들이 오랜 기간 동안, 현저한 정도로 존재해야 함을 분명히 하고 있다. 즉, 문제행동이 일시적이거나 교육에 실질적 영향을 미치지 않는 경우에는 EBD로 판별되지 않으며, 다른 장애 범주에 따라 특수교육 서비스를 받을 수 있는 경우에만 해당된다. 반면, 문제행동이 장기간, 현저한 정도로 나타난다고 간주되는 경우, EBD 판별을 위한 정밀한 추가적인 평가가 진행된다.

## ☑ 다른 요인의 배제

IDEA 정의에서 분명한 것은 학습문제를 설명할 수 있는 지적, 감각적, 신체적 요인이 있는 경우 EBD로 분류되지 않는다는 점이다. 따라서 이를 평가하기 위해 지능검사, 시청각 검사,

때로는 의학적 검사 등이 실시된다.

## 학습 능력 평가

EBD 학생의 학업 성과를 측정하기 위한 다양한 도구가 활용될 수 있다. 예를 들어, 학년별 성적은 학생들의 학업 성취를 보여 주는 기본 지표이다. 주(state) 학업 성취도 검사 결과는 학생의 학업 문제의 유무와 관련하여 점점 더 중요하게 간주되는 또 다른 형태의 학생의 학습 능력에 대한 정보이다(Gordon, 2006). 또한 읽기, 수학, 쓰기 등 기초학력에 대한 개별 성취도 검사도 실시된다. 그 예로는 다음과 같은 도구들이 있다. 카우프만 학업 성취도 검사(Kauffman Tests of Educational Achievement)(Kauffman & Kauffman, 2004). 우드콕 존슨 성취도 검사(Woodcock-Johnson-III, Scales of Achievement)(Woodcock, McGrew, & Mather, 2001). 마지막으로, 교육과정 기반 측정(curriculum-based measurement: CBM)은 EBD 학생의 학업 기술을 식별하고, 중재를 계획하고, 수업을 안내하는 데 유용한 도구로 활용된다. CBM은 중재반응모형(response to intervention: RTI)의 핵심 요소이기도 하다(Brigham & Brigham, 2010).

## 행동 및 사회적 관계 평가

EBD 정의의 나머지 네 가지 측면은 서로 다르긴 하지만, 일반적으로 동일한 유형의 평가 절차를 통해 수행된다. 따라서 각 요소마다 반복적으로 설명하기보다는, 이 절차를 하나의 그룹으로 묶어 설명하고자 한다. 대인관계, 부적절한 행동, 우울과 같은 기분장애, 학교 상황과 관련된 신체 증상 및 공포 반응의 평가는 일반적으로 다음과 같은 방식으로 수행된다. ⓐ 행동에 대한 직접 관찰, ⓑ 행동 평정척도, ⓒ 자기보고 도구이다(Kavale, Mathur, & Mostert, 2004).

이 중에서도 행동에 대한 직접 관찰은 이러한 EBD 관련 측면들을 평가하는 데 가장 빈번하게 사용되는 도구이다(Sasso, Conroy, Stichter, & Fox, 2001). 사전에 구조화된 기준에 따라 목표 행동의 조작적 정의와 시간 기준(예: 10초 간격)을 정하여 놓고 수행되는 관찰이, 단순한 서술적(narrative) 관찰보다 더 유용하다(Merrell, 1994). 관찰자들은 종종 환경 내에 함께 있는 1~2명의 학생을 추가로 선정하여 비교 데이터를 수집하기도 한다. 이렇게 함으로써 교실 내에서 목표 학생이 보이는 행동뿐 아니라, 교사가 해당 아동에게 보이는 반응과 상호작용 맥락도 함께 고려할 수 있다(Slate & Saudargas, 1986).

## 행동 평정척도

행동 문제를 평가하고, 분류하고, 식별하는 데 도움을 주는 여러 가지 행동 평정척도가 존재한다. 이 중 대표적인 것들로는 다음과 같은 도구들이 있다. 체계적 행동장애 선별 도구(Systematic Screening for Behavior Disorders: SSBD)(Walker & Severson, 1992), 행동 및 정서 평정척도(Behavioral and Emotional Rating Scale: BERS)(Epstein & Sharma, 1998). 이러한 도구들은 일반적으로 교사나 부모가 사용하여, 특정 기간(예: 6개월 동안) 나타난 다양한 행동의 빈도를 평정 방식으로 응답하게 된다. SSBD는 '다단계 선별 시스템'의 예로, 각 단계로 갈수록 점점 더 정밀하고 구체적인 평가를 수행하게 된다. 이는 일반적인 행동 선별 단계에서 시작해서, 최종적으로는 대상 학생의 행동을 4,500건 이상의 사례에서 구축된 규준(norm)을 기준으로 비교 · 평가하는 방식으로 진행된다. 반면, BERS는 '강점 기반 평가'의 예로, 문제행동뿐 아니라 사회적 역량(social abilities)의 존재 여부도 함께 평가하는 도구이다.

## 자기보고척도

EBD를 가진 개인들에게는 자기평정척도(self-rating scales)를 작성하도록 요청하는 경우도 많다. 학생 자기개념 척도(Student Self-Concept Scale: SSCS)(Gresham, Elliott, & Evans-Fernandez, 1992)는 그중 하나의 도구이다. SSCS는 다음 세 가지 내용 영역(자기 이미지, 학업, 사회성)에 걸쳐 정보를 수집하고, 다음과 같은 세 가지 차원에서 개인의 평정값을 산출한다(Gresham, 1995). ⓐ 해당 행동을 수행할 수 있다는 자기 확신(self-confidence), ⓑ 다양한 행동에 대해 개인이 부여하는 중요도(importance), ⓒ 해당 행동을 수행했을 때 긍정적인 결과가 나타날 것이라는 자신감(confidence in outcomes). 이러한 자기보고형 도구는 매우 주관적이며, 종종 사회적 기대 효과(social expectancy effects)에 영향을 받기 쉽다. 즉, 사람들은 정직하게 응답하기보다는 자신에게 유리하다고 생각되는 방식으로 응답할 가능성이 있으며, 반드시 솔직하게 답변한다고는 할 수 없다. 그럼에도 이러한 도구들은 다른 방식으로는 얻기 어렵거나 파악이 불가능한 개인의 정서 상태에 대한 통찰을 제공할 수 있다(Elliott & Busse, 2004).

## 가족 참여

19세기와 20세기를 거치며 EBD에 대한 이해가 변화함에 따라, EBD의 원인 요인, 치료 선택, 지원 체계에서 가족의 역할과 기여에 대한 인식도 함께 변화하였다. 예상할 수 있듯이 20세기 초반, 정신역동적 관점이 주를 이루던 시기에는 흔히 가족, 특히 부모가 문제의 주요 원인으로 간주되었다.

가장 대표적인 사례로, 브루노 베텔하임(Bruno Bettelheim)은 자폐를 유발하는 원인이 차갑고 정서적으로 단절된 어머니, 즉 '냉담한 어머니(refrigerator mothers)' 때문이라고 주장하였다(Bettelheim, 1967). 조현병을 가진 아동의 어머니는 '조현병 유발자(schizophrenogenic)'로 낙인찍혔고, 그들의 양육방식은 정신질환 발생의 주요 요인으로 주목되었다(Kauffman & Landrum, 2009). 역설적인 점은, 이러한 시기에 부모들이 자녀의 문제에 대한 비난을 받으면서도, 자녀 교육의 실질적 부담을 대부분 짊어지고 있었다는 것이다(Wehman & Gentry, 2008).

그러나 행동주의 학습접근이 EBD에 적용되면서부터는, 가족과 부모를 비난하던 시각에서 벗어나, 학생의 요구를 충족하기 위한 서비스 및 지원 체계 개발로 방향이 전환되었다. 이러한 변화는 자녀를 위한 공교육 서비스를 확보하려고 소송을 제기한 가족들의 노력에 의해서도 이루어졌다(예: Mills v. Board of Education, 1972, Pennsylvania Association for Retarded Children v. Pennsylvania, 1972). 이에 따라 학생들은 자신이 다니는 학교에서 교사나 행정가의 판단에 따라 특수학급에 배치되어 보다 적절한 중재 서비스를 점차적으로 제공받기 시작했다. 이 시기의 EBD 학생들은 종종 경도 정신지체 학생을 위한 프로그램에서 지원을 받기도 했다.

「전장애아교육법(EHA)」의 제정으로, 부모는 자녀의 교육과 치료에서 보다 주도적인 역할을 부여받았으며, 절차적 권리보장 체계(procedural safeguards)를 통해 법적 기반도 마련되었다. 일부 학교에서는 부모교육과 지원 프로그램이 제공되었으며, 생태학적 행동주의(ecological behavior) 운동은 부모를 자녀 치료 프로그램의 적극적인 참여자로 포함하였다.

1980년대에 들어서면서는, 정서장애를 겪는 자녀를 양육하는 가족의 요구를 다루는 연구들이 본격적으로 등장하였다. 다양한 옹호 단체는 부모, 사회복지사, 심리학자, 교사 등 전문가들이 함께 협력하여, 더 나은 정신건강 및 특수교육 입법, EBD의 새로운 정의 제안, 정신건강 및 교육 서비스 개선을 위한 기반을 마련하였다(Forness & Knitzer, 1992; Kauffman, 2001). 1986년에는 3~5세 유아에게도 교육 권리가 확대되어, 조기중재(early intervention)가 가능해졌고, 1989년에는 아동 정신건강을 위한 가족협회(Federation of Families of Children's Mental

Health)가 설립되어, EBD 학생을 위한 옹호 활동 및 가족 지원을 담당하게 되었다(Kauffman, 2001). 또한 장애아동이 청소년기로 진입할수록 가족의 스트레스가 더욱 복합적으로 증가한다는 사실도 확인되었다(Gallagher, Beckman, & Cross, 1983).

1990년대는 부모 권리와 가족 단위에 대한 관심이 증가한 시기였다. 스트레스의 원인을 규명하기보다는, 가족과 학생을 실제로 지원하는 방향으로 관점이 이동하였다. 유전적, 사회적, 환경적 영향은 EBD 발생의 위험 요인으로 수용되었고(Mash & Wolfe, 2010; Plomin, 1995), 랩어라운드 서비스(wraparound services)[4]의 개념이 등장하여 학교, 가정, 지역사회 전반에 걸친 지원 체계 구축에 초점이 맞춰졌다. 당시 개발된 프로그램들의 주요 목표는 학교와 지역사회의 역량강화, 가족과의 협력을 기반으로 한 공동 의사결정이었다. 이 시기의 연구에 따르면, EBD를 가진 아동 · 청소년은 일반 인구에 비해 다음과 같은 가족 스트레스 요인을 더 많이 겪는 것으로 나타났다. 낮은 사회경제적 지위, 어머니의 낮은 교육 수준, 정신질환을 가진 생물학적 부모의 존재, 그리고 신체적, 성적 학대 경험을 포함한다(Mattison, 2004).

1990년대에는 아버지의 양육 및 교육 참여가 증가하였고, 일부 가족에서는 조부모가 부모 역할을 대신 수행하는 경우도 많았다(Glover & Wehman, 2008). 또한 장애아동의 형제자매에 대한 관심도 증가하기 시작했으며, 형제자매들은 종종 장애에 대한 충분한 정보를 받지 못해, 자기 나름의 해석이나 이야기를 만들어 내는 경향이 있는 것으로 밝혀졌다(Gallagher, Powell, & Rhodes, 2006). 21세기 첫 10년이 마무리될 무렵에는, 가족-학교-지역사회 간의 협력 관계에 대한 관심이 더욱 커졌다(Glover & Wehman, 2008). 가족 중심 실천(family-centered practice)은 EBD를 가진 개인에게 효과적인 특수교육 서비스를 제공하는 데 있어 핵심 요소로 간주되고 있다. 하지만 부모 참여를 저해하는 장벽은 여전히 존재한다. 예를 들어, 학교 교직원이 부모와 만남을 갖기 위한 충분한 시간을 확보하지 못하거나, 부모로부터 유의미한 정보를 효과적으로 얻는 방법에 대한 지식이 부족한 것이 대표적이다(Bos & Vaughn, 2006). 또한 기존 가족 지원 연구는 주로 지적장애나 신체장애를 가진 아동의 부모를 중심으로 진행되어 왔으며, EBD로 판별된 학생의 가족은 상대적으로 연구의 사각지대에 놓여 있다(Bos & Vaughn, 2006). 따라서 EBD 학생과 그 가족을 실질적으로 지원할 수 있는 추가적인 연구가 요구된다.

---

4) 역자 주: 복합적인 정서 · 행동 및 사회적 지원이 필요한 아동 · 청소년을 위해 학교 · 가정 · 지역사회 자원을 통합적으로 연계하는 맞춤형 서비스 체계를 말한다. 1980년대 미국에서 지역 기반의 정신건강 서비스 개혁(Mental Health Reform) 과정에서 도입되었으며, 교육 · 복지 · 보건 기관 간 협력(team-based, individualized, community-based approach)을 핵심으로 한다. 우리나라의 학생맞춤통합지원체계(예: 통합사례관리, 지역교육복지 네트워크)와 유사한 개념으로 볼 수 있다.

## EBD 학생 교육에서의 교육용 기술 활용

EBD 학생들은 심각한 행동 문제를 보일 뿐 아니라, 학업 성취도 면에서도 중대한 결손을 보인다(Reid, Gonzalez, Nordness, Trout, & Epstein, 2004). 이를 지원하기 위해 여러 기술 기반 지원도구가 학습 지원을 목적으로 활용되고 있다. 기존 연구들은 주로 EBD 학생의 행동 문제를 다루는 기술 활용에 집중해 왔으나, 유사한 학업 결손을 가진 다른 학생들을 위해 개발된 교육 기술 역시 EBD 학생들에게도 유용할 것이라는 논리적 근거가 존재한다. 우리는 어떤 교수 접근법이든, 그것이 적용되는 학생들의 요구를 충족하고 있는지를 교육과정 측정 평가(CBM)를 통해 지속적으로 모니터링할 것을 권장한다. 현재 EBD 학생들을 위한 기술의 적용은 다음의 세 가지 범주로 나눌 수 있다. ⓐ 행동 관찰 도구, ⓑ 자기 행동 모델링, ⓒ 자기기록 및 자기 관리 과제들이다.

### 관찰에 활용되는 기술

새롭게 등장한 교육용 기술은 실시간으로 컴퓨터에 관찰 데이터를 직접 입력할 수 있는 기능을 가능하게 한다. 강과 아이와타(Kahng & Iwata, 2000)는 컴퓨터 기반 관찰 프로그램이 기존의 종이와 연필을 쓰는 방식보다 데이터 수집, 그래프 작성, 분석을 더 정확하고 빠르게 수행할 수 있게 한다고 지적하였다. 또한 컴퓨터 기반 관찰 시스템은 관찰 데이터를 저장, 검색, 공유하는 효율성에 있어서 기존의 기록 방식보다 훨씬 뛰어나다. 이와 유사한 애플리케이션은 Palm Pilot이나 iPad 같은 휴대용 컴퓨터에도 개발되고 있다(Emerson, Reeves, & Felce, 2000). 추가적으로 소형 바코드 스캐너를 이용하여 미리 설정된 바코드 범주에 따라 다양한 범주의 행동 데이터를 시간 조건에 맞춰 수집할 수 있다. 예를 들어, 시간 표집(time-sampling) 절차에서는 시각적 또는 청각적 신호에 따라 관찰자가 해당 시점의 행동 코드를 스캔하는 방식으로 기록이 이루어진다(Tapp & Wehby, 2000). 이러한 절차는 자연스러운 환경에서 구조화된 관찰을 보다 쉽게 수행할 수 있도록 도와준다.

### 비디오 모델링

"비디오 모델링은 개인이 자신(또는 유사한 사람)이 목표 행동을 수행하는 장면을 담은 비디오를 시청하는 것으로 구성된다"(Baker, Lang, & O'Reilly, 2009, p. 404). 이 방법은 여러 가지 매력적인 장점을 지닌다. 첫째, 적절한 노력만 기울이면, 중재 대상 학생 본인이 목표 행동을 수행하는 장면을 담은 긍정적 모델 영상을 제작할 수 있다. 또한 다양한 상황에서 원하는 기술을 시연하는 영상을 제작함으로써 일반화를 촉진할 수 있다. 추가적으로, 비디오 모델링 중재는 교사의 시간과 주의를 일반적 중재 방식보다 덜 요구하는 장점도 있다.

베이커 등(Baker et al., 2009)은 1974년부터 2005년까지 EBD 학생에게 적용된 비디오 모델링 연구들을 정리하였다. 이들 연구는 다음과 같은 중재 목표에 따라 분류되었다. ⓐ 또래와의 상호작용 증진, ⓑ 과제 집중 행동 증가, ⓒ 부적절한 행동 감소이다. 모든 연구는 중재 대상자에게 긍정적인 결과가 나타났음을 보고하였다. 특히 비디오 모델링이 토론이나 행동 리허설 같은 다른 수업 방법과 함께 사용되었을 때, 또는 목표 행동에 대한 체계적인 강화 전략이 병행되었을 때 효과가 더 크게 나타났다. 이 기법에 대한 연구는 기타 명확한 절차적 지침은 드물지만, 긍정적 가능성을 보여 주는 근거는 충분하다.

## ☑ 휴대용 전자기기를 활용한 자기 기록

자기 모니터링(self-monitoring) 및 자기 기록(self-recording)은 비교적 비침습적(nonintrusive)[5] 방식으로 긍정적 결과를 이끌어 내는 것으로 입증된 중재전략이다(Rock, 2005; Rock & Thead, 2007). 대부분의 자기 모니터링 프로그램은 1단계에서 학생이 목표 행동의 발생 여부를 인식(discriminate)하도록 가르치고, 2단계에서 주의집중 여부(예: 과제집중 vs. 주의산만)나 학업수행(예: 과제 수행 수 및 정확도)에 대해 자기평정을 하게 하며, 3단계로 자기 그래프화(self-graphing)를 통해 앞 단계의 행동을 평가하고 강화하는 방식으로 구성된다. 최근 연구는 Palm Pilot과 같은 휴대용 컴퓨터를 활용해 EBD 학생을 대상으로 다양한 환경에서 자기 모니터링을 성공적으로 적용한 사례를 보여 주고 있다(Gulchak, 2008). 굴착(Gulchak)은 이 장치들이 다음과 같은 장점을 지닌다고 강조한다. ⓐ 일반 환경에서도 널리 사용되는 기기로 학생들이 자연스럽게 받아들일 수 있다는 점에서 사회적 타당성을 가진다, ⓑ 비용 효율성(일반 노트북 컴퓨터의 10% 이하), ⓒ 이동성, ⓓ 종이/연필 기록 방식보다 우수한 기록 및 전사 정확도의 향상, ⓔ 사용의 용이성을 들 수 있다.

---

5) 역자 주: 학생이 스스로 하는 방식으로 학생의 일상이나 수업 흐름을 거의 방해하지 않는다는 의미이다.

## 이 분야가 직면한 쟁점들

EBD 학생을 위한 교육 분야가 다음 세기로 나아가는 시점에서, 그 방향을 결정하게 될 여러 이슈는 20세기 실천의 뿌리에서 비롯된 과제들일 가능성이 크다. 그중에서도 주요한 논점으로는 다음과 같은 것들이 있다. 누가 EBD로 선별되는가, 어떤 서비스가 제공되어야 하는가, 그리고 EBD 학생 교육이 정신건강 전반에서 어떤 역할을 수행할 것인가이다.

### 서비스의 부족

특수교육에 대한 비판자들은 장애로 인한 특수교육 서비스를 받는 학생 수가 증가하고 있다는 점을 지적한다. 전체 장애학생 수는 분명히 증가하고 있지만, EBD 학생은 역사적으로 그리고 현재까지도 심각하게 선별되지 않고 서비스를 받지 못하고 있는 집단이다(Walker, Nishioka, Zeller, Severson, & Feil, 2000). EBD 기준에 해당할 가능성이 있는 학령기 인구의 비율은 최대 20%에 이르지만, 실제로 서비스를 받는 비율은 1~2% 수준에 머물고 있다(Walker et al., 2004).

EBD 학생을 선별하는 것에 대한 지항은 주로 철학적 이유와 재정적 이유에서 비롯된다(Walker et al., 2004). 일부 전문가는 EBD 개념 자체를 거부한다. 그들은 정신질환을 둘러싼 과거의 광기(stereotype of insanity)를 떠올리며 거부한다. 예컨대, 『뻐꾸기 둥지 위로 날아간 새(One Flew Over the Cuckoo's Nest)』(Kesey, 1962)를 읽고 모든 정신질환자가 그 소설 속 인물들처럼 비인간적인 방식으로 취급된다고 오해하기도 한다. 또는 EBD를 가진 개인이 본질적으로 '기능장애'가 아닌, 사회에 의해 억압받고 있다는 주장에 현혹되기도 한다(예: Laing, 1999). 하지만 실증적 증거는 이와는 전혀 다른 그림을 보여 준다.

EBD를 지닌 개인은 심각한 내면의 고통을 겪고 있으며, 그들은 종종 주변 사람들의 삶도 고통스럽게 만든다. 이는 다수의 EBD를 가진 개인들을 억압하려는 사회의 시도라기보다, 문제가 극심해지기 전까지는 EBD 당사자의 고통을 외면하는 사회의 방관에 더 가깝다. 개인의 자유를 보장한다는 미명하에, 그들에게 서비스 제공 기회를 제한하는 것이 권리 보호라고 주장하는 담론은, 문제 아동이나 성인 자녀를 도우려 애쓰는 부모들이 실제로 겪는 좌절감과 직접적으로 충돌한다. 얼리(Earley)가 자신의 아들과 함께 서비스를 받기 위해 겪은 투쟁을 묘사한 기록은, 정서적 문제를 외면할 때 상황이 얼마나 악화되는지를 보여 주는 생생한 사례이다.

EBD 학생을 위한 서비스는 상당한 재정적 부담이 될 수 있다. 지역 학교가 해당 학생을

감당할 수 없을 경우, 비용이 높은 외부 기관(out-of-district) 서비스를 제공해야 할 수 있다(Brigham, Blaiklock, & Bon, in press). 일부 학교 관계자는 이러한 비용 부담을 피하기 위해, EBD 학생을 아예 선별하지 않음으로써 해당 학생의 교육받을 권리를 제한하기도 한다. 학생이 선별되지 않을 경우, 징계 사유로 학교에서 배제될 가능성이 더 높아진다. 그러나 이러한 학생들을 교육시키지 않은 데 따른 사회적 장기적 비용은 교육 비용보다 훨씬 더 막대하다.

## 불균형

많은 옹호자는, 특정 학생 집단이 EBD로 선별되어 특수교육에 배치될 가능성이 더 높다는 점에 우려를 표한다. 유사한 행동을 보이더라도, 인종이나 성별과 같은 피상적인 요소가 학교와 법적 시스템 내에서 학생의 처우에 영향을 미치는 것은 명백하다. 어떤 집단은 과잉 선별(overidentified)되고, 다른 집단은 과소 선별(underidentified)된다. 이 문제는 특히 유색인종 학생, 그중에서도 남학생에게 두드러진다(Osher et al., 2004). 반면, 여학생은 전통적으로 EBD를 포함한 다양한 장애 영역에서 과소 선별되는 경향이 있다.

또한 지역사회에 따라 매우 다른 행동을 EBD로 선별하고 있다는 점도 확인되었다(Wiley, Siperstein, Bountress, Forness, & Brigham, 2009; Wiley, Siperstein, Forness, & Brigham, 2010). 이러한 현상이 발생하는 구조적 기제를 이해하기 위해서는 훨씬 더 많은 연구가 필요하다. Osher 등(2004)은 이 문제에 대해 심도 있고 도발적인 주장을 제공하였으며, 그들의 논의를 통해 알 수 있는 점은 다음과 같다. 문화, 언어 그리고 EBD 간의 경계를 분리하는(disentangle) 작업은 과거에도 어려웠고, 앞으로도 여전히 복잡한 과제가 될 것이다.

## 증거 기반 실제

「낙오 아동 방지법(No Child Left Behind: NCLB)」과 「장애인 교육법(IDEA)」은 학교가 증거 기반 실제(evidence based practices: EBP)를 실행할 것을 요구하고 있다. 현재 증거 기반 실제 운동은 개인의 신념이나 감정이 아닌, 연구 기반의 타당성에 대한 판단을 중심으로 전개되고 있다. 다양한 연구 모델에서 근거의 적절성을 판별하기 위한 기준 요약은 다음과 같은 연구자들에 의해 제시되었으며, 2005년 『Exceptional Children』 특별호에 수록되었다(Brantlinger, Jimenez, Klingner, Pugach, & Richardson, 2005; Gersten et al., 2005; Horner et al., 2005; Odom et al., 2005; Thompson, Diamond, McWilliam, Snyder, & Snyder, 2005). 미국 교육부(U.S. Department of Education)는 'What Works' 웹사이트를 운영하며, 다양한 교수 실제에 대한 연구 근거의 타당성을 검토한다. 또한 이 기법들이 학생들에게 유의미한 변화를 이끌어 내는지 평가하여 증거 기반 실제를 확인 및 공인하고 있다(Brigham, Gustashaw, & Brigham, 2004).

### 교육과 정신건강 전문직

EBD 아동과 청소년은 각기 복합적이면서도 개별적인 특성을 지닌 존재이지만, 그들을 지원하려는 서비스 체계는 서로 단절되어 있다(Eber & Keenan, 2004). 특수교육, 지역 정신건강 서비스, 의료기관, 아동복지, 소년사법 체계는 모두 유사한 목표를 지향하지만, 이들 기관 간의 실질적인 협력은 거의 없거나 매우 제한적이다. 여러 옹호자는, 기관 간 협력(interagency collaboration)이 이루어진다면 현재보다 훨씬 더 긍정적인 결과를 도출할 수 있을 것이라고 주장한다(Dwyer, 2002; Dwyer & Bernstein, 1998). 그러나 현재의 실제 사례를 보면, 책임 공유나 우선순위 결정 권한에 대한 문제를 어떻게 해결할지에 대해서는 여전히 불분명하다.

## 결론

EBD를 지닌 개인의 복지를 염려하는 전문가들과 일반인들은, 이들이 겪는 현상을 이해하고, EBD의 다양한 유형을 구분하며, EBD 당사자를 위한 효과적인 중재 방법을 개발하고, 자신들의 노력이 실제로 개인의 삶을 더 나은 방향으로 변화시키는 데 기여함을 입증하고자 노력했다. EBD의 한 영역에서 이루어진 진보는 종종 다른 영역의 변화로 이어지며, 한 분야에서 새로운 중재 기법이 개발될 경우, 그것은 EBD 당사자가 보이는 행동에 대한 이해와 그 문제를 해결하기 위한 최선의 실제(best practices)에도 변화를 가져오게 된다. 이 분야의 중요성은 20세기 후반부터 입법자들과 소송가들로부터 지속적인 주목을 받아 온 사실에서도 확인할 수 있다. 21세기 두 번째 10년대에 진입한 지금도, 해결되어야 할 많은 과제가 여전히 남아 있다. 그러나 한 가지는 분명하다. EBD를 지닌 사람들은 항상 우리 곁에 존재할 것이며, 그들이 보여 주는 다양한 요구는, 앞으로도 전문가의 손에서 체계적이고 연구를 기반으로 하며 효과적인 중재를 필요로 할 것이다.

## 참고문헌

Agran, M. (1997). *Student-directed learning: Teaching self-determination skills*. Pacific Grove, CA: Brooks/Cole Pub. Co.

Baker, S. D., Lang, R., & O'Reilly, M. (2009). Review of video modeling with students with emotional and behavioral disorders. *Education and Treatment of Children, 32*(3), 403-420.

Beck, A. T. (1976). *Cognitive therapy and the emotional disorders*. New York: International Universities Press.

Becker, D., & Marecek, J. (2008). Positive psychology: History in the remaking? *Theory and Psychology, 18*(5), 591-604.

Beers, C. W. (1908). *A mind that found itself: An autobiography*. New York: Longmans, Green, and Co.

Bettelheim, B. (1967). *The empty fortress: Infantile autism and the birth of the self*. New York: Free Press.

Bos, C. S., & Vaughn, S. (2006). *Strategies for teaching students with learning and behavior problems* (6th ed.). Boston: Pearson/Allyn & Bacon.

Bower, E. M. (1990). A brief history of how we have helped emotionally disturbed children and other fairy tales. *Preventing School Failure, 35*(1), 11-16.

Bowker, G. C., & Star, S. L. (1999). *Sorting things out: Classification and its consequences*. Cambridge, MA: MIT Press.

Brantlinger, E., Jimenez, R., Klingner, J., Pugach, M., & Richardson, V. (2005). Qualitative studies in special education. *Exceptional Children, 71*(2), 195-207.

Brigham, A. (1845). Schools in lunatic asylums. *American Journal of Insanity, 1*, 326-340.

Brigham, A. (1848). Schools and asylums for the idiotic and imbecile. *American Journal of Insanity, 5*, 19-33.

Brigham, F. J., Blaiklock, D., & Bon, S. C. (in press). School choice and specialized settings. In: B. Billingsley, M. L. Boscardin & J. B. Crockett (Eds.), *Handbook of leadership & administration for special education*. New York: Routledge Press.

Brigham, F. J., & Brigham, M. S. P. (2010). Preventive instruction: Response to intervention can catch students before their problems become insurmountable. *The American School Board Journal, 197*(6), 32-33.

Brigham, F. J., Gustashaw, W. E., III., & Brigham, M. S. P. (2004). Scientific practice and the tradition of advocacy in special education. *Journal of Learning Disabilities, 37*(3), 200-206.

Brigham, F. J., Tochterman, S., & Brigham, M. S. P. (2000). Students with emotional and behavioral disorders and their teachers in test-linked systems of accountability. *Assessment for Effective Intervention, 26*(1), 19–27.

Cross, C. T. (2004). *Political education: National policy comes of age*. New York: Teachers College Press.

Cullinan, D. (2004). Classification and definition of emotional and behavioral disorders. In: R. B. Rutherford, M. M. Quinn & S. R. Mathur (Eds.), *Handbook of research in emotional and behavioral disorders* (pp. 32–53). New York: Guilford Press.

Dwyer, K. P. (2002). Mental health in the schools. *Journal of Child and Family Studies, 11*(1), 101–111.

Dwyer, K. P., & Bernstein, R. (1998). Mental health in the schools: 'Linking islands of hope in a sea of despair'. *School Psychology Review, 27*(2), 277–286.

Earley, P. (2006). *Crazy: A father's search through America's mental health madness*. New York: G.P. Putnam's Sons.

Eber, L., & Keenan, S. (2004). Collaboration with other agencies: Wraparound and systems of care for children and youths with emotional and behavioral disorders. In: R. B. Rutherford, M. M. Quinn & S. R. Mathur (Eds.), *Handbook of research in emotional and behavioral disorders* (pp. 502–516). New York: Guilford Press.

Egnor, D. E. (2003). *IDEA reauthorization and the student discipline controversy*. Denver, CO: Love Publishing Co.

Ehrenreich, B. (2009). *Bright-sided: How the relentless promotion of positive thinking has undermined America*. New York: Metropolitan Books.

Elliott, S. N., & Busse, R. T. (2004). Assessment and evaluation of students' behavior and intervention outcomes: The utility of rating scale methods. In: R. B. Rutherford, M. M. Quinn & S. R. Mathur (Eds.), *Handbook of research in emotional and behavioral disorders* (pp. 123–142). New York: Guilford Press.

Emerson, E., Reeves, D. J., & Felce, D. (2000). Palmtop computer technologies for behavioral observation research. In: T. Thompson, D. Felce & F. J. Symons (Eds.), *Behavioral observation: Technology and applications in developmental disabilities*. Paul.

Epstein, M. H., & Sharma, H. M. (1998). *Behavioral and emotional rating scale (BERS)*. Austin, TX: PRO-ED.

Forness, S. R., & Knitzer, J. (1992). A new proposed definition and terminology to replace 'serious emotional disturbance' in Individuals with Disabilities Education Act. *School Psychology Review, 21*(1), 12–20.

Fox, J. J., & Gable, R. A. (2004). Functional behavioral assessment. In: R. B. Rutherford, M. M. Quinn & S. R. Mathur (Eds.), *Handbook of research in emotional and behavioral disorders* (pp. 143–162). New York: Guilford Press.

Freeman, J. (1972). The tyranny of structurelessness. *Berkeley Journal of Sociology, 17*, 151–164.

Gallagher, J. J., Beckman, P., & Cross, A. H. (1983). Families of handicapped children: Sources of stress and its amelioration. *Exceptional Children, 50*(1), 10-19.

Gallagher, P. A., Powell, T. H., & Rhodes, C. A. (2006). *Brothers & sisters: A special part of exceptional families* (3rd ed.). Baltimore: Paul H. Brookes.

Gargiulo, R. M. (2010). *Special education in contemporary society: An introduction to exceptionality* (4th ed.). Thousand Oaks, CA: SAGE Publications.

Gersten, R., Fuchs, L. S., Compton, D., Coyne, M., Greenwood, C., & Innocenti, M. S. (2005). Quality indicators for group experimental and quasi-experimental research in special education. *Exceptional Children, 71*(2), 149-164.

Glover, B. G., & Wehman, P. (2008). Parents, siblings, and families. In: P. Wehman (Ed.), *Exceptional individuals in school, community, and work* (pp. 39-53). Richmond, VA: Virginia Commonwealth University Rehabilitation Research and Training Center on Workplace Supports and Job Retenion.

Gollaher, D. (1995). *Voice for the mad: The life of Dorothea Dix*. New York: Free Press. Gordon, S. (2006). Making sense of the inclusion debate under IDEA. *Brigham Young University Education and Law Journal, 189*(1), 176-213.

Gresham, F. M. (1995). Student self-concept scale: Description and relevance to students with emotional and behavioral. *Journal of Emotional and Behavioral Disorders, 3*(1), 19-26.

Gresham, F. M., Elliott, S. N., & Evans-Fernandez, S. (1992). *Student self-concept scale*. Circle Pine, MN: American Guidance Service.

Gulchak, D. J. (2008). Using a mobile handheld computer to teach a student with an emotional and behavioral disorder to self-monitor attention. *Education and Treatment of Children, 31*(4), 567-581.

Haring, N. G., & Phillips, E. L. (1962). *Educating emotionally disturbed children*. New York: McGraw-Hill.

Hess, F. M., & Brigham, F. J. (2001). How federal special education policy affects schooling in Virginia. In: C. E. J. Finn, Jr., A. J. Rotherham & C. R. Hokanson, Jr. (Eds.), *Rethinking special education for a new century* (pp. 161-182). Washington, DC: The Thomas B. Fordham Foundation and The Progressive Policy Institute.

Hewett, F. M. (1968). *The emotionally disturbed child in the classroom: A developmental strategy for educating children with maladaptive behavior*. Boston: Allyn & Bacon.

Hobbs, N. (1966). Helping disturbed children: Psychological and ecological strategies. *American Psychologist, 21*(12), 1105-1115.

Horner, R. H., Carr, E. G., Halle, J., McGee, G., Odom, S., & Wolery, M. (2005). The use of single-subject research to identify evidence-based practice in special education. *Exceptional Children, 71*(2), 165-179.

Kahng, S. W., & Iwata, B. A. (2000). Computer systems for collecting real-time observational data. In: T. Thompson, D. Felce & F. J. Symons (Eds.), *Behavioral observation: Technology and applications in developmental disabilities* (pp. 35-46). Baltimore: Paul H. Brookes.

Kanner, L. (1962). Emotionally disturbed children: A historical review. *Child Development, 33*(1), 97-102.

Kauffman, J. M. (2001). *Characteristics of emotional and behavioral disorders of children and youth* (7th ed.). Upper Saddle River, NJ: Merrill Prentice-Hall.

Kauffman, J. M., Brigham, F. J., & Mock, D. P. (2004). Historical to contemporary perspectives on the field of emotional and behavioral disorders. In: R. B. Rutherford, M. M. Quinn & S. R. Mathur (Eds.), *Handbook of research in emotional and behavioral disorders* (pp. 15-31). New York: Guilford Press.

Kauffman, J. M., & Landrum, T. J. (2009). *Characteristics of emotional and behavioral disorders of children and youth* (9th ed.). Upper Saddle River, NJ: Merrill.

Kaufman, A. S., & Kaufman, N. L. (2004). *Kaufman test of educational achievement, second edition (KTEA-II)*. Circle Pines, MN: American Guidance Service.

Kavale, K. A., Mathur, S. R., & Mostert, M. P. (2004). Social skills training and teaching social behavior to students with emotional and behavioral disorders. In: R. B. Rutherford, M. M. Quinn & S. R. Mathur (Eds.), *Handbook of research in emotional and behavioral disorders* (pp. 446-461). New York: Guilford Press.

Kesey, K. (1962). *One flew over the cuckoo's nest, a novel*. New York: Viking Press.

Knoblock, P. (1965). *Educational programming for emotionally disturbed children: The decade ahead*. Syracuse, NY: Division of Special Education and Rehabilitation, Syracuse University.

Kuhn, T. S. (1996). *The structure of scientific revolutions* (3rd ed.). Chicago: University of Chicago Press.

Laing, R. D. (1999). *Knots*. New York: Routledge.

Lavoie, R. (2005). Social skill autopsies: A strategy to promote and develop social competencies. LD Online Retrieved July 9, 2010, from http://www.ldonline.org/article/Social_Skill_Autopsies%3A_A_Strategy_to_Promote_and_Develop_Social_Competencies

Luchins, A. S. (1988). The rise and decline of the American asylum movement in the 19th century. *Journal of Psychology: Interdisciplinary and Applied, 122*(5), 471-486.

Mash, E. J., & Wolfe, D. A. (2010). *Abnormal child psychology* (4th ed.). Belmont, CA: Wadsworth CENGAGE Learning.

Mattison, R. E. (2004). Psychiatric and psychological assessment of emotional and behavioral disorders during school mental health consultation. In: R. B. Rutherford, M. M. Quinn & S. R. Mathur (Eds.), *Handbook of research in emotional and behavioral disorders* (pp. 163-180). New York: Guilford Press.

Meichenbaum, D. (1977). *Cognitive-behavior modification: An integrative approach*. New York: Plenum Press.

Merrell, K. W. (1994). *Assessment of behavioral, social & emotional problems: Direct and objective methods for use with children and adolescents*. New York: Longman.

*Mills v. Board of Education of the District of Columbia*, 348 F. Supp 866 (D. DC 1972).

Morse, W. C. (1985). *The education and treatment of socioemotionally impaired children and youth*. Syracuse, NY: Syracuse University Press.

Moynihan, D. P. (1993). Defining deviancy down. *American Scholar, 62*(1), 17.

Mussen, P. H., Conger, J. J., & Kagan, J. (1975). *Basic and contemporary issues in developmental psychology*. New York: Harper & Row.

Neiman, S. (2009). *Moral clarity: A guide for grown-up idealists* (Rev. ed). Princeton, NJ: Princeton University Press.

O'Donnell, S. (2009). Learning, not labels, for special-needs students. Edmonton Journal. Retrieved from labels+needs+students/1677448/story.html

Odom, S. L., Brantlinger, E., Gersten, R., Horner, R. H., Thompson, B., & Harris, K. R. (2005). Research in special education: Scientific methods and evidence-based practices. *Exceptional Children, 71*(2), 137-148.

Osher, D., Cartledge, G., Oswald, D., Sutherland, K. S., Artilles, A., & Coutinho, M. (2004). Cultural and linguistic competency and disproportionate representation. In: R. B. Rutherford, M. M. Quinn & S. R. Mathur (Eds.), *Handbook of research in emotional and behavioral disorders* (pp. 54-77). New York: Guilford Press.

Pennington, B. F. (2002). *The development of psychopathology: Nature and nurture*. New York: Guilford Press. *Pennsylvania Association for Retarded Children v. Commonwealth of Pennsylvania*, 343 F. Supp. 279 (E.D. Pa., 1972).

Plomin, R. (1995). Genetics and children's experiences in the family. *Journal of Child Psychology and Psychiatry and Allied Disciplines, 36*(1), 33-68.

Polsgrove, L., & Smith, S. W. (2004). Informed practice in teaching self-control to children with emotional and behavioral disorders. In: R. B. Rutherford, M. M. Quinn & S. R. Mathur (Eds.), *Handbook of research in emotional and behavioral disorders* (pp. 399-425). New York: Guilford Press.

Redl, F. (1959). The life space interview: Workshop, 1957. I. Strategy and techniques of the life space interview. *American Journal of Orthopsychiatry, 29*, 1-18.

Reid, R., Gonzalez, J. E., Nordness, P. D., Trout, A., & Epstein, M. H. (2004). A meta-analysis of the academic status of students with emotional/behavioral disturbance. *Journal of Special Education, 38*(3), 130-143.

Rock, M. L. (2005). Use of strategic self-monitoring to enhance academic engagement, productivity, and accuracy of students with and without exceptionalities. *Journal of Positive Behavior Interventions, 7*(1), 3-17.

Rock, M. L., & Thead, B. K. (2007). The effects of fading a strategic self-monitoring intervention on students' academic engagement, accuracy, and productivity. *Journal of Behavioral Education, 16*(4), 389-412.

Rogers, C. R. (1954). *Becoming a person . . . Pt. 1. Some hypotheses regarding the facilitation of personal growth. Pt. 2. What it means to become a person*. Oberlin, OH: Oberlin College.

Rogers, C. R. (1969). *Freedom to learn: A view of what education might become*. Columbus, OH: C. E. Merrill Publishing Co.

Rogers, C. R. (1970). *Becoming a person: Two lectures*. Austin, TX: University of Texas.

Sasso, G. M., Conroy, M. A., Stichter, J. P., & Fox, J. J. (2001). Slowing down the bandwagon: The misapplication of functional assessment for students with emotional or behavioral disorders. *Behavioral Disorders, 26*(4), 282-296.

Seligman, M. E. P., & Csikszentmihalyi, M. (2000). Positive psychology: An introduction. *American Psychologist, 55*(1), 5-14.

Shattuck, R. (1994). *The forbidden experiment: The story of the wild boy of Aveyron*. New York: Kodansha International.

Shermer, M. (2002). *Why people believe weird things: Pseudoscience, superstition, and other confusions of our time* (Rev. and expanded. ed.). New York: A.W.H. Freeman/Owl Book.

Shermer, M. (2004). *The science of good and evil: Why people cheat, gossip, care, share, and follow the golden rule*. New York: Times Books.

Shores, R. E., & Wehby, J. H. (1999). Analyzing the classroom social behavior of students with EBD. *Journal of Emotional and Behavioral Disorders, 7*(4), 194-199.

Slate, J. R., & Saudargas, R. A. (1986). Differences in the classroom behaviors of behaviorally disordered and regular class children. *Behavioral Disorders, 12*(1), 45-53.

Spaulding, J., & Balch, P. (1983). A brief history of primary prevention in the twentieth century: 1908 to 1980. *American Journal of Community Psychology, 11*(1), 59-80.

Stone, D. A. (2002). *Policy paradox: The art of political decision making* (Rev. ed.). New York: Norton.

Tapp, J., & Wehby, J. H. (2000). Observational software for laptop computers and optical bar code readers. In: T. Thompson, D. Felce & F. J. Symons (Eds.), *Behavioral observation: Technology and applications in developmental disabilities* (pp. 71-82). Baltimore: Paul H. Brookes.

Thompson, B., Diamond, K. E., McWilliam, R., Snyder, P., & Snyder, S. W. (2005). Evaluating the quality of evidence from correlational research for evidence-based practice. *Exceptional Children, 71*(2), 181-194.

U. S. Department of Education. (1998). *Twentieth annual report to Congress on the implementation of the Individuals with Disabilities Education Act*. Washington, DC: Author.

Urban, W. J., & Wagoner, J. L. (2009). *American education: A history* (4th ed.). New York: Routledge.

Vonk, H. G. (1979). The innovation cycle. *The Clearing House, 52*(5), 208-210.

Walker, H. M., Nishioka, V. M., Zeller, R., Severson, H. H., & Feil, E. G. (2000). Causal factors and potential solutions for the persistent underidentification of students having emotional or behavioral disorders in the context of schooling. *Assessment for Effective Intervention, 26*(1), 29-39.

Walker, H. M., Ramsey, E., & Gresham, F. M. (2004). Antisocial behavior in school: Evidence-based practices (2nd ed.). Belmont, CA: Thomson/Wadsworth.

Walker, H. M., & Severson, H. H. (1992). *Systematic screening for behavior disorders (SSBD) technical manual*. Longmont, CO: Sopris West.

Wehman, P., & Gentry, R. (2008). Education for individuals with disabilities. In: P. Wehman (Ed.), *Exceptional individuals in school, community, and work* (pp. 39-53). Richmond, VA: Virginia Commonwealth University Rehabilitation Research and Training Center on Workplace Supports and Job Retenion.

Wehmeyer, M. L., Agran, M., & Hughes, C. (1998). *Teaching self-determination to students with disabilities: Basic skills for successful transition*. Baltimore: Paul H. Brookes.

Wiley, A., Siperstein, G., Forness, S., & Brigham, F. (2010). School context and the problem behavior and social skills of students with emotional disturbance. *Journal of Child and Family Studies, 19*(4), 451-461.

Wiley, A. L., Siperstein, G. N., Bountress, K. E., Forness, S. R., & Brigham, F. J. (2009). School context and the academic achievement of students with emotional disturbance. *Behavioral Disorders, 33*(4), 198-210.

Wilson, E. O. (1998). *Consilience: The unity of knowledge*. New York: Knopf.

Wood, M. M., & Long, N. J. (1991). *Life space intervention: Talking with children and youth in crisis*. Austin, TX: PRO-ED.

Woodcock, R. W., McGrew, K. S., & Mather, N. (2001). *Woodcock-Johnson-III tests of achievement*. Itasca, IL: Riverside Publishing.

Yell, M. L. (2006). *The law and special education* (2nd ed.). Upper Saddle River, NJ: Prentice Hall.

Yell, M. L., Meadows, N. B., Drasgow, E., & Shriner, J. G. (2009). *Evidence-based practices for educating students with emotional and behavioral disorders*. Upper Saddle River, NJ: Merrill/Pearson.

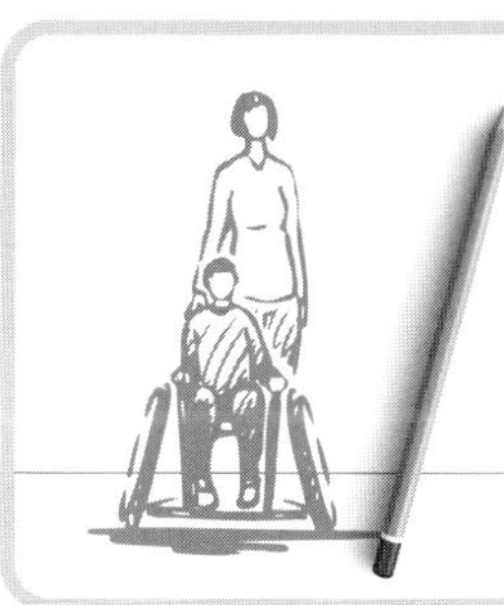

제8장

# 농인과 청각장애의 역사

C. Jonah Eleweke

## 농인과 청각장애의 초기 역사

농인과 청각장애는 매우 흥미롭고 오래된 역사를 가지고 있다. 여기서 사용되는 '청각장애(hearing impairment)'라는 용어는 원인, 청력 손실 정도, 서비스 제공에 관한 시사점과 관계없이 청각 기관의 모든 기능장애를 지칭한다. 청각장애의 역사는 기원전(BC) 수 세기 전까지 거슬러 올라갈 수 있다. 예를 들어, 기원전 1000년경 히브리 법은 농인과 청각장애인이 재산을 소유하고 결혼할 수 있는 권리를 제한하였다. 그러나 이 법은 청각장애인들이 다른 사람들로부터 저주나 학대를 받지 않도록 보호하기는 했지만, 성전의 의식에 완전히 참여할 권리는 부여하지 않았다(ASLInfo, 2010). 당시의 위대한 철학자들은 청각장애인들을 '정상 이하'로 간주했다. 예를 들어, 기원전 427년에서 347년 사이에 플라톤의 타고난 지능에 관한 철학이 유행했다. 이 철학은 모든 지능이 태어날 때부터 이미 선천적으로 존재한다고 주장했다. 따라서 모든 사람은 생각과 언어를 마음속에 가지고 태어나며, 단지 말을 통해 지능의 외적 징후를 보여 주는 데 시간이 필요할 뿐이라고 여겼다. 청각장애인들은 말을 할 수 없었기 때문에 합리적인 사고와 생각을 할 수 없는 것으로 간주되었다. 실제로 기원전 355년 아리스토텔레스는 농인으로 태어난 사람들은 멍청해지고 이성적 사고가 불가능하게 될 것이라고 주장했다고 전해진다. 그에 따르면, 청각장애인들은 듣는 능력이 없으면 배울 수 없기 때문에 교육받을 수 없다고 여겼다. 그의 사회에서 사용되던 그리스어는 완벽한 언어로 간주되었고, 청각장애인을 포함하여 그리스어를 말하지 않는 모든 사람은 야만인으로 여겨졌다(ASLInfo, 2010).

과거에 청각장애는 은밀한 죄에 대한 신의 분노 또는 형벌의 징표로 여겨졌다. 예를 들어, 성 어거스틴(AD 354~430)은 『죄책감의 여행(Guilt Trip)』에서 부모의 죄가 청각장애를 가진 자녀들에게 전가된다고 주장했다. 어거스틴은 신앙은 하나님의 말씀을 듣는 것으로부터 오며,

청각장애는 신앙의 장애물이라고 믿었다. 그러나 그는 청각장애인들이 배울 수 있고 따라서 신앙과 구원을 받을 수 있다고 믿었다. 어거스틴은 청각장애인들이 사용하는 신체 움직임, 수어, 제스처를 언급했고, 이러한 의사소통 방식이 생각과 신념을 전달할 수 있다고 믿었다. 그는 영혼에 도달한다는 점에서 이것이 음성언어와 동등하다고 암시했다(Bragg, 1997).

브래그(Bragg, 1997)에 따르면, 성 어거스틴은 청각장애아동들이 건청인 부모와 어떻게 의사소통할 수 있는지에 대해 깊은 관심을 가졌다. 어거스틴은 이러한 아동들이 부모가 자신들과 의사소통하기 위해 사용하는 제스처, 신체 움직임, 수어를 배워서 부모와 소통한다는 점에 주목하였다. 아마도 어거스틴이 신체 움직임, 수어, 제스처를 효과적인 의사소통 수단으로 인정한 것이 10세기 베네딕토회 개혁 당시의 수도사들에게 영향을 미쳤을 수 있다. 수도사들은 깊은 묵상이나 명상에 빠져 있는 동료 수도사들을 방해하지 않기 위해 침묵을 지키겠다고 스스로 다짐했다. 수도사들은 제스처, 신체 움직임, 수어를 사용해 의사소통했다. 말은 꼭 필요한 경우에만 사용되었다. 수도사들 사이의 이러한 침묵의 관행이 최초의 수어 발달로 이어졌다고 여겨진다(Bragg, 1997). 브래그는 수도사들이 사용한 제스처와 수어가 어떻게든 독일, 프랑스, 영국, 스페인과 같은 다른 나라들로 퍼져 나갔고, 그곳에서 정교화되고 강화되어 농인(Deaf)[1]들과 의사소통하는 데 사용되었다고 가정하였다. 그럼에도 서기 529년경에 유스티니아누스 황제 통치 기간에 '코르푸스 유리스 키비리스(Corpus Iuris Civilis)', 즉 '유스티니아누스 법전'이 개발되었다는 증거가 있다. 이는 기존의 로마법을 단순하고 명확한 법 체계, 즉 '법전'으로 정리해야 한다는 황제의 열망에 따른 결과였다. 이 법전은 농인들이 재산을 소유하고 관리하거나, 계약을 체결하거나, 유효한 유언을 작성할 수 있는 능력을 부정했다(Wikipedia, 2010a).

## 14세기와 15세기

청각장애인들은 단순히 음성언어를 사용하지 못한다는 이유만으로 건청인들과 동등하게 취급되지 않았다는 증거가 오래 전부터 일관되게 존재한다. 그러나 시간이 흐르면서 청각장애인의 본질에 대한 인식이 점차 변화하기 시작했다. 1521년, 네덜란드의 인문주의자 루돌푸스 아그리콜로(Rudolphus Agricolo)는 청각장애인들이 글을 통해 의사소통할 수 있다고 믿었다. 그는 말을 사용하는 능력이 사고 능력과 별개라는 이론을 주장했으며, 『변증법의 발견(De

1) 'Deaf'를 대문자 'D'로 표기하는 것은 농문화를 정체성으로 가지고 있으며 ASL(American Sign Language)이나 다른 수어를 주요 의사소통 수단으로 사용하는 사람을 지칭한다.

Inventione Dialectica)』을 저술했다(Wikipedia, 2010b). 마찬가지로, 지롤라모 카르다노(Girolamo Cardano, 1501~1576)는 청각장애인의 추론 능력을 인정한 최초의 의사였으며, 청각이 이해의 필수 조건이라는 아리스토텔레스의 믿음에 최초로 도전한 인물이었다. 지롤라모 카르다노는 농인들이 그림, 사물, 제스처를 통해 읽기와 쓰기를 배울 수 있다고 믿었다. 그는 청각장애인들이 음성으로 전달되는 정보를 글로 읽고, 그림과 도형을 사용하여 가르칠 수 있다는 데 주목했다(Leigh & Power, 2000).

1575년, 스페인의 변호사 라소(Lasso)는 말하는 법을 배운 청각장애인들은 더 이상 '벙어리'가 아니므로 상속권을 가져야 한다고 주장했다(ASLInfo, 2010). 1591년, 독일의 의사 솔로몬 알베르티(Solomon Alberti)는 청각장애에 관한 최초의 책인『청각장애와 언어장애에 관한 담론(Discourse on Deafness and Speechlessness)』을 출판했다. 그는 청각과 말하기가 별개의 기능이라고 주장했다. 알베르티는 청각장애인들이 비록 말을 하지 못하더라도 이성적이며 사고가 가능하다고 믿었다. 그는 청각장애인들이 듣는 능력이 없어도, 입술을 읽고, 말을 이해하고, 읽기를 배울 수 있다는 것을 보여 주었다(Van Cleve & Crouch, 2002).

## 농교육의 발전

청각장애인을 교육하려는 시도에 대한 최초의 기록은 1620년경 스페인에서 찾아볼 수 있다. 이 시기에는 멜초르 데 예브라(Melchor de Yebra)와 후안 파블로 데 보넷(Juan Pablo de Bonet)이 두드러진 인물이었다. 데 예브라는 침묵 서약을 한 수도사들이 사용하던 손 알파벳을 잘 알고 있었다. 그는 이러한 수형(手形)들을 출판하고, 청각장애인들의 영적 이해를 증진시키기 위해 종교적 목적으로 이를 사용하도록 홍보했다. 보넷은 데 예브라의 작업을 바탕으로 1620년에『알파벳 문자의 단순화와 농아들에게 말하기를 가르치는 방법(Simplification of the Letters of the Alphabet and Method of Teaching Deaf Mutes to Speak)』이라는 저서를 출판했다. 그는 구어주의를 지지했지만, 말하기와 문해력을 가르치기 위해 지문자를 사용했다. 그는 농인들이 건청인 사회에 통합될 수 있도록 이러한 방법론을 사용했다(Daniels, 1997).

영국에서는 의사 존 불워(John Bulwer, 1614~1684)가 제스처를 연구하여 1648년에『농아인의 친구(Deaf and Dumbe Man's Friend)』로도 알려진『필로코푸스(Philocopus)』를, 1644년에는『손의 자연언어(Natural Language of the Hand)』라고도 알려진『키롤로지아(Chirologia)』를 출판했다. 이 책들은 농교육과 언어에 관한 최초의 영어 서적이었다. 이 책들은 수신호의 사용을 보여 주었지만, 농인들의 수어를 직접적으로 언급하지는 않았다. 불워는 또한 청각장애인을 위한 학교 설립을 주장했다(Marschark & Spencer, 2003). 1680년, 스코틀랜드의 교사 조지 달가르노(George Dalgarno)는 청각장애학생들에게 입술 읽기, 말하기, 지문자 사용법을 가르쳤다. 그는 『농아인의 교사(Deaf and Dumb Man's Tutor)』라고도 알려진 『디다스칼로코푸스(Didascalocophus)』를 저술하여 농교육에 대한 자신의 관찰과 결론을 발표했는데, 이 책은 청각장애인 교육에서 지문자와 제스처의 사용을 지지했다(Dalgarno, 1971).

## ☑ 계몽주의 시대: 16~18세기

계몽주의 시대의 철학자들인 로크(Locke), 루소(Rousseau), 콩디야크(Condillac)는 언어의 본질, 언어와 사고의 기원, 그리고 수어에 대해 토론하였다(ASLInfo, 2010). 계몽주의 시대는 영적 각성과 지적 성장의 시기였다. 특히 '계몽된' 것으로 여겨진 사회에서 청각장애인들에 대한 처우에 긍정적인 변화를 가져왔다(ASLInfo, 2010). 이 시대에는 청각장애인들에게 교육을 제공하려는 노력이 계속되었다. 예를 들어, 1755년 새뮤얼 하이니케(Samuel Heinicke)는 독일에서 최초의 구어 중심 농학교를 설립했다(Reynolds & Fletcher-Janzen, 2007). 같은 해 아베 샤를 미셸 드 레피(Abbe Charles Michel de l'Epee, 1712~1789)는 파리에 왕립 농아학교(Royal Institution of Deaf and Mutes)를 설립했다. 이 학교는 세계 최초의 무상 농학교였다(Dilka, 2006). 이후 아베 드 레피는 청각장애인 교육 방법을 『체계적 수어를 통한 농아교육(Instruction of Deaf and Dumb by Means of Methodical Signs)』이라는 제목의 책에 발표했다. 주목할 만한 점은 레피가 사망할 때까지 자비로 이 학교를 운영했다는 것이다. 그의 사망 후에야 프랑스 정부가 학교를 지원하기 시작했다. 그의 후계자는 아베 로크 콩퀴루(커커런) 시카르[Abbe Roch Concurrou(Curcurran) Sicard, 1742~1822]였다. 시카르는 로랑 클레르(Laurent Clerc)와 장 마시유(Jean Massieu)를 런던으로 데려갔고, 그곳에서 그들은 미국의 농교육을 개척한 토머스 홉킨스 갤러뎃(Thomas Hopkins Gallaudet)을 만났다(New World Encyclopedia, 2010). 토머스 브레이드우드(Thomas Braidwood)는 1760년에 영국 최초의 농학교를 설립했다(Deafhistoryscotland, 2010). 이처럼 계몽주의 시대는 유럽에서 청각장애인들에게 교육을 제공하려는 노력에 긍정적인 영향을 미쳤다.

## ☑ 미국에서 청각장애인을 위한 공식 교육

청각장애인을 위한 정규교육과 미국 수어(American Sign Language: ASL)의 발전은 토머스 갤러뎃(Thomas Gallaudet, 1787~1851)의 노력 덕분이다. 그는 미국 최초의 농교육기관을 설립

하고 교장으로 재직했다. 1817년 코네티컷주 하트퍼드에 '미국 농아 교육 보호소(American Asylum for the Instruction of the Deaf and Dumb)'라는 이름으로 문을 연 이 학교는 현재 '미국 농학교(American School for the Deaf)'로 알려져 있다. 갤러뎃은 또한 미국 수어를 개발하는 데도 중요한 역할을 했는데, 미국 수어는 후에 단순한 영어 단어를 표현하는 코드가 아닌 진정한 언어로 인정받게 되었다. 그는 14세의 나이에 예일 대학교에 입학하여 1805년에 수석으로 학사학위를 받았고, 1810년에는 석사학위를 받았다. 그는 모든 과목에서 뛰어난 성적을 보였으며 동급생과도 잘 어울렸다. 그는 1년간 법학을 공부했고, 2년간 교육학을 공부했으며, 3년 동안 사업에도 적극적으로 참여했다. 또한 1811년부터 1814년까지 앤도버 신학교에 다녔다. 1814년에 갤러뎃은 목사가 되었고, 그의 강한 회중교회[2] 신앙은 평생 그를 인도했다. 갤러뎃은 비록 생애 대부분을 전업 설교자로 보내지는 않았으나, 지속적인 초청 설교를 통해 회중과 개인의 영성을 북돋우며 그 사명을 이어 갔다(New World Encyclopedia, 2010).

갤러뎃은 이웃 메이슨 콕스웰(Mason Cogswell)의 아홉 살 된 농인 딸 앨리스 콕스웰(Alice Cogswell)을 만났을 때 목사가 되고자 했던 자신의 소망을 접었다. 그는 흙에 막대기로 글씨를 써 가며 그녀에게 많은 단어를 가르쳤다. 콕스웰은 자신의 딸을 가르치려는 갤러뎃의 노력에 감명을 받아 그에게 농학생 교육 방법을 연구하기 위해 유럽으로 여행해 줄 것을 요청했다. 갤러뎃은 처음에 영국 런던, 에든버러, 스코틀랜드에서 브레이드우드(Braidwood) 가문의 교육 방법을 연구하러 갔다. 그러나 브레이드우드 가문은 3년 동안 그들의 조교로 일하고 배운 지식을 다른 사람들과 공유하지 않겠다는 약속을 해야만 그들의 농교육 방법을 공유할 의향이 있다는 조건을 내걸었다. 갤러뎃은 3년을 기다리고 싶지 않았고 미국으로 돌아가 농교육을 시작하는 것이 시급하다고 느꼈다. 또한 그는 브레이드우드의 방법이 농인을 가르치는 가장 좋은 방법이라는 확신을 갖지 못했다(Van Cleve & Crouch, 2002; New World Encyclopedia, 2010).

갤러뎃은 영국에 머무는 동안 파리에 있는 국립수어학교(Institution Nationale des Sourds-Muets)의 교장인 아베 시카르(Abbé Sicard)와 두 명의 농인 교수진 로랑 클레르(Laurent Clerc)와 장 마시유(Jean Massieu)를 만났다. 시카르는 갤러뎃을 파리로 초청하여 손을 활용하여 의사소통하는 학교의 농교육 방법을 배우도록 했다. 손을 사용하는 교수 방법에 감명을 받은 갤러뎃은 시카르 밑에서 교수법을 공부했고, 학교에서 잘 교육받고 졸업한 마시유와 클레르에게서

2) 역자 주: 회중주의(Congregationalism)는 16~17세기 영국에서 개혁주의 신앙과 종교적 자유를 추구하는 공동체로 시작되었고, 교회 운영을 목사나 소수의 장로가 아닌 신도(회중)의 민주적 결정에 맡긴다는 특징이 있다. 회중교회는 초기 미국 민주주의의 정신적 기반이 되었으며, 공동체 중심의 운영이 미국 사회, 정치, 문화의 발전에 영향을 주었다. 하버드 대학교, 예일 대학교 등 미국 주요 대학도 회중교회의 신앙 전통을 따라 설립되었다.

수어를 배웠다(Zapien, 1998). 파리 학교에서 클레르는 갤러뎃과 함께 미국으로 돌아가 가르치기로 제안했고, 둘은 미국으로 향했다. 미국으로 돌아온 두 사람은 뉴잉글랜드를 순회하며 민간 및 공공 기금을 성공적으로 모금하여 하트퍼드에 농학생을 위한 학교를 설립하였고, 이 학교는 나중에 미국 농학교로 알려지게 되었다(Moores, 2007).

New World Encyclopedia(2010)에 따르면, 어린 앨리스(Alice)는 새 학교의 첫 7명의 학생 중 한 명이었다. 일부 건청인 학생들도 배우기 위해 학교에 왔다. 이 학교는 높은 명성을 얻었고 1818년에는 제임스 먼로(James Monroe) 대통령이 방문하기도 했다. 갤러뎃은 학교 개교부터 1830년 건강상의 문제로 은퇴할 때까지 교장으로 재직했다. 교장으로 재직하는 동안 그는 매일 수업도 했다. 그가 은퇴할 때까지 학교에는 140명의 학생이 재학하였고, 미국 전역에서 널리 인정받는 학교로 성장하였다.

갤러뎃은 특수학교와 대학에서 다른 교수 직책을 제안받았지만, 아동 도서를 집필하고 교육을 발전시키기 위해 이를 거절했다. 당시 미국에서 출판된 아동 도서가 매우 적었기 때문에, 갤러뎃은 이러한 방식으로 아동 교육을 돕고자 하는 강한 열망을 가지고 있었다. 8년 동안 그는 주로 작가로 일했으며, 가치 있다고 여긴 다른 사회적 대의에도 헌신했다. 그는 여러 종교적 주제의 아동 도서와 함께 사전과 철자법 책을 저술했다. 또한 정신질환자들을 돌보는 일에도 참여하여 정신병원과 카운티 교도소의 목사로도 봉사했다(New World Encyclopedia, 2010).

갤러뎃의 아들인 애드워드 마이너 갤러뎃(Edward Miner Gallaudet, 1837~1917)은 1857년 최초의 농인 대학 설립을 도왔고, 초대 학장이 되었다. 이 대학은 원래 컬럼비아 학교였다가 1864년에 토머스 홉킨스 갤러뎃을 기리어 갤러뎃 칼리지(Gallaudet College)가 되었고, 1986년에는 갤러뎃 대학교(Gallaudet University)가 되었다. 이 대학은 초등학교, 중학교, 고등학교 수준의 교육도 제공한다. 갤러뎃 대학교 캠퍼스에서 주로 사용하는 언어는 ASL(미국 수어, American Sign Language)이다. 갤러뎃의 연구는 ASL 발전에 도움을 주었다. 다른 언어들처럼 ASL도 복잡한 역사를 가지고 있는데, 미국의 농인들이 이미 사용하고 있던 비공식적인 수어, 프랑스 수어, 그리고 갤러뎃과 클레르가 일부 단어에 영어 문법을 추가하려 한 노력이 결합된 것이다(New World Encyclopedia, 2010; Moores, 2007).

갤러뎃이 농인들에게 ASL과 교육을 가져다주는 데 도움을 주었지만, ASL이 단순히 영어를 위한 수어 코드가 아닌 진정한 언어라는 것을 언어학자들에게 제안한 것은 1960년 당시 갤러뎃 칼리지의 윌리엄 스토코(William C. Stokoe, Jr.)였다. 스토코의 연구 결과로 ASL은 학계에서 존중받고 인정받는 언어가 되었다(Stokoe, 2005).

## 현재: 법률의 영향–통합교육과 농학교의 폐교

1975년 미국에서 「장애인 교육법(Individuals with Disabilities Education Act)」이 시행된 이후, 「미국 장애인법(Americans with Disabilities Act: ADA)」 및 「낙오 아동 방지법(No Child Left Behind: NCLB)」과 같은 법률들은 청각장애나 다른 장애가 있는 학습자들에게 제공되는 교육과 서비스에 영향을 미쳤다. 이러한 법들의 숭고한 목표는 청각장애와 다른 장애가 있는 모든 아동에게 최소제한환경에서 무상의 적절한 공교육을 제공하고, 그들의 지역사회 통합을 촉진하는 것이었다. 그 이후로 청각장애학생들이 통합 환경에서 교육받을 권리와 관련하여 여러 요소가 대두되었다. 학생들과 부모들은 현재의 통합 환경에서 이러한 학생들에게 가능한 한 최선의 교육을 제공하기 위해 해결책이 필요한 복잡한 상황들에 직면하고 있다. 이러한 상황들에는 의사소통, 교육과 학교 환경, 문화, 사회적 기술 등이 포함된다(Hall, 2005; Kelman, Azulay, & Uchôa, 2009).

### 의사소통

의사소통은 청각장애학생들의 통합 환경에서 큰 장벽으로 작용한다(Kelman et al., 2009). 일반 학교에서 농학생들은 대부분 수어를 모르는 건청인 또래들과 교사들의 세계에 놓이게 되어, 입술 모양 읽기를 통해 가능한 한 많은 정보의 조각들을 무엇이라도 주워 모아야 한다. 그 결과, 농학생들은 영어로 의사소통이 이루어질 때 부정확한 언어 입력을 받게 되며, 종종 이해에 필요한 중요한 언어 요소들이 누락되는 경우가 많다. 이러한 학생들은 농학생과 교사 사이의 의사소통 단절로 인해 학업 성취에 어려움을 겪는다. 선의를 가진 건청인 교사라도 이러한 학생들의 의사소통 어려움 때문에 그들을 학습장애가 있는 것으로 잘못 인식할 수 있다(Hall, 2005).

### 고립과 불안

통합교육 환경에서 농학생들이 직면하는 또 다른 문제는 고립과 불안이다. 이는 건청인과 농인 참여자 모두가 서로를 이해하기 위해 엄청난 노력을 기울여야 하기 때문에 발생한다. 농학생들의 불분명한 발음과 건청인 학생들의 수어 능력 부족으로 인해 대화를 시도할 때 참여자들 사이에 조급함이 드러나는 경향이 있다. 또한 농인과 같은 장애가 있는 아동의 경우, 일반 대중은 그 아동이 정상적인 사회적 상호작용에 참여할 수 있는 능력에 대해 기대치를 낮추는 경향이 있다(Hall, 2005).

이러한 법들이 도입되기 전에는 대부분의 청각장애 학습자가 농인을 위한 기숙학교에서 교육을 받았다. 농인을 위한 기숙학교는 농문화를 육성하고 유지하는 데 엄청난 역할을 한다(Lane, Hoffmeister, & Bahan, 1996). 그곳에서 농학생들은 서로 깊은 유대관계를 형성하고 함께 학교생활을 한 후에도 수년간 친구로 남는다. 이 저자들에 따르면, 적절한 의사소통 기술의 부족으로 관계에 어려움을 겪는 통합학교에서는 이러한 유대관계를 형성하기가 매우 어렵다. 농문화에서 중요한 다른 요소들로는 촉각적 접촉, 대화 스타일, 신체적 행동 등이 있다. 일반 교육 환경에서는 특히 교사와 학생 사이의 신체적 접촉이 부적절하다고 여겨질 수 있지만, 농인 세계에서는 이것이 필수적이다(Lane et al., 1996). 신체적 접촉은 농인들에게 중요하며 농문화의 중요한 특징 중 하나이다. 농학생들은 타인의 주의를 끌거나, 대화 순서를 표시하거나, 때로는 다른 사람의 존재를 인정하기 위해 촉각적 접촉을 사용할 수 있다. 건청인들은 다른 사람들과 대화하는 동안 움직이거나, 무언가를 보기 위해 고개를 숙이거나, 심지어 잠시 눈을 쉬게 하는 것은 괜찮지만, 일부 농인들은 이러한 행동을 무례하고 불쾌한 것으로 여길 수 있다. 반면에 농인들이 수어로 의사소통할 때는 수어가 매우 시각적인 언어이기 때문에 양쪽 당사자 모두의 완전한 주의와 눈맞춤이 유지되어야 한다. 이러한 방식의 눈맞춤은 빤히 쳐다보는 행동으로 오해될 수 있으며, 건청인 참여자들은 효과적인 의사소통을 하는 데 상당한 불편함을 느낄 수 있다(Takushi, 2000). 이러한 상황이 청각장애학생과 건청인 또래들 사이의 오해를 일으킬 수 있다는 점을 감안할 때, 농학생은 교실에서 혼자 지내기로 결정할 수 있다. 이 경우 학생은 분명히 외로움과 고립감을 느끼게 될 것이다.

## ☑ 사회적 기술

사회적 기술은 농학생이 통합교육 환경에서 얼마나 잘 대처하는지에 엄청난 영향을 미친다. 건청인 아동들은 부모, 다른 가족 구성원, 친구들을 관찰하고 모방함으로써 이러한 기술을 어린 시절부터 배운다. 하지만 청각장애아동의 경우, 사회적 기술의 발달은 청력 손실 정도, 진단 당시의 나이, 치료 그리고 경험에 따라 결정된다(Patton, 2004). 농학생들의 통합교육은 많은 측면에서, 그리고 많은 이유로 매우 어려울 수 있다. 다른 사람들과 잘 어울려 지내고, 친구를 사귀고, 유쾌한 성격을 개발하는 것과 같은 기술은 많은 농학생에게 평생에 걸쳐 노력해야 할

과제이다. 대부분의 건청인 학생은 최소한의 지도만으로도 사회적 상황을 수월하게 헤쳐 나가지만, 청각장애아동들은 일반적으로 이러한 기술들이 부족하여 농인에 대해 부적절한 행동과 태도를 보이는 편협한 아동들의 조롱과 놀림의 표적이 되곤 한다(Patton, 2004).

캠브라(Cambra, 2002)는 통합 프로그램에서 34명의 농인 또래들에 대한 일부 건청인 학생들의 태도를 조사했다. 연구 결과에 따르면, 대부분의 건청인 학생은 수업에 참여하는 농학생들이 고립되어서는 안 되며, 그들의 존재가 수업의 정상적인 흐름을 방해하지 않을 것이라고 느꼈지만, 청각장애 관련 장애가 있는 학생들은 그들의 요구에 더 적합한 특수학교에 다니는 것이 더 나을 수 있다고 생각했다. 또한 데이터는 건청인 학생들이 농인 학생들은 자신들만큼 열심히 공부하지 않는다고 느낀다는 것을 보여 주었다. 관련 연구에서 눈, 프레츠릭, 올손(Nunes, Pretzlik, & Olsson, 2001)은 두 개의 다른 통합학교에 다니는 62명의 건청인 학생과 9명의 농학생 간의 또래 관계를 조사했다. 사회적으로 잘 관계 맺는 능력은 의미 있는 또래 관계의 필수적인 측면이다. 연구 결과에 따르면, 또래 평가 척도에 참여한 9명의 농학생 중 3명은 평가 하위에, 4명은 중간에, 2명은 상위에 위치했다. 학생들은 인기 있는, 무시당하는, 거부당하는 또는 평균적인 학생으로 분류되었다. 농학생 표본이 적기는 하지만, 농학생의 67%가 무시당하는 학생으로 분류된 반면, 건청인 학생들 중에서는 단지 27%만이 이러한 평가를 받았다.

쉬르머(Schirmer, 2004)는 청각장애학생들의 사회적 기술 문제가 이들의 초기와 청소년기 언어와 학업 진도에 더 많은 관심이 집중되어 개인적, 사회적 발달이 뒷전으로 밀리기 때문일 수 있다는 해석을 제시하였다. 따라서 사회적 기술이 부족한 청각장애학생들이 통합교육 환경에서 건청인 또래들과 사회적으로 상호작용하지 못하는 것은 놀라운 일이 아니다. 그들은 결과적으로 통합교육 환경에서 거부, 무시, 외로움, 고립을 경험할 수 있다. 따라서 청각장애학생들이 좋은 사회적 기술을 습득할 수 있도록 지원하는 프로그램은 그들의 언어와 학업 발달에 초점을 맞춘 다른 프로그램들만큼이나 중요하게 강조되어야 한다.

## 총체적 의사소통과 이중 언어-이중문화 철학

ASL이 완전한 자연어임이 입증되기는 하였지만, 문자 체계를 가지고 있지는 않다. ASL은 영어의 구문, 문법, 구조와는 다른 시각적 언어이다. 따라서 수년에 걸쳐 청각장애 학습자들의 교육에서 언어와 의사소통 정책에 큰 변화가 있었다. 이는 주로 청각장애학생들의 낮은 읽기 점수 때문이다. 연구 증거에 따르면, 청각장애아동들은 건청인 또래들보다 영어 읽기와 쓰기에 더 큰 어려움을 겪는다(Kuntze, 1998). 고등학교를 졸업하는 대부분의 청각장애학생은 4학년 수준의 읽기 능력만을 보인다. 연구들은 많은 농인 독자가 읽기에 필요한 하위 기술들을 갖추지 못했음을 보여 준다. 이 학생들은 읽기 연결을 형성할 만큼, 단어 식별, 메타인지, 형태통사론, 어휘, 사전 지식과 같은 기술들이 아직 충분히 발달하지 않았다(Hermans, 2008; Moores, 2008).

청각장애학생들의 낮은 읽기 수준과 학업 성취에 대한 우려는 청각장애학생 교육에서 '총체적 의사소통' 철학을 가져왔다. '총체적 의사소통'이라는 용어는 1960년대 후반 캘리포니아에서 로이 홀콤(Roy Holcomb)에 의해 처음 사용되었다. 이 아이디어는 1967년 데이비드 덴톤(David Denton)에 의해 더욱 발전되었고, 그의 학교인 메릴랜드 농학교에서 공식적인 교육 철학의 이름으로 채택되었다. 이 철학은 청각장애학생들을 교육하는 데 가능한 모든 의사소통 방법(예: 수어, 구어, 청각, 그림, 소묘 등)을 사용함으로써 그들의 문해력과 교육적 성과를 향상시키고자 했다. 이 철학은 잘 받아들여졌고 곧 영국, 프랑스, 중국, 말레이시아, 싱가포르, 호주, 스칸디나비아 국가들, 네덜란드, 프랑스, 독일과 같은 다른 나라들로 퍼져 나갔다. 미국에서는 1970년대와 1980년대에 총체적 의사소통이 가장 인기 있었으며, 이 시기에 대부분의 농학교와 프로그램, 그리고 이 분야의 주요 기관들이 이 철학을 지지했다(Wikipedia, 2010c).

총체적 의사소통을 10년 이상 사용한 후에도 대부분의 청각장애학생의 문해력과 학업 성취는 불만족스러운 상태로 남아 있었다. 결과적으로, 1990년대 초에 이중 언어-이중문화(Bi-Bi) 교육 방법이라는 새로운 접근법이 도입되었다. 총체적 의사소통에서 사용된 영어 기반 수어가 청각장애학생들의 실패 원인이라고 여겨졌다. 이는 수동 코드화된 영어(MCE)라고 불리는 영어 기반 수어 체계가 그 자체로 자연어가 아니기 때문이다. MCE에서는 ASL 수어와 일부 '발명된 수어', 접두사, 접미사 등이 영어 언어 구문과 구조로 사용된다(Rodda & Eleweke, 2000). Bi-Bi 접근법의 지지자들은 ASL이나 다른 수어가 완전한 자연어이므로 청각장애아동의 첫 번째이자 주요 언어가 되어야 한다고 주장했다. ASL은 인쇄된 영어를 처리하는 데 필요한 공간 기억 능력을 가지고 있는 것으로 여겨진다. 이들은 좋은 ASL 배경을 가진 청각장애학생들이 이를 통해 성공적으로 영어를 읽고 쓸 수 있게 될 것이라고 주장했다(LaSasso & Lollis, 2003). 결과적으로 청각장애인을 위한 프로그램에서 Bi-Bi 철학이 1990년대 초부터 유행하게 되었다. 이는 스웨덴과 덴마크에서 시작되어 다른 나라들로 계속 확산되고 있다(Gibson, Small, & Mason, 1997).

이중 언어-이중문화(Bi-Bi) 프로그램은 청각장애학생들이 두 가지 언어(ASL과 문자 영어)와 두 가지 문화(농문화와 청인문화)에서 능력을 획득할 수 있도록 하는 것을 목표로 한다. 이는 그

들이 건청인들과 함께 살며 상호작용해야 하기 때문이다(Hermans, 2008). Bi-Bi 교육의 기본 토대는 모든 청각장애아동이 의사소통 능력을 발달시켜야 한다는 것이다. 안타깝게도 이는 건청인 가정에서 태어나 다른 농인들이나 수어에 노출되지 않은 어린 청각장애인들에게는 도전적인 과제가 된다(Lane et al., 1996). 청각장애아동들의 언어 발달에 있어 조기 언어 노출은 매우 중요하다. 언어 발달이 늦어질수록 언어의 능숙도가 떨어진다는 사실은 증거가 분명하다(Baker & Baker, 1997).

Bi-Bi 교육은 ASL이 어떤 형태의 영어보다 습득하기 쉽기 때문에 이를 청각장애아동의 제1언어로 삼아야 한다고 주장한다. 시간이 지나면서 견고한 제1언어(ASL)는 제2언어(영어)에서의 더 나은 수행으로 이어질 수 있다는 것이다. Bi-Bi 교육의 주요 목표는 ASL과 문자 영어의 명확하고 능숙한 산출이다(Hermans, 2008; Rodda & Eleweke, 2000). Bi-Bi 교육에는 여러 가지 이점이 있다. 우선, 이는 초기 인지 발달을 촉진할 수 있는 이해 가능한 언어 입력에 대한 조기 접근을 제공한다. 이렇게 되면 더 높은 학업 성취를 촉진하고 나아가 자존감과 자신감이 높아지는 결과로 이어질 수 있다(Evans, 2004).

Bi-Bi 교육 프로그램에서, 수어 사용이 능숙한 학생들은 모르는 어휘와 알고 있는 수어 사이의 연결을 만들 수 있었다는 확실한 증거가 있다(Hermans, 2008). 헤르만스(Hermans, 2008)에 따르면, 이러한 학생들은 수어 사용이 능숙하지 않은 학생들보다 이야기를 훨씬 더 쉽게 이해할 수 있었다. 따라서 ASL을 먼저 가르치면 농학생의 개념적 기초가 심화되고 사고력과 문제 해결 능력이 향상될 수 있다.

헤르만스는 강한 ASL 배경을 가진 농아동은 영어 문해력 기술을 발달시키는 데 거의 어려움이 없을 것이라고 주장했다. 반대로, 언어에 노출되지 않은 아동들은 읽기와 쓰기 기술 모두에서 상당히 낮은 수행을 보일 수 있다. 헤르만스는 강한 제1언어(ASL)를 가지는 것과 영어 읽기 및 쓰기 기술의 숙달 사이에 강한 상관관계가 있다고 제안했다. 핵심은 강한 제1언어를 가지는 것이다. 하지만 안타깝게도, 청각장애아동의 90% 이상이 수어를 모르는 정상 청력을 가진 가족을 두고 있기 때문에(National Institute on Deafness and other Communication Disorders, 2010a) 영어 읽기와 쓰기 기술을 보유한 청각장애아동은 소수에 불과하다.

## ☑ 평가 문제

청각장애학생들의 평가는 지금까지 도전적이고 복잡한 과정이었고 아직도 여전히 그러하다(Anita, 1985; Sisterhen & Rotatori, 1989 참조). 이는 구어를 사용하지 못한다는 이유로 청각장애인들이 과거와 현재 일부 지역에서 어떻게 인식되고 대우받았는지를 고려할 때 놀라운 일이 아니다. 이러한 관점에서, 청각장애학생들을 평가하는 일은 그들의 교수-학습에서 가장 문제가 되는 측면 중 하나로 묘사되어 왔다(Mayer, Akamatsu, & Stewart, 2003). 그럼에도 신뢰할 수 있는 평가 데이터는 청각장애학생들에게 매우 중요하다. 신뢰로운 평가 데이터에 기반하여야 적절한 배치, 최적의 학습 방식(청각적, 시각적 또는 촉각적) 활용, 교육과정 조정, 증폭 및 청각 보조기기에 대한 지원, 그리고 가족, 학교, 청각장애인이 해야 하는 서비스 간 전환에 대한 결정을 촉진하기 때문이다(Bochner & Walter, 2005).

전통적인 평가 데이터 출처에는 관찰, 회상, 검사, 산출물, 기존 정보, 전문가 판단이 포함된다(Schirmer, 2004). 청각장애학생들의 적절한 평가에서는 그들의 의사소통 방법, 학업적, 지적, 의학적, 행동적, 청각학적 특성들이 결합되어 상호 연결된 강점과 요구 패턴을 파악해야 하고, 부모와 교사들은 이것을 바탕으로 교육 목적과 목표를 설정해야 한다고 주장되어 왔다(Eccarius, 1997). 그러나 언어 습득이 평가가 측정하는 개념적 저장소나 지식체를 획득하는 데 필수적이며, 청각장애가 언어 발달에 도전과제를 제시할 수 있다는 점을 고려할 때, 무어스(Moores, 1996)는 청각장애학생들의 평가에 관한 여러 질문을 제기했다. "청각장애아동들은 건청인 또래들과 같은 인지 발달 이정표를 거치는가, 아니면 순서가 다른가? 청각장애가 있는 청년과 성인들이 달성하는 최종적인 추상적 능력 수준이 건청인 또래들과 동등한가? 건청인 표본을 대상으로 개발되고 표준화된 IQ 검사와 같은 평가 도구가 청각장애인을 평가하는 데 적합한가?"(p. 151)

이러한 질문들에 대한 해답은 여전히 문제로 남아 있다. 수어(즉, ASL)가 그 자체로 자연어임이 입증되었음에도 불구하고(Stokoe, 2005), 대다수의 청각장애아동이 수어를 모르는 건청인 부모에게서 태어난다는 사실은 여전히 변함이 없다. 이는 많은 청각장애아동의 언어 발달이 지연될 수 있다는 것을 시사한다(Marschark, 2007). 그럼에도, 예를 들어 미국의 청각장애학생들은 2001년 「낙오 아동 방지법(NCLB)」과 2004년 「장애인 교육 개선법(IDEIA)」 규정에 따라 고부담 표준화 평가[3]에 참여해야 한다.

코선(Cawthon, 2010)은 많은 청각장애학생이 연장된 시간, 별도의 시험 환경, 수어로 통역된 시험 지시사항, 수어로 통역된 시험 문항, 소리 내어 읽어 주는 시험 문항, 학생들의 수어 응답과 같은 시험 편의제공을 사용하여 이러한 평가에 참여하지만, 교사들은 편의제공 결정을 내

3) 역자 주: 'high-stakes'는 '많은 것이 걸려 있는' 또는 '중대한, 위험 부담이 큰'을 의미한다. 따라서 고부담 평가는 그 평가의 결과가 학생의 진로, 졸업, 자격과 같은 중요한 결정에 직접적인 영향을 미치는 평가를 뜻한다.

릴 때 지침으로 삼을 근거 기반 자원을 가지고 있지 않다고 보고했다. 이러한 딜레마를 고려하여, 메이어 등(Mayer et al., 2003)은 청각장애 학습자들을 위한 상황적 평가(situated assessment)의 사용을 주장했다. 녹화된 교실 대화의 발췌본을 사용하여, 메이어와 동료들은 학생들의 현재 수행 수준과, 청각장애 학습자들의 요구를 가장 잘 충족시키기 위해 교육과정과 교실 활동을 어떻게 수정할 수 있는지에 대한 판단을 할 수 있다고 주장했다. 이 저자들에 따르면, "우리가 해결해야 할 도전 과제는 '일반' 교육과정의 어떤 부분을 수정해야 하는지 파악하는 것이고, 그런 다음 이를 바탕으로 각 학습자의 요구에 진정으로 부합하면서도 더 광범위한 의무 교육과정을 반영하는 IEP 목표를 개발하는 것이다"(p. 76). 그러나 메이어와 동료들은 교사들이 상황적 평가를 실행할 지식과 기술을 가지고 있지 않을 수 있기 때문에 상황적 평가가 표준화 평가나 전통적인 평가보다 더 도전적일 수 있다는 점을 인정했다.

이상의 논의로 보아, 청각장애 학습자들의 평가가 여전히 도전적인 문제로 남아 있음이 분명하다. 청각장애 학습자의 교육자들에게 더 효과적인 평가 전략에 관한 유용한 정보를 제공할 수 있는 교실 기반 연구들이 필요하다. 또한 저자는 교사들이 청각장애 학습자들의 평가에 관한 동향을 계속 파악할 수 있도록 정기적인 전문성 개발 기회가 제공되어야 한다는 메이어 등(Mayer et al., 2003)의 의견에 동의한다.

## 보조공학의 발전

오늘날 기술의 발전은 청각장애인을 포함한 모든 사람의 삶의 많은 영역에 큰 영향을 미치고 있다. 과학과 기술 혁신이 청각장애에 미친 긍정적 영향 중 하나는 과거 청각장애의 주요 원인이었던 풍진에 대한 백신의 발견이었다. 1960년대 이전에는 청각장애를 유발하는 풍진에 감염된 아동들이 많았고, 이로 인해 1980년대에는 '풍진 감염으로 인한 농인 졸업생 급증 현상'이 발생하기도 하였다. 풍진 백신이 발견된 이후, 풍진으로 인한 청각장애인의 수가 눈에 띄게 감소했다(Berke, 2009a).

더 이전에는 청각장애인들이 소리를 듣고 구어를 사용할 수 있게 하는 청각 기기를 발명하려는 시도가 있었다. 에녹 헨리 커리어(Enoch Henry Currier, 1849~1917)는 청각장애학생들을 가르치기 위한 양이형 이어폰을 발명했다. 이 장치는 말하기용 종 모양의 관 두 개와 청각장애인용 이어피스 한 개로 구성되었다. 이를 통해 사용자는 자신의 목소리와 교사/화자의 목소리를 모두 들을 수 있었다. 커리어는 또 다른 교육 보조기구도 고안했는데, 이는 교사가 말하는 종 모양의 마우스피스 하나와 각 학생을 위한 여러 개의 이어피스 관으로 구성되었다

(Washington University School of Medicine, 2010). 그러나 미국에서 진공관을 사용한 최초의 착용 가능한 보청기는 월터 후스(Walter Huth)가 개발하여 1938년 5월에 소개된 Aurex였다. 어쿠스티콘(Acousticon), 오로폰(Aurophone), 젬(Gem), 마이코(Maico), 라디오이어(Radioear), 소노톤(Sonotone), 웨스턴 일렉트릭(Western Electric)과 같은 다른 탄소 보청기 제조업체들도 진공관 보청기 생산으로 전환했다(Washington University School of Medicine, 2010).

오늘날 계속되는 기술 발전은 수십 년에 걸쳐 보청기를 크게 개선했다. 현재의 보청기는 디지털 기술의 사용으로 크게 향상되었다. 디지털 보청기는 소비자들이 소리를 해석하는 방식을 변화시켰다. 초기 보청기에서는 사용자들이 모든 주파수와 강도를 동일한 비율로 수신했다. 이로 인해 윙윙거리는 에어컨 소리도 말소리와 같은 강도로 수신되어, 청각장애학생들에게 매우 좌절스러울 만큼 불편했다(Kent & Smith, 2006). 디지털 보청기를 통해 뇌는 다양한 주파수의 소리를 자연스러운 작동 방식으로 수신하고 해석한다. 또한 기술의 발전으로 보청기는 이제 착용자가 거의 눈치 채지 못할 정도로 휴대하기 쉬워졌다.

교실에서 청각장애학생들을 위해 사용되는 루프 시스템[4]과 청능 훈련기의 기술 발전도 인상적이었다. 과거에는 청각장애학생이 부피가 큰 보청기와 보청기에 연결된 커다란 루프 시스템 장치를 착용해야 했다. 교사도 마이크를 셔츠에 연결해야 했다. 기술의 발전으로 보청기와 루프 시스템이 휴대가 간편해지고 거의 무선화되어, 이제 학생들은 이러한 장치들을 쉽고 편안하게 사용한다. 또한 청각 훈련기가 발달되어 청각장애학생들을 위한 교실에서의 효과성과 활용도가 증가하였다(Alterovitz, 2004).

더 효과적인 보청기를 제공하려는 노력은 인공와우(cochlear implant: CI) 개발로 이어졌고, 이는 1985년 미국 식품의약국의 승인을 받았다. 1990년 이후, 미국과 다른 선진국에서는 모든 연령대의 청각장애인 수천 명에게 인공와우가 이식되었다(Washington University School of Medicine, 2010). 청각장애아동의 90% 이상이 건청인 부모에게서 태어난다는 점을 고려할 때, 이러한 부모들이 자녀가 자신들처럼 말하고 건청인 문화 속에서 살기를 바라는 것은 자연스러운 일이다(Hurtig & Mueller, 2010). 따라서 인공와우와 같은 기기의 기술적 진보는 건청인 부모의 희망과 농인 자녀에 대한 계획에 희망의 빛을 가져왔다. 이는 인공와우가 소리 신호를 뇌에 더 효과적으로 전달할 수 있고, 이론적으로 청각장애인의 말하기 발달과 사용을 촉진할 수 있기 때문이다.

---

4) 역자 주: 루프 시스템(loop system)은 교사의 음성을 마이크로 받아 교실 내 전자기 신호(루프)를 통해 보청기나 인공와우로 직접 전달하는 장치이다.

그러나 인공와우 기기의 혜택에 관한 연구 결과에 따른 증거는 상충되어 왔다. 일부 사례에서는 12개월 이전에 이식하면 농아동이 좋은 구어 능력을 습득하고 건청인 또래들과 같은 시기에 유치원에 입학할 수 있다고 주장한다(Bleckly, 2010). 하지만 농인 커뮤니티는 어린 아동을 위한 인공와우와 같은 삽입형(침습적) 보조기기 장치에 대해 우려를 표명한다. 많은 의사, 치료사, 교사가 어린 인공와우 환자들에게 수어 사용을 권장하지 않기 때문이다. 그들은 종종 구어만을 사용하고 일반 교실에서 교육받는 것을 인공와우 사용자를 위한 이상적인 환경으로 추천한다(Hearing Loss Web, 2010a). 더 나아가 인공와우와 같은 일부 기술은 때로는 교실에서 이루어져야 하는 광범위한 치료와 지원이 필요하다는 주장이 제기되었다. 그러나 많은 일반 교사가 청각장애학생들의 이러한 유형의 기술 사용을 어떻게 효과적으로 지원해야 하는지 알지 못해 어려움을 겪는 것으로 보인다(Fagan & Pisoni, 2010).

청각장애인을 위한 통신 기기는 기술의 새로운 발전과 함께 계속 변화하고 개선되고 있다. 농인 발명가 로버트 베이트브레히트(Robert Weitbrecht)는 전화 타자기(telephone typewriter: TTY)로 알려진 청각장애인용 전화 기기를 가능하게 한 음향 커플러[5]를 발명했다. 1964년 5월, 베이트브레히트는 TTY로 최초의 장거리 통화를 실현했다(Berke, 2009b). 미국과 캐나다에서는 건청인이 TTY를 가진 청각장애인에게 전화하려면 먼저 전화중계서비스(TRS) 번호 711로 전화할 수 있다. TTY를 가진 청각장애인도 마찬가지로 건청인에게 전화할 수 있다. TTY를 가진 청각장애인은 TRS를 거치지 않고 TTY를 가진 누구나 또는 기관에 직접 전화할 수 있다. 그러나 수어를 사용하는 많은 청각장애인이 상대방을 직접 보기를 선호하면서 TTY는 구식이 되어 가고 있다. 이는 영상중계서비스(VRS)와 영상전화(VP)의 발전을 가져왔다(Akamatsu, Farrelly, & Mayer, 2005).

오늘날 단문 메시지 서비스(Short Message Service: SMS)는 건청인들처럼 많은 청각장애인 사이에서도 매우 인기를 얻고 있다. 이러한 인기는 농인 커뮤니티에게 의사소통의 자유와 평등을 제공했는데, 이는 그들이 건청인들처럼 모든 종류의 모바일 통신 기기를 사용할 수 있기 때문이다. 이러한 기기들은 이메일과 인스턴트 메시지(IM)[6]뿐만 아니라 이동 중에도 사용할 수 있는 기능을 갖추고 있다(Power & Power, 2004). 통신 기술은 계속해서 변화하고 있으며, 이러

---

5) 역자 주: 음향 커플러(acoustic coupler)는 전화기 수화기를 매개로 컴퓨터 등 기기와 전화망 간 음향 신호를 주고받도록 하는 과거의 데이터 통신용 장치이다.

6) 역자 주: 인스턴트 메시지(instant massage)는 메신저와 같이 '즉시 주고받는 문자 대화'라 할 수 있다. 인터넷이나 네트워크를 통해 두 사람 이상이 실시간으로 주고받는 짧은 텍스트 메시지를 말한다. 이메일과 달리 메시지를 보내면 즉시 상대방 화면에 나타나 빠르고 즉각적인 대화가 가능하다.

한 변화는 청각장애인과 농교육 및 서비스 분야에 새로운 기회를 가져다준다.

건청인들과 마찬가지로, 청각장애인들도 교육과 의사소통 분야에서 컴퓨터 기술의 발전으로부터 혜택을 받고 있다. 청각장애학생들의 교육을 촉진하기 위해 특별히 개발되어 사용할 수 있는 다양한 소프트웨어 프로그램이 있다. 대부분의 선진국에서 청각장애학생들을 위한 교실은 놀라운 컴퓨터 기술 장치와 프로그램들로 가득 차 있다. 이러한 장치들은 청각장애학생들에게 도움이 될 뿐만 아니라, 그들의 교사와 교육자들에게도 교실에서 더 창의적이고 효과적일 수 있는 기회를 제공한다(Reitsma, 2008). 또한 초인종이나 전화벨이 울릴 때, 또는 화재 경보가 울릴 때 청각장애인들에게 알려 주는 다양한 청각 보조 장치가 있다(Hearing Loss Web, 2010b). 미국과 다른 선진국들에서는 법적으로 대부분의 텔레비전 방송이 청각장애인들을 위해 자막을 제공해야 한다(National Institute on Deafness and other Communication Disorders, 2010b).

종합하면, 현재의 기술적 발전은 청각장애학생들과 개인들에게 많은 기회를 창출했다. 이러한 발전이 혁명적이기는 하지만, 일반 교실의 교육자들이 청각장애학생들에게 양질의 교육을 제공하기 위해 이러한 기술을 활용하는 방법을 알고 있는지에 대한 우려는 여전히 남아 있다. 적절하고 지속적인 기술적 지원이 없다면 교육자들이 기술 발전의 속도를 따라가지 못할 수 있기 때문이다. 오늘의 놀라운 장치들이 교육자들이 그것을 효과적으로 활용하는 방법을 배우기도 전에 내일이면 '구식'이 되어 버린다. 따라서 교육자들이 청각장애인들에게 영향을 미치는 최신 기술 혁신에 대한 지식을 계속 업데이트할 수 있도록 지원하는 전략을 계속해서 탐구해야 한다.

## ○ 청각장애아동의 가족

청각장애의 역사에 대한 논의는 청각장애아동 가족들의 중요한 역할을 언급하지 않고서는 불완전할 것이다. 상당수의 청각장애아동이 언어 습득 이전(즉, 3세 이전 또는 주변에서 사용되는 언어를 완전히 습득하기 전)에 청력을 잃으며, 이러한 아동들의 95%가 청각장애아동을 양육한 경험과 지식이 전혀 없는 건청인 부모에게서 태어난다는 연구 증거들이 일관되게 나타나고 있다(Holt, Hotto, & Cole, 1994; Mitchell & Karchmer, 2004). 청각장애를 경험한 적이 없는 부모들에게 자녀의 청력 손실 진단은 정서적으로 매우 충격적일 수 있다(예: Fitzpatrick, Graham, Durieux-Smith, Angus, & Coyle, 2007; Scheetz, 2001). 이러한 부모들은 자녀의 청력 손실 진단에

대한 다양한 정서적 반응과 더불어, 자녀가 언어를 사용할 수 있을지, 정상적으로 말할 수 있을지, 학교에 갈 수 있을지, 취업을 할 수 있을지, 그리고 가정을 꾸릴 수 있을지에 대해서도 걱정한다(Marschark, 2007).

수십 년에 걸쳐 청각장애와 다른 장애가 있는 아동들을 통합 환경에서 교육하고 이러한 아동들을 가정에서 양육하도록 촉진하는 법적 의무사항들이 생기면서(Angelides & Aravi, 2007; Byrnes, Sigafoos, Rickards, & Brown, 2002; Powers, 2002), 가족 보호자들을 지원하기 위한 관련 지원 서비스에 대한 정보가 반드시 제공되어야 한다는 주장이 강하게 제기되어 왔다(Fitzpatrick, Angus, Durieux-Smith, Graham, & Coyle, 2008; McCracken, Young, & Tattersall, 2008). 실제로 청각장애아동의 관리에 있어 지원 서비스에 대한 정보를 통합하는 것의 중요성은 문헌에 잘 기록되어 있다(Pendergast, Lartz, & Fiedler, 2002; Yoshinaga-Itano, 2004). 이러한 정보는 가족들이 다음과 같은 중요한 영역에서 청각장애 자녀를 돌보는 능력을 향상시킬 수 있는 필요한 서비스와 다른 형태의 지원을 얻을 수 있게 한다.

## 정보에 기반한 선택과 대처

청각장애아동의 가족들이 정보에 기반한 선택을 할 수 있도록 관련 서비스에 대한 시의적절하고 편향되지 않은 정보를 제공하는 것은 매우 중요하다. 이전에 청각장애를 경험한 적이 없는 부모가 대부분이기 때문에, 자녀를 양육하면서 부닥치는 도전과제들에 대하여 긍정적으로 대처할 수 있는 서비스를 얻는 데 도움이 되는 매우 시의적절하고, 명확하며, 편향되지 않은 정보를 필요로 한다(Sisterhen & Rotatori, 1986). 이러한 부모들에게는 아동기 청력 손실과 그 결과에 대한 교육적 정보, 최적의 발달을 보장하기 위해 이러한 아동들이 필요로 하는 전문화된 지원에 대한 정보, 그들과 자녀들이 이용할 수 있는 의사소통과 교육의 옵션들에 대한 정보들이 필요하다(Marschark, 2007). 청각장애아동 가족을 위한 지원 서비스 정보는, 가족들이 자녀의 청력 손실을 처음 알게 되었을 때 겪는 강렬하고 고통스러운 정서적 반응을 긍정적으로 극복할 수 있도록 적절한 전문적 도움을 연결해 준다(Meadow-Orlans, Mertens, Sass-Lehrer, & Scott-Olson, 1997). 제공된 정보를 통해 가족들이 관련 지원 서비스를 이용하여 이러한 고통스러운 감정과 반응들을 성공적으로 해결할 수 있다면, 그들은 더 강한 위치로 나아갈 수 있다. 이는 그들이 더 명확하게 생각하고 희망적으로 청각장애 자녀들의 발달적 요구를 충족시키는 데 더 효과적으로 행동할 수 있게 한다(Bemrose, 2003; DesGeorges, 2003).

## 조기 개입 프로그램 참여

청각장애아동의 가족들은 자녀들의 조기 개입 프로그램에 적극적으로 참여할 수 있도록 정보와 지원 서비스가 필요하다. 오늘날 많은 선진국에서 보편적 신생아 청각 선별검사(UNHS) 프로그램을 의무화함에 따라 매년 수천 명의 신생아와 영유아들이 청각장애 진단을 받고 있다. 예를 들어, 콜과 플렉서(Cole & Flexer, 2007)는 미국에서 매년 16,000~18,000명의 영유아가 청력 손실 진단을 받는다고 추정했다. 영국에서는 1,000명의 아기 중 1~2명이 한쪽 또는 양쪽 귀에 청력 손실을 가지고 태어난다(National Health Services, 2008). 호주에서는 10,000명의 출생아 중 9~12명이 양쪽 귀에 중등도 이상의 청력 손실을 가지고 태어난다(Australian Hearing, 2008). 이러한 상황이 시사하는 바는 청각장애가 가장 흔한 아동기 장애 중 하나로 볼 수 있다는 것이다. 이는 다른 발달 측면이 의존하는 언어와 의사소통 기술의 발달을 방해할 수 있기 때문에 조기 개입 서비스를 신속하게 시작할 필요가 있다.

조기 발견과 신속한 조기 개입 서비스의 시작이 청각장애로 인한 의사소통과 발달의 장벽을 예방하거나 크게 줄일 수 있다는 연구 증거들이 있다(Moeller, 2000; Watkin et al., 2007; Yoshinaga-Itano, 2004). 성공적인 조기 개입 프로그램은 아동의 요구뿐만 아니라 아동이 양육되는 가족 체계의 요구에도 초점을 맞춘다. 이러한 이유로 일부 문헌에서는 부모와 영유아 청각장애인들에게 주는 혜택 때문에 조기 개입 프로그램을 부모-영아 프로그램이라고도 한다(Brown, Abu Bakar, Rickards, & Griffin, 2006; Marschark, 2007; Stryker & Luetke-Stahlman, 2003). 이러한 프로그램들은 언어 발달, 부모-자녀 의사소통, 사회적 기술 발달, 청각장애아동이 가질 수 있는 잔존 청력 활용에 대한 지원에 초점을 맞춘다. 또한 이 프로그램들은 부모들에게 자녀들의 교육적 발달을 향상시키기 위한 전략들을 제공한다(즉, 수어 학습, 말하기 훈련 기술, 또는 특정 프로그램에 따라 두 가지 모두를 배우는 교육을 통하여)(Verhaert, Willems, Van Kerschaver, & Desloovere, 2008).

조기 개입의 목표는 청력 손실 진단 직후부터 효과적인 부모-자녀 의사소통을 촉진하는 것이어야 한다. 효과적인 부모-자녀 의사소통은 청각장애아동의 사실상 모든 발달 영역에서의 성공을 예측하는 가장 좋은 단일 지표이다(Marschark, 2007). 분명히, 보호자와 청각장애아동 사이의 가장 적절한 의사소통 수단을 통한 일관된 의사소통 상호작용은 아동이 사회적, 학업적 영역 모두에서 대부분의 정상적인 아동기 활동에 참여할 기회를 제공할 것이다(Baynton, Gannon, & Bergey, 2007; Marschark, 2007).

청력 손실이 있는 아동의 부모와 다른 가족 구성원들의 참여는 모든 조기 개입 프로그램의

성공을 위해 필수적이다(Watkin et al., 2007). 아동의 부모는 아동 관리에 있어 궁극적인 의사 결정 권한을 가진다(Brown et al., 2006). 조기 개입 프로그램의 성공을 위해서는 가족의 전적인 협력과 참여가 필수적이다. 조기 개입의 성공이 전문가들과 가족 구성원들 사이의 관계 발달에 크게 좌우되며, 가족 구성원들이 평가 절차와 개입 프로그램의 개발 및 실행에서 중요한 역할을 담당한다는 증거가 있다(Watkin et al., 2007). 따라서 청각장애아동의 부모들은 지역사회의 보건소, 청각 및 언어 클리닉, 청각장애아동을 위한 교육 프로그램을 통해 조기 개입 프로그램에 대한 정보를 쉽게 얻을 수 있어야 한다. 부모들에게 제공되는 조기 개입에 대한 정보는 자녀의 언어 발달을 향상시키기 위한 전략(예: 수어 교육, 말하기 훈련, 또는 둘 다), 부모-자녀 의사소통 향상, 적절한 사회적 기술 발달, 아동의 잔존 청력의 사용에 대한 적절한 지원, 그리고 부모 간 지원 그룹이나 네트워크에 초점을 맞춰야 한다.

## 교육 발달 지원

문헌에 따르면, 지원 서비스에 대한 충분한 정보가 있으면 가족들이 정보에 기반한 선택을 하고 청각장애 자녀의 교육 발달에 적극적으로 참여할 수 있다(Calderon, 2000; Luckner & Muir, 2001). 청각장애아동의 교육적 성과가 여전히 문제로 남아 있음을 보여 주는 증거가 있다(Easterbrooks, 1999; Holden-Pit & Diaz, 1998; United States Department of Education, 1998). 고등학교를 졸업하는 청각장애 학습자의 대부분은 4학년 수준의 읽기와 쓰기 능력을 보이는 것으로 나타났다(Marschark, 2007; Schirmer, 2001). 이는 부모들이 청각장애 자녀의 교육 프로그램에 적극적으로 참여하도록 보장하고, 이러한 아동들을 위한 포괄적인 언어 경험에 대한 조기 접근의 중요성을 강조하는 지원 서비스의 필요성에 관한 정보를 제공해야 할 필요성이 많다는 것을 시사한다. 이 분야에서는 오래전부터 청각장애아동의 긍정적인 교육적 성과를 위해 교육 프로그램에 대한 부모의 참여가 중요하다는 것을 인식해 왔지만(Mauk & Mauk, 1995), 많은 청각장애아동의 부모들이 자녀의 학교와 정기적이고 유익한 접촉을 하지 못하고 있다는 증거가 있다(Morton, 2001). 모턴(Morton)은 청각장애아동을 위한 학교 기반 프로그램의 교육자들이 종종 부모나 보호자에게 충분히 알리고 상담하지 않은 채 아동의 배치, 프로그램, 교육과정, 서비스를 결정하는 경우가 많다는 사실을 관찰했다. 그럼에도 청각장애아동의 교육적 성공은 정보를 잘 제공받고, 자녀의 좋은 의사소통 기술 발달에 강하게 헌신하며, 자녀의 교육 프로그램에 적극적으로 참여하는 부모와 관련되어 있음을 문헌들은 일관되게 보여 주고 있다(Musselman & Kircaali-Iftar, 1996). 그러나 충분한 정보의 부족으로 인해 부모의 참여가 제한될 수 있으며, 그 결과 많은 청각장애아동이 정규 교육을 시작할 때까지 영어나 수어로 사용 가능한 언어 기반을 갖지 못하는 경우가 여전히 있다(Paul & Quigley, 1994; Rodda & Eleweke, 2000).

자녀 교육 문제들에 대한 가족들의 정보 요구를 철저히 이해하는 것은 그들의 지원과 참여를 보장하기 위해 매우 중요하다. 부모에게 제공되는 청각장애아동의 교육 정보에는 사회적 발달, 학업 성취, 그리고 지역사회의 관련 프로그램에 대한 완전한 접근을 촉진하는 정보도 포함되어야 한다.

## 역량강화와 협력

문헌에 따르면, 지원 서비스에 대한 정보는 가족의 역량강화를 향상시킴으로써 청각장애아동 가족들의 삶에 가장 큰 변화를 가져올 수 있다(Briggs, 1999; Mogharreban & Branscum, 2008). 턴벌 등(Turnbull, Turnbull, Shank, & Smith, 2004)은 역량강화를 가족이 자녀를 위해 원하는 것을 아는 것, 그것을 얻기 위해 노력하려는 동기를 가지는 것, 그들의 동기를 효과적인 행동으로 전환하기 위한 지식과 기술을 가지는 것이라고 설명했다. 역량강화는 청각사, 언어치료사, 심리학자, 사회복지사, 농학생의 교사와 같은 전문가들의 협력을 통해 가장 잘 실현된다(Norton, 1998). 협력은 가족의 전문성이 전문가들에 의해 인정되고 치료나 재활 프로그램의 선택, 실행, 평가에 활용되는 과정이다(Sohlberg, McLaughlin, Todis, Larsen, & Glang, 2001). 따라서 협력은 다른 사람들과 함께 일하는 개인들 간의 자원 공유이며, 집단적 행동을 향상시키는 맥락을 만드는 것이다. 역량강화와 협력을 통해 가족 구성원들은 청각장애아동의 이익을 위해 원하는 것을 얻으려는 행동을 취하고자 노력한다(Turnbull et al., 2004).

협력은 청각장애나 다른 특수한 요구가 있는 아동의 가족들을 위한 서비스 제공에서 필수적인 측면으로 간주된다. 이는 가족 구성원들과 전문가들이 아동과 가족을 위한 최선의 서비스를 제공하기 위해 함께 일하는 관계를 향상시키기 때문이다(DeChillo, Koren, & Schultze, 1994; Brown, 2001). 따라서 파트너십 협력은 전문가들과 청각장애아동 가족들 사이의 효과적인 협력을 위해 매우 중요하다(Department of Education and Skills, 2004). 이는 부모와 전문가들이 아동과 가족의 이익이라는 공동 목표를 달성하기 위해 함께 일할 수 있는 체계를 확립했다는 것을 의미한다.

각 지역의 전문가들이 직면한 과제는 청각장애아동의 가족들과 더 효과적인 파트너십과 협력을 달성하기 위해 팀으로 일하는 전략을 모색하는 것이다. 가족들과 함께 일함으로써, 아동과 가족의 주요 문제와 요구가 파악될 것이다. 또한 관련 정보와 서비스의 출처가 파악되고 이

를 활용하기 위한 전략이 마련될 것이다. 이러한 목표를 달성하기 위해, 서비스 제공자들은 수 세기 동안 청각장애 분야를 특징지어 온 역사적으로 다양하고, 강력한 이념적, 방법론적 관점들을 극복할 방법을 찾는 데 헌신해야 한다. 더 나아가, 효과적인 협력 또는 파트너십 협력 모델의 실행을 보장하기 위해 전문가들은 이용 가능한 다양한 선택지에 대한 편향되지 않은 정보를 제공하고, 가족의 역량을 강화하고 향상시키며, 아동과 가족의 요구를 충족시키는 데 필요한 역량의 획득을 촉진할 수 있는 요소들을 포함하도록 전통적인 서비스 전달 과정을 수정하는 것이 필수적이다(Department of Education and Skills, 2007).

## 청각차별주의: 기원전 1000년으로의 회귀?

청각장애인과 다른 장애인들에게 법으로 제공되는 조항과 보호에도 불구하고, 현재 미국과 다른 국가들에서 청각장애인들이 직면한 뜨거운 이슈가 있는데, 이를 '청각차별주의(audism)'라고 한다. 톰 험프리스(Tom Humphries)는 청각차별주의란 어떤 사람이 들을 수 있거나 건청인들과 같은 방식으로 행동할 수 있는 능력이 있다는 이유로 청각장애인보다 자신이 우월하다고 여기는 관념이라고 정의한다(Silva, 2005). 청각차별주의는 농인 집단의 지능이 열등하다는 선입견을 가질 때 발생한다. 다시 말해, 청각차별주의는 청각장애인들이 단순히 청력 손실 때문에 겪는 차별을 의미한다. 청각차별주의는 직장, 학교, 의료, 기타 지역사회 서비스에서 청각장애인들에게 심각한 영향을 미친다. 이 장에 제시된 증거들은 아주 먼 옛날부터 농인들이 학대와 억압을 받아 왔음을 일관되게 보여 주고 있다. 건청인들이 수 세기 동안 품어 온 편견들로 인하여 농인들에 대한 기대는 낮아졌다. 이러한 상황은 현재까지 계속되고 있으며 이제는 청각차별주의로 알려져 있다(Bauman, 2004). 바우먼(Bauman)에 따르면, 청각차별주의는 언어를 말하기로 정의하기 때문에 발생한다. 이로 인해 말을 하지 못하는 청각장애인은 언어 능력과 지능이 부족하여, 합리적인 사고나 독립적인 결정을 내릴 수 없다는 그릇된 편견에 직면하게 된다. 불과 수십 년 전까지만 해도, 청각장애인을 지칭하는 용어는 '귀머거리와 벙어리(deaf and dumb)'였다. 종종 '벙어리'라는 단어는 '바보' 또는 '백치'를 의미하는 것으로 받아들여졌다. 예를 들어, 미국 최초의 청각장애인을 위한 학교는 '미국 청각장애자 교육 정신병원'으로 불렸다.

입법 조항들이 청각장애인이나 다른 장애인들이 차별 대우를 받지 않도록 보장하는 것을 목표로 하고 있음에도 불구하고, 청각차별주의로 인해 이러한 숭고한 목표는 여전히 달성하기 어려운 것으로 보인다. 예를 들어, 「미국 장애인법」을 실행하기 위해 설립된 연방기관인 미국 평등고용기회위원회(EEOC)는 1992년부터 2003년까지 미국 장애인들의 차별 경험을 비교·분석하는 연구를 수행했다. 이 기간 동안 8,936건의 차별 혐의가 EEOC에 제기되었다. 연구 결과, 8,936건의 혐의 중 25.1%가 근거가 있었고 74.9%는 근거가 없었다. 근거 없는 혐의가 근거 있는 혐의를 크게 상회했지만, 불만 사항의 25%가 청력 손실을 이유로 한 차별을 경험했다고 보고했다(McMahon, Bowe, Chang, & Louvi, 2005).

가이어와 쉬로우드(Geyer & Schroede, 1999)는 232명의 청각장애 근로자를 위한 편의 제공의 가용성에 영향을 미치는 조건들을 연구했다. 그들은 고용주가 제공했다고 생각하는 19가지의 편의 제공 중 7개가 응답한 근로자의 절반에게 제공되었고, 응답한 근로자의 80% 이상은 어떤 편의 제공도 이용할 수 없었다고 응답하였다는 것을 발견했다. 이 저자들은 고용주들이 직장에서 의사소통에 필요한 지원의 양을 잘못 인식하여 편의 제공 횟수를 결정했을 가능성이 있다고 주장하였다. 분명히, 농인 근로자들이 직장에서 성공하기 위해서는 편의 제공 이상의 요구가 충족되어야 한다. 농인 근로자들이 편의 제공을 거부당할 때, 그들은 차별받고 있는 것이다. 이러한 농인과 난청인 근로자들은 자신의 최선의 능력을 발휘할 수 없다. 필요한 편의 제공이 없다면, 고용주들은 이러한 근로자들의 실제 능력을 보지 못할 것이며, 편의 제공이 부족하면 농인과 난청인 근로자들이 승진 사다리를 오르지 못할 수 있다. 근로자들의 생산성을 높이기 위해서는 편의 시설이 더 널리 제공되어야 한다.

의료와 정신건강 관리에서도 청각장애인들은 그들의 청각 상태 때문에 치료를 받지 못하는 사례가 많다(Lewis, 2008; Rosengreen, Saladin, & Hansann, 2009). 의료 서비스 제공자들은 통역사 제공을 거부하고 청각장애 환자와의 의사소통을 위해 건청인 가족 구성원에게 의존하는 것을 선호할 수 있다.

종합하면, 청각차별주의는 여전히 농인들의 삶의 중요한 측면에 영향을 미치는 만연한 문제로 남아 있다. 법률이 이러한 장애물들을 극복하려 시도했지만, 문제는 건청인들에게 있기 때문에 이러한 악순환은 계속되고 있다. 초기 시민권 운동처럼, 많은 백인의 태도가 변화하고 흑인에 대한 차별이 감소하기 시작하는 데는 법률을 통한 정부 개입 이상이 필요했다. 농인들을 위한 상황은 대다수의 건청인이 자신들의 무지를 인식하고, 단순히 개인이 청각장애가 있다는 이유로 그 개인이 직무 수행, 합리적 사고, 독립적 결정을 할 수 없다고 가정하는 것을 중단할 때만 더 나아질 수 있다.

## 결론

청각장애의 역사는 인류의 역사만큼이나 오래된 것으로 알려져 있다. 여러 세기에 걸쳐 청각장애인이 공정하게 대우받지 못했다는 증거가 일관되게 나타나고 있다. 그들은 단지 말을 사용할 수 없다는 이유로 건청인들만큼 지적이지 않다고 여겨졌으며, 결과적으로 일부 지역에서는 교육, 결혼, 상속에 대한 권리를 거부당하였다. 하지만 시간이 흐르고 지식이 계속 발전하면서 청각장애인의 특성에 대한 이해가 더욱 깊어지게 되었다. 청각장애인에 대한 더 긍정적인 관점과 대우를 옹호한 철학자, 교육자, 의료 전문가, 성직자들의 노력으로 청각장애인을 위한 교육 프로그램이 제공되기 시작하였다. 초기 프로그램들은 유럽 국가들에서 시작되어 미국과 같은 다른 국가들로 확대되었으며, 오늘날에는 전 세계에 청각장애인을 위한 교육 프로그램이 존재한다. 그러나 이러한 프로그램의 양과 질은 다양하다. 서구의 선진국들은 아프리카, 아시아, 중동, 라틴 아메리카의 개발도상국들보다 청각장애인을 위한 교육과 기타 프로그램이 더 잘 갖추어져 있다.

지속적인 기술 발전, 지식의 성장, 그리고 특히 선진국들에서의 호의적인 법률 제정으로 청각장애인 교육에 엄청난 혜택이 주어지게 되었다. 선진국에서는 청각장애인들이 다양한 분야의 업무와 관리직에서 일하고 있다. 예를 들어, 갤러뎃 대학교의 현재와 직전 두 명의 총장이 농인이다. 모든 수준의 행정과 관리직에서 청각장애인을 찾아볼 수 있게 되었다. 그럼에도 개발도상국에서는 청각장애를 가진 젊은이들이 여전히 교육과 평가에서 어려움을 겪고 있는 실정이다. 대부분의 청각장애학생이 고등학교를 졸업할 때 4학년 수준의 읽기와 쓰기 능력만을 갖추고 있다는 증거가 일관되게 나오고 있다. 이러한 상황에서 청각장애 분야의 교육자들과 전문가들은 청각장애학생들의 교육 성과와 평가 관행을 개선하기 위한 더 많은 통찰과 결과를 도출할 수 있는 응용 연구에서의 협력을 향상시킬 방법을 모색해야 할 것이다.

선진국에서는 통합적 교육 환경을 장려하는 법적 의무 규정으로 인해 대부분의 청각장애아동이 가정에서 생활하고 있다. 이러한 상황에서 전문가들이 청각장애아동의 가족들에게 자녀의 언어, 사회성, 인지 및 교육 발달을 향상시키는 데 도움이 될 전략들을 가르치는 것이 매우 중요하게 되었다. 청각장애아동의 다양한 필요 사항과 이용 가능한 자원, 그리고 선택 가능한 옵션들에 대해 명확하고 공정하며 충분한 정보를 제공하는 것은 청각장애가 있는 어린 자녀를 둔 가족들을 지원하는 한 가지 방법이다. 부모와 다른 가족 구성원들이 자신들과 청각장애 자녀들에게 가장 적합하고 최선인 것을 결정할 수 있게 하는 모든 관련 정보에 접근 가능하도록

보장하는 것이 서비스 제공자들에게는 여전히 과제로 남아 있다.

부모들이 자녀 발달의 모든 측면에 충분히 참여할 수 있도록 적절한 정보와 지원을 받을 수 있게 하기 위해서는 여러 영역에서의 조치가 필요하다. 청각장애아동의 가족들과 함께 일하는 전문가들의 팀 접근 방식은 이러한 목표를 달성하는 데 중요한 핵심이 된다. 만약 이러한 전문가들이 청각장애아동들이 서로 다르며 그들의 특별한 필요 또한 다르다는 것에 동의한다면, 그들은 부모들에게 편견 없는 정보를 제공할 수 있을 것이다. 자녀들의 필요에 대한 명확하고 공정한 정보가 주어진다면, 청각장애아동의 부모들은 자녀의 발달에 필수적인 서비스를 얻을 수 있게 될 것이다. 적절한 서비스가 제공된다면, 청각장애아동들도 건청인 또래들과 동일한 최적의 발달과 성취를 이룰 수 있는 잠재력을 가지고 있다.

청각장애인들을 위한 교육과 기타 서비스 제공에서 진전이 있었음에도 불구하고, 여전히 청각차별주의가 만연해 있는 것과 같은 문제들이 도전 과제로 남아 있다. 전 세계 모든 국가에서 청각장애인들의 잠재력에 대한 대대적인 대중 인식이 시급히 필요한 상황이다. 많은 건청인이 여전히 청각장애인들이 할 수 있는 것에 대해 인식하지 못하고 있는 것으로 보인다. 이러한 상황이 발생하는 것은 많은 건청인이 말과 언어를 동일시하기 때문인 것으로 보인다. 따라서 청각장애인들이 말하는 능력을 발달시키지 못했을 수 있기 때문에, 그들은 잘못된 낙인이 찍히고, 오해받으며, 권리를 거부당하고, 공정하게 대우받지 못할 수 있다.

대부분의 선진국에서 청각장애인이나 다른 장애인들의 평등을 보장하는 법률이 있음에도 불구하고, 지속적인 대규모 대중 인식 캠페인이 여전히 필요하다. 청각장애 분야의 전문가들은 농인협회 및 기타 유사 단체들과 협력하여 인터넷, 라디오, 텔레비전, 신문, 잡지 및 기타 매체를 통해 대중 인식 자료를 제작하고 전파하는 방법을 모색해야 한다. 이러한 노력의 목표는 전 세계 사람들에게 청각장애의 특성에 대해 교육하는 것이며, 이를 통해 청각장애인들도 필요한 모든 지원이 제공된다면 건청인들이 할 수 있는 모든 것을 할 수 있다는 것을 이해하게 되기를 희망한다.

## 참고문헌

Akamatsu, C. T., Farrelly, S., & Mayer, C. (2005). An investigation of two-way text messaging use with deaf students at the secondary level. *Journal of Deaf Studies and Deaf Education, 11*(1), 121-131.

Alterovitz, G. (2004). Electrical engineering and nontechnical design variables of multiple inductive loop systems for auditoriums. *Journal of Deaf Studies and Deaf Education, 9*(2), 202-208.

Angelides, P., & Aravi, C. A. (2007). Comparative perspective of the experience of deaf and hearing individuals as students at mainstream and special schools. *American Annals of the Deaf, 151*(5), 476-487.

Anitia, S. (1985). Assessment of hearing-impaired students. In: A. F. Rotatori & R. Fox (Eds.), Assessment of regular and special education teachers (pp. 383-406). Austin, TX: PRO-ED.

ASLInfo. (2010). Deaf time-line:1000B.C.-1816. Available at http://www.aslinfo.com/trivia. cfm (May 20).

Australian Hearing. (2008). Hearing loss in Australia: It's more common than you might think, July 23. Available at http://www.hearing.com.au

Baker, S., & Baker K. (1997). Educating children who are deaf or hard of hearing: Bilingual-bicultural education, July 13. Available at http://www.cec.sped.org/AM/Template.cfm?Section=Home&TEMPLATE=/CM/ContentDisplay.cfm&CONTENTID=7889

Bauman, H. D. (2004). Audism: Exploring the metaphysics of oppression. *Journal of Deaf Studies and Deaf Education, 9*(2), 239-246.

Baynton, C. B., Gannon, J. R., & Bergey, J. L. (2007). *Through the deaf eyes*. Washington, DC: Gallaudet University Press.

Bemrose, S. (2003). Giving information to parents - Factors to consider, June 25. Available at http://www.deafnessatbirth.org.uk/content2/support/info/02/index.html

Berke, J. (2009a). Growing up deaf - Rubella: Could it happen again? July 6. Available at http://deafness.about.com/cs/featurescauses/a/rubella.htm

Berke J. (2009b). Robert Weitbrecht-Inventor of the TTY, August 12. Available at http://deafness.about.com/od/peopleindeafhistory/a/weitbrecht.htm

Bleckly, F. (2010). Benefits of cochlear implants in children, July 5. Available at http:// www.bellaonline.com/articles/art44676.asp

Bochner, J. H., & Walter, G. G. (2005). Evaluating deaf students' reading to meet the English language and literacy demands of post secondary education programs. *Journal of Deaf Studies and Deaf Education, 10*(3), 232-243.

Bragg, L. (1997). Visual-kinetic communication in Europe before 1600: A survey of sign lexicons and finger alphabets prior to the rise of deaf education. *Journal of Deaf Studies and Deaf Education, 2*(1), 1-25.

Briggs, M. H. (1999). Systems for collaboration: Integrating multiple perspectives. *Child and Adolescent Psychiatric Clinicians of North America, 8*(2), 365-377.

Brown, K. T. (2001). *The effectiveness of early childhood inclusion (parents' perspectives)*. Special Education Seminar Research Paper. Layola College, MD.

Brown, M., Abu Bakar, Z., Rickards, F. W., & Griffin, P. (2006). Family functioning, early intervention, and spoken language and placement outcomes for children with profound hearing loss. *Deafness and Education International, 8*(4), 207–226.

Byrnes, L. J., Sigafoos, J., Rickards, F. W., & Brown, P. M. (2002). Inclusion of students who are deaf or hard of hearing in government schools in South Wales, Australia: Development and implementation of policy. *Journal of Deaf Studies and Deaf Education, 7*(3), 244–257.

Calderon, R. (2000). Parental involvement in deaf children's education programs as a predictor of child's language, early reading and social-emotional development. *Journal of Deaf Studies and Deaf Education, 5*(2), 140–155.

Cambra, C. (2002). Acceptance of deaf students by hearing students in regular classrooms. *American Annals of the Deaf, 147*, 38–45.

Cawthon, W. C. (2010). Science and evidence of success: Two emerging issues in assessment accommodations for students who are deaf or hard of hearing. *Journal of Deaf Studies and Deaf Education, 15*(2), 185–203.

Cole, E. B., & Flexer, C. (2007). *Children with hearing loss developing listening and talking: Birth to Six*. San Diego, CA: Plural Publishing Inc.

Daniels, M. (1997). *Benedictine roots in the development of deaf education: Listening with the heart*. Westpott, CT: Bergin and Garvey.

Deafhistoryscotland. (2010). Thomas Braidwood, June 30. Available at http://www.deafhistory scotland.org.uk/resources.html

Dechillo, N., Koren, P. E., & Schultze, K. H. (1994). From paternalism to partnership: Family and professional collaboration in children's mental health. *American Journal of Orthopsychiatry, 64*(4), 564–576.

Dalgarno, G. (1971). *Didascalocophus*. Menston, England: Scolar Press.

Department of Education and Skills. (2004). Every child matters: Change for children, July 31. Available at http://www.everychildmatters.gov.uk/_files/F9E3F941DC8D4580539EE4-C743E9371D.pdf

Department of Education and Skills. (2007). Aiming high for disabled children: Better Support for families, July 23. Available at http://www.hmtreasury.gov.uk/media/C/2/cyp_disabledchildren180507.pdf

DesGeorges, J. (2003). Family perceptions of early hearing, detection, and intervention systems: Listening to and learning from families. *Mental Retardation and Developmental Disabilities Research Reviews, 9*, 89–93.

Dilka, K. (2006). L'Abbe Charles Michel de l'Epee: Father of deaf education, July 11. Available at Deafed.net Resource: www.deafed.net/PublishedDocs/lepee.ppt

Easterbrooks, S. R. (1999). Improving practices for students with hearing impairments.

*Exceptional Children, 65*(4), 537-554.

Eccarius, M. (1997). Educating children who are deaf or hard of hearing: Assessment. ERIC Digest #550. Available at http://www.ericdigests.org/1998-2/hearing.htm

Evans, C. (2004). Literacy development in deaf students: Case studies in bilingual teaching and learning. *American Annals of the Deaf, 149*(1), 17-27.

Fagan, M. K., & Pisoni, D. B. (2010). Hearing experience and receptive vocabulary development in deaf children with cochlear implants. *Journal of Deaf Studies and Deaf Education, 15*(2), 149-161.

Fitzpatrick, E., Angus, D., Durieux-Smith, A., Graham, I. D., & Coyle, D. (2008). Parents' need following identification of hearing loss. *American Journal of Audiology, 17*(1), 38-49.

Fitzpatrick, E., Graham, I. D., Durieux-Smith, A., Angus, D., & Coyle, D. (2007). Parents' perspectives on the impact of early diagnosis of childhood hearing loss. *International Journal of Audiology, 46*(2), 97-106.

Geyer, P., & Schroede, J. (1999). Conditions influencing the availability of accommodations for workers who are deaf of hard-of-hearing. *Journal of Rehabilitation, 65*(2), 42-50.

Gibson, H., Small, A., & Mason, D. (1997). Deaf bilingual education. In: J. Cummins & D. Corson (Eds.), Encyclopedia of language and education (Vol. 5, pp. 231-240). Dordrecht, The Netherlands: Kluwer Academic Publishers (Bilingual Education).

Hall, W. (2005). Decrease of deaf potential in a mainstreamed environment, June 23. Available at http://www.personalityresearch.org/papers/hall.html

Hearing Loss Web. (2010a). NAD position statements on cochlear implants-Readers responses, July 12. Available at http://www.hearinglossweb.com/tech/ci/ctvs/nad4.htm

Hearing Loss Web. (2010b). Assistive listening devices for people with hearing loss, August 9. Available at http://www.hearinglossweb.com/tech/ald/ald.htm

Hermans, D. (2008). The relationship between the reading and signing skills of deaf children in bilingual education programs. *Journal of Deaf Studies and Deaf Education, 13*(4), 518-530.

Holden-Pit, L., & Diaz, J. (1998). Thirty years of the annual survey of deaf and hard of hearing children and youth. *American Annals of the Deaf, 142*, 72-76.

Holt, J., Hotto, S., & Cole, K. (1994). *Demographic aspects of hearing impairment: Questions and answers*. Washington, DC: Centre for Assessment and Demographic Studies, Gallaudet University.

Hurtig, R., & Mueller, V. (2010). Technology-enhanced shared reading with deaf and hard of hearing children: The role of a fluent signing narrator. *Journal of Deaf Studies and Deaf Education, 15*, 72-101.

Kelman, C., Azulay, B., & Uchôa, A. (2009). Meta-communication strategies in inclusive classrooms for deaf students. *American Annals of the Deaf, 154*(4), 371-381.

Kent, B., & Smith, S. (2006). They only see it when the sun shines in my ears: Exploring perceptions of adolescent hearing aid users. *Journal of Deaf Studies and Deaf Education, 11*(4), 461–476.

Kuntze, M. (1998). Literacy and deaf children: The language question. *Topics in Language Disorders, 18*, 1–5.

Lane, H., Hoffmeister, R., & Bahan, B. (1996). *A journey into the deaf world*. San Diego, CA: DawnSign.

LaSasso, C., & Lollis, J. (2003). Survey of residential and day schools for deaf students in the United States that identify themselves as bilingual-bicultural programs. *Journal of Deaf Studies and Deaf Education, 8*(1), 79–91.

Leigh, G., & Power, D. (2000). Principles and practices of literacy development for deaf learners: A historical overview. *Journal of Deaf Studies and Deaf Education, 5*(1), 3–8.

Lewis, J. (2008). Patient awarded $400K by New Jersey jury for lack of sign language interpreter at medical treatments, July 31. Available at http://www.jacksonlewis.com/legalupdates/article.cfm?aid=1539

Luckner, J. L., & Muir, S. (2001). Successful students who are deaf in general education settings. *American Annals of the Deaf, 146*(5), 435–445.

Marschark, M. (2007). *Raising and educating a deaf child: A comprehensive guide to the choices, controversies, and decisions faced by parents and educators*. New York: Oxford University Press.

Marschark, M., & Spencer, E. (Eds). (2003). Oxford handbook of deaf studies, language and education. New York: Oxford University Press.

Mauk, G. W., & Mauk, P. P. (1995). Seizing the moment, setting the stage, and serving the future: Towards collaborative models of early identification and early intervention services for children born with hearing loss and their families. *Infant-Toddler Intervention: The Transdisciplinary Journal, 5*(4), 367–394.

Mayer, C., Akamatsu, C. T., & Stewart, D. A. (2003). The case for situational assessment and evaluation with students who are deaf. *Deafness & Education International, 2*(2), 75–92.

McCracken, W., Young, A., & Tattersall, H. (2008). Universal newborn hearing screening: Parental reflections on early audiological management. *Ear and Hearing, 29*(1), 54–64.

McMahon, B., Bowe, F., Chang, T., & Louvi, I. (2005). Workplace discrimination, deafness and hearing impairment. *The National EEOC ADA Research Project, 25*(1), 19–25.

Meadow-Orlans, K. P., Mertens, D. M., Sass-Lehrer, M. A., & Scott-Olson, K. (1997). Support services for parents and their children who are deaf or hard of hearing. A national survey. *American Annals of the Deaf, 142*, 278–288.

Mitchell, R. E., & Karchmer, M. A. (2004). Chasing the mythical ten percent: Parental hearing status of deaf and hard of hearing children in the United States. *Sign Language Studies, 4*(2), 138-163.

Moeller, M. P. (2000). Early intervention and language development in children who are deaf and hard of hearing. *Pediatrics, 106*(3), E43. Available at http://pediatrics. aappublications. org/cgi/reprint/106/3/e43. Retrieved on 20 November.

Mogharreban, C., & Branscum, S. (2008). Educare: Community collaboration for school readiness. *Dimensions in Early Childhood, 28*(1), 21-28.

Moores, D. F. (1996). *Educating the deaf: Pyschology, principles and practices*. Boston, MA: Houghton Mifflin.

Moores, D. (2008). Research on bi-bi instruction. *American Annals of the Deaf, 153*, 3-5.

Moores, D. F. (2007). *Educating the deaf: Psychology, principles and practices*. Boston, MA: Houghton Mifflin.

Morton, D. D. (2001). Beyond parent education: The impact of extended family dynamic on deaf education. *American Annals of the Deaf, 145*(4), 359-365.

Musselman, C., & Kircaali-Iftar, G. (1996). The development of spoken language in deaf children: Explaining the unexplained variance. *Journal of Deaf Studies and Deaf Education, 2*(1), 108-121.

National Health Services (2008). NHS newborn hearing screening program, June 30. Available at http://hearing.screening.nhs.uk

National Institute on Deafness and other Communication Disorders (2010a). Communication options for children who are deaf or hard of hearing, July 11. Available at http://www.nidcd.nih.gov/staticresources/health/healthyhearing/tools/pdf/CommOptions Child.pdf

National Institute on Deafness and other Communication Disorders. (2010b). Captions for deaf and hard of hearing viewers, August 11. Available at http://www.nidcd.nih.gov/health/hearing/caption.asp

New World Encyclopedia. (2010). Thomas Hopkins Gallaudet, June 20. Available at http://www.newworldencyclopedia.org/entry/Thomas_Hopkins_Gallaudet

Norton, J. L. (1998). Parental perspectives on factors influencing child mental health treatment. *Dissertation Abstracts International, 59*(6-B), 3069.

Nunes, T., Pretzlik, U., & Olsson, J. (2001). Deaf children's social relationships in mainstream schools. *Deafness & Education International, 3*, 123-136.

Patton, R. (2004). *Social skills issues of mainstreaming hearing-impaired children. Master's thesis, Washington University Department of Speech & Hearing*. Available at http://dspace.wustl.edu/bitstream/1838/17/1/Patton

Paul, P. V., & Quigley, S. P. (1994). *Language and deafness*. San Diego, CA: College-Hill.

Pendergast, S. G., Lartz, M. N., & Fiedler, B. C. (2002). Ages of diagnosis, amplification and early intervention of infants and young children with hearing loss: Findings from parent interviews. *American Annals of the Deaf, 147*(1), 24-29.

Power, D., & Power, M. (2004). Everyone here speaks TXT: Deaf people using SMS in Australia and the rest of the world. *Journal of Deaf Studies and Deaf Education, 9*(3), 333-343.

Powers, S. (2002). From concept to practice in deaf education: A United Kingdom perspective on inclusion. *Journal of Deaf Studies and Deaf Education, 7*(3), 30-43.

Reitsma, P. (2008). Computer-based exercises for learning to read and spell by deaf children. *Journal of Deaf Studies and Deaf Education, 14*(2), 178-189.

Reynolds, C. R., & Fletcher-Janzen, E. (Eds). (2007). *Encyclopedia of special education*. New York: Wiley.

Rodda, M., & Eleweke, C. J. (2000). Theories of literacy development in limited English proficiency deaf people. *Deafness and Education International, 2*(2), 101-113.

Rosengreen, K., Saladin, S., & Hansann, S. (2009). Differences in workplace behavior expectations between deaf workers and hearing employers. *Journal of the American Deafness & Rehabilitation Association (JADARA), 42*(3), 152-166.

Scheetz, N. (2001). *Orientations to deafness*. Needham Heights, MA: Allyn & Bacon.

Schirmer, B. R. (2001). *Language and literacy development in children who are deaf*. Boston, MA: Allyn & Bacon.

Schirmer, B. R. (2004). *Psychological, social and educational dimensions of deafness*. Boston, MA: Allyn & Bacon.

Silva, R. (2005). Audism and deaf culture, July 10. Available at http://www.lifeprint.com/asl101/topics/audism.htm

Sisterhen, D., & Rotatori, A. F. (1986). *Counseling the hearing-impaired child*. In: A. F. Rotatori, P. J. Gerber, F. W. Litton & R. A. Fox (Eds.), *Counseling exceptional children* (pp. 99-122). New York: Human Sciences Press Inc.

Sisterhen, D., & Rotatori, A. F. (1989). Individuals with hearing impairments. In: A. F. Rotatori & R. A. Fox (Eds.), *Understanding individuals with low incidence handicaps* (pp. 93-1320). Springfield, IL: Charles C. Thomas.

Sohlberg, M. M., McLaughlin, K. A., Todis, B., Larsen, J., & Glang, A. (2001). What does it take to collaborate with families affected by brain injury? A preliminary model. *Journal of Head Trauma Rehabilitation, 16*(5), 498-511.

Stokoe, W. C. (2005). Sign language structure: An outline of the visual communication systems of the American deaf. *Journal of Deaf Studies and Deaf Education, 10*(1), 3-37.

Stryker, D. S., & Luetke-Stahlman, B. (2003). Students with hearing loss. In: F. E. Obiakor, C. A. Utley & A. F. Rotatori (Eds.), *Effective education for learners with exceptionalities* (Vol. 15, pp. 235-257). London: Elsevier Science Ltd.

Takushi, R. (2000). Deaf culture and language: Concerns and consideration for Mainstream teachers. Available at http://www.american.edu/tesol/Ruth_Takushi

Turnbull, R., Turnbull, A., Shank, M., & Smith, S. J. (Eds). (2004). *Exceptional lives: Special education in today's schools*. Upper Saddle River, NJ: Pearson-Prentice Hall.

United States Department of Education. (1998). *To ensure the free appropriate education of children with disabilities: Twentieth annual report to Congress on implementation of the Americans with Disabilities Act (IDEA)*. Washington, DC: Author.

Van Cleve, J. V., & Crouch, B. A. (2002). *A place of their own: Creating the deaf community in America*. Washington, DC: Gallaudet University Press.

Verhaert, N., Willems, M., Van Kerschaver, E., & Desloovere, C. (2008). Impact of early hearing screening and treatment on language development and education level: Evaluation of 6 years of universal newborn hearing screening. *International Journal of Paediatric Otorhinolaryngology, 72*(5), 599-608.

Washington University School of Medicine. (2010). Deafness in disguise: Timeline of hearing devices and early deaf education. Available at http://beckerexhibits.wustl.edu/did/ timeline/ index.htm

Watkin, P., McCann, D. C., Law, C., Mullee, M., Petrou, S., Stevenson, J., Worsfold, S., Yuen, H. M., & Kennedy, C. (2007). Language ability in children with permanent hearing impairment: The influence of early management and family participation. *Pediatrics, 120*(3), e694-e701.

Wikipedia. (2010a). Corpus Juris Civilis. Available at http://en.wikipedia.org/wiki/Corpus_Juris_Civilis

Wikipedia. (2010b). Rudolph Agricola. Available at http://en.wikipedia.org/wiki/Rodolphus_Agricola

Wikipedia. (2010c). Total communication. Available at http://en.wikipedia.org/wiki/Total_Communication

Yoshinaga-Itano, C. (2004). Levels of evidence: Universal newborn hearing screening (UNHS) and early hearing detection and intervention systems (EHDI). *Journal of Communication Disorders, 37*(5), 451-461.

Zapien, C. (1998). Options in deaf education-History, methodologies, and strategies for surviving the system. Available at http://www.listen-up.org/edu/options1.htm

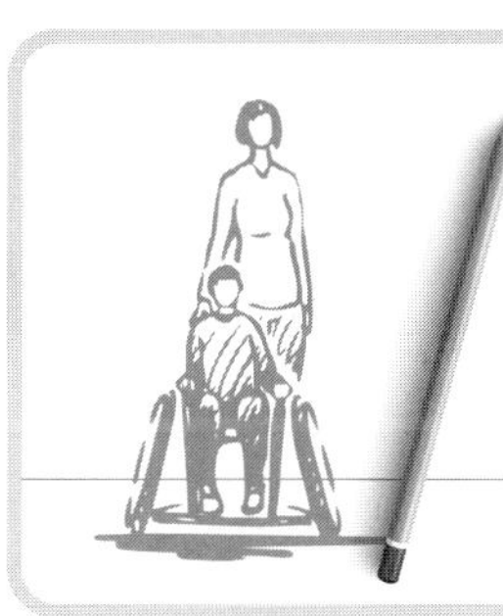

제9장

# 시각장애의 역사

*Stacy M. Kelly, Christine Clark-Bischke*

맹(blindness)은 인류 역사가 기록되기 시작한 이래로 '사람이 시력을 잃는 상태'로 인식되어 왔다. 고대에는 맹이라는 용어가 시력이 거의 또는 전혀 남아 있지 않은 사람들을 식별하는 데 사용되었으며, 이러한 사람들은 사회의 많은 부분에서 참여가 금지되었다. 고대나 중세 시대에 맹으로 판명된 사람들은 남아 있는 시력(즉, 잔존 시력)을 고려하지 않고 모두 전맹(total blindness)으로 간주되었다. 전맹은 현대 용어이지만 어느 쪽 눈으로도 볼 수 있는 것이 아무것도 없는 상태를 가리키는 오랜 개념이다. 전맹은 일반적으로 통용되는 개념이었지만(Koestler, 1976), 전맹의 발생률은 종종 잘못 이해되어 왔다(Heinze & Rotatori, 1986 참조). 일부 시각장애인은 전혀 앞을 보지 못하지만, 대부분의 시각장애인은 어느 정도 시력이 남아 있다. 시각장애인이 사회에 통합됨에 따라 시각장애인이라는 용어의 의미는 여러 가지로 변형되어 발전했다.

20세기 초에 시력 손상의 정도를 설명하고 광범위한 저시력 정도를 보다 공식적으로 정의하기 위해 다양한 척도가 개발되었다. 법적으로 맹은 1934년 미국의학협회에서 정의하고 채택한 시력 손상의 수준이다. 이 정의는 1935년 「사회보장법(P.L. 74-271)」에 통합되어 대공황 시기 동안 정부 재정 지원 서비스 및 혜택에 대한 자격을 결정하기 위해 적용되었다(Corn & Spungin, 2003). 이 정의는 오늘날에도 여전히 사용되고 있는 법적 맹의 정의가 되었다.

> 교정 안경을 착용하고 더 나은 눈의 중심 시력이 20/200 이하이거나, 중심 시력이 20/200을 초과하더라도 시야 결손으로 인해 주변 시야가 심하게 좁아져 더 좋은 눈의 시야에서 가장 넓은 지름이 20도 이내로 제한되는 경우를 말한다(Koestler, 1976, p. 45).

시력은 주어진 거리에서 물체의 세부 사항과 형태를 구분하는 눈의 능력을 측정하는 척도이다. 예를 들어, 시력이 20/200이라는 것은 시력이 20/20인 사람(즉, 전형적인 또는 정상 시력)이

200피트에서 보는 것을 20피트에서 볼 수 있다는 것을 의미한다. 이 정의는 인쇄물을 읽을 수 없는 사람은 교육적 맹으로 간주된다는 것을 의미한다(Erekson & Rotatori, 1986; Vander Kolk, 1981 참조).

하인즈와 로타토리(Heinze & Rotatori, 1986)는 맹의 법적 정의가 경직된 수치 기준에 기반하고 있기 때문에 시각장애학생을 가르치는 교사에게 유용하지 않으며, 다양한 환경에서 다양한 자료와 과제를 활용하여 아동의 기능을 종합적으로 평가하지 못한다는 점을 지적했다. 이들은 시각장애학생의 교육적 요구를 충족하는 데 좀 더 실용적이고 종합적인 바라가(Barraga, 1976)의 정의를 교육적인 정의로 제안했다. "시각장애아동은 학습 경험을 제시하는 방법이나 사용되는 자료의 특성 및/또는 학습환경이 조정되지 않으면 시각 손상으로 최적의 학습과 성취를 방해받는 아동이다."(p. 16) 마찬가지로, 시각장애에 대한 최초의 미 「공법 94-142(P.L. 94-142)」 정의는 최소 시력이나 시야에 대한 측정을 포함하지 않았으며 시각장애아동을 교정 후에도 교육 성과에 부정적인 영향을 미치는 장애를 가진 아동으로 정의했다. 라그로우와 폰칠리아(LaGrow & Ponchillia, 1989)에 따르면, 법적 정의는 특정 보조금 혜택의 자격 조건으로 사용되는 경우가 많은 반면, 연방 및 교육적 정의는 교육적 기능에 더 중점을 두고 있다. 본질적으로 시각장애에 대한 법적 또는 교육적 정의의 사용은 아동의 상황과 목적에 따라 달라진다[예: 미국 시각장애인 인쇄소(APH)에서 교육 자료를 얻는 것과 점자 읽기를 위한 단기 및 장기 목표를 명시하는 개별화 교육 프로그램(IEP)을 작성하는 것].

지난 세기 동안 맹에 대한 정의는 다양하게 발전해 왔다. 이런 여러 가지 정의는 시력의 일부 또는 상당 부분을 상실하더라도 시력이 남아 있을 수 있음을 인정한다. 20세기 초기 및 중기에는 심각한 시력 손상이라 해도 완전히 실명하지 않은 사람들을 구분하기 위해 여러 용어가 사용되었다. 오늘날에는 다소 시대에 뒤떨어진 표현으로 여겨지지만, 당시에는 '부분 실명(partially blind)', '약시(partially sighted)', '근시(short-sighted)' 등과 같은 용어가 시력 손실이 있지만 일정 수준의 시각 기능을 유지한 사람들을 가리키는 데 사용되었다. 이 중 특히 근시자는 모든 약시 학생을 근시(nearsightedness)로 환원하여 규정하는 편협한 관점을 반영하는 용어로 평가되기도 한다.

20세기 초반, 당시 부분 시력(partial sight)으로 분류되었던 학생들을 교육하기 위한 학교 내 특별 교육 조치가 급속히 확산되었다. 1900년대 초반에 이르러서야 비로소 일정 수준의 잔존 시력을 지닌 시각장애인들의 시각적 제약이 교육적으로 갖는 함의에 대해 특별한 관심을 기울이기 시작하였다(The Education of Myopes, 1930). 이러한 전 세계적인 운동의 결과로 탄생한 시력 보존 학급(sight-saving classes)[1]은 어느 정도 시력이 남아 있는 부분 시력 학생들이 다니는 특수학급이었다. 시력 보존 학급의 목적은 학생들에게 남은 시력을 보존하는 방법을 가르쳐 눈의 피로 위험을 최소화하고 전맹으로의 진행을 늦추는 것이었지만, 오늘날 이런 학급은 더 이상 존재하지 않는다. 부분 시력을 가진 학생이 남은 시력을 사용하면 그 시력마저 잃을 위험이 있다는 이 오래된 믿음은 1960년대의 선구적인 연구에 의해 오류임이 입증되었다(Barraga, 1963). 시력 보존 기간의 명명법에 대한 세계적인 관점은 1934년 『British Medical Journal』에 잘 드러난다.

> 교육위원회는 초기의 공식 용어인 '부분적 맹'이 잘못되었다는 확실한 결론을 내렸다. 영국의 일반적인 명칭인 '근시 학급'은 근시가 아닌 학생들도 있기 때문에 적절치 않다. 미국에서 사용하는 '시력 보존 학급'은 너무 많은 것을 요구하는 것으로 보인다. 위원회가 선호하는 것은 '저시력(partially sighted)'을 위한 학교이다(The Education of Partially Sighted, 1934, p. 68).

현재 우리가 사용하고 있는 시력이 약하거나 시각장애가 있는 사람에 대한 개념은 용어의 발전을 보여 주는 주요 사례이다. 현재 저시력 또는 시각장애에 대한 법적 정의가 없으며 저시력이나 시각장애를 정의하는 하나의 보편적인 방식도 없다(Corn & Koening, 2007). 그러나 저시력과 시각장애에 대한 다양한 정의와 설명 속에서 일관되게 공통적으로 나타나는 핵심 요소는 시력 손상을 겪는 개인의 시각 기능 상태(functional state or status)에 대한 강조이다(Faye, 1984). 기능적 정의는 일상의 과제에서 시각적 수행에 초점을 맞춘다. 최근 자료에 따르면 맹인과 시력이 낮은 사람을 모두 시각장애로 구분하기도 하고 맹과 시각장애라는 용어가 서로 다른 집단을 지칭한다고 생각하는 사람들도 있다. 이 두 가지 관점 모두 옳다고 할 수 있다. 저시력과 시각장애라는 용어를 명확하게 구분할 수 있는 보편적인 정의를 찾는 것은 현재로서는 불가능하다. 저시력에 대한 정의가 법적 맹보다 시력이 나은 사람들을 기준으로 하는 경우에는 시각장애 정의와 혼용하여 사용될 수 있다. 이 장에서 시각장애라는 용어는 맹인과 저시력

---

1) 역자 주: 1910~1920년대 초, 의료 기술과 안과 진단이 발전하면서 맹(완전 실명, blindness)이 아닌 부분 시력(partial sight) 또는 잔존 시력(residual vision)을 가진 아동들을 구분하기 시작하였고 당시 교육계는 이들을 전맹 아동과는 다르게 분류하여 잔존 시력을 '보존'하고 '활용'하기 위한 특수한 학급 형태를 고안하였다. sight-saving이라는 용어는 '남아 있는 시력을 절약한다'는 뜻으로 풀이된다. 시력 보호가 교육적 효과가 있는지에 대한 논란이 있었지만 1930년대 이후부터는 점차 통합교육(inclusive education)에 대한 논의를 시작하면서 sight-saving class는 점차 일반학급 내 통합을 위한 전 단계적 형태로 재조명되었다.

장애인 모두를 지칭한다. 시각장애의 역사를 제대로 논의하기 위해 어느 하나를 특정하여 지칭할 때는 저시력 또는 전맹이라는 용어를 사용한다.

## 저시력의 기능적 및 임상적 정의

저시력에 대한 기능적 정의는 최상의 시력 교정(안경이나 콘택트렌즈를 착용했을 때)으로도 글자를 읽을 수 없는 상태를 의미한다(Maino, 1993). 다른 정의로는 어느 정도 사용 가능한 시력을 유지하지만 독서, 요리 또는 바깥에서의 안전한 보행과 같은 일상 활동을 하는 데 방해가 될 정도로 심각한 시력 손실을 의미하기도 한다. 저시력은 같은 연령과 성별의 일반인에 비해 시각적 과제 수행 수준이 떨어진다. 이는 시력 저하, 비정상적인 시야, 대비감도 감소 또는 기타 안구기능장애의 결과일 수 있다(Faye, 1984). 이 정의에는 법적 맹인은 물론 시력이 좀 더 많이 남아 있는 사람도 포함된다.

시력[2)]은 일반적으로 저시력의 정의와 관련이 있어 1934년 법이 제정된 이래로 법적 맹의 정의에 반영되어 왔다. 이 측정값은 눈에 보이는 인쇄물 크기를 기준으로 분수 단위로 표시된다. 시력 검사는 시각 기능의 한 측면만을 평가하긴 하지만, 간결하고 일관된 방식으로 시행할 경우 시각 체계의 건강 상태를 측정하고 변화 여부를 감지할 수 있는 유일한 검사이다. 저시력은 임상적으로 최상의 교정을 한 더 나은 눈의 시력이 20/70에서 20/200 사이이거나 전체 시야 손실이 140도 이하인 경우로 정의되어 왔다(Levack, 1991). 20/70의 시력은 20/20 시력(또는 일반적인 시력)을 가진 사람이 70피트에서 볼 수 있는 것을 해당 사람은 더 가까운 20피트에서 보아야 볼 수 있다는 뜻이다. 마찬가지로 20/200의 시력은 20/20(또는 일반 시력)을 가진 사람이 200피트에서 보는 것을, 해당 사람은 20피트에서 보아야 볼 수 있다는 의미이다. 저시력자의 시력은 20/70에서 20/200 사이일 수 있다.

전반적으로 시각장애와 시각장애인을 위한 교육 기회를 설명하는 데 사용되는 용어는 시간이 지남에 따라 점점 더 정교해지고 있다. 시각장애 분야의 과거, 현재, 미래의 사건들은 추가적인 세부 정보로 반영되고 있다.

---

2) 역자 주: 'visual acuities'는 시력, 시기능으로 해석되며 두 눈이 얼마나 선명하고 정확하게 물체를 볼 수 있는지를 나타낸다. 'acuities'처럼 복수형으로 표현하면 두 눈 각각의 시력을 말하고 단수형(acquity)은 한쪽 눈의 시력을 뜻한다.

## ○ 시각장애 분야의 초기 개척자

“역사를 통틀어 시각장애를 가졌지만 다른 사람의 통찰력 있는 도움을 받아 스스로를 교육하고 사회에 크게 기여한 놀랍고 재능 있는 사람들에 대한 이야기가 전해져 왔다.”(Holbrook & Koening, 2002, p. 2) 시각장애인 중 성공한 인물로는 『일리아드와 오디세이』의 저자이자 시각장애인이었던 것으로 알려진 호머(Homer)를 비롯하여 기원전 700년까지 거슬러 올라간다. 시각장애 분야는 18세기 초부터 교육자 등을 중심으로 시각장애인의 능력에 대한 인식이 확산되면서 본격적으로 시작되었다. 이 시기에 철학자 드니 디드로(Denis Diderot)는 케임브리지 대학교의 수학 교수였던 니콜라스 손더슨(Nicholas Saunderson)과 빈의 피아니스트이자 음악 교사였던 마리아 테레지아 폰 파라디스(Maria Theresia von Paradis)의 능력에 감명을 받아 시각장애학생 교육에 대한 기초를 닦기 시작했다. 디드로와 손더슨은 둘 다 맹인이었다. 디드로, 손더슨, 폰 파라디스 등은 시각장애인과 해당 분야 교육자들이 따를 만한 유산을 남겼다. 1819년 시각장애인 안내견으로 개를 활용할 수 있는 가능성을 발견한 요한 빌헬름 클라인(Johann Wilhelm Klein)과 1892년 시각장애인이 점자를 쉽게 쓸 수 있도록 최초의 점자 필기구를 발명한 프랭크 홀(Frank Hall)도 이들의 뒤를 이은 인물이다(Hatlen, 2000).

태어날 때는 시력이 좋았던 루이 브라유(Louis Braille)는 세 살 때 아버지가 운영하던 작업장에서 도구를 가지고 놀다가 사고로 실명하게 되었다. 그는 배움에 대한 열망으로 1824년 15세의 나이에 현재 문자 점자(Literary Braille Code)[3]로 알려진 촉각 읽기 방법을 만들었다. 그는 1837년에 수학과 음악 점자를 추가하는 등 점자 기호를 계속 개발했다. 그는 졸업 후 수년간 영국 왕립시각장애인협회(Royal National Institute for the Blind)에서 교편을 잡았으나 점자 체계(Braille code)는 1868년에 이르러서야 비로소 공식적으로 교육되기 시작하였다. 이 시기는 협회 소속 인사들이 점자에 대한 대중의 인식 제고와 이해 증진을 위한 활동에 착수한 때이기도 하다. 루이 브라유가 이미 사망한 지 16년 후의 일이다(American Foundation for the Blind: AFB, n.d.-b). 점자 자료는 1869년이 되어서야 비로소 미국에서 사용되기 시작했다. 1892년 최초의

---

3) 역자 주: Literary Braille Code는 미국과 영국 등에서 일반 문헌용 점자 체계를 지칭하는 용어로 수학 · 과학 기호나 음악 기호가 아닌 일반 텍스트(문학, 서간, 교재 등)에 쓰이는 표준 점자 규칙으로 ‘문자 점자’, ‘문학용 점자’, ‘일반 점자’ 등으로 번역되어 사용된다. 참고로 우리나라 점자는 1894년 미국 선교사 로제타 셔우드 홀(Rosetta Sherwood Hall)이 뉴욕 포인트 점자를 변형해 성경을 번역하면서 시작되었다. 홀 여사는 1898년 평양에 맹인 소녀를 위한 학급을 세우고 한글 점자인 ‘평양 점자’를 창안하였다. 이후 조선총독부가 일본 점자를 보급하자 박두성은 1920년부터 한글 점자 연구에 매진하여 1926년 ‘훈맹정음(訓盲正音)’이라는 한글 점자를 완성하였다.

기계식 점자기가 개발되기 전에는 모든 점자 자료를 손으로 직접 찍어야 했다. 그러나 1920년 APH(1858년 설립, 1879년 의회에서 인가)가 점자 자료를 여러 장 복사할 수 있는 방법을 개발하면서 이 방법이 널리 사용되기 시작했다(Lagrow & Ponchillia, 1989). 같은 해에 시카고 공립학교는 공립학교 최초로 점자 수업을 개설했다(Lagrow & Ponchillia, 1989).

점자 코드의 사용으로 시각장애를 가진 다른 사람들도 계속해서 긍정적인 영향을 받았다. 태어날 때부터 맹인이었던 아브라함 네메스(Abraham Nemeth) 박사는 1946년부터 1952년까지 수학 및 과학 표기법을 위한 네메스 점자(Nemeth Braille Code)를 만들어 루이 브라유의 발자취를 따랐다. 네메스 점자의 창안으로 그는 수학자의 꿈을 이뤘다. 세계적인 연설가이자 작가인 헬렌 켈러(Helen Keller)는 선천적인 시각장애인이 아니었지만 어린 시절 투병 끝에 생후 19개월 만에 농-맹 장애인이 되었다. 헬렌의 어머니는 같은 청각장애인이었던 로라 브리지먼(Laura Bridgeman)의 교육에 관한 책을 읽고 줄리언 치좀(J. Julian Chisolm) 박사와 알렉산더 그레이엄 벨(Alexander Graham Bell)에게 연락하여 딸을 위한 강사를 구한 후 매사추세츠주 워터타운에 있는 퍼킨스 맹학교에 연락했다(Koestler, 1976; Roberts, 1986). 본인 역시 시각장애를 가지고 있던 앤 설리번(Anne Sullivan)은 헬렌의 강사이자 평생의 동반자가 되었다.

새뮤얼 그리들리 하우(Samuel Gridley Howe)는 1829년에 퍼킨스 맹학교(Perkins School for the Blind)를 설립했다. 그는 학생의 개별적인 필요에 따라 교육하고, 가능한 한 공립학교의 교육과정을 따르며, 학생이 독립적인 삶을 살 수 있도록 준비시킨다는 세 가지 신념을 학교의 기본 원칙으로 삼았다(Hatlen, 2000). 은퇴한 고등학교 교사였던 윌리엄 해들리(William Hadley)는 55세에 시력을 잃었다. 독서를 계속하고 싶었던 그는 스스로 점자를 배웠다. 이 과정에서 그는 맹인, 특히 성인을 위한 교육 기회가 제한되어 있다는 사실에 좌절감을 느꼈다. 1920년 점자를 가르치는 통신 교육 학교인 해들리 맹학교(Hadley School for the Blind)가 문을 열었다. 에드워드 하인스 시니어(Edward Hines, Sr.)는 공중보건 병원 #76을 짓는 데 토지와 재정 지원을 제공했으며, 나중에 하인스 주니어(Hines, Jr.)의 이름을 따 하인스 시각장애인 재활센터(Hines Blind Rehabilitation Center)로 이름을 바꿨다(Miyagawa, 1999). 이 센터는 제2차 세계대전 중 실명한 군인들을 돕기 위해 설립되었으며, 시각장애인의 방향 정위(orientation)와 이동(mobility) 기술의 개발로도 잘 알려져 국제적인 명성을 얻은 센터로 발전했다. 시각장애 분야의 초기 선구자들은 시각장애인 교육에 대한 관심을 고취시켰으며, 이는 교실을 훨씬 넘어선 영역으로 확장되었다.

## ○ 주요 공헌자와 그들의 이론적 아이디어

시각장애와 같이 전문화된 분야에서 저명한 리더들의 영향력은 이 분야에 뿌리 깊숙이 자리 잡고 있다. 전통적으로 역사 기록에 언급되지 않았지만 여러 뛰어난 리더의 영향력은 많은 업적을 가능하게 했고 그 과정에서 이론적으로도 놀랄 만한 변화가 많이 일어났다는 점에 주목해야 한다. 이 분야는 수많은 전문가의 헌신과 의미 있는 변화를 이끌어 내는 노력으로 꾸준히 발전하고 있다.

### 점자 읽기 및 쓰기의 발전

과학, 기술, 공학, 수학을 융합하는 STEM 교육이 강조되는 교육과정의 변화에도 시각장애학생들은 네메스 점자를 통해 학교 교육과정에 참여할 수 있었다. 네메스 점자는 오늘날 미국과 전 세계 여러 나라에서 사용되는 수학 및 과학 표기법을 위한 촉각 코드이다. 아브라함 네메스(Abraham Nemeth) 박사는 1940년대 후반 공군에서 근무하면서 점자 수학 코드에 대한 연구를 시작했다. 네메스 점자는 1952년에 처음 출판되면서 점자 수학의 공식 코드 북이 되었다(Navy, 1991). 네메스 박사는 전맹으로 일반 공립학교를 다녔다. 그는 자신이 흥미를 가지고 공부했던 과목인 수학과 과학에 점자 자료가 부족한 문제를 해결하고자 했다(American Printing House for the Blind: APH, 2010). 네메스 박사의 혁신적인 방법 덕분에 그 자신뿐만 아니라 함께 일했던 동료들, 그리고 미국의 모든 점자 사용자가 그의 업적을 도울 수 있었다.

문학 점자 코드와 점자 수학 코드가 잘 정립된 후에는 학생들이 점자를 읽는 방법을 이해하고 가장 효과적으로 읽는 방법을 가르칠 필요가 있었다. 1970년 연구에 따르면 점자를 잘 읽는 사람들은 대부분 양손을 사용하며 한 손만 사용하는 사람은 극소수에 불과했다(Mangold, 1993). 샐리 맨골드(Sally Mangold, 1935~2005)의 점자 문해력과 관련된 많은 업적 가운데 하나는 1973년에 개발한 '촉지각 및 점자 문자 인식 맨골드 발달 프로그램(Mangold Developmental Program of Tactile Perception and Braille Letter Recognition)'이다(APH, 2010). 이 교육도구는 오늘날 전 세계에서 초급 점자 기술을 이해하고 쉽게 가르치는 데 사용되는 획기적인 프로그램으로 인정받고 있다.

## 교육 프로그램 발달

1960년대 중반까지만 해도 법적으로 시각장애가 있는 학생들은 마치 완전히 앞을 보지 못하는 것처럼 교육받았다. 법적으로 시각장애가 있는 학생들은 '시력 보존'을 위해 점자를 배웠다. 이 시기에 부분 시력(임상적으로 시력이 20/70-20/200인 것으로 정의됨)으로 판명된 학생들은 큰 글씨로 된 책을 사용하고 시력을 보존하는 수업을 받았다. 개인의 시각장애가 특정 학습 매체(확대 활자, 점자, 음성 자료 중 하나 또는 이들의 조합)에 미치는 영향의 고유성과 개별성은 내털리 바라가(Natalie Barraga)가 1963년에 수행한 연구 이후에야 비로소 교육계에서 인식되기 시작하였다. 그녀의 연구는 시각 자극(visual stimulation), 즉 시각의 활용이 실제로 시각 기능(visual functioning) 혹은 시각 수행 능력(visual performance)을 향상시킬 수 있음을 밝혀냈다. 바라가의 발견으로 시력 보존이 아닌 시력 사용을 촉진하는 교육이 장려되었다. 이로써 '시력 보존' 시대는 막을 내렸다. 각 학생의 문해력 학습 요구는 시각장애가 시각 기능에 미치는 영향의 개별성을 바탕으로 개별적으로 고려되고 평가되었다.

1980년대 상당한 발전이 필요했던 교육 프로그램 분야는 시각장애를 가진 영유아 교육이었다. 덴마크의 특수교사인 릴리 닐센(Lilli Nielsen) 박사는 이 특정 집단에 대한 혁신적인 접근 방식을 설명했다.

> 1981년, 나는 자해행동을 보이는 두 살배기 아동과의 경험을 통해서 이 아동을 비롯한 많은 시각장애아동이 겪는 발달장애의 원인이 주변 환경에 대한 지식이 부족하기 때문일 수 있다는 생각을 하게 되었다. 이에 나는 시각장애아동이 공간적 관계에 대한 참조의 틀(frame of reference)을 형성하고, 이를 통해 외부 세계에 대한 학습을 촉진할 수 있기를 바라는 마음으로 리틀 룸을 고안하였다(Nielsen, 1992, p. 1).

리틀 룸(Little Room)은 시각장애나 중증 장애가 있는 아동에게 매우 높은 자극 환경을 제공하는 교육 및 탐구 도구이다. 외부 자극이 통제되어 아동이 방 안의 물건과 활동에 완전히 집중할 수 있다. 시각 및 다른 장애를 함께 가진 유아와 아동들이 '리틀 룸'에서 활동을 탐색하고 놀면서 상당히 긍정적인 반응을 보였다(Nielsen, 1991). 닐센 박사가 개발한 기술과 도구에 초점을 맞춘 전국 학술대회에 참석한 한 시각장애아동 부모는 다음과 같이 말했다.

> 닐센 박사는 전통적으로 받아들여지던 교육 방법들을 창밖으로 던져 버렸는데 시각장애아동을 가르치는 노련한 교사들은 이에 놀라움을 금치 못했다. 예를 들어, 아동은 가르칠 수 없다는 것이 닐센 박사의 신념이다. 아동은 무엇이 어떻게 돌아가는지 스스로 배워야 하며 그렇지 않으면 장기적으로(저자의 말처럼) 자신의 지식 체계에 반영하지 못하게 된다. 그녀는 무엇이든 손으로 일일이 가르치는 것을 매우 반대하며, 아동이 자신의 기술을 사용하여 스스로 무언가를 배운 사례에 대한 이야기를 계속해서 들려주었다(Nielsen, 1992, p. 1).

삭스(Sacks, 1998)에 따르면 시각장애아동과 청소년의 절반 이상이 다른 장애를 함께 가지고 있으며, 이러한 사실은 닐센의 모델을 비롯한 중도·중복장애학생 교육 연구가 시각장애학생 교육과도 관련성이 크다는 것을 보여 준다.

## 교육 지원 실제의 발전

발랑탱 위(Valentine Haüy)는 1784년 파리에 최초의 시각장애아동을 위한 학교를 설립했다. 이 학교는 국립시각장애청소년 연구소(L'Institution National des Jeunes Aveugles)로 14명의 학생이 재학했다. 그러나 1700년대 후반과 1800년대 초반 대부분의 시각장애아동은 시설에 수용되거나 가정에 있었다. 이 시각장애연구소의 성공과 시각장애에 대한 새로운 태도에 따라 유럽과 미국에서는 시각장애학생의 독특한 요구를 충족시킬 수 있는 교육 기회를 제공하기 위해 기숙학교가 문을 열었다(Ajuwon & Oyinlade, 2008). 예를 들어, 퍼킨스 맹학교 이전에 영국(1791), 스위스(1804), 뉴욕(1832), 필라델피아(1833), 보스턴(1833)에서 기숙학교가 생겼다(Lowenfield, 1975). 그 후 많은 주에서 1957년까지 시각장애인을 위한 학교를 운영하거나 기숙형 학교를 운영하는 주에 학생들을 보냈다. 이런 맹학교의 원래 목적은 학생들에게 읽고 쓰고 음악을 연주하고 일상생활 기술을 가르치는 것이었다. 직업 교육에 중점을 두어 장애에 대한 동정 대신 학생의 능력에 대한 감탄을 이끌어 내고자 하는 열망도 있었다.

### ☑ 저시력 교육 모델

1800년대 초에 저시력 학생들은 맹학교와 공립학교에서 전통적인 점자교육 대신 큰 글씨를 사용해야 했기 때문에 '부적응자'로 여겨졌다(Hathaway, 1933). 이러한 문제가 계속 커짐에 따라 특수학급이 만들어져 이들의 필요에 맞는 시설을 제공하게 되었다. 시력 보존학급(sight-saving class)은 1908년 영국에서 시작되었고, 유럽(1911년)과 미국(1913년)이 그 뒤를 따랐다(Hathaway, 1993; Hatlen, 2000). 이러한 수업의 전반적인 목표는 적절한 조명, 장식 및 장비와 같은 환경과 시력이 뛰어난 교사를 배치하여 학생들의 시력 보존을 돕는 것이었다. 시력이 낮은 학생(예: 20/70-20/200)과 시력이 저하된 학생(예: 퇴행성 눈 질환 또는 시각 능력 저하)이 시력 보존 수업에 참여했다(Hathaway, 1933).

## 통합교육

시각장애 분야에서는 1940년대에 통합교육을 향한 교육적 전환이 시작되었다. 순회교육(itinerant teaching) 모델은 1940년대에 학생들이 기숙사 배치에서 벗어나 공립학교에 통합됨에 따라 학생들의 요구를 충족하기 위해 개발되었다(Holbrook & Koenig, 2000). 시각장애학생을 위한 교육 배치의 변화로 인해 기숙학교는 공립학교 배정을 선택하는 학생, 전문가, 학부모를 위한 '찾아가는 지원 서비스(outreach support)'로 그 역할을 바꾸어야 했다(Ajuwon & Oyinlade, 2008). 기숙학교의 역할은 시각장애 및 중복장애(예: 청각장애) 학생들을 위한 서비스도 포함하게 되었다. 이러한 변화로 인해 기숙학교는 전통적인 학업 프로그램보다는 고도로 전문화된 직업 전 교육, 직업교육, 집중적인 일상생활기술 교육을 제공하게 되었다(Lagrow & Ponchillia, 1989; Miller, 1985 참조). 기숙학교는 더 이상 시각장애가 주(主)장애인 학생들에게 서비스를 제공하지 않았다. 이러한 교육적 초점의 변화와 「공법 94-142」의 제정, 그리고 보다 포용적인 사회적 태도의 확산은 대부분의 시각장애학생에게 적절한 학습 경험을 제공할 책임이 지역 교육청에 있음을 강조하는 방향으로 나아가게 하였다(Lagrow & Ponchillia, 1989).

순회교육 모델은 시각장애 분야의 교사들에게 새로운 과제를 안겨 주었다. 장애 발생률이 낮은 지역에서는 순회교사가 ⓐ 학생의 성공에 필요한 교육적 요구와 서비스를 결정하고, ⓑ 수업 자료와 교육 계획을 준비할 시간을 파악하고, ⓒ 다른 전문가 또는 학부모와 협력하기 위해 시각장애학생이 다니는 학교까지 먼 거리를 이동해야 하는 경우가 많았다(Hatlen, 2000; Olmstead, 2005). 상담 모델(consultation model)의 개발로 순회교사는 학생에게 직접 서비스가 불필요하다고 판단되는 경우 출장을 줄일 수 있는 옵션을 갖게 되었다. 이 모델을 통해 순회교사는 모든 관련 인원이 협의한 일정에 따라 시각장애학생을 위한 학급 내 수업 조정 및 적응 전략을 일반교사와 특수교사에게 제공하였다(Cook, Klein, & Tessier, 2008).

## 가족과 협력

부모는 역사적으로 장애나 문제의 원인으로서의 역할, 교사로서의 역할, 정치적 옹호자로서의 역할, 가족 구성원으로서의 역할, 그리고 장애가 있는 자녀와 없는 자녀를 둔 부모로서의 역할 등 여러 가지 역할을 경험해 왔다(Alper, Schloss, & Schloss, 1994; Turnbull, Turnbull, Erwin, & Soodak, 2006). 시대와 공공 정책의 변화에 따라 부모와 가족의 역할도 계속 진화하고 있다. 역사적으로 아동의 발달 과정에서 가족에 대한 전문가의 지원은 제한적이거나 아예 존재하지 않았다. 부모가 장애의 원인으로 여겨졌던 시기에는 아동을 집에서 분리하고 부모와의 접촉을 제한하거나 허용하지 않았다(Alper et al., 1994). 부모는 가정에서 교사의 역할을 해야 한다는 압박을 전문가들로부터 받아 왔으며(Turnbull et al., 2006), 많은 부모가 그 역할을 수행하는 데 어려움을 느꼈다. 교사로서 부모의 궁극적인 목표는 장애아동의 가정 환경을 풍요롭게 하는 것이었지만, 초기에는 부모에게 죄책감과 스트레스를 안겨 주었다. 전문가들이 진행하는 과정에서의 중요한 변화는 각 개인이 아동, 가족, 장애 그리고 결과에 대해 더 나은 이해를 얻음에 따라 유익한 결과를 가져오고 있음을 증명하였다.

자녀의 시각장애가 선천적이든 성장 과정에서 후천적으로 발생했든, 부모는 슬픈 시간의 단계를 경험하는 경우가 많다(Cohen et al., 1992). 선천적 시각장애라고도 하는 출생 시 확인되는 시각장애는 후천적 시각장애와는 다른 경험을 아이와 가족에게 겪게 한다. 시각장애를 가지고 태어난 아이들도 지원과 격려를 받으면 다른 아이들과 마찬가지로 발달하고 주변 환경과 상호작용할 수 있다. 시각장애아동의 발달에 대해 잘 알고 있는 전문가의 도움을 통해 아동과 그 가족은 시력 저하로 인해 가장 일반적으로 영향을 받는 기술(대근육 및 소근육 운동 기술, 이동 기술, 자조 기술)을 개발하는 전략에 대해 더 잘 이해할 수 있다. 조기 중재 서비스는 가족과 아동에게 큰 도움이 될 수 있지만, 가족이 가진 아동에 대한 지식은 조기 중재 서비스 제공자에게도 귀중한 도움이 될 수 있다는 점을 기억하는 것이 중요하다. 궁극적으로 아동에게 적절한 교육이 제공될 수 있도록 가족은 전문가의 도움이, 그리고 전문가는 가족의 지원이 필요하다. 마찬가지로 시각장애가 후천적으로 발생한 아동은 기술을 계속 유지하고, 새로운 시각적 요구를 수용하기 위한 전략을 세우고, 자신의 요구를 표현하고, 자립할 수 있도록 가족과 전문가의 지원이 필요하다. 아동과 가족은 새로운 상황에 놓이게 되며, 이들의 필요를 지원할 준비가 된 전문가의 지도가 필요하다. 1997년 「장애인 교육법(IDEA)」이 제정되기 전에는 가족은 자녀의 교육에 참여하지 못했다. 가족들은 자녀를 시설에 보내도록 권유받거나 강요당했다. 맹이나 시각장애와 같은 장애아동을 '양육'하는 것은 시설에서 담당했다. 1900년대에 접어들면서 점점 더 많은 가정이 자녀를 가정에서 키우며 가족 활동과 성장에 참여할 수 있게 하려고 했다(French, 2007). 부모는 자녀와의 관계를 발전시키기 시작하면서 자녀를 위한 기회와 교육을 모색하기 시작했다. 예를 들어, 소수 민족 및 다양한 배경을 가진 부모들이 자녀의 교육 평등을 추구하게 되면서 시각장애를 비롯한 장애아동의 부모에게도 좋은 본보기가 되었다.

## ☑ 테크놀로지 활용

1997년 IDEA가 제정한 보조공학에 대한 정의는 수 세기 동안 시각장애인이 사용해 온 테크놀로지의 개념을 공식화했다. 연방법은 보조공학(assistive technology: AT)을 '장애인의 기능적 능력을 증진, 유지 또는 향상하는 데 사용되는 모든 품목, 장비 또는 제품 시스템(기성품, 개조 또는 맞춤 제작 여부에 관계없이)'으로 정의했다(20 U.S.C. § 602, 300.5). 동시에 IDEA는 보조공학 서비스를 '장애인이 보조공학 기기를 선택, 획득 또는 사용하는 데 있어 직접적으로 도움을 주는 모든 서비스'로 정의했다(20 U.S.C. § 602, 300.6). 연방 정부의 정의에서 볼 수 있듯이 보조공학은 노테크(no-tech), 로테크(low-tech), 하이테크(hi-tech) 장치를 아우른다. '비기술' 또는 '노테크'는 전자식 보조기기가 아닌 모든 보조기기를 의미한다. 시각장애인이 사용하는 노테크 제품에는 슬레이트와 스타일러스, 어두운 색 마커, 굵은 선이 있는 종이, 초기 안경(early glasses)[4]이나 돋보기, 긴 지팡이 등이 있다. 초기 안경과 돋보기는 서기 1300년경부터 시각장애인이 사용했으며 지팡이, 막대기, 대나무 지팡이의 사용은 고대 히브리인, 그리스인, 중국인의 기록에서 찾아볼 수 있다(James & Thorpe, 1994; Neustadt-Noy & LaGrow, 1997). 시각장애인이 사용하는 슬레이트와 스타일러스, 어두운 색 마커, 굵은 선이 있는 종이 또는 서명 가이드와 같은 기타 필기도구는 오늘날에도 일반적으로 사용된다. 긴 지팡이도 역사적 가치와 현대적 기능을 갖춘, 시대를 초월한 로테크 장비의 또 다른 예이다. '노테크' 장비는 고대부터 시각장애인이 정보에 접근하고 독립적으로 여행하며 다양한 경험에 참여할 수 있게 도와 왔다.

'저기술' 또는 '로테크' 기기는 전자식일 수도 있고 아닐 수도 있지만 고도로 정교한 컴퓨터 부품을 포함하지 않을 수도 있다. 시각장애인이 사용한 최초의 '로테크' 기기 중 하나는 점자 필기구였다. 점자 필기구는 1889년 매사추세츠주 워터타운에 위치한 뉴잉글랜드 맹인 정신병원(현재 퍼킨스 맹학교)의 Howe Memorial Press에서 처음 제작되었다. 이 점자 필기구의 디자

---

4) 역자 주: 초기 안경은 17세기 후반 유럽에서 발명되어 17세기 말에서 18세기 초에 시각장애인들이 사용하기 시작한 것으로 알려져 있으며, 단순 확대나 시각적 조정 등 근시나 원시와 같은 일반적인 시력 문제를 보정하는 데 사용되었다.

인은 1940년대에 퍼킨스의 데이비드 에이브러햄(David Abraham)이 당시 사용 가능했던 다른 어떤 점자 필기구보다 내구성이 뛰어나고 훨씬 조용한 프로토타입을 만들면서 더욱 발전했다. 오늘날 퍼킨스 점자기는 미국, 영국, 인도, 남미에서 에이브러햄의 정확한 표준에 따라 생산되고 있다(McGinnity, Seymour-Ford & Andries, 2004). 점자 음성 녹음기, 카세트 녹음기, 말하는 계산기, 전자 여행 보조 장치와 같은 '로테크' 기기의 다른 예는 모두 지난 세기에 개발되었다. 반면에 '첨단 기술' 또는 '하이테크' 기기는 복잡한 다기능 기술을 활용하며 일반적으로 컴퓨터와 관련 소프트웨어를 말한다(Maushak, Kelly, & Blodgett, 2001). 최근 수십 년 동안 컴퓨터 화면 읽기 프로그램, 커즈와일 독서기(Kurzweil Reading Machine), 새로 고침이 가능한 점자 디스플레이, 접근 가능한 메모 작성기, 폐쇄회로 텔레비전 시스템(CCTV)과 같은 화면 확대 프로그램 등 '하이테크'의 발전이 이루어지고 있다. 애브너와 람(Abner & Lahm, 2002)은 '하이테크' 보조 기술에 대한 시각장애인의 철학을 다음과 같이 요약했다.

> 지난 10년 동안 기술의 발전은 시각장애인(맹 또는 저시력)이 직장, 학교, 가정에서 자립할 수 있는 새로운 기회를 제공했다. 이러한 발전 덕분에 시각장애인들은 비장애인들과 성공적으로 경쟁하고 인쇄된 정보에 동등하게 접근할 수 있게 되었다. 광학 스캐너, 폐쇄회로 텔레비전 시스템(CCTV), 광학 확대경, 필기 장치, 큰 글씨, 점자 또는 음성 변환 기술은 시각장애인이 논문을 작성하고 편집하고, 연구를 수행하고, 정보에 접근하고, 직업 기술을 개발할 수 있게 해 주는 기술의 예이다(p. 98).

시각장애인은 자립생활 보조기라는 보조공학 장치들도 사용한다. 이러한 기기들은 세 가지 범주에 걸쳐 있으며 칼 보호대, 점자 라벨이 있는 기기, 큰 글씨 전화기, 말하는 체중계, 당뇨병 인슐린 모니터와 같은 도구를 포함한다. 시각장애인을 위한 가장 기본적인 '노테크' 또는 '로테크' 자립생활 보조기는 한 세기 동안 사용되어 온 것들이 많다. 가장 첨단 또는 '하이테크' 자립생활 보조기는 최근 수십 년 동안의 기술 혁명을 거치면서 사용 가능해졌다. 또한 라그로우와 폰칠리아(Lagrow & Ponchillia, 1989)는 의료 기술의 발전이 맹 및 시각장애를 가진 개인의 삶에 큰 영향을 미쳤다고 했다. 예를 들어, 레이저 기술의 발전으로 안과의사들은 "ⓐ 생후 2개월 미만 영아의 분리된 망막을 복구하고, ⓑ 눈을 수술하지 않고 백내장을 녹이며, ⓒ 망막 모세포종의 악성 종양을 적출(제거)하지 않고 레이저로 치료할 수 있게 되었다"(p. 173). 또한 시각유발반응(VER) 및 망막전위도(ERG)와 같은 전기진단 검사 장치의 발전으로 표준화 검사에 반응하기 어려운 언어 발달 이전 단계 언어장애인이나 구어를 사용하지 않는 장애인에게도 검사를

실시할 수 있게 되었다(Lagrow & Ponchillia, 1989). 마지막으로 광각이동조명(WAML) 및 야간시력보조 장치(NVA)와 같이 야간시력이 좋지 않은 사람을 지원하는 기술 발전으로 감각과 이동성이 향상되었다(Lagrow & Ponchilla, 1989).

## ○ 사정[5)]의 실제

시각장애가 있는 학생들이 공립학교나 기숙학교에서 교육을 받기 시작하면서 교사들은 수업 중 학생의 성공을 지원하기 위해 필요한 시각 기능, 읽기 매체(예: 인쇄물, 큰 글씨, 점자), 편의 제공을 확인할 수 있는 사정의 필요성을 인식하게 되었다. 안과 및 검안학적 평가는 수십 년 동안 사용되어 왔으며 학생의 고유한 시각장애 원인에 대한 중요한 정보를 제공한다. 1930년대부터 시작된 임상 저시력 평가(clinical low-vision evaluation)는 자연스러운 환경 속에서 시각 기능 유지를 지원하기 위한 확대 기기와 보조기기를 포함하여, 개인의 구체적인 저시력 요구와 필요한 저시력 보조기기에 대한 상세한 설명을 제공한다. 안과 전문의와 검안사가 제공하는 정보는 시각장애의 고유한 발생 원인에 대한 이해를 제공함으로써 시각장애학생을 가르치는 교사에게 매우 유용했다. 그러나 시력 및 학생 편의 사항을 확인할 수 있는 구체적이고 기능적인 전략은 개발되지 않았다. 시각장애 분야 전문가들은 이러한 특정 요구 사항을 바탕으로 시각장애가 있는 학생을 위해 특별히 사용할 수 있는 평가를 만드는 과정을 시작했다.

초기의 '기능적 시력 사정(FVA)'은 시각 기술을 분리했다. 1989년에 발표된 콘 시각기능 모형(Corn Model of Visual Functioning)은 시각적 능력, 환경적 단서, 저장된/사용 가능한 개별성에 초점을 맞춘 프로세스를 시작했다(Corn, 1989). 1980년대와 1990년대에 FVA는 "개인이 임상 환경 밖의 실제 직업이나 환경에서 자신의 시력을 어떻게 적용하는지를 사정"하는 것으로 발전했다(Lueck, 2004, p. 14). 이러한 사정을 통해 전문가는 다양한 환경에서 시각 기능을 증진하기 위한 방향과 제안을 제공할 수 있었다. 시각장애 분야 발전 초기부터 전문가들은 시각장애학생의 기본 문해력 매체를 결정하기 위한 사정 전략을 모색해 왔다. 1980년대 이전에는 이

---

5) 역자 주: 교육 분야에서 '평가'라는 용어로도 많이 쓰이지만 원문에 사용된 'assessment'를 학술적인 용어인 사정(査定)으로 번역하였다. 사정(assessment)은 학습자의 전반적인 특성과 요구를 파악하기 위해 다양한 방법으로 정보를 수집하는 포괄적 과정이며, 평가(evaluation)는 그중 하나로 학습 성과나 목표 달성 여부를 판단하는 데 초점을 둔다. 따라서 사정은 정성적, 정량적 자료를 모두 포함하여 교육적 의사결정의 기초가 되며, '평가'보다 상위의 개념이다. 원문이 'evaluation'인 경우엔 '평가'라 번역하였다.

러한 결정들이 전문가들의 전문적 판단에 따라 이루어졌다. 1992년 앨런 코니그(Alan Koenig)와 케이 홀브룩(Cay Holbrook)은 전문가들이 최적의 문해 매체를 결정할 수 있도록 안내하는 프레임워크를 만들기 위해 노력했다(Koenig & Holbrook, 1995). 이 분야 여러 전문가의 의견을 수렴한 후, 그들은 학습매체사정(Learning Media Assessment: LMA)을 발표했다. 시각장애 미취학 아동을 위한 오리건 프로젝트(Oregon Project for Preschool Children who are Blind or Visually Impaired)(Koenig & Holbrook, 1995)는 출생부터 6세까지 시각장애아동의 인지, 언어, 사회화, 시각, 보상, 자조, 소근육 및 대근육 능력을 사정하기 위해 고안된 종합적 사정 도구이다. 이러한 사정 도구들은 시각장애학생을 지도하는 교사, 저시력 전문가 및 기타 시각장애 분야의 전문가들이 시각장애학생의 개별적인 요구 사항을 파악하는 데 사용되고 있으며(Shaw, Russotti, Strauss-Schwartz, Vail, & Kahn, 2009) 여러 기관에 다양한 버전으로 제공되고 있다.

1891년 초에 시각장애가 있는 개인의 부가적 요구 사항에 대한 이해가 발전하고 있었다(AFB. n.d-a). 시각장애 또는 실명으로 인해 비의도적 학습에 영향을 받을 때 발생하는 이러한 부가적 요구는 시각장애 분야의 전문가들로 하여금 이러한 요구를 충족하는 데 도움이 되는 커리큘럼을 개발하도록 유도했다. 확대핵심교육과정(ECC)에는 시각기술이 부족한 학생들이 독립적으로 발달할 수 있도록 추가 교육이 필요한 부분이 포함되었다(Corn, Hatlen, Huebner, Ryan, & Siller, 1995). ECC의 추가로 인해 시각장애가 있는 개별 학생의 특정 능력과 요구를 살펴보는 사정 도구의 개발이 필요했다(Texas School for the Blind and Visually Impaired, n.d.). 많은 사정 도구는 1990년대 초에 사정 KIT(Assessment KIT: Kit of Informal Tools for Academic Students with Visual Impairment: Assessment KIT; Sewell, 1997)의 출판과 함께 인쇄물로 등장하기 시작했다. 이 도구는 1997년에 발표된 ECC의 여러 영역에 대한 사정을 제공했다. 이전에는 시각장애학생을 가르치는 교사들이 학생의 기술을 사정하기 위해 자체적으로 문서와 양식을 만들었다. 〈표 9-1〉은 ECC의 특정 영역, 해당 영역 내 기술, 그리고 수십 년 동안 개발되어 오늘날 사용되는 적절한 사정 도구들에 대해 설명한다. ECC에 대한 포괄적인 논의는 샙(Sapp, 2003)에서 참고할 수 있다.

1957년 초, 교사와 연구자들은 시각 중복장애가 있는 학생의 시력을 측정하는 데 어려움이 있음을 확인했다. 학생의 부가적인 능력을 고려한 전통적인 사정(예: FVA 및 LMA) 외에도 교사는 전문적인 사정 도구들을 이용할 수 있다(Edris, Rotatori, Kapperman, & Heinze, 1983; Heinze, 1985; Lagrow & Ponchillia, 1989; Longo, Rotatori, Heinze, & Kapperman, 1982; Matson, Heinze, Helzel, Kapperman, & Rotatori, 1986; Rotatori & Kapperman, 1980; Rotatori, Kapperman, & Fox, 1981 참조). 이러한 사정에는 다음이 포함된다. 시각 효율성 척도(Visual Efficiency Scale)(Barraga, 1970),

시각 기능 효율성 개발 프로그램(Program to Develop Efficiency in Visual Functioning)(Barraga, 1980), 시각 기능 사정 도구(Visual Functioning Assessment Tool)(Costello, Pinkney, & Scheffers, 1980), 발달 장애인을 위한 개별화되고 체계적인 시각 효율성 사정(Individualized, Systematic Assessment of Visual Efficiency for the Developmentally Young Individual: ISAVE)(Langley, 1996), 영유아를 위한 피바디 이동성 키트(Peabody Mobility Kit for Infants and Toddlers)(Harley, Long, Merblert, & Wood, 1988), 점자 사정 도구(Braille Assessment Inventory)(Sharpe, McNear, & McGrew, 1996), 시각장애 미취학 아동을 위한 사회적 역량 척도(Social Competency Scale for Blind Preschool Children)(Maxfield & Bucholtz, 1958), 피질 시각장애 범위 사정(Cortical Visual Impairment Range Assessment)(Roman-Lantzy, 2007) 등이 있다. 전반적으로 시각장애인의 고유한 요구를 파악하고 충족하는 데 있어 상당한 진전이 있었다. 부가적인 사정을 실행하는 데는 시간이 걸리지만, 그 결과는 각 학생을 위한 IEP를 개발하는 데 필요하다.

〈표 9-1〉 확대 핵심 교육과정과 그에 따른 사정 도구

| 기술 | 설명 | 사정 도구 | 사정된 기술 |
|---|---|---|---|
| 보상/접근/기능적 학업 | 시각을 통해 학습한 개념의 이해를 높이기 위한 전략 | Assessment KIT: Kit of informal tools for academic students with visual impairments | 점자 읽기 및 쓰기, 개념 개발; 공간 이해, 학습 및 조직 기술, 말하기 및 듣기 능력 |
| 사회적 상호작용 | 관계를 시작하고 유지할 수 있는 기회 증진 전략 | Assessment KIT: Kit of informal tools for academic students with visual impairments | 사회성 기술, 의사소통, 정서 |
| 진로 교육 | 직업 선택 및 기술 확인 전략 | Assessment KIT: Kit of informal tools for academic students with visual impairments | 키보드 기술, 직업 준비, 보조공학, 협업 기술 |
| 독립 생활 | 독립적 일상생활 | Assessment KIT: Kit of informal tools for academic students with visual impairments | 사회성 역량, 개인 환경의 자조 및 관리, 지역사회 구성원으로서의 기여 |
| 레크리에이션 및 레저 | 건강한 라이프스타일을 증진하고 유지하기 위한 기술 | Independent living: A curriculum with adaptations for students with visual impairments. Volume III: Play and leisure | 놀이 및 여가, 신체 활동, 사회화 |
| 방향 정위 및 이동성 | 환경 내에서 기본적인 신체 이미지와 움직임 및 방향 감각을 향상시키기 위한 전략 | TAPS: An orientation and mobility curriculum for students with visual impairments | 신체 이미지, 방향 정위, 이동성 |
| 보조공학 | 정보 접근과 저장 전략 | Technology assessment checklist for students with visual impairments | 보조공학 |

| 감각적 효율성 | 잔존 시각, 청각 및 기타 감각을 효율적으로 사용하는 전략 | Learning media assessment combined with assessments from the assessment KIT | 감각 채널 이용, 일반적 학습 매체 유형 결정, 리터러시 매체 선정, 기능적 학습과 리터러시 매체에 대한 결정 |
|---|---|---|---|
| 자기결정 | 자신의 능력과 한계를 이해하여 자신을 믿는 능력을 향상시키는 전략 | Learning media assessment combined with assessments from the assessment KIT | 사회성 기술, 경력 개발, 독립적인 생활 기술 |

## 입법 조치

시각장애와 관련된 법률은 이동성(긴 지팡이 및 안내견 동반 여행 등), 고용 기회, 교육 프로그램의 세 가지 영역에 걸쳐 있다. 예를 들어, 1879년에는 시각장애인 교육을 장려하기 위한 연방 법률이 통과되었다. 이 법으로 인해 미국 시각장애인 인쇄소(APH)에 매년 일정 금액을 지불하여 아동용 맞춤형 도서 및 교육용 도서 인쇄 비용을 쿼터제에 기반하여 충당하게 되었다(Lagrow & Ponchillia, 1989). 이 장애 영역과 관련된 최초의 법률 중 하나는 1930년에 제정된 「흰 지팡이 법」이다. 시각장애인을 위한 기본적인 여행 방법에는 안내법(일반적으로 안내 보행법이라고도 함), 긴 지팡이(일반적으로 흰 지팡이라고도 함), 안내견 가이드, 전자 여행 보조기구의 사용이 있다(Jacobson, 1993). 장애인들이 이러한 보행기술을 보다 원활하게 활용할 수 있도록 하기 위해 긴 지팡이와 안내견을 이용한 이동 방식에는 시각장애인을 위한 관련 입법 조치가 구체적으로 마련되어 있다. 긴 지팡이와 안내견 등의 이동 보조기구는 시각장애인이 실제로 마주치기 직전에 주변 환경의 물체나 변화를 미리 살펴보는 데 사용된다(Farmer & Smith, 1997). 최초의 흰 지팡이 조례는 피오리아 일리노이 라이온스 클럽(Peoria Illinois Lions Club)의 후원으로 제정되었는데, 흰 지팡이를 들고 있거나 안내견을 동반한 시각장애인이 교차로를 건너고 있을 경우, 운전자는 사고나 부상을 방지하기 위해 각별히 주의하며 접근해야 한다는 내용을 담고 있다. 「흰 지팡이 법」은 1931년 미국의 모든 주에서 통과되어 오늘날까지 유지되고 있다(Wiener & Sifferman, 1997). 또 다른 법률인 1931년 「프랫-스무트(Pratt-Smoot) 법」은 시각 및 지체장애인을 위한 국립 도서관 서비스(일반적으로 '말하는 책 프로그램'으로 알려져 있음)의 설립을 위한 기금을 제공했다. 이 법은 시각 및 지체장애인에게 점자 및 녹음 도서를 무료로 제공했다(Lagrow & Ponchillia, 1989). 시각장애인을 위한 또 다른 중요한 법률은 1990년에 제정된 「미국 장애인법(ADA)」이다. ADA에서 시각장애인 여행객에게 가장 큰 영향을 미치는 부분은 공공 편의 시설에 관한 법률이다. 이에 따라 안내견과 같은 장애인 보조 동물이 있는 장애인은 거의 모든 공공 또는 민간 장소에서 장애인 보조 동물을 동반할 수 있다(1990, 42 U.S.C. § 36 이하).

아주 오랜 기간 동안 시각장애를 가진 성인 인구의 상당수가 실업자로 확인되거나 노동력에 속하지 않는 것으로 확인되어 왔다(즉, 적극적으로 구직 활동을 하지 않아 일을 하고 있지 않음에도 불구하고 실업률로 확인되지 않음). 시각장애 성인의 노동력 참여율이 너무 낮다는 것은 이미 잘 알려진 사실이다(Shaw, Gold, & Wolffe, 2007; Wagner, D'Amico, Marder, Newman, & Blackorby, 1992). 「랜돌프-셰퍼드(Randolph-Sheppard)법」(원래 이름은 1936년 「시각장애인 자동판매기법」)은 1930년대 중반에 시각장애인이 사회에 기여할 수 있는 능력을 최고 수준으로 끌어올리는 데 강력한 영향을 미쳤다. 1936년 연방법은 시각장애인이 연방 소유지에서 자판기 시설을 운영할 수 있는 우선권을 부여하도록 규정했다(20 U.S.C 107 이하). 이는 정부 차원에서 시각장애인이 직업적 잠재력을 극대화할 수 있는 기회를 갖도록 해 시각장애 성인의 고용률에 영향을 미치기 위한 것이었다. 수년 후, 1997년 개정 IDEA는 IEP 개발 과정에 몇 가지 변화를 요구했다. 점자 조항(일반적으로 알려진 대로)은 1997년 IDEA에 추가되었으며, 공식적으로는 「장애인 교육 증진법」 또는 IDEIA로 알려진 개정 IDEA에 포함되었다. IDEIA(2004)에 다음과 같이 명시되어 있다.

> 맹 또는 시각장애아동의 경우, 개별화 교육 계획(IEP) 팀은 점자 교육 및 점자 사용에 대한 지도를 반드시 제공하여야 한다. IEP 팀이 아동의 읽기 및 쓰기 능력, 교육적 요구, 적절한 읽기 및 쓰기 매체(향후 점자 교육 또는 점자 사용의 필요성에 대한 평가 포함)를 평가한 결과, 점자 교육 또는 점자 사용이 아동에게 적절하지 않다고 판단하는 경우에는 이를 제공하지 않을 수 있다(20 U.S.C. § 614).

IDEA 1997부터 연방법은 IEP 팀이 특정 학생에게 점자 교육이 적절하지 않다고 결정하지 않는 한 시각장애가 있는 모든 학생에게 점자 교육을 제공하도록 의무화했다. 점자 교육은 확대핵심교육과정(ECC)의 구성요소이다.

## ☑ 보기 어려운 인쇄물: 부분 시력을 가진 사람들을 위한 문제

> 편집자님께, 저는 공식 서류, 중요 공지사항, 식품 포장지의 사용 설명 등에서 다양한 색상 조합으로 인쇄하는 최근의 경향에 대해 점점 더 우려를 느끼고 있습니다.

> 이러한 인쇄 방식은 특히 저시력자, 그중에서도 저처럼 눈이 뿌옇게 보여 백내장이 진행 중인 사람들에게 심각한 불편을 초래하고 있습니다. 예를 들어, 한 PAYE(소득세 납부 관련) 양식은 옅은 분홍색 글씨가 황갈색 종이에 인쇄되어 있는데, 저에게는 거의 보이지 않을 정도입니다. 종종 같은 색상의 유사한 명도 차이를 가진 두 가지 색이 함께 사용되어 같은 문제가 반복되곤 합니다. 이러한 시각장애는 대개 고령자에게서 많이 나타나며, 피해자들은 자신의 불편을 제대로 표현하지 못하는 경우가 많아 이 문제가 널리 알려지지 않고 있는 실정입니다. 이와 같은 문제에 대해 책임 있는 사람들에게 인식이 전달된다면, 많은 이에게 큰 도움이 될 것입니다(Harding, 1981, p. 1060).

수 세기 동안 시각장애를 가진 사람들은 인쇄된 정보나 복잡한 시각 정보를 제때 접하는 데 어려움을 겪어 왔으며, 이 골치 아픈 문제를 해결하기 위한 규정은 없었다. 시각장애학생들이 학교에서 동등하게 접근하지 못했다는 주장은 많은 연구를 통해 뒷받침되고 있다. 시각장애학생을 대상으로 한 최근 연구 결과에 따르면 IDEA가 학교에서 모든 학생에게 제공하는 모든 정보에 대한 동등하고 시기적절한 접근을 의무화했음에도 불구하고 큰 글씨 또는 점자 자료를 사용하는 학생에게 적절한 자료 제공이 지속적으로 지연되고 있는 것으로 나타났다(Smith, Geruschat, & Huebner, 2004). 유치원부터 12학년까지 이 문제를 해결하기 위해 최근 연방 정부가 후원하는 전국 교육 자료 접근성 표준(NIMAS)이 제정되었다. IDEA 2004의 NIMAS 관련 조항에서 주 교육청(SEA) 및 지역 교육청(LEA)은 "시각장애인 또는 기타 인쇄물 장애가 있는 사람에게 적시에 교육 자료를 제공하도록 규정한다"(20 U.S.C 612 이하). 이 연방 법률은 시각장애, 저시력 또는 인쇄물을 보는 데 장애가 있는 학생에게 접근 가능한 읽기 자료를 신속하게 배포하기 위해 교과서 출판사가 2006년 12월까지 표준 전자 형식의 자료를 제공하도록 의무화했다. NIMAS는 저시력 장애인을 포함한 많은 시각장애인에게 큰 영향을 미친 중요한 입법 성과였다.

## 결론

앞서 살펴본 바와 같이, 최근 세기의 기술 발전과 연방 법률은 시각장애를 가진 사람들이 시각 정보와 모든 종류의 기회에 접근하는 데 큰 도움을 주었다. 교육 프로그램, 사정 및 가족 중

심 서비스의 발전은 아동의 복지를 증진했다. 초창기 선구자들은 이러한 발전을 가능하게 하는 길을 닦았다. 시각장애 분야는 항상 전문화되어 왔기 때문에 기여자들마다의 영향력은 뿌리 깊숙이 자리 잡고 있다. 시각장애 분야는 중요한 방식으로 변화를 만들어 내는 전문가 공동체의 추진력으로 계속 발전하고 있다. 지난 천 년이 넘는 세월 동안의 발전은 시각장애인을 위한 모든 성과와 현재 존재하는 모든 가능성에 기여해 왔다. 특수교육이 계속 발전해 나가면서 이런 좋은 흐름을 계속 유지해야 한다.

## 참고문헌

Abner, G. H., & Lahm, E. A. (2002). Implementation of assistive technology with students who are visually impaired: Teacher readiness. *Journal of Visual Impairment and Blindness, 96*, 98-105.

Ajuwon, P. M., & Oyinlade, A. O. (2008). Educational placement of children who are blind or have low vision in residential and public schools: A national study of parent perspectives. *Journal of Visual Impairment and Blindness, 102*, 325-339.

Alper, S. K., Schloss, P. J., & Schloss, C. N. (1994). *Families of students with disabilities: Consultation and advocacy*. Boston: Allyn and Bacon.

American Foundation for the Blind. (n.d.-a). Expanded core curriculum. Retreived March 29, 2010, from 44&TopicID=http://www.aph.org/hall_fame/inductees.html

Americans with Disabilities Act of 1990, 42 U.S.C. § 36 *et seq*. (1990).

Barraga, N. (1963). *Effects of experimental teaching on the visual behavior of children educated as though they had no vision*. Unpublished doctoral dissertation. George Peabody College, Nashville, TN.

Barraga, N. (1970). *Teacher's guide for development of visual learning abilities and utilization of low vision*. Louisville, KY: American Printing House for the Blind.

Barraga, N. (1976). *Visual handicaps and learning*. Belmont, CA: Wadsworth.

Barraga, N. (1980). *Program to develop efficiency in visual functioning*. Louisville, KY: American Printing House for the Blind.

Cohen, R. A., Harrell, L., Macon, C. I., Moedjono, S. J., Orrante, L. S., Pogrund, R. L., & Salcedo, P. S. (1992). Family focus: Working with families of young blind and visually impaired children. In: R. L. Pogrund, D. L. Fazzi & J. S. Lampert (Eds.), *Early focus: Working with young blind and visually impaired children and their families*. New York: American Foundation for the Blind.

Cook, R. E., Klein, M. D., & Tessier, A. (2008). *Adapting early childhood curricula for children with special needs*. Upper Saddle River, NJ: Pearson Education.

Corn, A. L. (1989). Instruction in the use of vision for children and adults with low vision: A proposed program model. *RE:view, 21*(1), 26–38.

Corn, A. L., Hatlen, P., Huebner, K. M., Ryan, F., & Siller, M. A. (1995). *The national agenda for the education of children and youths with visual impairments, including those with multiple disabilities*. New York: AFB Press.

Corn, A., & Koenig, A. J. (Eds). (2007). *Foundations of low vision: Clinical and functional perspectives*. New York: AFB Press.

Corn, A., & Spungin, S. J. (2003). *Free and appropriate public education and the personnel crisis for students with visual impairments and blindness*. Gainesville, FL: University of Florida, Center on Personnel Studies in Special Education.

Costello, K., Pinkney, P., & Scheffers, W. (1980). *Visual assessment functioning tool*. Chicago: Stoelting Co.

Edris, S., Rotatori, A. F., Kapperman, G., & Heinze, A. (1983). A survey of assessment devices administered to deaf-blind children. *ICEC Quarterly, 32*, 24–28.

Erekson, T. L., & Rotatori, A. F. (1986). *Accessibility to employment training for the physically handicapped*. Springfield, IL: Charles C. Thomas.

Farmer, L., & Smith, D. (1997). Adaptive technology. In: B. B. Blasch, W. R. Wiener & R. L. Welsh (Eds.), *Foundations of orientation and mobility* (2nd ed., pp. 231–257). New York: AFB Press.

Faye, E. (1984). *Clinical low vision*. Boston: Little, Brown and Company.

French, S. (2007). Visually impaired people with learning difficulties: Their education from 1900 to 1970–policy, practice and experience. *British Journal of learning Disabilities, 36*, 48–53.

Harding, W. H. (1981). Invisible printing: A problem for the partially sighted. *The British Medical Journal, 283*, 1060.

Harley, R. K., Long, R. G., Merblert, J. B., & Wood, T. A. (1988). *Peabody mobility kit for infants and toddlers*. Chicago: Stoelting.

Hathaway, W. (1933). Educational opportunities in the United States for partially seeing children. *Journal of Educational Sociology, 6*(6), 331–338.

Hatlen, P. (2000). Historical perspectives. In: M. C. Holbrook & A. J. Koenig (Eds.), *Foundations of education: History and theory of teaching children and youths with visual impairments* (pp. 1–54). New York: American Foundation for the Blind.

Heinze, A. (1985). Assessment of visually handicapped students. In: A. F. Rotatori & R. Fox (Eds.), *Assessment for regular and special education teachers* (pp. 361–382). Austin, TX:

PRO-ED.

Heinze, A., & Rotatori, A. F. (1986). Counseling the visually handicapped child. In: A. F. Rotatori, P. J. Gerber, F. W. Litton & R. A. Fox (Eds.), *Counseling exceptional children* (pp. 179–196). New York: Human Sciences Press, Inc.

Holbrook, M. C., & Koenig, A. J. (Eds.). (2000). *Foundations of education: History and theory of teaching children and youths with visual impairments*. New York: AFB Press.

Individuals with Disabilities Education Improvement Act of 2004, 20 U.S.C. § 602 *et seq.*, § 612 *et seq.*, 614 *et seq.* (2004).

Jacobson, W. (1993). *The art and science of teaching orientation and mobility to persons with visual impairments*. New York: AFB Press.

James, P., & Thorpe, N. (1994). *Ancient inventions*. New York: Ballantine Books.

Koenig, A. J., & Holbrook, M. C. (1995). *Learning media assessment of students with visual impairments: A resource guide for teachers* (2nd ed.). Austin, TX: Texas School for the Blind.

Koestler, F. A. (1976). *The unseen minority: A social history of blindness in the United States*. New York: David McKay.

Lagrow, S., & Ponchillia, S. V. (1989). Children with visual impairments. In: A. F. Rotatori & R. A. Fox (Eds.), *Understanding individuals with low incidence handicaps* (pp. 133–186). Springfield, IL: Charles C. Thomas.

Langley, M. B. (1996). *Individualized systematic assessment of visual efficiency for the developmentally young individual* (ISAVE). New York: American Printing House for the Blind.

Levack, N. (1991). *Low vision: A resource guide with adaptations for students with visual impairments*. Austin, TX: Texas School for the Blind and Visually Impaired.

Longo, J., Rotatori, A. F., Heinze, A., & Kapperman, G. (1982). Technology as an aide in assessing visual activity in severely/profoundly retarded children. *Education of the Visually Handicapped, 14*, 21–27.

Lowenfield, B. (1975). *The changing status of the blind: From separation to integration*. Springfield, IL: Charles C. Thomas.

Lueck, A. H. (2004). Comprehensive low vision care. In: A. H. Lueck (Ed.), *Functional vision: A practitioner's guide to evaluation and intervention*. New York: American Foundation for the Blind.

Maino, J. H. (1993). Geriatric low vision rehabilitation. In: S. Aston & J. Maino (Eds.), *Clinical geriatric eye care* (pp. 87–106). Boston: Butterworth and Heinemann.

Mangold, S. S. (1993). *Teaching the Braille slate and stylus: A manual for mastery* (Rev. ed.). Castro Valley, CA: Exceptional Teaching Aids.

Matson, J. L., Heinze, A., Helzel, W. J., Kapperman, G., & Rotatori, A. F. (1986). Assessing social skills in the visually handicapped. *Journal of Clinical Child Psychology, 15*, 78-87.

Maushak, N. J., Kelley, P., & Blodgett, T. (2001). Preparing teachers for the inclusive classrooms: A preliminary study of attitudes and knowledge of assistive technology. *Journal of Technology and Teacher Education, 9*, 419-431.

Maxfield, K. E., & Bucholtz, S. (1958). *A social maturity scale for blind preschool children: A guide to its use*. New York: American Foundation for the Blind.

McGinnity, B. L., Seymour-Ford, J., & Andries, K. J. (2004). *Howe press and the Perkins Brailler*. Watertown, MA: Perkins History Museum, Perkins School for the Blind.

Miller, W. H. (1985). The role of residential schools for the blind in educating visually impaired students. *Journal of Visual Impairment and Blindness, 79*, 160-163.

Miyagawa, S. (1999). *Journey to excellence: Development of the military and VA blind rehabilitation programs in the 20th century*. Lakeville, MN: Galde Press.

Navy, C. (1991). The history of the Nemeth Code: An interview with Dr. Abraham Nemeth. *Raised Dot Computing Newsletter, 9*, 1.

Neustadt-Noy, N., & LaGrow, S. J. (1997). The development of the profession of orientation and mobility around the world. In: B. B. Blasch, W. R. Wiener & R. L. Welsh (Eds.), *Foundations of orientation and mobility* (2nd ed., pp. 624-645). New York: AFB Press.

Nielsen, L. (1991). Spatial relations in congenitally blind infants: A study. *Journal of Visual Impairment and Blindness, 85*, 11-16.

Nielsen, L. (1992). Spatial relations and the "Little Room". *Future Reflections, 11*, 1.

Olmstead, J. E. (2005). *Itinerant teaching: Tricks of the trade for teachers of students with visual impairments*. New York: American Foundation for the Blind.

Roberts, F. K. (1986). Education for the visually handicapped: A social and educational history. In: G. T. Scholl (Ed.), *Foundations of education for blind and visually handicapped children and youth: Theory and practice* (pp. 1-18). New York: AFB Press.

Roman-Lantzy, C. (2007). *CVI: Cortical visual impairment range assessment*. New York: American Printing House for the Blind.

Rotatori, A. F., & Kapperman, G. (1980). An instructional interaction observation system for use with low functioning visually impaired students. *Education of the Visually Handicapped, 12*, 47-52.

Rotatori, A. F., Kapperman, G., & Fox, R. (1981). A behavioral analysis approach to the vocational assessment of severely handicapped visually impaired clients. *ICEC Quarterly, 30*, 7-11.

Sacks, S. Z. (1998). Educating students who have visual impairments with other disabilities: An overview. In: S. Z. Sacks & R. Silberman (Eds.), *Educating students who have visual impairments with other disabilities* (pp. 3-38). Baltimore: Paul Brookes.

Sapp, W. (2003). Visual impairment. In: F. E. Obiakor, C. A. Utley & A. F. Rotatori (Eds.), *Effective education for learners with exceptionalities* (Vol. 15, pp. 259-282). London: Elsevier Science.

Sewell, D. (1997). *The assessment KIT: Kit of informed tools for academic students with visual impairments*. Austin, TX: Texas School for the Blind and Visually Impaired.

Sharpe, M. N., McNear, D., & McGrew, K. S. (1996). *Braille assessment inventory*. Columbia. MO: Hawthorne Educational Services, Inc.

Shaw, A., Gold, D., & Wolffe, K. (2007). Employment-related experiences of youths who are visually impaired: How are these youths fairing? *Journal of Visual Impairment and Blindness, 101*, 7-21.

Shaw, R., Russotti, J., Strauss-Schwartz, J., Vail, H., & Kahn, R. (2009). The need for a uniform method of recording and reporting functional vision assessments. *Journal of Visual Impairment and Blindness, 103*, 367-371.

Smith, A. J., Geruschat, D., & Huebner, K. M. (2004). Policy to practice: Teachers' and administrators' views on curricular access by students with low vision. *Journal of Visual Impairment and Blindness, 98*, 612-628.

Texas School for the Blind and Visually Impaired. (n.d.). The core curriculum for blind and visually impaired children and youths. Retrieved February 26, 2010, from http://www. tsbvi. edu/agenda/corecurric.htm#Core

The Blind Vending Stand Act of 1936, 20 U.S.C. § 107 *et seq*. (1936). The Education of Myopes. (1930). *The British Medical Journal, 2*, 789.

The Education of Partially Sighted Children. (1934). *The British Medical Journal, 2*, 68-69.

Turnbull, A., Turnbull, R., Erwin, E., & Soodak, L. (2006). *Families, professionals, and exceptionality: Positive outcomes through partnership and trust*. Upper Saddle River, NJ: Pearson Education.

Vander Kolk, C. J. (1981). *Assessment and planning with the visually impaired*. Baltimore: Paul H. Brookes.

Wagner, M., D'Amico, R., Marder, C., Newman, L., & Blackorby, J. (1992). *What happens next? Trends in postschool outcomes of youth with disabilities*. Menlo Park, CA: SRI International.

Wiener, W., & Sifferman, E. (1997). The development of the profession of orientation and mobility. In: B. B. Blasch, W. R. Wiener & R. L. Welsh (Eds.), *Foundations of orientation and mobility* (2nd ed., pp. 553-579). New York: AFB Press.

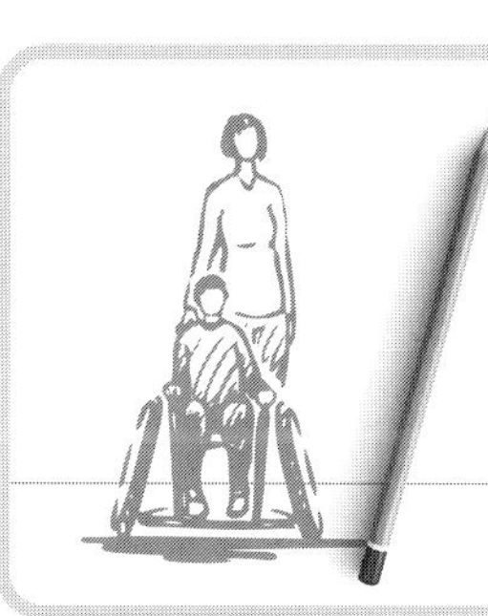

제10장

# 자폐성 장애의 역사

*Julie A. Deisinger*

자폐성 장애(autistic disorder),[1] 아스퍼거 장애(Asperger's disorder), 소아기 붕괴성 장애(childhood disintegrative disorder: CDD), 레트 증후군(Rett's disorder), 그리고 기타로 분류되는 전반적 발달장애(PDD-NOS)는 미국정신의학회(American Psychiatric Association, 2000)의 『정신질환 진단 및 통계 편람(DSM)』에서 자폐 스펙트럼 장애(ASDs)로 분류되는 질환군이다. 이 전반적 발달장애들 중 일부는 지적 결함과 연관되어 있으며, 이들 모두는 사회적 기능과 의사소통의 손상을 동반하고, 흔히 반복적 행동, 동일성에 대한 강박, 비정상적으로 특정 주제에 대한 강한 집착 등의 특징을 보인다(APA, 2000).

자폐 스펙트럼 장애는 전 세계적으로 존재하며(Wilkinson, 2010), 이 장애의 공식적인 역사는 아직 100년이 채 되지 않았지만, 자폐 특성을 지닌 개인은 인류 역사 전반에 걸쳐 존재해 왔을 가능성이 크다(Feinstein, 2010; Frith, 2008). 자폐에 관한 가장 초기의 기록 중 하나는 『성 프란시스의 작은 꽃들(The Little Flowers of St. Francis)』이라는 책에 등장하는 프란치스코 수도회의 준리퍼 형제로 알려진 한 회원에 관한 기록이다(Frith, 2003; Wing, 2005). 13세기에 쓰인 이 책에서 기술된 그의 비정형적 행동은 자폐 스펙트럼 장애를 암시하는 것으로 보인다(AWARES, n.d.; Frith, 2003). 15세기부터 21세기에 이르기까지, 자폐 특성을 가졌거나 자폐로 의심되는 유명한 인물로는 미켈란젤로(Michelangelo)(Arshad & Fitzgerald, 2004), 아이작 뉴턴(Isaac Newton)(Fitzgerald & O'Brien, 2007; James, 2003; Muir, 2003), 아베롱의 야생 소년(wild boy of Aveyron)(Shattuck, 1994; Wolff, 2004), 에밀리 디킨슨(Emily Dickinson)(Brown, 2010), 알베르트 아인슈타인(Albert Einstein)(James, 2003; Muir, 2003), 그리고 템플 그랜딘(Temple Grandin)(Grandin, 1986) 등이 있다. 이 장에서는 자폐 스펙트럼 장애, 특히 자폐성 장애와 아스퍼거 장애를 중심으로 역사적 전개 과정을 살펴볼 것이다.

---

1) 역자 주: 자폐성 장애는 「장애인 등에 대한 특수교육법」에서 사용하는 법적 용어이다. 자폐 스펙트럼 장애는 정신질환의 진단 및 통계 편람(DSM-5-TR)에서 사용하는 최신 용어이다.

## ○ 자폐 스펙트럼 장애의 공식적 인식

### ☑ 카너 이전의 사람들

아동 정신과 의사 레오 카너(Leo Kanner, '코너'로 발음, Feinstein, 2010, p. 19)는 1943년에 현대 자폐 개념을 최초로 정립한 획기적인 논문을 발표하였다(Fombonne, 2003; Goldstein & Ozonoff, 2009; Roth, 2010). 하지만 그 이전에도 몇몇 의사는 자폐를 명확히 명명하지는 않았지만, 오늘날의 정의에 부합하는 행동 특성을 기술한 바 있다. 예컨대, 1809년에 출간된『광기와 우울에 대한 관찰(Observations on Madness and Melancholy)』에서는 자폐 아동으로 보이는 5세 남아에 대한 기록이 있다(Feinstein, 2010; Vaillant, 1962). 이 책의 저자인 존 하슬람(John Haslam) 박사는 1799년 베들레헴 정신병원에 입원한 5세 남자아이에 대해 썼는데, 이 아동은 1세 때 홍역을 앓은 병력을 가지고 있었다. 소년의 어머니는 2세가 되자 아들이 통제하기 어려워졌다고 주장했다. 그녀는 또한 아들이 두 살 반이 되어서야 걷기 시작했고 4세 때까지 말을 하지 않았다고 말했다. 입원 후 소년은 어머니와 헤어질 때만 잠깐 울었고, 지속적 움직임(Vaillant, 1962, p. 376)과 과잉행동을 보였다고 한다. 과잉행동은 자폐성 장애아동에게 흔히 나타나는 특징이다(APA, 2000; Wicks-Nelson & Israel, 2009). 이 아동은 병원에서 다른 아이들이 노는 모습을 지켜보았지만, 그들과 어울리지 않고 혼자서 장난감 병정들을 열심히 가지고 놀았다. 이 소년은 읽는 법을 배울 수 없었고 항상 자신을 3인칭으로 지칭했다(Vaillant, 1962). 자폐성 장애를 가진 사람들 사이에서 언어의 문법적 오류가 관찰될 수 있다(Roth, 2010; Wicks-Nelson & Israel, 2009).

하슬람은 이 소년이 13세가 되었을 때 다시 검사를 했다. 이 아이는 13세가 된 이후에도 여전히 장난감 병정과 군악대에 집착하는 외톨이였다. 이 소년은 또한 교회 예배에 몰두하면서도 그 목적을 이해하지 못하는 모습을 보였다고 보고되었다(Wolff, 2004). 저명한 정신과 의사 조지 베일런트(George Vaillant, 1962)는 하슬람이 20세기에 등장한 자폐증의 정의를 누구보다 가까이에서 예측했다고 썼다.

1867년 헨리 모즈리(Henry Maudsley)가 쓴『정신병리학(Pathology of Mind)』에서도 유사한 사례가 소개되며, 이는 카너 이전에도 자폐에 해당하는 특성이 임상적으로 관찰되었음을 보여준다(Goldstein & Ozonoff, 2009; Wing & Shah, 2006; Wolff, 2004). 여기에는 현대의 자폐증 정의와 일치하는 증상을 보이는 13세 소년의 사례 연구가 포함되어 있다(Wolff, 2004).

1911년, 스위스 정신과 의사 오이겐 블로일러(Eugen Bleuler)는 '자폐(autism)'라는 용어를 최초로 사용하였다. 그는 이 용어를 '자기(self)'라는 그리스어 어원에서 따 왔다(Fernstein, 2010;

Goldstein & Ozonoff, 2009). 블로일러는 자폐라는 단어를 사용하여 환상이 지배하는 자기 몰입적 심리 상태를 설명하기 위해 사용했으며, 이는 원래 조현병과 관련하여 도입된 개념이었다(Goldstein & Ozonoff, 2009; Kuhn, 2004). 그 결과, 1930년대부터 1960년대 후반까지 아동기 정신분열증은 현재 자폐로 알려진 용어와 관련하여 사용되었다(Fombonne, 2003; Rutter, 1978; Wicks-Nelson & Israel, 2009).

## ☑ 레오 카너

1943년 카너 박사는 「정서적 내용의 자폐성 장애(Autistic Disturbances of Affective Content)」라는 논문을 발표하면서 이전에는 아동기의 독특한 장애로 확인되지 않았던 임상 증후군을 처음으로 제시하였다(Fombonne, 2003; Neumarker, 2003; Roth, 2010; Sanders, 2009; Wolff, 2004). 그는 블로일러의 자폐증이라는 용어를 이 증후군의 명칭으로 채택했지만, 자폐와 조현병을 명확히 구분하였다(Neumarker, 2003; Snaders, 2009). 카너에 따르면, 자폐는 후천적 퇴행이 아닌, 신경유형 발달에서 벗어난 상태를 의미한다는 점에서 구분된다(Goldstein & Ozonoff, 2009; Volkmar & Klin, 2005; Wicks-Nelson & Israel, 2009).

카너의 획기적인 논문은 2~8세 아동 11명(남 8, 여 3)을 분석했으며, 이들은 모두 출생부터 극단적으로 고립을 선호한다고 보고하였고(Neumarker, 2003; Roth, 2010; Sanders, 2009; Wolff, 2004), 유전적 요인이 자폐증 발병에 영향을 미친다는 생각의 토대를 마련했다(Wolff, 2004). 그가 설명한 다른 특징으로는 동일성에 대한 현저한 욕구, 반복적인 행동, 상상력 부족, 언어 문제(선택적 함구증, 반향어의 사용, 인칭 대명사 오류 등)를 보였다(Neumarker, 2003; Roth, 2010; Sanders, 2009; Schreibman, 2005; Volkmar & Klin, 2005; Wolff, 2004). 이러한 증상들은 현재의 자폐 진단 기준과 일치한다.

카너의 다른 관찰 결과 중 몇 가지 역시 시간이 흘러도 변하지 않고 유지되고 있다. 그는 표본의 성비에 대해서 언급하면서 자폐증이 여아보다 남아에게서 더 자주 발생하는 것으로 보인다고 언급했다(Wolff, 2004). 이러한 결과는 이후 연구에 의해 입증되었다(APA, 2000; Gonzalez, Cassel, & Boutot, 2011; Roth, 2010; Wolff, 2004). 이와 같은 특성은 현대의 연구에서도 관찰되고 있다(예: Fukumoto et al., 2008).

또한 카너는 표본에 포함된 아동의 부모에 대한 정보를 기록했다. 그는 그들이 과학, 문학 또는 예술에 관심이 많고 다른 사람에 대한 관심은 다소 적은 지적인 사람들인 경향이 있다는 점에 주목했다(Neumarker, 2003; Wolff, 2004). 이를 통해 카너는 광범위한 자폐 표현형

(broad autism phenotype)의 개념을 도출해 냈는데, 이는 직계 가족 구성원에게서 관찰되는 경미한 자폐 특성의 집합을 일컫는 것으로, 대표적으로 사회적 어색함, 일정한 일과나 반복에 대한 선호, 불안과 같은 공존 질환의 존재 등이 포함된다(Cassel et al., 2007; Roth, 2010; Schereen & Stauder, 2008).

## 한스 아스퍼거

1944년, 카너가 자폐증에 대한 최초의 논문을 발표한 지 불과 1년 만에, 오스트리아 소아과 의사 한스 아스퍼거(Hans Asperger)는 '자폐성 정신병적 성격(autistic psychopathy)'이라는 개념을 논문에 발표하였다. 카너와 마찬가지로 아스퍼거도 '자폐증'이라는 용어를 사회적 고립과 자기중심적 내향성을 특징짓는 상태를 설명하기 위해 사용하였으며, '정신병적'이라는 용어는 당시 용법에 따라 성격적 이상을 의미하는 개념으로 사용하였다(Klin, McPartland, & Volkmar, 2005; Roth, 2010). 아스퍼거의 딸이자 정신과 의사인 마리아 아스퍼거 펠더(Maria Asperger Felder)는 그녀의 아버지가 새로운 진단 범주를 설명하기 위해 1934년에 편지에서 '자폐증'이라는 용어를 사용했다고 주장한다. 따라서 아스퍼거는 카너보다 거의 10년 전에 그 용어를 사용하기 시작했다(Feinstein, 2010).

아스퍼거의 1944년 논문에는 6세에서 11세의 아동 4명에 대한 정보가 담겨 있으며, 이들은 지적 결함을 보이기보다 오히려 인지적으로 유능한 모습을 보였다(Klin et al., 2005)고 기술되어 있다. 그러나 인지능력과는 무관하게, 이들은 모두 사회적, 정서적 기능에서 뚜렷한 어려움을 나타냈다고 하였다. 언어 습득의 지연은 없었지만, 그들의 언어 사용은 경직되고 지나치게 어른스러운 방식이었다(Sanders, 2009). 또한 이 아동들은 운동이 서툴렀고, 특이한 관심사와 반복적 행동을 보였다. 아스퍼거에 따르면, 이 증후군은 아동기 초기에 나타나며, 평생 지속되는 특성이다(Wolff, 2004). 앞에서 기술된 특성들을 보면, 아스퍼거가 1944년에 제시한 증상들은 카너가 1943년에 보고한 자폐 증상과 매우 유사하다는 점을 알 수 있다.

오늘날의 시각에서 보면, 카너와 아스퍼거는 매우 유사한 시기에, 매우 유사한 증후군을 각각 발표했음에도 불구하고 서로의 연구를 몰랐다는 사실은 다소 놀랍게 느껴진다. 실제로 현대 자폐 연구자들인 마이클 피츠제럴드(Michael Fitzgerald)와 크리스토퍼 길버그(Christopher Gillberg)는 카너가 아스퍼거의 연구를 알고 있었을 가능성을 제기한 바 있다(Feinstein, 2010). 그러나 당시 제2차 세계대전이라는 정치적 상황으로 인해 정보의 자유로운 교류가 제한되었고, 카너와 아스퍼거는 실제로 서로의 연구를 알지 못했을 수도 있다. 더불어, 카너는 논문을

영어로 발표하였기 때문에 전쟁 이후 그의 연구는 국제적으로 큰 관심을 받았던 반면, 아스퍼거는 독일어로 발표했기에 독일어권 외의 국가에서는 거의 주목받지 못했다(Neumarker, 2003). 한스 아스퍼거의 공헌은 1980년대에 이르러서야 비로소 조명되었으며, 영국의 정신과 의사 로나 윙(Lorna Wing)이 카너와 아스퍼거의 논문 사이의 유사성을 지적하면서부터였다(Roth, 2010; Sanders, 2009; Wing, 2005). 이후 1991년 우타 프리스(Uta Frith)가 아스퍼거의 원 논문을 영어로 번역 출판하면서, 그의 연구에 대한 관심이 본격적으로 확산되었다(Klin et al., 2005; Sanders, 2009; Wing, 2005).

## 테오도어 헬러

오스트리아의 특수교육자 테오도어 헬러(Theodore Heller)는 오늘날 '소아기 붕괴성 장애(CDD)'로 알려진 자폐 스펙트럼 장애의 한 유형을 최초로 기술한 인물이다. 그는 1908년에 이 장애를 '유아성 치매(dementia infantilis)'라고 최초로 명명했다(Bray, Kehle, Theodore, & Broudy, 2002; Hendry, 2000; Volkmar, Koenig, & State, 2005; Wicks-Nelson & Israel, 2009). 이는 레오 카너가 자폐를 발표한 1943년보다 무려 35년이나 앞선 시점의 기록으로, 자폐 스펙트럼 장애의 역사가 카너로부터 시작되었다는 통념에 도전장을 던지는 사례라 할 수 있다(Hendry, 2000).

헬러는 1905년부터 1930년 사이에 총 28명의 아동을 대상으로 CDD를 연구했다. 이 아동들은 모두 생후 2년까지는 정상 발달을 보이다가, 이후 CDD 증상이 나타났다. 증상은 보통 3~4세경에 나타나지만, 늦어도 10세 이내였다. 이 진단을 받기 위해서는 최소 두 가지에서 현저한 능력 상실이 명백해야 한다. 언어 능력, 사회성 기술, 운동 기능, 놀이 행동, 배변/배뇨 조절이다(Wicks-Nelson & Israel, 2009). CDD는 1994년이 되어서야 『정신질환 진단 및 통계 편람(DSM)』에 포함되었기 때문에, 그 원인과 치료에 대해서는 아직 밝혀지지 않은 점이 많다(Bray et al., 2002). 그러나 일부 연구자들은 유전적 요인이 중요한 역할을 할 가능성이 높다고 보고 있다(Volkmar et al., 2005; Wicks-Nelson & Israel, 2009).

## 안드레아스 레트

레트 증후군은 ASDs 중 가장 짧은 역사를 가진 장애로, 1965년에 처음 발견되었다. 그해 오스트리아 의사 안드레아스 레트(Andreas Rett)는 끊임없이 손을 비트는 행동(hand-wringing gestures)을 보이는 두 명의 여아를 진찰했다(Sigafoos, 2001; Van Acker, Loncola, & Van Acker,

2005). 이 두 아이는 출생 당시에는 정상적인 발달을 보였지만, 이후 인지 및 신체 능력 모두에서 퇴행을 겪었다(Sigafoos, 2001; Zoghbi, 2002). 레트는 이 아이들의 증상이 뇌성마비와는 다른 양상임을 간파했다(Zoghbi, 2002). 그는 비서와 함께 유사한 증상을 보이는 여아 6명을 추가로 확인하였고, 결국 총 22명의 동일한 사례를 밝혀냈다(Sigafoos, 2001; Van Acker et al., 2005).

1966년, 레트는 자신이 발견한 이 장애에 대한 논문을 발표하였다. 그러나 원래 독일어로 작성된 이 논문과 이후에 영어로 출판된 후속 논문 모두는 15년간 주목받지 못한 채 방치되었다. 그러다 1980년대, 스웨덴의 의사 벵트 하그베르크(Bengt Hagberg)에 의해 재조명되었고, 레트와는 독립적으로 같은 장애를 재발견하였다(Sigafoos, 2001; Van Acker et al., 2005; Zoghbi, 2002). 하그베르크는 이 장애를 '레트 증후군(Rett syndrome)'으로 명명하고, 1983년 논문을 통해 전 세계 의학계에 이름을 알렸다(Kerr & Ravine, 2003; Van Acker et al., 2005; Zoghbi, 2002). 1984년 당시, 영어로 된 레트 증후군 관련 논문은 단 두 편에 불과했으나, 이후에는 1,000편 이상의 논문이 발표될 정도로 연구가 급증하였다(Sigafoos, 2001).

1999년 루시 아미르(Ruthie Amir)가 이끄는 연구팀은 레트 증후군의 원인이 $MECP_2$[2)] 유전자 돌연변이임을 밝혀냈다. 이후 연구에 따르면, 전형적 레트 증후군의 대부분 사례(75%)가 이 유전자 돌연변이와 관련이 있으며, 일부 남성을 포함한 비전형 사례의 약 50%에서도 $MECP_2$ 유전자와 연관되어 있음이 밝혀졌다. 이 유전자 돌연변이에 대한 동물 모델은 실험용 생쥐를 통해 구축되었으며, 이는 향후 중재 전략 개발의 기초가 될 수 있다(Kerr & Ravine, 2003).

## ○ 진단 기준의 진화

### DSM-I 및 DSM-II

비록 자폐증(autism)이 1943년에 최초로 확인되었지만, 1952년과 1968년에 각각 발간된 DSM 제1판과 제2판에서는 '자폐'라는 용어가 등장하지 않는다. 이 시기의 진단 편람에서는 자폐에 해당하는 상태를 소아 조현병(childhood schizophrenia)이라고 기술하였다(Filipek et al., 1999; Goldstein & Ozonoff, 2009; Hincha-Ownby, 2008; Volkmar, 1991; Volkmar, Chawarska, & Klin, 2008a). 그러나 1971년, 아동 정신과 의사 이스라엘 콜빈(Israel Kolvin)은 자폐 아동의 행동

2) 역자 주: methyl CpG binding protein 2의 약자로 유전자 이름이자 단백질 이름이며, 주로 신경발달과 관련된 핵심 유전자를 말한다.

이 이후 조현병으로 발전하는 아동의 행동과는 다르다는 사실을 입증하는 연구 결과를 발표하였다(Feinstein, 2010; Goldstein & Ozonoff, 2009; Goodyer, 2002; Volkmar et al., 2008a).

이에 따라 1972년에, 자폐 권위자인 마이클 러터(Michael Rutter)는 "'소아 조현병'이라는 용어는 이제 그 유용성을 상실했다"라고 선언하였다(p. 315). 러터에 따르면, '소아 조현병'이라는 라벨은 실제 자폐증뿐 아니라 조현병, 기타 아동기 정신병, 그리고 소아기 붕괴성 장애(CDD)와 같은 다른 발달 장애를 포함하는 모호한 포괄 개념으로 오용되어 왔다. 그는 또한 "서로 다른 센터의 임상가들이 동일한 용어로 서로 다른 상태를 의미하거나, 서로 다른 용어로 동일한 상태를 의미한다"는 점을 지적하였다(p. 315).

## DSM-III 및 DSM-III-R

1980년에 출간된 DSM 제3판은 이러한 혼란을 해소하고자 하였으며, '전반적 발달 장애(pervasive developmental disorders: PDDs)'라는 새로운 범주를 도입하였다(Filipek et al., 1999; Volkmar, 1991; Volkmar, Bregman, Cohen, & Cicchetti, 1988; Volkmar et al., 1988, 2008a). 이 범주에는 영아기 자폐증(infantile autism), 소아기 발병형 PDD, 잔존성 영아기 자폐증, 잔존성 소아기 발병형 PDD, 비전형적 PDD가 포함되었다(Volkmar et al., 1988; Volkmar & Klin, 2005).

DSM-III에서는 카너의 기술을 바탕으로 자폐 진단 기준을 제시했으며, 다음과 같은 조건을 만족해야 자폐로 진단할 수 있었다(Volkmar et al., 1988). 30개월 이전의 발병, 사회적 관계에서의 심각한 결함, 언어 또는 의사소통 결함, 환각이나 망상이 있는 경우 자폐 진단에서 제외 등이다. 이 정의의 장점은 자폐를 독립적 장애로 공식화했다는 점이지만, 발병연령을 지나치게 초기에 한정한 점은 한계로 지적되었다.

1987년에 개정된 DSM(예: DSM-III-R)에서는 '영아기 자폐증'이라는 용어를 삭제하고, 이를 자폐성 장애(autistic disorder)로 명명하였다. 이는 자폐가 아동기 이후에도 지속된다는 현실을 반영한 것이다(Goldstein & Ozonoff, 2009; Hincha-Ownby, 2008; Volkmar et al., 1988). 또한 잔존성 자폐 범주는 폐기되었고(Volkmar, 1991), PDD-NOS만이 다른 진단 카테고리로 남게 되었다(Feinstein, 2010).

DSM-III-R 기준에 따라 자폐성 장애 진단을 받기 위해서는, 개인이 세 가지 기능 영역(사회성, 의사소통, 행동)에 걸친 16개 기준 중 최소 8개 항목 이상을 충족해야 했다(Volkmar, 1991; Volkmar et al., 1988). 이 판에서는 또한 자폐성 장애로 진단받은 사람이 매우 드물게는 환각이나 망상을 경험할 경우, 이후 조현병 진단을 받을 수 있다는 문구가 삽입되었다(Volkmar,

1991). DSM-III-R에서 이루어진 또 다른 변화는 아동기 발병 전반적 발달장애(childhood-onset pervasive developmental disorder) 범주의 삭제였다. 대신, 이 조건은 PDD-NOS(특정되지 않은 전반적 발달장애)라는 명칭하에 분류되었다(Volkmar & Klin, 2005).

DSM-III-R에 수록된 자폐성 장애 정의의 장점 중 하나는, 내담자의 초기 발달 이력을 알 필요 없이 현재의 검사만으로 진단을 내릴 수 있도록 한 것이었다(Volkmar, 1991). 그러나 이러한 접근은 자폐가 실제로 조기 발병하는 장애라는 연구 결과와 일치하지 않는 문제를 안고 있었다(Volkmar & Klin, 2005). 또한 DSM-III-R은 전반적 발달장애의 정의를 지나치게 광범위하게 설정함으로써, 거짓 양성(false positive) 진단율이 거의 40%에 달하는 결과를 초래했다. 게다가 심각한 증상에 대해 지나치게 강조함으로써, 지적 능력이 더 높은 개인들에게서 나타나는 자폐를 선별하는 데 어려움이 발생했다(Volkmar & Klin, 2005).

최근 연구(Bishop, Whitehouse, Watt, & Line, 2008)는 영국에서 DSM-III 또는 DSM-III-R 기준에 따라 아동기에 처음 평가받았던 개인들을 대상으로 이루어졌다. 이들은 현재 표준 평가 방법인 Autism Diagnostic Interview-Revised(ADI-R; Lord, Rutter, & Le Couteur, 1994)와 Autism Diagnostic Observation Schedule(ADOS; Lord, Rutter, DiLavore, & Risi, 1999)을 사용하여 재평가되었다. 그 결과, 초기에는 단순히 언어장애로 분류되었던 많은 개인이 실제로는 현재 기준상 ASD 진단 요건을 충족함이 밝혀졌다. 비숍 등(Bishop et al., 2008)은 DSM-III 기준이 현재의 진단 기준(즉, DSM-IV-TR)보다 더 제한적이었으며, 이로 인해 경증 자폐 증상을 인식하기가 더 어려워졌다고 지적하였다.

## DSM-IV 및 DSM-IV-TR

1994년에 DSM-IV가 출간되면서 주목할 만한 변화들이 있어났다(Hincha-Ownby, 2008). 이보다 앞서 1991년, 우타 프리스(Uta Frith)는 한스 아스퍼거의 1944년 논문을 영어로 번역해 출판하였다. 그 결과, 1992년 세계보건기구(WHO)는 국제질병분류 제10판(ICD-10; Feinstein, 2010)에 아스퍼거 장애(Asperger's disorder)를 진단 범주로 포함시켰다. DSM-IV는 ICD-10과 긴밀하게 일치하도록 설계되었기 때문에(Volkmar & Klin, 2005), 아스퍼거 장애뿐 아니라 자폐성 장애(autistic disorder) 역시 포함되었다(Hincha-Ownby, 2008; Feinstein, 2010). 또한 DSM-IV에 추가된 전반적 발달장애 범주에 소아기 붕괴성 장애(CDD), 레트 장애(Rett's disorder), 기타에 포함되지 않는 전반적 발달장애(PDD-NOS)가 포함되었다(Hincha-Ownby, 2008; Towbin, 2005; Van Acker et al., 2005; Volkmar et al., 2005, 2008a; Volkmar & Klin, 2005).

DSM-IV에서 자폐성 장애로 진단되기 위해서는 다음 6가지 조건을 충족해야 했다. 사회적 손상과 관련된 항목 2개, 의사소통과 관련된 항목 1개 이상, 제한된 관심 또는 반복과 관련된 항목 1개 이상, 3세 이전에 발병한 증상, 그리고 레트 증후군이나 소아기 붕괴성 장애(CDD)로 설명될 수 없는 경우이다(Volkmar & Klin, 2005). 한편, DSM-IV에서 아스퍼거 장애 진단을 받기 위해서는 사회적 상호작용의 손상과 더불어 제한된 관심 또는 비정상적 행동이 있어야 하지만, 인지 및 언어 발달의 지연은 없어야 했다(Klin et al., 2005).

DSM-IV에 아스퍼거 장애를 포함시킨 것은 상당한 논란을 불러일으켰다. 이는 증상을 가장 적절하게 정의하는 방식에 대해 상당한 의견의 불일치가 있었기 때문이다. DSM-IV와 ICD-10에서 제시한 기준 외에도, 로나 윙(Lorna Wing), 크리스토퍼 길버그(Christopher Gillberg), 피터 사츠마리(Peter Szatmari), 딕비 탄탐(Digby Tantam)과 같은 저명한 연구자들이 각각 자신들의 아스퍼거 장애 진단 기준을 제시하였다(Klin et al., 2005). 이들 기준은 DSM-IV에 수록된 기준과 상이했다. 주요 쟁점 중 하나는 DSM-IV가 자폐성 장애 진단 기준을 충족한 사람에게는 아스퍼거 장애 진단을 내릴 수 없다고 명시했다는 점이었다. 이 구분은 증상이 처음 나타난 연령에 달려 있다. 그 외에도 언어 지연을 어떻게 정의할 것인가, 특이한 흥미가 반드시 존재해야 하는가와 같은 문제들도 논란의 대상이 되었다(Volkmar & Klin, 2005).

또한 PDD-NOS 범주와 관련하여, DSM-IV 진단 기준에서 '그리고(and)' 대신 '또는(or)'을 사용했다. 그 결과, 사소한 실수처럼 보이지만 ASD의 정의를 불필요하게 확장시키는 결과를 초래했다(Feinstein, 2010; Volkmar & Klin, 2005). DSM-IV의 정의에 따르면, 개인이 사회적 손상, 의사소통 손상, 혹은 비정상적 흥미와 활동 중 하나만을 보여도 PDD-NOS 진단을 받을 수 있었다. 따라서 DSM-IV에 따르면, 사회적 결함 없이도 PDD-NOS 진단이 가능해지는 오류가 발생하였다. 이는 ASD의 핵심 증상 중 하나인 사회성 기능 결함을 반영하지 못하는 결과를 낳았다. 이러한 DSM-IV의 의도치 않은 오류는 2000년에 발간된 DSM-IV-TR(텍스트 개정판)에서 수정되었다(Feinstein, 2010; Towbin, 2005).

## 자폐 스펙트럼 장애(ASD)의 원인에 대한 인식의 증대

### 정신분석학적 관점

ASDs의 병인(etiology)을 밝히려는 노력은, 특정 역사적 시기의 지배적인 신념 체계가 질

병의 원인에 대한 설명에 어떤 영향을 미치는지를 잘 보여 준다(Wolff, 2004). 자폐증이 처음으로 발견된 1940년대는 정신분석 이론이 정신의학 분야를 지배하던 시기였다(Cipani, 2008; Feinstein, 2010; Roth, 2010; Sigafoos, Green, Edrisinha, & Lancioni, 2007). 정신분석학적 관점에 따르면, 아동의 성격은 부모와의 초기 상호작용에 의해 형성된다고 본다(Roth, 2010). 이러한 사고방식은 자폐 아동의 부모들에게 깊은 상처와 오명을 남긴 시기로 이어졌다.

자폐증에 대한 정신분석적 설명을 가장 강력히 지지했던 인물 중 하나는 오스트리아 출신 치료사 브루노 베텔하임(Bruno Bettelheim)이었다(Roth, 2010). 제2차 세계대전 당시 미국으로 망명한 베텔하임은 처음에는 일리노이주의 록포드 대학에서 미술사를 가르쳤고, 1944년 시카고 대학교로부터 정서장애아동을 위한 정형학교(Orthogenic School), 치료 특수학교 소장을 맡게 되었다. 그러나 그는 당시 이 분야에 대한 실질적 경험이 거의 없었다. 그는 정신분석학자 프로이트(Sigmund Freud)와 에릭슨(Erik Erikson)의 성격 발달 이론, 그리고 영장류를 어미와 분리한 해리 할로(Harry Harlow)의 실험에 큰 영향을 받았다(Feinstein, 2010).

베텔하임은 자폐의 원인을 부모의 부적절한 양육(특히 애정 결핍)에서 찾았다. 그는 "영아기 자폐증의 유발 요인은 부모가 아이의 존재 자체를 원하지 않는 무의식적 욕망"이라고 주장했다(Bettelheim, 1967, p. 125). 이러한 욕망으로 인해 부모가 아이에게 정서적으로 부적절하게 반응하고, 결과적으로 아동이 사회적으로 위축되고 반응하지 않게 된다고 설명했다(Feinstein, 2010). 베텔하임은 1967년 출간한 자신의 저서 『빈 요새(The Empty Fortress: Infantile Autism and the Birth of the Self)』에서 상세히 설명하면서, 특히 자폐의 원인을 주로 어머니에게 전가하였다. 그는 어머니들이 아이를 사랑하지 않고 주의 깊게 돌보지 않았기 때문에 자폐 행동이 나타났다고 주장했으며(Cipani, 2008; Feinstein, 2010), 따라서 자폐 아동을 치료하기 위해서는 부모로부터 분리하여 1년에 몇 차례만 면회를 허용해야 한다고 했다(Roth, 2010).

베텔하임의 주장은 그의 생전뿐만 아니라 수십 년 동안 부모들, 특히 어머니들에게 심각한 죄책감과 수치심을 유발했다(Feinstein, 2010; Roth, 2010). 다행히도, 오늘날 미국에서는 부모의 양육 방식이 자폐증의 원인이라는 이론은 더 이상 받아들여지지 않는다(Gonzalez et al., 2011; Wolff, 2004). 그러나 프랑스에서는 여전히 정신분석적 관점이 남아 있어 많은 가족이 치료를 받기 위해 벨기에로 이동하는 경우도 있다(Feinstein, 2010).

1960년대에 들어서면서 미국과 영국의 부모들은, 자신의 양육 태도 부족이 자폐의 원인이라는 주장을 공개적으로 거부하였다. 1965년에는 심리학자이자 자폐 아동의 아버지였던 버나드 림랜드(Bernard Rimland)가 미국 자폐학회(Autism Society of America)를 설립하였고(Parker, 2009; Roth, 2010), 같은 해 영국에서는 전국자폐협회(National Autistic Society)가 창립되었다(Roth,

2010). 이들 단체는 오늘날까지도 ASD 가족들을 위한 지원과 옹호 활동을 이어 가고 있다.

## 생물학적 요인의 인식

브루노 베텔하임과 마찬가지로, 레오 카너 역시 초기에는 자폐의 원인을 '냉담한 어머니(refrigerator mothers)'라고 불린 부모의 차가운 정서적 태도가 자폐증의 원인이라고 믿었다(Roth, 2010). 그러나 카너는 결국 자신의 생각을 수정하여 1969년에는 "부모들이여, 나는 여러분을 무죄로 선포합니다."라고 선언하였다(Feinstein, 2010, p. 99).

하지만 카너와 아스퍼거는 모두 자폐 아동의 부모 중 일부에서 경미한 자폐 특성을 관찰한 바 있다. 이는 자폐증이 가족 내에 유전될 수 있으며, 근본적으로는 유전적 요인에 기인할 가능성을 시사하였다(Roth, 2010). 이러한 가설을 검증하기 위해 수전 폴스타인(Susan Folstein)과 마이클 러터(Michael Rutter)는 1978년에 세계 최초의 자폐 쌍둥이 연구를 수행하였다(Roth, 2010).

이 연구는 일란성 쌍둥이와 이란성 쌍둥이의 유전적 차이를 활용하였다. 일란성 쌍둥이는 하나의 수정란이 분열하여 발생하므로 동일한 유전정보를 공유한다. 반면, 이란성 쌍둥이는 각각 다른 난자와 정자에 의해 수정되어 태어나므로 일반적인 형제처럼 약 50%의 유전정보만 공유한다(Roth, 2010).

이 연구 방법을 활용하여 폴스타인과 러터는 한쪽 또는 양쪽 쌍둥이 모두 자폐증을 가진 일란성 쌍둥이 11쌍과 이란성 쌍둥이 10쌍을 찾아 조사했다. 이들은 각 쌍둥이 중 두 명 모두 자폐증을 가진 비율이 얼마인지 확인하고자 했다. 만약 유전적 요인이 자폐증 발달에 영향을 미친다면, 이란성 쌍둥이 쌍에 비해 일란성 쌍둥이 사이에서 모두 자폐증이 있는 경우가 훨씬 더 많을 것으로 예상했다. 이처럼 쌍둥이 쌍 내에서 나타나는 유사성을 일치율(concordance rate)이라고 한다. 폴스타인과 러터는 일란성 쌍둥이 11쌍 중 4쌍이 일치(즉, 두 명 모두 자폐증을 보임)했다고 밝혔으며, 이는 37%의 일치율을 나타냈다. 이에 비해 그들의 연구에서 이란성 쌍둥이의 일치율은 0%였다. 다시 말해 이란성 쌍둥이 중 한 명이 자폐증을 보이더라도 다른 한 명은 그렇지 않았다. 이 두 연구자가 동일한 표본에 대해 자폐증에 대해 덜 엄격한 정의를 적용했을 때, 일란성 쌍둥이의 일치율은 11쌍 중 9쌍으로 상승하여 82%의 일치율을 기록했다. 자폐증에 대한 이와 동일한 완화된 정의를 사용했을 때, 이란성 쌍둥이 10쌍 중 오직 한 쌍만이 자폐증을 보여 10%의 일치율을 보였다.

폴스타인과 러터의 쌍둥이 연구 결과는 자폐증 발달에 유전적 요인이 중요한 역할을 한다는 첫 번째 직접적인 근거를 제시했다(Cantwell & Baker, 1984; Roth, 2010). 이후 앤서니 베일리

(Anthony Bailey)와 동료들이 1995년에 이들의 연구에 대해 반복연구를 실시하고 연구를 확장하여 실시한 결과 유사한 결과를 얻었다(Roth, 2010). 폴스타인과 러터의 1978년 연구 이후, 유전적 요인이 ASDs 발달에 기여한다는 사실은 수많은 추가 연구에 의해 지지되었다(Gonzalez et al., 2011; Volkmar, Westphal, Gupta, & Weisner, 2008b).

1998년, 영국의 의사 앤드류 웨이크필드(Andrew Wakefield)와 동료들은 MMR(홍역-유행성이하선염-풍진) 백신이 자폐를 유발할 수 있다는 주장을 제기하였고, 이는 일부 부모가 자녀의 백신 접종을 기피하게 만들었다. 하지만 수많은 후속 연구가 MMR 백신이 자폐를 유발하지 않는다는 점을 밝혔고(Feinstein, 2010; Miller & Reynolds, 2009; Roth, 2010; Smith & Wick, 2008; Volkmar et al., 2008b), 2004년에는 웨이크필드 논문의 공저자 10명이 기존 주장을 철회했으며, 2010년에는 의학 저널 『The Lancet』이 해당 논문을 완전히 철회하였다(DeNoon, 2010). 또한 일부 백신에 방부제로 첨가된 수은 화합물인 티메로살(thimerosal)도 자폐 원인으로 의심되었으나, 이 역시 과학적 근거가 없는 것으로 판명되었다(Feinstein, 2010; Miller & Reynolds, 2009; Roth, 2010; Smith & Wick, 2008; Volkmar et al., 2008b).

그 외에도 자폐증과 관련된 생물학적 요인으로는 세로토닌(serotonin), 글루타메이트(glutamate), 감마아미노뷰티르산(즉, GABA) 등의 비정상적 농도가 보고되었다. 또한 뇌 용적 증가, 특정 뇌 영역에서의 전기적 활동의 차이, 그리고 여러 뇌 영역 간 연결 이상 등이 보고되었다(Roth, 2010; Volkmar et al., 2008b).

## ○ 자폐 스펙트럼 장애의 평가 및 치료의 발전

### ☑ 평가 방법의 혁신

폴란과 스펜서(Polan & Spencer, 1959)는 ASDs의 평가를 선도적으로 시도하여, 아동이 자폐증 증상을 보이는지를 응답자가 표시할 수 있도록 하는 30개 항목 체크리스트를 개발했다. 이 질문지는 아동이 가족 기능, 사회적 관계, 활동, 문제행동, 강박행동과 같은 집착성에서 문제를 보이는지를 평가하도록 구성되었다(Feinstein, 2010). 심리학자 버나드 림랜드(Bernard Rimland)는 '행동장애아동 진단 체크리스트'(Diagnostic Checklist for Behavior-Disturbed Children)(Rimland, 1964)를 개발했으며, 이 체크리스트는 아동의 발달 이력, 언어 능력, 사회적 능력 및 기타 증상에 관한 80개의 문항으로 구성되어 있다. 림랜드는 이 체크리스트를 통

해 고전적 자폐증(classic autism)과 기타 ASD 유형을 구별하고자 했다(Feinstein, 2010). 미국 아동 정신과 의사 버트람 루텐버그(Bertram Ruttenberg)는 자폐 및 비전형 아동을 위한 행동 평정 도구(Behavior Rating Instrument for Autistic and Atypical Children: BRIAAC)(Ruttenberg, Dratman, Fraknoi, & Wenar, 1966)를 개발하였으나, 자폐를 지적장애, 언어장애, 정신병 등 다른 장애와 정확히 구분하는 데 실패하였다(Feinstein, 2010).

1970년대 후반까지도, 자폐의 증상을 객관적으로 비교할 수 있는 방법은 존재하지 않았다. 이를 해결하기 위해 베티 조 프리먼(Betty Jo Freeman), 에드 릿보(Ed Ritvo) 등은 행동관찰척도(Behavioral Observation Scale: BOS)를 고안하였으며, 이는 진단 목적은 물론 의료적 치료나 교육적 중재 후의 변화 추적에도 활용되었다(Freeman, Schroth, Ritvo, Guthrie, & Wake, 1980). 1980년에는 자폐 행동 체크리스트(Autism Behavior Checklist: ABC)(Krug, Arick, & Almond, 1980)가 개발되었으며, 이는 학령기 아동을 대상으로 자폐 여부를 파악하는 데 활용된다. 같은 해, 아동 자폐 평가 척도(Childhood Autism Rating Scale, CARS; Schopler, Reichler, Devellis, & Daly, 1980)도 발표되었는데, 이는 만 2세 이상의 아동을 대상으로 사용할 수 있는 가장 널리 사용되는 표준화된 자폐 평가 도구로 알려져 있다(Feinstein, 2010).

이후 개발된 주요 도구로는 자폐 진단 면담(Autism Diagnostic Interview: ADI)(Le Couteur et al., 1989)과 자폐 진단 관찰 척도(Autism Diagnostic Observation Schedule: ADOS)(Lord et al., 1999)가 있다. ADI는 1994년 개정되어 현재 ADI-R(Lord et al., 1994)로 불린다. ADI-R은 총 93개의 항목으로 구성되어 있으며, 실시 시간은 약 1시간 30분~2시간 30분 정도 소요된다. 이는 ASD 아동의 초기 발달, 의사소통 및 사회성 기술, 흥미와 활동에 대한 정보를 수집하기 위해 부모나 보호자에게 실시할 수 있다(Gonzalez et al., 2011). 반면, ADOS는 반구조화된 행동 평가 도구로, 최대 45분 이내에 실시할 수 있다. ADOS는 내담자의 연령과 언어 능력에 따라 4개의 모듈 중 하나를 선택하여 사용한다(Deisinger, 2008a). ADOS는 공동주의(joint attention),[3] 적응행동, 사회적 상호작용을 평가할 수 있게 하며, 이 두 도구는 ASD 진단에서 가장 신뢰받는 평가 도구로 간주된다(Tomanik, Pearson, Loveland, Lane, & Shaw, 2007).

3) 역자 주: 성인(또는 또래)과 아동이 동일한 대상이나 사건에 함께 주의를 기울이고, 서로가 그 대상에 주의를 두고 있다는 사실을 인식하며 상호작용하는 능력을 의미한다.

## 치료 방법의 진전

레오 카너가 자폐를 하나의 새로운 독립적 장애 범주로 제시하던 시기에는, 정신질환 및 학습장애를 가진 사람들은 자기 수용시설에 수용되는 것이 일반적이었다(Wolff, 2004). 또한 카너가 활동하던 시기와 그 이후 약 20년간은 자폐증의 원인에 대한 정신분석적 관점이 지배적이었다. 이로 인해 당시 ASD의 주요 치료법은 놀이치료(play therapy)였으며, 이는 아동이 정서적으로 냉담하고 거부적인 부모로 인해 스트레스를 표현하도록 돕는 방법으로 여겨졌다(Schopler & Mesibov, 1984). 아동은 놀이치료를 받는 동안, 부모는 심리치료를 받아야 했으며, 이는 부모의 양육 태도와 행동을 교정하여 아동의 상태를 개선하려는 목적이 있었다(Cipani, 2008; Culbertson, 1977: Cantwell & Baker, 1984에서 재인용; Schopler & Mesibov, 1984). 1977년 컬버트슨(Culbertson)의 연구에 따르면(Cantwell & Baker, 1984에서 재인용), 부모심리치료 외에 자녀를 위한 별도의 치료 방법은 거의 추천되지 않았으며, 부모가 아동 중심 치료를 요청해도 무시되는 경우가 많았다.

1950~1960년대에는 자폐를 조현병과 유사한 소아 정신병(childhood psychosis)으로 간주하는 견해도 널리 퍼져 있었다. 이에 따라 당시에는 조현병 치료에 사용되던 인슐린 쇼크 요법, 전기충격요법, 암페타민, 항우울제, 심지어 LSD 같은 각성제 등의 약물치료가 사용되기도 했지만, 그 효과는 입증되지 않았다(Sigafoos et al., 2007).

1961년, 찰스 퍼스터(Charles Ferster)와 마리안 드마이어(Marian DeMyer)는 자폐 아동에게 긍정적 강화(positive reinforcement)를 사용하는 최초의 연구를 실시하였다(Feinstein, 2010). 1960년대 이후, 행동 이론에 기반한 자폐 치료 접근이 본격적으로 주목되기 시작했다(Boutot & Dukes, 2011; Foxx, 2008; Granpeesheh, Tarbox, & Dixon, 2009; Wolery, Barton, & Hine, 2005). 행동주의적 치료 접근은 다음과 같은 방법들을 포함한다.

- 응용행동분석(applied behavior analysis: ABA)(Boutot & Dukes, 2011)
- 조기 집중 행동 중재(early intensive behavior intervention: EIBI)(Foxx, 2008)
- 개별시행훈련(discrete trial training: DTT)(Granpeesheh et al., 2009)
- 중심반응훈련(pivotal response training: PRT)(Boutot & Dukes, 2011)
- 자연환경훈련(natural environment training: NET)(Granpeesheh et al., 2009)

이들 방법은 모두 행동을 관찰하고 측정한 뒤(Boutot & Dukes, 2011), 바람직한 행동에는 긍정적 강화, 부적절한 행동은 무시하거나 처벌적 결과를 적용하는 방식으로 진행된다(Foxx, 2008).

아이바르 로바스(O. Ivar Lovaas, 1987: Olive, Boutot, & Tarbox, 2011 재인용)는 자폐 아동을 대상으로 한 EIBI(조기 집중 행동 중재)의 효과를 검증한 최초의 통제 연구를 수행하였다. 연구 결과, 그는 아동을 세 집단으로 나누었다. ABA를 주당 40시간 받은 집단, ABA를 주당 10시간 받은 집단, 그리고 비ABA 치료를 주당 10시간 받은 집단으로 나누어 2년 이상 치료하였다. 주당 40시간 집중 ABA 치료를 받은 집단이 IQ의 향상과 초등학교 일반학급에 배치되는 비율이 다른 집단보다 유의미하게 높았다(Olive et al., 2011).

로바스(Lovaas, 1987)의 연구(Olive et al., 2011에서 재인용)는 방법론상의 결함으로 비판을 받아 왔다(Feinstein, 2010). 또한 로바스의 초기 치료 방법들(Lovaas, Freitag, Gold, & Kassorla, 1965; Lovaas, Koegel, Simmons, & Stevens-Long, 1973; Lovaas, Schreibman & Koegel, 1974) 중 일부는, 그가 때때로 자폐 아동의 행동을 형성하기 위해 소리 지르기, 뺨 때리기, 전기충격과 같은 혐오 자극을 사용했기 때문에 논란이 되었다. 그는 이러한 고통스러운 결과를 더 큰 목적—예를 들어, 자해 행동의 중단—을 달성하기 위한 수단으로 정당화했다(Feinstein, 2010). 로바스의 연구를 둘러싼 논란에도 불구하고, 지난 40여 년간 수행된 수백 건의 연구는 행동수정 접근이 자폐 치료에 효과적인 방법임을 뒷받침하고 있다(Foxx, 2008; Granpeesheh et al., 2009).

자폐증에 대한 또 다른 종합적 중재로 TEACCH(Treatment and Education of Autistic and related Communication-handicapped Children)가 있다(Lord & Schopler, 1994 참조). 1972년 에릭 쇼플러(Eric Schopler)가 노스캐롤라이나에서 개발하였으며, 이는 부모를 배제했던 브루노 베텔하임의 접근과 달리, 부모를 아동 치료의 적극적 파트너로 삼았다(Feinstein, 2010; Roth, 2010). TEACCH는 전체 아동을 고려하는 평가, 구조화된 환경과 교육 제공, 생활기술 습득, 기술의 일반화 지원 강조 등의 특징이 있다. 비록 무작위 대조 연구는 아직 없지만, 소규모 연구들은 긍정적 효과를 보고하고 있다(Roth, 2010).

현재 자폐 치료에는 항정신병약, 항우울제, 항경련제, 각성제 등의 약물이 ASDs 증상 완화를 위해 병행되고 있다(Scahill & Martin, 2005; West, Waldrop, & Brunssen, 2009). 미국 FDA가 자폐 관련 증상 치료로 승인한 유일한 약물은 리스페리돈(risperidone)이다. 그러나 다양한 약물은 주의력 결핍, 공격성, 반복행동 등에는 어느 정도 효과를 보이나, 사회성 결함, 의사소통 장애, 제한된 관심과 같은 자폐의 핵심 증상에는 제한적인 효과만을 보인다(West et al., 2009).

## ○ 자폐 스펙트럼 장애 관련 주요 법률

### IDEA(장애인 교육법)

1975년, 미국 의회는 「공법 94-142호」, 즉 「전장애아교육법(Education for All Handicapped Children Act)」을 제정하였다(Zettel, 1977). 이 법에서, ASDs가 있는 일부 학생들은 정신지체(Blau, 1985)나 정서장애(Edmunds et al., 1985) 범주에 따라 특수교육 서비스를 받았을 가능성이 있다. 이 법은 1990년에 「장애인 교육법(Individuals with Disabilities Education Act: IDEA)」으로 개정 및 확장되었으며, 이때 자폐(autism)가 독립적인 장애 범주로 새롭게 추가되었다(National Association of State Directors of Special Education, 1991). 그러나 IDEA는 자폐 아동에게 '적절한 교육'이 구체적으로 무엇을 의미하는지 명시하지는 않는다. 자폐 아동은 실질적인 성취를 위해 강도 높은 교육이 필요하므로, 적절한 교육 프로그램은 연중 계속되는 전일제 교육을 포함해야 한다. 특히 여름 방학 동안 장기간 학교를 떠나 있을 경우 퇴행(regression)이 발생할 수 있으므로, 여름 수업도 포함해야 하며, 가정이나 지역사회 기반의 추가적 지원도 고려되어야 한다(Bailey, 2008; Mandlawitz, 2005).

3세에서 21세 사이의 자폐 아동들은 IDEA의 Part B 조항에 따라 특수교육 서비스를 받는다. 이 조항은 학생 개인의 요구와 결함, 강점을 반영하는 개별화 교육 계획(IEP) 수립을 요구한다(Boutot & Wahlberg, 2011; Mandlawitz, 2005). 또한 IEP에는 아동에게 보조공학(assistive technology: AT)이 필요할 경우 관련 서비스 제공을 명시해야 하며, 가족이 보조공학을 선택하고 활용할 수 있도록 돕는 서비스도 포함해야 한다(West, 2011). 부모는 IEP 작성 과정에 적극적으로 참여해야 하며, 만약 학교가 단순히 '자폐 프로그램'이라는 포괄적인 프로그램만을 제안한다면 신중히 검토해야 한다(Bailey, 2008, p. 314). 또한 자폐 아동이 무조건 일반학급에 배치되는 경우에도 신중히 검토할 필요가 있다고 지적한다. 베일리는 통합학급에서 성공하기 위해서는 최소한 다음과 같은 기본 역량이 필요하다고 지적했다(Bailey, 2008).

- 의사소통 및 모방 능력
- 짧은 시간이라도 감독 없이 과제에 집중하여 수행할 수 있는 능력
- 사회적 상호작용에 대한 흥미

반면, 자해 행동, 공격적 행동, 파괴적 행동, 주의 산만 행동을 보이거나 앞의 기본 역량이 부족한 아동은 보다 전문화된 특수학급과 같은 환경에서 교육받는 것이 바람직하다(Bailey, 2008).

## 1973년 직업재활법 제504조(Section 504)

IDEA의 적용을 받는 자폐 아동뿐만 아니라, IDEA 기준에 해당하지 않더라도 많은 아동이 1973년 「직업재활법」 제504조(Section 504 of the Rehabilitation Act)의 적용을 받아 교육적 보호를 받을 수 있다(Katsiyannis & Reid, 1999; Turnbull, Wilcox, & Stowe, 2002; VanBergeijk, Klin, & Volkmar, 2008). 대부분의 ASD 아동은 고전적인 전형적 자폐증보다 비교적 경증의 증상을 보이므로(VanBergeijk et al., 2008), IDEA 대신 504 계획을 통해 더 쉽게 교육적 조정을 통한 학습 지원을 받을 수 있다. 예를 들어, 학교 간호사에 의한 약물 투여와 같은 의료적 서비스를 받을 수 있다(Turnbull et al., 2002). 504 계획을 통해 제공될 수 있는 학업 관련 조정 예시는 다음과 같다(Katsiyannis & Reid, 1999).

- 지시의 단순화
- 언어적 지시에 시각 보조자료 추가 보완
- 수업 시간표 및 시험 방식 조정
- 녹음기 사용 또는 컴퓨터 기반 학습 도구(CAI) 사용 등

또한 504 계획은 수업 외 활동 쉬는 시간, 급식 시간, 체육, 상담 서비스 등에 대한 합리적 접근성 보장도 요구한다(Katsiyannis & Reid, 1999).

## 낙오 아동 방지법

2001년에 통과된 미국 「낙오 아동 방지법(No Child Left Behind: NCLB)」은 미국 내 모든 공립학교 학생을 대상으로 한다. NCLB에 따르면, 자폐 학생이 주 전역 단위의 표준화 시험에 응시할 때 적절한 조정이 제공되어야 한다. 인지 기능의 결손 등으로 표준 시험 응시가 불가능한 경우, 학년 외 평가(예: 오프그레이드 평가)와 같은 대체 평가를 제공해야 한다. 또한 부모에게 자녀가 시험에서 조정이나 대체를 받을 경우 발생할 수 있는 결과(예: 졸업 시 일반 졸업장 수여

불가능성 등)에 대해 사전에 고지를 해야 한다(Yell, Drasgow, & Lowrey, 2005).

또한 NCLB는 ASD 학생을 대상으로 연구 기반의 효과적인 교수법을 사용할 것을 요구한다(Simpson, 2005; Yell et al., 2005). 이는 다음과 같은 교육을 포함한다(Yell et al., 2005).

- 구조화된 학습 환경
- 언어 및 사회적 상호작용 기술 개발에 초점을 둔 교육과정
- 학생 특성에 맞춘 개별화 교수
- 가족의 교육계획 참여 촉진 및 보장
- 문제행동 관리 시 처벌보다 긍정적 행동 지원 강조

## 미국 장애인법

1990년, 미국 의회는 기존 「직업재활법」을 재승인하며 「미국 장애인법(Americans with Disabilities Act: ADA)」으로 명칭을 변경하였다. ADA는 대학 및 대학교 내 장애 성인 학생에게 제공해야 할 서비스 기준을 규정하여 권리를 보장한다. 대학생이 된 자폐인은 학습, 직업, 사회적 기능 등 여러 생활 영역에서 어려움을 겪을 수 있기 때문에, ADA에 따라 학업 및 사회적 지원을 받을 자격이 있다. 또한 고등학교에서 대학으로의 전환기는 신경다양성을 보이지 않는 전형적 학생들에게도 어려운 시기이기에, ASD를 가진 대학생에게는 더욱 스트레스를 받는 상황일 것이다. 전환기에 있는 ASD 대학생이 겪게 되는 어려움을 이유로 ADA에 따라 다양한 교육적/사회적 지원을 받을 수 있다. 이들에게 제공될 수 있는 학업 지원 예시는 다음과 같다(VanBergeijk et al., 2008).

- 필기 지원
- 과제 및 자료 정리 지원
- 과제 수정
- 시험 시간 연장
- 주의 분산이 적은 시험 환경

또한 사회성 향상 지원(예: 대화 기술을 위한 역할극, 성교육 등)과 정신건강 지원(예: 지시적 상담)도 제공할 수 있다. ADA는 직장에서의 차별 방지 및 권리 보호도 포함되며, ASD 성인은 직

무 수행에 필요한 의사소통, 사회적 상호작용의 어려움으로 인해 고용 유지에 어려움을 겪을 수 있다(Van Wieren, Reid, & McMahon, 2008). 반 비런 등(Van Wieren et al., 2008)은 자폐 성인 당사자들이 고용 차별의 기준이나 자신의 권리를 모르는 경우가 많다고 지적했다. 이에 따라 대규모 고용주뿐 아니라 소매 및 서비스 업계 역시 ASD 근로자의 특성과 요구를 이해하고 교육받을 필요가 있으며, ASD 당사자들에게도 ADA 권리에 대한 정보와 교육이 필요하다고 주장했다.

### 자폐 대응법

가장 최근에는, 2006년 12월, 조지 W. 부시(George W. Bush) 대통령이 「공법 109-416」, 즉 「자폐 대응법(Combating Autism Act)」에 서명하였다(U.S. Congress, 2006). 이 법은 2007~2012년 동안 약 10억 달러를 자폐 판별, 조기중재, 서비스 및 교육 지원에 사용할 수 있도록 승인하였다. 자폐인권 단체인 Autism Speaks(2010)에 따르면, 이 법은 특정 단일 장애에 대해 미국 의회가 통과시킨 가장 포괄적인 법이라고 평가했다. 그러나 이 법은 논란도 불러일으켰다. 많은 사람이 이를 환영했지만, 일부 자폐 커뮤니티 구성원들은 이 법이 ASD를 '없애려 한다'는 시도로 인식된다고 비판해 왔다(Feinstein, 2010).

## 자폐 스펙트럼 장애를 위한 보조공학

수년간, ASDs 아동과 성인을 위해 다양한 형태의 보조공학(AT) 기기가 개발되어 왔다(Nkabinde, 2008 참조). 이러한 도구들은 문해력, 의사소통 능력, 대인관계 기술을 향상시키기 위한 목적으로 사용되며, 궁극적으로 자립성을 증진시키는 데 기여할 수 있다(West, 2011). AT의 필요를 평가하고, 장비를 구비하여 실제로 사용하고, 효과를 평가하는 전 과정은 SETT 프레임워크를 따르는 것이 바람직하다. SETT는 학생(Student), 환경(Environment), 과제(Task), 도구(Tools)의 약어이다. 즉, ASD를 가진 사람들을 위한 AT를 결정할 때 학생의 요구와 능력, AT가 사용될 물리적 환경, AT가 활용될 활동 유형과 목표, 그리고 가장 적합한 AT 기기 유형을 모두 고려해야 한다(West, 2011).

AT의 주요 범주 중 하나는 보완대체의사소통(AAC)이다. AAC는 단순한 의사소통 책자부터 복잡한 컴퓨터 기반 장치까지 다양한 형태가 있다. AAC 시스템 활용의 목표는 자연스러운 환

경에서 기능적인 의사소통을 가능하게 하는 데 중점을 둔다(West, 2011). 예를 들어, AAC 시스템은 식사 시간에 선호를 표현하거나, 가정이나 학교에서 일상 루틴을 이해하고 따르도록 돕는 데 활용될 수 있다(Mirenda, 2001). 대표적 AAC 도구인 그림 교환 의사소통 시스템(Picture Exchange Communication System: PECS)은 1994년 앤드류 반디(Andrew Bondy)와 로리 프로스트(Lori Frost)가 개발했다. PECS는 언어를 의사소통으로 사용하지 않는 비언어적(nonverbal) 아동이 그림 카드를 매개로 자신의 욕구나 의사를 상대방에게 교환 · 전달함으로써 상호작용할 수 있도록 돕는다(Feinstein, 2010; West, 2011). 또 다른 AAC 기기 유형은 휴대용 음성 출력 보조기기(voice output communication aids: VOCA)가 있다. VOCA는 디지털 음성을 생성하여 사용자가 메시지를 전달할 수 있게 해 준다(Mirenda, 2001; West, 2011). VOCA를 자연스러운 환경에서 꾸준히 사용할 경우, 자폐 아동의 수용 및 표현 언어 능력 향상에 기여할 수 있다(Mirenda, 2001).

컴퓨터 보조 교육(CAI) 역시 유용하다. 예를 들어, Boardmaker, Pix-Writer, Picture-It, Writing with Symbols 2000 등의 소프트웨어는 문장을 그림으로 시각화하거나, 사회적 이야기 구성, 또는 맞춤형 교육자료 제작에 활용된다(West, 2011).

최근 AT의 한 흐름은 로봇 기반 상호작용 도구를 활용하는 것이다. 1997년 시작된 Robota 프로젝트는 상업용 플라스틱 인형의 머리, 팔, 다리를 사용하고 몸통은 레고 조각과 컴퓨터 하드웨어로 구성했다. 최신 Robota는 간단한 얼굴, 움직이는 눈, 움직이는 머리, 팔, 다리를 갖추고 있다. 이 로봇은 사용자의 손이나 머리 움직임을 모방하거나, 기쁨, 슬픔, 피로 같은 감정 상태를 연출할 수 있다. 이를 통해 모방(imitation), 차례 지키기(turn-taking)와 같은 사회적 기술을 ASD 아동에게 가르칠 수 있다(Billard, Robins, Nadel, & Dautenhahn, 2007).

## ○ 가족과의 협력

앞서 언급했듯이, 1960년대 이전에는 자폐 아동의 가족을 위한 개입은 부모의 정서적 결핍을 교정하려는 심리역동적 치료에 초점을 맞추었다(Cantwell & Baker, 1984). 하지만 1960~1970년대 이후, ASDs가 부모의 양육 방식이 아닌 자폐의 생물학적 요인과 연관되어 있다는 증거가 증가하면서 전문가들의 관점은 바뀌기 시작했다(Schopler & Mesibov, 1984). 이러한 태도의 변화에는 행동주의 치료의 도입도 큰 영향을 미쳤다. 당시 행동치료사들도 심리역동적 치료사처럼 여전히 부모를 원인으로 간주했지만, 브루노 베텔하임 등이 자폐 아동을 부모로부터 격리시키라고 주장했던 반면, 행동치료사는 부모를 교육에 참여시킬 수 있는 동

반자로 인식하였다. 즉, 부모는 행동수정 기법을 배워 자녀를 도울 수 있는 존재로 여겨졌다(Schopler & Mesibov, 1984).

지난 25년간 자폐 아동의 가족에 대한 심리적, 사회적 지원의 필요성이 증가해 왔다. 연구에 따르면, 이들 가족은 신경전형 발달 아동을 양육하는 가족보다 더 높은 스트레스 수준을 경험한다고 보여 주었다(Baker-Ericzen, Brookman-Frazee, & Stahmer, 2005; Marcus, Kunce, & Schopler, 2005; Slater & Wikler, 1986; Symon & Boettcher, 2008). 이들이 겪는 주요 스트레스 요인은 다음과 같다.

- 진단을 받기까지의 어려움(Marcus et al., 2005; Symon & Boettcher, 2008)
- 불확실한 예후(Symon & Boettcher, 2008)
- 아동의 불균형적인 발달 경로로 인한 혼란
- 공공장소에서의 부적절한 행동(Marcus et al., 2005)
- 상실감, 무력감, 사회적 고립감(Slater & Wikler, 1986; Symon & Boettcher, 2008)

특히 인종/민족적 소수 집단에 속하는 가족은 서비스 접근성이 낮아 추가적인 스트레스를 경험할 수 있다(Mandell et al., 2009; Theus, 2008; Thomas, Ellis, McLaurin, Daniels, & Morrissey, 2007).

전문가들은 가정, 클리닉, 학교, 집단 기반 프로그램을 통해 부모를 교육하고 지원할 수 있다. 이들 방법은 다음을 포함한다. 부모에게 교육 및 관리 기술을 지도, 부모가 자녀 행동을 기록할 수 있도록 결과 기록법을 교육하고, 개입 효과를 분석할 수 있도록 돕는다. 또한 부모에게 아동의 발달 정보 및 자폐 관련 영상 · 문헌 자료를 안내할 수도 있다(Marcus et al., 2005).

부모 지원 그룹은 정서적 지지와 정보 공유를 제공할 수 있다(Marcus et al., 2005). 경험이 있는 부모가 자폐 진단을 처음 받은 부모에게 멘토링 체계를 제공할 수도 있다(Baker-Ericzen et al., 2005; Symon & Boettcher, 2008). 이러한 멘토링은 멘토 가족과 수혜 가족의 배경과 경험이 유사할수록 만족도가 높다. 자폐 아동의 형제자매도 정서적 지지를 위해 자조모임에 참여하여, 형제자매 관계에서 느끼는 경험과 감정을 또래와 나눌 수 있다(Deisinger, 2008b; Marcus et al., 2005; Symon & Boettcher, 2008).

## ○ 미래 과제와 전망

자폐 스펙트럼 장애의 역사에서도 앞으로 새로운 변화가 나타날 가능성이 매우 크다. 예상되는 변화 중 하나는 이 장애들이 DSM에서 어떻게 정의될 것인가 하는 부분과 관련된다. DSM의 새로운 판본인 DSM-5는 2013년에 출판되었다(Feinstein, 2010). 새로운 매뉴얼은 ASDs에 대한 개념화를 현저히 다르게 하여, 이 장애들과 관련된 감각처리 문제를 보다 중요한 진단요소로 강조할 것으로 보인다(Feinstein, 2010). 또 하나 더 놀라운 변화는, 아스퍼거 장애가 DSM에서 삭제될 수 있다는 점이다. DSM-5는 '자폐 스펙트럼 장애(ASD)'라는 단일 범주를 도입하고, 모든 ASDs에 대해 하나의 공통 진단 기준을 마련하여 중증도 차이에 따라 구분할 가능성이 크다. 이러한 변화의 근거는 ASD가 연속체상에 존재한다는 연구 결과에 기반한다. 즉, ASD 증상은 경증에서 중증까지 다양하게 나타나지만, 모두 동일한 기저 장애를 공유하는 하나의 스펙트럼으로 이해될 수 있다는 것이다(Feinstein, 2010; Frances, 2010).

그러나 제안된 진단 기준이 실제로 적용된다면, 이로 인해 두 가지 잠재적 문제가 발생할 수 있다. ASDs에 대한 낙인이 오히려 심화될 수 있다. 왜냐하면 경증 ASDs가 보다 심각한 형태와 함께 묶이기 때문이다. 자폐 정의가 지나치게 확장되어 현재는 단순히 독특한 성향으로 간주되는 행동까지도 ASD로 오진되거나 과잉 판정되는 사례가 증가할 가능성이 있다.

반면, 이러한 변화는 오히려 낙인을 완화하고, 일반 대중이 경증 자폐에 대한 이해를 넓히는 계기가 될 수도 있다. DSM-5의 저자들은 연구 결과에 따라 진단 매뉴얼을 수정해야 하며, 이러한 새로운 진단 기준이 미래 오남용에 대해서는 책임을 져야 하는 것은 아니다(Frances, 2010).

미래에 더욱 부각될 또 다른 현상은 소위 신경다양성(neurodiversity) 운동이다(Boundy, 2008; Bumiller, 2008; Feinstein, 2010). 앞선 절에서 언급했듯이, 모든 사람이 「자폐대응법(Combating Autism Act)」의 통과를 환영한 것은 아니었다. 신경다양성 운동에 속한 사람들이 이 법을 비판했는데, 그 이유는 이들은 자폐를 고쳐야 할 문제가 아니라, 정체성의 일부이자 다양성의 한 형태로 보기 때문이다. 고기능 자폐를 가진 이들은 자신을 장애가 아닌 차이(difference)로 보고, 신경전형적 다수의 기준에 맞추는 것에 저항한다. 그들은 자신의 자폐적 특성을 개인의 핵심 정체성의 일부로 여기며, 신경 발달이 정상적인 다수의 기대에 맞춰 자신을 교정해야 한다는 사고를 거부한다. 대신, 이들은 자신들의 차이가 세상을 다르게 인식하고 타인과 상호작용하는 방식도 정당한 대안으로 인정받기를 원한다(Boundy, 2008; Broderick & Ne'eman, 2008).

다만 이 운동이 우려하는 바는, 앞으로 태아 단계에서 자폐 유전자 선별이 가능해질 경우, 자폐인의 잠재력과 인간적 가치까지 사라질 수 있다는 점이다. 자폐 연구자 사이먼 배런코헨(Simon Baron-Cohen)은 이렇게 말했다. "우리는 장애뿐 아니라 재능까지 선별해서 걸러낼 위험이 있으며, 이는 장애인을 차별하는 것이고, 자폐인을 덜 가치 있는 존재로 취급하는 것과 같다."(Feinstein, 2010, p. 272) 아마도 더 바람직한 목표는, 매우 심각한 장애를 초래하는 형태의 ASD를 가지고 태어날 가능성이 있는 이들을 식별하고, 그들에게 가능한 한 빨리 효과적인 치료를 제공하는 것일 것이다(Feinstein, 2010).

자폐 스펙트럼 장애의 미래를 내다볼 때, 여전히 배워야 할 것, 해야 할 일이 많다. 첫째, ASDs에 관한 더 정확하고 신뢰할 수 있는 정보를 제공해, 대중과 전문가 모두 사이에 만연한 오정보를 바로잡는 것이 필요하다. 둘째, 체계적으로 설계되고 엄밀하게 시행된 연구 수행을 통해 어떤 치료가 효과적인지, 어떤 치료가 효과가 없는지를 구체적으로 밝혀야 한다. 셋째, 앞으로 ASD를 가진 청소년기와 성인기의 개인들을 위한 서비스와 지원이 보다 확대되고 개선되기를 기대해 본다.

## 참고문헌

All Wales Autism Resource/AWARES. (n.d.). About autism. Retrieved from http://www.awares.org

American Psychiatric Association/APA. (2000). *Diagnostic and statistical manual of mental disorders* (4th ed., text rev.). Washington, DC: Author.

Arshad, M., & Fitzgerald, M. (2004). Did Michelangelo (1475-1564) have high-functioning autism? *Journal of Medical Biography, 12*(2), 115-120.

Autism Speaks. (2010). The Combating Autism Act of 2006. Retrieved from http://www.autismspeaks.org

Bailey, K. (2008). Supporting families. In: K. Chawarska, A. Klin & F. R. Volkmar (Eds.), *Autism spectrum disorders in infants and toddlers: Diagnosis, assessment, and treatment* (pp. 300-326). New York: Guilford Press.

Baker-Ericzen, M. J., Brookman-Frazee, L., & Stahmer, A. (2005). Stress levels and adaptability in toddlers with and without autism spectrum disorders. *Research and Practice for Persons with Severe Disabilities, 30*(4), 194-204. Retrieved from http://web. ebscohosts.com

Bettelheim, B. (1967). *The empty fortress: Infantile autism and the birth of the self*. New York: The Free Press.

Billard, A., Robins, B., Nadel, J., & Dautenhahn, K. (2007). Building Robota, a mini-humanoid robot for the rehabilitation of children with autism. *Assistive Technology, 19*(1), 37-49. Retrieved from http://web.ebscohost.com

Bishop, D. V. M., Whitehouse, A. J. O., Watt, H. J., & Line, E. A. (2008). Autism and diagnostic substitution: Evidence from a study of adults with a history of developmental disorder. *Developmental Medicine and Child Neurology, 50*, 341-345. doi: 10.1111/j.1469-8749.2008.02057.x

Blau, G. (1985). Autism-Assessment and placement under the Education for All Handicapped Children Act: A case history. *Journal of Clinical Psychology, 41*(3), 440-447. Retrieved from http://web.ebscohost.com

Boundy, K. (2008). "Are you sure, sweetheart, that you want to be well?": An exploration of the neurodiversity movement. *Radical Psychology: A Journal of Psychology, Politics, and Radicalism, 7*(2), 2. Retrieved from http://web.ebscohost.com

Boutot, E. A., & Dukes, C. (2011). Evidence-based practices for educating students with autism spectrum disorders. In: E. A. Boutot & B. S. Myles (Eds.), *Autism spectrum disorders: Foundations, characteristics, and effective strategies* (pp. 68-92). Upper Saddle River, NJ: Pearson.

Boutot, E. A., & Wahlberg, J. L. (2011). Working with families of children with autism. In: E. A. Boutot & B. S. Myles (Eds.), *Autism spectrum disorders: Foundations, characteristics, and effective strategies* (pp. 93-117). Upper Saddle River, NJ: Pearson.

Bray, M. A., Kehle, T. J., Theodore, L. A., & Broudy, M. S. (2002). Case study of childhood disintegrative disorder-Heller's syndrome. *Psychology in the Schools, 39*(1), 101-109. Retrieved from http://web.ebscohost.com

Broderick, A. A., & Ne'eman, A. (2008). Autism as metaphor: Narrative and counter-narrative. *International Journal of Inclusive Education, 12*(5-6), 459-476. doi: 10.1080/13603110802377490.

Brown, J. (2010). *Writers on the spectrum: How autism and Asperger syndrome have influenced literary writing*. Philadelphia: Jessica Kingsley Publishers.

Bumiller, K. (2008). Quirky citizens: Autism, gender, and reimagining disability. *Signs: Journal of Women in Culture and Society, 33*(4), 967-991. Retrieved from http://web. ebscohost.com

Cantwell, D. P., & Baker, L. (1984). Research concerning families of children with autism. In: E. Schopler & G. B. Mesibov (Eds.), *The effects of autism on the family* (pp. 41-63). New York: Plenum Press.

Cassel, T. D., Messinger, D. S., Ibanez, L. V., Haltigan, J. D., Acosta, S. I., & Buchman, A. C. (2007). Early social and emotional communication in the infant siblings of children with autism spectrum disorders: An examination of the broad phenotype. *Journal of Autism and Developmental Disorders, 37*, 122-132.

Cipani, E. (2008). Autism: The early years. In: E. Cipani (Ed.), *Triumphs in early autism treatment* (pp. 141-150). New York: Springer Publishing Company.

Deisinger, J. A. (2008a). Recent developments in the diagnosis and assessment of autism spectrum disorders. In: A. F. Rotatori, F. E. Obiakor & S. Burkhardt (Eds.), *Autism and developmental disabilities: Current practices and issues* (Vol. 18, pp. 85-108). Bingley, UK: Emerald Group Publishing Limited.

Deisinger, J. A. (2008b). Issues pertaining to siblings of individuals with autism spectrum disorders. In: A. F. Rotatori, F. E. Obiakor & S. Burkhardt (Eds.), *Autism and developmental disabilities: Current practices and issues* (Vol. 18, pp. 135-155). Bingley, UK: Emerald Group Publishing Limited.

DeNoon, D. J. (2010, February 2). Study linking autism to vaccine retracted. *WebMD Health News*. Retrieved from http://children.webmd.com

Edmunds, P., Peterson, S., Nelson, L., Goldberg, M., Goldberg, P., & Leaf, R. (1985). Resource manual on disabilities: A count me in project. Retrieved from http://web.ebscohost.com

Feinstein, A. (2010). *A history of autism: Conversations with the pioneers*. Malden, MA: Wiley-Blackwell.

Ferster, C. B., & DeMyer, M. K. (1961). The development of performances in autistic children in an automatically controlled environment. *Journal of Chronic Diseases, 13*, 312-314.

Filipek, P. A., Accardo, P. J., Baranek, G. T., Cook, E. H., Jr., Dawson, G., Gordon, B., Gravel, J. S., Johnson, C. P., Kallen, R. J., Levy, S. E., Minshew, N. J., Ozonoff, S., Prizant, B. M., Rapin, I., Rogers, S. J., Stone, W. L., Teplin, S., Tuchman, R. F., & Volkmar, F. R. (1999). The screening and diagnosis of autistic spectrum disorders. *Journal of Autism and Developmental Disorders, 29*(6), 439-484.

Fitzgerald, M., & O'Brien, B. (2007). *Genius genes: How Asperger talents changed the world*. Shawnee Mission, KS: Autism Asperger Publishing Company.

Fombonne, E. (2003). Modern views of autism. *Canadian Journal of Psychiatry, 48*(8), 503-505. Retrieved from http://web.ebscohost.com

Foxx, R. M. (2008). Applied behavior analysis treatment of autism: The state of the art. *Child and Adolescent Psychiatric Clinics of North America, 17*(4), 821-834.

Frances, A. (2010, March 22). Will DSM5 contain or worsen the "epidemic" of autism. *Psychology Today*. Retrieved from http://www.psychologytoday.com

Freeman, B. J., Schroth, P., Ritvo, E., Guthrie, D., & Wake, L. (1980). The Behavior Observation Scale for autism (BOS): Initial results of factor analyses. *Journal of Autism and Developmental*

*Disorders, 10*(3), 343–346.

Frith, U. (2003). *Autism: Explaining the enigma* (2nd ed.). Malden, MA: Blackwell Publishing.

Frith, U. (2008). *Autism: A very short introduction*. New York: Oxford University Press.

Fukumoto, A., Hashimoto, T., Ito, H., Nishimura, M., Tsuda, Y., Miyazaki, M., Mori, K., Arisawa, K., & Kagami, S. (2008). Growth of head circumference in autistic infants during the first year of life. *Journal of Autism and Developmental Disorders, 38*(3), 411–418. doi: 10.1007/s10803-007-0405-1.

Goldstein, S., & Ozonoff, S. (2009). Historical perspective and overview. In: S. Goldstein, J. A. Naglieri & S. Ozonoff (Eds.), *Assessment of autism spectrum disorders* (pp. 1–17). New York: Guilford Press.

Gonzalez, K., Cassel, T., & Boutot, E. A. (2011). Overview of autism spectrum disorders. In: E. A. Boutot & B. S. Myles (Eds.), *Autism spectrum disorders: Foundations, characteristics, and effective strategies* (pp. 1-33). Upper Saddle River, NJ: Pearson.

Goodyer, I. (2002). Obituaries: Israel Kolvin. *The Psychiatrist, 26*, 396–397. doi: pb.26.10.396-a.

Grandin, T. (1986). *Emergence: Labeled autistic – A true story*. New York: Warner Books.

Granpeesheh, D., Tarbox, J., & Dixon, D. R. (2009). Applied behavior analytic interventions for children with autism: A description and review of treatment research. *Annals of Clinical Psychiatry, 21*(3), 162–173.

Hendry, C. N. (2000). Childhood disintegrative disorder: Should it be considered a distinct diagnosis? *Clinical Psychology Review, 20*(1), 77–90. doi: 10.1016/S0272-7358(98)00094-4

Hincha-Ownby, M. (2008). History of autism in the DSM: Diagnostic criteria for autism spectrum disorders. Retrieved from http://autismaspergerssyndrome.suite101.com

James, I. (2003). Singular scientists. *Journal of the Royal Society of Medicine, 96*(1), 36–39. doi: 10.1258/jrsm.96.1.36.

James, I. (2006). *Asperger's syndrome and high achievement: Some very remarkable people*. Philadelphia: Jessica Kingsley Publishers.

Katsiyannis, A., & Reid, R. (1999). Autism and Section 504: Rights and responsibilities. *Focus on Autism and Other Developmental Disabilities, 14*(2), 66–72. Retrieved from http://web.ebscohost.com

Kerr, A. M., & Ravine, D. (2003). Review article: Breaking new ground with Rett syndrome. *Journal of Intellectual Disability Research, 47*(8), 580–587. Retrieved from http://web.ebscohost.com

Klin, A., McPartland, J., & Volkmar, F. R. (2005). Asperger syndrome. In: F. R. Volkmar, R. Paul, A. Klin & D. Cohen (Eds.), *Handbook of autism and pervasive developmental disorders* (Vol. 1, pp. 88–125). Hoboken, NJ: Wiley.

Krug, D. A., Arick, J., & Almond, P. (1980). Behavior checklist for identifying severely handicapped individuals with high levels of autistic behavior. *Journal of Child Psychology and Psychiatry, 21*(3), 221-229.

Kuhn, R. (2004). Eugen Bleuler's concepts of psychopathology. *History of Psychiatry, 15*(3), 361-366. doi: 10.1177/0957154×04044603

Le Couteur, A., Rutter, M., Lord, C., Rios, P., Robertson, S., Holdgrafer, M., & McLennan, J. (1989). Autism Diagnostic Interview: A standardized investigator-based instrument. *Journal of Autism and Developmental Disorders, 19*(3), 363-387. doi: 10.1007/BF02212936.

Lord, C., Rutter, M., & Le Couteur, A. (1994). Autism Diagnostic Interview - Revised: A revised version of a diagnostic interview for caregivers of individuals with possible pervasive developmental disorders. *Journal of Autism and Developmental Disorders, 24*(5), 659-685. Retrieved from http://web.ebscohost.com

Lord, C., Rutter, M., DiLavore, P., & Risi, S. (1999). *Autism diagnostic observation schedule: Manual*. Los Angeles: Western Psychological Services.

Lord, C., & Schopler, E. (1994). TEACCH services for preschool children. In: S. Harris & J. Handleman (Eds.), *Preschool education programs for children with autism* (pp. 102-126). Austin, TX: PRO-ED.

Lovaas, O. I., Freitag, G., Gold, V. J., & Kassorla, I. C. (1965). Experimental studies in childhood schizophrenia: An analysis of self-destructive behavior. *Journal of Experimental Child Psychology, 2*, 67-84.

Lovaas, O. I., Koegel, R. L., Simmons, J. Q., & Stevens-Long, J. (1973). Some generalizations and follow-up measures on autistic children in behavior therapy. *Journal of Applied Behavior Analysis, 6*, 131-166.

Lovaas, O. I., Schreibman, L., & Koegel, R. I. (1974). A behavior modification approach to the treatment of autistic children. *Journal of Autism and Childhood Schizophrenia, 4*, 101-129.

Mandell, D. S., Wiggins, L. D., Carpenter, L. A., Daniels, J., DiGuiseppi, C., Durkin, M. S., Giarelli, E., Morrier, M. J., Nicholas, J. S., Pinto-Martin, J. A., Shattuck, P. T., Thomas, K. C., Yeargin-Allsopp, M., & Kirby, R. S. (2009). Racial/ethnic disparities in the identification of children with autism spectrum disorders. *American Journal of Public Health, 99*(3), 493-498. doi: 10.2105/AJPH.2007.131243

Mandlawitz, M. R. (2005). Educating children with autism: Current legal issues. In: F. R. Volkmar, R. Paul, A. Klin & D. Cohen (Eds.), *Handbook of autism and pervasive developmental disorders* (Vol. 2, pp. 1161-1173). Hoboken, NJ: Wiley.

Marcus, L. M., Kunce, L. J., & Schopler, E. (2005). Working with families. In: F. R. Volkmar, R. Paul, A. Klin & D. Cohen (Eds.), *Handbook of autism and pervasive developmental disorders*

(Vol. 2, pp. 1055–1086). Hoboken, NJ: Wiley.

Miller, L., & Reynolds, J. (2009). Autism and vaccination – The current evidence. *Journal for Specialists in Pediatric Nursing, 14*(3), 166–172. Retrieved from http://web.ebscohost.com

Mirenda, P. (2001). Autism, augmentative communication, and assistive technology: What do we really know? *Focus on Autism and Other Developmental Disabilities, 16*(3), 141–151. Retrieved from http://web.ebscohost.com

Muir, H. (2003). Did Einstein and Newton have autism? *New Scientist, 178*(2393), 10. Retrieved from http://web.ebscohost.com

National Association of State Directors of Special Education. (1991). "Side-by-side" profile of changes in new IDEA. *Liaison Bulletin, 17*(1), 1–44. Retrieved from http://www.eric.ed.gov

Neumarker, K. J. (2003). Leo Kanner: His years in Berlin, 1906–24. The roots of autistic disorder. *History of Psychiatry, 14*(2), 205–218. Retrieved from http://hpy.sagepub.com

Nkabinde, Z. P. (2008). Using assistive technology to educate students with developmental disabilities and autism. In: A. F. Rotatori, F. E. Obiakor & S. Burkhardt (Eds.), *Autism and developmental disabilities: Current practices and issues* (vol. 18, pp. 273–285). Bingley, UK: Emerald Group Publishing Limited.

Olive, M., Boutot, E. A., & Tarbox, J. (2011). Teaching students with autism using the principles of applied behavior analysis. In: E. A. Boutot & B. S. Myles (Eds.), *Autism spectrum disorders: Foundations, characteristics, and effective strategies* (pp. 141–162). Upper Saddle River, NJ: Pearson.

Parker, P. M. (Ed.) (2009). *Autism spectrum disorders: Webster's timeline history 1965–2007*. San Diego, CA: ICON Group International, Inc.

Polan, C. G., & Spencer, B. L. (1959). A checklist of symptoms of autism of early life. *West Virginia Medical Journal, 55*, 198–204.

Rapin, I. (2005). Autism: Where we have been, where we are going. In: F. R. Volkmar, R. Paul, A. Klin & D. Cohen (Eds.), *Handbook of autism and pervasive developmental disorders* (Vol. 2, pp. 1304–1317). Hoboken, NJ: Wiley.

Rimland, B. (1964). *Infantile autism: The syndrome and its implications for a neural theory of behavior*. New York: Appleton–Century–Crofts.

Roth, I. (2010). *The autism spectrum in the 21st century: Exploring psychology, biology and practice*. Philadelphia: Jessica Kingsley Publishers.

Ruttenberg, B. A., Dratman, M. L., Fraknoi, J., & Wenar, C. (1966). An instrument for evaluating autistic children. *Journal of the American Academy of Child Psychiatry, 5*(3), 453–478.

Rutter, M. (1972). Childhood schizophrenia reconsidered. *Journal of Autism and Developmental Disorders, 2*(3), 315–337. Retrieved from http://www.springerlink.com

Rutter, M. (1978). Diagnosis and definition of childhood autism. *Journal of Autism and Developmental Disorders, 8*(2), 139-161. doi: 10.1007/BF01537863

Sanders, J. L. (2009). Qualitative or quantitative differences between Asperger's disorder and autism? Historical considerations. *Journal of Autism and Developmental Disorders, 39*(11), 1560-1567. doi: 10.1007/s10803-009-0798-0.

Scahill, L., & Martin, A. (2005). Psychopharmacology. In: F. R. Volkmar, R. Paul, A. Klin & D. Cohen (Eds.), *Handbook of autism and pervasive developmental disorders* (Vol. 2, pp. 1102-1117). Hoboken, NJ: Wiley.

Schereen, A. M., & Stauder, J. E. A. (2008). Broader autism phenotype in parents of autistic children: Reality or myth? *Journal of Autism and Developmental Disorders, 38*(2), 276-287. doi: 10.1007/s10803-007-0389-x

Schopler, E., & Mesibov, G. B. (1984). Professional attitudes towards parents: A forty-year progress report. In: E. Schopler & G. B. Mesibov (Eds.), *The effects of autism on the family* (pp. 3-17). New York: Plenum Press.

Schopler, E., Reichler, R. J., Devellis, R. F., & Daly, K. (1980). Toward objective classification of childhood autism: Childhood Autism Rating Scale (CARS). *Journal of Autism and Developmental Disorders, 10*, 91-103.

Schreibman, L. (2005). The science and fiction of autism. Cambridge, MA: Harvard University Press. Shattuck, R. (1994). *The forbidden experiment: The story of the wild boy of Aveyron.* New York: Kodansha America, Inc.

Sigafoos, J. (2001). Editorial: Special edition on Rett syndrome. *Disability and Rehabilitation, 23*(3/4), 97. Retrieved from http://web.ebscohost.com

Sigafoos, J., Green, V. A., Edrisinha, C., & Lancioni, G. E. (2007). Flashback to the 1960s: LSD in the treatment of autism. *Developmental Neurorehabilitation, 10*(1), 75-81. doi: 10.1080/13638490601106277

Simpson, R. L. (2005). Evidence-based practices and students with autism spectrum disorders. *Focus on Autism and Other Developmental Disabilities, 20*(3), 140-149. Retrieved from http://web.ebscohost.com

Slater, M. A., & Wikler, L. (1986). 'Normalized' family resources for families with a developmentally disabled child. *Social Work, 31*(5), 385-390.

Smith, T., & Wick, J. (2008). Controversial treatments. In: K. Chawarska, A. Klin & F. R. Volkmar (Eds.), *Autism spectrum disorders in infants and toddlers: Diagnosis, assessment, and treatment* (pp. 243-273). New York: Guilford Press.

Symon, J. B. G., & Boettcher, M. A. (2008). Family participation and support. In: J. K. Luiselli, D. C. Russo, W. P. Christian & S. M. Wilczynski (Eds.), *Effective practices for children with autism: Educational and behavioral support interventions that work* (pp. 455–489). New York: Oxford University Press.

Theus, F. C. (2008). Asperger syndrome in the African American community: Barriers to diagnosis. In: A. F. Rotatori, F. E. Obiakor & S. Burkhardt (Eds.), *Autism and developmental disabilities: Current practices and issues* (Vol. 18, pp. 109–133). Bingley, UK: Emerald Group Publishing Limited.

Thomas, K. C., Ellis, A. R., McLaurin, C., Daniels, J., & Morrissey, J. P. (2007). Access to care for autism-related services. *Journal of Autism and Developmental Disorders, 37*(10), 1902–1912. doi: 10.1007/s10803-006-0323-7

Tomanik, S. S., Pearson, D. A., Loveland, K. A., Lane, D. M., & Shaw, J. B. (2007). Improving the reliability of autism diagnoses: Examining the utility of adaptive behavior. *Journal of Autism and Developmental Disorders, 37*(5), 921–928. doi: 10.1007/s10803-006-0227-6

Towbin, K. E. (2005). Pervasive developmental disorder not otherwise specified. In: F. R. Volkmar, R. Paul, A. Klin & D. Cohen (Eds.), *Handbook of autism and pervasive developmental disorders* (Vol. 1, pp. 165–200). Hoboken, NJ: Wiley.

Turnbull, H. R., III., Wilcox, B. L., & Stowe, M. J. (2002). A brief overview of special education law with focus on autism. *Journal of Autism and Developmental Disorders, 32*(5), 479–493. Retrieved from http://web.ebscohost.com

U.S. Congress. (2006, December 19). Public Law 109–416. Retrieved from http://frwebgate.access,gpo.gov

Vaillant, G. E. (1962). Historical notes: John Haslam on early infantile autism. *American Journal of Psychiatry, 119*, 376. doi: 10.1176/appi.apj.119.4.376

Van Acker, R., Loncola, J. A., & Van Acker, E. (2005). Rett syndrome: A pervasive developmental disorder. In: F. R. Volkmar, R. Paul, A. Klin & D. Cohen (Eds.), *Handbook of autism and pervasive developmental disorders* (Vol. 1, pp. 126–164). Hoboken, NJ: Wiley.

VanBergeijk, E., Klin, A., & Volkmar, F. (2008). Supporting more able students on the autism spectrum: College and beyond. *Journal of Autism and Developmental Disorders, 38*(7), 1359–1370. doi: 10.1007/s10803-007-0524-8

Van Wieren, T. A., Reid, C. A., & McMahon, B. T. (2008). Workplace discrimination and autism spectrum disorders: The national EEOC Americans with Disabilities Act research project. *Work, 31*(3), 299–308. Retrieved from http://web.ebscohost.com

Volkmar, F. R. (1991). DSM-IV in progress: Autism and the pervasive developmental disorders. *Hospital and Community Psychiatry, 42*(1), 33–35.

Volkmar, F. R., Bregman, J., Cohen, D. J., & Cicchetti, D. V. (1988). DSM-III and DSM-III-R diagnoses of autism. *American Journal of Psychiatry, 145*(11), 1404–1408.

Volkmar, F. R., Chawarska, K., & Klin, A. (2008a). Autism spectrum disorders in infants and toddlers: An introduction. In: K. Chawarska, A. Klin & F. R. Volkmar (Eds.), *Autism spectrum disorders in infants and toddlers: Diagnosis, assessment, and treatment* (pp. 1-22). New York: Guilford Press.

Volkmar, F. R., & Klin, A. (2005). Issues in the classification of autism and related conditions. In: F. R. Volkmar, R. Paul, A. Klin & D. Cohen (Eds.), *Handbook of autism and pervasive developmental disorders* (Vol. 1, pp. 5-41). Hoboken, NJ: Wiley.

Volkmar, F. R., Koenig, K., & State, M. (2005). Childhood disintegrative disorder. In: F. R. Volkmar, R. Paul, A. Klin & D. Cohen (Eds.), *Handbook of autism and pervasive developmental disorders* (Vol. 1, pp. 70-87). Hoboken, NJ: Wiley.

Volkmar, F. R., Westphal, A., Gupta, A. R., & Wiesner, L. (2008b). Medical issues. In: K. Chawarska, A. Klin & F. R. Volkmar (Eds.), *Autism spectrum disorders in infants and toddlers: Diagnosis, assessment, and treatment* (pp. 274-299). New York: Guilford Press.

West, E. (2011). Assistive technology for students with autism. In: E. A. Boutot & B. S. Myles (Eds.), *Autism spectrum disorders: Foundations, characteristics, and effective strategies* (pp. 261-276). Upper Saddle River, NJ: Pearson.

West, L., Waldrop, J., & Brunssen, S. (2009). Pharmacologic treatment for the core deficits and associated symptoms of autism in children. *Journal of Pediatric Health Care, 23*(2), 75-89. doi: 10.1016/j.pedhc.2008.12.001

Wicks-Nelson, R., & Israel, A. C. (2009). *Abnormal child and adolescent psychology* (7th ed.). Upper Saddle River, NJ: Pearson/Prentice Hall.

Wilkinson, L. A. (2010). *A best practice guide to assessment and intervention for autism and Asperger syndrome in schools*. Philadelphia: Jessica Kingsley Publishers.

Wing, L. (2005). Reflections on opening Pandora's box. *Journal of Autism and Developmental Disorders, 35*(2), 197-203. doi: 10.1007/s10803-004-1998-2

Wing, L., & Shah, A. (2006). A systematic examination of catatonia-like clinical pictures in autism spectrum disorders. *International Review of Neurobiology, 72*, 21-39. doi: 10.1016/S0074-7742(05)72002-X

Wolery, M., Barton, E. E., & Hine, J. F. (2005). Evolution of applied behavior analysis in the treatment of individuals with autism. *Exceptionality, 13*(1), 11-23. Retrieved from http://web.ebscohost.com

Wolff, S. (2004). The history of autism. *European Child and Adolescent Psychiatry, 13*(4), 201-208. doi: 10.1007/s00787-004-0363-5

Yell, M. L., Drasgow, E., & Lowrey, K. A. (2005). No Child Left Behind and students with autism spectrum disorders. *Focus on Autism and Other Developmental Disabilities, 20*(3), 130-139.

Retrieved from http://web.ebscohost.com

Zettel, J. J. (1977, March 21). Public Law 94-142: The Education for All Handicapped Children Act. An overview of the federal law. Paper presented at the 32nd annual meeting of the Association for Supervision and Curriculum Development, Houston, TX. Retrieved from http://www.eric.ed.gov

Zoghbi, H. Y. (2002). Introduction: Rett syndrome. *Mental Retardation and Developmental Disabilities Research Reviews, 8*(2), 59-60. doi: 10.1002/mrdd.10028

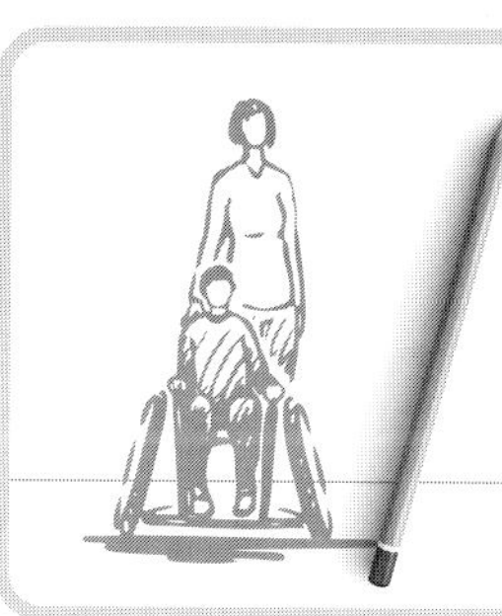

제11장

# 지체 및 건강장애의 역사

*Barbara M. Fulk, Emily Watts, Jeffrey P. Bakken*

1975년까지만 해도 미국의 학교들은 비장애학생을 대상으로 한 교수 경험과 교육 방법에 있어 수십 년간의 풍부한 역사를 자랑하고 있었다. 하지만 교육자들은 걷지 못하고, 똑바로 앉지 못하고, 제대로 삼키지도 말하지도 못하고, 산소 공급 장치가 없이는 숨을 쉬지 못하는 학생들을 가르칠 준비는 되어 있지 않았다. 의사, 학교 행정가, 그리고 선의를 가진 친척들조차도 수많은 가족에게 장애아이를 시설에 보내거나 집에 머물게 하라고 권유하고 "우리는 그런 아이는 받지 않습니다."라는 식의 발언과 함께 서비스 제공을 거부당할 것이라는 말을 일상적으로 하였다. 장애학생을 학교에서 거부하는 이유 중 일부는 장애학생을 보면 "교사와 다른 학생들에게 우울하고 구역질 나는 영향을 미칠 수 있다."거나(Beattie v. Board of Education of City of Antiago, 1919) 그보다 뒤 시기의 사례로는 장애아동이 교육을 통해 유의미한 이익을 얻을 수 없다는 이유로 교육을 받을 자격을 충족하지 못한다는 설명(Timothy W. v. Rochester School District, 1980)이었다.

미 「공법 94-142(P.L. 94-142)」가 통과되기 전, 의회는 공립학교에서 장애학생의 교육적 요구가 충족되지 않고 있다는 사실을 발견했다. 다음과 같은 사실들을 고려해 보자. 100만 명에 달하는 장애학생들이 학교에서 배제되고 있었으며, 일반학급에서 적절한 교육을 받고 있던 장애학생은 절반도 채 되지 않았다. 게다가 일반학급에 있는 학생들조차도 자신의 학습적 요구나 차이를 무시당한 채 방치되고 있었다. 공립학교에서 거부당한 경제적 여유가 있는 가정들은 어쩔 수 없이 집에서 멀리 떨어진 고비용의 시설이나 사립학교를 찾아야만 했다(Boyle & Weishaar, 2001). 공립 장애인 시설은 신체, 건강 및 특수한 교육적 필요에 따라 장애인을 적절히 돌보기보다는 장애인으로부터 사회를 보호하기 위한 것이었다. 시설은 종종 과밀하고 필요한 자원이 부족했으며 교육에 초점을 맞춘 프로그램이 부족했다.

「P.L. 94-142」가 통과된 지 35년이 지난 지금, 시설이나 병원, 요양원 같은 시설에서 교육을 받는 아동의 수는 줄어들었다. 중등도에서 중도의 지체장애 및 건강장애를 가진 학생 대다수

가 공립학교 일반교실에서 공부하고, 시설이나 사립학교에 있는 학생은 줄어들었다. 특수교사, 일반교사, 특수교육보조원 및 관련 서비스 전문가들은 현재 통합교육 환경 또는 최소제한 환경에서 학생들을 교육하고 있다. 이 장에서는 먼저 지체장애(PD) 및 기타 건강장애(OHI) 학생 교육의 역사와 배경을 설명한 다음 서비스 제공, 입법 행위, 보조공학, 가족 협력에 관해 설명하려 한다.

## ○ 역사 및 배경

오랜 세월 동안 심한 지체장애 및/또는 건강장애를 가진 사람을 돌보는 일은 매우 어렵거나 어쩌면 불가능에 가까웠다. 생존을 위한 조건이 매우 열악하여 모든 비장애 가족 구성원이 새벽부터 밤까지 일해야 최소한의 생활 수준을 간신히 유지할 수 있었다. 따라서 장애가 있는 가족을 돌볼 수 있는 시간과 자원은 거의 없었다. 새퍼드와 새퍼드(Safford & Safford, 1996)는 아동은 항상 방임에 노출되어 있으며, 특히 장애아동은 학대의 대상이 될 수 있다고 강조했다. 장애아동은 영아 살해, 유기, 노예, 불임 수술을 받거나 고아원에 맡겨질 위험이 특히 높았으며, 때로는 길거리 구걸의 가능성을 높이기 위해 불구로 만들기도 했다.

장애에 대한 믿음은 가족 구성원은 물론 사회 전반에서 장애인을 인식하는 방식에도 큰 영향을 미쳤다. 중세 종교의 성장과 함께 장애인은 때때로 축복받은 '신의 자녀'로 여겨져 돌봄과 보호가 필요한 존재로 여겨졌다. 그러나 종교적 견해에서 비롯된 신체적 장애는 '악마의 표식'이라는 관념(Safford & Safford, 1996)으로 인해 비난이나 두려움, 조롱, 배척으로 이어지기도 했다. 신체적 '장애'를 가진 사람들은 종종 그들의 상태에 대한 두려움, 편견, 오해 및/또는 무지로 인해 특별한 표적이 되어 왔다. 새퍼드와 새퍼드(1996)는 뇌전증, 결핵(TB), 뇌성마비(CP)를 가진 사람 등 역사상 특정 소수 집단이 겪은 어려움에 대해 자세히 설명한다. 다음 내용은 이들의 연구에서 발췌한 간략한 요약이다.

### ☑ 뇌전증[1)]

뇌전증의 원인은 오랫동안 오해를 받아 왔으며 때로는 정서적 장애, 도덕적 결함 또는 악

1) 역자 주: 원문 'epilepsy'는 과거 '간질(癎疾)'로 불렸으나 지금은 사회적 낙인 방지와 의학적 정확성을 위해 '뇌전증(腦電症)'이라 한다. 간질은 발작 증상을 중심으로 표현한 것이고 뇌전증은 뇌의 전기적 이상 활동으로 인한 만성 신경 질환임을 표현한다.

마에 빙의된 것으로 여겨져 왔다. 이 중 악마 빙의설을 믿었던 부모들은 의학적 처치나 수술을 받기보다는 신성한 성지로 힘든 순례를 떠나는 경우가 많았다. 가능한 수술 중 하나가 두개골에 구멍을 뚫어서 수두증이나 뇌전증과 같은 장애의 원인을 제거하는 뇌 수술인 '천두술(trephination)'이었다는 점을 고려하면 이는 이해할 수 있는 일이다. 이 수술로 제거된 뼛조각은 악령을 쫓는 부적으로 만들어지곤 했다.

## 뇌성마비

뇌성마비(cerebral palsy: CP)는 오랫동안 오해를 받아 온 두 번째 질환이다. CP는 경증부터 중증까지 다양하다. 초기에는 CP가 항상 심각한 인지장애(CI)와 함께 발생한다고 믿었고, 이로 인해 이러한 사람들은 '교육이 불가능하다'는 편견이 있었다. 신체적 차이로 인해 사람들은 인지적 차이도 있다고 믿게 된 것이다. 물론 드물게 그런 경우도 있지만, 대부분 CP를 가진 사람들의 인지적 측면은 일부가 생각하는 것처럼 영향을 받지 않는다. 그러나 이러한 잘못된 믿음으로 인해 CP를 가진 사람들은 다른 사람들에게 주어지는 기회를 얻지 못했다.

## 결핵

1900년대에는 약물에 잘 듣지 않는 결핵균이 나타나 가장 두려운 전염병이 되었고, 19세기와 20세기에는 '단일 질병으로서는 가장 큰 의학적 도전'이 되었다(Safford & Safford, 1996). 1900년대에 많은 아동 병원이 전염병에 걸린 어린이의 입원을 거부했다는 사실은 흥미롭다. 예방 조치로 결핵에 걸린 아동의 형제자매를 위한 프로그램이 개설되었지만 프로그램 중 일부는 전염을 우려한 주민들로 인해 동네에서 강제로 떠나야 했다. 1900년대 초에 국제적으로 등장한 교육 모델 중 하나는 결핵 아동의 건강과 교육적 필요를 모두 해결하기 위해 고안된 야외 학교(open-air school)였다. 유럽의 야외 학교 중 일부는 산이나 숲속 빈터에 위치한 반면, 미국의 많은 학교는 복잡한 도심의 빌딩 옥상에 있었다. 결핵의 원인과 효과적인 보건 조치가 밝혀진 후 결핵 퇴치 캠페인이 널리 시행되었다. 한때 선진국에서는 결핵이 거의 퇴치되어 야외 학교의 필요성이 줄어들었다. 선진국에서는 결핵에 대한 초기의 관점이 '건강과 활력이 저하된' 아동과 기타건강장애(OHI) 아동을 위한 교육 프로그램의 토대가 되었다.

안타깝게도 1900년대 초반 미국에서는 선천성 기형이나 결핵과 같은 질병은 '부적합한' 계층이라는 인식이 널리 퍼져 있었다. 예를 들어, 1913년 '미국 육종가 협회(American Breeders

Association)'는 미국이 발전하기 위해서는 이와 같은 특정 장애 집단을 '제거'해야 한다고 주장했다. 그럼에도 1900년대 초에 뇌전증 환자를 치료하기 위한 여러 시설과 주립학교가 설립되었다. 의학 분야는 1857년 브로마이드(bromides)의 사용을 시작으로 1912년에는 페노바르비탈(phenobarbital)과 기타 항경련제가 도입되면서 뇌전증 치료에서 점차 중요한 역할을 담당하게 되었다. 그러나 오랜 세월 동안 뇌전증이나 OHI와 같은 장애는 재활이나 교정이 필요한 의학적 모델(정상으로부터의 결함)에서 바라보았다.

역사를 통틀어 근절과 조롱의 대상에서부터 점차 보호시설 수용을 거쳐 교육의 대상으로 이어지는 변화를 확인할 수 있다. 하지만 교육과 치료의 시대는 흔히 이타르와 빅터로부터 시작되었다고 말하면서도 '아베롱의 야생 소년'의 근절, 조롱, 보호시설 수용은 사라지지 않았다(Safford & Safford, 1996, p. 3). 〈표 11-1〉은 장애인 권리 운동에서 특히 PD 및 OHI를 가진 사람들에게 중요한 역사적 사건의 예를 보여 준다.

**〈표 11-1〉** PD 및 OHI와 관련된 장애인 권리 운동의 주요 사건

| 제목/사건 | 연도 | 요약 |
|---|---|---|
| 지체장애인 연맹 설립 | 1935 | 뉴욕 WPA(Works Progress Administration)의 지체장애인의 직무 차별에 항의하는 농성 개최 |
| 미국 지체장애 연합 결성 | 1940 | 직업 차별 중단과 장애인 권리 로비를 위한 최초의 범장애 전국 정치 그룹 |
| 국가 지체장애인 고용 주간 | 1948 | 장애인 채용 촉진 및 홍보를 위한 대통령 위원회 구성 |
| 미국 직업 재활 사무국 이사에 메리 스위처(Mary Switzer) 임명 | 1950 | 삶의 질 차원으로 자립생활을 강조하기 시작 |
| 중증장애인협회(TASH) 설립 | 1975 | PARC vs. 펜실베이니아[2] 판결에 대한 대응으로 장애인에 대한 혐오적 행동수정과 시설 수용을 근절하기 위해 특수교육 전문가들이 설립 |
| 국제 장애인의 해 시작 | 1981 | 정부의 장애인 주류화 프로그램 후원 권장 |
| '아직 죽지 않았어(Not Dead Yet)' 설립 | 1996 | 장애인을 위한 조력 자살 및 배급 의료 서비스를 반대 |

출처: Rehabilitation Research & Training Center on Independent Living Management (2002).

2) 역자 주: 1972년, 미국 펜실베이니아 동부 지방법원은 펜실베이니아 정신지체아 협회(PARC) 대 펜실베이니아주 정부 사건에 대해 주 정부가 장애를 이유로 교육에서 배제해서는 안 된다고 판결했다. 장애아동 교육권을 보장한 미국 최초의 주요 법적 판결 중 하나로 1975년 「전장애아교육법」(현재의 IDEA) 제정에 큰 영향을 주었으며 미국 특수교육 역사에서 기념비적 전환점으로 평가받는다.

### 정의 및 언어 변화

1975년 개리 베스트(Gary Best)의 '지체장애인: 교육자를 위한 입문'이라는 제목의 글에서 특히 PD와 관련된 용어의 중요성에 대해 논의했다. 먼저, 그는 독자들에게 장애학생은 우선 어린이(그리고 사람)임을 상기시켰다. 그는 '지체장애자(physically disabled individuals)' 또는 불구, 장애, 정형외과적 장애와 같은 부정적인 의미가 담긴 용어 대신 '신체적 장애를 가진 사람(individuals with physical disabilities)'이라는 표현을 사용할 것을 제안한다. 사람 우선(person first) 용어의 사용은 PD와 OHI에만 국한된 것은 아니다. 수년에 걸쳐 학교에서는 장애 또는 손상을 가진 개인을 보다 긍정적으로 지칭하는 것에 대해 더 많이 고민하게 되었다.

## 지체 및 건강장애가 있는 학생을 위한 서비스 제공

지체 및 건강장애가 있는 학생을 위한 서비스 제공의 초기 모델은 지역사회에서 멀리 떨어진 시설에서 제공되는 의료 서비스를 기반으로 했다. 따라서 PD와 OHI 분야의 선구자에 대한 논의에는 의료계뿐만 아니라 교육계도 포함되어야 한다. 예를 들어, 뇌성마비 분야 CP의 초기 의료 선구자인 리틀(W. J. Little)은 조산과 난산이 장애의 원인이 될 수 있음을 관찰하여 산전 및 산후 관리를 개선으로 이어지게 하였다. CP가 지적장애(CI)와 별개라는 것에 대한 인식 또한 크지 않았다. 미국에서는 펠프스(Phelps)라는 정형외과 의사가 많은 교사와 물리치료사를 교육하여 뇌성마비인의 이동성과 교육을 향상시켰다. 신체장애아동협회(Society for Crippled Children) 활동은 시설 거주 프로그램의 대안으로 어린 아이들을 위한 탁아소 프로그램을 시작하는 데 중요한 역할을 했다. 특히 제2차 세계대전 이후에는 미국 뇌성마비협회(UCPA)가 뇌성마비인을 위한 또 다른 강력한 옹호 단체로 활동했다(Safford & Safford, 1996).

「P.L. 94-142」의 제정과 함께 고등교육기관은 특수교육 분야에서 교사 자격증을 취득할 수 있는 커리큘럼과 자격 요건을 개발하기 위해 분주하게 움직이기 시작했다. 명문 의과대학의 정형외과 의사들이 특수교사를 위한 최초의 교과서를 만들었다. 이들의 저서인 『지체장애아동: 교사를 위한 의학 도해서(Physically Handicapped Children: A Medical Atlas for Teachers)』에서 블랙과 나겔(Bleck & Nagel, 1975)은 "기본적인 의학 지식"과 "특수학교와 일반 교실에서 장애아동을 가르치는 사람들을 위한 실질적인 제안"을 제시했다(p. ix). 이 책은 의학 용어, 해부학적 삽화, 치료, 정상 운동 발달에 대한 설명으로 구성되었다. 척수성 근위축증, 겸상적혈구질

환, 이분척추, CP, 낭포성섬유증, 경련장애, 천식, 소아 절단, 관절염, 근이영양증 등 다양한 장애 질환에 대한 자세한 설명도 포함했다. 장애 상태의 진단과 작업 및 물리치료사의 역할에 대한 내용도 교사를 위해 작성된 이 획기적인 의료 서적에서 다뤄졌다. 그러나 개별화 교육 프로그램을 실행하기 위한 자료로 의도된 것은 아니었다.

잘 알려지지 않은 희귀질환에 대한 구체적인 정보를 얻기 위해 교사와 학교 심리학자들은 병인, 증상 및 징후, 진단, 치료 옵션 등을 질병 중심으로 나열한 의사들의 일반적 도구인 『머크 진단 및 치료 매뉴얼(Merck Manual of Diagnosis and Therapy) 13판』(1977)을 참조해야 했다. 이러한 정밀한 교수법의 발전과 정책의 변화로 과거부터 잠겨 있던 교실의 문이 중등도 이상의 지체 및 건강장애를 가진 학생들을 맞이하기 위해 열리게 되었다.

작업치료사 캠벨(Campbell)은 『중등도 및 중도 장애인의 체계적 교육(Systematic Instruction of the Moderately and Severely Handicapped) 2판』(Snell, 1983)에 수록된 '운동 장애학생을 위한 프로그램 기본 고려 사항'이라는 장을 집필하여 지체장애학생을 위한 교육에 크게 기여했다. 움직임의 기본 과정과 일상생활 활동 및 과제 수행 사이의 차이점을 설명하면서, 캠벨은 교사들에게 중재의 기초가 되는 기본 정보를 제공했다. 또한 특수교사를 대상으로 한 기본 정보에는 ⓐ 장비 유형 및 회사 정보, ⓑ 물리치료사 또는 작업치료사와 상의하여 특수교사가 쉽게 배우고 적용할 수 있는 CP 아동의 비정상적 근긴장도를 해결하기 위한 신경발달 접근법, ⓒ 개별화 교육 계획의 예 등이 포함되었다.

PD나 OHI 학생들이 점점 더 많이 학교에 진학하면서 학교는 다양한 관련 서비스 인력들이 학교 환경에서 특수교육 프로그램을 어떻게 제공할지에 대해 고민하게 되었다. 초기의 의료 중심 모델은 순회 서비스 인력이 학교 건물 내의 특정 공간에서 일대일 치료를 제공하는 방식이었다. 이 방법은 오늘날에도 미국 일부 지역에서 여전히 실행하고 있을 가능성이 높다. 그럼에도 PD나 OHI 학생들에게 권장되는 서비스 제공 모델은 학생의 교육에 참여하는 모든 이들—부모나 보호자 포함—이 협력하는 방식이다. 이 모델의 형태는 학제간(interdisciplinary) 접근법이 될 수 있으며 이 경우 모든 팀 구성원이 평가, 교육 계획 수립, 사정 과정에 참여하고 일부 핵심 구성원만이 교육 목표와 목적을 실행하는 방식이다. 또 다른 형태의 서비스 제공 모델은 초학제적(transdisciplinary)일 수 있다. 오러러브와 섭시(Orelove & Sobsey, 1987)가 설명한 이 모델에서 관련 서비스 팀 구성원들이 가족과 교사와 책임을 공유하고 일반적인 정보와 교육적 제안을 전달한다. 반대로 가족과 교사들도 관련 서비스 인력과 일반적인 정보와 교육적 제안을 교환한다. 우리는 함께하고 있다는 전제가 있으며 함께 힘을 합쳐야 한다는 것이다. 어떤 형태의 팀워크에서든 협력은 필수적이다.

지체 및 건강장애학생의 교육 프로그램 요구에 영향을 미친 초창기의 가장 극적인 사건은 1974년 미국 중도 및 최중도장애 교육 협회(ASESPH)라는 단체가 결성된 것이다. 이 단체의 설립에 기여한 주요 인물은 노리스 해링(Norris Haring), 루 브라운(Lou Brown), 마크 골드(Marc Gold), 더그 게스(Doug Guess), 웨인 세일러(Wayne Sailor), 다이앤 브리커(Diane Bricker), 밥 요크(Bob York), 프랜시스 앤더슨(Francis Anderson), 리처드 휠런(Richard Whelan), 메릴린 코언(Marilyn Cohen), 윌리엄 뒤소(William Dussault), 로라 데니슨(Laura Dennison)이었다(Brown, 1990). 여러 차례의 명칭 변경을 거쳐 오늘날 중증장애인협회(TASH)로 잘 알려진 이 단체는 형평성 문제, 장애인을 위한 더 많은 기회, 학교와 지역사회에서의 통합에 초점을 맞춘 국제적인 옹호 단체로 발전했다. 심한 지적장애를 가진 학생들은 지적장애가 없는 비장애학생들과 똑같은 신체 및 건강 문제를 가지고 있기 때문에 ASESPH의 설립은 지체 및 건강장애학생들에게 교육 기회와 교육 방법에 깊고 지속적인 영향을 미쳤다.

이 단체를 시작한 전문가들은 1975년 당시에는 충족되지 않았던 중도장애아동과 그 가족의 삶에 변화와 함께 독특한 전망을 기대하고 있었다. 브라운(Brown, 1990)은 '사회에서 가장 취약하고 분리되고 학대받고 방치되고 거부된 사람들인 중도장애인의 사상, 연구, 재정, 규범상의 권리와 요구를 해결'하는 단체가 우리 사회에 없었다고 말한다. 중도장애인들은 끔찍한 시설 병동에 격리되고, 공립학교에서 배제되고 거부당하고, 분리된 활동 센터와 작업장에 갇히고, 요양원과 자연스럽지 않은 생활 환경에 격리되어 살고 있었는데 '이런 환경들' 모두 권위 있는 전문가들이 괜찮다고 인증한 곳들이었다(p. 1). 분노한 가족들은 소수의 헌신적인 변호사 그룹과 함께 자녀들이 교육받을 권리와, 필요하고 적절한 자원을 보장받기 위한 법적 조치를 시작했다.

## 입법 조치

제2차 세계대전 이후 직업 재활이 필요한 수많은 퇴역 상이 군인들이 직업 및 일상생활 활동에 되돌아오기 위한 환경을 요구하기 시작했다. 그 결과 1964년 「민권법」, 1990년 「미국 장애인법(ADA)」 등 몇 가지 주요 법안이 통과되었다. 1968년에는 「건축물 장벽법」이 통과되었고, 물리적 접근성에 대한 최소한의 가이드라인을 설정하는 것을 목적으로 하는 교통 장벽 준수 위원회가 설립되었다. 또한 퇴역 군인에게 지원 프로그램, 직업 훈련 및 간병인 등록을 제공하기 위한 자립생활 센터가 설립되었다(Best, 2010). 1970년대의 장애인 권리 운동은 장애인을 위한 서비스에 대해 통일된 목소리를 냈고, 1973년에 통과된 「재활법」 504조는 학교를 포함한 연방 재정 지원 수혜자가 장애를 이유로 프로그램이나 활동에 참여하지 못하도록 배제하는

것을 금지했다(Rothstein, 2000).

그 후 얼마 지나지 않아 1975년 의회는 미국의 모든 장애아동의 교육을 촉진하기 위한 중요한 법안을 통과시켰다. 이 법은 「재활법」 504조와 함께 11가지 장애 범주(정형외과적 장애 및 OHI 포함)를 지정하며 특수교육에 대한 구체적인 법적 요건과 함께 큰 틀을 제시했다(Rothstein, 2000). 〈표 11-2〉에는 PD 및 OHI와 관련된 법원 판결 및 법률의 개요이다.

〈표 11-2〉 PD 및 OHI 관련 법원 판례 및 법률

| 사건 | 연도 | 목적 또는 결과 |
|---|---|---|
| 버지니아주 법 통과 | 1924 | 뇌전증 및 기타 장애인의 강제 불임 시술 허용 |
| 벅 대 벨 대법원 판결 | 1927 | 강제 불임이 헌법을 위반하지 않는 합법이라고 판결 |
| 사회 보장 개정안 통과 | 1950 | 영구적이고 전면적인 장애 지원을 위한 연방-주 프로그램 신설 |
| 직업 재활법 개정안 통과 | 1954 | 지체장애인에게 사용 가능한 프로그램 확대를 위한 연방 보조금 승인 |
| 미국 표준 협회(ANSI) | 1961 | 건물 접근성을 위한 설계안 발간 |
| 직업 재활법 개정안 통과 | 1965 | 재활 프로그램을 위한 연방기금 승인 및 국가 건축 장벽 위원회 설립 |
| 도시 대중교통법 통과 | 1970 | 신규 차량의 휠체어 접근성 의무화 |
| 워싱턴 D.C. 미국 지방 법원 | 1972 | 밀스 대 교육위원회 판결: 장애아동을 학교에서 거부할 수 없음 |
| 재활법 통과 | 1973 | 재활법 501, 503, 504조는 연방 기금을 받는 프로그램 및 서비스에서의 차별을 금지함 |
| 기술 관련 | 1988 | 보조공학 접근성 촉진을 위한 주 프로젝트에 연방 보조금 승인 |
| 지원법 통과 미국 장애인법(ADA) 서명 | 1990 | 장애인에게 대중교통, 통신 및 기타 영역에 합리적인 편의 제공과 접근을 보장하여 포괄적인 시민권 보호 제공 |

출처: Rehabilitation Research & Training Center on Independent Living Management (2002).

## OHI의 정의

IDEA의 OHI 정의에 따르면, OHI는 교육 환경에서의 주의력에 제한을 초래하는 체력, 활력 또는 각성 상태의 저하(환경 자극에 대한 과도한 민감성 포함)를 의미한다. 이는 ⓐ 천식, 주의력 결핍 장애(ADD), 주의력 결핍 과잉행동 장애(ADHD), 당뇨병, 뇌전증, 암, 심장 질환, 혈우

병, 납 중독, 백혈병, 신염, 류마티스 열, 겸상 적혈구 빈혈, 투렛 증후군과 같은 만성 또는 급성 건강 문제로 인해 발생하며, ⓑ 아동의 교육적 수행에 부정적인 영향을 미친다(NICHCY, 2009). 여기에서 언급된 것들이 OHI의 전부는 아니며 IDEA에서 말한 아동이 특수교육 서비스를 받을 수 있는 급성 또는 만성 건강 상태의 예에 불과하다는 점을 유의해야 한다. 분명히 OHI는 매우 다양한 질환으로 구성되어 있으며, 학생이 이러한 질환을 다른 건강 상태와 함께 가지고 있을 경우 더욱 복잡해진다. 다음은 몇 가지 하위 범주에 대한 설명이다.

### • 주의력 결핍 장애

IDEA는 ADHD를 별개의 범주로 제시하지 않는다(Yell, 2006). 따라서 특수교육 대상자로 선정되지 않은 ADHD 아동은 1973년 「재활법」 504조에 따라 서비스를 제공받는다. IDEA는 매우 구체적이지만 「재활법」 504조는 광범위하여 해석에 따라 달라질 수 있다. 결과적으로, 많은 관리자가 IDEA에 따른 특수교육 서비스 자격이 없는 ADHD 학생들을 위한 서비스를 제공하고 있다. ADHD 학생들은 약물치료가 필요하다. ADHD 학생들은 다음과 같은 기준에 해당한다.

- 일부 ADHD 학생의 경우 부주의가 가장 큰 문제이다. 이러한 학생은 과제에서 중요한 정보를 건너뛰거나, 큰 집단 수업 중에 백일몽을 꾸는 것처럼 보이거나, 정리 정돈이 안 되어 있고, 학교와 집 모두에서 일반적으로 건망증이 있는 것처럼 보일 수 있다. 이러한 다양한 장애를 주의력 결핍형 ADHD라고 한다.
- 어떤 ADHD 학생들에게서는 너무 많이 움직이는 과잉행동과 행동하기 전 생각하는 힘이 부족한 충동성의 조합이 관찰된다. 안절부절못하는 것은 이러한 유형의 ADHD를 가진 학생들에게 흔히 나타나는 현상인데 이러한 유형을 과잉행동-충동형 ADHD라고 한다.
- 일부 ADHD 학생들은 주의력 결핍과 과잉행동-충동성이 모두 나타나는 증상을 보이는데 이러한 학생을 혼합형 ADHD라고 한다.

현재 ADHD는 신경학적으로 만성적, 장기적, 급성 후천성 질환으로 간주된다. 이 질환의 주요 특징은 비슷한 연령대의 또래가 보이는 일반적인 모습보다 훨씬 더 많이 집중하지 못한다는 것이다. 충동성이 심한 것 역시 큰 특징일 수 있다. ADHD는 상황에 따라 달라지지 않으며 이를 가진 아동과 성인 모두 모든 환경에서 영향을 받는다. 가장 큰 어려움은 대개 과제를 마무리하는 데 필요한 작업 수행에서 비롯된다.

**• 천식**

아동에게 가장 흔한 만성 질환은 호흡 곤란을 유발하는 폐 질환인 천식이다(Gabe, Bury, & Ramsey, 2002). 천식은 미국 전체 어린이의 5~7%가 갖고 있다. 최근 들어 천식 환자 수가 증가하고 있으며 질병의 중증도도 높아지고 있다. 이 분야의 전문가들은 이 문제를 해결하기 위한 한 가지 방법으로 부모가 담배 연기와 같은 알려진 유발 요인으로부터 자녀를 보호해야 한다고 조언한다. 일부 아동에게 천식이 비교적 가벼운 증상일 수 있지만 다른 아동에게는 만성적일 수 있다. 예를 들어, 어떤 아동은 너무 크게 웃을 때 기침을 할 수 있다. 다른 아동에게는 이 상태가 더 심각한 증상으로 이어질 수도 있다. 특정 유발 요인에 노출되면 기도가 부풀어 오르고 점액이 생성되어 호흡이 어려워지며(Lemanek & Hood, 1999) 응급 의료 개입이 필요할 수 있다. 천식은 본질적으로 유전적 문제여서 대부분의 경우 부모 중 한 명이 천식을 앓고 있는 경우 자녀에게 천식이 유전될 확률은 50%이다(Lemanek & Hood, 1999 참조). 그러나 꽃, 풀, 꽃가루, 먼지, 곰팡이, 동물 비듬, 달걀 및 해산물과 같은 음식 알레르기와 격렬한 신체 활동으로 인해 종종 발생하기도 한다(Greiling, Boss, & Wheeler, 2005). 천식은 약물치료와 알레르기 유발 환경을 피함으로써 조절할 수 있다(Beers, Porter, Jones, Kaplan, & Berkwits, 2006; Taras & Potts-Datema, 2005).

**• 겸상 적혈구 빈혈**

겸상 적혈구 빈혈은 겸상 적혈구 질환의 한 형태로, 빈혈, 통증 발작, 그리고 눈 질환, 비장 기능 장애, 또는 뇌졸중을 유발할 수 있는 합병증을 동반한다. 유전성 질환이며, 주로 아프리카계 후손에게 영향을 미친다. 비정상적인 유형의 헤모글로빈(HBS)으로 인해 일부 적혈구가 정상적인 원반 모양의 적혈구 대신 낫 모양으로 옆면이 비정상적으로 함몰되거나 수축된 형태로 변형되어 있다. 이렇게 제대로 형성되지 않은 낫 모양의 적혈구는 수명이 짧아서 일반적으로는 분해에 보통 120일이 걸리는 데 비해 약 20일 만에 분해되어 만성 빈혈과 그에 따른 피로를 유발한다(Jakubik & Thompson, 2000). 교사는 혈관 폐쇄성 응급 상황을 예방하고 발생 여부를 모니터링해야 한다. 혈관 폐쇄 위기는 격렬한 운동, 추운 날씨, 탈수, 감염 또는 높은 고도 등 산소 감소를 유발하는 상황에서 나타날 수 있다. 혈관 폐쇄 위기가 시작되면 일부 적혈구가 낫 모양으로 변한다. 이렇게 변형된 세포는 신체의 작은 혈관을 막아 국소적인 조직 저산소증을 유발하여 혈액 세포의 병변을 더욱 악화시킬 수 있는데 이 과정에서 혈관이 막히면 조직이 죽게 된다(Dorman, 2005). 혈관 폐쇄 위기 후에는 기침, 호흡 곤란, 심한 복통과 같은 극심한 통증이 이어진다. 교사와 서비스 제공자는 경각심을 갖고 상황을 주의 깊게 모니터링해야 한다. 응급 상황에서의 치료는 휴식, 수분 보충, 진통제, 합병증 관리, 때로는 수혈로 대처할 수 있다(Dorman, 2005).

## 지체장애

앞에 나열된 다양한 건강 상태는 활동과 학습에 제한이 거의 없는 학생도 있지만 집중적인 의료 및 교육 지원이 필요한 학생도 있기 때문에 광범위한 서비스 요구를 낳는다. 어떤 학생은 운동 협응, 균형감각, 이동성, 의사소통 및 인지에 상당한 지장을 주는 심각한 지체장애와 함께 여러 장애를 함께 가지고 있는 반면, 또 어떤 학생은 평균 이상 또는 영재 범주에 속하면서 일반 교육 수업에 완전히 참여할 수 있다(http://www.eric.gov).

지체장애 또는 정형외과적 장애는 운동 활동 및/또는 이동성에 심각한 장애를 초래하는 상태로 CP, 이분척추, 선천성 기형, 근이영양증, 외상 및 종양과 같은 복합적인 질환이 포함된다. 이러한 질환은 경도에서 중등도, 중도에 이르기까지 중증도가 다양하며 선천적이거나 후천적일 수 있고, 일시적이거나 간헐적이거나 만성적일 수도 있으며, 때로는 생명을 위협할 수도 있다. 베스트(Best, 2010)는 교사가 일반적으로 볼 수 있는 대표적인 지체장애 유형으로 신경관 결손, 외상성 뇌 손상, 근이영양증을 꼽았다.

지체장애는 크게 신경계와 근골격계로 구분된다. 신경학적인 문제는 종종 중추신경계 손상을 불러온다. 외상성 뇌 손상은 1990년에 IDEA에서 별도의 범주로 분류되었다. 나머지 주요 신경학적 질환으로는 척수액이 척추뼈를 통해 돌출되어 해당 부위 아래 부분 또는 전체 마비 또는 신경 손상을 초래하는 선천성 질환인 이분척추가 있다. 신경 질환과 관련된 장애는 경도부터 중도까지 다양하며 신체, 인지, 언어 또는 감각 장애를 수반할 수 있다. 근골격계 질환에는 근이영양증, 소아 류마티스 관절염, 사지 결손 또는 절단, 기타 다양한 기형 또는 뼈 근육의 퇴행으로 움직이고, 걷고, 서거나 앉거나 손이나 발을 사용하는 능력에 영향을 미치는 상태, 즉 기능성에 크게 방해를 받는 상태가 포함된다. OHI에는 당뇨병, 뇌전증, 암, 백혈병, 심혈관 합병증, 여러 종류의 면역 결핍과 같은 다양한 질병과 만성 문제도 포함된다(Heller, Forney, Alberto, Best, & Schwartzman, 2009).

## 사정

지체 또는 건강장애가 있는 학생을 사정할 때 전문가는 학생의 기능적 및 인지 능력을 적절

하게 측정하기 위해 폭넓은 기술을 갖추고 있어야 한다. 경도 장애아동을 사정할 때 전통적으로 평가하는 영역 외에도 소근육, 대근육, 일상생활 기술, 레크리에이션 및 여가 기술, 보완대체의사소통, 지식, 감각 입력 등의 영역에 대한 측정이 포함되어야 한다. 일반적으로 적절한 데이터를 수집하고 학생을 위한 기능적 학업, 행동, 신체 및 사회성을 개발하기 위해서는 치료사, 교사, 의사, 간호사, 사회복지사 등의 도움이 필요하다.

지체 또는 건강장애가 있는 학생에 대한 사정은 전문가와 아동 모두에게 많은 시간과 부담을 주므로, 전문가 팀은 데이터를 수집하기 전에 만나서 다음 사항을 고려한다. ⓐ 원하는 데이터의 특성, ⓑ 데이터의 잠재적 사용 가능성, ⓒ 특정 측정 기술 또는 기존 측정의 수정, ⓓ 평가 항목을 제시할 사람, ⓔ 데이터 수집 방법, ⓕ 적절한 반응 양식, ⓖ 검사 시 신체 자세, ⓗ 체력과 피로 요인, ⓘ 전문가가 검사를 수행할 순서, ⓙ 검사 수행에 대한 약물의 영향과 검사하기에 가장 좋은 시간대, ⓚ 평가가 완료되면 데이터를 공유하는 방법, ⓛ 사정에 통합되어야 하는 비전통적 측정의 속성(Reynolds & Clark, 1983). 종합적인 사전 사정 계획을 세우면 프로그램을 수립하고 중재 우선순위를 정하는 등의 필요가 있을 때 그 정보를 사용할 수 있다. 모든 학생은 지체 또는 건강장애처럼 각기 고유한 특성을 지니고 있으므로, 실시할 사정을 신중하게 계획하고 검색된 데이터를 판단하기 위해서 시간과 유의 사항을 잘 고려해야 한다. 이는 학생 개개인의 고유한 요구 사항을 충족하는 가장 유익한 개별화 교육 프로그램(IEP)을 개발하는 데 매우 중요하다.

## 보조공학

1990년, 보조공학은 학생의 IEP에 포함되어야 하는 특수교육 서비스 목록에 보조공학이 추가되었다. IDEA는 보조공학 서비스를 '장애아동이 보조공학 장치를 선택, 획득 또는 사용하는 데 직접적으로 도움을 주는 모든 서비스'로 정의한다. IDEA는 보조공학 기기를 '장애아동의 기능적 능력을 증진, 유지 또는 개선하는 데 사용되는 모든 품목, 장비 또는 제품 시스템(기성품, 개조 또는 맞춤 제작 여부에 관계 없이)'으로 정의한다.

비록 관련 규정에는 보조공학을 어떻게 고려해야 하는지에 대해 자세히 설명되어 있지는 않지만, 법에서는 IEP 팀이 의사결정 과정에 반드시 참여해야 한다고 명시하고 있다. 또한 보조공학 기기에 대한 자금을 확보하고 교직원, 가족 및 학생에게 교육적으로 적절한 기기 사용 훈련을 제공하는 것을 학교의 책임으로 두었다.

장애학생은 학습 환경에서 능력을 잘 발휘하기 위해 다양한 테크놀로지 도구를 사용한다. 예를 들어, 인쇄된 교육 자료를 이해할 수 없고 교과서를 물리적으로 조작하는 데 어려움이 있는 학생은 오디오북과 같은 대안매체를 사용할 수 있다. 글쓰기에 어려움을 겪는 학생은 연필 손잡이와 특수 용지를 사용하여 읽기 쉽게 쓰고 제시간에 과제를 완료할 수 있다. 지체 또는 건강장애가 있는 학생도 수업 활동에 참여하기 위해 테크놀로지가 필요하다. 예를 들어, 일반적인 교실 책상을 사용할 수 없는 학생에게는 일종의 적응형 좌석 배치가 필요할 수 있다. 움직임이 불편한 학생에게는 휠체어나 보행기와 같은 이동 장비가 필요할 수 있다. 다른 학생들처럼 수업 교재를 조작할 수 없는 학생에게는 교재를 안정적으로 사용할 수 있는 보조기기가 필요할 수 있다. 또한 학생은 학습을 위해 각자 컴퓨터를 사용할 수 있어야 한다. 학생의 기능 수준에 따라 대체 키보드 또는 온스크린 키보드가 필요할 수도 있다.

보조공학을 고려할 때는 지체 또는 건강장애가 있는 학생을 위한 하드웨어 및 소프트웨어 옵션도 고려해야 한다. 컴퓨터 사용을 위한 개선 사항을 언급할 때 흔히 '접근성 옵션'이라고 부르는 보조공학 분야는 매우 방대하여 휠체어를 지원하는 건물의 경사로 및 출입구 공사까지도 포함한다(http://www.answers.com/topic/assistive-technology). 컴퓨터 사용을 위한 보조장치에는 대체 키보드와 마우스, 청각장애인을 위해 신호음을 빛 신호로 대체하는 장치, 화면 확대기 및 텍스트 확대기, 화면 텍스트에서 촉각 점자를 형성하는 시스템 등이 있다. 개인용 컴퓨터는 학생들이 학습하고 과제를 완료하는 방식을 극적으로 변화시켰다. 하지만 이러한 옵션이 없는 컴퓨터는 지체장애가 있는 학생들에게는 접근하기 어려울 수 있다.

## ☑ 키보드 사용

운동 능력이 제한적인 학생이 사용할 수 없는 표준 키보드는 여러 가지 개조 또는 대체품을 사용할 수 있다. 예를 들어, 키가드(keyguard)는 각 키에 구멍이 있는 단단한 플라스틱 커버이다. 손가락이 불안정한 아동은 키가드를 사용하여 원치 않는 키를 치지 않도록 할 수 있다. 키가드를 사용하면 손가락의 정확도를 높이고 손의 올바른 위치를 유지하며 실수로 키를 누르는 것을 방지할 수 있다.

또 다른 옵션은 개별 아동마다 특정 요구 사항을 충족하기 위해 대체 키보드를 사용하는 것이다. 조절식 키보드는 학생의 편안함과 이동성 문제를 충족하기 위해 키보드를 세 부분으로 나누어 서로 가깝게 또는 멀리 배치하고 다양한 각도로 회전하고 기울일 수 있다. 미니 키보드는 동작 범위가 제한된 아동이 모든 키에 접근할 수 있도록 키가 서로 가깝게 배치되어 있다. 단어 철자를 잘못 쓰거나 쉽게 피곤해하거나 좌절하는 학생에게는 문자, 숫자, 단어 또는 구문을 사용자 지정 키를 눌러 입력할 수 있도록 프로그래밍할 수 있는 키보드를 옵션으로 선택할 수 있다.

장애가 더 심한 학생의 경우 포인팅 또는 타이핑 보조기구를 사용하여 키보드의 키를 누를 수 있다. 포인터나 타이핑 보조도구는 보통 막대 형태로 머리에 착용하거나 턱에 묶거나 입이나 손에 쥐고 사용할 수 있다. 이 보조도구로 표준 또는 대체 키보드를 사용할 수 있으며 키가드와 함께 사용할 수도 있다. 이 외에도 지팡이 또는 막대를 손이나 팔에 부목을 대고 사용하도록 설계된 것도 있다.

## ☑ 대체 마우스

움직임을 제어할 수 없는 아동은 마우스 커서 위치를 조절하는 데 어려움을 겪는 경우가 많으며, 필요한 시간 내에 더블 클릭을 하거나 클릭 앤 드래그를 할 수 없는 경우도 있다. 따라서 장애아동을 위한 보조공학에는 마우스 커서를 제어할 수 있는 몇 가지 옵션이 포함되어 있다. 마우스의 일반적인 대안으로는 트랙볼이 있다. 트랙볼은 볼이 노출된 거꾸로 된 마우스로 공의 움직임에 따라 커서만 움직이도록 고정할 수 있다. 트랙볼의 버튼은 한 번 클릭, 두 번 클릭, 드래그-잠금 기능을 수행할 수 있다. 트랙볼의 공 크기는 큐볼처럼 큰 것부터 구슬처럼 작은 것까지 다양하다. 커서를 제어할 수 있는 또 다른 입력 장치로는 조이스틱이 있다. 조이스틱은 디지털 방식, 글라이드 방식, 직접 제어 방식 등 세 가지 유형이 있는데 디지털 조이스틱은 제한된 방향으로만 움직일 수 있다. 글라이드 및 직접 제어 조이스틱은 모든 방향으로 움직일 수 있다. 직접 제어 조이스틱은 사용자가 스틱을 움직이는 거리와 속도에 따라 반응하는 기능이 추가된 방식이다. 교사는 학생의 능력을 조사한 후에 필요한 작업에 맞게 적절한 조이스틱을 선택해야 한다. 손으로 조이스틱을 사용하지 않고 머리나 턱과 같은 신체의 다른 부분으로 컴퓨터를 작동시킬 수도 있다.

물론 이 장에서 수천 가지의 보조공학을 모두 다룰 수는 없다. 활용 가능성에 대한 아이디어를 제공하기 위해 몇 가지 예를 들었을 뿐이다. 중요하게 기억할 점은 테크놀로지의 활용이 지체 및 건강장애학생에게 학습 공간이나 학습 자료, 또는 함께하는 활동에서의 제약을 줄이거나 없앨 수 있다는 것이다.

## 가족 협력

「P.L. 94-142」와 이후 개정된 IDEA에서 학생뿐만 아니라 학부모의 권리를 보호하고 특수교육 의사결정 과정에 참여할 수 있는 학부모의 권리를 옹호하기 위해 노력해 왔다. 초창기의 특수교육 분야에서는 학생의 사회적, 의사소통 및 학업적 요구 사항에 주로 관심을 기울였기 때문에 아직 가족의 참여와 역할을 중요하게 여기지 않았다고 지적받았다(Alper, Schloss, & Schloss, 1994).

확실히 장애학생의 부모는 옹호자, 교사, 교실 도우미, 의사결정자, 서비스 중개자 등 일반적인 부모의 역할을 넘어서는 여러 가지 까다로운 역할을 수행하는 면이 있다. 1983년 턴벌(Turnbull)은 '지난 10년 동안' 상호 존중과 의사결정에 초점을 맞춘 부모와 전문가 간의 상호작용에 상당한 관심을 기울였다고 썼다. 앞에서 설명한 것처럼 여러 시대에 걸친 장애에 대한 사회의 인식을 고려할 때, 가족들이 학교에 두려움과 불신의 감정을 가지고 있는 것은 놀라운 일이 아니다. 부모는 때때로 자녀의 장애에 대해 비난을 받기도 했다. 일부는 자녀를 위한 교육 및 관련 서비스를 받기 위해 옹호자 역할로 직접 나서도록 내몰렸는데, 이때 보이는 태도가 다학제간 협력을 어렵게 만들기도 했다. 일부 전문가들은 부모들도 지적장애를 가지고 있다고 단정해서 그에 맞는 대우를 받아야 한다며 부모를 아예 무시하기도 했다. 턴벌은 '부모는 교육할 수 있다'라는 슬로건을 사용하여 부모 교육의 중요성을 강조하는 부모 참여 프로그램에 대해 썼는데, 원래 의도와는 상관없이 일부 부모들은 모욕적이라고 생각했다.

「P.L. 94-142」가 통과된 지 거의 40년이 지난 지금, 부모와 전문가 간의 상호작용은 점점 더 중요해지고 있지만 아직까지도 어려움을 겪고 있다. 교사와 전문가들은 여전히 학부모를 무시하거나 특수교육 과정이나 용어에 대한 설명 없이 전문 용어를 남발하는 경우가 있다. 장애학생과 그 가족은 문화적, 언어적 다양성이 증가함에 따라 장애 수용과 신뢰, 이해, 명확한 의사소통의 문제를 더욱 복잡하게 만들고 있다. 부모와 전문가의 협력을 중시하는 전문가들은 향후 10년 동안 이러한 문제를 지속적으로 해결해 나가야 한다.

### 자녀와 일

일을 하면서 장애 자녀를 돌봐야 하는 부모는 일과 가족에 대한 책임을 모두 다하는 것이 매우 어렵다고 느끼는 경우가 많다(Kagan, Lewis, & Heaton, 1998; Rosenzweig, Brennan, &

Ogilvie, 2002). 자녀를 돌봐줄 사람을 구하기가 어렵고, 일상적인 건강 관련 일정을 부모의 근무 시간에 맞춰야 하며, 자녀의 신체 또는 정신건강 위기는 예측할 수 없는 방식으로 근무 시간을 방해하곤 하는데, 자녀의 특수교육 계획도 세우며 때때로 업데이트까지 해야 한다. 그 결과, 부모들이 장애가 있는 자녀를 돌보는 데 필요한 지원을 마련할 수 없을 경우, 고용주는 이 부모들이 가진 귀중한 경험, 지식, 기술의 혜택을 잃을 수 있다(Powers, 2003; Rosenzweig & Huffstutter, 2004). 즉, 부모가 자녀를 돌보느라 직장을 그만두는 경우가 발생할 수 있다. 장애아동의 부모는 비장애 자녀 부모와 달리 여러 가지 측면에서 다른 특별한 양육상의 책임을 맡게 된다. 지체 또는 건강장애가 있는 아동은 다른 아동보다 훨씬 더 많은 돌봄을 필요로 한다. 이러한 필요로 인해 가족 구성원은 자녀를 돌보는 데 상당한 시간을 할애하게 된다. 지체 또는 건강장애가 있는 아동을 돌보는 것은 아동기나 청소년기에 그치지 않고 청년기 또는 그 이후까지 지속될 수 있으며, 비장애아동을 돌볼 때보다 더 빈번하고 높은 강도를 필요로 한다(Lewis, Kagan, & Heaton, 2000; Porterfield, 2002; Roundtree & Lynch, 2006).

장애아동 가정은 모든 것을 가족만의 힘으로 해내기가 매우 어렵다는 것이 현실이지만 효과적인 가정 지원이 이루어진다면 가족들은 장애아동을 더 잘 돌보고 키울 수 있다. 가족 지원은 가정에서 필요로 하는 것을 선택할 수 있어야 하고 그에 따른 재화와 서비스를 모두 포함한다. 가정마다 필요한 것이 모두 다르기 때문에 필요한 서비스의 종류도 다양하다. 가족 지원은 지체 또는 건강장애가 있는 아동이나 청소년을 돌보고 함께 생활하기 위해 가족이 '실질적으로 필요한 모든 것'이 포함되어야 한다.

## ○ 결론

지체 및 건강장애 그리고 기타 장애를 가진 학생에 대한 교육과 치료는 고대에 비해 크게 개선되었지만, "인류가 잔인함, 무관심, 무지, 공포를 완전히 극복했다고 주장하는 사람은 아무도 없을 것이다"(Safford & Safford, 1996). 오늘날에도 여전히 주거형 그룹홈이 자신들의 거주지와 먼 지역에 위치한 경우에야 원칙적으로 괜찮다고 동의하는 사람들이 존재한다. 우리는 장애를 '결함'으로 보는 의학적 개념에서 벗어나 장애를 인간 다양성의 한 측면, 일반적인 삶의 일부이자 생애 주기의 한 부분으로 개념화하는 데 어느 정도 진전을 보았다(Best, 2010). 우리는 신체적이나 건강상의 장애가 우리에게 한계가 되는 것은 우리가 그것을 한계로 받아들일 때만 그렇다는 사실을 기억해야 한다. 교사와 부모는 장애학생들이 다른 학생들처럼 또래와 함께 공부하고 성취하고 참여할 수 있도록 도와야 한다. 보조공학은 학생들이 온전히 참여하고 자립할 수 있는 많은 옵션을 제공할 수 있다. 지체 및 건강장애를 가진 학생의 교육과 치료는 분명히 상당한 진전을 이루었으므로 앞으로도 계속 발전할 것이다.

## 참고문헌

Alper, S. K., Schloss, P. J., & Schloss, C. N. (1994). *Families of students with disabilities: Consultation and advocacy*. Needham Heights, MA: Allyn & Bacon.

Beers, M. H., Porter, R. S., Jones, T. V., Kaplan, J. L., & Berkwits, M. (2006). *The Merck manual of diagnosis and therapy* (18th ed.). Whitehouse Station, NJ: Merck & Co.

Best, G. A. (1975). *Individuals with physical disabilities: An introduction for educators*. Saint Louis, MO: The C. V. Mosby Company.

Best, S. J. (2010). Understanding individuals with physical, health, and multiple impairments. In: S. J. Best, K. W. Heller & J. L. Bigge (Eds.), *Teaching individuals with physical or multiple disabilities* (6th ed., pp. 3-31). Upper Saddle River, NJ: Pearson.

Bleck, E. G., & Nagel, D. A. (1975). *Physically handicapped children: A medical atlas for teachers*. New York: Gruno & Stratton.

Boyle, J. R., & Weishaar, M. (2001). *Special education law with cases*. Needham Heights, MA: Allyn & Bacon.

Brown, L. (1990). Who are they and what do they want? An essay on TASH. Retrieved October 17, 2010 from the World Wide Web at http://www.tash.org/WWA/WWA_history.html

Dorman, K. (2005). Sickle cell crisis. *Registered Nurses Journal, 68*, 33-36.

Gabe, J., Bury, M., & Ramsey, R. (2002). Living with asthma: Experiences of young people at home and in school. *Social Science and Medicine, 55*, 1619-1633.

Greiling, A. K., Boss, L. P., & Wheeler, I. S. (2005). A preliminary investigation of asthma mortality in schools. *Journal of School Health, 75*, 286-290.

Heller, K. W., Forney, P. E., Alberto, P. A., Best, S. J., & Schwartzman, M. N. (2009). *Understanding physical, health, and multiple disabilities* (2nd ed.). Upper Saddle River, NJ: Merrill.

Jakubik, L. D., & Thompson, M. (2000). Care of the child with sickle cell disease: Acute complications. *Pediatric Nursing, 26*, 373-379.

Kagan, C., Lewis, S., & Heaton, P. (1998). *Caring to work: Accounts of working parents of disabled children*. London: Family Policy Studies Centre/Joseph Rowntree Foundation.

Lemanek, K. L., & Hood, C. (1999). *Chronic asthma*. In: R. T. Brown (Ed.), *Cognitive aspects of illness in children* (pp. 78-104). New York: Guildford Press.

Lewis, S., Kagan, C., & Heaton, P. (2000). Managing work-family diversity for parents of disabled children: Beyond policy to practice and partnership. *Personnel Review, 29*(3), 417-430.

NICHCY. (2009). *Categories of disability under IDEA*. Wasington, DC: National Dissemina- tion Center for Children with Disabilities. Retrieved September 28, 2010 from www.nichy.org/Disabilties/Specific/pages/healthimpairment.aspx

Orelove, F. P., & Sobsey, D. (1987). *Educating children with multiple disabilities: A trans-diciplinary approach*. Baltimore: Brookes Publishing.

Porterfield, S. L. (2002). Work choices of mothers in families with children with disabilities. *Journal of Marriage and Family, 64*, 972-981.

Powers, E. T. (2003). Children's health and maternal work activity: Estimates under alternative disability definitions. *The Journal of Human Resources, 38*(3), 523-556.

Rehabilitation Research & Training Center on Independent Living Management. (2002). *Disability rights timeline* (rev.). Buffalo, NY: National Institute on Disability and Rehabilitation Research, U.S. Department of Education.

Reynolds, C. R., & Clark, J. H. (1983). *Assessment and programming for young children with low incidence handicaps*. New York: Plenum.

Rothstein, L. F. (2000). *Special education law* (3rd ed.). New York: Addison Wesley Longman, Inc.

Rosenzweig, J. M., & Huffstutter, K. J. (2004). Disclosure and reciprocity: On the job strategies for taking care of business and family. *Focal Point: A National Bulletin on Family Support and Children's Mental Health, 18*(1), 4-7.

Rosenzweig, J. M., Brennan, E. M., & Ogilvie, A. M. (2002). Work-family fit: Voices of parents of children with emotional and behavioral disorders. *Social Work, 47*(4), 415-424.

Roundtree, L., & Lynch, K. (2006). *Exploring the complexities of exceptional caregiving. Executive briefing series*. Boston: Boston College, Center for Work & Family.

Safford, P. L., & Safford, E. J. (1996). *A history of childhood and disability*. New York: Teachers College Press.

Snell, M. (1983). *Systematic instruction of the moderately and severely handicapped* (2nd ed.). Columbus, OH: Merrill.

Taras, H., & Potts-Datema, W. (2005). Chronic health conditions and student performance at school. *Journal of School Health, 75*, 290-353.

Turnbull, A. P. (1983). Parent professional interactions. In: M. Snell (Ed.), *Systematic instruction of the moderately and severely handicapped* (2nd ed., pp. 14-43). Columbus, OH: Merrill.

Yell, M. L. (2006). *The law and special education* (2nd ed.). Upper Saddle River, NJ: Prentice Hall.

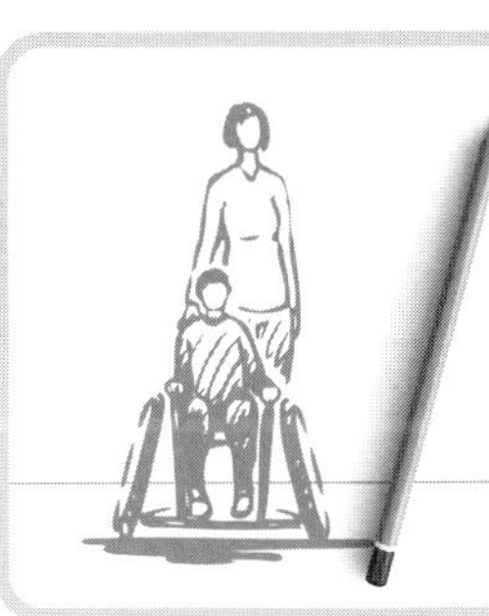

제12장

# 영재성 및 재능 개발의 역사

*Michelle J. McCollin*

## 영재 교육의 진화 개요

높은 적성, 영재성, 재능, 특별한 능력을 가진 개인에 대한 사회적 관심은 수천 년 전, 아마도 기원전 3000년 전으로 거슬러 올라간다. 예를 들어, 일찍이 성서 시대에도 선지자와 학식 있는 사람들은 지혜와 리더십으로 칭송을 받았다. 플라톤 역시 뛰어난 지성을 이유로 특정 개인에게 우월한 지위를 부여했다. 일반적으로 재능과 혁신을 제한했던 암흑기와 중세 시대에도 일부 사회 구성원은 지적, 종교적 통찰력으로 고귀한 지위를 누렸다(Kaufmann, Castellanos, & Rotatori, 1986, p. 232). 일부 사회에서는 잠재력과 가능성이 있는 아동을 찾아내어 특수교육을 제공하기도 했다(Freeman, 1979). 서기 800년 샤를마뉴(Charlemagne) 황제가 서민 출신의 아동을 위해 국가가 그러한 교육을 제공하고 비용을 지불하도록 요청했던 것이 그 사례이다(Schwenn, 1985).

영재 교육은 미국 초기 역사에서도 중요하게 여겨졌다. 예를 들어, 토머스 제퍼슨(Thomas Jefferson)은 1800년대 초에 '교육의 확산(The Diffusion of Education)' 법안을 제출하여 유망한 학생들에게 대학 교육에 필요한 자금을 제공했다(Schwenn, 1985). 하지만 19세기 중반인 1868년에 이르러서야 공교육 차원에서 대규모 영재 교육 프로그램이 세인트루이스에서 처음 시작되었다(Passow, Goldberg, Tannenbaum, & French, 1955). 그 와중에 1800년대 후반에 이루어진 많은 연구(Lombrosco, 1891; Nisbet, 1891)에서 천재성과 비정상성 간 연관성을 강조하기도 했다(Kaufmann et al., 1986). 다행히도 이러한 연구 결과는 1900년대 초에 연구자들에 의해 기각되었다(Hollingworth, 1942; Terman, 1925).

서양에서 영재에 대한 관심은 지능과 밀접한 관련이 있는데(Daniels, 2003; McCollin & Daniels, 2010), 이 주제는 1800년대 찰스 다윈(Charles Darwin)과 프랜시스 갤턴 경(Sir Francis

Galton)의 저서에 등장했다. 실제로 갤턴은 그의 저서 『유전적 천재(Hereditary)』(1869)와 『영국 과학자(English Man of Science)』(1874)에서 천재성은 유전된다는 사실을 강력하게 주장했다. 천재성과 유전의 관련성은 프랑스 심리학자 알프레드 비네와 테오도르 시몽(Binet & Simon, 1905)이 공립학교에서 지적 능력에 따라 학생의 교육 가능성을 판단하기 위한 검사인 비네-시몽 척도(BSS)를 만들도록 의뢰받았던 1900년대 초에 훨씬 더 강해졌다. 고다드(Goddard, 1908)는 BSS의 영어 번역본을 출판했는데, 그는 능력이 제한된 학령기 아동을 평가하여 특별히 훈련된 교사가 담당하는 특별히 개설된 학급에 배치하는 데 BSS가 유용한 진단 도구라고 여겼다(Kelley, Sexton, & Surbeck, 1990). 고다드(Goddard, 1920)는 정신적 결함이 있는 아동과 영재 아동 모두에게 지능이 어떻게 유전되는지에 대해 논의했다. 그러나 안타깝게도 이민자와 정신박약(feeblemindedness)에 대한 그의 지능 연구(Goddard, 1913, 1916, 1917 참조)는 연구 절차와 방법, 변인 통제, 검사의 편향성, '검사를 통해 더 나은 사회 질서를 만들 수 있고 인간의 진보는 단지 하나의 지능검사에 달려 있다'는 그의 편견 때문에 심각한 문제가 있는 것으로 밝혀졌다(Kelley et al., 1990, p. 16).

터먼(Terman, 1925)은 BSS를 미국에서 사용하기 위해 이를 수정하고 표준화하여 1916년 스탠퍼드-비네 지능 척도(SBIS)라는 검사를 발표했다. 터먼의 주요 공헌점은 정신 연령과 생물학적 연령의 비율을 포함하는 지능 지수(IQ) 개념을 정립했다는 것이다. 터먼은 IQ를 기초로 하여 학생이 영재로 간주되려면 SBIS 또는 이와 유사한 지능 척도에서 140점 이상의 점수를 받아야 한다고 강조했다. 고다드(Goddard, 1920)와 마찬가지로 터먼은 인지 능력이 유전적으로 고정된 실체로서 미리 예정된 행동 패턴의 발현 형태로 나타난다고 보았다(Senn, 1975). 대니얼스(Daniels, 2003)에 따르면 이러한 관점은 너무 협소하여 이에 동의하지 않는 연구자들에 의해 상당한 논란과 연구로 이어졌다. 〈표 12-1〉은 이러한 연구자들의 지능에 대한 견해를 보여준다.

영재(gifted)와 재능(talented)이라는 용어는 문헌에서 종종 같은 의미로 사용되지만, 이 두 개념 사이에는 몇 가지 개념적 차이가 있다. 가네(Gagné, 1985, 1991)는 다음과 같은 정의로 두 개념을 구분했다. '영재성(giftedness)'은 타고난, 훈련되지 않은, 자발적인, 인간의 능력(적성, 지적 또는 창의적 능력)에서 평균 이상의 능력을, '재능(talent)'은 체계적인 학습, 훈련 및 연습에 참여할 때 나타나는 인간 활동의 영역 또는 분야(예: 수학, 음악)에서 평균 이상의 능력을 의미한다.

20세기 초의 영재성 연구는 다음과 같은 다섯 가지 주제에서 비롯되었는데, ⓐ 영재 아동을 위한 방법과 교육 실제, ⓑ '지적 무능력(지적 결함)'의 유전, ⓒ 아동의 학업 성취도가 정상 이하, ⓓ 평균 이하의 지능과 그 이상을 측정하는 평가 도구의 개발, ⓔ 교육과정을 더 빨리 이수

〈표 12-1〉 터먼의 견해에 도전한 지능 연구

| 연구자 | 개념 |
|---|---|
| Spearman (1927) | 지능은 일반적인 요인과 16개의 하위 요인으로 구성된다고 주장 |
| Thurstone (1938) | 지능은 일련의 기본 정신 능력과 다양한 특성으로 구성된다고 주장 |
| Wechsler (1939) | 지능은 다방면의 능력과 성격 관련 요인에서 비롯된다는 점을 강조 |
| Guilford (1967) | 다차원적 측면(조작, 산출, 내용)과 지능 및 창의성과 관련된 120개의 독립적인 요인을 강조 |
| Piaget (1954) | 지능은 외부 세계에 대한 일종의 진화하는 생물학적 적응으로, 성숙과 학습 사이의 상호 연결을 포함한다고 주장 |
| Cattell (1971) | 두 가지 유형의 지능(유동 지능과 결정 지능)이 있으며 지능은 특정 문화에 대한 노출과 공식적 및 비공식적 교육에 영향을 받는다고 주장 |
| Sternberg (1985) | 지능은 메타 구성 요소, 수행 구성 요소, 지식 습득의 세 가지 요소로 구성됨. 정보처리 접근 방식을 강조 |
| Gardner (1993) | 7가지 주요 능력으로 구성된 지능의 다요인 모델을 제안. 그중 두 가지는 개인 간과 개인 내 차원(즉, 정서 지능)을 지님 |

할 수 있고 일반 학생과 측정 가능한 차이를 보이는 모든 아동의 요구를 공립학교가 적절히 충족할 수 없다는 인식(Coleman & Cross, 2005) 등이다. 영재 교육 분야의 영향력 있는 선구자인 루이스 터먼(Lewis M. Terman)과 레타 홀링워스(Leta Hollingworth, 1942; Terman, 1925)는 1920년대에 1,500명의 영재를 대상으로 종합적인 연구를 수행하여 영재성과 재능을 가진 학생의 판별, 교육, 잠재력을 육성하는 데 주목했다. 그들은 학문적으로 뛰어난 아이들을 키우는 것이 미국의 발전에 필수적인 요소라고 믿었다. 이들의 연구는 사회가 영재에 대해 가지고 있던 많은 부정적인 생각을 불식시켰다(Bacto, Milan, Litton, Rotatori, & Carlson, 1991).

이러한 초기 연구들이 있었지만, 뭐니 뭐니 해도 미국의 영재 교육 운동에 탄력을 불어넣은 것은 1957년 소련이 러시아 우주 캡슐 '스푸트니크'를 발사한 사건이었다. 이 역사적인 사건은 국가 안보에 대한 위험으로 여겨졌다. 이 사건은 미국으로 하여금 미국 학교 교육의 질에 대해 다시 생각하게 했을 뿐만 아니라 1958년 「국방교육법」 통과, 영재 학생을 위한 프로그램 설립을 위한 연방 자금 배정, 우수한 능력과 높은 학업 성취도(특히 수학 및 과학)를 보인 학생을 판별하는 방법 개발, 영재 학생들에게 양질의 교육 경험을 제공하기 위한 다각적인 연구로 이어졌다. 박토 등(Bacto et al., 1991)은 이러한 분위기가 창의성에 대한 보다 진지한 연구(Getzels & Jackson, 1961; Torrance, 1960, 1962, 1963 참조)와 토런스 창의성 검사(Torrance Test of Creative Thinking)의 개발로 이어졌다고 강조했다(Torrance, 1966).

## ○ 영재성 및 재능의 개념화

1960년대 후반, 영재 교육에 대한 관심은 교육의 형평성에서 위험에 처한 학생의 학교 개선에 대한 시민권 및 반빈곤 운동으로 관심이 옮겨 가면서 뒷전으로 밀려났다. 그러나 1970년대부터 현재까지 영재 교육에 대한 국가적 관심이 다시 높아지면서 마랜드(Marland) 보고서(1972), 위험에 처한 국가(A Nation at Risk)(Commission on Excellence in Education, 1983), 국가 우수성(National Excellence)(1993), 기만당한 국가(A Nation Deceived)(Colangelo, Assouline, & Gross, 2004) 등 여러 유명 보고서가 발간되고, 제이콥 케이(The Jacob K) 법안,「재비츠 영재 학생 교육법(Javits Act)」(1988),「낙오 아동 방지법(NCLB)」(2001), 국립 영재 센터(1990) 설립 등의 법안이 통과되는 등 영재 학생 교육에 대한 관심이 다시 높아지게 되었다.

호평을 받은 마랜드 보고서(1972)에서는 영재성을 일반 지적 능력, 특정 학문적 적성, 창의적 또는 생산적 사고, 리더십, 시각 및 공연 예술, 정신 운동 능력 중 어느 영역에서든 높은 성취를 보이거나 잠재력이 있는 것으로 정의했다. 이 보고서는 또한 영재 학생의 교육적 요구에 대한 평가를 제공하였고, 영재 교육에 대한 직접적인 추가 지원과 미국 영재교육국이 신설되는 결과로 이어졌다. 이 보고서의 영재성 정의는 미국 전역 대부분의 교육구와 주 교육청의 많은 영재 프로그램의 기초가 되고 있다(Karnes & Beane, 2009). 1983년 '위험에 처한 국가' 보고서는 미국 학생들이 더 이상 우수한 교육을 받지 못하고 있으며 글로벌 경쟁에서 뒤처지고 있다는 충격적인 자료를 제시했다(Coleman & Cross, 2005). 반타셀-바스카와 브라운(VanTassel-Baska & Brown, 2009)은 이 보고서의 권고 사항에는 영재 학생의 판별 및 서비스 제공 기준, 영재 교육 프로그램에 대한 서비스 지원 확대, 교육과정 내실화, 속진 교수법 개발 등이 포함되었지만 이에 국한되어서는 안 된다고 지적했다.

1988년 의회는「재비츠 법(The Javits Act)」을 통과시켰다. 이 법은 ① 영재 교육 사무소, ② 영재 아동에 초점을 맞춘 국립 연구 센터, ③ 영재 교육 시범 프로젝트에 대한 자금 지원과 자원을 제공했다. 이 법은 효과적인 평가 방법에 대한 연구, 적절한 판별 요소, 소외된 영재 학생 집단에 초점을 맞춘 교육 프로그램이라는 세 가지 주요 구성 요소로 이루어져 있다. 1990년,「재비츠 법」은 국립 영재 센터에 자금을 지원했다(Daniels & McCollin, 2010; McCollin & Daniels, 2010; Turnbull, Turnbull, Shank, & Smith, 2004 참조). 이 센터는 여러 대학 컨소시엄으로 구성되었는데, 중점은 현장의 연구 수요를 해결하는 것이었다.

1993년, 미국 교육부 교육 연구 및 개선 사무소(U.S. Department of Education, Office of

Educational Research and Improvement)에서 영재 교육 현황에 관한 두 번째 국가 보고서를 발표했다. 이 보고서,「국가적 우수성: 미국의 인재 개발 사례(National Excellence: The Case for Developing America's Talent)」는 영재 교육 현황을 '상당한 위기'로 묘사하고, 미국이 영재 및 재능 있는 청소년과 높은 잠재력을 가진 학생들을 교육하는 방식을 바꿔야 할 필요성을 지적하는 여러 지표를 발표했다. 이 보고서는 영재 교육이 여전히 우수한 교사 부족, 문제의 소지가 있는 영재 학생 판별 방법, 취약한 교육과정 표준, 경제적 소외 계층 및 문화적, 언어적으로 다양한(CLD) 아동에 대한 제한된 학습 기회, 영재와 재능 있는 청소년이 잠재력을 최대한 발휘하도록 도전하는 교육 시스템의 실패로 인해 어려움을 겪고 있다고 밝혔다. 또한 미국 청소년들이 글로벌 시장에서 경쟁할 수 있는 능력에 대해서도 의문을 제기했다.

1994년「재비츠 법」이 재승인되었지만, 의회의 집권 정당이 바뀌고 의원들의 정치적, 철학적 견해의 변화에 따라 예산이 크게 감소했다. 2001년「재비츠 법」은 재승인되었고, 그 내용은 2001년의「낙오 아동 방지법(NCLB)」에 담겨 있다(P.L. 107-110).

NCLB는 이전에「초 · 중등교육법(ESEA)」으로 알려졌던 역사적인 법으로, 조지 W. 부시 대통령이 2002년 1월 8일에 서명했다. 이 법은 미국 학교 학생들 사이에 존재하는 성취도 격차를 없애고 모든 인종, 민족, 문화, 사회경제적 배경을 가진 아동과 학습에 특별한 도움이 필요한 아동(예: 장애가 있는 아동, 영재성 및 특별한 재능이 있는 아동)이 양질의 교육을 받을 수 있는 공정하고 동등하며 중요한 기회를 갖고 우수한 교사의 가르침을 받을 수 있도록 보장하기 위해 제정되었다.

2004년,『속은 국가: 학교는 어떻게 미국의 가장 영리한 학생들을 가로막는가(A Nation Deceived: How Schools Hold Back America's Brightest Students)』에서는 영재성 및 재능이 있는 학생들을 위한 속진 프로그램의 이점에 대해 설명했다. 이 연구는 속진 프로그램과 맞춤형 교육을 뒷받침하는 압도적인 연구에도 불구하고 미국이 가장 우수한 학생들의 학업적, 심리사회적, 정서적 요구를 효과적으로 해결하지 못하고 있다는 점을 더욱 강조했다(Callahan, 2005).

이 보고서와 법령은 영재성과 재능의 개념이 시간에 따라 그리고 다양한 사회문화적 맥락에 따라 어떻게 변화해 왔는지를 강조했다. 오늘날 영재성과 재능에 대한 이해, 설명 및 인식은 지난 40년 동안 앞서 설명했던 측면으로 인해 크게 발전해 왔다(Smith, Polloway, Patton, & Dowdy, 2004; VanTassel-Baska & Brown, 2009). 그러나 영재성과 재능에 대한 이러한 포괄적인 개념화에도 불구하고 '영재성'이라는 단어에 관한 교육자들의 개인적인 믿음은 다양한 의미와 많은 뉘앙스를 내포하고 있음을 알 수 있다. 21세기는 영재성과 재능에 대한 개념 정립을 통해 영재성과 재능을 가진 아이들의 교육을 향상시킬 수 있는 기회가 될 것이다.

## ◦ 영재성과 재능의 특성

영재성 연구에는 인지적, 정서적, 직관적, 심리운동적 속성에 대한 탐구가 포함된다. 영재성에 관한 많은 연구(예: Clark, 2008; Hallahan & Kauffman, 2003; Plucker & Callahan, 2008; Smith et al., 2004)에서는 영재 아동이 빠른 인지 및 직관 능력, 놀라운 기억력, 뛰어난 회상력, 시각 및 수행 능력, 심리운동 지능 등 다양한 능력을 나타내는 것으로 설명한다. 또한 영재 아동은 새로운 정보를 빠르게 습득, 유지, 개념화, 종합, 학습하는 능력과 많은 양의 정보를 빠른 속도로 쉽게 처리하고 조작할 수 있는 능력도 갖추고 있다.

영재성과 재능 있는 아이들은 또한 호기심이 많다. 학습을 즐길 뿐만 아니라 학습에 대한 강한 열망과 정신적 자극에 대한 강렬한 욕구도 가지고 있다(Robinson & Campbell, 2010). 이들은 더 빨리 배울 수 있는 타고난 능력을 가지고 있으며, 자신의 관심사를 추구하려는 의지와 집중력, 특이하고 다양한 관계를 볼 수 있는 능력, 추상적으로 사고하는 특별한 능력을 가지고 있다(Gross, 2004). 또한 문제 해결 능력이 뛰어나고 새로운 상황에 지식을 쉽게 적용하고 전이할 수 있으며 다양한 주제와 분야에 관심을 보인다(Eyre, 2009).

또한 영재 아동은 다른 아이디어와 연결하는 능력(예: 개념 간의 관계 또는 다른 사람의 관점에 대한 이해를 통해)을 포함하여 여러 가지 방법으로 개념에 대한 이해를 확장할 수 있다. 이 아이들은 끈기 있고 목표 지향적이다. 또래보다 더 빠르게 학습할 수 있으며 훨씬 이른 나이에 사물에 대한 지식이 풍부하다. 영재들은 일찍 말을 배우며 2세나 3세가 되기 전에 복잡한 문장 구조를 사용하여 문장으로 말할 수 있다. 결과적으로, 영재 아동은 수용 어휘력이 높으며, 또래 친구들보다 훨씬 더 많은 책을 읽은 채로 학교에 입학한다(MacIntyre, 2008). 많은 영재는 뛰어난 언어 능력, 광범위한 어휘력, 생생한 상상력을 가지고 있다. 이러한 독특한 능력으로 인해 이들은 종종 속진 수업과 정교한 교육 자료를 필요로 한다(Robinson, Shore, & Enersen, 2006 참조).

영재성과 재능이 있는 아이들은 또한 동기 부여가 강하고 독립심이 매우 강하다. 이러한 아이들은 하나 이상의 과목(예: 읽기, 수학, 과학)에서 뛰어난 성취를 보여 교사로부터 인정을 받기도 한다(Rakow, 2005). 이 아이들은 위험을 감수하는 것을 좋아하고 모호함을 잘 참을 수 있다. 기능 및 단순 훈련 활동을 싫어하며, 기존의 교육 방식은 동기 부여가 적고 도전과 보람이 적다고 생각한다. 장애학생들과 마찬가지로, 이들의 성과에는 개인 간 차이와 개인 내 차이가 모두 존재한다. 높은 수준의 지능 외에도 일부는 특히 시각 및 공연 예술 분야에서 높은 수준의

창의성을 가지고 있으며, 다른 일부는 뛰어난 직관력, 리더십 및 정신 운동 능력을 보여 준다(Van Tassel-Baska, 2009).

영재성과 재능을 가진 아이들은 독특한 사회적, 정서적 특성을 보인다(Clark, 2008). 이들은 자신에 대한 기대치가 높고, 예민한(때로는 미묘한) 유머 감각을 지니고 있으며, 자기 인식이 강하다. 이 아이들은 완벽을 추구하고 집중력이 높으며 실패로 인한 스트레스를 많이 받는 편이다(Mendaglio & Peterson, 2007). 그들은 높은 도덕성을 가지고 있으며 정의감이 강하고, 타인의 필요성과 감정에 민감한 편이다. 또한 일과 놀이에서 활발한 에너지를 보이는데 이는 심리학자나 기타 의료 전문가가 과잉행동이나 정서 또는 행동장애의 한 형태로 잘못 해석하고 오진할 수 있다(Hershey, 1995; Kaufmann et al., 1986; Mendaglio & Peterson, 2007 참조).

영재 아동에 대한 가장 일반적인 오해는 사회적, 정서적 역량이 부족하다는 것이다(Hershey, 1995). 물론 남들과 다르다고 느끼거나 자존감이 낮거나 오해를 받거나 사회적으로 고립된 영재 아동도 있지만, 대부분은 잘 적응하고 민감하며 건강하고 정서적으로 독립적이고 안정적이며 또래의 호감을 잘 받고 균형 잡힌 정서적 특성을 지닌 아동들이다(Freeman, 2010). 여기에 제시된 특성은 영재와 재능을 가진 아동의 특성을 예로 들어 설명했을 뿐이며, 모든 특성을 다 갖춘 것으로 간주해서는 안 된다는 점에 유의해야 한다. 영재성 또는 재능이 있는 것으로 확인된 모든 아동이 이러한 특성을 전부 보이는 것은 아니다.

## 영재성과 재능 관련 대표적인 정의

수년에 걸쳐 많은 이론가, 심리학자, 연구자 및 실무자들은 영재성의 개념에 대해 고민했을 뿐만 아니라 영재성에 대한 수많은 정의를 제안했다. 예를 들어, 터먼(Terman, 1925)은 측정된 능력에만 의존하는 정의를 선호한 반면, 다른 연구자들(DeHaan & Havighurst, 1957; Marland, 1972)은 능력 영역(예: 인지 기능, 학업, 창의성, 미술)에서 가장 우수한 성과를 보인 학생들의 비율로 영재 학생을 판별하는 것을 선호했다. 또한 렌줄리(Renzulli, 1978)와 같은 연구자들은 높은 지능, 창의성, 과제 몰입도를 포함하는 영재의 다면적이고 상호작용적인 특성을 설명했다(Kaufmann, 1990). 렌줄리의 견해와 유사하게 타넨바움(Tannenbaum, 1983)은 교사 추천 사유, 특수 능력, 환경, 우연과 같은 변수를 포함할 필요성을 언급했다(Kaufmann et al., 1990). 마지막으로, 클라크(Clark, 1983)는 영재의 정의에 생물학적 요인(즉, 뇌 기능 및 활동)을 포함해야 한다고 주장했다. 그러나 아동과 청소년의 특별한 타고남, 뛰어난 재능, 뛰어난 수준의 능력과 잠

재력을 설명하는 보편적인 정의로 받아들여진 것은 없다.

영재성의 정의와 관련된 문제는 영재성에 대한 다양한 이론적 견해, 특별한 기술, 능력, 적성 및 재능을 가진 아동과 관련된 광범위한 특성, 영재성에 대한 다양한 정의(예: 심리 측정적 정의, 특성 정의, 교육적 지향적 정의), 영재로 간주되는 것에 대한 문화 간 차이, 사용되는 다양한 용어, 이 분야에서 진행 중인 연구(Daniels, 2003) 등에서 생긴다.

'영재성'이라는 단어에 대한 해석은 무궁무진해 보이지만, 보수적 관점(입증된 높은 IQ)부터 진보적 관점(IQ 검사로는 측정할 수 없는 여러 기준을 포함하는 확장된 개념)으로 분류되는 몇 가지 기본 정의가 있다. 영재성에 대한 최초의 연방 정부 정의는 1972년 마랜드 보고서에서 소개되었는데, 이 보고서는 영재성의 여섯 가지 범주를 확인하고, 학교가 영재성을 폭넓게(즉, 지적 능력 이상으로 확장하여) 정의하도록 장려했으며, 미국 영재청(U.S. Office of Gifted and Talented) 설립의 촉매 역할을 했다. 이 보고서는 또한 영재 교육 프로그램의 토대가 되었다. 이 보고서에 따르면

> 영재 아동은 뛰어난 능력으로 인해 높은 성과를 낼 수 있는 아동으로 전문적 자격을 갖춘 사람들에 의해 확인된 아동을 말한다. 이들은 자기 자신과 사회에 대한 기여를 실현하기 위해 정규 학교 프로그램에서 일반적으로 제공하는 것 이상의 맞춤화된 교육 프로그램 및/또는 서비스를 필요로 한다(p. 2).

이 보고서는 다음과 같이 자세히 열거한다.

> 높은 성과를 낼 수 있는 아동은 ① 일반적인 지적 능력, ② 특정 과목에서의 적성, ③ 창의적, 생산적 사고, ④ 리더십 능력, ⑤ 시각 및 공연 예술에서의 적성, ⑥ 정신 운동 능력 중 어느 한 영역 또는 두 가지 이상의 영역에서 능력이나 적성을 보여 주는 아동이다(p. 2).

영재성에 대한 가장 최근의 연방 정부 정의는 2001년에 제정된 「낙오 아동 방지법(No Child Left Behind Act)」에서 찾을 수 있다. NCLB에 의하면,

> '영재'라는 용어는 학생, 아동 또는 청소년과 관련하여 사용될 때 지적, 창의적, 예술적 또는 리더십 능력과 같은 영역 또는 특정 학업 분야에서 높은 성취 능력을 보이

> 는 학생, 아동 또는 청소년을 의미하며, 이러한 능력을 충분히 개발하기 위해 학교에서 통상적으로 제공하지 않는 서비스 또는 활동이 필요한 학생, 아동 또는 청소년을 의미한다[Title IX, Part A, Section 9101(22), p. 1959].

영재성에 대한 연방 정부의 정의는 수년에 걸쳐 다양한 이유로(예: 전문가들이 영재성을 가진 학생을 판별하는 데 필요한 구체적인 기준을 제공하지 않음, 영재성의 핵심 특성으로 성적을 강조함, 관찰 가능한 행동에 중점을 두지 않음) 비판을 받아 왔지만, 많은 교육구는 여전히 연방 정부의 영재 정의에 기초하여 영재성을 정의하고 있다(Daniels, 2003; McCollin & Daniels, 2010).

영재에 대한 가장 영향력 있는 현대적 정의는 아마도 학부모, 교사, 교육자, 기타 전문가, 지역사회 지도자들로 구성된 단체인 미국영재협회(NAGC)에서 제안한 정의일 것이다. NAGC에 따르면

> 영재란 한 가지 이상의 표현 영역에서 뛰어난 수준의 성과를 보여 주거나 보여 줄 잠재력을 가진 사람을 말한다. 이러한 능력 중 일부는 매우 일반적이며 리더십 기술이나 창의적 사고 능력과 같이 개인의 삶 전반에 걸쳐 영향을 미칠 수 있다. 수학, 과학 또는 음악에 대한 특별한 적성과 같이 매우 특별한 재능은 특정 상황에서만 분명하게 드러난다. 영재성이라는 용어는 이러한 능력의 스펙트럼 중 단일 측정치나 지표에 국한되거나 의존하지 않는, 그 스펙트럼 자체를 지칭하는 일반적인 용어이다.

NAGC는 다음과 같이 덧붙였다.

> 개인의 영재성은 이를 관찰하거나 평가하는 수단과 혼동하지 말아야 한다. 부모, 교사 또는 학생의 추천, 시험에서 높은 점수 또는 높은 IQ 점수는 영재성이 아니라 단순히 그것이 존재한다는 신호일 수 있다. 이러한 영재성 지표 중 일부는 다른 지표보다 개인의 환경 차이에 더 민감하게 반응한다(NAGC, 1990, 2010년 6월 2일 출처: http://www.nagc.org).

따라서 영재성에 대한 정의는 다양한 목적을 반영할 수 있다. 아동을 판별하고 그 수를 산출하여 통계적 기초를 마련함으로써 출현율 추정치를 설정하고, 특별히 고안된 조기 및 심화 프로그램에 학생들을 진단, 분류 및 배치하고, 전문가, 학부모 및 기타 사람들이 높은 능력이나

재능을 가진 학생에 대해 효과적으로 소통할 수 있도록 하며, 교육 또는 지원 프로그램 자금 지원의 우선순위를 설정하는 매개체 역할을 하고, 영재 및 재능 있는 개인을 위한 입법 노력을 촉진하는 데 사용할 수 있다(Daniels, 2003; Daniels & McCollin, 2010).

## ○ 지능 및 영재성

인간 발달 및 지능이 타고난 것인지 양육으로 생겼는지에 관한 논쟁에 대해 우리가 알고 있는 것을 고려할 때, 영재성이 유전적 영향과 환경적 영향 모두에서 비롯되는 것으로 간주되는 것은 놀라운 일이 아니다(Daniels, 2003; Friend, 2005). 지능과 영재 교육 사이의 상관관계는 학교 현장에서 시행하는 교육과정 모델에 관한 의사결정에 계속 영향을 미치고 있다. 지능 이론은 학생을 판별하고 평가하는 방식, 영재성 및 영재 학생에 대한 태도, 프로그램과 개입의 기반이 되는 교육과정 모델, 그리고 기타 영재 교육의 다른 측면에 영향을 미친다.

영재 및 재능 분야의 연구는 지능 연구와 밀접한 관련이 있다(Plucker, 2001). 지능 문제를 다루는 많은 학자도 재능과 영재성의 발현에 초점을 맞추었다. 터먼(Terman, 1925)은 영재성에 대한 종단 연구를 처음 시행했고, 홀링워스(Hollingworth, 1942)는 뛰어난 아동과 여성을 대상으로 한 연구를 개척했다. 렌줄리(Renzulli, 1979)는 생활에서의 영재성과 학업적 영재성을 구분하는 데 집중했고, 펠드먼(Feldman, 1980)은 각 지적 영역의 고유한 발달 경로를 연구하였다. 가드너(Gardner, 1993)는 다중지능을 모델로 구현했고, 가네(Gagné, 1985)는 잠재력으로서의 영재성과 잠재력 성취로서의 재능의 차이에 초점을 맞추었다. 스턴버그(Sternberg, 1985)는 영재 능력의 유형과 지능의 강점 및 약점을 조사했다. 이는 여러 연구 중 몇 가지만을 예로 든 것이다. 이 이론들 중 다수가 지능과 영재 교육 사이의 간극을 메우기 위해 주도적인 역할을 하고 있다.

## ○ 지능 및 교육과정 모델

지능 이론을 교육과정 모델에 연결하려면 그 이론을 특정 교육과정 모델과 나란히 놓아 보는 작업이 필요하다. 반타셀-바스카와 브라운(VanTassel-Baska & Brown, 2009)은 교육과정 모델을 대상 집단에 적합한 교육과정을 체계적으로 개발하기 위한 하나의 교육과정 설계와 개발 틀로 정의하고 있다. 이 교육과정 모델은 교육과정 산출물 요소를 식별할 수 있어야 한다. 이 모

델이 효과적이려면 다양한 교과 내용 영역, 연령/학년 범위에 걸쳐 차별화, 집단 편성, 유연성, 변환 가능성 및 유용성과 유연한 집단 구성 모델을 갖춰야 한다. 또한 영재 개인의 특정 요구에 대응하는 방법을 제시해야 한다. 이 모델은 처방전이 아닌 설명이며 특정 시간이나 공간에서 학생의 발달을 극대화하는 가장 효과적인 단 하나의 방법임을 확증하는 것은 아니다. 다음에서 논의되는 각 교육과정 모델은 10년 이상의 지원 연구, 개발 및 실행을 통해 널리 사용되고, 지속적이며, 연구적 관심을 받고 있다(Coleman & Cross, 2005; VanTassel-Baska & Brown, 2009).

**스탠리 재능 확인 모델**(The Stanley Model of Talent Identification)(Stanley, Keating, & Fox, 1974). 이 모델은 개인의 평생 교육에 중점을 두며, 모델 원칙은 다음과 같다. ① 높은 수준의 언어적, 수학적 추론을 장려하는 평가 도구의 활용, ② 진단적 교육 방법론, ③ 핵심 교과 내용의 속진과 빠른 전개, ④ 유연한 학교 환경 전반의 교육과정. 이 내용 기반 모델은 국가 표준에 부합하고, 지속 가능성이 높으며, 상급 학년으로의 속진의 이점을 보여 준다.

**3단계 영재 교육 모델**(A Three Stage Model of Gifted Education)(Feldhusen & Kolloff, 1978). 이 모델에는 상황에 따라 간헐적으로 활용할 수 있는 세 가지 수준의 교육 활동이 있다. 1단계 활동은 기본적인 발산적 및 수렴적 인지 활동에 중점을 둔다. 2단계는 보다 복잡하고 창의적인 문제 해결 교육 활동을 사용하며, 학생의 주도권을 높이고 교사의 통제가 줄어든다. 3단계에서는 학생들이 개별적으로 또는 동료와 협력하여 도전적인 연구 프로젝트를 독립적으로 수행할 기회를 제공한다.

**렌줄리의 학교 전체 심화 삼차원 모델**(The Renzulli Schoolwide Enrichment Triad Model: SEM)(Renzulli, 1986). SEM 모델의 주요 원칙은 ① 교과 간 및 교과 외 능력을 평가하기 위한 흥미 및 학습 스타일 조사 사용, ② 교육과정 압축 제공(즉, 정규 교육과정에서 숙달된 내용을 제거하고 대체 학습으로 대치), ③ 학생의 능력, 흥미, 과제 몰입도에 따라 적절한 시도 수준의 접근이다. SEM에는 세 가지 심화 수준이 있다. 심화 수준 1은 일반적인 탐구 경험(예: 초청 연사, 현장 학습, 관심 분야 센터 등)으로 구성되고, 심화 수준 2에는 사고력을 증진하기 위해 고안된 교육 전략이 포함되며, 심화 수준 3은 기본 탐구 및 사고를 지원하는 분석 활동과 창의적인 제작물을 활용한다.

**가드너의 다중 지능**(Gardner's Multiple Intelligences: MI)(Gardner, 1983). MI는 지능의 다차원적 개념을 적용하여 핵심 교육과정 접근 방식을 사용한다(Gardner, 1983). 가드너(Gardner, 1983)에 따르면 지능에는 ① 언어적, ② 논리적/수학적, ③ 시각적/공간적, ④ 음악적/리듬적, ⑤ 신체적/운동적, ⑥ 개인 간, ⑦ 개인 내, ⑧ 자연주의적 지능까지 총 여덟 가지 종류가 있다. MI 교육과정 모델은 신설 학교의 기본 교육과정, 개인차 파악 및 평가에 활용되고 있다.

**슐리히터의 중등 무한 재능 모델**(The Schlichter Models for Talents Unlimited Inc. and Talents Unlimited to the Secondary Power: TU)(Schlichter, 1981). 무한 재능 모델은 길포드(1967)의 지능의 본질에 대한 탐구를 기반으로 한다. TU 모델은 ① 재능, 생산적 사고, 의사결정 및 학업 능력의 발휘, ② 교육 자료, ③ 교사를 위한 현직 전문성 개발, ④ 학생의 사고력 발달 평가 이렇게 네 가지의 요소로 이루어져 있다(Schlichter, 1986). 이 모델은 학생의 창의적이고 비판적인 사고를 개발하는 것으로 유명하다.

**스턴버그의 삼원적 구성 모델**(Sternberg's Triarchic Componential Model: STCM)(Sternberg, 1985). STCM은 정보 처리 지능 이론(Sternberg, 1985)을 기반으로 한다. 이 모델은 사고에 사용되는 정신적 과정을 집행, 수행, 지식 습득의 세 가지 구성요소로 본다. 집행 요소는 계획, 의사결정 및 성과 모니터링에 관여한다. 수행 요소는 문제 해결을 위한 구체적인 전략을 실행하는 역할을 한다. 지식 습득 요소는 새로운 정보의 습득, 유지, 전달을 용이하게 한다. 이 모델은 주어진 맥락에서 개인과 환경 간의 상호작용과 피드백을 통해 인지 발달이 이루어진다는 개념을 뒷받침한다.

**반타셀-바스카의 통합 교육과정 모델**(VanTassel-Baska's Integrated Curriculum Model: ICM)(VanTassel-Baska, 1986). 높은 수준의 학습자를 위해 개발된 ICM은 ① 고급 수준의 내용, ② 높은 수준의 과정 및 산출물, ③ 발산적 및 수렴적 사고 발달과 이해라는 세 가지 차원에 기반을 두고 있다. ICM은 핵심 교과 영역에서 심화 교육과정과 속진학습을 활용한다. 이 모델은 영재 및 재능 있는 학생을 대상으로 한 심화 중심 모델의 효과를 입증한 30년 이상의 연구를 통해 뒷받침되고 있다(VanTassel-Baska & Brown, 2009 참조).

어떤 교육과정 모델을 실행할 것인지에 대한 결정은 학교 정책 전반의 기조와 일치해야 한다. 교육과정 모델이 학생들의 현실 세계 이해를 지원하고, 다양한 재능과 재능에 기반한 교육과정 대안을 인정하며, 학생들의 선택이 미치는 영향에 민감하게 반응하는 것이 중요하다(Coleman & Cross, 2005). 영재 프로그램에서 맞춤형 교육과정 접근법을 사용하는 것에 대한 추가 연구가 필요하다.

## ○ 통합 모델로서의 맞춤형 교수

가장 강력한 교육 모델은 속진형이고 상호작용적, 그리고 차별화된 교수이다. 차별화 교수는 영재 아동의 개인적인 학습 요구, 교육과정의 특정 내용 및 기술, 내용 전달에 사용되

는 교수법, 교육과정을 효과적으로 구현하는 데 필요한 유연한 환경을 말한다(Kaplan, 2005; VanTassel-Baska & Brown, 2009). 차별화 교수는 학습자가 의미 있는 방식으로 지식을 구성하고 생산하도록 장려한다. 차별화 교수를 통해 학생들은 독창적인 결과물 산출, 지식의 협력적 구축 및 문제 기반 학습에 참여한다. 차별화 교수 전략에는 개인 및 집단 차원의 요약, 다양한 관점 조사, 고차원적 비판적 사고, 브레인스토밍, 소크라테스식 대화, 문제 해결 과정, 팀 교육 등을 포함하여 여러 가지가 있다.

영재 학생을 위한 차별화 교육과정은 학습자의 강점과 이들의 교육적 요구를 충족시키기에 일반 교육과정이 지닌 한계를 근거로 한다. 일반 교육과정의 전통적인 내용, 과정, 산출물 구성 요소와 영재 학생이 갖고 있는 기능을 분석해 보면 차별화 교육과정이 필수적이다. 영재 학생을 위한 차별화 핵심 교육과정 프로그램은 학생의 실제 능력과 잠재 능력, 기술, 창의성, 재능 개발을 자극해야 한다. 영재 학생을 위한 교육 전략은 핵심 교육과정의 부적절성으로 인한 문제를 해결하기 위해 몇 가지 교육과정 수정을 활용한다. 이러한 수정에는 더 높은 수준의 고등사고기술, 개방형 발견 학습, 추론의 근거 제시, 선택의 자유, 집단 상호작용, 학습 속도 조절 및 속진, 과정의 다양화 등이 포함된다. 이러한 요소를 구현하여 핵심 교육과정을 수정함으로써 교사는 포괄적이고 광범위한 문제와 관련된 내용을 제시하고, 여러 분야를 통합하며, 심도 있는 자기 선택 학습을 허용하고, 독립적인 학습 기술을 개발하며, 개방형 과제에 집중하고, 연구 방법을 개발하며, 창의적 산출물 및 해결책 개발을 장려하고, 자기 이해력과 자기 주도성 향상을 위한 교육적 기회를 제시할 수 있다.

영재 학생에게 효과적으로 교육 서비스를 제공하는 데 사용할 수 있는 전략과 접근 방법이 존재하지만, 이 장의 목적은 교육구에서 일반적으로 사용하는 몇 가지 전략과 접근 방식에 대한 정보를 공유하기 위함이다. 학년 수준이나 교육과정 모델 사용방식에 관계없이 영재 학생을 위한 모든 프로그램은 유연한 교수 전략, 학생들이 학습 및 창의적 잠재력을 발휘할 수 있는 다양한 장소, 지속적인 진도 평가 방법, 동료 및 교사 상호작용을 통한 지식의 협력적 구축, 연속성, 영재 교수 전략 분야에 대한 전문 교육을 받은 우수한 교사를 배치해야 한다는 점을 염두에 두는 것이 중요하다.

## 영재 및 재능 평가

지난 100년 동안 평가와 책무성은 미국의 교육 개혁 운동에서 중요한 역할을 해 왔다.

1900년대 초, 몇몇 평가 도구(예: Terman's 1916 Stanford Binet, the Terman Concept Mastery Test, the original SAT)는 영재성 평가 및 고등교육 프로그램 배치에만 활용되었다. 1960년대 이후에는 영재 프로그램 대상 학생을 선별하고, 교육 전략에 관한 피드백을 제공하며, 의도한 목표가 달성되었는지 여부를 판단하는 데 평가가 사용되었다(Heward, 2008; Salvia & Ysseldyke, 2001). 영재 프로그램을 위한 학생의 판별 및 분류는 영재성 및 재능을 나타내는 다면적, 다차원적, 다문화적, 종합적 방법을 기반으로 해야 한다. 이를 위해서는 다음 데이터를 포함하여 다양한 자료를 활용해야 한다.

- 개인용 및 집단용 지능 검사
- 학업 성취도 검사
- 학생의 작품/재능을 보여 주는 포트폴리오 및/또는 시연
- 교사 추천
- 부모 추천
- 자기 추천
- 동료 추천
- 과외 활동 또는 여가 활동

영재 학생을 위한 효과적인 차별화 프로그램을 실행하려면 각 학생의 특성에 대한 자료를 수집하고 정리하는 것이 필요하다(VanTassel-Baska & Feng, 2004 참조). 따라서 개별 학생의 능력, 적성, 흥미, 개인적 가치에 대한 신중한 평가는 프로그램에서 학생의 성공을 위해 매우 중요하고 필수적이다(Hunt & Seney, 2009). 이러한 평가에는 학생의 ⓐ 누적 기록, ⓑ 선별 및 판별 정보, ⓒ 지능검사, ⓓ 정서적 도구(예: 학습 양식 검사, 성격 유형), ⓔ 포트폴리오 자료가 포함되지만 이에 국한되지 않아야 한다(Coleman & Cross, 2005). 평가의 사용은 영재성과 재능을 가진 학생을 판별하고 배치하는 과정에서 매우 중요한 역할을 하므로 교육자는 모든 검사가 공정하고 윤리적인 방식으로 수행되도록 할 책임이 있다. 공정하고 윤리적인 검사라는 목표는 교육자가 문화적, 경제적 배경, 교육 경험, 능력 및 재능, 교과 내용 지식, 기술, 흥미, 성격 등의 개별 변수를 고려할 수 있는 다양한 평가 수단을 활용함으로써 달성할 수 있다. 따라서 학생의 학업 및 정서적 요구를 충족시킬 수 있도록 영재 학생 프로그램을 개별화하여야 한다.

## 영재 프로그램 및 평가에서 과소 대표되는 집단

학업 영재 프로그램에서는 사회경제적으로 불우한 학생과 CLD 배경을 가진 학생이 역사적으로 과소 대표되어 왔다(Castellano & Frazier, 2010; Donovan & Cross, 2002; Scott & Delgado, 2005; Van Tassel-Baska, 2009; Yoon & Gentry, 2009). 이러한 불균형을 해결하려는 시도는 ⓐ 학업 영재성과 재능의 본질, ⓑ 영재 학생을 선별하는 데 일반적으로 사용되는 능력과 성취도에 대한 전통적인 평가의 사용 및 분석, ⓒ 비언어 능력 검사와 같은 저소득층 및 CLD 영재 학생을 위한 대안적 평가의 사용, ⓓ 영재 학생을 위해 개발된 교육 프로그램 종류의 네 가지에 대한 잘못된 믿음이 반복되면서 복잡해졌다(Gallagher, 2005; Lohman, 2005; Milner & Ford, 2007). 영재 학생을 선별하는 데 사용하기 위해 선택된 평가는 다음과 같아야 한다(Lohman, 2005 참조).

- 문화적으로 반응하고 평가 대상 학생의 특성에 적합해야 함
- CLD 및 사회경제적 배경을 가진 학생을 포함해야 함
- 심리측정학적으로 문제가 없어야 함
- 대상 학생과 프로그램을 적용할 모집단에 따라 규준이 설정되어야 함
- 적절하게 사용되어야 함

그러나 교육자와 정책 입안자들은 특정 대안적 평가가 기존 방식의 대표성 부족 문제를 해결할 보편적인 정답이 될 수 없음을 이해하는 것이 가장 중요하다. 각 평가는 신뢰도와 타당도 측면에서 나름의 문제와 한계를 내포하고 있으므로, 영재성과 재능을 가진 아동을 식별하는 데 단독으로 사용되어서는 안 된다.

## 평가 유형

능력과 기능을 평가하는 데 사용되는 다양한 측정 항목은 다음과 같이 평가하는 차원에 따라 다르다(Lohman, 2005; Salvia & Ysseldyke, 2001 참조).

- 표준화(예: 국가 표본, 지역 표본)
- 응답 형식(예: 서술형, 선택형)
- 자료 제시 방식(예: 지필형, 컴퓨터 기반 검사, 구두 시험)

• 교과 영역(예: 수학) 또는 구인(예: 창의성)

다음 평가들은 영재성과 재능을 가진 학생을 선별하고 전문 교육 프로그램에 배치하는 데 자주 활용된다(NAGC, 2007 참조).

① 객관식 검사 도구: 이러한 유형의 선택형 평가에는 국가 표준을 참조한 표준화된 지필 또는 컴퓨터 시험부터 지역적으로 표준화되고 개발된 시험(예: 학교 기반 적성 및 성취도 검사, IQ 검사)이 포함된다.
② 수행 평가: 이러한 유형의 반응/시연 평가에는 수행 평가, 참 평가 및 포트폴리오(예: 댄스 공연, 확장형 서술 문항, 특정 주제에 대한 에세이 작성, 학생의 우수작들을 모은 최상의 결과물 작품집)가 있다.
③ 평가 척도 및 인터뷰: 이러한 유형의 관찰 평가에는 학생의 행동, 특성 및 기존의 적성 또는 성취도 평가로는 드러나지 않을 수 있는 재능에 대한 유용한 추가 데이터 수집이 포함된다.

## ☑ 영재 판별 목적으로 평가를 사용하기 위한 원칙

영재성과 재능을 가진 학생을 판별하고 배치하는 데 사용되는 평가 도구 및 유형에 관계없이 평가의 효율성을 위해 반드시 갖추어야 하는 몇 가지 원칙은 다음과 같다.

• 활용되는 평가 도구는 교육기관이 정한 영재성의 정의에 부합해야 한다.
• 영재 및 재능 있는 학생의 판별은 단일 평가가 아닌, 심리측정학적으로 타당한 다양한 출처의 종합적 자료를 토대로 이루어져야 한다.
• 검사 환경은 학생이 자신의 지식, 기능, 능력을 완전히 보여 줄 수 있도록 조성되어야 한다.
• 학교 직원은 각 평가의 기술적인 기록, 관리 및 채점에 관한 정보를 잘 알고 있어야 한다(NAGC, 2007). 〈표 12-2〉는 일반적으로 사용되는 평가 도구의 예를 나타낸다.

〈표 12-2〉 영재 교육에 사용되는 평가 도구 예

| 도구 이름 | 연령대 | 내용 영역 |
|---|---|---|
| 창의성 평가 도구(CAP)(Williams, 1980) | 6~18세 | 인지적 요인(유창성, 유연성, 독창성, 어휘력, 이해력, 정교함) |
| 영재성 및 재능 평가 척도(GATES)(Gilliam, Carpenter, & Christensen, 1996) | 5~18세 | 특성, 인지 능력 및 재능 |
| 창의적 능력 프로파일(PCA)(Ryser, 2007) | 5~14-11세 | 창의적 사고, 그림 그리기, 이름 짓기, 범주, 유창성, 유연성, 독창성, 문제에 대한 민감성, 작업 동기 부여를 평가 |
| 영재 초등학생 및 중학생을 위한 진단 평가-제2판(SAGES-2)(Johnsen & Corn, 2001) | 5~14-11세 | 추론, 성취도(수학, 과학, 언어, 사회) |
| 영재 학생을 위한 수학 능력 검사(TOMAGS)(Ryser & Johnsen, 1998) | 초등학교 1~6학년 | 수학(수 감각 및 연산, 수 체계, 계산, 추정, 패턴 및 관계) 기하학 및 대수학의 영재성 |

## ○ 영재 및 재능 아동의 가족

가족의 참여는 영재 학생의 학업적 성공에 필수적인 요소이다(Kaufmann et al., 1986 참조). 가족은 학생의 삶에서 가장 중요한 사회화 기관으로서 학생의 인생 경로에 결정적인 영향을 미치며, 영재성이 판별된 후에는 가족에게도 큰 영향을 미친다. 대부분의 영재 아동은 영재성 개발을 촉진하는 배경(예: 학습 기회, 지속적인 격려와 자원)을 가지고 있다. 영재 아동의 부모는 ⓐ 영재 아동을 양육하는 것이 축복이자 도전이라는 것을 알고, ⓑ 가족이 효율적으로 기능하도록 하는 데 책임이 있다고 생각하며, ⓒ 자녀의 영재성과 재능을 개발하는 데 책임이 있다(Coleman & Cross, 2005; NAGC, 2007).

부모는 아동의 가장 중요한 첫 스승이자 옹호자로서 자녀가 영재일 수 있다는 사실을 빠르게 인식하고 그러한 영재성과 재능을 키워 주고 싶어 한다. 영재성의 초기 징후로는 다음과 같은 것들이 있다. ⓐ 영유아기의 이례적인 기민함 또는 비범한 주의력, ⓑ 보호자의 조기 인식, ⓒ 발달 이정표를 앞지르는 빠른 성장, ⓓ 조기부터 광범위한 언어 발달, ⓔ 강한 호기심.

흥미롭게도 모든 부모는 자녀에게 최선의 것을 주길 원하지만, 영재성을 가진 자녀에게 가장 적합한 진로에 대해 갈등을 겪을 수 있다(Coleman & Cross, 2005). 또한 유아기 판별 과정의 부정확성으로 인해 많은 부모는 ① 영재 아동에 대한 자신의 역할과 책임이 무엇인지, ② 이

정보를 나머지 가족에게 가장 잘 전달하는 방법과 가족 전체의 기능에 미치는 영향에 대해 불안, 좌절, 혼란을 경험할 수 있다(Hunt & Seney, 2009). 따라서 부모는 자녀의 영재성이 가족에게 어떤 의미인지 깊이 이해함으로써 가정과 가족 구성원 각자에 대한 실제적인 관점을 유지하는 것이 중요하다.

영재 학생은 또래와 다른 발달(즉, 사회적, 정서적, 신체적, 학업적으로 또래와 다름)을 경험하기 때문에 일반 학생과는 상당히 다른 독특한 경험을 하게 된다. 또한 영재는 지적 능력이 높아질수록 또래와 다른 발달을 보이므로 발달적으로 취약하여 더 많은 양육, 교육 및 상담 지원이 필요하다(Coleman & Cross, 2005; Hershey, 1995; Hunt & Seney, 2009; Mendaglio & Peterson, 2007; Vondrak & Rotatori, 1995). 부모가 자녀의 고유한 발달적 차이를 인식할 때, 반응적 옹호자로서 행동할 준비를 할 수 있다.

## ◦ 디지털 환경 속의 영재

오늘날의 학생들은 끊임없이 변화하는 기술과 커뮤니케이션의 세계에서 살고 있으며, 이전 세대를 뛰어넘는 수준의 디지털 문해력을 필요로 한다. 21세기 디지털 문해력은 학생들이 비판적으로 사고하고, 창의적으로 문제를 해결하고, 새로운 기술을 만들고, 인터넷을 비롯한 다양한 플랫폼에서 발견되는 방대한 양의 정보를 처리하는 등 학문적이고 생각을 자극하는 방식으로 기술을 능숙하게 사용할 수 있도록 요구하고 있다(Burke, 2007; Burkhardt, 2003). 이러한 디지털 환경에 익숙한 오늘날의 학생들은 즉각적인 의사소통, 무한한 정보, 끊임없이 변화하는 기술의 시대에 살고 있기 때문에 학교는 학생들에게 읽기, 쓰기, 산수라는 기본적인 3R을 넘어서는 교육을 제공해야 할 필요성이 있다. 21세기 문해력은 효과적인 의사소통, 독창적 사고, 디지털 시대의 문해력, 창의적인 고차원적 사고 능력, 협업 능력, 다양한 기술을 능숙하게 활용할 수 있는 능력을 갖출 것을 요구한다. 영재성과 재능을 가진 학생들은 현대의 디지털 기술 도구들과 결합했을 때 더욱 시너지를 낼 수 있는 다양한 디지털 기술을 보유하고 있다. 따라서 교육자들은 교수법과 교실 환경 내에 다양한 테크놀로지를 통합하여 적용하는 것이 매우 중요하다(Porter, 2006; Siegle, 2005).

기술은 끊임없이 변화하고 있다. 오늘날의 학생은 어른들이 진입만이라도 할 수 있었으면 하고 바랐던 디지털 세계의 원주민과도 같다(Porter, 2006; Prensky, 2001; Siegle, 2005). 휴대폰은 이제 카메라, 캠코더, 컴퓨터, 음악 플레이어, 텔레비전, 일정 관리 도구로 활용되고 있다. 메시

지 전달, 문자, 블로그를 통해 손쉽게 소통할 수 있다. 영재성과 재능을 지닌 학생은 일상적인 상호작용에 기술을 원활하게 통합할 수 있다. 따라서 영재 학생들에게 단순히 오늘날의 기술에 대한 접근성을 제공하는 것만으로는 충분하지 않으며, 교육자는 혁신적이고 성공적인 교육을 위해 다양한 학습 이론과 기술을 적용해야 한다.

많은 교실이 19세기와 20세기에 머물러 있는 반면, 외부 세계는 일종의 빠르게 발전하는 기술과 정보통신이 급격히 진화하여 정보, 사물, 사람이 서로 연결되어 영향을 주고받는 상태로 발전하고 있어 학교는 현대 사회와 양립할 수 없게 되었다. 기술의 존재와 기술에 대한 학생들의 관심을 간과하는 것은 교육적 직무유기라 할 수 있다. 영재 학생들을 21세기와 그 이후에도 성공적으로 준비시키고, 참여시키고, 촉진하려면, 우리의 교육과 교육방법은 이러한 학생들이 사용하는 새로운 멀티미디어 기술과 의사소통 수단을 효과적으로 통합해야 한다.

## 참고문헌

Bacto, M., Milan, C., Litton, F., Rotatori, A. F., & Carlson, J. (1991). The gifted and the talented. In: J. O. Schwenn, A. F. Rotatori & R. A. Fox (Eds.), *Understanding students with high incidence exceptionalities* (pp. 205-234). Charles C. Thomas.

Binet, A., & Simon, T. (1905). New methods for determining the intellectual capacity of people with mental retardation. *L'Annee Psychogique, 11*, 192-244.

Burke, L. (2007). 21st century technology for school administrators. In: F. E. Obiakor, A. F. Rotatori & S. Burkhardt (Eds.), *Current perspectives in special education administration* (Vol. 17, pp. 81-200). London: Elsevier Sciences.

Burkhardt, G., Monsour, M., Valdez, G., Gunn, C., Dawson, M., Lemke, C., Coughlin, E., Thadani, V., & Martin, C. (2003). 21st century skills: Literacy in the digital age. Available at http://www.ncrel.org/engauge/skills/engauge21st.pdf. Retrieved on June 10, 2010.

Callahan, C. M. (2005). Identifying gifted students from underrepresented populations. *Theory into Practice, 44*(2), 98-104.

Castellano, J., & Frazier, A. D. (2010). *Special populations in gifted education*. Waco, TX: Prufrock Press.

Cattell, R. B. (1971). *Abilities: Their structure, growth and action*. Boston: Houghton Mifflin.

Clark, B. (1983). *Growing up gifted* (2nd ed.). Columbus, OH: Merrill.

Clark, B. (2008). *Growing up gifted: Developing the potential of children at home and at school* (7th ed.). Upper Saddle River, NJ: Prentice Hall.

Colangelo, N., Assouline, S., & Gross, M. U. M. (2004). *A nation deceived: How schools hold back America's brightest students* (Vol. I). Iowa City, IA: The Connie Belin & Jacqueline N. Blank International Center for Gifted Education and Talent Development.

Coleman, L., & Cross, T. (2005). *Being gifted* (2nd ed.). Waco, TX: Prufrock Press.

Daniels, V. I. (2003). Students with gifts and talents. In: F. E. Obiakor, C. A. Utley & A. F. Rotatori (Eds.), *Effective education for learners with exceptionalities* (Vol. 15, pp. 325-348). Oxford: Elsevier Science Ltd.

Daniels, V. I., & McCollin, M. J. (2010). Gifted and exceptional. In: M. Baker, L. McGaw & P. Peterson (Eds.), *International encyclopedia of education* (pp. 588-593). London: Elsevier Press.

Dehaan, R., & Havighurst, R. J. (1957). *Educating the gifted*. Chicago: University of Chicago Press.

Donovan, M. S., & Cross, C. T. (Eds.). (2002). *Minority students in special and gifted education*. Washington, DC: National Academy Press.

Eyre, D. (2009). *Gifted and talented education*. New York: Routledge.

Feldhusen, J. F., & Kolloff, M. B. (1978). A three stage model for gifted education: Multi- service program. *Journal for the gifted, 6*(4), 230-244.

Feldman, D. H. (1980). *Beyond universals in cognitive development*. Norwood, NJ: Ablex.

Freeman, J. (1979). *Gifted children*. Austin, TX: PRO-ED.

Freeman, J. (2010). *Gifted lives: What happens when gifted children grow up*. New York: Routledge.

Friend, M. (2005). *Special education: Contemporary perspectives for school professionals*. Boston: Pearson.

Gagné, F. (1985). Giftedness and talent: Reexamining a reexamination of the definitions. *Gifted Child Quarterly, 29*(3), 103-112.

Gagné, F. (1991). Toward a differentiated model of giftedness and talent. In: N. Colangelo & G. A. Davis (Eds.), *Handbook of gifted education* (pp. 65-80). Boston: Allyn & Bacon.

Gallagher, J. J. (2005). According to Jim Gallagher: The role of race in gifted education. *Roeper Review, 27*(3), 135.

Galton, F. (1869). *Hereditary genius*. London: MacMillan.

Galton, F. (1874). *English man of science*. New York: Appleton.

Gardner, H. (1983). *Frames of mind: The theory of multiply intelligences*. New York: Basic Books.

Gardner, H. (1993). *Multiple intelligences: The theory in practice*. New York: Basic Books.

Getzels, J., & Jackson, F. (1961). Family environment and cognitive style: A study of the sources of intelligent and highly creative adolescents. *American Sociological Review, 26*, 351–359.

Gilliam, J. E., Carpenter, B. O., & Christensen, J. R. (1996). *Gifted and talented evaluation scales (GATES)*. Austin, TX: PRO-ED.

Goddard, H. H. (1908). The Binet and Simon tests of intellectual capacity. *Training School, 5*, 3–9.

Goddard, H. H. (1913). The Binet tests in relation to immigration. *Journal of Psych-Aesthetics, 18*, 146–155.

Goddard, H. H. (1916). *Feeblemindedness*. New York: MacMillan.

Goddard, H. H. (1917). Mental tests and the immigrant. *Journal of Delinquency, 2*, 243–277.

Goddard, H. H. (1920). *Human efficiency and levels of intelligence*. Princeton, NJ: Princeton University Press.

Gross, M. (2004). *Exceptionally gifted children*. New York: Routledge.

Guilford, J. (1967). *The nature of human intelligence*. New York: McGraw-Hill.

Hallahan, D., & Kauffman, J. (2003). *Exceptional learners: Introduction to special education* (9th ed.). Boston: Allyn and Bacon.

Hershey, M. (1995). Social emotional needs of youth with gifts and talents. In: A. F. Rotatori, J. O. Schwenn & F. W. Litton (Eds.), *Counseling special education populations: Research and practice perspectives* (pp. 167–190). Greenwich, CT. JAI Press Inc.

Heward, W. L. (2008). *Exceptional children: An introduction to special education* (9th ed.). Upper Saddle River, NJ: Prentice Hall.

Hollingworth, L. (1942). *Children above 180 IQ (Stanford Binet): Origin and development*. New York: World Book.

Hunt, B. G., & Seney, R. W. (2009). Planning the learning environment. In: F. A. Karnes & S. M. Beane (Eds.), *Methods and materials for teaching the gifted* (pp. 37–74). Waco, TX: Prufrock Press.

Johnsen, S. K., & Corn, A. (2001). *Screening assessment for gifted elementary and middle school students-Second Edition (SAGES-2)*. Austin, TX: PRO-ED.

Kaplan, S. (2005). Layering differentiated curricula for the gifted and talented. In: F. A. Karnes & S. M. Bean (Eds.), *Methods and materials for teaching the gifted* (pp. 107–135). Waco, TX: Prufrock Press.

Karnes, F. A., & Beane, S. (2009). *Methods and materials for teaching the gifted*. Waco, TX: Prufrock Press, Inc.

Kaufman, A. S. (1990). *Assessing adolescent and adult intelligence*. Needham Heights, MA: Allyn and Bacon.

Kaufmann, F. A., Castellanos, F. X., & Rotatori, A. F. (1986). *Counseling the gifted child*. In: A. F.

Rotatori, P. J. Gerber, F. W. Litton & R. A. Fox (Eds.), *Counseling exceptional students* (pp. 232-251). New York: Human Sciences Press Inc.

Kelley, M. F., Sexton, D., & Surbeck, E. (1990). Traditional psychometric assessment approaches. In: A. F. Rotatori, R. A. Fox, D. Sexton & J. Miller (Eds.), *Comprehensive assessment in special education* (p. 528). Springfield, IL: Charles C. Thomas.

Lohman, D. F. (2005). The role of nonverbal ability tests in the identification of academically gifted students: An aptitude perspective. *Gifted Child Quarterly, 49*, 111-138.

Lombrosco, C. (1891). *The men of genius*. London: Robert Scott.

MacIntyre, C. (2008). *Gifted and talented children 4-11: Understanding and supporting their development*. New York: Routledge.

Marland, S. P. (1972). *Education of the gifted and talented*. Report to the Congress of the United States by the U.S. Commissioner of Education. U.S. Government Printing Office, Washington, DC.

Mendaglio, S., & Peterson, J. S. (2007). *Models of counseling gifted children, adolescents, and young adults*. Waco, TX: Prufrock Press.

McCollin, M. J., & Daniels, V. I. (2010). Programs and instruction for gifted and talented. In: M. Baker, M. L. McGaw & L. P. Peterson (Eds.), *International Encyclopedia of Education* (pp. 829-833). London: Elsevier Press.

Milner, H. R., & Ford, D. Y. (2007). Cultural considerations in the underrepresentation of culturally diverse elementary students in gifted education. *Roeper Review, 29*, 166-173.

National Association for Gifted Students. (1990). Giftedness and the gifted? What's it all about? *ERIC EC Digest #E476*. Reston, VA: ERIC Clearinghouse on Handicapped and Gifted Children.

National Association for Gifted Children and Council of State Directors of Programs for the Gifted. (2007). *State of the states in gifted education 2006-2007*. Washington, DC: Author.

Nisbet, J. (1891). *The insanity of genius*. London: Kegan Paul, Trench, Trubner.

No Child Left Behind Act of 2001 P.L. 107-110, § 115, Stat. 1425 (2002).

Passow, A. H., Goldberg, M., Tannenbaum, A. J., & French, W. (1955). *Planning for talented youth*. New York: Teachers College, Bureau of Publications.

Piaget, J. (1954). *The construction of reality upon the child*. New York: Basic Books.

Plucker, J. (2001). Looking back, looking around, looking forward: The impact of intelligence theories on gifted education. *Roeper Review, 23*, 124-125.

Plucker, J., & Callahan, C. C. (2008). *Critical issues and practices in gifted education*. Waco, TX: Prufrock Press.

Porter, B. (2006). Beyond words: The craftsmanship of digital products. *Learning and Leading with Technology, 33*(8), 28-31.

Prensky, M. (2001). Digital natives, digital immigrants. Available at http://www.marcprens-ky.com/writing. Retrieved on June 11, 2010.

Rakow, S. (2005). *Educating gifted students in middle school: A practical guide*. Waco, TX: Prufrock Press.

Renzulli, J. S. (1978). What makes giftedness? Reexamining a definition. *Phi Delta Kappan, 60*, 180-184.

Renzulli, J. S. (1979). Some concerns about educational acceleration for intellectually talented youth, or are treadmills really different if we run them at a faster rate? In: W. C. George, S. J. Cohn & J. Stanley (Eds.), *Educating the gifted: Acceleration and enrichment* (pp. 190-191). Baltimore, MD: John Hopkins University Press.

Renzulli, J. (1986). The three ring conception of giftedness: A developmental model for creative productivity. In: R. J. Sternberg & J. E. Davidson (Eds.), *Conceptions of giftedness* (pp. 53-92). New York: Cambridge University Press.

Robinson, A., Shore, B. M., & Enersen, D. (2006). *Best practices in gifted education*. Waco, TX: Prufrock Press.

Robinson, W., & Campbell, J. (2010). *Effective teaching in gifted education: Using a whole school approach*. Waco, TX: Prufrock Press.

Ryser, G. R. (2007). *Profile of creative abilities (PCA)*. Austin, TX: PRO-ED.

Ryser, G. R., & Johnsen, S. (1998). *Test of mathematical abilities for gifted students (TOMAGS)*. Austin, TX: PRO-ED.

Salvia, J., & Ysseldyke, J. E. (2001). *Assessment* (8th ed.). Boston: Houghton Mifflin.

Schlichter, C. (1981). The multiple talent approach in mainstream and gifted programs. *Exceptional Children, 48*, 144-180.

Schlichter, C. L. (1986). Talents unlimited: Applying the multiple talent approach in mainstream and gifted programs. In: J. S. Renzulli (Ed.), *Systems and models for developing programs for gifted and talented* (pp. 352-390). Mansfield Center, CT: Creative Learning Press.

Schwenn, J. O. (1985). Assessment of giftedness and talented, and creativity. In: A. F. Rotatori & R. Fox (Eds.), *Assessment for regular and special education teachers* (pp. 407-428). Austin, TX: PRO-ED.

Scott, M. S., & Delgado, C. F. (2005). Identifying cognitively gifted minority students in preschool. *Gifted Child Quarterly, 49*, 199-210.

Senn, M. J. E. (1975). Insight on the child development movement in the United States. *Monograph of the Society for Research on Child Development, 40*, 161-165.

Siegle, D. (2005). *Using media & technology with gifted learners*. Waco, TX: Prufrock Press.

Smith, T., Polloway, E., Patton, J., & Dowdy, C. (2004). *Teaching students with special needs in*

*inclusive setting* (4th ed.). Boston: Pearson.

Spearman, C. (1927). *The abilities of man*. New York: MacMillan.

Stanley, J. C., Keating, D., & Fox, L. (1974). *Mathematical talent*. Baltimore, MD: Johns Hopkins University Press.

Sternberg, J. (1985). *Beyond IQ: A triarchic theory of human intelligence*. Cambridge, UK: Cambridge University Press.

Tannenbaum, A. (1983). *Gifted children: Psychological and educational perspectives*. New York: MacMillan.

Terman, L. (1925). *Mental and physical traits of a thousand gifted children: Genetic studies of genius* (Vol. 1). Stanford, CA: Stanford University Press.

The Commission on Excellence in Education. (1983). *Nation at risk: The imperative for educational reform*. Washington, DC: Author.

Thurstone, L. L. (1938). *Primary mental abilities*. Chicago: University of Chicago Press.

Torrance, E. P. (1960). *The Minnesota studies of creative thinking in the early years*. University of Minnesota Research Memorandum (No. 59-4). Minneapolis, MN: University of Minnesota Press.

Torrance, E. P. (1962). *Guiding creative talent*. Englewood Cliffs, NJ: Prentice Hall.

Torrance, E. P. (1963). Education and creativity. In: C. W. Taylor (Ed.), *Creativity: Progress and potential* (pp. 40-67). Minneapolis, MN: University of Minnesota Press.

Torrance, E. P. (1966). *Torrance tests of creative thinking: Norms-technical manual*. Princeton, NJ: Personnel Press.

Turnbull, R., Turnbull, A., Shank, M., & Smith, S. (2004). *Exceptional lives: Special education in today's schools* (4th ed.). Boston: Pearson.

U.S. Congress. *National Defense Education Act*, P.L. 85-864. (1958). Washington, DC: Government Printing Office.

U.S. Congress. *Jacob K. Javits Gifted and Talented Children and Youth Education Act*, P. L. 100-297. (1988). Washington, DC: Government Printing Office.

U.S. Department of Education, National Commission on Excellence in Education. (1983). *A nation at risk: An imperative for educational reform*. Washington, DC: Government Printing Office.

U.S. Department of Education, Office of Educational Research and Improvement. (1993). *National excellence: A case for developing America's talent*. Washington, DC: Government Printing Office.

VanTassel-Baska, J. (1986). Effective curriculum and instruction model for talented students. *Gifted Child Quarterly, 30*, 164-169.

VanTassel-Baska, J. (2009). *Content-based curriculum for high-ability learners* (2nd ed.). Waco, TX: Prufrock Press.

VanTassel-Baska, J., & Brown, E. (2009). An analysis of gifted education curriculum models. In: F. A. Karnes & S. M. Beane (Eds.), *Methods and materials for teaching the gifted* (pp. 75-106). Waco, TX: Prufrock Press.

VanTassel-Baska, J., & Feng, A. X. (2004). *Designing and utilizing evaluation for gifted program evaluation*. Waco, TX: Prufrock Press.

Vondrak, R. S., & Rotatori, A. F. (1995). Issues related to counseling gifted females. *ICA Quarterly, 137*, 23-34.

Wechsler, D. (1939). *The measurement of adult intelligence*. Baltimore, MD: Williams & Wilkins.

Williams, F. (1980). *Creativity assessment packet (CAP)*. Austin, TX: PTO-ED.

Yoon, S., & Gentry, M. (2009). Racial and ethnic representation in gifted programs: Current status of and implications for gifted Asian American students. *Gifted Child Quarterly, 53*(2), 121-136.

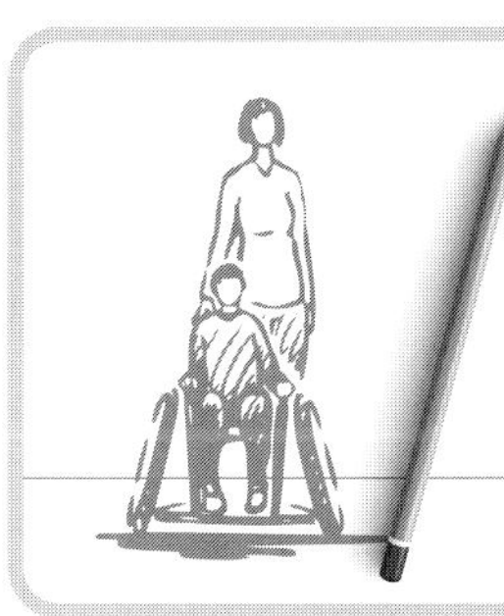

제13장

# 외상성 뇌 손상의 역사

*Anthony F. Rotatori, Sandra Burkhardt*

## 초기 시작

외상성 뇌 손상(TBI)은 1990년부터 「장애인 교육법(IDEA)」의 특수교육 범주 안에 들어왔지만, 사회는 훨씬 더 오래전부터 TBI를 다뤄 왔다. 그라나허(Granacher, 2007)에 따르면, 전쟁터에서 두개골을 검사한 결과 부상을 당한 군인의 신체적 안정을 위해 천공 도구를 사용하여 두개골에 구멍을 뚫었다는 기록이 있다고 한다. 흥미롭게도 레빈, 벤톤, 그로스먼(Levin, Benton, & Grossman, 1982)은 중세와 르네상스 시대 외과의사들이 진료할 때 계속 이 천공 도구를 사용했었다고 밝혔다. 당시 외과의사들은 천공술이 뇌의 맥동을 개선하여 TBI 환자의 전반적인 삶의 질을 개선하는 데 중요한 시술이라고 믿었지만, 이 시술의 의학적 효과는 검증되지 않았고 20세기에 뇌 수술로 대체되었다(Levin et al., 1982).

중세 시대에 의사들은 더 많은 TBI 환자를 치료하게 되면서 이 TBI의 이동성, 감각 능력, 정신기능 상실과 같은 TBI의 신체적 영향을 설명할 수 있게 되었고(Sanchez & Burridge, 2007 참조), 의료계에서는 뇌진탕이라는 용어를 일상적으로 사용하면서 TBI 증상을 분류하기 시작했다(Zillmer, Scheider, Tinker, & Kaminaris, 2006). 16세기에 이르러 뇌진탕 증상을 중증도에 따라 분류하는 체계가 마련되었다(Levin et al., 1982 참조). 그 후 18세기에 뇌진탕에 대한 가설이 생성되었다(McCrory & Berkovic, 2001). 19세기에 의사들은 중증 TBI 환자에서 점상 출혈성 병변을 발견하여 이를 뇌진탕의 근거로 제시하게 되었다(Zillmer et al., 2006). 그리고 당시 문헌들은 TBI와 정신병의 발병 및 부상자의 심각한 성격 변화 사이의 관계를 밝히고 있다(Corcoran, McAlister, & Maspina, 2005 참조).

## ○ 현대 시대

제1차 세계대전은 폭발물로 외상성 뇌 손상을 입은 귀환 병사들을 위한 의료 서비스를 개선하는 계기가 되었다. 이러한 개선으로 TBI 환자들은 재활 시설에 입원하게 되었다. 이를 통해 의료진은 TBI 환자의 생리적, 심리적 변화를 관찰할 수 있는 기회가 생겼다. 사회적, 정서적, 인지적, 성격적 측면에서의 심리적 변화가 보고되었다(Max et al., 2005; Tyler & Savage, 2003 참조). 당시 관찰된 이러한 변화는 현대의 많은 연구들을 통해 입증되었다(Busch, McBribe, Curtiss, & Vanderploeg, 2005; Kim, 2002; Milders, Fuchs, & Crawford, 2003).

제1차 세계대전 참전용사 치료 성과 중 하나는 높은 산만함, 관련 단서에 대한 주의력 저하, 정신적 혼란, 과잉행동 등의 문제를 가진 참전용사를 돕기 위한 심리학적 노력이었다. 뇌 손상 후유증 연구소라는 유명한 뇌 손상 군인 클리닉을 설립한 골드스타인(Kurt Goldstein)은 성인 TBI 환자를 대상으로 한 이 분야의 선구자였다(Smith, 2004 참조).

골드스타인은 임상 연구를 통해 '뇌 기능에 손상이 있는 사람'과 '뇌 손상이 없는 사람'을 구분하는 요인으로 추상적 사고능력의 손상, 추론능력의 결함, 그리고 문제 해결 과정에서의 사고의 경직성을 제시하였다(Cohen & Swerdlik, 2009 참조). 골드스타인과 그의 연구자들은 Goldstein-Scheerer 추상적 사고 및 구체적 사고 검사와 같이 뇌 손상을 확인하기 위해 여러 도구와 검사들을 개발했다(Cohen & Swerdlik, 2009 참조). 이 검사들은 이제 더 이상 출판되지 않지만, 현재의 신경심리검사 도구가 발전하는 데 기초가 되었다. 이러한 현대적 신경심리검사는 최근기억력(recent memory),[1] 비언어적 추상 능력, 사고의 유연성, 그리고 구체적 사고 능력 등을 측정하는 데 초점을 두고 있다.

1930년대와 1940년대 워너와 스트라우스(Werner & Strauss, 1941)는 미시간 웨인 카운티 훈련학교에서 뇌 손상이 의심되면서 교육 가능급 정신지체[2] 진단을 받은 학생들을 대상으로 골드스타인의 연구를 확장했다(Franklin, 1987 참조). 이 연구자들은 학생들이 뇌 손상으로 인해

---

1) 역자 주: 최근기억력(recent memory)은 인지심리학 등에서 사용하는 용어로 단기기억(short-term memory)과 장기기억(long-term memory) 사이에 위치하며 몇 분에서 몇 시간, 또는 하루 이내에 일어난 일들을 기억하는 능력을 말한다.

2) 역자 주: 커크 등(Kirk, Karnes, & Kirk, 1955)이 학습 능력을 기준으로 교육 가능(educable), 훈련 가능(trainable), 요보호(custodial)로 정신박약(mental deficiency) 분류 체계를 만들었다. 이후 1959년 미국 정신박약협회에서 지능 지수 50 이하부터 중등도(moderate), 중도(severe), 최중도(profound)로 구분하였다. '정신박약'은 '정신지체(mental retardation)'로 변화되었다가 용어가 비하적이고 낙인적인 표현으로 인식되면서 오늘날에는 지적장애(intellectual disability)로 대체되어 사용되고 있고 교육 가능급이나 훈련 가능급이라는 구분도 하지 않는다.

불안정하고 절제되지 않은 행동을 보여 당시의 학교 교육과정을 학습할 수 없다고 믿었다. 이러한 전제를 바탕으로 스트라우스와 케파트(Franklin, 1987 참조)는 뇌 손상이 의심되는 정상 지능의 아동을 대상으로 연구를 확장했다. 이러한 연구를 바탕으로 스트라우스와 레흐티넨(Strauss & Lechtinen, 1947)은 『뇌 손상 아동의 정신병리와 교육(Psychopathology and Education of the Brain-Injured Child)』이라는 저서에서 TBI 아동의 교육을 위해 고도로 구조화된 교육법을 사용할 것을 권장했다. 이 책에서 저자들은 모든 뇌 손상 아동에게 공통적으로 나타나는 특성들을 설명했는데, 이는 오늘날에도 유효하다.

코헨과 스워드릭(Cohen & Swerdlik, 2009)은 스트라우스와 레흐티넨의 책이 "뇌 손상 아동의 행동 결과에 대한 이해를 높이는 데 기여했지만, 한 가지 아쉬운 점은 뇌 손상을 입은 모든 아동이 손상의 종류나 부위에 상관없이 유사한 행동, 감각 및 운동 장애의 패턴을 공유한다고 획일적으로 가정한 것이다"(p. 449)라고 하였다. 스트라우스와 케파트 연구들의 또 다른 문제는 카베일과 포네스(Kavale & Forness, 1985)가 뇌 손상 아동에 대한 기존 연구를 재분석한 결과, 표본 크기가 너무 작아 연구 결과를 인정하기 어렵다는 결론을 내렸을 때 나타났다. 또한 스트라우스와 케파트 연구들은 뇌 손상이나 기타 신경학적 기능 장애에 대한 어떠한 증거도 제시하지 않아 비판을 받았다(Franklin, 1987 참조). 뇌 손상은 오직 아동의 행동을 근거로 추정되었을 것으로 보인다. 앞의 연구들에는 연구상의 한계가 있었지만, 스미스(Smith, 2004)는 스트라우스와 레흐티넨(1947)의 연구에서 묘사된 아동들이 오늘날의 외상성 뇌 손상(TBI) 아동에게서 관찰되는 여러 특성을 지니고 있었다고 언급하였다.

기질적 뇌 기능 장애 분야의 또 다른 선구적 연구자는 워드 홀스테드(Ward Halstead)이다. 그는 1935년 뇌 기능이 다양한 인간 능력에 미치는 영향을 연구하기 위해 실험실을 꾸렸다(Kaplan & Saccuzzo, 2009). 대학원생인 랄프 레이턴(Ralph Reitan)과 함께 뇌 기능의 특성을 설명하기 위해 수많은 실험실 관찰과 연구를 수행했는데 이들의 연구는 앞서 제시한 것과 같은 목적을 위해 사용 가능한 사정 도구의 유용성도 점검했다. 홀스테드는 뇌 기능의 부적절성을 평가하려면 광범위한 테스트가 필요하다는 결론을 내렸다. 이러한 전제에서 홀스테드와 레이턴은 할스테드-레이턴(Halstead-Reitan) 절차를 개발하여 Halstead-Reitan 신경심리검사도구(HRNB)라는 종합 검사 도구로 발전시켰다(Reitan & Wolfson, 1993 참조).

1960년대에 많은 연구자(Haynes & Sells, 1963 참조)는 기질성(organicity)과 뇌 손상을 동일한 개념으로 보아서는 안 되며, TBI를 가진 아동들은 각기 다른 행동 특성을 보일 수 있다고 강조했다(Cohen & Swerdlik, 2009 참조). 이후부터 TBI는 단일한 특성이 아니라는 것으로 간주되어 TBI를 보다 포괄적으로 개념화하게 되었고, 그 결과 손상 부위와 심각도를 결정하기 위한 의학적 및 신경심리학적 진단 절차가 더욱 다양해졌다(Cohen & Swerdlik, 2009).

1990년 이전에는 TBI를 가진 학생에게 해당하는 특수교육 범주가 없었지만, 경도 정신지체 또는 학습장애학생과 같이 기본적인 교육적 요구와 가장 유사한 특수교육 범주에 적용되어 특수교육을 받았다(Smith, 2004; Tyler & Savage, 2003). 타일러와 새비지(Tyler & Savage, 2003)는 TBI 아동이 때론 잘못 분류되어 안타깝게도 이들에 대한 적절하고 효과적인 교육이 지연되는 경우가 있다고 강조했다. 다행히 오늘날에는 부상으로 인해 일시적인 TBI 특성을 보이는 학생의 경우 「재활법」 504조에 따라 교육적 편의를 제공받을 수 있다.

## TBI 정의

TBI의 정의를 검토할 때 전문가들은 연방 「장애인 교육법(IDEA)」(1990)에서 제공하는 교육적 정의 또는 세계보건기구의 국제통계질병 및 관련건강문제분류-제10차 개정판(ICD-10)(Cassidy et al., 2004 참조), 미국 재활의학회(Comper, Bisschop, Carnide, & Tricco, 2005) 또는 미국 정신의학회(APA)의 정신질환 진단 및 통계 편람 제4판-개정판(APA, DSM-IV-R, 2004 참조)에서 의도한 것과 같은 의학적 정의에 초점을 맞출 수 있다.

TBI에 대한 가장 종합적이고 포용적인 교육적 정의는 P.L. 101-476 「장애인 교육법(IDEA)」(1990)에서 유래한 것으로, 이 법에서는 TBI를 '외부의 물리적 힘에 의해 발생한 뇌의 후천적 손상으로 인해 전체 또는 부분 기능 장애나 심리적 장애 혹은 두 가지 모두를 초래하여 아동의 교육 성과에 부정적인 영향을 미치는 것'으로 정의하고 있다. 이 용어는 인지, 언어, 기억, 주의력, 추론, 추상적 사고, 판단력, 문제 해결, 감각, 지각, 운동 능력, 심리-사회적 행동, 신체 기능, 정보처리, 구어에서 하나 이상의 영역에 장애를 초래하는 개방성 또는 폐쇄성 두부 손상에 적용된다. 이 용어는 출산 과정에서 발생한 외상으로 인한 뇌 손상에는 적용되지 않는다[34 Code of Federal Regulations 300.7 (c) (12)]. 타일러와 새비지(Tyler & Savage, 2003)에 따르면 대부분의 주 교육 협회는 앞의 연방 정의를 사용하지만, 일부 주에서는 더 넓은 정의를 사용한다(Markowitz & Linehan, 2001 참조).

일반적으로 의학에서는 TBI를 "급격한 가속 또는 감속, 충격, 폭발 또는 발사체에 의한 관통과 같이 외부의 기계적 힘으로 인한 뇌 손상"으로 정의한다(Mass, Stocchetti, & Bullock, 2008, p. 728). 이처럼 외부에서 가해진 힘은 일시적 또는 영구적으로 뇌 활동에 장애를 일으키고 구조적 손상을 초래할 수 있다(Parikh, Koch, & Narayan, 2007). 의학 문헌에서는 TBI를 두개 내 손상 또는 두부 손상이라고 부르기도 한다(CDC, 2008). 그러나 두부 손상은 두피와 두개골과 같은 뇌 이외의 구조물 손상을 포함할 수 있으므로 훨씬 더 광범위한 용어로 보인다(Hardman & Manoukian, 2002).

뇌 외상은 뇌진탕, 타박상, 열상 등 세 가지 유형 중 하나에 해당할 수 있다(Burkhardt, 1995). 뇌진탕은 TBI에 자주 사용되는 의학 용어이지만(Shaw, 2002), 많은 전문가는 뇌진탕을 가벼운 뇌 손상(MTBI)으로 지칭하는 경향이 있다(Pearce, 2007 참조). MTBI(뇌진탕)는 일시적인 증상에 그칠 수 있지만, 반복되는 MTBI는 그 영향이 누적될 수 있다(Kushner, 1998). 많은 사람이 뇌 외상을 입었을 때 의식을 잃지만, TBI에 항상 뇌진탕이 나타나는 것은 아니다(Ghajar, 2000). 뇌가 두개골에 부딪혀 뇌 조직에 멍이 드는 타박상도 TBI에 포함될 수 있다(Burkhardt, 1995). 뇌 타박상은 혼수 상태와 출혈을 유발할 수 있으며, 의식을 회복한 후에는 인지 손상이 나타날 수 있다(Burkhardt, 1995). 마지막으로, TBI는 이물질이 뇌를 뚫고 들어가 뇌 조직이 찢어지는 열상을 동반할 수 있다(Burkhardt, 1995). 열상은 사망, 영구적인 심각한 뇌 기능 장애를 초래하지만 때로는 눈에 띄는 영향이 없을 수도 있다(Burkhardt, 1995).

뇌졸중, 뇌종양 또는 감염으로 인한 뇌 손상은 IDEA 정의에서는 TBI로 간주되지 않는다(Burkhardt & Rotatori, 2008). 마찬가지로 뇌졸중이나 감염으로 인한 것이 아닌 뇌 손상에 대해 의료 전문가들은 비외상성 뇌 손상(nontraumatic brain injury)이라고 한다. 이 용어는 선천적이거나 퇴행성인 뇌 손상에는 해당되지 않는다(Burkhardt & Rotatori, 2008). 익사 직전, 질식 직전, 인후 부종, 질식, 교살, 가슴 압착 부상과 같은 외상으로 인한 것이 아닌 뇌 손상은 후천성 뇌 손상(acquired brain injury: ABI)이라고 하여 TBI로 간주하지 않는다(Thurman, Sniezek, Johnson, Greenspan, & Smith, 1994). 그러나 ABI를 치료하는 데 필요한 교육 및 의료 활동은 종종 TBI 환자와 유사한 경우가 많다(Tatzmann, Clancy, & Reagan, 2006). 교육적 정의와 의학적 정의 모두 TBI를 유발하는 뇌 손상이 뇌파나 뇌 영상 기술[예: 컴퓨터 단층 촬영(CT) 또는 자기 공명 영상(MRI)]과 같은 의료적 검진 절차를 통해 확인되지 않기도 한다는 것을 인정하고 있다(Tyler & Savage, 2003).

TBI에 관한 교육 및 의학 문헌에서는 개인의 뇌 손상을 중증도에 따라 경도, 중등도, 중도로 분류한다(Tyler & Savage, 2003; Valadla, 2004 참조). 일반적으로 뇌 손상 등급의 심각도는 뇌진탕 후유증과 의식 상실의 징후에 따라 증가한다(Tyler & Savage, 2003). 의식을 잃은 기간이 길수록 등급이 더 심각해진다. 청소년과 성인을 평가하는 데 사용되는 일반적인 척도는 글래스고 혼수 척도(Glasgow Coma Scale: GCS)이다(Tyler & Savage, 2003, 참조). 소아의 TBI 심각도는 GCS와 유사한 척도를 사용하여 측정한다. 이러한 척도는 소아에게 적용 가능하도록 수정되었으며

GCS 및 아동용 란초 로스 아미고스 인지기능 척도(Children's Rancho Los Amigos Recovery Scale)가 있다(Cantu, 2001; Tyler & Savage, 2003; Valadla, 2004 참조). 타일러와 새비지(Tyler & Savage, 2003)는 경미한 TBI를 입은 아동이 부상 후 수개월 또는 수년이 지나서야 더 심각한 부상을 입었던 학생만큼이나 큰 장애를 갖게 될 수 있으므로 중증도에 대한 의학적 정의가 "학교 관련 문제의 결과나 가능성을 가장 잘 예측하는 것은 아닐 수 있다"고 경고한다(p. 302).

## ○ TBI 학생 교육

TBI 학생의 교육은 회복 과정에 따라 교육 및 의료적 필요가 빠르게 변화할 수 있어 종합적으로 접근해야 한다(Arroyos-Jurado & Savage, 2008; Bowen, 2005; Glang et al., 2008 참조). 실제로 TBI를 가진 학생에게는 IEP(예: 2개월)를 단기적으로 수립하고 학업 성취도 역시 더 자주 평가하는 것이 좋다(Harvey, 2006). 타일러와 새비지(2003)는 특수교육 교육과정 개념, 재활 서비스, 혁신적인 TBI 치료를 촉진하는 실제적 방법을 통합하는 교육 모델을 개발했다. 이 모델에서 타일러와 새비지는 학교 복귀를 위한 TBI 학생 준비 절차, 의미 있는 IEP 개발을 위한 세부사항, 그리고 주의력/집중력, 기억력, 조직화, 지시 따르기, 행동 중재를 위한 구체적인 교육적 중재에 대해 설명한다.

전통적인 특수교육 전략이 TBI를 가진 학생에게 효과적일 수 있지만, 학생의 고유한 특성(예: 피로, 짧은 주의력, 집중력 저하, 마비, 사고의 고착, 실어증, 정서불안, 난독증, 난산증, 운동인식장애, 색채인식장애, 안면인식장애, 현기증)을 구체적으로 반영한 교수 전략이 교육과정에 추가될 필요가 있다(Bullock, Gable, & Mohr, 2005; Glang, 1993; Harvey, 2006 참조; Keyser-Marcus et al., 2002; Mayfield & Homack, 2005). 본질적으로 타일러와 새비지(2003)는 TBI 학생을 위한 교육 모델이 일관성을 갖추어야 하며, 최상의 재활과 특수교육 교수전략을 완전히 통합하여 학생이 "무엇을 배울지(즉, 학업 내용)뿐만 아니라 어떻게 배울지(즉, 정보처리)"도 가르쳐야 한다고 강조한다(p. 310).

부르크하르트와 로타토리(Burkhardt & Rotatori, 2010)는 TBI 학생을 위한 맞춤형 프로그램을 사용할 것을 권장하지만, 프로그램의 효과는 특수교사의 TBI에 대한 친숙도에 따라 달라질 수 있다. TBI 학생에게 권장되는 맞춤형 전략에는 다중양식 교수법,[3] 복습과 반복의 빈번한 사용,

---

3) 역자 주: 다중양식 교수법(multimodal instruction)은 여러 가지 감각 경로(mode)를 활용해 학습을 지원하는 교수법으로 학습자의 시각, 청각, 촉각, 운동감각 등 다양한 감각 채널을 통합적으로 활용하여 정보를 전달하고 학습을 촉진한다.

기술 습득을 지원하기 위한 과제 분석, 수업 자료의 색상 코딩, 맞춤형 체크리스트, 과제를 더 작게 세분화하는 것 등이 있다(Bowen, 2005; Keyser-Marcus et al., 2002 참조).

학업 성취도를 높이고 방해가 되는 정서적 행동을 줄이기 위해 TBI 학생에게 사용된 보다 일반화된 교육 전략에는 지속적인 긍정적 행동 지원(CPBS)(Dykeman, 2003 참조)과 긍정적 행동 중재 및 지원(PBIS)(Anderson & Warzak, 2000; Todd, Horner, Vanater, & Schneider, 1997; Wheeler & Martin, 2010; Ylvisaker, Jacobs, & Feeney, 2003 참조)이 있다. CPBS는 행동 및 정서적 어려움을 겪는 학생들에게 적절한 행동에 대한 긍정적 강화를 제공하는 지속적인 긍정적 행동 지원 절차이다(Burkhardt & Rotatori, 2007). TBI 학생을 지도할 때 교사는 CPBS를 활용하여, 강화할 바람직한 행동과 소거할 바람직하지 않은 행동을 구체적으로 명시한 행동계약서를 작성한다(Burkhardt & Rotatori, 2010). 즉, CPBS는 교사가 TBI 학생의 적응을 방해하는 바람직하지 않은 행동을 줄이고 회복을 촉진하는 목표 행동을 강화하도록 돕는 체계이다.

PBIS는 1997 IDEA(U.S. Department of Education, 2005)에서 승인한 도전적 행동이 있는 학생을 위한 행동 관리 절차이다. 여기에는 교육을 개선하기 위해 검증된 연구들을 적용한다(Wheeler & Martin, 2010). 부르크하르트와 로타토리(2008)는 PBIS의 목적은 TBI로 인해 발생할 수 있는 부적절한 행동을 줄이기 위해 학생에게 사전에 예방적 행동 지원을 제공하는 것이라고 강조한다. 기능적 행동 평가로 시작하여 문제행동을 유발하고 유지하는 사건을 파악한다. 이 평가에 따라 긍정적인 중재는 정적 강화(예: 침착한 행동에 대한 칭찬), 환경적 지원(예: 사건 전 알림), 자기 통제 전략(예: 자기점검, 자기평가, 자기지시, 자기강화) 등의 절차를 활용하여 학생의 적절한 행동을 증가시키기 위해 구성된다.

타일러와 새비지(2003)는 TBI를 가진 학생에게 사용된 증거 기반 교수법을 설명했다. 여기에는 데슬러의 전략 교수법(Deshler, Ellis, & Lenz, 1996), 직접 교수 및 친구 동아리(Circle of Friends)(Cooley, Glang, & Voss, 1997; Glang, Singer, Cooley, & Tish, 1992)가 포함된다. TBI가 있는 학생에게 일반적이거나 특별한 교육 전략을 사용할 때 교사는 〈표 13-1〉과 같은 학생 맞춤화 전략을 활용할 수 있다.

**〈표 13-1〉 TBI 학생을 위한 유용한 교수 전략 및 지원**

| 전략 | 목적 |
|---|---|
| 수업 시간 단축 | 피로 감소 |
| 신체적 휴식을 위한 시간 | 피로 감소, 집중력 향상 |
| 학업 우선 | 주의력과 집중력 향상 |

| | |
|---|---|
| 또래 전략 사용 | 사회적 지원 제공, 학생의 일정 관리 지원, 학교생활에 익숙해지도록 지원 |
| 반복, 복습, 잦은 피드백 받기 | 단기기억 손실 예방 |
| 구두 및 서면 교수법 모두 사용 | 감각 결함으로 인한 정보 손실 최소화 |
| 보조공학 사용-컴퓨터 기반 AAC, 소프트웨어 | 손상된 신체 민첩성 지원 |
| 편의 제공-과제 완료 시간 연장, 학생별 구두 피드백 허용, 시연 | 더 나은 인지 처리를 가능하게 하고 또 다른 의사소통 수단을 제공하며, 수업 자료에 대한 이해도를 높임 |
| 일관된 루틴 유지 | 학생이 무엇을 기대해야 하는지 알기 때문에 정서적 불안 감소 |
| 방해 요소 줄이기 | 수행 중인 과제에 대한 집중력 향상 |
| 숙제 기록 노트 활용 | 정리력 향상 |
| 테이프 레코더, 스티커 메모 사용 | 기억력 지원 |
| 자기 체크 달력 | 기억력 지원 |
| 정보를 분류하거나 덩어리로 묶도록 지원 | 정보 유지에 도움 |
| 마음속으로 미리 해 보는 연습 방법을 기억 도우미로 사용하기 | 기억력 향상 |
| 기대치를 유연하게 조정하기 | 효능감 증가 |
| 수업 내용에 대한 개요 작성 | 정보 처리 지원 |
| 복잡한 과제에 학습 단계 체크리스트 사용 | 정보 처리 지원 |
| 복잡한 지시 사항을 단계별로 간단하게 재작성 | 지시 사항을 따르는 데 도움 |
| 교사 또는 동료에게 지시 사항을 반복하게 요청 | 지시 사항을 따르는 데 도움 |
| 숙제의 지시 사항에 밑줄 또는 형광펜으로 표시하기 | 지시 사항을 따르는 데 도움 |
| 새로운 학습 내용을 학생의 사전 지식과 연결하기 | 기억력 향상 도움 |

NICHY (2006); Tatzmann et al. (2006) Tyler, Blosser, & DePompei (1999); Tyler & Savage (2003)에서 각색 및 수정.

## ○ 가족 협력

TBI 학생 가족과의 협력은 세 단계의 적응 기간으로 나눈다. 사고 초기 및 안정화, 입원 재활 및 재택 회복, 학교 복귀. 자녀가 심각한 두부 손상을 입었을 때 TBI 아동의 가족은 감당하기 어려운 상황에 처한다. 처음에 부모는 자녀가 처한 상황이나 받아야 할 치료(혼수상태 대응, 입원, MRI, 수술 등)는 물론, 경찰이나 아동복지 관련 기관으로부터 사고 경위에 대해 질문받는 것조차 큰 고통을 느낀다(Burkhardt, 1995). 가족들에게는 상태의 심각성, 다양한 의학적 치료 및 절차의 장단점, 입원, 전반적 예후에 대해 안내해 줄 전문가가 필요하다(Tyler & Savage, 2003). 사고 발생 초기 및 안정화 기간 동안 가족은 아이가 살 수 있을지, 의료 절차가 성공할지 불확실하기 때문에 '감정적 롤러코스터'(Burkhardt, 1995 참조)를 경험하게 된다. 안도감은 아이가 살 수 있다고 판단되고 의료적 개입이 안정을 가져올 때 찾아온다(Burkhardt, 1995). 그러나 가족들의 이러한 안도감은 곧 아이가 얼마나 '정상'이 될 것인지에 대한 걱정으로 대체된다(Burkhardt, 1995).

아동의 상태가 안정되면 입원 재활치료를 하고 이후 퇴원해서 가정치료를 실시한다. TBI 아동의 입원 재활 과정은 매우 다양한데 일부 TBI 아동은 신체적 장애가 거의 없이 회복되기도 한다. 반면, 어떤 TBI 아동은 회복이 더뎌 주말에만 간신히 집에 갈 수 있을 정도로 오래 입원해야 할 뿐만 아니라 더 심한 신체적 장애를 얻기도 한다(Klomes, 2000). 이 시기는 가족에게 힘든 시기이며, 대부분 병원 직원과 의료 전문가로부터 상당한 지원이 필요하다(Burkhardt, 1995).

아동이 퇴원하면 가족은 아동에게 당면한 의료적 필요와 일상생활을 돌보고, 가정 재활 절차를 이행하고 학교 복귀를 계획하는 등 상당한 주의와 노력을 기울여야 한다. 이 기간 동안 가족은 아동의 의료팀 및 외래 치료 전문가(심리학자, 언어재활사, 물리 및 작업치료사)와 긴밀히 협력해야 한다. 의료진과 외래 치료 전문가에게 아동의 상황을 보다 정확하게 보고하기 위해 전문가들은 가족이 아동의 치료 회복 경과를 추적하고 기록할 것을 제안한다(National Dissemination Center for Children with Disabilities, 2006).

부르크하르트와 로타토리(2008)에 따르면, TBI 아동의 치료 회복률은 평가하기 어렵고 TBI 회복에 관한 연구도 많지 않다. 또한 보험이 없는 사람은 관련 연구에 포함되지 않는 경우가 많기 때문에 시스템상 일부 연구에서 누락될 수 있다. 이 시기의 성공 여부는 가족의 정신건강 특성과 재정적, 인지적 능력에 어느 정도 영향을 받는다. 안타깝게도 빈곤, 미성년 임신, 약물 남용, 열악한 교육 기회 등과 같이 아동을 TBI의 위험에 처하게 하는 가족 특성은 아동의 회복에 대한 위험 요소가 되곤 한다(Burkhardt & Rotatori, 2007; Youse, Le, Cannizzarod, & Coehlo, 2002). 또한 가족의 경제적 어려움이 최상의 회복에 어려움을 유발할 수 있다(Burnett et al., 2003). 예를 들어, 일부 가정은 보험 혜택을 받기 어려워 TBI 치료에 사용할 수 있는 비용을 감당하기 힘들 수 있다(Burnett et al., 2003 참조). 빈곤 가정은 또한 보험이 없어 특수교육 기금이나 민간 재단 또는 뇌 손상 협회의 보조금에 의존하여 아동을 치료해야 할 수도 있다(Burkhardt & Rotatori, 2007; CDC, 2004). 연구자들(Keenan, Runyan, & Nocera, 2006; Schwartz et al., 2003)은 빈곤층 가정과 사회적 약자의 경우 외상 사고 후 행동 문제가 발생할 확률이 높다고 지적했다. 부르크하르트와 로타토리(2008)에 의하면 ① TBI 아동의 형제자매 관계가 정형외과적 손상을 입은 아동의 형제자매보다 질이 좋지 않으며 ② TBI로 인한 행동 문제는 형제자매의 행동 문제에 영향을 주기도 한다.

회복 기간 동안 부모는 자녀의 TBI로 인한 변화 때문에 어려움을 겪을 수 있다. 이러한 변화에는 공격성, 과잉행동, 짜증, 무관심, 사회적 위축, 피로, 수동적 행동, 우울증, 건망증, 정리 능력 저하, 지시에 따르기 어려워함, 미성숙한 행동, 계획 및 문제 해결 능력 저하, 무력감 등이 있다(Burkhardt & Rotatori, 2007). 그래서 부모는 자녀의 변화로 인해 이 기간 동안 감정적으로 지칠 수 있다. 때로는 상실감에 대한 슬픔, 죄책감, 우울증으로 이어질 수도 있다(Tyler & Savage, 2003). 이러한 감정을 경험하는 부모는 지역 아동 및 가족 서비스 기관에 연락하여 상담에 대해 문의하는 것이 좋다(Burkhardt, 1995).

가족 적응의 마지막 단계는 TBI 아동을 학교에 복귀시키는 것이다(Klomes, 2000 참조). 가족은 이러한 적응을 성공적으로 수행하기 위해 가능한 모든 자원을 활용하는 것이 중요하다(Mayfield & Homack, 2005). 아동의 TBI로 인해 특수교육 서비스가 필요한 경우, 가족은 특수교육 담당자와 만나 TBI 아동이 성공적으로 학교를 다니고 졸업할 수 있도록 지원하는 IEP를 고안해야 한다(Arroyos-Jurado & Savage, 2008). IEP에는 TBI 아동에게 효과적인 것으로 밝혀진 구체적인 전략은 물론 이에 필요한 편의 제공 사항이 포함되어야 한다(Bowen, 2005; Tatzmann et al., 2006 참조). 여기에는 일정 조정, 긍정적 행동 지원, 기억 상실을 보완하기 위한 중재, 조직화를 위한 맞춤형 지원, 사회적 관계 지원 등이 있다(Bowen, 2005; Gfroerer, Wade, & Wu, 2008; Todis & Glang, 2008 참조). TBI를 가진 특수교육대상 학생의 70%가 고등학교 졸업장을 받는데, 이는 특수교육 대상 학생 중 두 번째로 높은 수준이다(Burkhardt & Rotatori, 2008).

가족은 자녀를 교육하고 관리하기 위한 최선의 교육 방법을 찾는 학교 교직원을 지원하기 위해 건강 의료 전문가를 찾을 수 있다(Klomes, 2000 참조). 예를 들어, 주(州) 뇌 손상 협회에서 프로그램 관련 교사와 상담하거나 협회에서 TBI 아동을 치료하는 병원 및 센터에 대한 정보를 제공할 수 있다. 도움을 줄 수 있는 의료 전문가로는 심리학자, 언어병리학자, 작업 치료사 등이 있다. 때로는 해당 가정이 TBI 아동을 책임지는 데 적절치 않아서 병원, 사회복지 서비스, 법원, 학교 직원이 학교 복귀 절차를 처리해야 하는 경우도 있다(Burkhardt & Rotatori, 2007).

## TBI의 신경학적 및 신경심리학적 사정

외상성 뇌 손상을 진단하려면 신경학적 및 신경심리학적 사정 근거가 확인되어야 한다. 1970년대 이후 뇌 손상을 확인하기 위한 의학적 및 신경심리학적 절차가 상당히 발전했다(Cohen & Swerdlik, 2009; Kaplan & Saccuzzo, 2009 참조). TBI는 외상을 입은 부위에 일시적 또는 영구적인 손상을 일으키는데 이고우(Igou, 2010)는 외상을 입은 부위에 따른 뇌 손상 증상 목록을 제시하였다(〈표 13-2〉 참조).

**〈표 13-2〉 외상 부위에 따른 뇌 손상 증상**

| |
|---|
| 전두엽: 이마<br>• 상실: 간단한 신체 부위 움직임, 다른 사람과 상호작용할 때 자발성, 사고의 유연성<br>• 사고의 고착: 문제 해결 및 집중력 저하<br>• 변화: 성격, 기분, 사회적 행동, 복잡한 동작의 순서 계획 |
| 정수리: 머리 뒤쪽과 윗부분 근처<br>• 할 수 없음: 사물에 주의하거나 이름 붙이기, 글을 쓸 단어 찾기, 시각적 주의집중<br>• 어려움: 물체 그리기, 계산하기, 오른쪽과 왼쪽 구별하기, 눈과 손의 협응력, 읽기 |
| 후두엽: 가장 뒤쪽, 머리 뒤쪽<br>• 어려움: 읽기와 쓰기, 주변 환경 속 사물 위치 파악, 색깔 식별, 그림 속 사물 인식<br>• 환각, 착시, 언어장애가 나타남<br>• 사물의 움직임을 인식하지 못하고 시력에 이상 |
| 측두엽: 머리의 측면<br>• 어려움: 안면 인식, 음성 단어 이해, 사물을 식별하고 명명하기<br>• 단기기억 상실, 장기기억 장애, 선택적 주의력 장애, 공격적 행동 증가, 사물을 분류하지 못함, 지속적인 말하기 |
| 뇌간: 뇌의 깊은 곳<br>• 호흡과 음식 및 물 삼키는 능력 감소, 수면 무호흡증, 현기증 및 메스꺼움<br>• 환경, 균형, 움직임을 조직하고 지각하는 데 어려움 |
| 소뇌: 두개골의 기저부<br>• 상실: 걷기 및 미세한 움직임 조정<br>• 손을 뻗어 물건을 잡거나 빠르게 움직일 수 없음, 어눌한 말투, 어지러움, 떨림 |

Igou(2010)를 각색 및 수정.

일반적으로 TBI가 의심되는 환자는 병원으로 이송되어 표준화된 신경학적 검사를 실시한다. 보통 개인의 정신 상태(예: 의식 상태, 기분, 사고 내용, 지적 자원), 뇌 신경, 운동 및 감각 시스템, 심부 힘줄 반사,[4] 보행, 협응력 및 소뇌, 빛에 대한 동공 반응, 글래스고 혼수 척도(GCS)를 확인한다(Marion, 1999). 뇌 손상 부위, 특성 및 심각도를 파악하기 위해 여러 가지 의료 절차 및 기술(〈표 13-3〉 참조)을 사용할 수 있다.

신경학적 검사는 뇌의 구조(예: MRI, CT) 및 기능(예: 뇌파, PET 스캔)을 평가하는 데 사용할 수 있다(Mass et al., 2008). CT는 많은 응급실에서 바로 시행할 수 있다. 뇌 손상의 진행 여부를 평가하기 위해 CT를 여러 번 시행할 수 있다. 일반적으로 MRI는 CT보다 TBI에 대한 더 자세한 특징 정보를 제공한다. 또한 MRI 데이터는 예상되는 장기적 결과와 관련된 추가 정보를 전문가에게 제공하여 향후 TBI 환자의 치료 및 교육 계획에 도움이 될 수 있다. 최근에는 의료진에게 뇌의 구조적 손상에 대한 더 자세한 정보를 제공하는 1H-MRS, DTI 및 QMR과 같은 MRI 기술을 기반으로 하는 여러 가지 새로운 절차가 개발되었다.

| **〈표 13-3〉** TBI 진단을 위한 의료 절차 및 기술 |
|---|
| **컴퓨터 단층 촬영(CT)**: 일련의 뇌 단면 스캔을 컴퓨터로 분석하여 3차원 이미지를 생성하는 기술. CT는 빠르고 쉽게 이용 가능 |
| **자기공명영상(MRI)**: 자기장을 이용한 전파를 사용하여 뇌 구조를 영상화하는 방사선 기술. MRI는 CT보다 더 세밀하며 CT가 제공할 수 없는 장기적인 결과에 대한 정보 제공 |
| **확산 텐서 영상(DTI)**: 영상 분석 프로그램을 사용하여 물 분자의 흐름을 측정하고 뇌의 백질 경로를 추적하는 MRI를 개선하는 것. 백질이 손상된 경우 분자는 수직으로 움직이는 모습을 보이는데, DTI는 일반 MRI로 볼 수 없는 뇌의 구조적 변화를 식별하는 데 사용함 |
| **양성자 자기공명 분광법(1H-MRS)**: 뇌의 세포 활동에 대한 정보를 제공할 수 있는 비침습적 영상 검사.[5] 1H-MRS는 외상 후 뇌에서 화학 물질의 관계를 밝혀낼 수 있음. 일반적으로 특정 화합물은 뇌 손상이 발생하면 예측 가능한 방식으로 변화하고 확산성 축삭 손상[6]을 감지하는 근거가 될 수 있음 |
| **자기화 전달 비율(MTR)**: 뇌 MRI를 사용할 때 신호 강도 전달의 차이를 밝히는 기술. MTR은 외상 후 뇌 백질의 이상을 감지하는 데 더 민감한 MRI의 한 유형 |
| **정량적 자기 공명(QMR)**: MRI에서 뇌 스캔의 부피 또는 표면적을 평가하는 데 사용되는 기술. QMR 데이터는 TBI 후 뇌의 부피 또는 표면적의 감소를 나타낼 수 있음 |
| **MRI의 윤곽선 플롯 분석**: 뇌의 입체적인 표면적을 투영하는 그래픽 분석. 이 기술은 TBI의 징후를 감지하는 데 있어 영상의 민감도를 높여 줌 |

4) 역자 주: 심부 힘줄 반사(또는 깊은 힘줄 반사, deep tendon reflex: DTR)는 근육의 힘줄을 두드렸을 때, 그 자극이 신경을 통해 즉시 근육을 수축시키는 반응이다. 병원에서 무릎 아래를 작은 망치로 두드리면 다리가 '툭' 하고 올라가는 반응이 바로 심부 힘줄 반사인데 신경계 이상을 확인하는 것이다.

5) 역자 주: 인체 내부 구조나 기능을 절개나 기구 삽입 없이 외부에서 관찰할 수 있는 의료 영상 검사 방법이다.

6) 역자 주: 주로 교통사고, 낙상, 폭발, 운동 중에 머리가 갑자기 회전하거나 급정지할 때 뇌가 심하게 흔들리며 신경 연결망이 끊어지는 미세한 손상[즉, 신경축삭(axon) 손상]으로 의식장애와 인지·정서적 후유증을 유발하는 대표적 비출혈성 외상성 뇌 손상이다.

| |
|---|
| **양전자 방출 단층 촬영(PET 스캔)**: 포도당을 충분히 활용하지 못하는 뇌의 비정상적인 영역을 식별하는 데 사용. 포도당 분자를 표지하는 방사성 동위원소 생성을 위해 사이클로트론이 필요하기 때문에 PET 스캔은 널리 사용되지 않음 |
| **뇌파 검사(EEG)**: 뇌의 전기적 활동을 포착하고 그래프로 표시하는 검사. 뇌파는 외상성 뇌 손상 후 가능한 발작 활동을 식별하는 데 사용 |
| **뇌간 청각유발전위(BEAEP)**: 저진폭 전기 활동을 감지하는 데 사용되는 청력 평가 기법. TBI 환자의 청력 손실 가능성을 감지하는 데 사용 |
| **엑스레이**: 전자기 방사선을 사용하여 뇌의 사진을 제공. 주로 두부 외상을 감지하는 데 사용. 일반적으로 엑스레이는 TBI 진단에 있어 CT나 MRI만큼 유용하지 않음 |
| **혈관 조영술**: 방사선 불투과성 조영제를 혈관에 주입한 후 x-ray로 혈관의 윤곽을 그려서 혈관을 볼 수 있게 하는 시술. 관통성 두부 외상에 대한 혈관 병리를 발견하는 데 매우 유용 |
| **자기공명 혈관조영술**: 혈류에 염료를 주입할 필요 없이 목과 뇌의 경동맥 및 척추 동맥 시스템을 시각화할 수 있음 |
| **요추천자**: 뇌척수액을 분석하여 뇌와 척수 부위에 출혈이 있는지 평가하는 데 사용되는 척수 천자[7] |

현대 영상시술(예: CT, MRI, DTI)을 통한 TBI 환자의 신경학적 사정은 환자의 심리적 기능에 대한 통찰력을 제공하는 데 한계가 있다(Silver & Blackburn, 2006). 그러나 신경심리 사정은 인지, 운동, 시공간, 소근육, 주의력, 학업 성취, 언어, 기억, 감각 지각, 행동/정서, 사회성, 생활기술 및 실행 기능과 같은 영역에서 개인의 기능에 대한 풍부하고 복잡한 정보를 제공할 수 있다(Burkhart, Fox, & Rotatori, 1987; Holmes & Holmes, 1996; Silver & Blackburn, 2006 참조). 전통적으로 신경심리 사정에는 임상 면담, 아동 관찰, 발달 이력, 교육 및 의료 기록 검토, 현재의 지적 및 성취 수준을 파악하기 위한 표준화 교육 검사, 뇌 기능 영역을 평가하는 특수검사(예: 실행기능, 기억, 감각, 지각)가 있다(Burkhardt, 1995; Cohen & Swerdlik, 2009; Holmes & Holmes, 1996 참조). 신경학적 사정에서 얻은 정보는 TBI 진단의 확인, 뇌가 손상된 영역에 대한 구체적인 정보, TBI가 학습 또는 행동/정서 기능에 미치는 영향, 적절한 IEP 목표 및 교수법 개발로 이어질 수 있다(Burkhardt, 1995; Burkhardt & Rotatori, 2007, 2010 참조).

1990년 IDEA에 TBI가 특수교육 범주로 추가된 이후, 이용할 수 있는 신경심리 및 교육 사정 도구가 눈에 띄게 증가했다. 이러한 증가는 사정하는 뇌 영역 기능의 유형, 검사자의 배경(예: 학교 심리학자, 신경심리학자, 특수교사, 언어병리학자), 사정 적정 연령 범위와 관련이 있다. 〈표 13-4〉는 평가 영역과 연령대에 따라 TBI를 사정하기 위한 다양한 신경심리학적 도구들이다.

7) 역자 주: 신체 내 장기, 조직, 또는 체액이 들어 있는 공간에 바늘이나 주사침을 삽입하여 체액 채취, 체강 압력 확인, 약물 주입을 하는 의학적 시술을 말한다.

〈표 13-4〉 TBI 사정을 위한 신경심리학적 도구

| 이름 | 연령대 | 콘텐츠 영역 |
|---|---|---|
| Bender 시각-운동 게슈탈트 테스트, 제2판(Bender Gestalt II, Brannigan & Decker, 2003) | 3.0~85+세 | 시각-운동 통합 |
| 아동 청각 언어 학습 테스트-2(CAVLT-2)(Talley, 2002) | 6.6~17.11세 | 언어 학습, 즉각적인 기억 및 회상, 지연된 회상, 인식, 정확성 |
| 아동 범주 테스트(CCT)(Boll, 1993) | 5.0~16.0세 | 고차원적 인지 능력-비언어적 능력 |
| 아동 색 선로 검사(CCTT)(Llorente, Williams, Satz, & D'Elia, 2003) | 8.0~16.0세 | 실행 가능, 지속적 주의력, 계열화 |
| 인지 평가 시스템(CAS)(Naglieri & Das, 1997) | 5.0~17.11세 | 인지 처리(계획, 주의, 동시, 연속) |
| 선로 잇기 종합검사(CTMT)(Reynolds, 2002) | 8.0~74.11세 | 전두엽 결손, 정신 운동 속도 결손, 시각적 탐색 및 순서, 설정 시 주의력 결손 |
| Frenchay 구음장애 평가 제2판(FDA-2)(Enderby & Palmer, 2008) | 12세~성인 | 운동성 언어장애 |
| Halstead-Reitan 신경심리 검사 도구, 제2판(HRNB-2, Reitan & Wolfson, 1993) | 5.0세~성인 | 추상화 능력, 촉각, 리듬, 음성 소리 지각, 손가락 두드리기, 시간 감각, 감각 운동 |
| Luria-Nebraska 신경심리 검사 도구-아동용 개정판(LNNB-CR)(Golden, 1984) | 8.0~12.0세 | 인지 결함(국소 뇌 장애의 측면화 및 국소화) |
| Luria-Nebraska 신경심리 검사 도구(LNNB)(Golden, Purisch & Hammeke, 1986) | 15.0세 이상 | 인지 결함(국소 뇌 장애의 측면화 및 국소화) |
| 어린이를 위한 Kaufman 말하기 연습 테스트(KSPT)(Kaufman, 1995) | 2.0~5.11세 | 운동-말하기 능력 |
| NEPSY, 제2판(NEPSY-II)(Korkman et al., 2007) | 3~16세 | 실행 기능/주의력, 기억력 |
| 빠른 신경학적 선별 검사II(QNST-II)(Mutti, Sterling, Martin, & Spalding, 1998) | 5.0~18.0세 | 신경학적 통합(학습에 영향을 주는 약한 신경학적 징후 파악) |
| Rey 복합 도형 검사 및 인식 시험(RCFT)(Meyer & Meyer, 1996) | 6.0~89.0세 | 인식 및 회상, 반응 편향, 처리 속도, 시각-공간 구성 능력 |
| Ross 정보처리검사-초등(RIPA-P)(Ross-Swain, 1999) | 5.0~12.11세 | 인지-언어 결함 |
| Luria-Nebraska 신경심리 선별 검사도구(ST-LNNB)(Golden, 1994) | 8.0세~성인 | 인지 결함 |
| 스트룹 색상 및 단어 테스트(Golden & Freshwater, 2002) | 5.0~14.0세 | 인지 처리 |
| 기억력 및 학습 테스트, 2판(TOMAL-2)(Reynolds & Voress, 2007) | 5.0~59.11세 | 일반 및 특정 기능 |

| | | |
|---|---|---|
| 언어 개념화 및 유창성 테스트(TVCF)(Reynolds & Horton, 2007) | 8.0~89.0세 | 실행 기능, 언어 능력, 언어 기능 |
| Dean-Woodcock 신경심리 배터리(Dean-Woodcock, 2003) | 4.0세 이상 | 감각 운동 기능 |
| 런던탑, 2판(TOL-2nd)(Culbertson & Zillmer, 2000) | 7.0~15.0세 | 전두엽 손상, 주의력, 실행 기능 |
| 기억 및 학습의 광범위한 평가, 2판(WRAML-2)(Sheslow & Adams, 2003) | 5.0~90.0세 | 기억 기능, 새로운 학습의 즉각적 및 지연된 습득 |
| Wisconsin 카드 분류 테스트(WCST)(Grant & Berg, 1993) | 6.6~89.0세 | 추상적 추론, 보속성, 규칙 유지 능력, 개념화 |

많은 신경심리 사정 도구가 TBI 아동을 평가하는 데 사용되었다. HRNB는 홀스테드(Ward Halstead)와 레이탄(Ralph Reitan)이 개발한 최초의 주요 검사 도구였다. HRNB는 뇌 기능 장애를 판단하기 위해서는 특정 능력과 특성을 측정할 수 있도록 다양한 테스트를 사용해야 한다고 전제한다(Kaplan & Saccuzzo, 2009). 홀스테드와 레이탄은 뇌 기능 장애를 확인하는 검사 도구의 효과를 입증하기 위해 많은 연구를 수행했다(Reitan, 1994 참조). HRNB는 현재 두 번째 버전이 나왔으며 아동과 성인에게 실행할 수 있다(Reitan & Wolfson, 1993 참조).

TBI를 평가하기 위한 또 다른 초기 검사 도구로는 루리아-네브래스카(Luria-Nebraska) 신경심리 검사 도구-아동용 개정판(LNNB-CR)이 있다(Golden, 1984). LNNB-CR은 뇌 기능 장애를 평가하기 위한 루리아(Luria, 1966, 1973)의 접근 방식을 기반으로 한다. 루리아의 접근 방식은 뇌가 여러 연결 고리로 이루어진 기능적 시스템이라고 전제한다. 이 연결 고리들이 손상되면 뇌 기능 장애가 발생한다. 이 접근 방식은 특정 행동에 대해 뇌의 어떤 한 영역이 전적으로 책임지지 않는다는 점에서 홀스테드와 레이탄의 접근 방식과 다르다(Kaplan & Saccuzzo, 2009 참조). LNNB-CR은 HRNB에 비해 검사 시간이 약 1/3 정도밖에 안 걸리는데도 신경심리학자들은 HRNB를 더 널리 사용한다(Cohen & Swerdlik, 2009 참조).

최근에 개발된 두 가지 검사는 NEPSY-제2판(NEPSY-II)(Korkman, Kirk, & Kemp, 2007)과 인지 평가 시스템(CAS)(Naglieri & Das, 1997)이다. NEPSY와 CAS는 루리아(1966, 1973)의 두뇌 발달 모델을 기반으로 한다. 각각은 다음에서 설명한다.

NEPSY-II는 연방 정부의 TBI 정의에서 강조하는 장애 영역을 평가하는 데 적합한 맞춤형 단일 측정 평가 도구이다. 실행기능/주의력, 언어, 기억 및 학습, 감각 운동 기능, 시각 공간 처리, 사회적 지각 등 여섯 가지 영역으로 구성되어 있다. NEPSY-II를 시행하면 표준 점수, 각

영역별 과정 점수, 누적 백분율 또는 기본 비율로 표시된 행동 관찰 결과, 대조/비교 점수 등의 점수와 정보를 얻을 수 있다. 이 매뉴얼은 TBI, 주의력 결핍 및 과잉행동장애, 언어장애, 자폐성장애, 아스퍼거장애, 정서장애, 수학장애, 경도 지적장애, 청각장애 및 난청 집단에 대한 임상적 연구 결과를 보고한다. 채점 도우미와 평가 플래너가 있어 아동의 특정 상황에 따라 어떤 하위 검사를 시행할지 쉽게 채점하고 결정할 수 있다. 마지막으로, 아동의 연령에 따라 90~180분 정도 소요되는 NEPSY-II에는 검사자가 각 하위 검사를 시행하고 채점하고 결과를 해석하는 방법을 안내하는 종합 교육 CD가 포함되어 있다. NEPSY-II의 사용 연령은 3~16세이다.

CAS는 네 가지 유형의 인지 처리 과정, 즉 계획, 주의, 동시 처리, 계열 처리 능력을 측정한다. 계획 및 주의력 하위 테스트는 TBI로 인해 발생할 수 있는 뇌 기능의 인지적 결함에 대한 진단 정보를 제공한다. 자극을 통합하고 논리적 관계를 이해하는 개인의 능력은 동시 처리 하위 테스트를 통해 평가된다. 계열 처리 하위 검사에서 얻은 정보는 자극의 순차적 순서가 뇌 손상에 의해 영향을 받았는지 여부를 다룬다. CAS를 시행하면 표준 점수, 척도 점수, 백분위 및 연령 등가 점수가 산출된다. 5.0~17.11세의 어린이와 성인 2,200명의 대표 표본을 대상으로 표준화되었다. CAS 규준은 4개월 연령 간격으로 보고된다. 검사자에게 상세한 해석 전략과 중재에 대한 시사점을 제공하는 해석 핸드북이 함께 제공된다. 또한 CAS 척도와 연계된 다양한 연구 기반 교육 프로그램도 설명되어 있다.

## 보조공학과 TBI

보조공학의 발전은 뇌 손상의 심각성을 진단 및 파악하고, 의료 전문가가 재활 노력을 할 수 있도록 하며, TBI 환자가 자신의 생활 환경에서 일상생활 활동을 할 수 있도록 지원하여 다른 사람과 사회적으로 교류할 수 있는 기회를 늘리고, 이전에 배운 학업 내용이나 새로운 내용을 학습할 수 있도록 교육 방법을 강화하여 TBI 환자의 삶의 질을 개선하는 데 도움을 준다. TBI 환자를 위한 보조공학은 의료용과 교육용의 두 가지 유형으로 나눌 수 있다.

의료 기술은 TBI 진단을 식별하고 확인하기 위한 절차 및 기술(예: MRI, CT, X-레이)이다. 1990년 IDEA가 통과된 이후 TBI 진단과 예후를 결정하기 위해 신경 영상 절차를 사용하는 사례가 크게 증가했다(Zink, 2001). 또한 신경 영상은 의료 전문가가 필요한 재활 치료를 결정할 때 매우 유용하게 사용되고 있다(Kluger, 2009). 〈표 13-5〉에는 이고우(2010)가 보고한 TBI 환자를 위한 기술 발전이 제시되어 있다.

**〈표 13-5〉 TBI에서 의료 기술의 발전**

| |
|---|
| **TBI와 뇌 위축:** 플레어 영상 분석 결과, 뇌 백질 손상이 많이 발견될수록 시간이 지남에 따라 뇌가 더 많이 위축되는 것으로 나타남 |
| **확산 텐서 영상(DTI):** 경증 TBI 환자는 DTI 스캔을 통해 구조적 변화가 있는 것으로 확인 |
| **뇌의 SPECT 스캔:** 확산성 축삭 손상을 식별하기 위한 절차에 대한 검증이 점점 더 많이 이루어지고 있음. 이후 향후 의료진이 재활 치료를 진행하는 데 도움이 될 것으로 예측 |
| **우울증 완화를 위한 자기장:** 외상성 뇌 손상을 입은 우울증 환자의 측두엽에 자기장을 쏘면 우울 증상이 감소할 수 있음 |
| **청력 손실 감지를 위한 CT 스캔:** 양측 측두골의 CT 스캔을 사용하여 중증 외상성 뇌 손상 환자의 청력 손실을 감지하는 연구가 진행 |
| **이명을 확인하기 위한 MRI:** MRI를 사용하여 TBI 환자의 이명을 유발하는 내이의 변화를 감지하는 연구가 수행 |
| **자기공명분광법(MRS):** 미세한 뇌 손상을 감지하는 데 있어 MRS의 가치를 입증하는 데이터가 점점 더 많이 수집되고 있음. MRS는 TBI 발생 1년 후 혼수상태에 빠졌을 때 나쁜 예후를 예측하는 데도 유용 |

Igou(2010)를 각색 및 수정.

1988년 「장애인을 위한 기술 관련 지원법(Tech Act)」과 1988년 「보조공학법(ATA)」(1998)이 통과되면서 교육 보조공학의 사용은 급격히 증가했다(Alper & Raharinirina, 2006; NKabinde, 2008 참조). 이러한 법률은 장애인의 기능적, 생활적 요구를 개선하는 데 원동력이 되었다(NKabinde, 2008). 이러한 증가는 주로 보조공학(AT) 분야에서 이루어졌다. 일반적으로 TBI를 가진 학생을 위한 AT는 세 가지 영역으로 나뉘는데 자세 유지와 이동을 위한 장치, 정보 접근, 기억력 및 조직화이다(Project IDEAL, 2010 참조). 자세 유지 및 이동성 AT 장치(예: 지팡이, 목발, 휠체어, 특수 의자, 책상, 테이블)는 학생이 교육 활동에 집중할 수 있도록 도와준다(Project IDEAL, 2010). 정보 접근 장치(예: 음성 인식 소프트웨어, 화면 읽기 소프트웨어, 읽기용 색조 오버레이,[8] 장애학생을 위해 특별히 설계된 학업용 소프트웨어)를 통해 학생이 수업 자료에 쉽게 접근할 수 있다(Projet IDEAL, 2010). 기억 및 정리 AT 장치(예: 달력 보드, 일정 정리기, 음성 정리기, 복약 알림, 스마트폰, 특수 시계 및 PDA 장치)는 기억력과 정리 능력을 효율적으로 사용해야 하는 학생의 학업 기능을 지원한다(Project IDEAL, 2010).

---

8) 역자 주: 책이나 인쇄물 위에 덮어 읽을 때 눈부심을 줄이고 시각적 피로를 완화하기 위한 투명한 색깔 시트를 말한다.

TBI 학생에게 사용할 수 있는 AT 기기 및 프로그램 유형은 학생의 뇌 손상 정도 및 손상으로 인한 특정 결함(예: 기억, 읽기, 수학, 철자, 이동성 및 운동, 시각 처리, 언어, 인지 처리)과 관련이 있다. TBI를 가진 학생은 매우 다양하고 때로는 여러 가지 결함을 가지고 있기 때문에 다른 장애학생(예: 학습장애, 언어장애, 자폐성장애, 인지장애)에게 도움이 된 AT 장치 및 프로그램을 학교 프로그램에 통합할 수 있다. 특수교사가 TBI 학생의 특정 결함을 확인하면 그에 적합한 AT 기기를 찾아서 매칭할 수 있다.

장애학생을 위한 효과적인 AT 장치 및 프로그램에 관한 문헌은 지난 10년 동안 크게 증가했다(Alper & Raharinirina, 2006; Bouck, 2010; Parette & Peterson-Karlan, 2010a 참조). 또한 장애학생을 위한 AT 프로그램의 가치, 실행 및 프로그램 분석을 설명하고 특수교사가 장애학생을 위해 AT를 고려할 때 지침이 되는 모델과 기준 체계를 논의하는 수많은 논문이 발표되었다(Nkabinde, 2008; Okolo, Englert, Bouck, & Heutsche, 2007; Parette & Peterson-Karlan, 2010b 참조). 보크(Bouck, 2010)는 현재의 "장애학생을 위한 기술이 필요한 역할을 하고 있는지"(p. 100)에 대해 논의한다. 또한 패렛과 피터슨-칼런(Parette & Peterson-Karlan, 2010a)은 미래의 교육자들에게 AT 프로세스를 가르치고 장애학생을 위한 적절한 AT 솔루션에 대한 결정을 내리는 데 사용된 성공적인 접근 방식에 대해 설명한다. 〈표 13-6〉은 장애학생을 위한 AT의 효과적인 사용에 관한 연구의 예이다. 이 표는 다양한 장애와 기술 영역을 가진 학생들 사이에서 AT 활용의 폭이 넓다는 것을 보여 준다.

〈표 13-6〉 결함 영역에 따른 장애학생 AT 연구의 예

| 작성자 | 장애 범주 | 결함 영역 |
|---|---|---|
| Anderson & Anderson (2005) | 경도장애 | 읽기 |
| Banks & Coombs (2005) | 시각장애 | 수학 및 과학 |
| DePompei, Gillette, & Goetz (2008) | TBI | 의사소통/정보 접근 |
| Dixon (2007) | 발달장애 | 의사소통 |
| Freitas & Kouroupetroglou (2008) | 시각장애 | 일상생활 활동 |
| Hart (2004) | TBI | 기억 및 조직 |
| Jeffs, Behrmann, & Bannan-Ritland (2006) | 경도장애 | 쓰기 |
| Peterson-Karlan, Wojcik, & Parette (2006) | 학습장애 | 쓰기 |
| Salend (2005) | 인지장애/자폐 | 감각 과부하 |
| Schaff, Jerome, Behrmann, & Sprague (2005) | 시각장애 및 지체장애 | 과학 |
| Skau & Cascella (2006) | 자폐 | 의사소통 |

| | | |
|---|---|---|
| Stokes (2007) | 자폐 | 일상생활 활동 |
| Strangman & Dalton (2005) | 학습장애 | 읽기 |
| Thorp (2007) | 자폐 | 놀이 기술 |
| Wehmeyer, Smith, & Davies (2005) | 인지장애 | 기능적 생활 기술 |

## 결론

TBI는 수백 년 동안 사회의 일부로 존재해 왔다. 1900년대 이전에는 학생이 입은 외상성 뇌 손상을 돌이킬 수 있는 방법이 거의 없었다. 그러나 지난 100년 동안 의학 및 교육 연구, 중재, 보조공학을 통해 TBI 학생들이 기억력, 언어, 감정 조절과 같은 정신적 장애에도 불구하고 회복하고 학습할 수 있는 더 큰 기회를 얻게 되었다.

IDEA(1990)의 통과로 TBI가 특수교육 범주로 인정받음에 따라 TBI를 가진 학생들에게 보다 전문적이고 집중적이며 개별적인 교육을 제공할 수 있게 되었다. IDEA(1990) 이전에도 TBI 학생은 일부 특수교육 서비스를 받았지만, 개별화 교육 계획이 명료하지도 정확하지도 않았다. TBI 교육 분야가 성장하며 이론과 연구 기반 면에서 발전이 있었지만 여전히 학생 맞춤형 교육 전략 및 행동 중재 전략 면에서는 부족함이 있다(Tyler & Savage, 2003). 또한 TBI 학생의 회복 및 학교 복귀 상황에서 보다 효율적으로 교육하기 위해 행동 및 학습 특성에 대한 교사들의 현직 교육이 강화되어야 한다. 또한 학습 및 특수교육 관련 서비스는 학생의 기존 강점과 변화된 강점을 활용할 수 있도록 유연해야 한다(Burkhardt & Rotatori, 2007).

향후 TBI 학생을 위한 의료 및 교육적 중재에 대해 기대할 수 있는 긍정적 측면은 의료 및 교육 보조공학의 발전, 보다 정확하고 포괄적인 신경학적 및 신경심리학적 진단 및 평가 도구와 기술, 그리고 가정이 자녀의 회복에 매우 의미 있는 역할을 할 수 있다는 기대감 등이 있다. 문화적 다양성과 빈곤 문제가 TBI에 대한 이해에 최소한 두 가지 방식, 즉 위험 요소와 회복 지표로 영향을 미친다는 인식이 있다(Burkhardt & Rotatori, 2008). 또한 적극적인 개입으로 장기적 관점의 조기 중재가 어린 아동에게 TBI의 좋지 않은 예후를 줄이는 데 중요하다는 점을 의료 및 교육 전문가들은 지속적으로 강조하고 있다(Lowenthal, 1998 참조). 마지막으로, TBI를 입은 아동에 대한 장기 추적 연구들은 다음과 같은 결과를 보여 준다. 손상이 심할수록 신경인지적 장애가 심각하다. 시간이 지난다고 완치되지 않으며 대부분 인지 처리 기능 문제가 지속된다. 부상 후 몇 년이 지나면 기억력과 시공간 능력이 회복되기도 한다. 중증 TBI를 입은 아동은 더 많은 도움이 필요하며 IQ, 실행 기능, 언어 기억력에서 수개월 내에 매우 심각한 문제를 보였다(Babikian & Asarnow, 2009 참조).

## 참고문헌

Alper, S., & Raharinirina, S. (2006). Assistive technology for students with disabilities: A review and synthesis of the literature. *Journal of Special Education Technology, 21*(2), 47-64.

American Psychiatric Association. (2004). *Diagnostic and statistical manual of mental disorders, Fourth Edition- Revised (APA, DSM-IVR)*. Washington, DC: American Psychiatric Association.

Anderson, K. M., & Anderson, C. L. (2005). Integrating technology into standards-based instruction. In: D. Edyburn, K. Higgins & R. Boone (Eds.), *Handbook of special education technology research and practice* (pp. 521-544). Whitefish Bay, WI: Knowledge by Design.

Anderson, C. M., & Warzak, W. J. (2000). Using positive behavioral supports to facilitate the classroom adaption of children with brain injuries. *Proven Practices: Prevention and Remediation Solutions for Schools, 2*, 72-82.

Arroyos-Jurado, E., & Savage, T. (2008). Intervention strategies for serving students with traumatic brain injury. *Intervention in School and Clinic, 43*(4), 252-254.

Assistance Technology Act (ATA). (1998). P.L. 105-394. Retrieved from http://www.resna.org/taproject/library/govinfo./laws/htm

Babikian, T., & Asarnow, R. (2009). Neurocognitive outcomes and recovery after pediatric TBI: Meta-analytic review of the literature. *Neuropsychology, 23*(3), 283-295.

Banks, R., & Coombs, N. (2005). Accessible information technology and persons with visual impairments. In: D. Edyburn, K. Higgins & R. Boone (Eds.), *Handbook of special education technology research and practice* (pp. 379-391). Whitefish Bay, WI: Knowledge by Design.

Boll, T. (1993). *Children's category test (CCT)*. San Antonio, TX: Psychological Corporation.

Bouck, E. (2010). Technology and students with disabilities: Does it solve all problems? In: F. E. Obiakor, J. P. Bakken & A. F. Rotatori (Eds.), *Current issues and trends in special education: Research, technology and teacher preparation* (Vol. 20, pp. 91-104). Bingley, UK: Emerald Group Publishing Limited.

Bowen, J. (2005). Classroom intervention for students with traumatic brain injury. *Preventing School Failure, 49*, 34-41.

Brannigan, G., & Decker, S. (2003). *Bender visual-motor Gestalt test, second edition (Bender Gestalt II)*. Itasca, IL: Riverside Publishing.

Bullock, L. M., Gable, R. A., & Mohr, J. D. (2005). Traumatic brain injury: A challenge for educators. *Preventing School Failure, 49*(4), 6-10.

Burkhardt, S. (1995). Counseling issues for children with traumatic brain injury. In: A. F. Rotatori, J. O. Schwenn & F. W. Litton (Eds.), *Counseling special education populations: Research and practice perspectives* (Vol. 9, pp. 207-240). Greenwich, CT: JAI Press Inc.

Burkhardt, S., & Rotatori, A. F. (2007). Working with multicultural learners with traumatic brain injury. In: F. E. Obiakor (Ed.), *Multicultural special education: Culturally responsive teaching* (pp. 180-194). Upper Saddle River, NJ: Pearson.

Burkhardt, S., & Rotatori, A. F. (2008, May). Traumatic brain injury. Paper presented at the Annual Young Adult International Convention in New York City.

Burkhardt, S., & Rotatori, A. F. (2010). Educating students with traumatic brain injury. In: E. Baker, P. Peterson & B. McGaw (Eds.), *International encyclopedia of education* (pp. 321-345). Oxford: Elsevier Sciences.

Burkhart, J., Fox, R., & Rotatori, A. F. (1987). Neurological assessment of exceptional children: Impact on education. In: A. F. Rotatori, M. B. Banbury & R. A. Fox (Eds.), *Issues in special education* (pp. 135-148). Mountain View, CA: Mayfield Publishing Company.

Burnett, D. M., Kolakowsky-Hayner, S. A., Slater, D., Stringer, A., Bushnik, T., Zafonte, R., & Cifu, D. X. (2003). Ethnographic analysis of traumatic brain injury patients in the National Model Systems Database. *Archives of Physical Medicine and Rehabilitation, 84*, 263-267.

Busch, R. M., McBribe, A., Curtiss, G., & Vanderploeg, R. D. (2005). The components of executive functioning in traumatic brain injury. *Journal of Clinical and Experimental Neuropsychology, 27*(8), 1022-1032.

Cantu, R. C. (2001). Posttraumatic retrograde and anterograde amnesia: Pathophysiology and implications in grading and safe return to play. *Journal of Athletic Training, 36*(3), 244-248.

Cassidy, J. D., Carroll, L. T., Peloso, P. M., Borg, J., von Holst, H., & Holm, L. (2004). Incidence, risk factors and prevention of mild traumatic brain injury: Results of the WHO Collaborating centre task force on mild traumatic brain injury. *Journal of Rehabilitation Medicine, 36*(43), 28-60.

Center for Disease Control and Prevention (CDC). (2004). *Traumatic brain injury*. Retrieved from http://www.cdc.gov/ncipc/factsheets/tbi.htm

Center for Disease Control and Prevention (CDC). (2008). *What is traumatic brain injury?* Retrieved from http://www.cdc.gov/ncipc/tbi/Prevention.htm

Cohen, R. J., & Swerdlik, M. E. (2009). *Psychological testing and assessment: An introduction to tests and measurements* (9th ed.). Boston: McGraw Hill.

Cooley, E. A., Glang, A., & Voss, J. (1997). Making connections: Helping children with ABI build friendships. In: A. Glang, S. Springer & B. Todis (Eds.), *Children with acquired brain injury: The school's response* (pp. 255–275). Baltimore: Paul H. Brookes.

Comper, P., Bisschop, S. M., Carnide, N., & Tricco, A. (2005). A systematic review of treatment for mild traumatic brain injury. *Brain Injury, 19*(11), 863–880.

Corcoran, C., McAlister, T. W., & Maspina, D. (2005). Psychotic disorders. In: J. M. Silver, T. W. McAllister & S. C. Yudofsky (Eds.), *Textbook of traumatic brain injury* (pp. 213–224). Washington, DC: American Psychiatric Association.

Culbertson, W. C., & Zillmer, E. A. (2000). *Tower of London* (2nd ed.). North Tonawanda, NY: MultiHealth Systems, Inc.

Dean–Woodcock, J. (2003). *The Dean–Woodcock neuropsychological battery*. Itasca, IL: Riverside Publishing.

DePompei, R., Gillette, Y., & Goetz, E. (2008). Practical application for use of PDAs and smartphones with children and adolescents with traumatic brain injury. *Neurorehabilitation, 10*, 30–37.

Deshler, D. D., Ellis, E. S., & Lenz, B. K. (1996). *Teaching adolescents with learning disabilities: Strategies and methods* (2nd ed.). Denver, CO: Love.

Dixon, J. (2007). *ISPEAK at home*. Philadelphia: Jessica Kingsley Publishers.

Dykeman, B. (2003). School–based interventions for treating social adjustment difficulties in children with traumatic brain injury. *Journal of Instructional Psychology, 30*, 225–230.

Enderby, P., & Palmer, R. (2008). *Frenchay dysarthria assessment* (2nd ed.). Austin, TX: PRO–ED.

Franklin, B. M. (1987). From brain injury to learning disability: Alfred Strauss, Heinz Werner, and the historical development of the learning disabilities field. In: B. M. Franklin (Ed.), *Learning disability: Dissenting essays* (pp. 29–46). Philadelphia: The Farmer Press.

Freitas, D., & Kouroupetroglou, G. (2008). Speech technologies for blind and low vision persons. *Technology and Disability, 20*, 135–156.

Gfroerer, S. D., Wade, S. I., & Wu, M. (2008). Parent perception of school–based supports for children with traumatic brain injury. *Brain Injury, 9*, 649–656.

Ghajar, J. (2000). Traumatic brain injury. *Lancet, 10*(September), 923–929.

Glang, A. (1993). Using direct instruction with brain injured students. *Direct Instruction News, 21*(Fall), 23–28.

Glang, A., Singer, G., Cooley, R., & Tish, N. (1992). Tailoring direct instruction techniques to use with elementary students with traumatic brain injury. *Journal of Head Trauma Rehabilitation, 7*(4), 93–108.

Glang, A., Ylvisaker, M., Stein, M., Ehlhardt, L., Todis, B., & Tyler, J. (2008). Validated instruction practices: Applications to students with traumatic brain injury. *Journal of Head Trauma Rehabilitation, 23*(4), 243-251.

Golden, C. T. (1984). *Luria-Nebraska neuropsychological battery-children's revised (LNNB-CR)*. Los Angeles: Western Psychological Services.

Golden, C. T. (1994). *Screening test for the Luria-Nebraska neuropsychological battery (ST-LNNB)*. Los Angeles: Western Psychological Services.

Golden, C. T., & Freshwater, S. M. (2002). *Stroop color and word test*. Los Angeles: Western Psychological Services.

Golden, C. J., Purisch, A. D., & Hammeke, T. A. (1986). *Luria-Nebraska neuropsychological battery (LNNB)*. Los Angeles: Western Psychological Services.

Goldstein, K. (1927). Die lokalisation in her grosshim rinde. Handb. Norm. Pathol. Psychologie. Berlin: J. Springer.

Goldstein, K. (1939). *The organism*. New York: American Book.

Granacher, R. A. (2007). *Traumatic brain injury: Methods for clinical and forensic neuropsychiatric assessment*. New York: Taylor and Francis.

Grant, D. A., & Berg, E. A. (1993). *Wisconsin card sorting test (WCST)*. Los Angeles: Western Psychological Services.

Hardman, J. M., & Manoukian, A. (2002). Pathology of head trauma. *Neuroimaging Clinics of North America, 12*(2), 175-187.

Hart, T. (2004). Portable electronic devices as memory and organization aids after traumatic brain injury: A consumer study. *Journal of Head Trauma and Rehabilitation, 19*(5), 351-365.

Harvey, J. M. (2006). Best practices in working with students with traumatic brain injuries. In: A. Thomas & L. Grimes (Eds.), *Best practices in school psychology* (Vol. 4, pp. 1433-1446). Bethesda, MD: National Association for School Psychologists.

Haynes, J. R., & Sells, S. G. (1963). Assessment of organic brain damage by psychological tests. *Psychological Bulletin, 60*, 316-325.

Holmes, C. B., & Holmes, D. A. (1996). Neuropsychological assessment in special education. In: A. F. Rotatori, J. O. Schwenn & S. Burkhardt (Eds.), *Assessment and psychopathology issues in special education* (Vol. 10, pp. 157-176). Greenwich, CT: JAI Press Inc.

Individuals with Disabilities Education Act (IDEA). (1990). Public Law No. 101-476. Section 300.7(b)(12).

Igou, W. (2010). Latest medical research. Available at http://www.braininjury.com

Jeffs, T., Behrmann, M., & Bannan-Ritland, B. (2006). Assistive technology and literacy learning: Reflections of parents and children. *Journal of Special Education Technology, 21*, 37-44.

Kaplan, R. M., & Saccuzzo, D. P. (2009). *Psychological testing: Principles, applications, and issues* (7th ed.). Pacific Grove, CA: Brooks.

Kaufman, N. (1995). *Kaufman speech praxis test for children (KSPT)*. Austin, TX: PRO-ED.

Kavale, K. A., & Forness, S. R. (1985). The historical foundation of learning disabilities: A quantitative synthesis assessing the validity of Strauss and Werner's exogenous versus endogenous distinction of mental retardation. *Remedial and Special Education, 65*, 18-24.

Keenan, H. T., Runyan, D. K., & Nocera, M. (2006). Longitudinal follow-up of families and young children with traumatic brain injury. *Pediatrics, 117*(4), 1291-1297.

Keyser-Marcus, L., Briel, L., Sherron-Targett, P., Yasuda, S., Johnson, S., & Wehman, P. (2002). Enhancing the schooling of students with traumatic brain injury. *Teaching Exceptional Children, 72*(March/April), 62-67.

Kim, E. (2002). Agitation, aggression, and disinhibition syndromes after traumatic brain injury. *NeuroRehabilitation, 17*(4), 297-310.

Klomes, J. M. (2000). The school reentry process for students with traumatic brain injury. In: F. E. Obiakor, S. A. Burckhardt, A. F. Rotatori & T. Wahlberg (Eds.), *Intervention techniques for individuals with exceptionalities in inclusive settings* (Vol. 13, pp. 199-216). Stamford, CT: JAI Press Inc.

Kluger, J. (2009, April). *Dealing with brain injuries*. Time Magazine, 57.

Korkman, M., Kirk, U., & Kemp, S. (2007). *NEPSY-II*. San Antonio, TX: Psychological Corporation.

Kushner, D. (1998). Mild traumatic brain injury: Toward understanding manifestations and treatment. *Archives of Internal Medicine, 158*(15), 1617-1624.

Levin, H. S., Benton, A. I., & Grossman, R. (1982). *Neurobehavioral consequences of closed head injury*. Oxford: Oxford University Press.

Llorente, A. M., Williams, J., Satz, P., & D'Elia, L. (2003). *Children's color trails test (CCTT)*. Lutz, FL: Psychological Assessment Resources.

Lowenthal, B. (1998). Traumatic brain injury in early childhood: Developmental effects and interventions. *Infant-Toddler Interventions, 8*(4), 377-388.

Luria, A. R. (1966). *Higher cortical functions in man*. New York: Basic Books.

Luria, A. R. (1973). *The working brain: An introduction to neuropsychology*. New York: Basic Books.

Maas, A. I., Stocchetti, N., & Bullock, R. (2008). Moderate and severe traumatic brain damage in adults. *Lancet Neurology, 7*(8), 728-741.

Marion, D. W. (1999). *Traumatic brain injury*. New York: Thieme Medical Publisher Inc.

Markowitz, J., & Linehan, P. (2001, January). QTA: Traumatic brain injury. *Project*. Alexandria, VA: National Association of State Directors of Special Education.

Mayfield, J., & Homack, S. (2005). Behavioral considerations associated with traumatic brain injury: Managing the transition from hospital to school. *Preventing School Failure, 49*(4), 17-21.

Max, J. E., Landis, J., Schachar, R., Sauders, A., Ewing-Cobbs, L., Chapman, S. B., & Dennis, M. (2005). Predictors of personality change due to traumatic brain injury in children and adolescents in the first six months after injury. *Journal of the American Academy of Child and Adolescent Psychiatry, 44*(5), 433-442.

McCrory, P. R., & Berkovic, S. F. (2001). Concussion: The history of clinical and pathophysiological concepts and misconceptions. *Neurology, 57*(12), 2283-2289.

Meyer, J. E., & Meyer, K. R. (1996). *Rey complex figure test and recognition trial (RCFT)*. Lutz, FL: Psychological Assessment Resources.

Milders, M., Fuchs, S., & Crawford, J. R. (2003). Neuropyschological impairments and changes in emotional and social behavior following severe traumatic brain injury. *Journal of Experimental Neuropsychology, 25*(2), 157-172.

Mutti, M., Sterling, H. M., Martin, N., & Spalding, N. V. (1998). *Quick neurological screening test II (QNST-II)*. Los Angeles: Western Psychological Services.

Naglieri, J. A., & Das, J. P. (1997). *Cognitive assessment system (CAS)*. Itasca, IL: Riverside Publishing.

National Dissemination Center for Children with Disabilities (NICHCY). (2006). Traumatic brain injury: Fact sheet. Retrieved from http://www.nichcy.org/pubs/fatshe/fs18xt.htm

Nkabinde, Z. (2008). Using assistive technology to educate students with developmental disabilities and autism. In: A. F. Rotatori, F. E. Obiakor & S. Burkhardt (Eds.), *Autism and developmental disabilities: Current practices and issues* (Vol. 18, pp. 273-285). Bingley, UK: Emerald Group Publishing Limited.

Okolo, C. M., Englert, C. S., Bouck, E. C., & Heutsche, A. M. (2007). Web-based history learning environments: Helping all students learn and like history. *Interventions in the School, and Clinic, 43*(1), 3-11.

Parette, H. P., & Peterson-Karlan, G. R. (2010a). Assistive technology for students with disabilities. In: F. O. Obiakor, J. P. Bakken & A. F. Rotatori (Eds.), *Current issues and trends in special education: Research, technology and teacher preparation* (Vol. 20, pp. 73-89). Bingley, UK: Emerald Group Publishing Limited.

Parette, H. P., & Peterson-Karlan, G. R. (2010b). Integrating assistive technology into the curriculum. In: P. Peterson, B. McGaw & E. Baker (Eds.), *International encyclopedia of education* (pp. 178-198). Oxford: Elsevier Sciences.

Parikh, S., Koch, M., & Narayan, R. K. (2007). Traumatic brain injury. *International*

*Anesthesiology Clinics, 45*(3), 119–135.

Pearce, J. M. (2007). Observation in concussion: A review. *European Neurology, 59*, 113–119.

Peterson-Karlan, G. R., Wojcik, B. W., & Parette, H. P. (2006). *The effectiveness of "SOLO" on the writing outcomes of students with learning and academic disabilities*. Final report to the National Center on Technology Innovation, Illinois State University. Special Education Assistive Technology Center, Normal, IL.

Project IDEAL. (2010). *Traumatic brain injury*. Retrieved from http://www.projectidealonline.org/brainInjury.php

Reitan, R. M. (1994). Ward Halstead's contributions to neuropsychological and the Halstead-Reitan neuropsychological test battery. *Journal of Clinical Psychology, 50*, 47–70.

Reitan, R. M., & Wolfson, D. (1993). *The Halstead-Reitan neuropsychological test battery: Theory and clinical interpretation* (2nd ed.). Tucson, AZ: Neuropsychology Press.

Reynolds, C. R. (2002). *Comprehensive trail-making test (CTMT)*. Austin, TX: PRO-ED.

Reynolds, C. R., & Horton, A. M. (2007). *Test of verbal conceptualization and fluency (TVCF)*. Austin, TX: PRO-ED.

Reynolds, C. R., & Voress, J. K. (2007). *Test of memory and learning* (2nd ed.). Austin, TX: PRO-ED.

Ross-Swain, D. (1999). *Ross information processing assessment-primary (RIPA-P)*. Austin, TX: PRO-ED.

Salend, S. J. (2005). Using technology to teach about individual differences related to disabilities. *Teaching Exceptional Children, 38*(2), 32–38.

Sanchez, G. M., & Burridge, A. L. (2007). Decision making in head injury management in the Edwin Smith Papyrus. *Neurosurgical/Focus, 23*(1), 78–88.

Schaff, J. L., Jerome, M. K., Behrmann, M. M., & Sprague, D. (2005). Science in special education: Emerging technologies. In: D. Edyburn, K. Higgins & R. Boone (Eds.), *Handbook of special education technology research and practice* (pp. 643–661). Whitefish Bay, WI: Knowledge by Design.

Schwartz, L., Taylor, H., Drotar, D., Yeates, K., Wade, S., & Stancin, T. (2003). Long-term behavior problems following pediatric traumatic brain injury: Prevalence, predictors, and correlates. *Journal of Pediatric Psychology, 28*, 251–263.

Shaw, N. A. (2002). The neurophysiology of concussion. *Progress in Neurobiology, 67*(4), 281–344.

Sheslow, D., & Adams, W. (2003). *Wide range assessment of memory and learning* (2nd ed., (WRAML-2)). Lutz, FL: Psychological Assessment Resources.

Silver, C. H., & Blackburn, L. B. (2006). Neurological evaluation. *Archives of Clinical*

*Neuropsychology, 21*, 741-744.

Skau, L., & Cascella, P. W. (2006). Using assistive technology to foster speech and language skills at home and in preschool. *Teaching Exceptional Children, 38*(6), 12-17.

Smith, D. D. (2004). *Introduction to special education: Teaching in an age of opportunity* (5th ed.). Boston: Allyn and Bacon.

Stokes, S. (2007). *Assistive technology for children with autism*. Retrieved from http:// www.cesa7/k.12.wi.us/sped/autism/assist/.assist10.htm

Strangman, N., & Dalton, B. (2005). Using technology to support struggling readers: A review of the research. In: D. Edyburn, K. Higgins & R. Boone (Eds.), *Handbook of special education technology research and practice* (pp. 545-569). Whitefish Bay, WI: Knowledge by Design.

Strauss, A. A., & Lechtinen, L. E. (1947). *Psychopathology and education of the brain injured child*. New York: Grune & Stratton.

Talley, J. L. (2002). *Children's auditory verbal learning test-2 (CAVT-2)*. Los Angeles: Western Psychological Services.

Tatzmann, M., Clancy, K. A., & Reagan, J. R. (2006). *Traumatic brain injury impacts education and learning. Focus on Results*. Michigan City, MI: Michigan Department of Education, Office of Special Education and Early Intervention Services.

Technology-Related Assistance for Individuals with Disabilitics Act. (1988). Pl 100-407. U.S.C.2201et seq: U.S. Statues at Large, 102, 1044-1065.

Thorp, D. M. (2007). *Computer play as clinical intervention*. Retrieved from http://cesa7/ k12.wi.us/sped/autism/assist/assist10htm

Thurman, D. J., Sniezek, J. E., Johnson, D., Greenspan, A., & Smith, S. M. (1994). *Guidelines for surveillance of central nervous system injury*. Atlanta, GA: US Department of Health and Human Services, Public Health Services, CDC.

Todd, A. W., Horner, R., Vanater, S., & Schneider, C. (1997). Make a change: An example of positive behavior support for a student with traumatic brain injury. *Education and Treatment of Children, 20*, 425-440.

Todis, B., & Glang, A. (2008). Redefining success: Results of a qualitative study of postsecondary transition outcomes for youth with traumatic brain injury. *Journal of Head Trauma Rehabilitation, 23*(4), 252-263.

Tyler, J., Blosser, J., & DePompei, R. (1999). *Teaching strategies for students with brain injuries*. Wake Forest, NC: L&A Publishing Training.

Tyler, J. S., & Savage, R. C. (2003). Students with traumatic brain injury. In: F. E. Obiakor, C. A. Utley & A. F. Rotatori (Eds.), *Effective education for learners with exceptionalities* (Vol. 15, pp. 299-350). Boston: JAI/Elsevier Sciences.

U.S. Department of Education, Office of Special Education Programs. (2005). *Technical assistance center on positive behavioral interventions and supports*. Final report. Author, Washington, DC.

Valadla, A. B. (2004). Injury to the cranium. In: E. J. Moore, D. V. Feliciano & K. L. Mattox (Eds.), *Trauma* (pp. 385-406). New York: McGraw-Hill.

Wehmeyer, M. L., Smith, S. J., & Davies, D. K. (2005). Technology use and students with intellectual disabilities: Universal design for all students. In: D. Edyburn, K. Higgins & R. Boone (Eds.), *Handbook of special education technology research and practice* (pp. 309-323). Whitefish Bay, WI: Knowledge for Design.

Werner, H., & Strauss, A. A. (1941). Pathology of figure-background relation in the child. *Journal of Abnormal and Social Psychology, 36*, 236-248.

Wheeler, J. J., & Martin, M. R. (2010). Other innovative techniques: Positive behavior supports and response to intervention. In: F. E. Obiakor, J. P. Bakken & A. F. Rotatori (Eds.), *Current issues and trends in special education: Identification, assessment, and instruction* (Vol. 19, pp. 199-212). Bingley, UK: Emerald Group Publishing Limited.

Ylvisaker, M., Jacobs, H. E., & Feeney, T. (2003). Positive supports for people who experience behavioral and cognitive disability after brain injury: A review. *Journal of Head Trauma Rehabilitation, 18*, 7-32.

Youse, K. M., Le, K. N., Cannizzarod, M. S., & Coehlo, C. A. (2002). *Traumatic brain injury: A primer for professionals*. Retrieved from http://www.asha.org/about/publications/ leader-online/archive/2002/12/020625a.htm

Zillmer, E. A., Scheider, J., Tinker, J., & Kaminaris, C. I. (2006). A history of sports-related concussion: A neuropsychological perspective. In: R. J. Echemendia (Ed.), *Sports neuropsychology: Assessment and management of traumatic brain injury* (pp. 21-23). New York: The Guilford Press.

Zink, B. J. (2001). Traumatic brain outcome: Concepts for emergency care. *Annals of Emergency Medicine, 37*(3), 318-332.

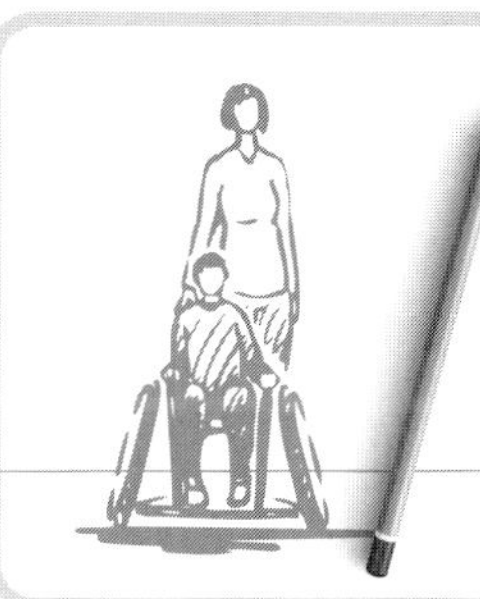

# 제14장 이중 언어 사용 학습자를 위한 특수교육의 역사

*Fabiola P. Ehlers-Zavala*

미국에서 이중 언어 사용 학습자를 위한 특수교육은 이중 언어 사용 학습자들의 잠재력을 최대한 발휘할 수 있도록 특별히 고안된 교육적 실제를 의미한다. 이 장에서는 특수교육이 필요한 이중 언어 사용 학습자를 "다양한 하위 문화들이 공존하는 학교에서 특별히 가치가 있거나 특별한 조정이 필요한 일련의 특정 언어 능력 또는 특정 언어 영역에서 장애를 가진 학생"으로 정의한다(Hallahan, Kauffman, & Pullen, 2009, p. 94). 이와 같은 특수교육적 요구를 지닌 학생들의 공통점은 영어가 아닌 모국어를 사용한다는 사실이다. 이러한 이유로 이들 이중 언어 사용 학습자들은 특수교육적 요구를 지닌 영어 학습자(English Language Learners: ELL)라고도 불린다. 미국 교실에서 이들 이중 언어 사용 학습자들의 존재는 20세기에 나타난 현상은 아니다. 미국 교육사를 이해하고 있으며, 유럽인이 도착하기 이전부터 미국이 다양한 언어와 문화가 공존하는 환경이었음을 인지하고 있는 사람이라면(Baker, 2006; Lessow-Hurley, 2005; Wiley, 2007), 특수교육적 요구를 지닌 이중 언어 사용 학습자들이 미국 국민의 일부로서 언제나 함께 해 왔다는 사실을 익히 알고 있을 것이다.

그러나 안타깝게도 역사적으로 특수교육적 요구를 지닌 많은 이중 언어 사용 학습자들은 미국의 학교에서 적절한 진단에 따른 적합한 교육을 받아 오지는 못하였다. 왜냐하면 영어 능력이 부족하다는 이유로, 특수교육이 필요한 이중 언어 사용 학습자들이 제대로 진단되지 못한 채 방치되어 왔기 때문이다. 또한 이와 반대로 특수교육적 요구가 없는 이중 언어 사용 학습자들은 영어 능력의 부족이 장애로 잘못 이해되어 이들 중 상당히 많은 학생이 특수 학급에 잘못 배치되거나 특수교육기관에 잘못 의뢰되기도 하였다(Cummins, 1991; Hamayan, Marler, Sanchez-Lopez, & Damico, 2007). 이중 언어 사용 학습자들이 제대로 진단되지 않거나 잘못 진단되는 근본적인 이유(예: 이념적, 정치적 등)는 여러 가지가 있을 수 있지만, 결국 이 모든 원인은 미국 학교에서 이중 언어 사용 학습자를 위한 특수교사의 부족 때문이다. 즉, 이중 언어를 사용하는 특수교육 요구 아동들에게 적합한 특수교육을 제공하고 이들 학생들이 학교에

서 성공할 수 있도록 교육할 수 있는 특수교육 전문가들이 부족하다. 이중 언어 사용 학습자를 위한 특수교육이 계속해서 새롭게 발전하고 있는 분야임을 감안하여(Baca & Cervantes, 2004; Reynolds & Fletcher-Janzen, 2007), 이 장에서는 미국에서의 이중 언어 사용 학습자들을 위한 특수교육의 역사와 다문화주의로 인해 독특하면서 지속적으로 도전받아 온 미국의 이중 언어교육 역사를 설명하고자 한다. 이 장은 두 개의 절로 구성되어 있다. 첫 번째 절에서는 이중 언어 사용 학습자를 위한 특수교육이 다문화 교육이라는 큰 맥락에서 어떻게 자리 잡게 되었는지에 대해 설명한다. 두 번째 절에서는 미국 공립학교에서 이중 언어 사용 학습자 교육에 영향을 미친 주요 역사적 발전을 소개한다.

## ○ 이중 언어 사용 학습자를 위한 특수교육과 다문화 교육

수십 년 동안 이중 언어 사용 학습자를 위한 특수교육은 다문화 교육으로 알려진 개혁 운동을 통해 많은 지지를 받아 왔다. 1960년대 시민권 운동에서 시작된 다문화 교육은 '모든 학생에게 평등한 교육적 기회를 제공하는 데 전념하기 위한 교육 분야'이다(Mclaren & Muñoz, 2000). 학교에 재학하고 있는 학생들은 단일 문화 배경을 가진 것으로 보이지만, 실제로는 계급, 성별, 언어 측면에서 매우 다양한 문화적 배경을 가지고 있다(Ooka Pang, 2005, p. 213). 다문화 교육에서는 "인종, 민족, 문화, 사회 계층이 미국 사회에서 매우 중요한 요소라고 가정한다. 또한 시민들의 인종적, 문화적 다양성이 국가를 풍요롭게 할 뿐만 아니라, 시민들이 개인 및 공공의 문제를 인식하고 해결할 수 있는 방법을 다양화시킨다고 가정한다"(Banks, 2002, p. 1). 따라서 다문화 교육은 교사 양성 과정과 학교에서 이중 언어 사용 학습자에 대한 특수교육의 필요성을 지지한다. 특히 특수교육 전문가의 역할은 특수교육적 필요성과 문화적 다양성 사이의 연관성을 이해하는 것이라고 본다(Hallahan et al., 2009). 미국과 같이 다언어 및 다문화 국가 상황에서는, 미국 인구의 소수를 차지하는 이중 언어 사용 학습자(즉, 이중 언어를 구사하는 예외 아동)들에게는 이중 언어 사용 학습자를 위한 특수교육이 미국 사회에서 성공할 수 있는 실질적인 기회를 보장하는 가장 좋은 방법임에는 의심할 여지가 없다. 모든 교육자, 특히 그들 중에서도 다문화 교육을 중시하고 실천하고 있는 이중 언어 사용 학습자를 위한 특수교육 전문가들의 관심사는 어떻게 하면 이중 언어 사용 학습자들이 자신들의 언어적 및 문화적 배경 때문에 학교에서 불리한 교육을 받지 않도록 할 것인가에 관한 것이다. 여기서 문화라는 용어는 한 개인을 정의하는 데 기여하는 다양한 측면(하위 문화)을 모두 포함한다. 이러한 다양

한 측면에는 인종, 민족, 언어, 예외성, 성적 지향, 성별, 종교, 사회경제적 배경, 그리고 연령 등이 포함된다.

교육자들이 학생들의 개인차에 관심을 가질 뿐만 아니라 개인을 설명하고 정의하는 데 관련되는 하위문화를 배척하지 않고 오히려 존중하고 포용하는 교육 체계를 만들어 갈 때, 교육자들은 이중 언어 사용 학습자의 성공을 도울 수 있는 더 큰 기회를 갖게 될 것이다. 그러나 교육자들의 이런 선택은 논란에서 자유롭지 않을 수 있다(Hallahan et al., 2009). 이러한 논란은 이중 언어 사용 학습자를 교육하는 특수교육자들이 직면하고 있는 지속적인 도전이며, 앞으로도 많은 질문을 받게 될 것이다. 이중 언어 사용 특수교육 대상 학습자들에게 제1언어 또는 제2언어를 언제 가르치는 것이 가장 적절한 시기인가? 미국에서 영어와 같은 제2언어 습득/학습에 어려움을 겪을 수 있는 특정 학습장애를 가진 특수교육 대상 학습자들은 어떻게 지도해야 할까? 이러한 질문에 대한 답은 다양하지만, 이중 언어 사용 특수교육 대상 학습자들에게 지금과 같은 국제 경제 시대의 거시적 국제 사회에서 그리고 그들이 속한 지역사회에서 생존하는 데 필요한 기술을 가르쳐야 한다는 필요성에 대한 공감대는 점점 커지고 있다(Hallahan et al., 2009).

미국에서 영어는 확실히 우선순위가 높다는 점에 유의하는 것이 중요하다. 따라서 다문화적 접근 방식을 채택하여 특수교육 요구가 있는 학습자를 교육하는 이중 언어 특수교사에게 제기되는 질문은, 다문화 일반 아동을 지도하는 이중 언어 교사들이 직업적으로 직면하게 되는 질문과 유사하다. 학교에서 활용 가능하며 선택 가능한 교육과정적 차원에서 이들의 모국어를 얼마나 많이 통합하여 가르쳐야 하는가? 이 장에서는 이러한 질문에 대한 답을 연방 정부의 지원을 받는 미국 공교육의 역사적 맥락에서 다룬다. 방법론적 관점과 교육 프로그램적 관점에서의 답변은 이 장의 범위를 벗어난다. 그러나 미국의 이중 언어 사용 학습자를 위한 교육의 진화 과정과 역사적인 발전 과정을 이해하기 위해서는 이중 언어 사용 학습자를 위한 특수교육에서 그동안 실제로 가능했던 교육 프로그램들이 무엇이었는지에 대해 알아보는 것은 매우 중요하고 필요하다.

## ○ 이중 언어교육의 역사적 동향

미국의 특수교육이 예외나 실험 상태의 수준에서 공교육 체제로 발전한 현재와 달리 (Hallahan et al., 2009, p. 37), 이중 언어 사용 학습자를 위한 특수교육은 아직 그렇지 않다. 현재 미국에는 이중 언어 특수교육 자체의 기여나 지원 또는 규제 등을 직접적으로 규정하고 있

는 법률이 없는 상태이다. 이중 언어 사용 학습자와 관련된 규정은 2004년 「장애인 교육 개선법(Individuals with Disabilities Education Improvement Act)」에 명시된 조항과 특수교육을 필요로 하지 않는 ELL을 다루는 NCLB(No Child Left Behind) 타이틀 III에서 찾을 수 있을 뿐이다. 지난 30년 동안 이중 언어를 사용하는 특수교육 요구 아동에게 활용해 왔던 교육적 조치는 이중 언어 사용 학습자를 위한 교육의 역사와 특수교육의 역사에서 일어났던 중요한 법적 이정표로 인해 직접적으로 나타난 결과이다. 이 절에서는 먼저 이중 언어 사용 학습자를 위한 특수교육의 역사에 기여한 주요 역사적 사건을 소개한다. 그런 다음 이중 언어교육이 연방 정부의 의무가 되기 시작한 이후에 발생한 주요 사건들에 대해 자세히 설명한다.

## ☑ 미국에서의 이중 언어교육과 다언어교육의 시작

이중 언어 사용 학습자를 위한 교육을 이해하기 위해서는, 먼저 17세기부터 20세기에 발생했던 사건에 초점을 두고 이에 대해 알아보아야 한다. 그러고 난 다음, 이와 관련하여 제기된 토론 내용에 대해 알아볼 필요가 있다.

### • 17세기와 그 이전

미국의 이중 언어 사용 학습자에 대한 교육은 이민자들이 도착하기 이전 시기에서 그 뿌리를 찾을 수 있다. 이 시기에는 상당한 수준의 언어적 관용이나 다양성이 존재했다(Crawford & Krashen, 2007). 주목할 만한 점은 이민자들이 도착하기 전부터 인디언 원주민들이 이미 수백 개의 언어를 사용하고 있었다는 사실이다(Baker, 2006; Crawford & Krashen, 2007; Wiley, 2007). 따라서 "원주민 언어는 즉시 식민지화되지 않았다"(Baker, 2006, p. 189)라고 베이커(Baker, 2006)가 지적했듯이, "예수회와 프란치스코회가 이끄는 가톨릭 교회는 때때로 스페인어(프랑스어와 영어도 포함)를 통해 원주민들에게 성경을 가르쳤지만, 종종 그들의 원주민 언어를 통해 가르치기도 했다. 다른 선교사들(예: 네덜란드 개혁파 및 독일 모라비안)도 기독교로의 개종과 교육을 위해 원주민들의 토착 언어를 사용했었다"(p. 189). 따라서 이 시기의 언어적 관용은 이민자 자신의 유산을 보존해야 하는 초기 필요성과 생존이 목표인 이국 땅에서 전략적으로 행동해야 하는 필요성 모두의 결과라고 결론지을 수 있다. 언어적 관용은 이민자들이 새로운 땅에서 식민지 개척을 시작할 수 있게 해 주었고, 원주민에 대한 종교적 세뇌를 촉진하는 데도 도움이 되었다. 대체로 이민자들이 언어적 관용을 보였다는 것은 문화유산 보존을 위해 미국 전역에 이중 언어 학교가 설립된 것을 통해 알 수 있다. 아프리카 노예들은 미국으로 끌려오면서

자신들의 언어를 가져와 사용하였고(Crawford & Krashen, 2007), 영국, 스웨덴, 노르웨이, 네덜란드, 폴란드, 프랑스, 아일랜드와 같은 나라에서 다양한 국가 출신의 이민자들도 계속 도착하여 이 땅에 그들의 언어를 사용했다. 그러나 19세기 중반까지만 해도 미국의 이민자 대부분은 주로 영어권 국가 출신이었다(Wiley, 2007).

### • 18세기

18세기에는 미국이 독립 혁명(1775~1783)을 시도하던 시기로 반영국 정서가 팽배했던 시기였기 때문에 일부 조직들(예: 영어 보급을 시도한 미션스쿨)의 노력에도 불구하고 영어가 공식 언어로 채택되지 못하였다(Wiley, 2007). 미국 중서부(미주리, 미네소타, 펜실베이니아, 오하이오)의 독일어-영어 및 스칸디나비아어 학교는 미국 최초로 이중 언어 학습자를 위한 학교 사례가 되었다(Baker, 2006; Wiley, 2007). 1839년 오하이오주가 최초로 이중 언어교육(독일어/영어)을 도입했고, 1847년 루이지애나주(프랑스어/영어)가 그 뒤를 이었다(Crawford & Krashen, 2007). 그러나 18세기에는 언어적 불관용의 사례도 여전히 존재했다(Baker, 2006; Crawford, 2004). 예를 들어, 벤저민 프랭클린(Benjamin Franklin)은 1750년에 독일어에 대한 반대 입장을 표명했으며, 존 애덤스(John Adams)는 1780년에 대륙 의회에서 영어를 공식 언어로 채택하기 위한 설득과 시도를 하였다.

### • 19세기

19세기에 독일 이민은 최고 수준에 이르렀고(Wiley, 2007), 18세기에 시작된 이중 언어 학교(두 가지 언어를 사용하고 가르치는 학교)의 추세는 19세기에도 계속 인기를 끌었다. 이 무렵에는 "약 12개 주와 자치령에서 이중 언어 학교를 승인하는 법령이 통과되었고"(Crawford & Krashen, 2007, p. 65), "모든 아동이 공교육에서 교육받을 평등한 기회를 누릴 권리가 있다는 신념이—평등한 학습 기회는 말할 것도 없이—점차 광범위한 지지를 받게 되었다"(Wiley, 2007, p. 91). 이 신념은 연방 대법원의 플레시(Plessy) 대 퍼거슨(Ferguson) 판결에 의해 확정되었으며, 이는 '분리하되 평등한 교육'이라는 개념을 지지하는 것이었다(1896-1954). 그러나 이 신념은 다른 소수자(유색인종 아동)에게는 적용되지 않았다(Wiley, 2007). 그 외에 다른 편협한 사례들도 등장했다. 가장 주목할 만한 사례는 아마도 1819년에 제정된「문명 기금법(Civilization Fund Act)」일 것이다. 이 법은 미국 원주민들에게 영어 교육과 실용 기술을 장려하기 위해 제정된 것이다(Wiley, 2007, p. 92). 또 다른 예는 캘리포니아의 법으로(1855년) 이 법은 영어 교육의 의무화를 위해 제정한 것이다(Baker, 2006).

### • 20세기

20세기에는 영어 이외의 언어 사용과 이민에 대한 태도가 더욱 급진적으로 변화했다. 이 시기의 미국 사회는 외국인 혐오로 특징지어지며, 이민자들을 미국화하기 위해 강력한 정책들이 시도되었던 시기였다. 안타깝게도 이 시기에 심각한 문화적 학살이 이루어지기도 했다. 19세기 말부터 시작된 비공식적이지만 영어만 사용하자는 운동은 세기가 바뀌면서도 계속해서 많은 지지를 얻게 되었다. 이에 따라 미국 원주민들이 자신들의 언어를 사용하는 것을 금지하는 정책이 시행되었다. 이 정책은 인디언 사무국장이었던 앳킨스(J. D. C. Atkins)에 의해 명확하게 제시되었다. 그는 "인디언 청소년에게 그들의 야만적인 방언을 가르치는 것은 그들에게 분명한 해악이다."라고 말했다. 그는 문명으로 나아가는 첫걸음, 즉 인디언들에게 그들의 야만적인 관습을 계속하는 것이 얼마나 어리석고 해로운 일인지를 가르치기 위해서는 그들에게 영어를 가르쳐 교화하는 것이라고 하였다(Crawford & Krashen, 2007, p. 67에서 재인용).

게다가 1905년부터 1923년 사이에는 미국으로 이민을 가기 위해서는 출신 국가가 중요한 요소로 작용하기 시작했다(Wiley, 2007). 1906년에는 미국으로 귀화를 원하는 이민자는 영어 구사 능력을 입증해야 하는 국적법이 통과되었고, 캘리포니아, 뉴멕시코 등 일부 주에서는 '영어만 사용하기(English Only)' 정책을 시행하기 시작했다(Baker, 2006). 일부 예외(예: 시카고의 폴란드 이민자들이 가톨릭 학교에 다니는 경우)를 제외하고는, 영어 전용 교육에 대한 요구가 계속 힘을 얻었다(Baker, 2006). 따라서 20세기 전반에는 이중 언어교육에 대한 제한이 더욱 뚜렷해졌다. 베이커(2006)는 이러한 이중 언어교육에 대해 제한적인 태도의 이유를 다음과 같이 설명하였다.

① 이민자의 수가 크게 증가하면서(예를 들어, 유대인, 이탈리아인 등), 많은 미국인은 이민자들의 미국화를 요구하게 되었다.
② 미국 교육국 산하의 미국화 부서는 영어로만 교육하라는 명확한 지침을 발표했으며, 그 결과 1923년까지 34개 주 모든 공립 및 사립 초등학교의 모든 수업에서 영어만 사용해야 한다는 법령을 정하게 되었다(p. 190).
③ 제1차 세계대전은 반독일 감정을 불러일으켰고, 이는 영어 교육을 지지하는 데 기여했다.

언어적, 문화적 다양성에 대한 제한이 매우 심했던 이 시기에 한 가지 예외적인 발전이 있었다. 1923년, 미국 연방 대법원은 네브래스카주를 상대로 한 마이어(Meyer) 대 네브래스카

(Nebraska) 사건에서, 초등학교에서 영어 외의 외국어 사용을 금지한 법률을 폐지하라는 판결을 내린 것이다. 미국 연방 대법원은 수정 헌법 제14조에 따라 이 법을 위헌이라고 판결한 것이다. 마이어 대 네브래스카 사건은 10세 어린이에게 독일어로 성경 이야기를 가르치던 교사가 제기한 소송이었다. 이 판결로 미국 연방 대법원이 이중 언어 사용 또는 이중 언어교육을 지지하게 되었다는 것은 아니었지만, 이 판결은 지난 세기 20년 동안 이중 언어 사용에 많은 제한이 있었던 것에 대해 예외를 인정하였다는 점에서 발전적이라고 평가할 수 있다(Baker, 2006). 20세기 전반, 학교에서 영어 외의 다른 언어, 즉 이중 언어를 사용하는 것에 대한 부정적인 정서가 있었지만, 이중 언어 사용에 대한 관심이 연구 형태로 조금씩 구체화되기 시작했다. 티레맨(Tireman, 1941)은 쿡(Cook)이 1923년부터 1932년까지 소수 인종의 학습자를 대상으로 한 교육 연구들을 정리한 참고문헌 목록과 산체스(Sanchez)가 이중 언어 지능 및 관련 주제를 다룬 40개의 연구에 대해 비판적으로 검토한 내용을 언급하며 이 점을 강조하였다.

20세기 후반부에는 이중 언어 사용에 관한 새롭고 중요한 발전이 있었다. 20세기 초, 몇십 년에 걸쳐 이중 언어 사용을 제한하던 상황에도 불구하고 미국에서는 점차 이중 언어 사용에 대한 태도의 변화가 나타나기 시작했다. 1954년, 미국 연방 대법원은 만장일치로 브라운(Brown) 대 캔자스주 토피카 교육위원회(Board of Education of Topeka, Kansas) 사건을 판결하였는데, 이는 그 이전까지 플레시(Plessy) 대 퍼거슨(Ferguson) 판결에 따라 허용되어 왔던 교육 분리 시대의 종식을 의미하는 역사적인 판결이었다. 이 판결은 분리 교육은 본질적으로 불평등하며, 이는 미국 헌법 제14차 수정조항(즉, 평등 보호 조항)을 위반하는 것이라는 점을 의미했고, 이 판결은 시민권 운동의 대의를 지지하는 데 기여하게 되었다. 1950년대 중반까지는 다른 나라에서 일어난 사건들이 미국이 경쟁력을 유지하도록 동기를 부여했다. 예를 들어, 1950년대 후반기에 러시아가 스푸트니크를 발사했고, 이와 같은 사건들은 미국인들로 하여금 외국어 교육을 지원해야 한다는 열망을 촉발하는 계기가 되었다(Baker, 2006). 또한 냉전 시대가 도래하면서 미국이 초강대국으로 남기 위해 도움이 될 수 있는 첩보원(spies) 양성의 필요성이 대두되었다. 이에 따라 1958년 「국방 및 교육법(National Defense and Education Act)」이 통과되었고, 이 법에 따라 외국어 교육에 대한 예산 배정을 보장받게 되었다. 이 외에도 플로리다에 정착한 쿠바인을 중심으로 새로운 이민자들이 이중 언어교육에 대한 요구를 주장하게 되면서 이중 언어교육의 필요성을 촉진하게 되었다. 결국, 이들의 요구에 따라 남부 플로리다에 최초의 현대식 이중 언어 학교인 코럴 웨이 초등학교(Coral Way Elementary)가 설립되었다. 이 학교의 설립 목적은 학생들이 이중 언어, 즉 스페인어와 영어 모두를 능통하게 읽고 쓸 수 있는 이중 언어 구사자가 되도록 교육하는 것이었다. 연방 차원에서 이중 언어교육을 가능하게 한 가

장 중요한 사건은 의심할 여지 없이 1964년의 시민권 운동이라 할 수 있다. 1964년「시민권법」의 제6장에 명시된 차별 금지 원칙은 연방 지원을 받는 모든 프로그램에서는 인종, 피부색 또는 출신 국가를 이유로 개인을 차별하는 행위를 금지하도록 하였기 때문이다(Lyons, 1990). 이 외에도 제6장(Title VI)에는 '언어를 근거로 한 차별을 금지하는' 조항도 포함되어 있었다(Ochoa, Pacheco, & Omark, 1983). 1965년에는 이민법이 통과되면서 "신속성과 효율성을 중시하는 언어교육 정책이 새롭게 마련되었다"(Wiley, 2007, p. 93).

## ☑ 미국에서 연방 차원의 공식적인 이중 언어교육의 시작

이중 언어교육의 공식적인 출발을 효과적으로 설명하기 위해서는 1960년대부터 새 천년까지의 이중 언어 활동과 관련된 논의를 살펴볼 필요가 있다.

### • 1960년대

미국 이중 언어교육의 시초는 건국 초기로 거슬러 올라가지만, 미국 최초의 이중 언어교육법은 1968년의 「이중 언어교육법(Bilingual Education Act: BEA)」이었다(Cordasco, 1969; Lyons, 1990; Moran, 1987; Ovando, 1983; Rossell, 2000). 「초 · 중등교육법」 제7장(Title VII)이라고도 불리는 BEA는 1967년 1월에 텍사스 민주당 상원의원 랄프 야버러(Ralph Yarborough)와 다른 6명이 발의한 S. 428의 결과물이다. 원래 초안대로라면 제7장은 각 학습자가 가지고 있는 문화적 기반을 중심으로 이중 언어교육을 하는 것이 매우 중요하다는 것을 법에 반영하려고 하였지만(Cordasco, 1969), 이러한 견해가 법에 제대로 반영되지 않은 채 법이 제정되었다(Ovando, 1983). 이 법을 발의한 야버러(1969)는 다음과 같은 믿음을 가지고 있었다. "아동에게 학습의 빛을 비추게 되는 불이 켜질 때, 그 아동은 자신의 모국어를 먼저 받아들이고 숙달한 다음 다른 언어를 이해하게 되는데, 그때 언어에 대한 이해의 기초가 마련된다. 언어의 뉘앙스나 의미의 미묘한 차이를 이해하게 될 때마다, 아동들의 의사소통 능력은 더욱 발달하게 된다."(p. 79) 이 법안은 도입 당시 영어 능력이 부족하여 학업에서 어려움을 겪는 스페인어권 학생들을 대상으로 하였다. 이후 메인(Maine)주의 민주당 상원의원 머스키(Muskie)가 추진한 법안에서는 스페인어 외에 다른 언어를 사용하는 학습자들도 포함하도록 수정되었다. 제90대 미국 의회에서 법으로 제정된 S. 428은 1965년「초등 및 중등법」개정안으로 미국 연방 정부에서 학교에 이중 언어교육 프로그램을 지원하게 된 출발점이 되었다(Cordasco, 1969; Lyons, 1990; Moran, 1988). 그러나 이에 대해 데이비스(Davies, 2002)는 다음과 같이 지적하였다.

> 이 법안은 쉽게 통과되었지만, 존슨(Johnson) 행정부는 이 법에 대해 적대적이었다. 왜냐하면 부분적으로는 재정적인 이유로, 그리고 다른 이유로는 미국 교육청(United Office of Education: USOE)은 수정 전의 법에 따라 이중 언어 프로그램은 이미 허용되고 있어 이 수정안이 필요하지 않다고 생각했기 때문이다. 이에 따라 존슨은 1968년 회계연도의 남은 기간 동안, 이중 언어교육에 대한 예산 편성을 거부했고, 1969년 회계연도에는 1,500만 달러만을 책정하였다. 이에 대해 야버러는 이를 '형식적인 시혜(tokenism)'이자 '공허한 겉치레(gesture)'로 비난하며 "우리가 제기했던 모든 희망을 사실상 땅에 떨어뜨리는 것"이라고 비판했다(p. 1407).

베이커(Baker, 2006)에 따르면, BEA는 "소수 언어 집단 중 교육적으로 불리한 처지에 놓인 학생들을 위한 '빈곤 보상 프로그램'을 제공했다."라고 하였다. 라이언스(Lyons, 1990)는 원래 이 수정안은 다음에 제시된 여섯 가지의 활동에 예산을 지원하기 위한 것이었다고 언급했다(p. 67).

① 이중 언어교육 프로그램
② 스페인어를 모국어로 가르치는 프로그램
③ 영어를 제2외국어로 가르치는 교육
④ 스페인어를 사용하는 학생들에게 조상들의 문화와 언어에 대한 지식과 자부심을 심어주는 프로그램
⑤ 멕시코 또는 푸에르토리코 출신의 유망한 인재를 교사로 유치하고 유지하려는 노력
⑥ 학교와 가정 간의 긴밀한 협력 관계를 구축하려는 노력

그러나 라이언스는 상원이 앞서 언급한 활동을 승인하고 법안에 서명했음에도 불구하고 실제 제정된 법은 크게 두 가지 측면에서 처음 제안된 개념과 달라졌다고 하였다. 첫째, 상원에서 승인된 법에는 처음 승인된 문구에 상당한 변화가 있었다고 하였다. 구체적으로, "스페인어를 사용하는 어린이"에 대한 원래 언급이 "언어 능력에 제한이 있는 아동들"로 변경되었으며(p. 68), 둘째, ⓐ 스페인어 교육, ⓑ 영어를 제2외국어로 가르치는 교육, ⓒ 멕시코 또는 푸에르토리코 출신/배경의 교사 채용 및 유지의 세 가지 활동이 더 이상 법에 포함되지 않게 되었다는 것이다. 이러한 규정들이 제외되면, 아동들에게 필요한 이중 언어교육 과정에 대한 인식이 부족하게 될 뿐만 아니라 다른 언어와 다양한 배경을 가진 교사의 가르침에서 오는 문화적 이

해에 대한 가치도 배울 수 있는 기회가 줄어들기 때문에 이중 언어교육에 부정적인 영향을 미칠 것이 분명하다는 것이었다.

또한 야버러(1969)는 BEA는 이중 언어교육을 위한 완벽한 법과는 실제로 크게 거리가 멀었으며, 화려한 수사로 설명하였음에도 불구하고 실제로 이 법은 '아주 적당한 보조금을 지원하는 프로그램'에 불과하였다고 하였다(Moran, 1987, p. 327). 야버러는 그때까지도 이중 언어교육에서 외면받아 온 다른 소수 집단들(예를 들어, 흑인, 아메리카 원주민, 성인 학습자)에게도 이중 언어교육의 혜택이 돌아갈 수 있도록 하는 법 개정이 필요하다고 하였다(Davies, 2002). 1969년까지는 영어 이외의 언어를 사용하는 학생들이 적합한 교육을 받지 못했다는 사실은 분명하였다. 실제로 이들 중 상당수는 정신지체(mentally retarded)[1] 아동을 위한 특수학급에 보내졌다(Davies, 2002). 이러한 상황들이 발생하면서 캘리포니아의 시민권 운동가들은 소송을 제기하게 되었다. 1970년, 다이애나 대 교육위원회(Diana v. Board of Education) 소송에서, 주 교육청은 영어 능력 평가 결과에 의해 정신지체로 선정된 모든 비영어권 아동을 대상으로 이들 아동의 모국어로 재평가하라는 명령을 받게 되었다(Davies, 2002, p. 1417).

### • 1970년대

1970년대는 이중 언어교육에 있어서 중요하고 새로운 발전이 이루어졌다. 1973년 「직업재활법(Vocational Rehabilitation)」(P.L. 93-112, 504조)(Ochoa et al., 1983, p. 417)가 제정되면서 간접적으로 학습장애가 있는 이중 언어 사용 학생들이 이중 언어 특수교육 서비스를 받을 권리를 가지게 된 것이다. 이 법은 공식적으로 학습장애를 가진 이중 언어 학습자의 요구를 충족시킨 첫걸음이라 할 수 있다. 1970년대에는 1968년 BEA가 1974년, 1978년, 1984년, 1988년, 1994년, 2001년에 걸쳐 개정되는 과정이 이어졌다(Baker, 2006; Rossell, 2000). 1974년에는 「이중 언어교육법」이 개정되면서 주 교육청에 기술 지원 제공을 위한 새로운 보조금 지원, 교사 및 관련 인력 훈련 프로그램 운영, 그리고 이중 언어교육 프로그램에 관한 정보를 수집, 분석 및 보급하는 국가 정보 센터 설립을 허용하는 내용이 포함되었다(Lyons, 1990, p. 69). 이 무렵에는 예산 배정이 3,500만 달러로 증가했는데(Davies, 2002), 이것이 가능했던 이유는 닉슨(Nixon) 행정부가 "새로운 공화당 다수파"(p. 1408)를 구축하고자 했기 때문이다. 닉슨은 스페인어권 미국인들에게 공화당의 지지를 호소하고 끌어들이기를 바랐는데, 이와 같은 전략은 이미 성공적인 전략으로 입증되었다. 그는 라틴계 지지의 3분의 1을 얻었는데, 이는 이전 선거보

1) 역자 주: 정신지체는 최근에 지적장애로 명칭이 변경되었다.

다 두 배나 많은 수치였다(Davies, 2002 참조). 닉슨 행정부는 교육적 실효성보다는 제7장(Title VII)의 정치적 이해관계에 더 치중했음에도 불구하고(Davies, 2002), 1973년 캘리포니아 크랜스턴(Cranston)은 1974년 수정안을 발의하였다. 이 개정안에서는 703조를 통해 "프로그램 지원 대상자에 대한 정의를 비영어권 가정 출신이 아니라 '제한된 영어 사용 능력'을 가진 자로 변경하였다"(Rossell, 2000, p. 217). 또한 베이커(2006)가 지적했듯이, 이 개정안은 처음으로 이중 언어교육 프로그램을 전환(transitional) 교육 프로그램으로 정의한 것이다. 크랜스턴(1974)은 다음과 같이 말했다. "간단히 말해서 이중 언어교육은 두 가지 언어를 사용하는데, 그중 하나인 영어를 교수 매체로 사용한다는 것이다. 두 언어는 동일한 학생들을 위해 사용되는 것으로—따로 떨어져서 이루어지는 것이 아니라—전체 교육과정을 포괄하는 프로그램의 핵심 구성 요소이다."(p. 58) 즉, 전환적 이중 언어교육(transitional bilingual education: TBE)은 특수교육적 요구를 지닌 ELL 영어 학습자가 학과목에서 진전을 이룰 수 있도록 돕기 위한 프로그램으로 고안된 것이다. 이 개정안에서는 학습자의 모국어를 교육적 실천의 보조 수단으로 사용하게 하였다. 이제 학생들은 모국어 또는 영어를 통해 학업 성취를 보여 줄 수 있게 되었다. 하지만 이로 인해 학습자의 모국어 사용을 어느 정도까지 허용할 것인지에 대한 후속 논쟁이 제기되었다(Baker, 2006 참조). 또한 학습자의 모국어 능력을 향상시킬 수 있는 제안도 없었다. 그리고 이러한 유형의 프로그램에 등록하는 것은 자발적으로 할 수 있도록 하였다. 또한 이 개정안은 "쌍방향 이중 언어교육 프로그램[2]에 대한 연방 정부의 지원을 금지"했다(Lyons, 1990, p. 69). 학습자가 이중 언어를 완벽하게 구사하도록 돕는 것을 목표로 하는 프로그램은 연방 지원을 받을 수 없게 되었다.

1970년대 중반에 또 다른 중요한 대법원 판결이 있었다. 1974년, 연방지방법원과 항소법원에서 기각되었던 라우(Lau) 대 니콜스(Nichols) 소송이 미국 대법원에서 받아들여져 심리가 이루어지게 된 것이다. 이 사건에서 미국 대법원은 샌프란시스코 공립학교를 상대로 집단 소송을 제기한 1,800여 명의 중국어 학습자 부모에게 유리한 판결을 내렸다(Jarvis, 2006). 대법원은 학교가 학생들이 이해할 수 있는 언어로 가르칠 법적 책임이 있다고 판단했다. 또한 단순히 영어로 된 교육 자료를 제공하고, 학습자를 영어 환경에 몰입시키는 것만으로는 의미 있는 교육을 동등하게 보장했다고 하기에는 충분하지 않다고 판단했다(Baker, 2006; Lyons, 1990). 따라서 교육구가 학습자를 제대로 교육하지 않았기 때문에 교육구는 「수정 헌법」 제14조와 1964년

2) 역자 주: 쌍방향 언어 프로그램은 영어를 모국어로 하는 학생과 다른 언어를 모국어로 하는 학생이 같은 교실에서 함께 공부하면서 서로의 언어를 동시에 배워 가는 교육방식이다.

「시민권법」 제6장을 위반한 것이라고 판결하였다(Baker, 2006; Jarvis, 2006; Lyons, 1990). 이 연방 대법원의 판결은 「교육 기회 균등법(Equal Educational Opportunity Act: EEOA)」을 구체화하는 역할을 하였으며, 「1975년 라우 교정법(Lau Remedies of 1975)」으로 이어졌다. 이 조치에서는 특수교육적 요구를 지닌 영어 학습자(ELL)에게 적절한 교육적 지원을 제공할 필요성을 강조하면서 "① 출신 국가가 다른 소수 민족 학생의 영어 능력 판별 및 평가, ② 적절한 교수 방법 결정, ③ 제한적인 영어 능력 학생들이 주류 학급(mainstream classes)[3]에 참여할 준비가 된 시기 결정, ④ 소수 민족의 언어 배경을 가진 학생을 가르치는 교사가 갖추어야 할 전문성 기준 설정"과 같은 구체적인 지침을 제시하였다(Lyons, 1990, p. 72). 「라우 교정 법」은 상징적인 측면에서는 매우 중요한 의미가 있었지만, 이들 규정을 제시한 전문가들은 소수 민족 출신의 학습자들이 교육적 성공을 위해 어떤 형태의 이중 언어교육을 받아야 하는지를 구체적으로 규정하지는 않았다. 따라서 이 조치는 미국 내 소수 민족의 언어 사용 권리를 확립하는 데 한 걸음 정도 더 나아간 것에 불과하다는 평가를 받기도 하였다(Baker, 2006). 흥미롭게도 1975년 11월 29일, 포드 대통령은 「전장애아교육법」으로 알려진 「공법 94-142」 법안에 서명하였다. 이 법은 장애아동이 가능한 한 통합적인 환경에서 적절한 공교육을 받을 수 있도록 지원해야 한다는 목적을 가지고 있었다. 이 입법은 특수교육 역사에 있어서 중요한 전환점을 이루는 계기가 되었으며 (Baca & Cervantes, 2004), 특별한 도움이 필요한 이중 언어 학습자를 보호하는 데에도 일부 기여했다.

1978년, BEA는 다시 한번 재인가를 받고 발전을 이어 나갔다. 1978년 개정안에서는 7003조를 통해 이중 언어 학습자를 지칭하는 용어가 변경되었다. 이제 '제한적인 영어 능력'이라는 용어가 사용되었고, 서비스를 받을 수 있는 대상자에 아메리칸 인디언과 알래스카 원주민도 포함되었다(Rossell, 2000, p. 217). 또한 이 개정안은 "아동들이 영어에서 겪을 수 있는 어려움에 읽기 및 쓰기 능력 문제"를 추가하여 이것이 아동들의 학업 진전도와 성취도를 방해할 수 있음을 인정하였다(Rossell, 2000, p. 217). BEA의 재인가를 통해 재정 지원이 증가하고 새로운 보조금이 승인되었으며 이중 언어교육과 관련된 정보를 수집하고 보급하려는 노력이 활발하게 이루어지게 되었다. 오반도(Ovando, 1983)가 지적했듯이 1978년 이전에는 이중 언어교육에 대한 연구를 모니터링하는 임무를 맡은 위원회가 없었는데, 1983년 재승인을 통해 이 업무를 맡은 위원회가 설치되었다. 또한 학습자에 대한 새로운 정의가 도입되었다. 즉, 기존의 '제한적인

---

3) 역자 주: 주류 학급은 통합교육에서 사용되는 용어이다. 모든 학생이 함께 교육하는 일반학급으로 특수교육 서비스가 요구되는 학생들이 교육받는 특수학급과 비교하여 쓰이는 용어이다.

영어 말하기 능력(limited English-speaking)'이라는 용어 대신, 읽기와 쓰기를 포함한 전반적인 능력을 아우르는 '제한적인 영어 능력(limited English proficient: LEP)'이라는 용어를 사용하게 된 것이다(Lyons, 1990, p. 69). 외국어 교육을 목적으로 하는 프로그램에 대한 금지 규정도 폐지되었지만(Lyons, 1990 참조), 학습자의 모국어는 영어 능력 달성을 위한 전환적 목적으로만 사용할 수 있었다. 새로운 보조금이 승인되었지만, 타이틀 7(Title VII) 자금은 발달적 이중 언어교육(DBE)이나 모국어 프로그램 유지에 사용할 수 없었다(Baker, 2006). 1970년대의 이중 언어교육은 그 성격상 매우 실험적이었다(Ovando, 1983 참조). 왜냐하면 방향성이 명확하지 못했고, 이중 언어교육의 방향을 입법한 사람들과 학교 교실 현장에서 이중 언어교육을 실행하는 사람들 모두 체계적 기반의 연구를 바탕으로 하지 못했기 때문이다.

### • 1980년대

1980년대에도 이중 언어교육을 지지하거나 반대하는 여러 사건들이 계속해서 발생하였다. 긍정적인 사건으로, 1981년 카스타네다(Castañeda) 대 피카드(Pickard) 판결에서 이중 언어 학습자들이 어느 정도 보호를 받게 되었다. 즉, 항소 법원의 판결을 통해 학교는 1974년의 「교육기회 균등법(EEOA)」에 따라 '적절한 조치'를 취하고 있는지의 여부를 판단하기 위한 다음 세 가지 기준을 확립하도록 하였다. 즉, 제한적인 영어 능력(LEP) 학생들을(이중 언어 또는 기타) 위한 프로그램은 ① 효과가 입증된 교육 이론에 기반하여야 하고, ② 적절한 교육 자원의 지원에 따라 실행되어야 하며, ③ 평가를 통해 그 효과가 입증되어야 한다(Baker, 2006, p. 202). 따라서 크로퍼드와 크라센(Crawford & Krashen, 2007)이 지적했듯이, 이 사건은 '라우(Lau) 대 니콜스(Nichols) 판결의 요구 사항을 집행하는 주요 수단'으로 남게 되었다. 또 다른 미국 대법원(U. S. Supreme) 판결인 플라이러(Plyler) 대 도(Doe)(1982) 소송에서는 "학교가 학생을 이민자 신분이라는 이유로 차별할 수 없다"(p. 55)는 원칙이 확립되었다.

그럼에도 1980년대는 강력한 형태의 이중 언어교육(예를 들어, 완전한 이중 언어 사용과 이중 문해력을 목표로 하는 형태)에 대한 저항이 나타나기 시작했다는 점에서 이중 언어교육을 향한 진전이 후퇴한 시기이기도 했다. 1982년, 캘리포니아 상원의원 하야카와(Hayakawa)에 의해 「이중 언어교육법(BEA)」이 개정되었는데, 이 법안에서는 이중 언어 사용 학생의 모국어를 교수 목적으로 사용하라는 법적 요구 사항을 폐지하여야 한다고 규정하였다. 또한 미국 영어 전용 운동의 창시자인 하야카와는 「헌법」 개정을 통해 영어를 미국 공용어로 채택해야 한다는 주장을 하여 영어 전용 운동의 열렬한 지지자로 알려지게 되었다(Moran, 1987). 그는 추종자를 모집하기 위해 노력하여 결국 캘리포니아주에서 이 미국 영어 전용 운동을 성공시켰다. 하지만

현재까지 연방 차원에서 영어를 유일한 공용어로 지정하려는 시도는 여전히 채택되지 못하고 있다.

이후 「이중 언어교육법(BEA)」이 1984년, 1988년 그리고 1994년에 걸쳐 재승인되는 과정에서도 '제한적인 영어 능력'이라는 학습자 정의는 변경되지 않았으며, 학교가 제출한 LEP 학생 수에 따라 예산이 배정되었다(Rossell, 2000). 1984년에 「BEA」가 다시 개정되었는데, 이는 아동이 영어를 능숙하게 구사하는 데 필요한 교육적 조치를 확대하기 위한 것이었다. 이 개정에서는 전환적 이중 언어교육(TBE)이나 발달적 이중 언어교육(DBE) 프로그램이 아닌 다른 "특별 교육 프로그램"(Rossell, 2000, p. 228)들을 허용하고자 하였다. 또한 이 개정에서는 영어 학습자(ELL)를 위한 교육 프로그램들은 명확하고 체계적인 영어 교수법이어야 함을 요구하였다. 이 법이 개정된 후부터는 성인과 학교 밖 청소년을 위한 '가족 영어 문해력' 프로그램, LEP 학생을 위한 유치원, 특수교육, 영재 프로그램, LEP 학생을 위한 교육 자료 개발, 학생들의 학업 성취도를 향상시키는 데 효과성이 있다고 입증된 이중 언어교육 프로그램 발굴 등 영어 학습자(ELL)를 지원하기 위한 다른 종류의 프로그램에도 예산이 배정되었다(Lyons, 1990). 이때까지 승인된 이중 언어교육 프로그램에는 전환적 이중 TBE와 발달적 이중 언어 DBE 두 가지 유형이 있었다. 앞서 언급했듯이 전자는 ELL의 영어 전환을 보장하는 데 초점을 맞추고 있으며, 이 과정을 지원하기 위해 모국어를 사용한다. 후자는 학습자가 두 가지 언어를 완벽하게 구사하고 이중 문해력을 갖추도록 돕는 것을 목표로 하기 때문에 학습자의 모국어 교육에 예산이 계속 지원된다. 이 시기에는 가능하면 발달적 이중 언어교육(DBE) 프로그램에 영어 원어민들도 함께 등록시키려는 기대가 있었다. 그러나 이 법안은 레이건(Reagan) 행정부에서 그들이 LEP 학생을 위한 단일 언어 교수 프로그램을 승인하지 않았다는 이유로 반대에 부딪혔다(p. 76). 하원에서 추진한 타협 입법안에서는 결국 "특별 대체 교육 프로그램(special alternative instructional programs: SAIP), 즉 단일언어 영어 프로그램을 위한 제3유형의 일반 교육 보조금을 승인하게 되었다"(p. 76). 이러한 SAIP 프로그램에 대한 자금 지원은 공식 보조금을 통해 이루어졌다. 그러나 BEA가 시행되기 전에 레이건 행정부에서 벨(Bell) 교육부 장관이 사임하고 베넷(Bennett) 장관이 취임하면서 이중 언어교육 정책에 대한 심각한 공격이 시작되었다. 라이언스(Lyons, 1990)는, "1986년과 1987년 동안에 베넷 장관과 다른 교육부 관리들은 영어 전용 교육 프로그램이 이중 언어교육 프로그램만큼 LEP 학생들에게 효과적이라고 주장하면서 SAIP 보조금에 대한 자금 제한을 없애려고 추진했다고 하였다"(p. 77). 반대로, 1987년 미국 하원 교육노동위원회 호킨스(Hawkins) 위원장의 요청으로 작성된 미국 회계감사국의 '이중 언어교육' 보고서인 「이중 언어교육: 연구 증거에 기반한 새로운 시각」에 따르면 단일 언어 영어 교육이

주장만큼 효과적이지 않다는 사실이 밝혀졌다.

1988년 레이건 행정부는 '영어 전용 SAIP 프로그램에 투입될 수 있는 「이중 언어교육법」 기금 액수에 대한 모든 제한을 철폐할 것'을 주장한 것 외에는 BEA의 재승인을 요구하지 않았다(Lyons, 1990, p. 77). 레이건 행정부는 "이중 언어교육에 매우 적대적"이었다(Baker, 2006, p. 194). 1988년 재승인된 내용은 다음과 같았다.

> 지역교육청이 '제한적인 영어 능력(LEP)' 아동 교육을 위해 다양한 교육적 접근 방식을 사용할 수 있도록 하는 추가 조항을 포함시켰다. A항에서는 전환적 이중 언어교육 프로그램을 위해 전체 보조금 중 75%를 지역교육청에 지원하도록 승인했으며, 모국어를 사용하지 않는 특별 대안 교육 프로그램에 사용할 수 있는 보조금 액수도 25%로 늘렸다. 또한 학생들이 전환적 이중 언어교육 프로그램 또는 대안 교육 프로그램에 참여할 수 있는 기간을 3년으로 제한했지만, 특별한 경우에는 최대한 2년까지 추가 연장할 수 있도록 하였다(Rossell, 2000, p. 228).

주목할 만한 또 다른 사실은 레이건 행정부 시절에 라우 교정 정책(Lau Remedies)이 철회되었고, ELL 교육에 있어서 각 지방 정부가 자체적으로 정책을 개발하고 시행하도록 하였다는 점이다. 그 결과, 이중 언어교육(전환적 이중 언어 프로그램)이 이전과 달리 약화되었다(Baker, 2006 참조).

### • 1990년대

1994년, 클린턴 행정부는 1995년 회계 연도에 2억 1,500만 달러를 할당하여 다음과 같은 프로그램에 예산을 우선순위로 부여하는 내용으로 재승인하였다. 즉, 영어와 다른 언어 모두에서 이중 언어 능력을 개발할 수 있도록 예산 지원을 우선적으로 제공하지만, 소수 민족 출신의 저빈곤층 학생에게 언어를 가르칠 수 있는 교사 부족과 같이 자원 확보가 불가능한 경우에는 모국어를 사용하지 않는 프로그램에 대한 예산 배정 상한선을 25%로 유지하였다(Rossell, 2000, pp. 228-229). 1997년에는 특수교육 서비스가 필요한 영어 학습자를 위한 결정적이며 중요한 발전이 있었다. 「공법 105-17」에 의해 「장애인 교육법(IDEA)」이 개정되어 IDEA 97로 대중에게 널리 알려지게 된 것이다. 이 개정으로 인해 새로운 형태의 이중 언어교육의 필요성이 강조되었다. IDEA는 "각 주는 문화적, 언어적으로 다양한 특수교육 대상 학생들을 위한 대안 평가 방안을 포함해야 한다."라고 주 정부에 요구하였다(Rodriguez, 2005, p. 1966). 이에 따라 언어적으로 다양한 특수 요구를 가진 학생의 요구를 충족시킬 수 있는 이중 언어 특수교육 교사가 필요하게 되었다.

1990년, 클린턴이 대통령에 당선되면서 「미국 교육법(Educate America Act)」 또는 「미국 학교 개선법(Improving America's School Act)」으로 알려진 「목표(Goals) 2000」 법안을 통해 교육 개혁이 이루어지게 되었다. 이를 통해 특수교육적 요구를 지닌 영어 학습자(ELL)가 높은 수준의 학업 성취도에 도달하도록 보장해야 할 필요성이 더욱 강조되었다. 베이커(2006)는 "이 법안은 아동들에게 풍부한 교육 프로그램을 제공하고, 교수 전략을 개선하며, 교육과정을 더욱 도전적으로 만드는 것을 목표로 했다"(p. 194)라고 설명하였다. 이 개혁은 타이틀 7(Title VII)로 재승인되었으며, 언어를 하나의 교수 자원으로 보려는 관점을 제시하였다. 이제 이중 언어 구사 능력은 개인의 중요한 자산으로 간주되었다. 강력한 형태의 이중 언어교육(예: 이중 언어 및 이중 문해력 개발을 위한 이중 언어 프로그램)에 더 많은 예산이 지원되었다. 그러나 타이틀 7(Title VII)의 재승인에 대한 비판과 저항이 있었으며 심지어 이 법을 없애려는 움직임도 있었다. 결국, 이 법을 폐지하려는 노력은 실패하였지만, "1994년과 1996년 사이에 타이틀 7(Title VII) 예산이 38% 삭감되어 이중 언어 프로그램, 교사 연수, 미국 내 이중 언어교육에 대한 연구, 평가 및 지원 예산이 삭감되었다"(Baker, 2006, p. 195). 전반적으로 1990년대에는 이중 언어교육에 대한 좋은 소식도 있었지만, 동시에 이 10년 동안 이중 언어교육에 대한 가장 강력한 비판이 제기되는 시기이기도 하였다. 예를 들어, '영어만 사용하기 운동(English-only initiatives)'은 세 개 주에서 성공하였다. 특히 캘리포니아는 1998년 이중 언어교육을 해체하려는 법안 227을 통과시켰는데, 이 법안은 캘리포니아 학교에서 영어 학습자(ELL)를 영어로 가르치도록 의무화하여 그 이후로 영어 몰입(English-immersion) 프로그램이 시행되었다(Baker, 2006 참조).

### • 새 천년

2000년이 되면서 이중 언어교육 분야에 실망스러운 일들이 계속적으로 일어났다. 애리조나주(2000)와 매사추세츠주(2002) 두 개의 주가 추가로 '영어만 사용하기 운동(English-Only Movement)'에 동참하였기 때문이다. '아동을 위한 영어'로도 알려진 애리조나주의 발의안 203은 특수교육적 요구를 지닌 영어 사용자(ELL)를 위한 프로그램 유형을 제한하고자 하였다. 매사추세츠의 주민투표안 2번은 30년간의 전통적 이중 언어교육(TBE) 이후 특수교육적 요구를 지닌 영어 학습자(ELL)에게 영어 전용 교육을 의무화하고자 하는 내용을 담고 있었다. 이 모든 시도는 이중 언어교육을 지속적으로 반대해 온 캘리포니아의 백만장자 론 운즈(Ron Unz)의 지원 아래 이루어졌다. 그는 2005년 콜로라도(개정안 31)에서 이중 언어교육을 폐지하고 대

신 공립학교에서 영어만 사용하기 운동을 시도하였지만, 법안 통과에 실패하였다. 2001년 부시 행정부 시절에는 「이중 언어교육법(BEA)」이 재승인되지 않았다. 대신 「낙오 아동 방지법(NCLB)」으로 대체되었다. 이 법안은 미국 하원에서 381 대 41이라는 초당적 지지를 받아 통과되었고, 2002년에 법으로 제정되었다. 이 법에서 영어 학습자(ELL)에 관한 조항은 기존의 타이틀 VII(Title VII)에서 타이틀 III으로 변경되었다. 타이틀 III은 '제한적인 영어 능력 및 이민자 학생을 위한 언어교육'이라는 이름으로 불렸으며, 주 정부에 강력한 책무성을 부과하였다. 이제 각 주 정부에서는 다음과 같은 사항들을 수행하게 되었다(Baker, 2006, p. 199).

- 학생들 중 영어 이외에 사용되고 있는 모국어를 확인할 것
- 학업 성취도 평가 도구를 개발할 것
- 매년 LEP 학생을 대상으로 영어 말하기, 읽기, 쓰기 능력 평가를 실시할 것
- 3학년부터 8학년까지의 LEP 학생들을 대상으로 적절한 조정을 통해 읽기 및 수학 평가에 참여시킬 것
- 미국의 학교에 3년 이상 재학한 학생에게 영어로 된 읽기 평가를 시행할 것. 그러나 2004년에 각 주에서는 미국의 학교에 처음 등록한 LEP 학생에 대하여 첫 해 동안은 읽기 평가를 1년간 면제할 수 있도록 허용하였다. 그리고 이전의 LEP 학생들을 포함시키거나 적절한 연간 진전도 평가를 할 수 있도록 함으로써 적용상의 유연성을 허용하였다.

타이틀 III은 ELL을 위한 영어 중심 수업에 초점을 두고 있으며, 영어로 된 고부담 표준화 평가(high-stakes assessments)는 ELL의 학업 성취 진전도를 평가하는 방법이다. 타이틀 III에서는 이중 언어교육에 대한 연방 정부의 직접적인 지원과 관련된 내용을 삭제하였다. 이제 타이틀 VII의 경쟁 기반 보조금(grant) 체계는 주 산하 교육국이 관리하는 공식(formula) 보조금으로 대체되었으며, 주 교육청은 '적격 지역 교육기관[즉, 교육구 및 차터 스쿨(charter schools)]에 보조금을 나눠 지원하는 재보조금(subgrants)' 지급 방법으로 변경되었다(Wright, 2010). "LEP 학생을 지원하는 예산이 거의 두 배로 증가했고, 처음으로 LEP 학생을 위한 연방 기금이 거의 모든 적격 학교에 지원되었지만"(Wright, 2010, p. 59), 그 결과로 예산이 분산되어 여전히 수요를 충족시키기에는 충분하지 않았다. 또한 이 법안에는 이중 언어 사용이나 이중 문해력 개발을 목표로 한다는 언급이 전혀 없었다(Baker, 2006; Wright, 2010). 라이트(Wright, 2010)는 "이중 언어 능력을 향상시키고 이를 장려하는 것은 더 이상 연방 정부의 목표가 아니다. 1994년 타이틀 VII

의 재승인을 통해 ELL 학생들의 언어적 자원에 대한 인정과 이중 언어가 사회에 미치는 긍정적 효과를 인정했던 내용들이 최근 연방법에서는 보이지 않고 있다"(p. 65)라고 지적하였다. 이 외에도 1974년 의회가 설립한 이중 언어교육국 및 소수 언어 문제 사무소(OBEMLA)는 영어 습득 및 언어교육 프로그램을 위한 국립 정보 센터(National Clearinghouse)로 대체되었다. 최근 오바마 대통령은 「낙오 아동 방지법(NCLB)」에서 고부담 표준화 평가(high stakes)를 지나치게 강조하는 것을 비판하면서, 이중 언어교육에 대한 지지 의사를 표명하였다. 그러나 현재 재승인 시한이 도래한 「초 · 중등교육법(ESEA)」에 대한 "구체적인 입법 변경 제안"은 없었다(Wright, 2010, p. 67). 오바마 행정부의 주요 교육 개혁은 사회 · 경제적으로 취약한 계층에 초점을 둔 2009년 「미국 경기 회복 및 재투자법(American Recovery and Reinvestment Act of 2009: ARRA)」이지만, 이 법이 ELL 교육에 어떤 영향을 미칠지는 아직 분명하지 않다. 오바마 대통령이 고부담 표준화 평가에 대해 비판적인 입장을 취하고 있음에도 불구하고, 고부담 표준화 평가의 중요성을 강조하는 주장들 또한 여전하다. 고부담 표준화 평가를 통해 학업 성취 진전도를 점검해야 한다는 주장에 대해 ELL 지지자들은 우려하고 있다. 왜냐하면 이들은 고부담 표준화 평가와 같은 단 한 번의 평가를 통해 ELL의 학업 성취 진전도에 대한 증거 확인 및 ELL을 가르치는 교사들이 효과적인 교수를 실행하고 있다는 근거로 삼는다는 것이 얼마나 많은 문제가 있는지를 잘 알고 있기 때문이다(Wright, 2010 참조).

## ○ 결론

이 장에서는 이중 언어 특수교육의 역사가 미국의 풍부한 다언어/다문화 역사, 그리고 미국의 교육 체계를 규율하는 법들과 얼마나 밀접하게 연결되어 있는지를 보여 주었다. 미국 연방 차원에서 이중 언어교육에 관심을 갖고 공식적인 교육을 시작한 이래로 많은 교육 정책들이 변화되어 왔다. 이러한 변화들은 사회 정의를 실현하기 위해 미국 전역에서 벌어진 소송, 법원 판결, 정치적 논쟁의 치열한 역사 속에서 이루어진 결과였다. 현재 「낙오 아동 방지법(NCLB)」이 계속 시행되고 있는 상황을 고려할 때, 가까운 시기에 미국의 연방 정부가 직접적으로 이중 언어 특수교육 그 자체를 지지할 가능성은 낮아 보인다. 「낙오 아동 방지법」은 타이틀 III에서 '이중 언어'라는 명칭이 삭제되었으며, 부시 행정부 시절에 「낙오 아동 방지법」이 제정된 이후로 법적으로 이에 대한 이의 제기도 없고, 이념적, 정치적 입장도 변하지 않은 채 비준이 되면서 이런 추세가 공식화되었다.

현재 상황에서 이중 언어라는 명칭이 포함된 어떠한 교육적 노력에 대해서도 예산 지원이 부족한 것을 보는 것은 놀라운 일이 아니다. 이러한 상황은 이중 언어 특수교육자들의 심각한 부족 사태로 이어질 수 있다. 「낙오 아동 방지법」의 주요 목표는 이런 문제가 더 이상 존재하지 않을 때에만 달성될 수 있을 것이다.

## 참고문헌

Baca, L. M., & Cervantes, H. T. (2004). *The bilingual special education interface* (4th ed.). Columbus, OH: Pearson/Merrill Prentice Hall.

Baker, C. (2006). *Foundations of bilingual education and bilingualism* (4th ed.). Buffalo, NY: Multilingual Matters.

Banks, J. (2002). *An introduction to multicultural education* (3rd ed.). Boston, MA: Allyn and Bacon.

Cranston, A. (1974). Why the bilingual education amendments deserve support. *The Phi Delta Kappan, 56*(1), 58-59. Available at http://www.jstor.org/stable/20297789

Cordasco, F. (1969). The bilingual education act. *The Phi Delta Kappan, 51*(2), 75. Available at http://www.jstor.org/stable/20372531

Crawford, J. (2004). *Educating English learners: Language diversity in the classroom* (5th ed.). Los Angeles, CA: Bilingual Education Services.

Crawford, J., & Krashen, S. (2007). *English learners in American classrooms: 101 questions & 101 answers*. New York: Scholastic.

Cummins, J. (1991). *Bilingualism and special education*. Austin, TX: PRO-ED.

Davies, G. (2002). The great society after Johnson: The case of bilingual education. *The Journal of American History, 88*(4), 1405-1429. Available at http://www.jstor.org/stable/2700603

Hallahan, D. P., Kauffman, J. M., & Pullen, P. C. (2009). *Exceptional learners: An introduction to special education* (11th ed.). Available at http://instructors.coursesmart.com/9780137144853

Hamayan, E., Marler, B., Sanchez-Lopez, C., & Damico, J. (2007). *Special education considerations for English language learners*. Philadelphia, PA: Caslon.

Jarvis, G. L. (2006). A new look at bilingual education. *Hispania, 89*(1), 167-169. Available at http://www.jstor.org/stable/20063268

Lessow-Hurley, J. (2005). *The foundations of dual language instruction* (4th ed.). Boston, MA: Pearson/Allyn and Bacon.

Lyons, J. J. (1990). The past and future directions of federal-bilingual education policy. *Annals*

*of the American Academy of Political and Social Science, 508*, 66–80. Available at http://www.jstor.org/stable/1047619

McLaren, P., & Munõz, J. S. (2000). Contesting Whiteness: Critical perspective on the struggle for social justice. In: C. J. Ovando & P. Mclaren (Eds.), *The politics of multiculturalism and bilingual education* (pp. 23–49). Boston, MA: McGraw Hill.

Moran, R. F. (1987). Bilingual education as a status conflict. *California Law Review, 75*(1), 321–362. Available at http://www.jstor.org/stable/3480582

Moran, R. F. (1988). The politics of discretion: Federal intervention in bilingual education. *California Law Review, 76*(6), 1249–1352. Available at http://www.jstor.org/stable/3480675

Ochoa, A. M., Pacheco, R., & Omark, D. R. (1983). Addressing the learning disability needs of limited-English proficient students: Beyond language and race issues. *Learning Disability Quarterly, 6*(4), 416–423. Available at http://www.jstor.orf/stable/1510528

Ooka Pang, V. (2005). *Multicultural education: A caring-centered approach* (2nd ed.). Boston, MA: McGraw Hill.

Ovando, J. C. (1983). Bilingual/bicultural education: Its legacy and its future. *The Phi Delta Kappan, 64*(8), 564–568. Available at http://www.jstor.org/stable/20386806

Reynolds, C. R., & Fletcher-Janzen, E. (Eds). (2007). *Encyclopedia of special education: A reference for education* (3rd ed.). San Francisco, CA: Wiley.

Rodriguez, D. (2005). A conceptual framework of bilingual special education teacher programs. In: J. Cohen, K. T. McAlister, K. Rolstad & J. MacSwan (Eds.), *ISB4: Proceedings of the 4th international symposium on bilingualism* (pp. 1960–1969). Somerville, MA: Cascadilla Press.

Rossell, C. H. (2000). The federal bilingual education program. *Brookings Papers on Education Policy, 3*, 215–264. Available at http://www.jstor.org/stable/20067223

Tireman, L. S. (1941). Bilingual children. *Review of Educational Research, 11*(3), 340–352. Available at http://www.jstor.org/stable/1168704

Wiley, T. G. (2007). Accessing language rights in education: A brief history of the U.S. context. In: O. García & C. Baker (Eds.), *Bilingual education: An introductory reader* (pp. 120–144). Buffalo, NY: Multilingual Matters.

Wright, W. E. (2010). *Foundations for teaching English language learners: Research, theory, policy and practice*. Philadelphia, PA: Caslon.

Yarborough, R. W. (1969). Bilingual education as a social force. *The Bulletin of the Rocky Mountain Modern Language Association, 23*(2), 69–72. Available at http://www.jstor.org/stable/1346696

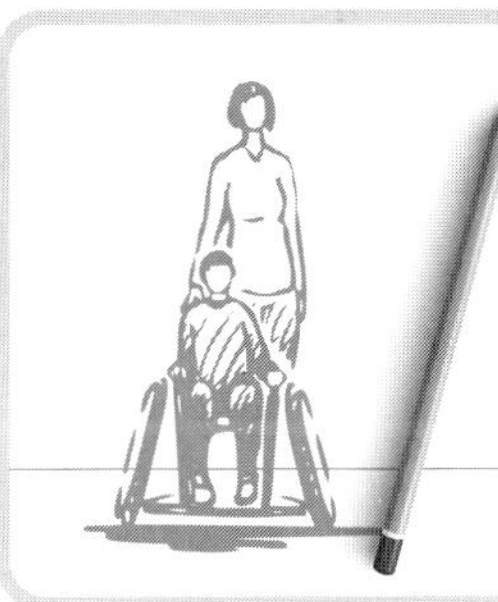

제15장

# 특수교육의 역사적, 현대적 맥락과 도전 과제 그리고 전망

*Festus E. Obiakor*

예로부터 우리는 특수성을 가진 개인들과 함께 살아왔다. 그들은 어떤 방식으로건 존재해 왔고, 역할을 맡아 사회적 활동에 참여해 왔다. 예를 들어, 유대교의 탈무드, 이슬람교의 쿠란, 그리고 기독교의 성경은 모두 비전형적인 특성을 가진 사람들에 대해 특별히 언급하고 있다. 사실 모든 사회는 불운하고 힘이 없고 소외되거나 불리한 처지에 있는 사람들을 어떻게 돌볼 것인가에 항상 관심을 가져왔다(Obiakor & Algozzine, 1995). 이러한 역사적, 현대적 맥락에서 볼 때, 특수성을 가진 개인들을 진정으로 교육하고 실질적인 교육적 효과를 발휘하는 목표지향적 접근에 초점을 맞추기보다 단지 그들을 감싸거나 친절하게 대하는 데 집중한 것으로 보인다. 힐리어드(Hilliard, 1992)는 신정한 교육적 역량이란 "장애가 있을 수도 있는 모든 아동이 정교하고 타당한 서비스를 받아, 특별한 서비스를 받지 않았더라면 달성할 수 없었을 수준으로 성취할 수 있도록 돕는 것"(p. 168)을 의미한다고 설명했다.

18세기 말, 프랑스 의사인 장 마르크 이타르(Jean Marc Itard)는 진정한 교육적 힘을 믿으며 프랑스 아베롱의 '야생 소년' 빅터(Victor)를 교육하기로 결심하였다. 이 '야생 소년'도 어느 정도는 기술을 습득할 수 있었는데, 이 사례는 특수교육의 효과를 보여 준다. 20세기 초, 현대 스탠퍼드-비네 지능검사의 창시자인 알프레드 비네(Alfred Binet) 박사는 인간의 지식과 지능은 향상될 수 있다고 말했다. 자신의 특수학급 경험을 바탕으로, 비네(1909)는 그가 만든 지능지수 도구에 너무 의존하지 말라고 경고했다. 그는 이렇게 말했다. "이 아이들의 지능이 높아졌다고 말할 수 있는 것은, 우리가 평가할 수 있는 한정된 범위 안에서 그렇다는 뜻이다. 즉, 아이들이 배움을 받아들이고 이해하는 능력, 곧 학습자로서의 지적 능력이 향상된 것이다"(p. 104). 20여 년 전, 굴드(Gould, 1981)는 개인의 다양한 특성을 지닌 사람들을 잘못 측정하고 평가하는 관행을 강하게 비판하며, "비네의 원칙을 따랐고 그의 검사를 의도대로 일관되게 사용했다면, 우리 시대에 발생한 중대한 과학적 남용을 피할 수 있었을 것"(p. 155)이라고 주장했다. 또한 그는 생물학적 결정론(즉, 인간의 속성이 유전적 요인에만 기반한다는 믿음)을 맹목적으로 따르

는 것에 대해 경고했다. 이러한 믿음은 인간의 가치를 훼손하고 진정한 교육적 역량을 발휘하는 능력을 저해하기 때문이다. 굳래드(Goodlad, 1993)는 굴드의 논지를 지지하며 다음과 같이 언급했다.

> 우리는 여전히 개인을 평가의 단위로 삼고, 성공과 실패에 대한 책임을 개인에게 돌리는 방식에서 벗어나지 못하고 있는 듯하다. 학교가 개인들에게 양질의 교육을 제공하기 위해 필요한 교육과정, 자료, 교수법, 그리고 기타 조건들을 갖추고 있는지를 평가하는 맥락적 검토를 실천 기준으로 채택해야 한다. 이러한 조건이 결여되면 불평등이 드러나고 발생하며, 이는 정의로운 사회에서 배려심 있는 사람들이 바로잡아야 할 도덕적 책임이 된다(p. 20).

특수한 특성을 가진 학생들이 교육을 받을 자격이 있다는 것은 분명하다. 분명히 이와 관련하여 객관적인 노력이 이루어져 왔으며, 앞으로도 계속될 것이다. 특수교육의 주요 목표는 특수한 특성을 가진 학생들에게 일반 교실에서 제공되는 교육과는 다른, 추가적이며 보완적인 교육을 제공하는 데 있으며, 이를 위해 교수 기법, 자료 그리고 설비를 체계적으로 수정하고 조정하는 것을 포함한다(Blackhurst & Berdine, 1993; Obiakor, Utley, & Rotatori, 2003; Smith & Tyler, 2010). 이 광범위한 목표를 달성하려면 이 학생들이 누구인지 아는 것이 중요하다. 예상할 수 있듯이, 이 학생들은 광범위하게 또는 전 세계적으로 인식되는 특수성의 범주에 속한다. 즉, 지적장애, 학습장애, 정서/행동 장애, 의사소통 장애/언어장애, 시각장애/맹, 청각장애/농, 자폐증, 외상성 뇌 손상, 영재, 지체장애, 그리고 기타 건강장애가 포함된다. 어떤 나라에서는 이 범주 중 일부가 얼마 없을 수도 있지만, 모든 국가는 특수한 특성을 가진 학생들이 잠재력을 최대한 발휘할 수 있도록 돕는 데 관심이 있음을 보여 주고자 한다. 분명히, 계속해서 제기되는 질문은 다음과 같다. 이러한 학생들 또는 잘못 분류되어 이 범주에 포함된 학생들이 역사적으로 어떻게 자신의 잠재력을 최대한으로 발휘해 왔는가? 역동적인 특수교육 방법과 기술은 오늘날의 복잡한 세계에서 변화하는 시대를 어떻게 비추어 보이고 있는가? 다시 말해, 우리는 역사로부터 무언가를 배운 것이 있는가? 이 장은 이러한 중요한 질문에 답하고자 한다.

## 역사적 맥락과 현실

사람들은 보통 자신과 행동, 외모, 말투 그리고 행동 방식이 비슷한 사람들과 어울리고 싶어 한다. 일반적인 기준에서 벗어난 사람들은 예로부터 남과 다르다고 생각되고, 다른 대우를 받았으며 남과 다른 교육을 받았다(James, 1958; Obiakor, 2008, 2009). 분명히, 특수한 특성을 가진 학생들은 차별받고, 배척당하며, 낙인 찍히고, 모욕적인 이름(예: 멍청이, 저능아, 하찮은 바보들)으로 불려 왔다. 그러나 오늘날에는, 차이란 삶의 일부라는 점이 점점 더 명확해지고 있다. 특수한 특성을 가진 학생들의 옹호자들은 이들의 필요를 충족시키는 측정 가능한 방법을 찾아야 한다고 지속적으로 촉구해 왔다(Obiakor, Harris, & Beachum, in press). 미국에서는 이러한 학생들의 교육을 시민권 운동과 그에 따른 후속 사건들과 분리해서 생각할 수 없다. 특수한 특성을 가진 학생들의 교육은 역사적으로 1950~1960년대의 사회적 발전과 법원 판결에 크게 영향을 받았다. 예를 들어, 획기적인 브라운 대 토피카 교육위원회 판결(1954)은 분리된 교육을 불평등하며 헌법에 위배된다고 선언한 시민권 소송이었다(Obiakor, 2009). 이 판결은 학교에서의 인종 차별을 종식시키는 것을 목표로 했다는 점에서 매우 중요하다. 논리적으로, 이 판결은 특수한 특성을 가진 학생들을 옹호하는 효시가 되었다. 이 판결은 학부모와 전문가들이 학생들을 위한 평등한 교육을 요구하며 로비 활동을 벌이도록 만든 촉매가 되었다.

브라운 판결로 인해 미국 학부모 단체들은 특수한 특성을 가진 학생들이 공립학교에서 교육받을 수 있도록 법원에 청원할 용기를 내게 되었다. 또한 이 판결은 역사적으로 큰 영향을 미친 여러 획기적인 사건을 이끌어 냈다. 예를 들어, 펜실베이니아 정신지체아 협회 대 펜실베이니아주 정부(PARC, 1972) 소송에서는 아동들의 공립학교 입학을 거부할 수 없으며, 무상의 적절한 공교육(FAPE)을 받을 권리가 있다고 판결했다. 밀스 대 교육위원회(Mills, 1972) 소송에서는 워싱턴 D.C. 학교구의 다양한 특수성을 가진 18,000명의 아동을 대표하여 집단 소송이 제기되었다. 이 소송에서 법원은 특별한 지원이 필요한 아동을 포함한 모든 아동을 교육할 것을 교육구에 명령했으며, 학생이 특수교육 서비스를 받을 자격이 있는지를 판단하기 위해 구체적인 절차를 따라야 한다는 점을 더욱 분명히 했다. 일반적으로, 이러한 소송들과 이후의 판례들은 현재 특수교육 분야를 이끄는 법률 체계의 기반을 형성했다(Yell, 2004).

미국에서는 역사적으로 많은 법률이 일반교육과 특수교육 분야에 영향을 미쳤다. 예를 들어, 1964년 「민권법(P.L. 88-352)」은 교육과 인간 상호작용의 다른 영역에서 평등에 대한 법적 권리를 보장했다. 1973년에는 「직업 재활법(P.L. 93-112)」 제504조가 통과되어 특수한 특성을

가진 사람들에게 ⓐ 무상의 적절한 공교육(FAPE), ⓑ 시민권, ⓒ 프로그램 접근성, ⓓ 고용 권리를 보장했다. 1975년에는 「전장애아교육법(P.L. 94-142)」이 다음과 같은 기본 요소를 골자로 성립되었다. ⓐ 3세에서 21세까지의 학생을 위한 교육, ⓑ 무상의 적절한 공교육(FAPE), ⓒ 학생 판별, ⓓ 차별 없는 평가, ⓔ 최소제한환경(LRE)에서의 배치, ⓕ 정보 기밀 유지, ⓖ 절차적 보호 장치, ⓗ 개별화 교육 계획(IEP)의 개발. 1986년에는 P.L. 94-142가 개정되어 출생부터 3세까지의 유아를 포함하도록 조정되었다. 「전장애아교육법」은 1986년 개정되어(P.L. 99-457), 아동을 위한 IEP뿐만 아니라 부모와 보호자를 위한 개별 가족 지원 프로그램(IFSP)을 제공하기 시작했다. 1990년에는 P.L. 94-142가 「장애인 교육법(Individuals with Disabilities Education Act: IDEA)(P.L. 101-476)」으로 명칭이 변경되었다. 이 법은 출생부터 21세까지의 학생들에게 교육 서비스를 제공할 수 있도록 주 정부에 자금을 지원하는 체계를 마련했으며, 부모가 평가 과정에 의미 있게 참여할 수 있도록 절차적 보호 장치를 보장했다(Katisyannis, Yell, & Bradley, 2001). 또한 IDEA는 연구 훈련, 기술 지원, 그리고 16세가 되는 학생들을 위한 전환 지원을 통해 예외적인 특성을 가진 학생들의 교육 향상을 보장했다. 민간 부문에서의 변화를 촉진하기 위해 1990년 「미국 장애인법(Americans with Disabilities Act: ADA)(P.L. 101-336)」이 제정되어, 특별한 요구를 가진 사람들에게 더 많은 사회적 기회를 제공했다. 1997년에는 IDEA가 P.L. 105-17로 재승인되어, 징계 절차를 원활하게 하고 소송 비용을 줄이기 위한 조치가 포함되었다. 2001년 「낙오 아동 방지법(No Child Left Behind Act: NCLB)(P.L. 107-110)」이 제정되어 모든 학습자를 교육하고, 모든 수준에서 그들의 진전을 측정 가능하게 평가하도록 요구했다. 이후, 2004년에는 IDEA가 다시 개정되어 「장애인 교육 개선법(Individuals with Disabilities Education Improvement Act: IDEIA)(P.L. 108-446)」으로 재승인되었다. 이 법은 예외적인 특성을 가진 학생들을 가르치는 교사가 높은 자질을 갖추도록 요구했으며, 이는 교사가 자신이 가르치는 내용 영역에서 자격을 갖추어야 함을 의미한다(Smith, 2005). 이러한 정부의 노력은 시민들의 역사적인 옹호 활동이 없었다면 불가능했을 것이다.

## ○ 우리 시대의 과제와 전망

모든 교육 프로그램의 목표는 학생들의 잠재력을 최대한 발휘하도록 돕는 것이다. 다시 말해, 학생의 능력이나 장애 여부에 상관없이 단 한 명의 아동도 뒤처지지 않게 하는 것이 목표여야 한다. 중요한 질문은 여전히 남아 있다. 우리는 현 상태를 유지하고 변화를 거부할 것인가,

아니면 예외적인 특성을 가진 학생들의 교육을 진전시킬 것인가? 약 20년 전, 슈라그(Schrag, 1993)는 다음과 같이 밝혔다. "특수교육 프로그램을 현재 받고 있거나 받아야 할 학생들의 비율은 점차 증가하고 있으며, 이는 교육시스템 내에서의 서비스를 통합, 조정할 뿐 아니라 더 광범위한 건강 및 사회 서비스와 연계되어야 함을 뜻한다."(p. 208) 이러한 의무에 대한 연방 정부의 대응은 '책무 없는 책무'(즉, 평가를 통해 학생을 배제하는 데만 초점을 맞춘 제한적인 책무)였다. 안타깝게도, 일부 책무성 조치는 이미 특수교육의 정신을 훼손하고 있다. 리버먼(Lieberman, 2001)은 자신의 글 「특수교육의 죽음(The Death of Special Education)」에서 다음과 같이 말했다.

> 특수교육은 의무 교육과정, 의무 시험, 의무 기준을 가진 학교 시스템이라는 거대한 짐승에게 삼켜져 버렸다. 이제 장애아동에게 교육의 질이 높거나 장애아동에게 적합한지 여부와 상관없이 다른 모든 아동과 동일한 교육을 받을 권리만을 부여하고, 아니 사실상 그렇게 하도록 강요하고 있다(p. 39).

특수교육이 '책무성 요구로 인해 거대한 짐승에게 삼켜졌다'고 믿는 것은 파격적인 견해일 수 있지만, 특수교육에서 '현 상태를 유지만 하자'라고 생각하는 것 또한 비현실적이다. 긍정적인 변화를 믿지 않는다면 그 분야나 직업은 이미 죽은 것과 다름없다. 분명히, 최근 사회의 인구학적 변화를 생각하면 일반교육 및 특수교육 교사와 지도자들에게 학교 프로그램에서 모든 학생의 잠재력을 극대화할 혁신적인 방법을 찾아내야 한다(Obiakor, 2007; Rueda, 2007). 루에다(Rueda, 2007)가 주장했듯이, "특수교육에서 다양한 학생의 과잉 진단 문제에 대한 오랜 논쟁이 여전히 계속되고 있는 상황에서, 판별, 의뢰, 평가, 교수에 대해 앞으로 고려해야 할 점이 매우 많다"(p. 292). 우리 시대의 현실에 대응하고, 과거에 있었던 실수를 피하며, 특수교육 분야를 발전시키기 위해 ① 이 분야의 새로운 목소리에 귀를 기울이고, ② 전문가 양성 과정에서 패러다임 전환을 이뤄 내는 노력이 필요하다.

## ☑ 특수교육 분야에서 새로운 목소리에 귀 기울이기

현행 특수교육 시스템에서는 최근 정서 · 행동 장애아동을 위한 프로그램에서 문화적으로 다양한 학생(예: 아프리카계 미국인 학습자)을 과잉 진단하고, 영재 학생을 위한 프로그램에서는 과소 진단하는 경향이 있다. 그런데 이에 대한 새로운 목소리나 비판을 침묵시키려는 전통적인 움직임이 있었다. 카우프만(Kauffman, 2002, 2003a, 2003b, 2004), 모스터트, 카우프만과 커베일(Mostert, Kauffman, & Kavale, 2003), 그리고 사소(Sasso, 2003)는 현재의 특수교육 시스템을 비판하는 것이 잘못이라고 동의했다. 실제로 그들의 연구에서는 문화적, 언어적으로 다양한 학생들이 특수교육에서 불균형적으로 진단되는 문제를 인정하지 않으려는 태도를 보여 왔다. 예를 들어, 카우프만(2003b)은 다음과 같이 주장했다.

> 특수교육은 본래 장애에 대한 공정한 대우를 지향하는데, 그것이 낙인을 만들어 낸다고 보는 가정은 단순히 잘못된 것이 아니라, 왜곡된 생각이다. 이는 마치 암을 발견하고 치료하는 것이 암에 걸렸다는 사실에 따른 낙인을 만든다고 가정하는 것처럼, 치료와 원인을 혼동하는 것이다. 장애에 대해 단순하고 솔직하게 이야기하려는 의지가 없다면, 우리는 낙인 문제를 해결할 수 없다. 완곡 어법은 아무것도 제대로 가리지 못하는 허울일 뿐이다. 그것은 언제나, 그리고 필연적으로 낙인 예방을 방해하는 걸림돌일 뿐이다(p. 196).

현재의 특수교육 시스템이 일부 아동에게 효과가 있다는 점은 의심의 여지가 없다. 하지만 문제는 현재의 특수교육 시스템을 비판하는 사람들이 특수교육의 정신을 믿고 있느냐는 것이다. 물론, 그들은 믿고 있다! 실제로 특수교육은 오늘날 중요한 교육 현상으로 자리 잡았으며, 학생들을 잘못 판별하거나, 잘못 평가하거나, 잘못 분류하거나, 잘못 배치하거나, 잘못 가르치지 않는다면 매우 효과적으로 기능할 수 있다. 즉, 인종적, 문화적, 언어적, 사회경제적 배경이 다른 학생들을 이러한 잘못된 방식으로 다루는 일이 없어야 한다는 것이다. 행동이나 학습 방식이 다르다는 이유만으로 학생들을 배제하기 위해 특수교육이라는 이름을 이용하는 것은, 전문가로서 비윤리적이며 도덕적으로 잘못된 일이다. 다시 말해, 특수교육에는 증거 기반 실천(evidence-based practice)이 반드시 필요하지만, 나는 카우프만(2003a)의 주장, 즉 "만약 과학을 사실을 발견하는 방법으로 받아들이지 않고, 특수교육이 근본적으로 결함이 있고, 이류이며, 비효과적이고, 불공평하며, 억압적이라고 믿는다면, 과학을 예방에 활용하지 않으려는 것이다"(p. 206)라는 의견에 강력히 반대한다. 나는 과학이 필요하다고 믿는다. 그러나 과학적으로 입증된 약물이라고 해서 모든 질병에 무분별하게 사용한다면 위험할 뿐만 아니라 비윤리적이고 비도덕적이다(Obiakor, 2004). 비록 사람의 '마음'이나 영성이 측정될 수 없더라도, 우리의 전문적인 활동에는 인간에 대한 존중, 즉 '마음'이 반드시 포함되어야 한다. 특수교육에서 과학이 항상 유일한 답이 될 수는 없다. 감정도 역시 중요하게 고려되어야 한다! 의료 분야에서도 의사의 손길과 환자의 감정은 치유 과정을 촉진하고 발전시킬 수 있다. 왜 특수한 특성을 가진

학생들의 교육은 달라야 한다고 생각해야 할까?

컬리넌과 카우프만(Cullinan & Kauffman, 2005)은 「학생의 인종과 교사의 인종이 정서장애 학생들의 정서적 및 행동적 문제 특성 평가에 영향을 미치는가?(Do race of student and race of teacher influence ratings of emotional and behavioral problem characteristics of students with emotional disturbance?)」라는 연구에서 "정서장애학생들 사이에서 아프리카계 미국인의 과잉 진단이 교사의 정서적 및 행동적 문제에 대한 인식에서 비롯된 인종적 편견에 의해 발생한다는 주장을 뒷받침하는 결과는 발견되지 않았다"(p. 393)라고 결론지었다. 컬리넌과 카우프만이 지적한 연구의 한계와 약점에 더해, 교사에게는 잘못이 없으며 그 이유는 그들의 인종이나 문화 때문이라는 가정이 깔려 있다. 미국의 많은 도시 학교에는 문화적, 언어적으로 다양한 배경을 가진 전문가들이 있으며, 그들 중 일부는 그들의 행위로 인해 학생과 학부모의 삶에 심각한 상처를 남겨 왔다(Obiakor, 2001b, 2003). 또한 미국에서는 역사적으로 법과 질서를 유지한다는 이상한 명분으로 동료 흑인들을 부당하게 체포하고, 잔인하게 구타하며, 총격을 가하거나 살해한 일부 흑인 경찰관들이 있었다. 그들의 인종이나 문화가 타인의 시민권을 침해한 행위에 대해 비판받거나 소송당하는 것을 면제해 주는 알리바이가 되어서는 안 된다(Prater, 2006). 명백히, 학생들의 잘못된 판별, 잘못된 평가, 잘못된 분류, 잘못된 배치, 그리고 잘못된 지도라는 문제에서, 준비가 부족한 일반교사와 특수교사는 모든 학생의 교육을 발전시키지 못할 것이다(Obiakor, 1999, 2001b, 2003, 2004, 2007, 2008, 2009; Obiakor & Beachum, 2005; Obiakor & Ford, 2002; Obiakor, Grant, & Dooley, 2002; Utley & Obiakor, 2001).

나는 모든 학생의 특수성에도 불구하고 모든 학생을 교육하기 위한 창의적인 전략을 발전시키려면 새로운 목소리에 귀를 기울여야 한다는 것을 이전보다 더 확신하게 되었다. 모든 이해관계자의 에너지를 활용하는 모델인 종합적 지원 모델(Comprehensive Support Model: CSM)을 활용하지 않으면 모든 학생을 도울 수 없다(Obiakor, 2003, 2007, 2008, 2009; Obiakor et al., 2002). CSM의 다차원적 특성을 기반으로, 개별 학생, 가족, 학교, 지역사회, 정부 기관이 함께 기여하게 된다. 마법의 해결책은 없지만 모든 이해관계자가 공동의 선을 위해 협력하고 협의할 수 있다. 개인의 '자아'는 중요하다. 개인의 책임감이나 자기 개선이 없이는 행동 문제와 학습 문제를 관리하기가 어려울 것이기 때문이다. 가족은 특수교육 대상 학생의 초석이자 학생과 학교를 연결하는 다리이기 때문에 중요하다. 학교는 중요하다. 그 이유는 인구학적 변화에 대한 패러다임을 전환할 수 있는 일반교사와 특수교사 및 전문가들이 있기 때문이다. 지역사회는 중요하다. 이는 서로 다른 스타일로 인해 '문제아' 또는 '문제 학생'으로 낙인찍힌 아동과 청소년들에게 다양한 기회와 선택지를 제공하기 때문이다. 마지막으로 지방, 주 그리고 연방 정부는

중요하다. 모든 학생의 다양한 목소리를 강화하는 공정한 정책을 만들어 내기 때문이다. 분명히, 책임 있는 정부는 특별한 요구를 가진 사람들 또는 비생산적이거나 반사회적 행동을 보이는 사람들까지 포함하여 국민의 시민권에 대해 관심을 가져야 한다(Obiakor et al., 2002).

특수교육의 역사적 중요성을 발전시키기 위해서는, 특수교육적 요구를 지닌 학생들이 특수교육 전 과정에서 실질적인 지원을 받을 수 있도록 해야 한다. 일반교사와 특수교사 및 지도자들이 새로운 목소리에 귀 기울이겠다는 의지를 보여 주는 것이 반드시 필요하다. 이를 위한 구체적인 전략은 다음과 같다.

- 문화적 역량의 맥락에서 작동하는 판별, 사정 및 교수 전략을 개발하고 사용한다.
- 인종, 민족, 출신 국가, 성별, 그리고 사회경제적 지위에 기반한 사회적 고정관념을 근절하는 데 중점을 둔 협력적인 지역사회 지원 체계를 구축한다.
- 개인의 차이와 강점을 존중하는 다양한 가족 형태에 대한 인식과 가치를 함양한다.
- 가정이나 지역사회에서 폭력으로 이어질 수 있는 조건을 방지하고, 아동과 가족에게 안전하다는 느낌을 받을 수 있도록 한다.
- 입증된 결과를 바탕으로 가족 친화적인 경제 정책과 복지 서비스를 지지한다.
- 학교와 더 큰 사회에서 문화적 역량을 갖춘 실천을 장려하여 개인 간의 세계관과 학습 스타일의 차이를 존중한다.
- 모든 가족과 아동의 다양한 요구를 충족하기 위해 저렴하면서도 질 높은 보육 서비스를 확대하도록 지지한다.
- 학생, 학부모, 학교 그리고 지역사회 지도자들이 참여하는 협력적인 지역사회 문제 해결 방안을 개발한다.
- 위험 상황에서 문제의 초점이 개인뿐만 아니라 환경 내의 제도적 장벽에도 있다는 것을 인식한다.
- 문화적으로 민감한 변수를 반영하여 교육과정을 재구성한다.
- 청소년에게 소속감과 회복탄력성을 길러 주는 성장과 전환의 경험 및 봉사활동의 기회를 다시 마련한다.
- 경제 개혁과 인적 자본에 대한 투자를 포함하는 교육 개혁의 비전을 확대한다.

변화의 시대에 새로운 목소리에 귀를 기울임으로써, 일반교사와 특수교사는 모든 학생이 학교 프로그램에서 성공하도록 도울 수 있다. 예를 들어, 교사들은 자신의 개인적 패러다임을 전

환하여 학생들을 심리적으로 좌절하게 하는 폭력적인 행동을 예방하고 관리할 수 있다. '강경한' 접근 방식(예: 무관용 또는 삼진아웃 징계 모델)과 달리, 교직원은 친사회적 기술을 가르치고 대인관계 갈등을 비폭력적으로 관리하도록 아동들을 교육할 수 있다(Goldstein, 1999; Long, 1997; Obiakor, 2001a). 정서 · 행동장애가 있는 청소년과의 평생 경험을 바탕으로 롱(Long, 1997)은 단순히 '친절' 또는 우리가 '마음'이라고 부르는 것을 사용하자고 하였다. 배려하는 전환 전략을 사용하는 일반교사와 특수교사는 다양한 의사소통 기술을 가르쳐 청소년들이 자신의 행동을 관리하고 대립을 유발하지 않는 방식으로 타인에게 대응할 수 있도록 해야 한다. 지능이나 학업 성취도를 강조하고, 변화하는 사회에서 살아남기 위해 필요한 감정 지능과 회복탄력성을 경시하는 전통적인 방법에 대해 다시 생각해야 한다(Gardner, 1993; Goleman, 1995; Obiakor et al., 2004; Obiakor, Mehring, & Schwenn, 1997). 골먼(Goleman, 1995)이 언급했듯이, 감정 지능은 "좌절될 때에도 동기를 부여하고 지속할 수 있는 능력, 충동을 억제하고 만족을 지연할 수 있는 능력, 기분을 조절하고 고통이 사고 능력을 압도하지 않도록 하는 능력, 공감하고 희망하는 능력"을 포함한다(p. 34). 그는 덧붙였다.

> 변덕스러운 삶이 우리를 혼란하게 하거나 어떤 기회를 줄 때, 학문적 지능으로는 상황에 대처하기 힘들다. 그러나 IQ가 높다고 해서 꼭 잘 살거나 이름을 떨치고 행복하게 된다는 보장이 없음에도 불구하고, 우리 학교와 문화는 학문적 능력에만 집착하며, 개인의 운명에 매우 중요한 정서적 지능, 즉 인성이라고도 불리는 일련의 특성을 간과하고 있다(p. 36).

모든 학습자, 특히 특수성을 가진 학습자를 포함하여, 감정 지능을 향상시키는 몇 가지 사전 예방적 조치가 발견되었다! 이러한 조치에는 파트너십 프로그램, 친사회적 기술 교육 프로그램, 멘토링 프로그램이 포함된다. 가정, 학교, 지역사회에서 다름을 존중하지 않는다면 어떻게 학생들이 다름을 존중할 수 있을까? 어른과 지역사회가 함께 일하지 않는다면 어떻게 학생들이 함께 일할 수 있을까? 감정 지능 기술을 가진 사람들은 인종, 민족, 성별 또는 장애 때문에 사람을 하대하는 것처럼, 학교에 만연한 문화적 '냉혹함'을 조금이라도 줄이도록 할 수 있다. 학생들은 협력해야 하며, 그들의 가족은 서로 협력해야 하고, 학교는 협력적으로 일해야 하며, 지역사회는 함께 일해야 한다(Obiakor, 2004; Obiakor et al., 2002). 이러한 협력적이고 협의적인 행동은 종종 모든 수준에서 상황의 협력적 해결로 이어지며, 학생, 학부모, 전문가들이 자신의 잠재력을 최대화할 수 있도록 돕는다.

## 전문가 준비에서의 패러다임 전환

분명히 모든 학생은 특별하고 다른 학습 및 행동 패턴을 보인다. 그 결과, 그들은 학교 프로그램에서 의도했건 안 했건 잘못된 판별, 잘못된 사정, 잘못된 분류, 부적절한 배치, 그리고 부적절한 교육을 받게 된다(Mukuria & Obiakor, 2004; Obiakor, 1999, 2001b, 2003a, 2003b, 2007; Obiakor & Beachum, 2005; Obiakor & Wilder, 2003; Utley & Obiakor, 2001). 그렇다면 차이를 가진 학습자를 위한 전문가 준비 프로그램의 역할은 무엇일까? 좋은 의도를 가지고 있음에도 불구하고, 많은 대학교는 오늘날의 교실에 적합한 교육자를 충분히 준비시키는 데 실패했다. 일찍이 하버먼(Haberman, 1995)은 전통적인 교사 양성 프로그램을 이수한 교사와 서비스 제공자가 대학 수영장에서 훈련하여 영국 해협을 건너려는 수영선수만큼이나 오늘날의 교실에 대한 준비가 부족하다고 주장했다. 교사 양성 담당자와 교육 리더들은 문제를 정면으로 마주해야 한다. 그들은 일반교사와 특수교사 및 관리자들이 인구학적 변화에 대응할 수 있도록 준비시켜야 한다는 전문적 책임감을 가져야 한다. 또한 그들 자신의 패러다임을 전환하여, 패러다임을 전환할 수 있는 교사와 지도자를 준비시켜야 한다(Smith, Richards, MacGrawley, & Obiakor, 2004; Winzer & Mazurek, 1998). 연구자들은 본성과 양육, 그리고 기타 인간 행동과 특성에 대한 이해의 범위를 확장해야 한다. 학자로서 타당한 연구를 수행하기 위해 생물학적 결정론이라는 고리타분한 이론과 사회경제적 부조화라는 신화를 뛰어넘어야 한다(Fordham, 1988; Gould, 1981; Weikart, 1977). 예를 들어, 바이카트(Weikart, 1977)는 결함 모델 사고방식이 특정 집단에 적용될 때, "이는 약점을 강조하며 사고하도록 하고, 평균과 차이가 난다고 해서 개인이 뒤떨어졌다고 해석하기 때문에 해당 집단에 대한 잠재적 지원을 제한할 가능성이 있다"(p. 175)고 경고했다. 논리적으로 확장하면 다음과 같다.

> 우리는 개인이 활동하는 환경의 특성을 고려하지 않은 채, 개인들 간의 특성 차원이나 유형 분류를 판별하는 데만 머물러서는 안 된다. 마찬가지로 인간 차이에 대한 환경적 요인의 분석에만 머물러서도 안 되며, 유전적 요인 또한 반드시 고려해야 한다. 마지막으로, 우리는 인간 다양성이 표현될 수 있는 가장 바람직한 사회란 어떤 모습인지 고민해야 한다. 이는 각 개인이 자신의 개성을 성장시킬 기회를 누리면서도, 다른 사람들의 개성 발달 권리를 침해하지 않는 사회를 의미한다(Minton & Schneider, 1985, p. 489).

민턴과 슈나이더(Minton & Schneider, 1985)의 주장은 연구, 정책, 실무 전반에 걸쳐, 특히 특수교육과 리더십 분야에 깊은 함의를 지닌다. 예를 들어, 첫째, 아동과 청소년의 행동 문제를 다루는 연구는 이들을 이해하는 데 도움이 되는 방법을 다루어야 한다. 이들을 이해하게 되면, 그들이 복잡한 사회에서 기능적이고 목표 지향적인 의사결정자가 될 수 있도록 도울 수 있다. 다시 말해, 학생들의 병리적 특성을 기반으로 한 연구는 신중히 평가되어야 한다. 이러한 연구는 결함 중심적 접근을 취하며, 측정 가능하거나 관찰 가능한 해결 중심적 속성이 부족하기 때문이다. 둘째, 연구, 정책, 실천은 밀접하게 연계되어야 한다. 키오(Keogh, 1990)는 "이 관점에서 정책은 연구를 따라야 하며, 변화는 증거에 기반해야 한다"(p. 186)고 지적한 바 있다. 다문화 배경을 가진 특수학생을 위한 개입 전략에 문제가 있다는 점은 분명하다. 셋째, 개별화된 교육 프로그램의 기본 원칙에서 벗어난 연구는 개인의 차이를 인정하거나 가치 있게 여기지 않는다. 결국, 연구 자금 및 프로젝트는 문화적 요소를 섬세하게 고려한 사전 예방적 조치를 반영하도록 방향을 전환할 필요가 있다. 감정적으로 편향되거나 정치적 성향이 강한 분열적 연구는 특수교육에서 지양되어야 한다. 상식적인 문제 해결 해석과 실천으로 이어질 수 없는 연구는 신중히 접근해야 한다. 다행히 오늘날 대부분의 학술 간행물(예: 『Behavior Disorders』, 『Exceptional Children』, 『Intervention in School and Clinic』, 『Journal of Special Education』, 『Multicultural Learning and Teaching』, 『Multiple Voices』, 『Remedial and Special Education』, 『Teacher Education and Special Education』)은 연구 결과에 대한 실질적이고 실천 가능한 시사점을 요구하고 있다. 결과적으로 학자, 교육자, 리더들은 환상적인 결론, 인식상의 가정, 편견적 일반화를 줄이기 위해 정의, 이론, 중재 모델을 확장하기 시작해야 한다(Obiakor, 2007). 특수교육 대상 학생들은 전문가의 전문적인 교육을 필요로 한다. 교육이 바람직한 존경을 얻으려면 모든 학생의 역량을 강화하는 전략이 개발되어야 한다. 교사 양성 담당자와 교육 리더들은 형식적 실천과 정치적 이해관계를 넘어서는 새로운 사고방식으로 자신을 재정립해야 한다.

준비가 부족한 교사는 교육의 질도 낮다는 것이 매우 분명해졌다. 중요한 점은 교사 양성 담당자와 교육 리더들이 자신들이 가르치는 원칙을 실제로 실천하는 것이다. 이러한 변화의 시대에는 여러 기법을 활용하여 다양한 스타일과 특수성을 지닌 학습자를 가르칠 미래의 교육자를 준비시켜야 한다. 모든 학생의 교육 문제를 해결할 수 있는 '마법의 해결책'을 찾기는 어렵다. 그러나 가장 중요한 점은 교사 양성 담당자와 교육 리더들이 개인의 차이와 특수성을 존중하는 교육자를 양성하는 것이다(Ford, Obiakor, & Patton, 1995; Obiakor, 2001b, 2003, 2007; Obiakor & Beachum, 2005; Obiakor & Ford, 2002; Obiakor, Harris, Rotatori, & Algozzine, 2010; Obiakor, Schwenn, & Rotatori, 1999; Obiakor et al., 2002; Wilder, Obiakor, & Algozzine, 2003). 이

를 통해 교사들은 학생들이 직면한 위기를 해결하는 데 필요한 정서적 응급 처치법에 대해 알아 갈 것이다(Obiakor et al., 1997). 프라이스(Price, 1991)는 이전에 교육 프로그램에서 질과 공평성을 통합한 새로운 다문화 패러다임에 대해 불평하는 것은 비생산적이라고 설명한 바 있다. 우리는 '선의'를 가장하면서 부정적인 의도를 내포하거나, 인간 행동과 문화적 스타일 간의 상호작용에 대한 지식을 확대하는 데 방해가 되는 가짜 공동체 의식을 조장하는 다문화주의는 어떤 형태라도 피해야 한다. 이에 교사 양성 담당자와 교육 리더들은 변화의 시대에 경쟁력을 유지하기 위해 문화적으로 세심하게 배려하는 학생, 교수진, 직원들을 채용하고 유지하려는 노력을 기울여야 한다(Obiakor, 2001b, 2007; Obiakor & Beachum, 2005; Obiakor & Utley, 1997; Wald, 1996).

## ○ 결론

미국을 비롯한 여러 국가는 특수교육 요구를 지닌 학생들을 보호하고 이들에게 동등한 공교육을 제공하기 위한 역사적인 정책과 법적 의무를 제정하며 인정받을 만한 성과를 이루어 왔다. 그러나 이러한 법률의 해석과 시행 과정에서는 여전히 보완해야 할 많은 허점이 존재한다. 문화적, 언어적으로 다양한 배경을 가진 학생들이 특수교육에서 과잉 진단되는 문제는 심각한 우려를 불러일으키고 있다. 학생들이 잘못 배치되었다는 것은 그들의 교육적 필요가 충족되지 못하고 있음을 의미한다. 적절한 배치는 학생들의 문화와 언어로 인해 잘못된 판별, 사정, 분류 및 배치가 초래되지 않도록 최소제한환경에서 이루어져야 한다. 특수교육 요구를 지닌 학생들에게 양질의 서비스를 제공하기 위해 가장 중요한 것은 그들의 잠재력을 최대한 발휘할 수 있는 비제한적인 환경과 환경 설정을 포함하는 것이다. 마지막으로, 이러한 환경은 문화적, 언어적, 사회경제적으로 포용적이어야 한다.

## ○ 참고문헌

Americans with Disabilities Act (1990). Pub. L. No. 101-336.

Binet, A. (1909). *Les ideas modernes sur les enfants (Modern ideas for children)*. Paris, France: Hammarion.

Blackhurst, A. E., & Berdine, W. H. (1993). *An introduction to special education* (3rd ed.). New

York: Harper Collins.

Brown v. Board of Education of Topeka Kansas, 347 U.S. 483, 745-ct-686, 98 L. Ed. 873, 530.0. 326 (1954).

Civil Rights Act (1964). Pub. L. No. 88-352.

Cullinan, D., & Kauffman, J. M. (2005). Do race of student and race of teacher influence ratings of emotional and behavioral problem characteristics of students with emotional disturbance? *Behavioral Disorders, 30*(August), 393-402.

Education of All Handicapped Children Act (1975). Pub. L. No. 94-142.

Education of All Handicapped Children Act Amendments (1986). Pub. L. No 99-457.

Ford, B. A., Obiakor, F. E., & Patton, J. M. (1995). *Effective education for African American exceptional learners: New perspectives*. Austin, TX: Pro-Ed.

Fordham, S. (1988). Racelessness as a factor in Black student's success. Pragmatic strategy or Pyrrhic victory. *Harvard Educational Review, 58*, 54-84.

Gardner, H. (1993). *Multiple intelligences: The theory of practice*. New York: Basic Books.

Goldstein, A. P. (1999). *The prepare curriculum: Teaching prosocial competencies*. Champaign, IL: Research Press.

Goleman, D. (1995). *Emotional intelligence: Why it matters more than IQ*. New York: Bantam Books.

Goodlad, J. I. (1993). Acccss to knowledge. In: J. I. Goodlad & T. L. Lovitt (Eds.), *Integrating general and special education* (pp. 1-22). New York: Merrill.

Gould, S. J. (1981). *The mismeasure of men*. New York: W. W. Morton.

Haberman, M. (1995). *Star teachers of children in poverty*. West Lafayette, IN: Kappa Delta Pi.

Hilliard, A. G. (1992). The pitfalls and practices of special education practice. *Exceptional Children, 59*(October/November), 168-172.

Individuals with Disabilities Education Act (1990). Pub. L. No. 101-476.

Individuals with Disabilities Education Act (1997). Pub L. No. 105-17.

Individuals with Disabilities Education Improvement Act (2004). Pub. L. No. 108-446.

James, W. (1958). *Talk to teachers on psychology, and to students on life's ideas*. New York: W. W. Norton.

Katisyannis, A., Yell, M. L., & Bradley, R. (2001). Reflections of the 25th anniversary of the Individuals with Exceptionalities Education Act. *Remedial and Special Education, 22*(6), 324-339.

Kauffman, J. M. (2002). *Education deform? Bright people sometimes say stupid things about education*. Lanham, MD: Scarecrow Education.

Kauffman, J. M. (2003a). Reflections on the field. *Behavioral Disorders, 28*(May), 205-208.

Kauffman, J. M. (2003b). Appearances, stigma, and prevention. *Remedial and Special Education,*

*24*(July/August), 195-198.

Kauffman, J. M. (2004). The President's commission and the devaluation of special education. *Education and Treatment of Children, 27*, 307-324.

Keogh, B. K. (1990). Narrowing the gap between policy and practice. *Exceptional Children,* 57(2), 186-190.

Lieberman, L. M. (2001). The death of special education. *Education Week*, January 17, 39-41.

Long, N. J. (1997). The therapeutic power of kindness. *Reclaiming Children and Youth, 5*, 242-246.

Mills v. Board of Education of the District of Columbia (1992). 348 f. Supp. 866 (D.D.C.1972).

Minton, H., & Schneider, F. (1985). *Differential psychology*. Prospect Heights, IL: Waveland Press.

Mostert, M. P., Kauffman, J. M., & Kavale, K. A. (2003). Truth and consequences. *Behavioral Disorders, 28*(August), 333-347.

Mukuria, G., & Obiakor, F. E. (2004). Special education issues and African diaspora. *Journal of International Special Needs Education*, 7, 12-17.

No Child Left Behind Act (2001). Pub. L. No. 107-110.

Obiakor, F. E. (1999). Teacher expectations of minority exceptional learners: Impact on "accuracy" of self-concepts. *Exceptional Children, 66*, 39-53.

Obiakor, F. E. (2001a). Developing emotional intelligence in learners with behavioral problems: Refocusing special education. *Behavior Disorders, 26*, 321-331.

Obiakor, F. E. (2001b). *It even happens in good schools: Responding to cultural diversity in today's classrooms*. Thousand Oaks, CA: Corwin Press.

Obiakor, F. E. (2003). To asses or not, Is that the question? Who benefits from the No Child Left Behind Act? Invited scholar presentation sponsored by the Institute on Multicultural Relations and the Milwaukee Urban League, University of Wisconsin-Milwaukee, Milwaukee, WI.

Obiakor, F. E. (2004). Impact of changing demographics on public education for culturally diverse learners with behavior problems: Implications for teacher preparation. In: L. M. Bullock & R. A. Gable (Eds.), *Quality personnel preparation in emotional/ behavioral disorders: Current perspectives and future directions* (pp. 51-63). Denton, TX: Institute for Behavioral and Learning Differences at the University of North Texas.

Obiakor, F. E. (2007). *Multicultural special education: Culturally responsive teaching*. Upper Saddle River, NJ: Pearson/Merrill Prentice Hall.

Obiakor, F. E. (2008). *The eight-step approach to multicultural learning and teaching* (3rd ed.). Dubuque, IA: Kendall/Hunt.

Obiakor, F. E. (2009). Educating African American urban learners: Brown in context. In: M. C. Brown, II & R. D. Bartee (Eds.), *The broken cisterns of African American education* (pp. 61-

72). Charlotte, NC: Information Age.

Obiakor, F. E., & Algozzine, B. (1995). Educating learners with problem behaviors: An unresolved issue for general and special educators. In: F. E. Obiakor & B. Algozzine (Eds.), *Managing problem behaviors: Perspectives for general and special educators* (pp. 1-19). Dubuque, IA: Kendall/Hunt.

Obiakor, F. E., & Beachum, F. D. (2005). *Urban education for the 21st century: Research, issues, and perspectives*. Springfield, IL: Charles C. Thomas.

Obiakor, F. E., Enwefa, S., Utley, C., Obi, S. O., Gwalla-Ogisi, N., & Enwefa, R. (2004). *Serving culturally and linguistically diverse students with emotional and behavioral disorders*. Arlington, VA: Council for Children with Behavioral Disorders, the Council for Exceptional Children.

Obiakor, F. E., & Ford, B. A. (2002). *Creating successful learning environments for Africa American learners with exceptionalities*. Thousand Oaks, CA: Corwin Press.

Obiakor, F. E., Grant, P. A., & Dooley, E. A. (2002). *Educating all learners: Refocusing the comprehensive support model*. Springfield, IL: Charles C. Thomas.

Obiakor, F. E., Harris, M. K., & Beachum, F. D. (in press). The state of special education for African American learners in Milwaukee. In G. Williams & F. E. Obiakor (Eds.), *The state of education of urban learners and possible solutions: The Milwaukee experience*. Dubuque, IA: Kendall/Hunt.

Obiakor, F. E., Harris, M. K., Rotatori, A. F., & Algozzine, B. (2010). Beyond traditional placement: Making inclusion work in the general education classroom. In: F. E. Obiakor, J. P. Bakken & A. F. Rotatori (Eds.), *Current issues and trends in special education: Identification, assessment, and instruction* (Vol. 19, pp. 141-156). Bingley, UK: Emerald Group Publishing Limited.

Obiakor, F. E., Mehring, T. A., & Schwenn, J. O. (1997). *Disruption, disaster, and death: Helping students deal with crises*. Arlington, VA: Council for Exceptional Children.

Obiakor, F. E., Schwenn, J. O., & Rotatori, A. F. (1999). *Multicultural education for learners with exceptionalities* (Vol. 12). Stanford, CT: JAI Press.

Obiakor, F. E., & Utley, C. A. (1997). Rethinking preservice preparation for teachers in the learning disabilities field: Workable multicultural strategies. *Learning Disabilities Research and Practice, 12*, 100-106.

Obiakor, F. E., Utley, C. A., & Rotatori, A. F. (2003). *Effective education for learners with exceptionalities* (Vol. 15). Oxford, England: Elsevier Science/JAI Press.

Obiakor, F. E., & Wilder, L. K. (2003). Disproportionate representation in special education: What principals can do. *Principal Leadership, 4*(October), 17-21.

Pennsylvania Association for Retarded Children v. Commonwealth of Pennsylvania, 343 F. Supp.

279 (D. C. Pa 1972).

Prater, L. P. (2006). Institutionalized terror: A social system's analysis of police brutality. Paper presented at the Annual Professional Development Conference of the National Social Science Association, San Francisco, CA, October.

Price, H. B. (1991). Multicultural education: The debate. *Humanities in the South, Fall*, 1-8.

Rueda, R. (2007). Multicultural special education: Future perspectives. In: F. E. Obiakor (Ed.), *Multicultural special education: Culturally responsive teaching* (pp. 290-297). Upper Saddle River, NJ: Pearson/Merrill Prentice Hall.

Sasso, G. M. (2003). An examined life: A response to James Kauffman's reflections on the field. *Behavioral Disorders, 28*(May), 209-211.

Schrag, J. A. (1993). Restructuring schools for better alignment of general and special education. In: J. I. Goodlad & T. C. Lovitt (Eds.), *Integrating general and special education* (pp. 203-227). New York: Merrill.

Smith, D. D., & Tyler, N. C. (2010). *Introduction to special education: Making a difference* (7th ed.). Upper Saddle River, NJ: Merrill.

Smith, T. B., Richards, P. S., MacGrawley, H., & Obiakor, F. E. (2004). Practicing multiculturalism: An introduction. In: T. B. Smith (Ed.), *Practicing multiculturalism: Affirming diversity in counseling and psychology* (pp. 3-16). Boston, MA: Allyn & Bacon.

Smith, T. E. (2005). IDEA 2004: Another round in the reauthorization process. *Remedial and Special Education, 26*(6), 314-323.

Utley, C. A., & Obiakor, F. E. (2001). *Special education, multicultural education, and school reform: Components of quality education for learners with mild disabilities*. Springfield, IL: Charles C. Thomas.

Vocational Rehabilitation Act (1973). Pub. L. No. 93-112.

Wald, J. L. (1996). Diversity in the special education training force. *NCPSE News, 1*, 1 & 6.

Weikart, D. P. (1977). Preschool intervention for the disadvantaged child: A challenge for special education. In: H. H. Spicker, K. J. Anastasiow & W. L. Hodges (Eds.), *Children with special needs: Early development and education* (pp. 73-89). Minneapolis, MN: Leadership Training Institute/Special Education, University of Minnesota.

Wilder, L. K., Obiakor, F. E., & Algozzine, B. (2003). Homeless students in special education: Beyond the myth of socioeconomic dissonance. *The Journal of At-Risk Issues, 9*(Summer), 9-16.

Winzer, M. A., & Mazurek, K. (1998). *Special education in multicultural contexts*. Upper Saddle River, NJ: Merrill/Prentice Hall.

Yell, M. L. (2004). *The law and special education* (2nd ed.). Upper Saddle River, NJ: Prentice Hall.

# 찾아보기

## • 인명 •

## • 내용 •

### ㅇ



### ㅈ

## Anthony F. Rotatori

**현직:** Saint Xavier University 심리학과 교수

**전문 분야:** 특수교육, 특수교육 행정, 학습장애, 자폐 스펙트럼 장애, 역사적 관점 등

**주요 기여:** Advances in Special Education 시리즈 여러 권의 편집자 혹은 공동 편집자, 특수교육 관련 저술과 연구 활동 활발

## Festus E. Obiakor

**전직:** University of Wisconsin-Milwaukee 특수교육학과 교수(1999~2011)
Valdosta State University, City College of New York 학과장

**현직:** Sunny Educational Consulting CEO, 컨설턴트

**연구 분야:** 다문화 교육, 특수교육, Culturally and Linguistically Diverse 학습자 지원

**주요 기여:** 150편 이상 출판물, CSM 모델 개발, 교육자 대상 저서 출간, MLT 편집 참여

## Jeffrey P. Bakken

**전직:** Illinois State University 특수교육학과 교수, 학과장, 연구부학장 등

**현직:** Bradley University 정교수, Education, Counseling and Leadership

**연구 분야:** 학습 · 정서장애, 읽기 이해, 보조기술, 스마트 교육환경 등

**주요 기여:** 200편 이상 출판물, 250회 이상 발표, 1백만 달러 이상 연구비 수주, Advances in Special Education 시리즈 등 Emerald 출판사 편집자

**Betty Y. Ashbaker**
Counseling Psychology and Special Education, Brigham Young University, Provo, UT, USA

**Jeffrey P. Bakken**
Department of Special Education, Illinois State University, Normal, IL, USA

**Christine Clark-Bischke**
Department of Special Education, Illinois Sate University, Normal, IL, USA

**Frederick J. Brigham**
Department of Human Development, George Mason University, Fairfax, VA, USA

**Sandra Burkhardt**
Department of Psychology, Saint Xavier University, Chicago, IL, USA

**Carrie Anna Courtad**
Department of Special Education, Illinois State University, Normal, IL, USA

**Julie A. Deisinger**
Department of Psychology, Saint Xavier University, Chicago, IL, USA

**Sharon Doubet**
Department of Special Education, Illinois State University, Normal, IL, USA

**Laurel M. Garrick Duhaney**
Department of Educational Studies, State University of New York at New Paltz, New Paltz, NY, USA

**Fabiola P. Ehlers-Zavala**
Department of English, Colorado State University, Fort Collins, CO, USA

**C. Jonah Eleweke**
Department of Communication Sciences & Disorders, Texas Woman's University, Denton, TX, USA

**Barbara M. Fulk**
Department of Special Education, Illinois State University, Normal, IL, USA

**Satasha L. Green**
Exceptional Education Department, State University of New York College at Buffalo, Buffalo, NY, USA

**Brittany L. Hott**
Department of Human Development, George Mason University, Fairfax, VA, USA

**Stacy M. Kelly**
Department of Special Education, Illinois State University, Normal, IL, USA

**Michelle J. McCollin**
Department of Special Education, Slippery Rock University, Slippery, PA, USA

**Kagendo Mutua**
Department of Special Education and Multiple Abilities, University of Alabama, Tuscaloosa, AL, USA

**Festus E. Obiakor**
Department of Exceptional Education, University of Wisconsin-Milwaukee, Milwaukee, WI, USA

**Amanda C. Quesenberry**
Department of Curriculum and Instruction, Illinois State University, Normal, IL, USA

**Anthony F. Rotatori**
Department of Psychology, Saint Xavier University, Chicago, IL, USA

**Spencer J. Salend**
Department of Educational Studies, State University of New York at New Paltz, New Paltz, NY, USA

**Christine M. Scott**
Speech-Language Pathology Department, State University of New York College at Buffalo, Buffalo, NY, USA

**James Siders**
Department of Special Education and Multiple Abilities, University of Alabama, Tuscaloosa, AL, USA

**Emily Watts**
Department of Special Education Illinois State University Normal, IL, USA

## 역자 소개(장별 순서)

**김동일(Kim, Dongil)**
미국 미네소타대학교 교육심리학과 박사
경인교육대학교 교육학과 교수
**현)** 서울대학교 교육학과 교수

**〈주요 저서〉**
학습장애 아동의 이해와 교육(3판, 공저, 학지사, 2016)
경계선 지능 아동 · 청소년의 이해와 교육 지원(학지사, 2023)

**정광조(Jung, Kwang Jo)**
서울대학교 특수교육전공 박사
성균관대학교, 연세대학교 겸임교수
**현)** 서울특별시교육청 중등 특수교사
국립한국교통대학교 교육대학원 특수교육전공 초빙교수

**〈주요 저 · 역서〉**
특수교육의 이해(공저, 학지사, 2019)
포커스 그룹 연구 방법론: 이론과 실제(공역, 학지사, 2018)
직접교수 읽기(공역, 학지사, 2022)

**최종근(Choi, Jongkeun)**
서울대학교 특수교육전공 박사
**현)** 건양대학교 특수교육과 교수

**〈주요 저서〉**
교육평가의 이해(2판, 공저, 학지사, 2016)
특수교육 · 심리 진단과 평가(2판, 공저, 학지사, 2022)

**홍정숙(Hong, Jeongsuk)**
일본 츠쿠바대학 심신장애학 박사
**현)** 대구대학교 특수교육과 교수

**〈주요 저 · 역서〉**
특수교육의 역사(역, 대구대학교출판부, 2018)
특수교육 진로와 직업교육론(공저, 학지사, 2022)

**이대식(Lee, Daesik)**
미국 오리건대학교 특수교육과 박사(Ph.D.)
**현)** 경인교육대학교 특수(통합)교육학과 교수

**〈주요 저서〉**
통합교육의 이해와 실제(3판, 공저, 학지사, 2018)
학습부진 및 학습장애 교육(학지사, 2020)

**손승현(Son, Seunghyun)**
미국 텍사스 주립대학교 특수교육전공 박사(Ph.D.)
인제대학교 특수교육과 전임강사
**현)** 고려대학교 교육학과 교수

**〈주요 저서〉**
특수교육학개론(공저, 학지사, 2020)

**한경근(Han, Kyoung Gun)**
미국 일리노이대학교 특수교육학과 박사(Ph.D.)
삼육재활학교 교사
**현)** 단국대학교 특수교육과 교수

**〈주요 저 · 역서〉**
중도 · 중복장애학생 교육(공저, 학지사, 2013)
보편적 학습설계(UDL)와 함께하는 언러닝(Unlearning)(공역, 학지사, 2023)

**특수교육의 역사**

History of Special Education

2026년 3월 10일 1판 1쇄 인쇄
2026년 3월 15일 1판 1쇄 발행

편저자 • Anthony F. Rotatori · Festus E. Obiakor · Jeffrey P. Bakken
옮긴이 • 김동일 · 정광조 · 최종근 · 홍정숙 · 이대식 · 손승현 · 한경근
펴낸이 • 김진환
펴낸곳 • (주) 학지사
04031 서울특별시 마포구 양화로 15길 20 마인드월드빌딩
대표전화 • 02)330-5114 팩스 • 02)324-2345
등록번호 • 제313-2006-000265호

홈페이지 • http://www.hakjisa.co.kr
인스타그램 • https://www.instagram.com/hakjisabook

ISBN 978-89-997-3650-6 93370

정가 25,000원

역자와의 협약으로 인지는 생략합니다.
파본은 구입처에서 교환해 드립니다.